INDUSTRIAL ECONOMICS

产业经济学

白雪洁　杜传忠　◎主编

U0791441

中国财经出版传媒集团
经济科学出版社
Economic Science Press

前言

南开大学的产业经济学起步于20世纪80年代初，蓬勃兴起于世纪之交，这一时期，我们成功地完成了由运输经济学、工业经济学等部门经济研究向现代系统规范的产业经济学教学和科研体系的转换。产业结构、产业发展、产业政策、产业组织、政府规制，以及近年来由新技术和新产业革命带来的产业经济领域的最新研究和实践的重点、热点问题，都成为产业经济学科关注和持续深耕研究的领域。

本教材是对2006年由南开大学产业经济学科团队共同完成的《产业经济学》的修编。《产业经济学》（2006年版）作为当时国内为数不多的以研究生层次读者为主要对象的产业经济学教材，力求全面汲取国际、国内产业经济研究的热点和前沿问题，并尽最大努力做到有所推进和创新。例如，《产业经济学》（2006年版）以产业组织篇作为全书的重点，以策略性行为分析为主，研发、广告、网络型产业等国际产业组织研究的重点问题在书中都有充分的体现；而对产业集群、产业融合、产业模块化等内容则没有或仅有少量涉及。

从事产业经济研究的最大乐趣和挑战恰恰在于，产业经济发展的实践永远如东川入海、奔流不息。这十余年间，以新一代信息技术为代表的新技术和新产业革命突飞猛进，为产业转型和经济高质量发展注入新动力。作为产业经济的教学者和研究者，我们有责任和使命修编一本更加贴近产业经济发展现实，能够博采众长、记录经典，又能融入我们所处时代的教材。例如，本次修编中与产业组织相关的内容就充分参考了国内外，特别是国际主流教材的内容结构，但又力图与我国产业组织的发展实践紧密结合；新增的“兼并与进入壁垒”一章就与未来我国产业组织优化的方向有关；在“产业关联与全球价值链测算”一章中，加入与全球价值链测算相关内容，也是为了更充分地体现产业的全球化发展特征。本次修编适逢以互联网革命为代表的新技术、新产业、新模式风生水起，为此，教材中特别增加了“互联网革命与产业业态变革”一章，以把握最新的产业发展脉动。

总体上，本次教材修编尽可能保持2006年版教材的特色，从逻辑结构和章节安排上略有调整，不再保留“编”的层次结构，总共分二十章。除第一章“导论”外，第二章至第八章为产业组织相关内容；第九章至第十一章，以经典产业结构内容的最新发展为主；第十二章至第十五章，基本保留2006年版教材中的“产业发展篇”内容，并追踪学术研究和实践发展趋势，从内容上加以完善；第十六章至第十八章为产业政策与政府规制相关内容，分别从产业政策的基本理论与最新演进、政府规制理论以及改革实践等方面进行阐释；第十九章和第二十章分别分析了网络经济和互联网革命条件下，产业组织和产业结构发展的新变化、新趋势。本次修编，以南开大学经济与社会发展研究院的产业经济专业教师为主体，其中既有长期活跃在教学和科研一线的中青年骨干教师，也有入职不久的新生力量。我们经过数次沟通交流，明确对2006年版教材内容的取舍，讨论新增内容和教材的特色质量要求等，然后分工进行写作，各章作者如下。第一章，白雪洁、杜传忠；第二章，杜传忠；第三章，庞瑞芝、涂心语；第四章，庞瑞芝、袁胜超；第五章，庞瑞芝、张帅；第六章和第七章，顾凌骏；第八章，杜传忠、顾凌骏；第九章，刘维林、闫胜贺；第十章，刘维林、王敏；第十一章，刘维林、闫胜贺、王敏；第十二章，白雪洁、张哲；第十三章，白雪洁、刘莹莹；第十四章，白雪洁、李振洋、曾津；第十五章，白雪洁、孟辉；第十六章，孟辉；第十七、十八章，王燕；第十九章，杜传忠；第二十章，杜传忠、焦志伦。初稿完成后，经过多轮讨论修改，最后由白雪洁、杜传忠统纂并定稿。其中，顾凌骏还承担了很多事务性工作。2006年版教材的一些作者——王述英、马云泽、赵美玲、赵卓虽然没有参加此次修编工作，但对他们此前所付出的辛勤劳动我们要表达最真挚的谢意，本教材仍是集体努力和合作的成果。

本教材的内容难度具有梯次性。根据内容的取舍，既可以适用研究生的教学，也可以作为本科生教学的参考书。由于我们的学识和水平局限及紧追实践的能力仍显不足，书中尚存许多有待完善之处，恳切地希望读者和学界同仁批评指正，我们将不胜感激。

本教材是在学习和借鉴众多研究成果基础上完成的，编写过程中参考了大量中外文资料，部分引证了一些学者的著述和观点，一般在文中都有注明，并列在参考文献中。这些文献资料和著述从不同方面给我们以启发和帮助。在此，我们对所有这些文献资料和著述的作者表示衷心的感谢。

经济科学出版社再次为本教材的顺利出版鼎力相助，在此谨向经济科学出版社的齐伟娜老师、赵芳老师致以最诚挚的谢意，感谢她们为本教材的编辑、出版付出的辛劳。

产业经济学的理论和实践犹如一个万花筒，愿我们一直保持研究的热情与执着，探索其中无尽的奥妙。

作者

2020 年 11 月于南开园

目录

第一章

导　论

本章主要分析产业经济学的研究对象和理论体系，主要介绍了产业经济理论发展演变的历史及逻辑，探讨了产业经济学学科的应用性质和主要研究方法，并对本书的内容、结构和总体框架进行概括性描述。

第一节　产业经济学的研究对象与理论体系

一、产业经济学的研究对象

产业经济学是研究产业运行、发展规律和相互作用关系的基本理论与政策的一门应用经济学科。关于产业的内涵及产业经济学包含的内容，基于不同的研究角度和研究目的，认识也不一样。例如，现代产业组织理论中所说的“产业”（industry）是指生产同类有密切替代关系的产品的厂商在同一市场上的集合。欧美经济学界一般把产业经济学（industrial economics）看作产业组织学（industrial organization）的同义词。尤其在美国，一般不提产业经济学，而直接用产业组织理论代替。在欧洲，虽然大学课程设置和学术界广泛应用的是“产业经济学”，但这里所指的产业经济学实际上是美国产业组织理论的另一称谓，其研究对象和内容也基本一致。在这里，产业经济学所研究的产业即是生产同类具有替代关系产品的厂商在同一市场上的集合。实际上，在欧美产业经济学理论中，“产业”和“市场”是作为同一语使用的。

中国的经济发展阶段、经济结构及经济体制的特殊性，决定了中国对产业经济学的理解与欧美国家存在着一定差别。计划经济时代，产业的概念主要是指国民经济中的“行业”“部门”，如农业、工业、商业等，学科专业也相应设立了农业经济学、工业经济学、商业经济学，那时没有明确的“产业经济学”概念和学科。这种学科体系的划分无论在学术上还是在实践上，基本承袭了苏联相关学科体系划分的模式。改革开放以后，特别是20世纪80年代中后期，中国产业经济学受日本产业经济理论的影响较深，主要强调产业结构理论及政策。其后，随着市场经济的发展，到80年代末90年代初，欧美主流产业组织理论开始被大量引入中国，由此引起中国产业经济学研究内容和学科体系的转型，主要表现为将以产业组织学和公共政策为主要内容的欧美产业经济学体系与以产业结构与规制政策等为研究重点的日本产业经济学体系融合在一起，成为产业经济学研究的主要内容。

产业经济学作为一门应用经济学学科，其研究内容与现实产业经济发展紧密相关。随着现实产业经济发展的日趋多元化，产业经济学研究的内容和范围也在不断拓展。目前在中国，产业经济学理论体系除了包括产业组织、产业结构和政府规制三大基本理论分支外，越来越多的产业经济学教材还将产业关联、产业竞争力、产业融合、产业模块化、产业政策等纳入产业经济学的学科体系，从而极大地丰富了我国产业经济学的研究内容。

按照中国现阶段产业经济学研究的内容，作为产业经济学研究对象的“产业”，可以从两个层面来理解其含义。在产业组织理论的微观层面，“产业”是指“生产同类或有密切替代关系的产品和服务的企业集合”，以这类企业集合——产业为研究对象，才有可能进行同一产业内企业之间的竞争和垄断的分析。从产业结构、产业关联和产业融合等中观层面，“产业”可以界定为“具有使用相同原材料、相同工艺技术或生产产品用途相同的企业的集合”，以这种含义的“产业”作为基本的分析单位，就可以用来研究整体经济运行中各产业部门间的供给、需求及其相互关联性，以及发展演变规律和趋势等。

二、产业经济学与其他经济学科的区别和联系

产业经济学与微观经济学、宏观经济学、发展经济学等学科在研究对象上存在一定的联系和区别。作为产业经济学重要组成部分的产业组织理论可以看作是微观经济学的延伸和应用。如果认为微观经济学是价格理论，那么，产业组织理论则为应用价格理论。微观经济学的重要特点是个量分析，它以单个经济主体（企业、家庭）的行为作为分析对象，研究企业如何利用其有限的资源，决定生产什么、生产多少以及如何生产的问题，同时考察个人或家庭如何在收入有限的约束条件下作出消费决策，以获得自身效用的最大化。研究的主要内容为：消费（需求）理论、厂商理论、市场理论、分配理论、一般均衡理论和福利经济学等。微观经济学也研究市场理论，但这里所说的市场或

产业，并不是指现实中的具体产业，而是以“代表性企业”行为分析均衡价格理论或者说市场需求与供给理论。新古典经济学的创始人马歇尔，在其《经济学原理》中曾提出过“产业”概念，但他所说的“产业”实际上是指微观经济学中的“市场”，是抽象掉具体内容的表示抽象企业或“代表性企业”的需求或供给的集合。因此，微观经济学中高度抽象化的市场主要有两种类型，即完全竞争和完全垄断。而产业组织理论对企业与市场的分析更为具体和贴近现实，以市场结构为例，产业组织理论主要研究的是更贴近产业经济发展现实的垄断竞争和寡头垄断两种市场结构。在微观经济学中，价格问题，特别是定价，是理论和模型研究的核心，而产业组织理论中，虽然价格也是研究的内容，但产业组织理论更关注企业之间的非价格竞争行为。可以说，产业组织理论是运用微观经济学的理论及模型，解释现实经济中的市场结构和企业行为。随着微观经济学和产业组织理论的发展，两者之间的交叉越来越多。目前为止，两者的研究对象和内容在很多方面和领域发生交叉，如有关交易费用、产权、效率、信息、博弈等内容。

产业经济学的产业结构理论（包括投入—产出分析、产业关联和产业布局等）与宏观经济学在研究内容上存在一定的联系，但两者的研究对象和方法也有所不同。产业经济学的产业结构理论是一种结构分析，而宏观经济学是一种总量分析，它以国民经济中的经济总量的变化及其规律作为研究分析对象，考察国民生产总值、国民收入、总投入、总消费、货币发行量、物价水平、外汇收支等经济总量变动及相互之间的关系。研究的主要内容包括国民收入决定理论、经济周期理论、通货膨胀理论、就业理论、经济增长理论和国际收支理论等。宏观经济学只讨论社会再生产过程中最终产品的总和及其运动，抽象掉了经济运行过程中不同产业部门之间的相互关系。而各种具体生产与具体需求之间、中间需求与中间供给之间、最终需求与最终供给之间，以及各部门之间的“结构均衡”状态，可为总量失衡分析提供具体的原因。因此，产业经济学中的产业结构理论在某种意义上是宏观总量经济的结构化分析。

正是这种“结构”分析，才要求将各企业按一定特性划分为“产业”这一层次，这也正是产业结构理论研究的特征。一般把产业结构理论看作是介于微观经济学与宏观经济学之间的中观经济理论，因为作为其研究对象的不同产业部门之间的相互关系，既不同于微观经济学研究的经济个体（厂商、消费者）之间的竞争关系，也不同于宏观经济学研究的经济总量之间的平衡关系。产业结构理论的研究内容与经济总量之间有一定的联系，如人均收入与产业结构演变的关系，技术进步与产业高度化之间的因果关系等。

产业经济学特别是其中的产业结构理论与经济增长理论，与发展经济学在研究对象和内容上也存在一定的交叉。一般认为，经济增长理论所研究的是经济总量如何随着劳动、资本投入量的增加和技术进步而增加，其假定前提是不同产业部门的边际生产率是相同的，因此，要素在不同产业部门之间的配置和再配置，不会导致总产出的增加。产业经济学则认为，不同产业部门的边际生产率是有差异的，由此，资源在不同产业部门的重新配置，能够导致总产出的增加，即存在钱纳里等所说的“总配置效应”①。因此，经济增长应该等于要素投入量的增加、技术进步加上结构转变。正因为如此，产业经济学和发展经济学都十分重视研究经济结构的变动，并且认为经济结构中最重要的是产业结构。但产业经济学研究的是广义的产业结构，而传统的发展经济学突出研究二元经济结构，即城市的现代工业和农村的落后农业。由此，产业结构分析成为产业经济学和发展经济学的主要研究内容之一。在这方面，两者在研究内容上存在一定的重叠。

第二节　产业经济理论的发展演变

本节主要对作为产业经济理论体系基本内容的产业组织理论和产业结构理论的发展演变进行梳理和分析，其他产业经济理论的发展演进在相关章节中将有所涉及。

一、产业组织理论的发展演变

1. 产业组织理论的形成

从经济思想史上看，产业组织理论的起源最早可以追溯到亚当·斯密（Adam Smith，1776）的劳动分工理论和竞争理论。亚当·斯密通过对重商主义学说和重商主义时代国家干预私人经济主体活动的批判，提出了自由竞争思想。他反对国家干预经济，认为自由竞争是一个导致利益和谐与市场均衡的过程。自此以后，有关产业组织问题的先驱性研究大多集中于竞争理论和所谓理想竞争状态的确定等方面。

产业组织理论作为一门独立学科的出现则是与新古典的微观经济理论在解释垄断或不完全竞争问题上的失败分不开的，从实践上看，产业组织理论的产生和发展与20世纪以来大型制造业公司的迅猛涌现不无关系。1879年，马歇尔夫妇合著的《产业经济学》首次出版。他们在该书中将产业组织正式定义为产业的内部结构。其后，马歇尔在

① ［美］H. 钱纳里等：《工业化和经济增长的比较研究》（中译本），吴奇等译，上海三联书店、上海人民出版社1995年版，第146页。

1890 年出版的《经济学原理》一书中，以大量的篇幅讨论了有关产业组织的问题，包括组织与分工、某地区特定产业的集中、大规模生产及企业的经营管理、企业形态以及规模经济等问题。他在萨伊的劳动、资本和土地三种生产要素之外，提出了生产的第四要素“组织”这一概念。当然，马歇尔的“组织”概念包含的内容较为庞杂，既指企业内的组织形态，也指企业之间的组织形态，还指产业之间的组织形态。马歇尔还提出了被后人称为“马歇尔冲突”（Marshall's dilemma）的著名命题。他认为，大规模生产能为企业带来规模经济性，使这些企业的产品单位成本不断下降、市场占有率不断提高，其结果必然是导致市场结构中的垄断因素增强，而垄断的形成又必然阻碍竞争机制在资源合理配置中所发挥的作用，使经济丧失活力，从而扼杀自由竞争。规模经济与垄断之间这一矛盾或冲突被称为“马歇尔冲突”。这一问题，成为其后产业组织理论研究的核心论题。正因为如此，马歇尔被看作是产业组织学的创始人。

此后，斯拉法（Sraffa，1926）对完全竞争理论进一步提出质疑，并对规模经济与完全竞争的不相容性进行了分析。1926 年，他在英国《经济学家》杂志上发表了著名的《竞争条件下的收益规律》一文，批评了当时占统治地位的完全竞争理论。① 在他看来，完全竞争理论“是一种教父式的训导，似乎像一种古典的研究，而不像精确的科学和规律的研究，其目的在于训练人的思维，因而是很难引起人们特别是科学家兴趣的理论”。在他看来，完全竞争与规模经营是不兼容的。总体的市场实际上是由若干局部的小市场组成的，在这样一些局部市场上少数企业会形成一种垄断，而完全竞争理论对这种现状并没有给予相应的重视。

在 19 世纪末 20 世纪初，随着现代大型制造业在美国的兴起，以及当时美国发生的兼并风潮，很多产业不再是自由竞争的市场，相反呈现出近乎垄断的格局，而当时的产业组织理论由于缺乏对于垄断等不完全竞争市场的研究与了解，从而导致了人们对于垄断表现出与日俱增的畏惧与担心。基于此，经济学家以完全竞争与垄断为焦点开始了广泛的研究，现代产业组织学中的一些重要概念或思想，如垄断的程度、现有和潜在的竞争、垄断的效应、规模经济与规模不经济、寡占、价格歧视以及风险的不确定性，在 20 世纪 20 年代前就已被广泛讨论。这些研究在 30 年代后继续被深化，1932 年，伯利和米恩斯深入分析了 20 年代到 30 年代美国的垄断产业和寡占垄断产业，从而为后来产业组织理论体系的形成提供了许多有重要参考价值的研究成果。

1933 年，琼·罗宾逊和爱德华·张伯伦各自出版了《不完全竞争经济学》和《垄

---

① P. Sraffa. The Law of Returns under Competition Condition. Economic Journal，1926（3）：535 – 550.

断竞争理论》，提出垄断竞争理论，进一步解释了传统理论与现实经济问题的冲突，并修正了新古典经济理论的缺陷。罗宾逊从消费者偏好和产品之间替代的可能性出发，推断出完全竞争状态是达不到的，不完全竞争才是现实市场中企业关系的常态。张伯伦则主要从产品差别出发，对垄断竞争市场进行分析。他们的理论在一定程度上解释了竞争与垄断这两个极端市场形态之间的市场特征，打破了市场上各个企业规模彼此相等的假定，同时还承认企业的产品存在差别，从而使这一理论比完全竞争理论揭示了更丰富和更复杂的经济现象，也更贴近现实。他们所提出的一些概念和观点成为现代产业组织理论的来源和基础。

在产业组织理论的早期发展中，还有不少学者也作出了重要贡献，如霍特林（Hoteling）和兰凯斯特（Lancaster）。霍特林运用空间竞争理论将产品差异划分为空间中直线段上的不同点，从而使产品差异具有可检验意义，兰凯斯特则用他发展的特征空间理论，把消费者偏好序列定义为特征向量，由此推导出了厂商面对的需求曲线，使传统厂商理论中对市场离散划分的四分法扩展成连续序列分析法，为现代产业组织理论中的广告推销、销售契约等提供了理论基础。

20 世纪 30 年代末，产业组织理论出现第一次研究的高潮。1938 年，哈佛大学教授梅森（Mason）在哈佛大学建立了第一个产业组织理论研究机构——梅森联谊会，并将以往对产业组织问题的研究从偏重于垄断和反垄断扩大到整个市场和厂商的分析上。更为重要的是，1939 年梅森出版的《大企业的生产价格政策》提出了产业组织的理论体系和研究方向，为产业组织理论体系的最终形成奠定了重要基础。1959 年，梅森的弟子贝恩（J. Bain）出版了第一部系统论述产业组织理论的教科书——《产业组织理论》，完整地提出了结构（structure）—行为（conduct）—绩效（performance）（SCP）分析范式，即强调市场结构决定企业市场行为，而在一个给定的市场结构下，市场行为又是市场绩效的决定因素。结构—行为—绩效分析范式的提出，标志着传统产业组织理论体系的最终形成。

2. 产业组织理论的发展

（1）哈佛学派的产业组织理论。产业组织理论产生后的 20 多年间，结构—行为—绩效分析范式成为国外许多著名大学本科生和研究生课程的主要学习内容。由于以梅森、贝恩为代表的现代主流产业组织理论的开创性研究是以哈佛大学为中心展开的，因此，他们的研究也被称为产业组织理论的哈佛学派。

但梅森、贝恩等最终并没有将结构—行为—绩效分析范式进一步扩展为一般化的理论框架，这一任务是由谢勒（Scherer）完成的。概括说来，谢勒对结构—行为—绩效分析范式的重要贡献有两方面。一是从供给和需求两个方面系统阐释并强调了所谓产业基本条件对市场结构和市场行为的影响。其中，在供给方面，这些基本条件包括主要原材料供应企业的所有权与分布区域、可利用技术的特点、产品的耐用性、产品价值衡量方面的特征、商业习惯、工会制度及其规章等；在需求方面，这些基本条件则至少包括不同价格区间需求的价格弹性、需求量的增长率、替代产品的可替代程度、买者的购买方式、产品在销售方面的特征以及产品生产和销售的周期性和季节性特点等。二是进一步揭示了市场行为对市场结构和产业基本条件以及市场结构对产业基本条件的反馈效应。例如，强有力的研究与开发可能改变一个产业的技术，从而可能改变产品成本状况和产品差别化程度。又例如，卖者所采取的协调其价格相互影响的政策可能提高或降低进入壁垒，从而对长期市场结构产生影响。

也正因为如此，迄今为止产业组织学文献中有关结构—行为—绩效分析范式的说明和具体应用，大多是以谢勒所作出的图示和相关解释为蓝本的。至此，在哈佛学派众多学者的努力下，结构—行为—绩效分析范式逐步趋于成熟，产业组织理论也逐步成为一门相对独立的经济学科，而哈佛学派的产业组织理论也理所当然地成为产业经济学的主流学派。

哈佛学派对于产业组织理论的另一个重要贡献，是其成功地开创了持续 20 余年的以跨部门研究为主的经验性产业组织分析的时代。早在《产业组织》出版之前，贝恩在《利润率与产业集中的关系：美国制造业（1936—1940）》和《新竞争的壁垒》这两篇著名论著中，便已显示了运用产业层次的数据进行跨部门统计分析对于产业组织研究的重要意义，从而成功地把产业组织经验性研究的焦点从单个产业的案例研究转移到跨部门研究上。较之采用案例研究方法而言，这一方法无疑能使产业组织理论所旨在揭示的一系列普遍性和各因素之间的一般关系得到更为客观的描述和论证。也正因为如此，在 20 世纪 60 ~ 70 年代的各类经济学杂志中，出现了大量的产业组织跨部门研究文献。采用政府部门提供的数据，并通过回归分析来解释各产业平均利润率的差别，特别是不同的市场结构状态的影响，成为当时这一领域几乎所有研究的共同特征。正是在其运用这一方法进行跨部门经验性分析的过程中，贝恩提出了传统产业组织理论中最著名的“集中度、进入条件与利润率假说”，即在集中度高到使有效的串谋成为可能的条件下，少数大企业之间的串谋会提高产业的平均利润率。不仅如此，如果新企业的进入也变得较为困难，那么产业的平均利润率同样也会保持在较高的水平。这一假说不仅成为 70 年代中期之前经验性产业组织研究所关注的焦点，而且由于其直接揭示了以集中度和进入壁垒为主要衡量指标的市场结构与市场绩效之间的经验性关联，因此也一度成为市场经济国家反垄断政策的一项基本依据。

从20世纪60～70年代主流传统产业组织理论演进的总体历程来看，其运用结构—行为—绩效分析范式所关注的一些普遍性问题大致包括：在市场结构和盈利性之间是否存在关联？进入壁垒的提高是否会导致利润的增长？什么是最重要的进入壁垒？市场结构是如何影响技术进步水平的？什么是与有效串谋相联系的市场结构？市场结构是如何影响定价策略的？政府规制是如何影响经济效率的？合并对于经济效率的影响是什么？市场势力的增强是否会导致广告的增加？或者，广告的增强是否会导致市场势力的增强？法律应该允许串谋吗？政府应当规制垄断吗？等等。

虽然哈佛学派的产业组织理论，特别是它的结构—行为—绩效分析范式长期在主流产业组织理论中占据主导地位，但其理论本身仍存在着许多缺陷。其政策主张在实践中也受到越来越多的质疑。因此，自20世纪70年代以后，这一理论受到其他学派越来越多的批判，其中，最著名和有影响力的批判来自产业组织的芝加哥学派。

（2）芝加哥学派的产业组织理论。芝加哥学派（Chicago school）是以芝加哥大学众多经济学家为阵营的在全球都有影响的重要学派。该学派包括一些很有影响力的经济学家，所涉及的产业组织研究内容较哈佛学派更宽泛，在许多方面推进和拓展了产业组织理论。产业组织理论中的芝加哥学派在经济理论体系上推崇和继承了经济自由主义思想和社会达尔文主义，信奉自由市场经济中竞争机制的作用，相信市场力量或"看不见的手"的自我调节力量，认为市场竞争过程是市场力量自由发挥作用的过程，是一个适者生存、优胜劣汰，即"生存检验"的过程，其基本理论主张是维护市场竞争机制、鼓励竞争、反对政府干预等。与哈佛学派强调市场结构的分析不同，芝加哥学派就其方法论而言属于行为主义，即强调和重视对厂商行为的分析，如施蒂格勒、德姆塞茨等重视根据逻辑推理体系应用价格理论，认为产业组织及产业政策问题仍然应该从价格理论的角度来研究，运用局部均衡分析方法来判断市场势力（market power）与效率之间的权衡取舍，力图将竞争性产业作为解释相对价格的主导模型，并在许多概念上提出了与哈佛学派不同的观点，如进入壁垒、德姆塞茨的"所有权进入壁垒"等，再如芝加哥学派认为不是不同的市场结构产生不同的市场绩效，而是不同的企业效率导致不同的市场绩效从而形成不同的市场结构。

芝加哥学派在产业组织理论上的主要贡献集中体现在施蒂格勒（G. J. Stigler，1968）出版的名著《产业组织》一书中。施蒂格勒长期从事产业组织理论的研究，在垄断、寡头垄断与兼并、市场容量与劳动分工、规模经济、信息理论、政府规制等诸多方面作出了开创性的贡献，并因此获得1982年度的诺贝尔经济学奖。

芝加哥学派的产业组织理论与哈佛学派在许多问题上展开争论。关于市场绩效、市场行为和市场结构的关系，在正统的哈佛学派的结构—行为—绩效分析范式中，不同的市场结构会产生不同的市场行为，从而导致不同的市场绩效，其中，市场结构是决定性的因素，即市场结构决定市场行为和市场绩效。芝加哥学派则不然，他们从市场行为主体总是在既定的均衡市场价格和数量条件下使其行为最优化出发，解释市场结构等产业组织所研究的问题，从而得出一些与哈佛学派截然不同的分析结论。如在关于集中、竞争和绩效的关系上，芝加哥学派的主要代表人物施蒂格勒（1968）认为，判断集中和定价的利弊不能像结构主义的哈佛学派那样，仅看是否有利于竞争，而应该主要看是否提高了效率。他坚持认为，集中度较高市场中的大厂商一般具有较高的效率，而产生较高效率的主要原因在于大规模生产的规模经济、先进的技术和生产设备、完善的厂商内部组织和管理制度等。因此，高利润并不一定是反竞争定价的结果，而完全可能是高效率的结果。他们分析得出的结论是：一些厂商在市场竞争中与其他厂商相比，有较高的生产效率，从而获得高额利润，并使厂商规模扩大，市场集中度提高，最终产生以大厂商和高集中度为特征的市场结构。简言之，是市场绩效或市场行为决定了市场结构，而不是市场结构决定市场行为和市场绩效。正因为如此，在高集中度的市场结构中通常具有的高额利润究竟是来自垄断势力还是来自大企业的高效率，就成为芝加哥学派与哈佛学派激烈争论的焦点之一。

关于市场行为，芝加哥学派与哈佛学派相比，更加注重厂商行为的分析。他们关于厂商行为研究的集中点之一涉及非标准商业合约。在芝加哥学派分析这个问题之前，经济学家一般认为非标准合约具有反竞争的倾向，可能导致效率的损失。科斯（R. H. Coase）首先指出了这种观点的错误。他认为，那些不能用标准价格理论解释的非标准合约很可能可以节约交易费用、增进效率，它们本身并不一定是反竞争的。科斯的这种思想为重新认识厂商的市场行为开辟了一条与传统的市场行为理论不同的思路。后来，芝加哥学派的重要代表人物威廉姆森（O. J. Williamson，1975）正是沿着科斯的思路，通过解释非标准合约及其相关的厂商行为，改写了传统的市场行为理论，被人们称为“新产业组织理论”。

关于进入壁垒。贝恩（Bain，1956）对产业组织理论的主要贡献之一，是在“排斥新竞争的壁垒”中将“进入壁垒”当作分析市场势力的一个因素，从而把研究的重点从内部市场结构转到“外部条件”上来。贝恩等认为，判断一个行业是否具有竞争性的一个重要方面，是进入该行业的壁垒是否很高，以至于扼制了新厂商加入竞争。这种观点分析的出发点是进入壁垒限制了竞争，从而损害了资源的最优配置和经济效率。以此为依据，美国政府反托拉斯行为长期以来一直以进入壁垒的高低作为判别反竞争活动的主要根据。芝加哥学派对贝恩的进入壁垒理论提出批评。他们认为，问题不在于是否存在进入壁垒，而在于是否存在人为的进入壁垒。贝恩对“进入壁垒”的定义是，和潜在的进入者相比，现存厂商所享有有利条件，这些条件是通过现存厂商可以持久地维持高于竞争水平的价格而没有导致新厂商的进入反映出来的。芝加哥学派的主要代表人物之一施蒂格勒对“进入壁垒”的定义与贝恩的相比要窄得多，他认为，进入壁垒是指新厂商比老厂商多承担的成本。因此，在贝恩看来属于进入壁垒的因素——规模经济、最低资本需求量和产品差异等，在施蒂格勒看来就不属于进入壁垒了，后者所强调的是人为的进入壁垒，主要是政府管制的作用。芝加哥学派的另一个代表人物德姆塞茨还提出了“所有权进入壁垒”概念。按照“所有权进入壁垒”概念，只要产权存在，壁垒就存在，壁垒的撤除有可能损害原有厂商，而这类损害并非天然是正当的。德姆塞茨认为，“所有权进入壁垒”不是保护原有厂商，就是保护新进入厂商。因此，问题不在于是否应该有这种保护，而在于以总效率是否提高为标准，判断给哪一方以什么样的保护。芝加哥学派对效率标准的强调使其被人们称为“效率学派”。这里值得指出的是，施蒂格勒把规模经济排除在进入壁垒之外的理论，对20世纪80年代鲍莫尔等（Baumol et al.，1982）创立的“进退无障碍理论”（contestability theory）有很大的影响。

芝加哥学派对产业组织理论研究的另外重要贡献是斯蒂格勒、德姆塞茨和佩尔兹曼（S. Peltzman）等对政府产业规制的分析。长期以来，人们都认为政府对电力、煤气、城市供水等公用事业领域实行规制是理所当然的，但是，斯蒂格勒通过实证研究，指出政府规制在很多产业中并未收到预期效果，发生了规制失效，究其原因在于规制者被被规制者所“俘获”。芝加哥学派在政府规制方面的研究，不仅开创了经济学的一个新的研究领域——规制经济学，同时对20世纪70年代末美国、英国等西方国家的放松规制改革产生了直接影响。

（3）新奥地利学派的产业组织理论。产业组织理论的新奥地利学派（neo-Austrian school）是芝加哥学派之外另一个具有重要影响的产业组织理论学派。① 新奥地利学派有关竞争的观点与新古典经济理论有着显著的不同。新古典经济理论把竞争解释为现实的和潜在的竞争使价格趋向均衡点的边际成本，而新奥地利学派是以市场竞争为基本的分析前提，认为市场竞争是一个动态的过程，不能用传统的静态分析方法来进行研究，同

① 新奥地利学派是建立在门格尔（Carl Menger）、庞巴维克（Eugen von Bohn-Bawark）创始的奥地利经济学派的传统思想和方法之上的，代表人物主要有米塞斯（L. Mises）、哈耶克（F. A. Hayek）、里特柴尔德（S. C. Littlechild）等，他们均活跃在美国和英国学术界。

时坚决反对政府对市场竞争的任何管制与干预。哈耶克认为，完全竞争概念的问题在于它描述了一个均衡的状态，却不谈导致均衡的过程。“竞争”一词的本来含义是为了某种利益相互争夺、相互竞胜。竞争过程并不产生均衡，但是，它能提供某种“秩序”。尽管哈耶克的“秩序”这一新概念与亚当·斯密“看不见的手”和“负反馈”基本相同，但并不与均衡等同。均衡是指一个终点，在那里竞争和不确定性都消减为零，并且信息是完全的。“秩序”就是指经济向着那种均衡运动的一种趋势。就关于竞争和垄断的见解而言，新奥地利学派与芝加哥学派有共同之处。

对新古典经济学家而言，高于正常利润是垄断力量作用的典型形式，而新奥地利学派则从不完全信息出发，认为竞争性市场过程是分散的知识、信息的发现和利用过程，考察了个别人充分协调的作用，由此他们发现了被新古典经济学家所忽视的一个重要因素——企业家，并且认为企业家在寻求新的利润机会中起着十分关键的作用，强调在竞争的市场上企业家的行为是如何指导资源的流动以最好地满足消费者的需要。新奥地利学派致力于个人行为逻辑的分析，重在弄清楚从个人效用和行为到价格的非线性因果传递，这种传递并不是像新古典经济学所说的是数学函数的相互决定。在新奥地利学派的理论体系中将新古典经济学的一系列命题作了修改，如由企业家的敏锐代替最优化，以竞争过程中的“秩序”取代均衡概念，以仅知少量的个别机会来代替新古典的“基本情况已知”的假定。至此，新奥地利学派的政策主张就十分明确了。既然政府的知识和信息也是不完全的，政府对经济运行的干预就会扭曲市场调整过程，最终损害经济绩效，那么，政府所能做的最好的事情就是建立制度体系，而最恰当的体系就是最大的个人自由和最少的政府干预。尽管新奥地利学派的极端自由主义的政策主张在现实经济生活中是不现实的，但是，他们关于市场竞争作为一种过程的理论分析倒不失有价值之处，值得后人借鉴。

熊彼特从某种意义上说也属于新奥地利学派。熊彼特同样强调变化和竞争的过程，包括组织变革在内的广义技术进步、产出的增加、资本主义的动态发展等。但是，熊彼特的理论经验方法和政策结论富有很强的实用主义色彩，认为政府干预对市场的有效运行是必不可少的。在这一点上又与新奥地利学派有着明显的不同。

（4）新制度学派的产业组织理论。经济学中的制度学派早就产生了。该学派的创始人凡勃伦（Veblen，1899）指出，社会发展的某一阶段或某一时期各种通行制度的综合构成了社会生活方式，经济学研究的对象就应该是人类经济生活借以实现的各种制度。新制度学派源于 20 世纪 20 年代兴起的制度经济学。在产业组织理论的发展中，伯勒和米恩斯（Berle & Means，1932）继承并发展了凡勃伦的上述观点。他们发现，随着现代股票市场的兴起以及大公司的增多，以股份制为特征的现代大公司日益成为不受市场制约的力量，对这种厂商行为的变异，新古典经济理论没有做出令人信服的解释。新制度学派的代表人物加尔布雷斯（Galbraith，1952）则继承了从厂商（公司）内部产权结构和组织结构的变迁来分析厂商行为变异的方法，首次提出了"抗衡力量"的概念。加尔布雷斯认为，以寡头市场为核心的抗衡力量是在垄断资本主义条件下产生的一种取代竞争机制的另一种经济运行的调节机制，这种机制不仅使资本主义摆脱垄断的统治，而且能够消除由于过度竞争带来的破坏性后果。由此看出，在竞争与垄断之间存在着一种困境，竞争过度不可取，竞争不足也不行，垄断不好，但在一定情况下垄断却是获取规模经济、使社会福利改善的前提。从伯勒和米恩斯研究厂商内部产权制度的改变对厂商行为的影响，到加尔布雷斯提出抗衡力量对厂商行为作用的研究，不难看出，产业组织理论的新制度学派就其方法论而言，一脉相承地属于行为主义，即强调厂商行为的重要性。

产业组织理论的新制度学派以科斯《企业的性质》中提出的纯粹市场和科层企业两种极端的特例为基础，把两者之间的关系看作是由交易成本决定的，可以相互替代的社会资源配置的制度安排。科斯认为，如果把产业组织理论的内容仅仅局限于大企业与市场两者之间是片面的，"按我的观点，产业组织研究所需要的是对问题的直接探讨……除了研究企业内部出现的情况之外，还应研究企业之间的契约安排（长期合同、租借、各种许可安排，包括特许权等），因为市场安排总是可以替代契约内部的组织。对兼并的研究应予扩大，使之成为主要课题的组成部分。除了研究兼并对企业之间职能的重新安排的效应外，我们也非常重视'反兼并'（拆散企业）；企业之间的部门或分部的转移；新的活动的出现和老的活动的放弃；还有新企业组织的出现——这往往被人遗忘。"① 由此可见，新制度学派已经将产业组织的研究由同一产业内部企业之间的关系扩展到了市场与企业之间的中间性经济组织（包括分包制、企业集团、企业之间的战略联盟和企业集群等）。

以往产业组织理论对厂商的价格决策提出了多种模型，但是很少进行制度研究，强调的是经验验证。近年来，随着制度经济学和经济研究数量化趋势的发展，产业组织研究更注重在厂商治理与企业内部组织上寻找厂商数量多寡之间以及在产业之间厂商数量多寡的差异导致的厂商行为和绩效的不同，考虑到制度因素的影响，从而使研究更加接

---

① ［英］罗纳德·哈里·科斯：《论生产的制度结构》（中译本），盛洪、陈郁译，上海三联书店、上海人民出版社 1994 年版，第 212 页。

近现实，对解释和指导现实经济实践更加直接。

（5）新产业组织理论①。按照大多数人士的看法，所谓新产业组织理论（NIO），是指20世纪70年代以后出现的以分析企业策略性行为为主旨的与以往理论有着根本不同的产业组织理论。新产业组织理论区别于传统产业组织理论的首要标志，也是其对产业组织研究的最大贡献，在于理论研究方法的统一，即除了对假定为垄断并且也不会发生进入的产业的研究之外，博弈论已经成为新产业组织理论研究的基本方法，其中非合作博弈理论及其分析方法又无疑居于统治地位。也正因如此，新产业组织理论得以克服了作为传统产业组织理论基础的结构—行为—绩效分析范式的诸多缺陷，其基于正统寡占模型的一系列分析及其成果，使产业组织理论的发展得以成功地实现了向正统经济学的回归。另外，与传统产业组织理论不同的是，在新产业组织理论的大旗下，整个产业组织领域的研究已经不再如前者那样显示出对公共政策的高度关注。尽管20世纪70年代中期以来反托拉斯政策和针对少数产业的政府规制政策都发生了同样堪称革命性的变化，但是，公共政策对当代产业组织研究的吸引力和影响力确实已大不如前。正统的经济理论分析，以及对各种假说的验证，成为新产业组织理论发展的基本景象。

早在1838年，古诺（Cournot）就已经建立了后来被熊彼特称为“以后所有论述寡头垄断的著作的支柱”和“持续到20世纪30年代的那场讨论的起点”的古诺双寡头模型。而自伯特兰（Bertrand，1883）的开创性评论时起，各类寡占模型分析就已经成为微观经济理论的重要组成部分，而且至20世纪30年代，其已成为正统经济理论中有关不完全竞争市场的基本分析框架。尽管传统产业组织理论从未否认有关寡占模型分析的合理性，价格理论对包括寡占在内的多种市场结构类型的划分，本身也是传统产业组织理论的来源之一。但是由于结构—行为—绩效分析范式在逻辑上并不能将企业之间的策略性相互影响纳入其分析框架，因此，在传统产业组织理论中，基于寡占模型的企业行为分析无疑就成了其固有的一大缺陷。直到冯·诺伊曼和摩根斯坦（von Neumann & Morgenstern，1944）以及纳什（Nash，1950，1951）等的开创性著作发表以后，随着博弈论方法在寡占理论分析中的逐步应用，以及动态分析、不完全信息等的引入所致的博弈论方法本身的不断完善，正统经济理论对寡占市场的分析才得以进入了一个崭新的时代。

---

① ［美］斯蒂芬·马丁：《高级产业经济学》（第2版），史东辉等译，上海财经大学出版社2003年版，第14～16页。

在运用博弈论重新分析寡占市场的过程中，对所谓“古诺—伯特兰悖论”的各种解释，则成为新产业组织理论兴起初期各种研究所关注的一个焦点。自20世纪70年代以来，不少产业组织的研究者在引入博弈论方法的基础上，试着通过设计不同的静态寡占模型来解决这一悖论。另外，在对传统产业组织理论批判的过程中，一些经济学家受谢林（Schelling，1960）提出的策略性行为学说的启发，在考察所谓“逆因果关系”（即专注于市场行为及其对未来市场结构的影响的研究）中，日益深刻地认识到，企业之间的策略性相互影响是许多市场现象的基础，如价格战、专利竞赛、合并、转售价格控制以及广告战等。不仅如此，由于企业很可能了解他们行动的相互依赖性，并且每个企业都会考虑其竞争对手的反应，以至于竞争企业之间行为选择的相互影响和相互依赖的性质更为复杂。因此，从产业组织研究的角度来说，决定一个企业的最优行为显然是非常困难的，市场结构以及某些所谓产业的基本特点只是影响企业行为选择的部分因素。如果仅就理论分析和逻辑推理而言，那么，这种企业之间的策略性相互影响无疑是解释企业行为选择的更重要的出发点。就传统的结构—行为—绩效分析框架过分依赖于经验性描述和分析比较而言，运用博弈论分析方法对策略性行为的分析，其理论的说服力和严密性更强一些。正是在这种背景下，从20世纪70年代开始，运用博弈论对寡占市场和企业策略性行为进行广泛的分析，并建立各种特定的策略性行为模型，就成为产业组织理论研究的主流倾向，并由此导致整个产业组织理论体系的重构。

由于现代产业组织理论的研究领域极为广泛，以至于在对产业组织理论的重构过程中，无论是对于老问题的新回答，还是对于新问题的探索，整个产业组织研究的文献之多不仅前所未有，而且几乎到了难以计数的地步。

与此同时，产业组织的经验性研究也得到新的发展。但这时的经验性研究方法越来越趋于多样化。其中既包含传统的跨部门分析，又有对特定产业的研究；既有继续使用政府统计数据的研究，又有使用研究者专门获取的数据的分析；既有大量一般化的计量经济模型，又有只针对特定研究对象并根据特定寡占模型设计的计量分析手段；既有对以往问题的重新解释，又包括对20世纪70～80年代建立起来的各种理论模型的验证。同时在这一时期，贝恩所开创的跨部门分析方法仍得到应用。尽管这一方法有诸多的缺陷，但其对于产业组织经验性研究仍然有着难以替代的重要作用。这种跨部门分析可以揭示整个经济范围内的某些特征。

尽管博弈论方法在产业组织理论研究中获得了广泛的应用，但它并不是完美无缺的，在分析产业组织问题时其本身也存在着难以克服的缺陷。首先，一些理论分析的现实性较差。即使是较为简单的关于不完全信息条件下策略性行为的多阶段博弈的多重均衡（精炼贝叶斯纳什均衡），也通常需要通过复杂的分析才能揭示。尽管这种分析从理论上看起来是完美、精确和富有逻辑的，但在现实生活中，作为有限理性的决策者很难进行如此复杂的博弈。这种分析与现实企业的决策和行为特征差距较大。其次，通过博弈模型分析得出的结论所依赖的假定条件过于严苛，稍有变化结论就会发生很大变化，甚至出现截然相反的结果。再次，一些假设条件本身的真实性也存有疑问。如在信息不对称条件下考虑的策略大多依赖于无法观察的信念，甚至一些关键性的参数和概率分布也往往被假设为共同知识。最后，运用博弈论分析模型所得出的结论很多难以获得足够的经验性分析的支持。

正因为运用博弈论方法分析产业组织问题时存在以上缺陷，所以新产业组织理论的发展远没有达到足以完全取代传统产业组织理论的地步。传统产业组织理论，特别是作为其核心内容的结构—行为—绩效分析范式，仍然有着广阔的应用空间。在经验性分析领域，20 世纪 80 年代以来的经验性研究，在对具体方法（特别是数据采集和使用技术）加以调整和优化之后，使结构—行为—绩效分析范式的应用价值更为增强。

可以这样认为，新产业组织理论和传统产业组织理论都是当代产业组织理论体系的组成部分，很难简单地判定两者谁为主流，谁为附属。两者在研究内容和方法上都在迅速地发展和扩张，并且相互间的融合趋势也越来越明显。

二、产业结构理论的发展演变

产业结构理论的渊源可以追溯到英国古典政治经济学创始人威廉·配第的经济思想。早在 17 世纪，威廉·配第就在其 1672 年出版的名著《政治算术》中描述了有关产业间资源流动和各产业间收入差异的现象，得出结论：工业比农业的收入多，商业又比工业的收入多，即工业比农业、商业比工业附加价值高。而这种产业间相对收入的差异导致了劳动力在产业间的流动。法国古典政治经济学的主要代表、重农学派的创始人魁奈分别于 1758 年和 1766 年发表重要论著《经济表》和《经济表分析》，根据自己创立的“纯产品”学说，提出了关于社会阶级结构的划分：生产阶级，即从事农业和创造“纯产品”的阶级，包括租地农场主和农业工人；土地所有者阶级，即通过地租和赋税从生产阶级那里取得“纯产品”的阶级，包括地主及其仆从、君主和官吏等；不生产阶级，即不创造“纯产品”的阶级，包括工业资本家和工人。他在“纯产品”学说的基础上对再生产和流通所作的分析，成为产业结构理论的重要思想渊源之一。

20 世纪 20 年代初，澳大利亚和新西兰的经济学家们开始使用三次产业的概念，这些概念在 30 年代进一步由澳大利亚经济学家费歇尔（A. Fisher）明确，他提出了对现代产业结构理论影响深远的三次产业分类法，奠定了现代产业结构理论的基础。

日本经济学家赤松要早在1935年就提出了著名的产业发展的“雁行形态理论”，主张本国的产业发展要与国际市场紧密结合起来，实现产业结构国际化。他还认为，后起的国家可以通过四个阶段来加快本国的工业化进程；一个国家产业发展的政策要根据雁行形态的特点来制定。所谓雁行形态是指不同经济发展阶段的主导大致经历从劳动密集型到资金密集型再到技术密集型的顺次更替，犹如空中飞行的雁行。后来赤松要的学生小岛清又把雁行形态理论拓展到描述东亚地区由日本、“亚洲四小龙”、“亚洲四小虎”和中国等国家和地区构成的区域间产业转移和分工。美国著名经济学家库兹涅茨在1941年发表的著作《国民收入及其构成》一书中阐述了国民收入与产业结构之间的重要关系。他通过对大量历史经济资料的统计研究，得出结论：产业结构和劳动力的部门结构配置将随着经济增长而不断发生变化；劳动收入在国民经济中所占的比重趋于上升，财产收入的比重则趋于下降；政府消费在国民生产总值中的比重趋于上升，个人消费比重趋于下降。美国著名的计量经济学家、投入产出分析法的创始人里昂惕夫也在产业结构理论研究方面作出重要贡献。他发表的《1919—1929年美国经济结构》一书，对美国经济结构进行了深入、系统的分析，是产业结构理论的经典之作。20世纪40年代英国经济学家克拉克（C. Clark）继承了费歇尔的研究成果，利用三次产业分类法，研究了资源在产业间的流动现象。他在1940年出版的《经济发展条件》一书中，通过对40多个国家和地区不同时期三次产业劳动投入和总产出资料的整理和比较，总结出了劳动力在三次产业中的结构变化与人均国民收入的提高存在着一定的规律性，这一结论被人称为配第—克拉克定理，揭示出产业结构演变的规律，也标志着产业结构理论的正式形成。

产业结构理论在20世纪50～60年代得到迅速发展。这一时期对产业结构理论研究作出重要贡献的有里昂惕夫、库兹涅茨、刘易斯、赫希曼、罗斯托、钱纳里、霍夫曼等。里昂惕夫在以前研究的基础上，进一步对产业结构进行了深入、系统的研究，于1953年和1966年分别出版了《美国经济结构研究》和《投入产出经济学》两部著作，建立起对产业结构研究具有重要价值的投入—产出理论分析体系，包括投入—产出分析法、投入—产出模型和投入产出表等。他利用这一分析方法对经济体系的结构与各部门在生产中的关系进行了研究，并对经济的动态发展以及技术变化对经济的影响加以分析。他还研究了对外贸易与国内经济的关系，分析了国内各地区间的经济关系以及各种经济政策所产生的影响。库兹涅茨将经济增长与产业结构关系方面的研究进一步推向深入，出版了《现代经济增长》和《各国经济增长》等重要论著。

发展经济学的创始人之一，美国著名经济学家刘易斯于1954年发表著名论文《劳动无限供给条件下的经济发展》，提出了用以解释发展中国家经济问题的“二元经济结构”理论分析模型，其主要内容是：整个经济由弱小的现代资本主义部门与强大的传统农业部门所组成。经济的发展就是要扩大现代资本主义部门，缩小传统的农业部门。发展中国家可以利用劳动力丰富这一有利条件，加速经济的发展。1958 年，他又出版了《经济增长理论》一书，全面分析了影响经济发展的各种经济因素和非经济因素，包括资本积累、技术进步、人口增长、社会结构、经济制度、宗教、文化历史传统、政治、心理等。这些分析大大深化和丰富了产业结构理论的研究。

德国经济学家拉尼斯与美籍华人学者费景汉一起对刘易斯的二元经济发展理论进行了进一步的补充和发展。他们把二元经济结构的演变分为三个阶段。在第一阶段，农业部门存在着隐性失业，劳动的边际生产率为零，劳动力的供给弹性无限大。在此后的两个阶段中，农业中逐渐形成生产剩余，可以用来满足非农业部门的消费，从而有利于农业部门的剩余劳动力向工业部门转移；当工业部门能够以农业生产资料装备农业的时候，农业和工业这两个部门就可以得到共同的发展。拉尼斯还认为，农业劳动生产率作为一种技术改进的重要函数，它的提高将会减少农业工人人数和总劳动剩余。他不仅认为在收入分配变化及与之相关的经济增长之间存在着直接的联系，而且认为在二元经济体系中农业部门与非农业部门之间的相对规模以及储蓄、教育、劳动力市场等有关因素之间也存在直接联系。

美国著名发展经济学家赫希曼于 1958 年出版了对经济发展问题最有影响的著作——《经济发展战略》。在这部著作中，赫希曼根据大量拉丁美洲国家的发展经验，否定了发展中国家必须按照一个谨慎控制的平衡增长路线发展的流行观点，而提出了不平衡经济增长理论及模型。他还突破了早期发展经济学家仅限于直接生产部门和基础设施部门发展次序的狭义论证，而代之以对国民经济计划制订是否应优先、重点发展某些部门的广义探讨。其中，“关联效应”（包括前向关联效应和后向关联效应）理论和“最有效次序”理论，成为发展经济学的重要分析工具。

美国著名的经济史学家罗斯托在其《经济成长的过程》和《经济成长的阶段》等著作中，提出了著名的主导产业扩散效应理论和经济成长阶段理论。他认为，产业结构的变化对经济增长具有重要影响；在经济发展中要重视发挥主导产业的扩散效应。他同时还认为，决定社会经济发展的最终动因是人的主观倾向：发展科学的倾向、把科学应用于经济目的的倾向、创新的倾向、寻求物质进步的倾向、消费的倾向等。他的这些理论对产业结构研究有着广泛的影响力。

美国著名经济学家钱纳里在产业结构问题研究方面也作出了重要贡献。他认为，经济发展中资本与劳动的替代弹性是不变的，从而发展了柯布—道格拉斯的生产函数学说。他指出，在经济发展过程中产业结构会发生变化，对外贸易中初级产品出口将会减少，逐步实现进口替代和出口替代。他的研究成果有《产业关联经济学》《发展计划研究》《发展的模式》《结构变化与发展政策》《工业化和经济增长的比较研究》等。

德国经济学家霍夫曼对在工业化进程中产业结构的演进问题进行了开创性研究。他把结构型变量引入需求方程式，并成功地论证了它在统计学中的实际意义；同时，他还对进口替代在经济发展中的作用进行了重点研究，从而大大推进了产业结构理论的研究，他所提出的霍夫曼比例和霍夫曼工业化经验法则具有很大的应用价值和广泛的影响力。

荷兰经济学家、经济计量学的创始人之一丁伯根在有关经济政策制定的理论研究中，推进了某些产业结构理论的研究进程。例如，他认为，经济政策就是要有意识地运用一些手段以达到某种目的，其中就包含了调整结构的手段。他把经济政策区分为数量政策、性质政策和改革三种。其中，性质政策就是要改变结构（投入产出表）中的一些元素，改革就是改变基础中的一些元素。又如，他在他的发展计划理论中所采用的大型联立方程式体系，就是凯恩斯、哈罗德—多马及里昂惕夫等多种模型的混合；另外，他所采用的部分投入产出法，就是一种产业关联方法，它直接从投资计划项目开始，把微观计划简单地加总成为宏观计划。

日本是产业结构理论研究和实践的重要国家，日本许多经济学家都对产业结构理论的研究作出了贡献。如研究经济周期理论和产业结构问题的著名日本经济学家筱原三代平在《日本经济的成长和循环》《收入分配和工资结构》《消费函数》《日本经济之谜——成长率和增长率》《产业构造论》《现代产业论（产业构造）》等著作中，对产业结构方面的许多问题进行了分析。另外，马场正雄、宫泽健一、小宫隆太郎等日本经济学家也都对产业结构理论的研究作出了重要贡献。① 因为产业结构的这些理论在产业结构的有关章节中有详细讲解，此处不再赘述。

通过上述对产业结构理论发展脉络的简单概述可以发现，产业结构研究与发展经济学有很大的交叉，而且相比产业组织理论，产业结构研究的政策意涵更强，但从研究方法上，相比产业组织理论要略显单薄，近些年，随着计量经济方法在产业结构和产业发

---

① 马场正雄在这方面的研究成果有《现代产业论（产业构造）》（与筱原三代平合著，昭和48年）、《经济预测》、《景气变动的分析与预测》等；宫泽健一的研究成果有《产业经济学》《日本的经济循环》等；小宫隆太郎的研究成果有《日本的产业政策》；池田胜彦的研究成果有《产业构造论》；佐贯利雄的研究成果有《日本经济的结构分析》；筑井甚吉等提出了著名的“大道定理”也很有影响。

展领域的应用日益普遍，实证性产业结构和政策研究的进展迅猛。

三、产业经济学的应用经济学特征及分析方法

（一）产业经济学的应用性质

从理论价值角度，经济理论可分为理论经济学和应用经济学。理论经济学或称经济学基本理论，所要回答的是一些最为基本的经济问题，如不同经济制度的公平与效率差异和合理的制度安排，不同经济体制的资源配置功能比较与可供选择的经济体制，人类经济行为的一般模式，经济活动的一般规律，等等。因此，一些学科，诸如政治经济学、微观经济学、宏观经济学、国际经济学等可以称之为理论经济学。应用经济学则不同，它主要研究一些更现实、更贴近实际的问题，这些问题或者是理论经济学在某一领域中的展开或具体化；或者是理论经济学的某种应用；或者是基于某种现实经济现象和实践开辟一个新的研究领域等。产业经济学属于应用经济学范畴。

产业经济学的应用经济学特性，首先表现在它所研究和回答的问题上。从产业经济学内容体系看，它具有鲜明的“问题”导向性，如产业组织理论主要围绕规模经济问题、垄断与竞争问题、兼并与研发问题、市场运行绩效问题等进行研究；产业结构理论则主要围绕着产业结构发展过程中的优化、升级与竞争力提升等问题展开研究。政府规制理论从产生到发展至今，主要是基于不同国家政府对产业进行规制的实践，同时结合相应经济学理论，总结和提炼出政府规制的理论，形成政府规制理论体系。产业经济学的其他内容，包括产业政策理论、产业发展的新模式、产业集群、全球价值链、产业融合以及新产业革命等，都源于对产业发展现实的现象提炼、规律发现和趋势把握，是对产业发展实践的理论升华。可见，产业经济学的研究带有很强的实践性和应用性，其产生和发展都与现实产业经济发展需要解决的问题紧密相关。

产业经济学的应用经济性质，最突出地表现在产业经济学研究具有较为明确的“政策”含义。可以说，产业经济理论从产生到发展的整个过程，都与政府制定产业政策的实践紧密地联系在一起。20 世纪 50 年代以梅森、贝恩为代表的哈佛学派产业组织理论的提出，标志着产业组织理论的诞生。该学派的基本理论成为当时美国等国家制定反垄断政策的重要理论基础。70 ~ 80 年代，日本产业经济学理论的许多研究成果，也为日本政府制定产业振兴和产业结构调整政策提供了重要理论基础，再往前推，日本在第二次世界大战后实行的产业结构政策，特别是幼稚产业保护政策和主导产业扶持政策，对日本产业乃至整个经济的振兴发挥了重要作用，虽然其中也不乏大量无效的产业政策。

产业经济学的应用经济性质最终体现在它的有效经济哲学观上。现代产业经济学的产生和发展，首先是经济学体系自身分化、扩展和向纵深领域不断探索的结果，是人们对复杂的经济活动的认识能力不断发展的产物。但是，在直接的意义上，这种发展却是与人们经济哲学观的转变分不开。系统的经济学理论是在历史进入资本主义发展时期之后产生的。在直到20世纪30年代之前的西方正统经济学中，在占主流地位的人们的经济观念中，受到推崇的是亚当·斯密的“看不见的手”的理论，也就是说，人们普遍信奉的是自由放任的经济哲学观念。依据这种观念，市场是决定社会资源配置、调节经济运行、维持经济秩序的最为有效的手段，依据这只“看不见的手”，社会实现了最优的生产、最优的交换和最优的分配，从而实现了社会福利的最大化。任何人为的干预，都是多余的和有害的。毫无疑问，从这种经济哲学观中所产生的只能是“无为而治”的政策主张以及论证、赞美自由竞争和完全的市场经济理论。

然而，客观的经济发展实践对这种认识作出了否定的回答。20世纪30年代的世界性经济危机，彻底打破了早期思想家演绎出的关于“看不见的手”的神话，现实是自由竞争的发展产生了垄断；完全的市场引发了危机与混乱；自由贸易的扩大导致普遍的保护主义；等等。这一切不仅宣布了一种经济哲学走向危机，而且事实上结束了一种发展模式——完全放任的经济发展模式。在大危机中产生的凯恩斯革命，对于现代经济理论发展具有重要意义，其重要性不在于将总量分析纳入经济研究的范围，开创了宏观经济分析方法，而在于他在经济哲学上放弃了自由放任的唯一正统地位，确定了政府干预经济的必要性，并为之设计出一系列政府干预经济的政策手段。当然，凯恩斯宏观经济学及其政策含义不曾深入产业层次上，只是从宏观层面展开分析的。而现实经济生活中的各种复杂关系，并不仅仅都是通过“总量”的解释所能揭示出来的，还需进入产业的层面，通过对产业组织、产业结构的分析，把握经济运行中的复杂经济联系，并将市场机制与政府干预在产业结构与产业组织的研究中体现出来。

近年来，国内经济学理论界关于产业政策有效性及实施方式的争论引起社会的广泛关注，与此同时，随着新一轮产业革命的迅速发展以及国际竞争格局的变化，以美国为代表的发达国家越来越多地使用政府力量促进某些产业发展，最有代表性的是发达国家政府对人工智能等新一代信息技术产业发展的规划与扶持。这说明，在产业发展中完全摆脱政府之手，褪掉产业经济学的应用性与政策意涵特征既不可能，也不现实，产业经济学是一门源于经济和产业发展现实，又反过来应用和指导产业经济发展实践的学科。

（二）产业经济学的分析方法

产业经济学是经济学中的一个分支学科，从一般意义上，经济学研究的所有方法都可在产业经济学研究中被加以应用。从不同的方法划分类别看，如实证分析与规范分析相结合的方法、定性分析与定量分析相结合的方法、静态分析与动态分析相结合的方法等。但产业经济学研究还有一些对其较为重要和常用的方法，主要有以下五个。

（1）统计分析与比较分析相结合的方法。产业经济学研究中，许多研究成果是通过大量的统计分析总结出来的。统计分析工具也是实证分析的基本工具，包括经济统计和数理统计。在具体研究某一国、某一时段的产业问题时又必须考虑到各国自身的特点，包括资源、经济状态、文化传统、人口等方面，要与别国相应的特点进行比较，从而得出具有客观依据与科学性的一般规律。比较研究还可以是在一国内的不同产业之间进行，以及就特定产业做不同历史发展阶段的比较研究等。比较研究的目的不仅在于揭示不同产业、不同国家或者不同发展阶段的差异，还在于从中找到产业发展的一般化规律。

（2）结构主义分析方法。结构主义分析方法认为系统的行为是由系统的结构所决定的，所以从产业经济的研究初始，就十分注重研究产业与产业之间的关系结构以及产业内各企业相互作用的关系结构，并由此结构出发研究整个产业的整体行为。例如，在研究产业与产业之间的关系时，产业结构就是产业经济学中最重要的研究对象之一；而在产业组织的研究中，著名的哈佛学派所提出的市场结构决定市场行为、决定市场绩效的结构—行为—绩效模式在产业组织领域曾长期占统治地位。

（3）案例分析方法。在产业组织理论产生的早期阶段，案例分析方法应用广泛，研究的主要对象是不同的产业部门，如对烟草业、钢铁业等的垄断与竞争状态的具体研究等。目前这一分析方法也被用于对特殊产业发展的研究过程中。尤其是对产业发展的新现象、新趋势，例如新产业革命对传统产业的影响与渗透，新技术、新业态、新模式对产业发展的影响等方面的研究，案例分析方法所具有的见微知著的特点可以克服数据不足等制约，获取更有价值的一些研究结论。

（4）计量分析方法。计量分析方法在产业经济学研究中也被广泛应用，在研究影响市场结构因素的文献中，特别是在研究企业组织结构的文献中，计量分析方法具有特别重要的意义，它能够揭示不同要素之间的数量关联，从而验证相关理论在实证层次上的有效性。我国产业经济学发展的初期，有关产业结构和产业发展等相关主题的研究，更多的是采用归纳、演绎等定性分析，辅之以统计分析等，但仅十几年来，计量分析发展在产业结构与发展研究中得到普遍应用，与定性分析相辅相成，就连一直认为最难以量化的产业政策分析，最近数年随着计量分析方法的拓展也越来越多地进行政策效果评估等量化分析。

（5）博弈论研究方法。博弈论（game theory）是现代数学的新分支，也是经济学的标准分析工具之一，其核心是研究行为决策主体的策略性互动作用的决策，以及这种决策的均衡问题。1944 年，冯·诺依曼和摩根斯坦共著的划时代巨著《博弈论与经济行为》将二人博弈推广到 n 人博弈结构并将博弈论系统地应用于经济领域，在产业经济学的产业组织研究中，博弈思想已经成为基本理论基础，博弈分析也成为基本分析工具。当一个行为主体的选择受到其他行为主体选择影响，而且反过来影响到其他行为主体选择时的决策问题和均衡问题是产业组织研究的核心问题之一。寡头垄断企业的竞争行为与博弈论关于竞争主体的行为假定是一致的，由此决定了寡头垄断企业的竞争行为成为博弈论原理的重要应用领域。将这一理论引入产业经济学中，使得产业组织理论的研究更加规范化和更具科学性。

（三）本书理论体系

本书从内容上共分为六大部分：产业组织理论、产业结构理论、产业发展理论、产业政策理论、政府规制理论以及互联网经济条件下的产业经济理论。

产业组织理论仍按照主流产业组织理论的结构—分析—绩效分析范式及逻辑，对市场结构、市场行为、市场绩效的相关理论进行了分析。其中，市场结构理论重点分析了市场结构的含义、类型，以及影响市场结构的主要因素，包括市场集中度、规模经济与范围经济、市场进入与退出壁垒等，还具体分析了同质产品市场和差异产品市场。市场行为理论主要分析了企业的兼并行为；垄断定价与策略性定价行为；企业的研发、创新与专利行为；信息与广告行为等。市场绩效理论重点分析了市场绩效的评价与度量，同时对结构—分析—绩效分析范式的基本内容及科学性进行了评析。

产业结构理论部分主要分析了产业结构的基本理论，包括产业分类、产业结构的演变规律及影响因素。产业关联是产业结构的重要内容，本书对产业关联的分析与全球价值链嵌入相结合，重点分析了产业关联的内涵及形式、投入产出表与基本模型、产业波及效果分析、全球价值链分工与跨国投入产出分析等。该部分还包括产业结构优化理论，重点分析了产业结构合理化、产业结构高度化、产业结构的服务化以及产业结构优化升级的实现路径等。

随着产业融合化、分工和合作的多样化趋势增强，产业发展出现许多原有产业经济理论难以解释的新现象和规律，为此，本书选择较有代表性的三种产业发展新模式——产业集群、产业融合和产业模块化进行分析。产业集群包括产业集群内涵及其理论发展、产业集群的类型和构成主体及其动态演进、产业集群的竞争优势等。产业融合分析包括产业融合的实质与分类、产业融合的动因和产业融合的经济效应等；产业模块化分析包括模块化的基本界定、产业模块化研究的主要理论流派、模块化对产业经济发展的意义等。

近年来，产业政策在不同国家产业发展和产业转型升级中的作用日渐突出，加之学术界及其他领域对产业政策的功能认知和评价出现较大分歧，本书专设两章分别对产业政策的基本理论和最新发展进行了分析。产业政策的基本理论部分包括产业政策的内涵及功能、产业政策的内容体系、产业政策的有效性理论，以及产业政策的分类等。产业政策的新发展，主要分析了产业政策的理论争论、产业政策的转型以及产业政策研究的未来趋势等。

政府规制理论一直是产业经济学的重要内容，在本书主要从理论与实践两个层面对该理论进行了分析。政府规制理论重点分析了政府规制的一般内容及特征、经济性规制与社会性规制，以及政府规制理论与方法的发展等；政府规制的实践部分对主要发达国家政府规制改革的实践进行了分析，包括政府规制改革的内在动因、放松规制及其效果等，同时还分析了我国经济性规制的改革和发达国家社会性规制的实践等。

最后一部分是网络经济条件下的产业经济学。网络经济作为一种与农业经济、工业经济不同的新的经济形态，引起产业经济运行规律与企业竞争关系的新变化，网络信息技术与现有产业深度融合引起产业业态的深刻变革。为反映网络经济条件下产业经济发展的最新变化，本书重点分析了网络经济条件下的产业组织和互联网引起的产业业态变革。网络经济条件下的产业组织重点分析了网络经济的基本特征及运行规律、产品兼容性及其效应、标准竞争与企业竞争策略等；互联网引起的产业业态变革，主要分析了互联网应用所引起的服务业、制造业和农业业态的变化。

总之，本书理论体系既包括了传统产业经济学的基本内容，同时根据产业经济理论与实践的最新发展，分析提炼出部分新的产业经济理论及观点，兼顾了理论体系和分析内容的继承性与创新性、理论性与实践性的统一。

第二章

市场结构

市场结构是用来描述在某一特定市场或产业中，企业与企业之间所具有的市场关系特征和形式的概念。一般通过买者和卖者的数量和规模分布（市场集中度指标）、产品差异程度、厂商进入退出的壁垒、厂商一体化或多样化经营程度、规模经济等来描述。本章主要分析市场结构的含义、类型及主要影响因素。

第一节　市场结构的含义与类型

一、市场结构的含义

“市场”在不同的场合往往被赋予不同的内涵，有时指发生交易的场所，如农贸市场、工业品市场等；有时指一种抽象的调节经济的机制，如计划与市场。产业组织理论研究的“市场”一般与产品的供给与需求相关联。从较严格的经济学意义上说，当且仅当两种商品是完全可替代品时，它们才属于同一市场。按照这种理解，则所有的市场就只能由单个厂商提供产品或服务了，因为不同的厂商所生产的产品或提供的服务必定存在某些方面的差别，包括物理、区位、可用性、包装等。现实中大多数厂商实际上并不拥有绝对的垄断权。一种商品的价格提高总会使消费者在少量的可替换商品中寻找替代品，以满足该方面的需求。可以说，以上对市场的理解是一种“窄派”的观点。

但这种对市场的理解在现实中会遇到一定问题，特别是在反垄断判定中，对市场的不同界定往往会导致不同的判定结果。例如，1947 年杜邦公司在美国玻璃纸市场中占据了极高的市场份额，美国司法部据此认定杜邦公司非法垄断玻璃纸的生产和销售，并提出诉讼，要求对杜邦公司处以高额的罚金。这时，为回应司法部的指控，杜邦公司提出自己对市场的理解，认为玻璃纸只是“柔性包装材料”中的一种，其他柔性包装材料还有蜡纸、铝箔、氢氯化橡胶、聚乙烯等。杜邦公司同时向法院提供了有说服力的证据，证明玻璃纸和这些商品之间存在很高的需求交叉弹性，它们都是很相近的替代品，应同属一个市场，即柔性包装材料市场。这样一来，玻璃纸市场的范围被大大放宽，杜邦公司的所谓垄断地位也就不再成立。6 年之后，联邦法院终于通过了著名的玻璃纸裁决，杜邦公司胜诉。

当然，对市场的定义也不能过于宽泛，因为任何一种商品都存在现实的或潜在的替代品，或者说任何两种商品之间都或多或少会存在一定的替代关系，尤其是对于消费品更是如此。例如，彩电价格上升，消费者为维持主观效用不变，也可能节约耐用消费品的开支，而增加对食品、衣着的消费，这时食品、衣着的需求量就可能上升，如果根据这种微弱的替代关系就把彩电和衣服划归为同一市场，显然是不合理的。这种对市场的定义就过于宽泛了。而这种对市场的理解既不适合于对经济作局部均衡分析的要求，也不适合于产业组织理论对厂商间主要市场竞争关系的分析和描述。

现代产业组织理论对市场的界定，主导性的观点是指同一产品（服务）或相近替代品买卖关系的总和。它一般是通过测度两种商品之间的需求交叉弹性来加以判定。若两种商品的需求交叉弹性为正值，则称这两种商品为替代品；若需求交叉弹性为负值，则两种商品为互补品。如果两种商品的交叉弹性较大，则可判定这两种商品同属于一个市场。然而，究竟两种商品的交叉价格弹性多大才算大呢？这里并没有一个一致的标准。这一问题引起经济学家和反托拉斯官员在对特定产业的垄断势力程度进行判定上发生争论。为此，人们从具体应用的角度提出许多尽管是不完备但却是有益的判定准则。如英国著名经济学家罗宾逊夫人（Robinson，1933）就提出以下推断方法：先从给定的商品开始，然后考察该商品的替代品，再考察这些替代品的替代品，以此类推……直到发现替代品链中出现明显的差别。她认为，正是这些差别确定了该商品相关市场的界限。但这样一种推导方法也存在一定缺陷：一是某些产品尽管是属于同一替代品链，但它们未必属于同一市场；二是这一定义只是针对现存的竞争而没有考虑到潜在的竞争；三是结果与如何精确定义“差别”有关。美国司法部的某些规定提供了一些相关的准则，从一定的产品和卖家开始，不断加上密切的替代品（未必是由同一卖家所生产），直到这一类产品作为一个整体具有充分低的自身需求弹性，这些产品的卖家如果合谋，会收取高于某种生存水平的平均垄断加价。这一组产品就称为一个市场，这样一来，实际人员就不必再去寻找差别。美国的横向兼并指南则提供了更为细致的界定方法：当某一商品的价格上涨 5% 时，如果消费者会部分转向其他替代商品，则这些替代商品就被视为与该商品处于同一市场。再一种对市场的判定准则来自观察商品价格之间的相关性。这一方法的依据是属于同一市场的商品往往面对相似的成本和需求冲击，因而它们的价格是相关的。然而，在一般情况下，两种产品价格相关，只能是这两种商品属于同一市场的必要条件而非充分条件。

可见，对市场的界定并不是一件很容易的事情。但按照某种标准，一旦确定了某一特定的市场，就可以在此基础上定义市场结构。在产业组织理论中，市场结构是指在某一特定市场（是指生产具有密切替代关系的产品市场）上企业所构成的市场关系的特征与形式。这种市场关系主要包括以下四个方面：卖方（企业）之间的关系；买方（企业或消费者）之间的关系；买卖双方的关系；市场内现有的买方、卖方与正在进入或可能进入该市场的买方、卖方之间的关系等。

二、市场结构的类型

（一）现代微观经济学关于市场结构的四种基本类型

现代微观经济学根据市场垄断或竞争程度的强弱，将市场结构划分为四种基本类型：完全竞争市场、完全垄断市场、垄断竞争市场和寡头垄断市场。

1. 完全竞争市场

完全竞争市场是指那些市场集中度很低、产品同质、市场信息完备、不存在任何进入与退出壁垒的市场或行业。完全竞争市场只是一种理论的抽象，在现实经济中，这种市场所要求的条件是很难完全具备的。多数农产品市场也只是接近于这种市场状态。

2. 完全垄断市场

完全垄断市场是指那些产业绝对集中度为100%、市场上的产品没有任何替代产品、市场进入壁垒很高的市场或行业。与完全竞争市场一样，完全垄断市场也是一种在现实中很难出现的市场。因为在现实经济中，任何一种产品往往有多种替代品，尽管可能替代程度较低或只是潜在替代。这些替代品的存在是导致市场竞争的因素。

3. 垄断竞争市场

垄断竞争市场是指那些产业集中度较低、产业市场内存在较多的企业、每个企业的市场占有率较低、市场势力较弱的市场或行业。产业市场上的产品存在一定的差别，这种差别体现在质量、外观、商标、售后服务、品牌和声誉等方面。产品差别的存在，使市场呈现出一定的垄断性，而市场产品又具有一定的替代性，以及产业市场内企业较多，从而导致市场具有一定程度的竞争。垄断竞争市场的进入与退出壁垒都较低，企业的规模相对不大，原始投入资本也较低，新企业进入和原企业退出市场都相对容易。垄断竞争市场是一种比较接近现实经济状况的市场结构。

4. 寡头垄断市场

在这类市场或行业，产业集中度较高。由于产业市场被少数大企业所控制，它们生产和销售的产品在产业总生产量和总销售量中，都占有很大的比重，因此，市场集中度较高，产业的进入与退出壁垒较高。产业内的少数大厂商在资金、技术、生产和销售规模、产品知名度和销售渠道等方面，都占有绝对优势，因此，新企业很难进入这个行业与原有企业展开竞争。同时，由于垄断企业的生产规模较大、投入的资本量也很大，所以企业退出壁垒较高。

寡头垄断市场是一种介于完全垄断和垄断竞争之间、垄断因素强于垄断竞争市场，而竞争因素又强于完全垄断市场的一种市场结构，是一种在现实中较常见的市场结构。现代市场经济国家的许多重要产业部门都呈现出这种市场结构形态。

（二）贝恩、植草益对市场结构的划分

现代微观经济学关于四种基本市场结构类型的划分，突破了早期只把市场划分为完全垄断和完全竞争两种极端形式的弊端，具有重要的理论意义。但在实践中，在对市场结构的研究和分析中，为了增强可操作性，这种划分仍有待于进一步细化。为此，美国著名产业经济研究专家贝恩和日本著名产业经济研究专家植草益等分别在对本国产业市场结构进行实证研究的过程中，将不同垄断、竞争程度的市场结构做了进一步更具实用性的划分。

贝恩依据产业内前四位和前八位的行业集中度指标，将不同垄断、竞争结合的产业市场结构进行了以下划分（见表2－1）。

表2－1　　贝恩的市场结构分类

市场结构	C_4 值（%）	C_8 值（%）
寡占Ⅰ型	$75 \leq C_4$	—
寡占Ⅱ型	$50 < C_4 \leq 85$	$85 \leq C_8$
寡占Ⅲ型	$35 \leq C_4 < 85$	$75 \leq C_8 < 85$
寡占Ⅳ型	$35 \leq C_4 < 50$	$45 \leq C_8 < 75$
寡占Ⅴ型	$30 \leq C_4 < 35$	$40 \leq C_8 < 45$
竞争型	$C_4 < 30$	$C_8 < 40$

资料来源：［美］J. S. 贝恩：《产业组织》，经济科学出版社1981年版，第141～148页。

植草益运用日本1963年的统计资料，也对不同市场结构进行了划分（见表2-2）。

表2-2　　植草益的市场结构分类

市场结构		C_8 值（%）	产业规模状况（亿日元）	
粗分	细分		大规模	小规模
寡占型	极高寡占型	$70 < C_8$	年生产额>200	年生产额<200
	高、中寡占型	$40 < C_8 < 70$	年生产额>200	年生产额<200
竞争型	低集中竞争型	$20 < C_8 < 40$	年生产额>200	年生产额<200
	分散竞争型	$C_8 < 20$	年生产额>200	年生产额<200

资料来源：［日］植草益：《产业组织》，筑摩书房1982年版，第16页。

第二节　市场集中度

一、市场集中度的含义

在产业组织理论中，市场集中度是反映市场竞争和垄断程度的最基本的概念和指标。所谓市场集中度是指市场中卖方、买方各自的供求规模及其分布。由于在研究中，有关买方规模及其分布的资料难以统计和测量，加上绝大多数产业买方购买相对分散，单个或少数买者并不足以影响市场运行的最终结果，因此对市场集中度的研究大多从卖方的角度加以刻画和分析。由于市场集中度是反映特定市场集中程度的指标，所以它与市场垄断力量的形成密切相关，正因为如此，产业组织理论把市场集中度作为影响和决定市场结构的首要因素。

一般情况下，市场集中度与特定产业的生命周期有关。任何产业都存在着一定的生命周期，随着某一产业从诞生、成长、成熟到稳定（或衰退）的逐步演进，企业的数量以及集中度也会发生一定的变动。一般而言，大部分的进入和退出行为对于行业中最大厂商的影响会相对较小。在产业发展的初期，市场集中度很低；当产业技术成熟、进入繁荣期时，市场集中度会逐步提高，而后趋于稳定；随着产业的衰退，部分厂商退出，市场集中度就会再度上升。

二、市场集中度的度量

市场集中度的度量主要采取两种方法：绝对法和相对法。绝对法主要是绝对集中度的度量，相对法主要是计算相对集中度。

（一）绝对集中度

绝对集中度是指行业内规模最大的前几位企业的有关数值（产值、产量、销售额、销售量、资产总额、职工人数）占整个市场或行业的份额。计算公式为：

$$CR_n = \sum_{i=1}^{n} X_i / \sum_{i=1}^{N} X_i \tag{2.1}$$

式中，CR_n 即市场中前 n 位企业的绝对集中度，n 的取值取决于研究的需要，通常计算 CR_4 或 CR_8，N 为行业内的企业总数。X_i 为该市场中第 i 位企业的有关数值（产值、产量、销售额、销售量、资产总额、职工人数），由于不同行业或同一行业不同时期的特点不同，需要以不同的数值为基础计算产业集中度。例如，对于资本密集型的行业而言，使用以资产总额为计算基础的集中率进行比较意义不大；对于劳动密集型的行业，使用以职工人数为计算基础的集中率进行比较也无法反映真实的情况。销售额是最常用的计算基础，但是对于纵向一体化企业而言，使用它就可能低估该企业在行业中的地位。

绝对集中度指标综合反映了企业数量和企业规模这两个决定市场结构的重要因素。一般说来，CR_n 值越高，说明前 n 位企业在整个市场的供给中所占比重越大，对市场的操纵能力也就越强；而CR_n 值越低，则意味着少数厂商的市场垄断力越小，卖者之间的竞争越强。由于在实证研究中，绝对集中度的计算简单易行，因此使用较为广泛。

但绝对集中度指标也存在一定的缺陷，主要表现在以下三个方面。第一，它只反映了前 n 位企业的总体规模和分布，而忽略了其余中小企业的分布状况。第二，不能揭示出市场中前 n 位最大的企业之间的相对规模和比例，如两个市场（产业）的CR_4 均为 80%，但可能一个市场前四家企业的市场份额相当，而另一个市场则是最大一家企业，占据了 50% 的份额，其余三家企业的份额平均分布。前者表明这四家企业实力相当，共同左右市场的运行；而后者企业实力悬殊，第一家企业居于主导地位。第三，绝对集中度难以反映市场容量增长、企业兼并所导致的规模和分布的变动状况。例如，某个市场 CR_4 达到 80%，而自第五家企业起各个企业所占市场份额极小，这时倘若前四家企业中有任意两个企业发生兼并，必然会导致兼并后的企业实力明显增强，对市场的支配力大大上升，而这一点从CR_4 的统计数据中几乎得不到反映。

除了绝对集中度之外，衡量市场集中度的绝对法计算指标还有①：海纳—凯指

① Shepherd, William G. Economics of Industrial Organization. Prentice-Hall, Inc., Englewood Cliffs, NJ. 1979: 388 – 390.

数、因托比指数（entropy index，或译为“熵”指数或E指数）和罗森布鲁斯指数（rosenbluth index）。海纳—凯指数用公式表示为：

$$I_{HK}=\frac{\sum_{i=1}^{n}(s_i)^{a}}{1-\alpha} \tag{2.2}$$

式中，α是一个调整因子，取值范围为$0.6\leqslant\alpha\leqslant2.5$。

因托比指数用公式表示为，取值范围是$0\leqslant I_E\leqslant \log N$，与赫芬达尔—赫希曼指数$I_{HH}$不同，因托比指数对每一个企业的市场份额赋予一个权数$\log(1/S_i)$，亦即赋予大企业的权数较小，赋予小企业的权数较大，结果是因托比指数的大小与实际情况恰好相反，指数值越大说明集中度越低，指数值越小说明集中度越大。

罗森布鲁斯指数用公式表示为：

$$I_R=\frac{1}{(2\sum_{i=1}^{N}i\times S_i)-1} \tag{2.3}$$

罗森布鲁斯指数取值范围是$\frac{1}{N}\leqslant I_R\leqslant1$。该指数是建立在对每一个厂商市场份额排序的基础之上，因此较好地反映了市场中厂商数量多少和小厂商的情况。

（二）相对集中度

相对集中度是衡量市场集中度的相对指标，主要有两类：一是洛伦兹曲线（Lorenz curve）和基尼系数（Gini coefficient）；二是赫芬达尔—赫希曼指数（Herfindahl-Hirschman index）。

1. 洛伦兹曲线和基尼系数

洛伦兹曲线是表明市场占有率与市场中由小企业到大企业的累积百分比之间的关系（见图2-1）。

图2-1中，横轴是按规模从最小企业到最大企业数目的累积百分比，纵轴是厂商市场份额的百分比，表示这些企业的销售额占市场规模分布情况，45°线为厂商规模分布的绝对平均线，即市场是一个均齐分布的结构（意味着20%的厂商占有20%的市场份额，40%的厂商占有40%的市场份额）。右下角的90°线为厂商规模分布的绝对不平均线，即独家垄断。处于45°和90°线之间的洛伦兹曲线代表了厂商规模分布的差异，是一条向下弯曲的曲线，如图2-1中的阴影部分下部的曲线。它代表厂商规模分布的差异比45°线的差异大，却比90°线的差异要小。图2-1中的阴影部分的面积越大，厂商规模分布的差异就越大。当然，当行业中只有极少数几个规模相同的企业时，使用洛伦

兹曲线无法反映出这种寡头垄断市场结构的规模分布情况。

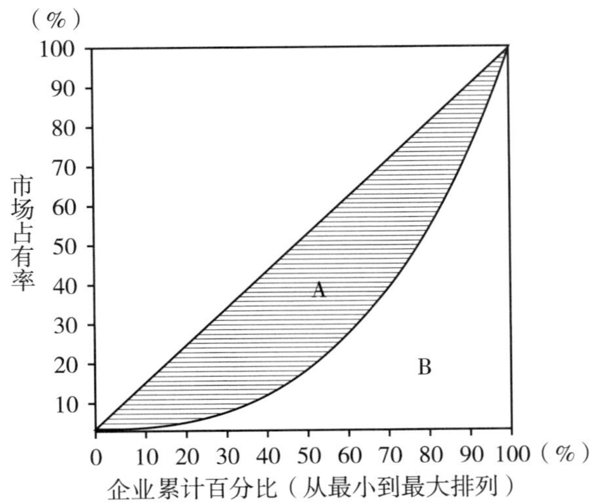

图 2-1 洛伦兹曲线

基尼系数。基尼系数也是一种相对集中度指标，它建立在洛伦兹曲线的基础上，等于均等分布线（对角线）与洛伦兹曲线之间的面积（图 2-1 中阴影部分的面积）与以均等分布线为斜边、以横轴为直角边构成的三角形面积之比，用公式表示为：

$$GI = \frac{A}{A+B} \tag{2.4}$$

洛伦兹曲线和基尼系数原是经济学家用来反映收入分配不均的一对指标，产业组织理论用它们来反映行业内部企业规模的差异。基尼系数越大，厂商规模的差异越大；反之，基尼系数越小，厂商规模的差异则越小。理论上基尼系数的取值范围是 $0 \leqslant GI \leqslant 1$。当基尼系数等于 0 时，表明洛伦兹曲线与均等分布线重合，即所有企业规模完全相等；当基尼系数趋向 1 时，表明企业的规模分布越来越不均等。

与绝对集中度指标相比，洛伦兹曲线和基尼系数能够更直观地反映厂商的规模差异。同时，它们也存在一定的局限性。

第一，洛伦兹曲线和基尼系数是对特定市场中企业规模分布情况的一种相对度量，而不是绝对度量，所以当两家各自拥有 50% 市场占有率的企业组成的市场，会与 100 家各自拥有 1% 市场占有率的企业组成的市场具有相同的洛伦兹曲线，即均等分布线，它们的基尼系数都等于 0。显然，这两种情况下市场结构的性质是完全不同的。

第二，当两条不同形状的洛伦兹曲线所围成的面积大小相等时，所计算出的基尼系数大小也相等。因此，基尼系数并不能代表某一特定市场中唯一的一种企业规模分布状况。由于洛伦兹曲线和基尼系数存在这样的缺陷，所以在使用时要注意。

此外，还可以使用厂商规模的对数方差来衡量相对集中度。厂商规模的对数方差为 $V=\frac{1}{N}\sum_{i=1}^{N}(\log s_i)^2-\frac{1}{N^2}(\sum_{i=1}^{N}\log s_i)^2$，该指标的最大特点是假定厂商规模分布越均齐，厂商之间的竞争性就越强。

绝对集中度和相对集中度的差异主要表现在：绝对集中度只反映了市场中前几家最大厂商的集中度，而未能考虑到参与整个市场的厂商数量和厂商规模的差异程度；而相对集中度则主要考虑到了参与整个市场的厂商规模的差异，却未能考虑到前几位最大厂商对市场竞争、价格等的控制和影响。因此，两种方法各有利弊，单独一种方法都不能完全准确地反映市场中厂商之间的竞争程度，在实际应用中，最好将两种方法结合起来运用。

2. 赫芬达尔—赫希曼指数

由于以上几个指标都存在一定的缺陷，产业组织学者又引入赫芬达尔—赫希曼指数，简称 *HHI* 指数。它是某特定行业或市场上所有企业的市场份额的平方和，用公式表示即为：

$$HHI=\sum_{i=1}^{n}(X_i/X)^2=\sum_{i=1}^{n}S_i^2 \tag{2.5}$$

式中，X 为产业市场的总规模；X_i 为产业中第 i 位企业的规模；S_i 为产业中第 i 位企业的市场占有率；n 为产业内的企业数。

虽然 *HHI* 指数的直观性较差，但却能够灵敏地反映厂商规模分布对集中度的影响。*HHI* 值越大，表明市场集中度越高。当市场处于完全垄断时，$HHI=1$；当市场上有许多企业，且规模都相同时，$HHI=1/n$，n 趋向无穷大，*HHI* 就趋于 0。

同反映绝对集中度和相对集中度的几个指标相比，*HHI* 指数有明显的优势。

第一，它包含了所有企业的规模信息，能够反映出市场集中度所无法反映的集中度的差别。例如，假定有两个市场，一个由 6 家企业组成，另一个由 8 家企业组成，这两个市场规模最大的前 4 家企业的市场占有率是相同的，这样当我们用 4 家最大企业规模测算的产业集中度 CR_4 来衡量两个市场的集中度时，就会发现它们是一样的，而如果使用 *HHI* 指数，却可以反映出这两个市场集中程度的差别。

第二，由于“平方和”计算的“放大性”，*HHI* 指数对规模最大的前几位企业的市场份额的变化反映特别敏感，因此，*HHI* 指数能够真实地反映市场中企业之间规模的差距大小。例如，对于两个由相同数量的企业组成的市场而言，企业间（尤其是最大的几个企业间）市场份额的差距越大，*HHI* 指数越大，表明市场的集中度越高，而市场集中度则可能无法反映这种差异。

HHI 指数也存在一定的缺陷，为了计算某个特定市场的 *HHI* 指数，必须收集到该市场上所有企业的市场份额信息，这往往是比较困难的。

三、影响市场集中度的主要因素

（一）企业规模

在某个特定产业的市场容量不变的情况下，少数企业的规模越大，市场集中度就越高。导致企业规模发生变化的因素包括以下三种。一是企业自身追求规模扩展的动机。对于追求利润最大化的企业而言，为了获得规模经济的效益，会力求把规模扩展到单位产品的生产成本和销售费用降到最低水平的状态；企业通过扩大规模，提高市场占有率，就可以在行业市场上获得一定的垄断力量，也就因此具备了谋取垄断利润的条件；此外，企业的经营者也会出于自身利益的需要而追求扩大企业的规模，因为企业的规模往往会被视为经营者能力和成就的一种信号。二是技术进步为企业扩大规模提供了条件和可能。随着生产技术的发展，许多大型生产设备和生产线的出现，使产品生产经营的规模扩大，企业的规模也因此相应地扩大了。三是政府的政策和法律也会对企业规模产业影响。为了防止垄断损害社会资源配置效率和市场竞争活力，许多国家都制定了反垄断法，限制大规模企业的联合和合并行为。另外，为了提高本国企业在国际市场上的竞争力，政府又会放宽对企业大规模合并和联合的限制，甚至采取一些优惠政策鼓励企业扩大规模。

（二）市场容量

在企业规模一定的条件下，市场容量的变化会导致市场集中度的变化。一般情况下，市场容量的缩小会促进集中度的进一步提高，因为大企业会试图加强兼并来争取更大的市场垄断力量，获得更多的利润；反过来，市场容量扩大虽然可能有利于降低市场集中度，但是因为在市场容量扩大时，处于更优越的竞争地位的大企业常常率先发展，只有当市场容量的增长率很高且超出大企业扩张的速率时，才有可能降低市场集中度。

导致市场容量发生变化的原因很多，包括经济发展速度、国民收入水平和消费结构的改变，以及国家的宏观经济调控政策等。

第三节　规模经济与范围经济

一、规模经济的含义及衡量指标

（一）规模经济的含义

规模经济是指在既定的（或不变的）技术条件下，生产一单位单一或复合产品的成本，如果在某一区间生产的平均成本递减（或递增），那么，就可以说存在规模经济（或规模不经济）。以上定义侧重于从技术角度看待规模经济和规模不经济。但规模经济并不仅限于生产领域，它也可以扩展到整个商业活动（如商品销售、资金筹集、人员培训等）。规模经济是决定市场结构的重要因素之一。它所涉及的问题主要是应否允许和鼓励较大的企业规模，或什么是最低经济规模。规模经济的实现与随着产量增加企业的成本变动有关。

规模经济还可以从要素的投入与产出对比关系方面加以定义。从这一意义上，所谓规模经济是指在投入增加的同时，产出增加的比例超过投入增加的比例，单位产品的平均成本随产量的增加而降低。这种情况也称为规模收益（或规模报酬）递增；反之，产出增加的比例小于投入增加的比例，单位产品的平均成本随产量的增加而上升，即规模收益（或规模报酬）递减，或称为规模不经济。如果投入与产出的比例保持不变，即规模收益（规模报酬）不变。随着社会分工和专业化协作的发展，规模经济的重要性逐渐显示出来，追求规模经济的行为日益渗透到各种经济活动中去。

（二）规模经济的衡量指标

反映规模经济的一个基本指标是函数系数 FC（function coefficient），它是平均成本与边际成本的比率，即：

$$FC = AC/MC \tag{2.6}$$

函数系数与成本弹性有直接联系，成本弹性是产量变化的1%所能引起的成本变化的百分比，即：

$$\rho = \frac{\Delta C/C}{\Delta Q/Q} \tag{2.7}$$

可见，成本弹性是函数系数的倒数。当 $FC > 1$，或成本弹性小于1时，存在规模经济；$FC=1$，或成本弹性等于1时，规模收益不变；$FC<1$，或成本弹性大于1时，说明存在规模不经济。

追求规模经济和反垄断是产业组织理论研究的重要内容。现代大机器生产的突出特点就是规模经济，追求规模经济是提高资源配置效率和增加社会福利的重要条件，但追求规模经济的结果可能是垄断的产生和发展，而垄断使价格机制受到人为因素的控制与扭曲，扼杀竞争，使经济失去活力，破坏资源的合理配置。英国著名经济学家马歇尔在1890年发表的《经济学原理》一书中就提出这一问题，被后人称为“马歇尔冲突”。从此，怎样既实现规模经济，又限制垄断的不利影响，保持市场竞争成为产业组织理论研究的核心问题，也是一个国家在制定产业组织政策过程中面临的重要问题。

二、规模经济的类型

（一）工厂水平的规模经济

规模经济概念最初是从设备、生产线、工艺过程等角度提出来的，这种个别生产过程的规模经济称为工厂规模经济（或生产技术性的规模经济）。它是指大批量生产能够采用更先进的工艺，更大型、更专业化的设备，实现标准化、专业化和简单化操作，从而使单位产品生产成本下降。一般所说的规模经济大多指这类规模经济。

对工厂水平上的规模经济产生的原因，可从工厂内部和外部两个方面进行讨论。从内部因素看，工厂水平的规模经济产生的原因在于以下三方面。

第一，专业化分工的利益。专业化分工可以产生规模经济早在亚当·斯密1776年出版的《国富论》一书中就已被注意到。随着工厂规模的扩大，劳动者可以从事更加专业化的工作。专业化分工使每个劳动者的工作更加简单和容易掌握，时间一长熟能生巧，避免了从一种工作或动作转向另一种工作或动作的时间损失，从而可以使用更加专业化的机器设备，使连续化、系列化生产变为可能。从长期看，分摊到单位产品上的机器设备等固定成本就会降低，这是得自与工厂规模经济相伴而生的生产设备专业化的经济。

第二，管理效率的提高。在大规模生产的工厂中，可以获得管理的高效率，尤其是借助计算机、电话等现代信息处理手段，管理者可以管理和监督的幅度大大扩大，从而使分摊到单位产品上的管理费用减少。

第三，技术上（或物理规律）原因导致的建设费用节省。大规模工厂的机械、装置、建设等方面可以享有技术上（或物理规律）的原因导致的建设费用的经济性。例如，在制造装置的工厂中，要将球的容积增加两倍时，只需把表面积增加1.56倍即可，也就是说建设容积扩大2倍的球时只需多花费原费用的1.56倍。在机械、装置以及房屋建设中，2/3法则是比较普遍起作用的。这就意味着如果机械、设备以及房屋等的规模要扩大两倍时，建设费用只需增加 $2\times2/3=1.33$（倍）。

工厂水平的规模经济也存在一定的界限，超过这一界限就会导致规模不经济。例如，过度专业化分工会造成过多的、需要相互协调才能做好的工作，一旦分工过细、工作过于单调简单，协调不力时就会造成不必要的工作中断。工厂规模过大也会使管理效率降低，高层管理容易产生官僚主义等。

从外部因素看，外部成本和学习曲线是影响工厂水平规模经济的重要因素。

首先，外部成本，特别是运输成本的影响。对于某些产品，运输成本比生产成本更重要，尤其是对那些过重或过轻货物，其单位生产成本相对于运输成本而言很低，如砖瓦、石材、水泥、牛奶等。如果这些产品的市场局限于较小的地理范围，运输费用相对于生产成本来说就显得不太昂贵，相反，市场地理范围分布较广，运输成本就会影响生产的总成本。产量的增加一般需要开拓距离更远的市场，从而平均运输成本提高。生产成本是由内部因素决定的，如果运输成本提高，就会使单位产品的平均成本提高，从而使最低经济规模降低。显然，各种投入要素的运输费用提高对平均成本也会产生同样的影响。

其次，学习曲线的影响。以上只是从静态角度分析了一定时间内不同产量水平上成本的变化，学习曲线中包含的与时间相关联的动态变化对产量和成本水平的变化也是非常重要的。当新产品开始生产或新工艺过程刚被采纳时，学习过程也就开始了。随着生产的进行和产量规模的扩大，学习过程不断深入，劳动者变得更加熟练，机器设备和工艺过程被调试到了最佳状态。学习过程的结果表现在与总产量水平相比平均成本下降了。这种现象广泛存在于现实企业的生产过程中。

（二）多工厂水平（或企业水平）规模经济

多工厂水平（或企业水平）上的规模经济是指生产同样产品的工厂（或生产线），或处于生产工艺过程的不同阶段的若干工厂（或生产线）联合在一个经济实体（企业）中形成的经营规模的扩张。前一种联合称为水平联合，后一种则称为垂直联合。这种性质规模的扩大同样能产生出比分散经营更高的效益。

最简单的多工厂水平的规模经济是指一个企业或公司一个一个地复制生产相同产品

的工厂，使规模扩大，产量水平提高，从而使企业或公司的成本水平逐步降低。经济学关于长期成本曲线是短期成本曲线最低点的包络线的研究就是这种情况。当长期成本曲线超过某一最低点后就会上升，即产生规模不经济。

多工厂水平规模经济产生的主要原因有两个。

第一，工厂的技术条件。多工厂成本曲线的形状取决于企业或公司范围内不同经营活动随规模发生什么样的变化。企业或公司范围的扩展减少了一个一个复制生产相同产品工厂时的某些费用，如可以共用运输车辆或厂内运输轨道等，但是，企业范围的扩展也会引起某些官僚主义和浪费现象，问题的关键在于不同经营活动的均衡协调。这些不同的经营活动中最引人注意的就是管理活动。从最一般的意义上讲，管理需要设立不同的等级，各等级之间以及上下等级之间需要信息的沟通，沟通过程有时会导致信息扭曲、信息传递时滞延长、上级对下级的权威减弱甚至公司整个管理的混乱。上述官僚现象可以通过某些技术上的改善加以避免，如采用计算机联网沟通信息、划小核算单位等。无论如何，企业或公司规模的扩大都会使管理成本增加，如果规模经济带来的收益不能抵销直接和间接管理费用的增加，则规模的扩大就只能减少利润。另外，广告、研究开发、市场调研、市场营销等活动与管理活动一样都有一个最佳规模问题，超过最佳规模只能使平均成本上升导致规模不经济。当然，多工厂规模的经济性还在于不同的产品品种可以分摊风险，尤其是对于需要满足高峰需求的公用企业，可以通过不同工厂间生产能力的合理调配，既能满足高峰需求，又尽量不使工厂的生产能力闲置，也就是使满足高峰需求的储备生产能力保持在最低水平。

第二，货币所得或货币收益。事实上，多工厂企业或公司在采购时比单一工厂更具价格上的谈判能力，大量采购可迫使供应商降低价格，这一点对于从劳动力到各种原材料，从各种半成品到成品的投入要素，从融资、广告到研究开发等活动都是适用的，均可得到价格折扣。所以，在谈到企业或公司的规模经济时实际上已包含了这种货币所得或货币收益。这种货币所得使企业或公司更倾向扩大市场占有率，使只从技术方面考虑的平均成本水平与包含了货币所得的成本水平差距扩大，提高单位产品的盈利率。上述货币所得对企业或公司而言是利润的真实增加，对社会而言只是一种所得的分配，而不是社会所得的净增加。

（三）单一产品的规模经济

单一产品的规模经济是指在单一产品的生产中，伴随着产品生产规模的扩大而发生的单位产品生产成本的降低，单位产品的平均成本在一定范围内递减直至达到单位产品平均成本的最低点。这种规模经济实际上是产品生产技术上的规模经济，也就是为取得规模经济所必需具备的最低生产能力。单一产品的规模经济，是由于产品生产的分工和专业化，可以提高生产者的操作效率，减少活劳动和物化劳动消耗，从而提高经济效率。

随着生产规模的扩大使单位产品平均成本最低时的产量规模称作最低经济规模（minimum efficient scale，MES）。最低经济规模的产量水平与具体产品的技术特性有关。

单一产品的规模经济是有一定限度的。假定生产的技术水平、投入要素的价格和投入要素的组合比例均保持不变，单一产品的产量在达到一定规模之前，由于制造、运输和库存管理等费用的节约，使得单位产品的平均成本下降，就产生了规模经济。当单位产品的平均成本达到最低点，随着投入的再增加和产出规模的扩大，单位产品的平均成本一般会上升，超过单位产品平均成本最低点后再增加投入就会产生规模不经济。

显然这三种规模经济是紧密相连的：产品规模经济是另两种规模经济实现的微观基础，工厂规模经济是企业规模经济的最低限，一定规模的企业是实现工厂规模经济的组织保证。在现实经济生活中，多厂经营是企业组织的普遍特征。因此，企业规模经济最具有现实代表性。

三、最佳企业规模及其确定

（一）规模不经济及其产生原因

企业规模扩张是实现规模经济的一个重要条件，但这并不意味着企业规模越大，规模经济的效益越高。规模经济的取得有一定的规模范围限制，在这一范围之内，企业规模的扩大会带来经营成本的降低，从而实现规模经济效益；而一旦超过了这一范围，就会产生规模的不经济，企业平均经营成本重新上升。规模不经济产生的原因大致有以下三方面。

第一，生产技术因素的制约。规模经济的一个重要来源是设备和工人分工及专业化的实现。但这种分工与专业化效率的取得不是无限的。一旦企业规模达到一定的水平，设备和工人的分工与专业化将难以进一步发展。最大的、最专业化的机器和其他投入品都已被充分利用而再无潜力可挖，过分的专业化也使工人和机器很难适应生产技术的变化，生产设备之间的技术衔接性也将限制企业规模的进一步扩大。

第二，企业规模的扩大带来管理难度的增加。施蒂格勒认为：“规模收益会由于大企业管理困难而出现减少。企业越大，为了给中央决策提供必要的信息和执行这些决策所必需的批准手续，它的行政机构就必定越大越正规。庞大的机构必定较不灵活——政策不能经常变化，还要细心地加以控制。”① 进一步具体地说，如果企业规模过大，就会因管理层次的增加和管理幅度的拉大而增加信息在纵向、横向传递过程中发生失真的概率，从而导致决策失误；企业规模过大也可能使企业内部人际关系复杂化，也会降低工作效率。

第三，企业规模的扩大还会导致企业风险的增加。企业生产经营存在一定的风险，这种风险一般与企业生产规模的扩大同方向变化。这种风险一般包括市场风险、生产风险和自然风险。企业规模的过分扩大，产品数量的增加，对市场销售提出更高的要求，而企业产品的销售很大程度上受市场走势、国家宏观政策以及消费者消费偏好的影响而面临着很大的不确定性。企业生产规模的扩大也使生产过程中风险发生的概率进一步增加。特别是在一些现代化生产中，企业规模扩大与风险增加之间的相关性表现得更为明显。

正因为企业规模过大会导致规模不经济，从而存在企业的最佳经济规模或最低经济规模（MES）的确定问题。②

（二）最低经济规模的估计方法

产业经济学家提出了多种确定最低经济规模的方法，著名产业组织专家谢勒尔（Sherer）对这些方法进行了归纳。本书从工程法、成本法、生存法三个角度阐述最低经济规模的估计方法。③

1. 工程法

工程法是通过搜集“专家”（工程师和经理）关于单一产品或多工厂成本曲线的斜率和最优规模的意见，得出最低经济规模的估计值。工程法是依靠专家的意见得出关于最低经济规模水平的判断。这些专家或是专门从事工厂的设计和建设，或是直接从事生产经营管理，因此最了解工厂的设计、生产和经营过程，他们的意见具有一定的权威性。搜集意见的方法可以是问卷调查、面访专家，或者通过其他途径获得信息。该方法的最大优点是直接从从事经营管理和生产活动的专家意见中得出某一产业最低经济规模

---

① ［美］乔治·J. 施蒂格勒：《价格理论》，李青原等译，商务印书馆 1992 年版，第 153～154 页。

② 最佳经济规模一般也被称为最低经济规模，原因是当长期成本曲线假定为“U”型时，两者都对应于该曲线的最低点。但如果长期平均成本曲线不是“U”型时，两者就不再是一致的了。

③ 于立、王询：《当代产业组织学》，东北财经大学出版社 1996 年版，第 70～71 页。

的估计和结论，这种最低经济规模是在市场竞争的压力下，采用最有效率的技术和管理有可能达到的最合理的最低经济规模，正因为该方法是归纳不同专家的意见而成，所以是一种实用的估计方法。其主要缺点是搜集专家意见的工作量过大，既费时又费力，而且不同专家的意见往往相左，有的过分夸大自己工厂或企业的规模，有的过分看重最先进、最流行的技术，这些都会使由此得出的结论偏离真正的最低经济规模。另外，如果某一产业只存在一家或两三家厂商，工程法估计的有效性就很值得怀疑，而恰恰在这些垄断或少数寡占产业，合理的估计是制定正确反垄断政策的基础。

2. 成本法

成本法是通过分析研究实际成本数据资料找到可能的成本曲线，成本数据既可以是同一时间多个厂商的资料，也可以是同一厂商不同时间序列的资料。由于成本法估计需要大量的数据资料，不但数据资料的分析整理费时费力，并且成本资料是对过去生产经营花费的描述，不能代表“应该的”最优生产经营效率，所以此法应用并不广泛。伊兹等（Eads et al.，1969）采用1958～1966年美国航空业的数据对成本曲线估计的结论是未发现规模经济的证据。史密斯和卡莱布（Smith & Caleb，1955）利用美国20世纪30年代许多产业的横截面和时间序列数据对成本曲线进行了估计，得出的结论是：大多数成本曲线的斜率是比较平坦的。纳洛夫和马克（Nerlove & Marc，1963）利用20世纪50年代美国电力工业的时间序列数据对成本进行了估计，得出了长期成本曲线先下降然后转为上升的结论。

3. 生存法

自1958年施蒂格勒提出以生存法估计最低经济规模以来，此法得到了较广泛的认同和应用。生存法不是依据某些专家的意见，而是在实际工厂规模变动趋势分析的基础上得出工厂最低经济规模的估计。该方法的假定很简单：如果某一规模范围内的工厂市场份额正在不断提高，那么，这些工厂的规模就是有效率的；反之，如果某一规模范围内的工厂市场份额正在不断下降，则这些工厂的规模就属于低效率的。换言之，即存工厂的规模是最优规模的最可能的解。从极端的角度说，如果某一产业中所有工厂的规模均为X，该规模就一定是工厂的最优规模；如果某一产业中没有一个工厂的规模为Z，该规模就绝不可能是工厂的最优规模。生存法在估计最低经济规模时，可以把实际成本、专家意见以及其他衡量效率的标准忽略不计，只需比较一定时间内的工厂规模，找出能够在竞争中生存下来的那些工厂的规模。这种比较既可以是在较长时间内对某一产业生存规模的深入研究，也可以是在比较短的几年内对许多产业规模变化的研究。生存法估计可以使用官方的统计资料，所以是比较客观、方便的，也展示了工厂规模的实际分布。①

生存法包括了所有货币所得因素，因此，对企业或公司最低经济规模的估计常常会偏差过大，对工厂最低经济规模的估计也会受到货币所得因素的某种影响。特别是在那些急需制定反垄断政策的产业中，这种影响可能会使制定的政策与实际情况出入较大。施蒂格勒利用长达几十年的数据，对美国几个产业的工厂和企业规模进行估计得出的结论是：成本曲线的形状就像碟子那样扁平，意思是最低经济规模的水平很低。

四、范围经济的含义

范围经济是与规模经济相联系的一个概念。如果增加给定的企业活动水平，企业能够减少单位成本，就存在着规模经济；如果随着企业活动的多样化，诸如产品生产的多样化，企业能够减少成本，则存在着范围经济。这在许多化学产品的生产中表现得特别强烈，一个连续的生产流程可以生产出多个品种的产品；铁路、航空和水路的客货运联营也是典型例子。典型的多工厂规模的经济性发生在结合产品生产的企业和垂直集中（或联合）的企业中，如炼油企业生产汽油、轻油、重油等石油产品时同时使用蒸馏设备，比只生产一种石油产品要经济。

范围经济还可以用成本函数来定义。一般用平均成本函数的下降来定义规模经济，用相对总成本定义范围经济，也即是公司作为整体时生产多种产品的总成本与分离成两个或更多个公司时其总成本的相对数。设 $TC(Q_x, Q_y)$ 为公司生产 Q_x 单位的产品 X 和生产 Q_y 单位的产品 Y 的总成本，则范围经济可定义为：$TC(Q_x, Q_y) < TC(Q_x, 0) + TC(0, Q_y)$。此式说明，企业同时生产产品 X 和 Y 要比由两个企业分别生产 X 和 Y 的总成本要小。范围经济在生产的每一个过程都可能产生，包括从原材料的购置、投入，再到产品的分销和零售。

在钢铁生产中垂直集中（或联合）的经济性特别显著。在钢铁企业中，采矿、选矿、炼焦、炼铁、炼钢、轧钢以及最终产品的加工垂直地集中于同一企业内，可以产生明显的经济性。首先，几个阶段发生的热可连续利用，将热的原材料投入下一个生产阶段再加工，可获得热处理经济。其次，各个生产阶段中投入原材料的搬运时间、搬运费用可以节省。最后，合理的工厂布局、工程管理以及质量管理等方面的费用也可以节省。

---

① Stigler, George J. The Economies of Scale. Journal of Law and Economics, 1958 (1): 54-71.

按照钱德勒的定义，规模经济是当生产或经销单一产品的单一经营单位所增加的规模减少了生产或经销的单位成本时而导致的经济；而范围经济是指利用单一经营单位内的生产或销售过程来生产或销售多于一种产品而产生的经济。[①] 可见，规模经济与范围经济是针对企业所生产的产品的种类不同而划分的，但两者都意味着生产经营成本的降低和经营效率的提高。钱德勒还认为，规模经济和范围经济不仅意味着降低单位生产成本，而且还意味着减少交易成本。他所指的交易成本涉及把货物和服务从一个经营单位转移到另一个经营单位的成本。当企业之间或个人之间进行这些交易时，交易通常包括产权的转移，并以合同条款来规定。当在一个企业内进行这些交易时，则可通过会计程序来确定，从中可以减少大量交易成本。规模经济与范围经济是与在这些单位内部更加有效率地使用设施和技能密切联系在一起的。钱德勒的这一思想突破了新古典经济学只把企业看作一个生产函数，忽视企业内部组织结构对生产经营效率影响的限制。他的分析思路，对威廉姆森等新制度经济学家的理论具有重要影响。威廉姆森等正是顺着这一分析思路，重新认识了规模经济、范围经济、交易费用以及垄断等，大大丰富了产业组织理论的内容。

第四节　规模经济、范围经济的实现

一、产业技术、市场因素与规模经济、范围经济的实现

从经济学意义上讲，规模经济的产生与生产部门的性质直接相关。规模经济产生于生产的不可分性。不可分性意味着某些投入不能按比例缩小到某一最低水平，甚至在产出非常小的情况下也是如此。生产所需要的固定成本一般包括专有设备、研究开发成本、培训成本或建造生产线所发生的必要成本等。生产的规模经济往往产生于资本密集型的生产，即固定资本成本在总成本中占有较大比重的生产。由于工厂和流水线是不可分割的，因此，如果生产是资本密集型的，产品的平均总成本中包含了大量的固定成本。这时只需花费少量的费用，就能通过充分利用现有设备来增加产出，从而导致总平均成本下降。但对于生产成本主要由原材料或人工构成的劳动密集型生产而言，因为原材料和人工是可以分割的，能够随着产出的变化而变化，从而使得总平

---

① ［美］小艾尔弗雷德·D. 钱德勒：《企业规模经济与范围经济》（中译本），张逸人等译，中国社会科学出版社 1999 年版，第 19 页。

均成本并不随着产出的变化而变化，这时规模经济就不明显。由此也可以说，规模经济和范围经济在很大程度上是一种技术和工艺现象，产生于生产过程的技术和工艺特征，与部门的生产特点相联系。

规模经济和范围经济的实现还与企业的技术条件和市场交易有关。对此，钱德勒通过对美国、英国和德国许多产业、企业的规模经济与范围经济的历史考察，得出这样一个结论："不同的生产技术有不同的规模或范围经济。在某些生产工艺中，相对于产量的成本，其增加和减少的幅度比另一些工艺更大。在诸如石油、钢铁和铝的一些工业中，成本曲线斜率是陡峭的，以低于最低效率规模进行生产所受的惩罚是严重的。而在其他一些工业，如肥皂、谷物和类似的有商标的包装产品中，成本曲线斜率是不大陡峭的，以低于最低效率规模进行生产所受的惩罚是较不严重的。因此，利用范围经济的潜力在各工业企业之间也很不相同。"同时，"在某一工业中，在给定时间的某一点，能以最低效率规模经营的工厂数目，是受市场需要该工业产品的规模限制的。使用一种现有技术并按最低效率规模标准建立起来的工厂，能生产超过市场可吸收的产量，该厂的单位成本就高于一个其产量更加紧密地按照市场需求测定的较小的工厂的单位成本。在这种情况下，最佳的工厂规模将是小于按照技术的最低效率规模建造的工厂规模。"因此，"由于生产和经销技术的差异以及市场规模和地点的差异，造成规模经济和范围经济在不同的工业、不同的国家和不同的历史时期的差异。"①

新制度经济学提出交易成本概念后，我们可以在更综合的意义上刻画企业规模扩大的界限问题。特别是在现代寡头垄断行业的大企业中，多工厂大企业或纵向联合、混合联合大企业占的比重较大。在这些大企业中，企业生产要素的购买、投入和产品的生产、销售等方面信息的收集、加工和处理，相关机构和部门的协调等，需要发生大量的交易成本，这时，决定企业规模的不仅是生产成本，而且应包括交易成本。在新制度经济学看来，交易成本可能是决定企业适度规模的更重要的因素。新制度经济学的代表人物科斯根据交易成本对企业规模扩张的边界作了以下论述："企业将倾向于扩张直到在企业内部组织一笔额外交易的成本，等于通过在公开市场上完成同一笔交易的成本或在另一个企业中组织同样的成本为止。"② 把交易成本引入对最佳企业规模的分析，拓展了规模经济研究的视野，深化了其研究的内容，也使得出的结论更加符合现实。

---

① ［美］小艾尔弗雷·D. 钱德勒：《企业规模经济与范围经济》，张逸人等译，中国社会科学出版社1999年版，第19~31页。

② ［美］罗纳德·哈里·科斯：《论生产的制度结构》，盛洪、陈郁译，上海三联书店、上海人民出版社1994年版，第10页。

二、市场结构与规模经济、范围经济的实现

虽然规模经济并不等同于企业规模，但它却常常与企业规模相联系，并往往产生于规模较大的企业的生产和经营活动中。从动态的市场竞争过程看，对于某一特定部门而言，某一时期的市场容量是相对固定的，企业为追求更多的市场份额进行着激烈的竞争。在市场竞争中，大企业战胜小企业，最终形成只有少数企业占主导地位的竞争格局，从而导致市场集中度的提高，形成垄断型市场结构。企业追求市场份额、扩张企业规模的过程，同时也是企业实现规模经济和范围经济的过程。规模经济、范围经济的实现往往与垄断型市场结构的形成有着内在联系。在市场经济条件下，企业之间的兼并是实现垄断型市场结构的基本途径，而企业兼并的重要动机之一就是要实现规模经济和范围经济。

从市场结构看，寡头垄断市场上更有利于实现规模经济、范围经济。① 第一，寡头垄断市场上的企业有利于实现生产过程的专业化分工和协作。大企业内部的分工、协作，是实现规模经济的重要途径。在寡头垄断市场上，企业的规模普遍较大，更有条件发展专业化分工和协作以提高生产的效率。

第二，在寡头垄断市场上的企业更易于采用大型、高效的专用设备。只有大规模企业，才更有利于采用大型和高效的专用设备，进行批量生产，从而降低生产成本。正因为如此，追求规模经济，一直是企业规模扩张的重要动因，特别是在石油、化工、钢铁、水泥等重工业中表现得更为明显。这也是这些行业早已形成寡头垄断市场结构的原因。同时，大企业生产的标准化和规范化也是产生规模经济的原因。在寡头垄断市场上，大规模企业采用的高效、专用设备和高效率的流水作业方式，有利于实行标准化和规范化的生产操作，从而有利于增加生产批量，提高产品质量，降低生产成本。

第三，寡头垄断市场上大企业的采购、销售、运输和管理具有明显的规模效益。在寡头垄断市场上，大企业一次性大批量购进原材料、零部件等生产要素，可以比多次小批量购进要节省交易费用，并且还可享受到批量折扣。在产品销售过程中，大批量销售有利于降低单位产品的促销费用，同时还有利于在各地设立企业的销售服务中心，从而提高产品销售效率。广告活动就存在着明显的规模经济。企业规模的扩大，还有利于企业经营管理人员之间进行专业化分工、合作，同时有利于使用现代办公自动化设备，增

---

① 杜传忠：《寡头垄断市场结构与经济效率——兼论中国市场结构调整》，经济科学出版社 2003 年版，第 70 ~ 81 页。

强信息处理能力，提高管理效率。另外，大规模企业在筹资方面也占有一定的优势，其筹资费用比小企业要低。

寡头垄断市场上的大企业也易于实现范围经济。实际上，以上产生规模经济的因素，特别是采购、销售、管理以及运输的规模经济性，同时也是范围经济产生的重要来源。另外，根据范围经济自身的特点和要求，还有其他方面的来源，主要有：大企业生产技术设备具有多种功能，可用来生产不同产品，从而提高生产技术设备的利用率；大企业许多零部件或中间产品具有多种组装性能，可用来生产不同的产品，因而可以增加零部件或中间产品的生产批量，获得因规模经济而引起的范围经济；大企业一项研究开发成果往往可用于多种产品的生产，从而有利于扩散研究开发成果，降低单位产品所分摊的研发成本。

另外，大企业生产多种产品或者在多个市场中进行销售能够利用广告效应来实现范围经济。广告推销中还存在一种声誉效应，如某一大公司已在某些市场中建立起良好的声誉，则在对同一品牌的其他商品进行广告宣传时，能够使顾客较容易认可该公司的其他产品，这就是所谓商标保护伞（umbreua branding）效应。当顾客能够运用其在一种产品的广告中所获得的信息去推断同一品牌的其他产品时，这时候商标保护伞效应将发生作用，并能够减少单位有效信息广告成本。商标保护伞同样能够减少开发新产品的风险。顾客往往不愿意去试用新的产品，因为他们不能清楚确认新产品的质量；如果顾客能够利用商标来推断产品质量，那么厂商就能够利用这种商标品牌去开发新产品。寡头垄断市场上，企业的广告竞争十分激烈，很大程度上是与大企业存在的这种商标保护伞效应相关的。

第五节　市场进入壁垒与退出壁垒

一、市场进入壁垒与退出壁垒理论

（一）哈佛学派的进入壁垒理论

贝恩在作为产业组织理论开山之作的《产业组织》一书中，对进入及进入壁垒问题进行了系统的分析，并第一次给出了进入壁垒的定义。贝恩把市场进入条件即新厂商进入一个市场的难易程度看作是影响市场结构的一个重要变量，而市场结构又通过市场行为，决定市场运作绩效。

贝恩主要是从经济角度对进入壁垒展开分析的。早在1956年出版的《排斥新竞争的壁垒》一书中，贝恩就第一次把"进入壁垒"当作内部市场势力的一个因素，从而把研究重点从内部市场结构转到"外部条件"上来，认为在一定意义上潜在竞争比现实竞争更具有威胁性。贝恩为进入壁垒所下的定义是："某一产业中的在位者相对于潜在进入者所具有的优势，这些优势反映在在位者能够把价格提高到竞争性价格水平之上，而又不会招致新厂商的进入。"① 在贝恩看来，市场结构是外生变量，由市场供给和需求方面的基本条件决定，而厂商行为仅由市场结构决定，属于内生变量。他认为，进入壁垒是指使潜在进入者与在位厂商相比处于不利竞争地位并使在位厂商能长期获得超过正常利润的那些因素，换句话说，进入条件决定了在位厂商与潜在进入者之间的竞争关系，因而，从某种意义上可以说，进入条件决定了进入者的潜在竞争力。某一产业进入壁垒的高低既对在位厂商的行为和绩效产生强烈影响，也对该产业的卖者集中度和产品差异产生强烈的影响。他提出的经济性进入壁垒主要有：在位厂商的绝对成本优势壁垒、产品差异壁垒、规模经济壁垒和特有资源壁垒等。

（二）芝加哥学派的进入壁垒理论

以施蒂格勒为代表的芝加哥学派强调效率在反垄断政策中的作用，在进入壁垒的分析上更多地关注效率目标，而不是市场结构和市场支配力。在进入壁垒的定义和来源上提出与结构学派不同的理论框架，其中比较典型并有一定影响的是斯蒂格勒（1968）的理论。施蒂格勒（1968）提出了一个建立在在位者与进入者之间成本不对称基础上的进入壁垒概念。他指出，进入壁垒是指那些"新厂商进入一个市场所负担的，而这一市场中的在位厂商不负担的生产成本"。在施蒂格勒看来，产品差别是在位厂商耗费资金、通过广告等促销手段建立起来的商誉，规模经济是在位厂商率先进入这一市场的报酬，这些均是先进入者的在位优势，而不是进入壁垒。显然，施蒂格勒关于进入壁垒的定义比贝恩要窄得多。斯蒂格勒主要强调在位者和进入者在市场需求条件和生产成本上的不对称性，而这种不对称性使在位企业相对于寻求进入的企业享有成本上的优势，这也是在位企业长期获得经济利润的基础。只要进入者面对同样的市场需求条件、能获得与在位者相同的生产技术，那么就不存在行业的进入壁垒，尽管该行业有很高的市场集中度。按斯蒂格勒的标准，规模经济不构成进入壁垒，因为规模经济对在位者与进入者都是相同的，在这一点上不存在在位者和进入者之间的不对称。即使一个行业中存在明显

① Bain，J. S. Barriers to New Competition. Harvard University Press，1956：3.

的规模经济，只允许一家厂商生存并获得经济利润，但这并不意味着进入是不可能的，如果进入者与在位者有相同的需求条件和成本水平，进入者就有可能将产品价格定在比在位者更低的水平上，从而使在位厂商亏损并退出市场，这也说明进入并没有受到规模经济的限制。除了规模经济以外，资本需要量、产品差异等也都不构成进入壁垒。他特别强调的是政府进入规制这一人为的壁垒，并据此提出了一系列政府规制政策和产业政策建议。施蒂格勒把规模经济排斥在进入壁垒之外的观点对鲍莫尔后来提出的“可竞争性市场”理论有很大影响。

冯·维茨塞克（C. C. von Weizsäcker，1980）给出了一个与施蒂格勒定义相关的定义，他认为“进入壁垒是一种生产成本，它必然是由谋求进入一个行业的企业承担，而不是由已处于该行业中的企业承担；并且从社会角度看，这意味着资源配置的扭曲”。[①] 冯·维茨塞克的定义主要是从福利效果的角度考虑的，因此那些构成对社会福利有害的进入限制才是进入壁垒，实际上也就是如何权衡进入壁垒的正外部效应和负外部效应的问题。德姆塞茨（1980）则提出了“所有权进入壁垒”的概念，指出判断给予某一方何种保护的标准在于总效率的提高与否。

（三）进退无障碍理论

鲍莫尔（Baumol，1982）、贝利（Bailey，1977）、潘扎尔（Panzar，1982）和威利哥（Willig，1977）等通过提出“可竞争性市场”（contestable market）这一概念，建立了“进退无障碍理论”（contestability theory），发展了进入壁垒理论的内容。所谓进退无障碍理论，是指厂商可以自由地、无任何损失地进入或退出某一行业，这实际上是完全竞争概念的推广和具体化。鲍莫尔等认为，进退无障碍理论是分析资源有效配置的最好基础，是产业组织理论的新研究领域，对制定公共政策很有帮助。

进退无障碍理论从不同的侧面探讨了进入退出问题，但其结论只对完全自由的进入退出才成立，其前提条件要满足三点：（1）进入是完全自由的、没有任何限制的，新进入厂商能很快地替代原有厂商；（2）进入是绝对的，在原有厂商作出反映之前进入就已完成；（3）进入是可逆的，即退出也是完全自由的、没有任何成本的，也就是沉淀成本为零。这三个前提条件的假设要求很强，由此推导出的结论与现实情况相去甚远。依照他们的推论，在可竞争性市场上，由于存在潜在进入者的威胁，在位厂商必须努力降低

---

① C. C. von Weizsäcker. A Welfare Analysis of Barriers to Entry. The Bell Journal of Economics, 1980, 11: 399 – 420.

成本、增加创新、扩大经营规模、提高效率，从而在改变市场结构的同时也影响了经济运行的绩效。所以，市场结构、厂商行为和运行绩效之间形成了一条双向通道。以此推理，如果在市场上新、老厂商面对的成本和需求条件相同，新厂商完全可以采取各种手段与老厂商争夺市场，或者实行打得赢就打、打不赢就走的“袭击”（hit and run）战略，只要价格比原厂商稍有降低便可实现进入，在在位厂商通过降价作出反应之前已经完成退出。因此，问题的关键不在于经济规模的大小，而在于进退是否自由和方便，即沉淀成本的大小。由此，该理论认为应根据沉淀成本而不应根据一般的固定成本来判断进入壁垒的高低。如果没有沉淀成本，即使某一行业只存在一家垄断厂商，由于存在潜在进入的较大压力，该行业仍是可竞争性行业；反之，没有自由的进入退出，不管市场结构如何，都会存在某种程度的垄断。

根据进退无障碍理论，良好的市场运行绩效的产生，不需要有许多的竞争者存在依然是可以实现的。实现良好市场绩效的市场结构可以是寡头垄断市场，甚至可以是独家垄断市场，条件是只要市场保持进入的自由，不存在进入退出市场的沉淀成本，潜在竞争的压力就足可以迫使在任何市场结构条件下的企业都不得不采取竞争性的行为，否则，就会招致进入者的袭击。正是由于潜在进入的威胁，而不是在位企业之间的竞争，使得在在位企业的价格和市场地位的可持续条件下达到了可竞争市场的均衡，由此产生有效率的市场结构进而产业组织，就成为一种内生作用的结果。

按照进退无障碍理论，政府的竞争政策不应该重视市场结构，而应重视是否存在充分的潜在竞争压力，关键是尽可能地降低沉淀成本。为此，鲍莫尔等认为，政府公共政策的着眼点，一方面应放在积极研究能够降低沉淀成本的新工艺、新技术，另一方面应放在排除一切不必要的人为的进入、退出壁垒。

（四）新产业组织理论关于进入壁垒的论述

所谓新产业组织理论，是指20世纪70年代以后出现的以分析企业策略性行为为主旨的、与传统产业组织理论有着根本不同的产业组织理论。该理论区别于传统产业组织理论的重要标志在于理论和研究方法的统一。博弈论特别是非合作博弈理论已成为新产业组织理论的统一研究方法，从20世纪70年代开始，运用博弈论对寡占市场和策略性行为进行分析，并建立各种特定的策略性行为模型已成为产业组织理论研究的新潮流。

从长期看，一个行业的进入条件是指在位厂商可以持续地把价格提高到最小平均生产和销售成本（最优规模经营成本）以上，而又没有达到引起新厂商进入这个行业的程度。进入壁垒被认为是行使市场权力的一个必要条件：“有效的进入壁垒正是垄断和寡占的不可缺少的必要条件……当不存在进入壁垒时，卖者几乎没有力量决定价格，即使有也不会持久。”沃特森（Waterson，1984）、泰勒尔（Tirole，1988）等注意吸收博弈论的最新研究成果，重视信息的不完全性对厂商进入退出的影响，认为在位厂商可以利用自己掌握的较多信息阻止新厂商的进入或诱其退出，从而影响经济福利的变化。施蒂格利茨（1987）则利用博弈论的方法分析了在生产无差异产品的市场上，即使在位厂商可以获得垄断利润，较低的沉淀成本可成为阻碍潜在进入的壁垒。

在进入壁垒理论研究上，新产业组织理论一改传统产业组织理论主要从消费者的需求偏好和生产技术特点等外生因素中寻找进入壁垒来源的研究方法，将市场结构视为内生决定的，并以此为出发点，分析在位企业为了减少未来的竞争而通过自己的主动性行为影响市场结构和设置人为进入壁垒，以阻止潜在进入者的进入，即进行有效的进入阻挠。色罗普（Salop，1979）区分了“无意的”（innocent）进入壁垒与“策略性的”（strategic）进入壁垒。在位企业在采取一项行动时，如果没有考虑到对另一个准备进入企业的进入后利润的影响，但实施这项行动的客观结果可以使进入无利可图，那么这一行动就是一种“无意的”进入壁垒。如果在位企业采取某项行动的目的就是为了保护自己不受进入者的威胁，把潜在的竞争对手排挤在市场之外，那么这种进入壁垒就是“策略性的”进入壁垒。

实施策略性进入壁垒，作为一种典型的影响市场结构的行为，进一步丰富了传统产业组织理论 SCP 分析框架的内容，更揭示了企业和市场之间的复杂关系。

二、市场进入壁垒与退出壁垒的类型

（一）经济性（或结构性）进入壁垒

经济性（或结构性）进入壁垒是指由于在位厂商的绝对成本优势、产品差异化和规模经济等经济性因素形成的市场进入壁垒。

1. 在位厂商绝对成本优势进入壁垒

它主要来源于在位者规模经营和稳健经营产生的低成本，以及通过干中学和研究开发而得到的先进生产技术。这种优势构成新进入者的进入壁垒。这种进入壁垒在那些最低最佳规模（MES）水平较高、资本密集程度较高的产业，如石油冶炼和汽车制造业，表现得更为明显。受专利保护的工艺过程、获得某种原材料的特许权以及优越的地理位置等也会产生成本优势。正是在这个意义上，贝恩估计了建立 MES 工厂所需的投资额。面对在位厂商的绝对成本优势，潜在进入者通常要对原有技术加以革新，在生产中使用新方法、新工艺，不断开拓新的市场，以保证进入的成功。

2. 产品差异化进入壁垒

产生于买者对某一产品的偏好和忠诚、在位者已占领的合适的市场位置和产品空间，以及广告和各种促销措施及策略对消费者偏好的影响。贝恩列出了三种形成进入壁垒的产品差异。其一是由于消费者信息的不完全，而倾向于购买已熟悉的产品品牌，对新进入者的产品品牌则不购买。在位者的这种优势属“先动优势”（first movers' advantages）。要克服消费者偏好上的这种偏见，进入者就需花费大量资金宣传自己的产品，这样包括销售费用在内的总成本就会高于在位厂商的成本水平，假如高出许多，潜在进入厂商就会作出不进入的决定。其二是如果在销售中也存在规模收益，则广告推销费用会提高 MES 水平，此处 MES 被定义为生产与推销的最小平均成本。其三是进入者的促销活动能否成功是个未知数，在这种情况下，金融机构对新客户的贷款利率和贷款费用就会高于信用良好的老客户，由此使金融市场对新进入者的融资成本就会提高。

3. 规模经济进入壁垒

在位者的规模经济对进入者进入形成两方面的限制：一方面，规模经济使得大规模生产的成本降低，因此，有必要筹集大笔资金建设达到相应规模的工厂；另一方面，规模经济的存在也使进入后的企业生存下来的难度加大。在较大的市场容量水平上，规模经济可诱致新厂商进入，从而提高整个产业的生产能力和供给量，引起价格的下降，使新进入厂商的收益降低。另外，在位厂商为了阻止进入可能会威胁潜在进入者，扬言采取报复行动。而如果产业的规模经济很显著，在位厂商占有了较大的市场份额，这种威胁就是可置信的。

4. 特有资源

特有资源主要指专利权、特许权、对关键性矿砂石等重要原材料的控制以及一切可阻止进入的其他因素。

（二）策略性（或行为性）进入壁垒

策略性进入壁垒是新产业组织学研究的重要内容，它强调在位企业主动利用自己的在位优势，通过各种策略性行为阻止新企业进入，把进入和进入阻挠看成是在位企业和潜在进入者之间的动态竞争过程，主要利用非合作博弈理论来分析能成功阻止进入的行为。策略性进入壁垒直接影响潜在进入者的进入决策和在位者的竞争战略。

在信息不完全的条件下，策略性行为的一个重要作用是可以改变竞争者对未来事件的信念。竞争者根据在位企业的行动对决策信息作出推断，这在客观上会使在位企业在整个竞争博弈中处于主动地位，在位企业可利用先动优势，通过策略性行为向竞争者传递某种信息，使竞争者对未来事件的信念发生有利于在位者的变化，从而使潜在进入者主动放弃进入。

可见，策略性的（或行为性的）进入壁垒产生于在位企业的行为，其实施一般应满足两个条件：一是企业的策略性行为能持续地影响市场的成本和需求结构，从而对潜在进入企业进入后的收益预期产生影响，因此企业实施策略性进入壁垒行为是一个战略性的长期决策；二是策略性行为的有效性在于要使竞争者相信如果潜在进入者进入市场，在位企业实施预定的策略性行为是在位者的最优选择，从而在位企业有充分的激励实施其策略性行为。要达到这一目的，在位企业必须发生不可逆的投资（irreversible investment），投资结果产生沉淀成本，从而增加威胁的可置信性，使潜在进入者不轻易进入。

（三）退出壁垒

“退出”指的是一个厂商从原来的业务领域中出来，即放弃生产或提供某一特定市场上的产品或服务。有进入就有退出，进入的反面是退出。正因为如此，许多构成进入壁垒的因素也往往成为形成退出壁垒的因素。尽管如此，也并不是所有的进入壁垒的反面都形成退出壁垒。退出壁垒是指当某一产业的在位厂商不能赚取到正常利润（亏损）决定退出时所负担的成本，或者说是已经投资还未收回的那部分投资在退出时依然还不能收回，即沉淀成本。

形成退出壁垒的因素多种多样，如经济的、政治的、法律的等。经济因素形成的退出壁垒主要表现为沉淀成本，政府的干预、法律法规等也能形成退出壁垒。正如迈克尔·波特在论述企业战略决策时强调的，政府在产业退出战略上常常会表现出一些政治上、经济上、战略上以及情感上的反应，尤其在某些情况下由于政府干预就业等问题，实现退出几乎是不可能的。这是一种政策性退出壁垒。而在另外一些情况下，政府给予税收优惠和财政补贴帮助和促进某些行业的企业退出。这又构成政府的产业退出援助政策。

第六节　产品差异化

一、产品差异化的含义

产品差异化是指特定产业中的不同企业生产的产品在品种、等级、规格、花色、交货期、信用条件、售后服务等方面存在的差异。在完全竞争的简单模型中，相互竞争的企业出售的是具有同质性的高度标准化的产品。但这种情形在现实世界中是不存在的，因为任何两种产品在品种、等级、规格、花色、交货期、信用条件、售后服务等方面，都会存在一定程度的差异，至少供给方的企业会在产品出售的时间和地理位置上存在差异，从而导致产品间不完全替代关系的状况。随着产品差异化程度的增加，不同生产者的产品之间就越来越难以替代，生产差异化程度高的产品的生产者就越来越有可能像一个垄断者那样行事。因此，产品差异化成为影响市场结构的一个重要因素。

产品差异化既可以是客观上的，也可以是消费者主观感觉上的。产品客观上存在的差异是指产品自然特性的差异，包括品牌、性能、包装、商标、销售地点以及广告费用等方面存在的差异。主观上的差异则是指即使产品在客观特性上看没有差异，但只要消费者主观上认为它们有所不同，那就可以认为它们存在产品差异。正因为产品差异与消费者的主观感受和偏好有直接关系，所以，广告宣传成为制造和加强产品差异的重要手段。

二、企业进行产品差异化的方法

（一）产品主体差异化

产品营销学一般把产品划分为核心产品、中间产品和延伸产品三个层次。一般而言，同类竞争性产品的核心产品部分是基本一致的，正是这种一致性使这些产品之间形成一定的可替代性。但它们的中间产品部分和延伸产品部分却给企业提供了较大的形成产品差别化的空间，如企业为他们各自的产品赋予不同的品牌，设计出不同的外观和包装，还可以通过提供不同的服务让顾客对产品产生特定的感觉。这些都是作为产品主体的企业人为制造的产品差异化，因而称为产品主体差异化。它是企业经常使用的差异化手段。

（二）品牌差异化

实际上，品牌差异化是产品主体差异化的一种形式，由于在现实中企业普遍对品牌策略给予高度重视，所以这里把它作为一种独立的差异化手段进行分析。所谓品牌差异化，不仅仅是要企业给自己的产品设计和注册一个不同的品牌名称，而且更要强调这个品牌名称必须能够让顾客对企业或企业的产品产生有利于本企业的联想。为此，企业必须通过各种促销活动宣传产品品牌，丰富产品品牌的内涵，提高产品品牌的定位，树立良好的产品品牌形象，不断提高产品品牌的知名度和美誉度。可以说，在现代商业世界里，对消费者来说，产品的品牌几乎就是产品所具有的全部差异的浓缩和象征，由此也使产品的品牌差异化成为企业高度重视的产品差异化形式。

（三）价格差异化

价格竞争是企业竞争的重要形式，价格差异化也是企业经常使用的一种非常普遍而易于操作的差异化手段。企业通过为自己的产品制定不同的价格，或高于、低于竞争性产品的价格，来形成本企业产品与同类其他产品的差异。一般而言，对于高档产品，企业往往把其价格定得高于其他同类竞争性产品，这个高价格传递给顾客的信息是：本企业（或品牌）的产品质量比其他产品更好。而有的企业采取市场跟随者的竞争策略，在模仿领先者产品主体特征的同时，它的产品价格就始终与市场领先者产品的价格保持一定的距离，这个低价格传递给顾客的信息则是：本企业产品与市场领先者的产品差别不大，但我们的价格比市场领先企业的产品价格要低。通过实施这样的价格差异化策略，企业能够有效地把自己的产品同其他竞争者的产品区别开来，从而吸引不同偏好的目标顾客。

（四）渠道差异化

销售渠道是指企业分销产品的路径。企业通过为自己的产品选择不同的分销途径，也可以制造一定的产品差异化。例如，有的企业是通过第三方中间商（包括批发商和零售商）销售产品，而有的企业通过自己建立的零售店直接把产品销售给顾客，还有的企业则可能采用无店铺销售，即没有零售网点，而是通过企业的销售人员直接与顾客打交道，还有就是采用特许经营的分销网络等。随着信息技术的迅速发展和广泛应用，又出现了网上销售等许多新的销售方式。

（五）促销差异化

所谓促销差异化，就是企业通过利用独特的促销手段，包括广告、销售促进、人员推销和公共关系等，建立顾客对产品差异化的认知。在现代市场经济条件下，企业越来越重视广告媒体宣传的作用。另外，有的企业重视人员推销，有的则擅长开展各种形式的促销活动。即便对于同样使用广告宣传的企业而言，也可以在所利用的具体媒体种类上形成差异，如电视媒体、电台媒体、报纸和杂志媒体等。所有这些不同的促销手段都可以在顾客心目中形成一定的产品差异化。

（六）服务差异化

服务可以被看作产品的延伸部分，特别是随着科学技术的进步和市场竞争的加剧，企业核心产品的差异化空间越来越小，而对产品的有关服务所可能带来的附加值提高方面越来越重视，尤其是对于与有形商品相对的服务产品而言，服务差异化更是企业经常使用的差异化手段。

三、产品差异化与市场结构

产品差异化是影响市场结构的重要因素，张伯伦提出的不完全竞争市场就是根据产品差异化来确定市场的垄断程度。从企业角度说，通过产品差异化可以寻找到属于自己的稳定的目标市场。它的产品与同类其他企业的产品差别化越大，它的产品被其他竞争性产品替代的可能性也就越小，这样它在市场上所具有的垄断力量就越强，最终甚至可能导致寡头垄断和完全垄断的市场结构。具体说来，产品差异化对市场结构的影响主要有两个方面。一是影响市场集中度。市场上规模较大的上位企业（即市场占有率领先的企业）通过扩大产品差异化程度，可以保持或提高企业的市场占有率，从而保持或提高市场集中度水平；市场上规模较小的下位企业也可以通过产品差异化提高自身的市场占有率，从而降低市场的集中度水平，或改变行业市场的规模分布。二是形成市场进入壁垒。现有企业的产品差异化可以使顾客对该企业的产品形成偏好甚至一定的忠诚度，这对于试图进入市场的新企业而言，无疑构成了一定程度的进入壁垒，也就是说，这些试图进入市场的企业也必须通过自己的产品差异化行为，寻找新的目标市场的顾客或者争取原有企业的顾客转换品牌。要做到这一点，需要付出更大的努力，因此，市场的产品差异化程度越高，新企业进入市场的壁垒也就越高。

第三章

同质产品市场和差异产品市场

本章从产品市场出发来分析不同类型产品市场上厂商的博弈行为带来的市场均衡状态及市场绩效。从消费者角度来认识产品，可以将产品分成两大类：同质产品和差异产品。如果两家厂商的产品的边际替代率等于1，即在消费者眼中是没有差异的产品，叫作同质产品（homogeneous products）。在生产同质产品的厂商间，如果其中一种产品定价超过市场均衡价格，则消费者会全部转去购买其他厂商的产品。差异产品与此不同，如果两个产品对消费者而言不完全替代，即两种产品的边际替代率不等于1，则称为差异产品（differentiated products）。

第一节　同质产品市场

本节中基本假设为，所有产品均为同质产品，即不同厂商生产的产品是相同的，或者说，消费者在挑选产品时不存在品牌和厂商的区别。更确切地说，消费者不关注此产品的品牌（或不受其影响）。例如，在许多超市出售的无品牌商品，散装水果、蔬菜等都是消费者在不知道生产厂商的情况下购买的，可以看作同质产品。

本节假定所有消费者都是价格接受者（具有竞争性），并存在一个精确定义的总需求函数，分别讨论寡头厂商间的产量竞争以及价格竞争行为，竞争将分为两种情形，分别为静态博弈（static game）与动态博弈（dynamic game）。静态博弈指在博弈中参与竞争的厂商同时选择其产量和价格策略，或者即使不是同时选择策略，后行动者也不知道先行动者采取了何种策略；动态博弈指参与博弈的厂商的行动有先后顺序，且后行动者能够观察到先行动者所选择的行动，在本节的分析中将看到两种情况的不同之处。

一、产量竞争：静态与动态分析

厂商的产量竞争模型中最具代表性的是古诺模型与斯塔克尔伯格模型，前者为静态竞争，后者为动态竞争。

（一）静态分析：古诺模型

本部分从最基本的双寡头古诺模型开始，接着扩展到更一般的多寡头古诺模型，我们将发现其与完全竞争市场及垄断市场的联系与区别，这里将分析古诺均衡的社会福利水平。

1. 双寡头古诺模型

法国著名的经济学家古诺（Cournot），早在1838年就在其《对财富理论的数学原理的研究》中创建了非合作寡头垄断理论。他建立的寡头厂商的产量决策模型，是纳什均衡在经济学领域的重要应用，对该模型的研究已构成现代产业组织理论的基础。

在古诺模型中，厂商之间进行产量竞争，采用静态博弈分析，即多家厂商同时决定产量大小。厂商生产特定产品，但并不是价格接受者。相反，每家厂商都充分意识到自身产量的改变会影响市场价格。模型基本假设如下：

（1）产品是同质的；

（2）厂商的决策变量是产量；

（3）厂商之间只进行一次竞争，并且他们同时进行生产决策；

（4）没有其他厂商进入。

首先考虑双寡头古诺博弈竞争，假定市场中有两家厂商：厂商1和厂商2。

两家厂商的成本函数为：

$$\begin{cases} TC_1 = c_1 q_1 \\ TC_2 = c_2 q_2 \\ c_1,\ c_2 \geqslant 0 \end{cases} \tag{3.1}$$

市场需求函数为：

$$\begin{cases} P = a - bQ \\ a,\ b > 0 \\ Q = q_1 + q_2 \end{cases} \tag{3.2}$$

式中，P 为市场价格，c_1 和 c_2 是两家厂商的边际成本，两家厂商同时作出其产量决策 q_1，q_2，为了使讨论的问题有意义，假设 $a > c_1$，c_2，这表明市场容量足够大，生产是有利可图的。

每家厂商的支付报酬就是其利润：

$$\pi_1(q_1, q_2) = Pq_1 - c_1q_1 = [a - b(q_1 + q_2)]q_1 - c_1q_1$$

$$\pi_2(q_1, q_2) = Pq_2 - c_2q_2 = [a - b(q_1 + q_2)]q_2 - c_2q_2$$

由两家厂商的策略（q_1 和 q_2）共同决定。

上面定义了博弈参与者、博弈策略及支付报酬，那么古诺博弈的均衡概念可以表述为：

若：(1) 给定 $q_2 = q_2^c$，q_1^c 是 $\max\limits_{q_1}\pi_1(q_1, q_2^c)$ 的解；

给定 $q_1 = q_1^c$，q_2^c 是 $\max\limits_{q_2}\pi_2(q_1^c, q_2)$ 的解；

(2) $P^c = a - b(q_1^c + q_2^c)$，$P^c$，$q_1^c$，$q_2^c \geqslant 0$。

那么 $\{P^c$，q_1^c，$q_2^c\}$ 是古诺—纳什均衡（Cournot-Nash equilibrium）。即给定市场价格和对手产量条件下，任何厂商都不能通过改变自己的产量而增加利润。

均衡概念定义之后，现在我们求出古诺—纳什均衡解的途径就是对每家厂商的利润函数求一阶导数并令其等于0：

$$\frac{\partial \pi_1}{\partial q_1} = a - 2bq_1 - bq_2 - c_1 = 0$$

$$\frac{\partial \pi_2}{\partial q_2} = a - 2bq_2 - bq_1 - c_2 = 0$$

再看利润函数的二阶条件是否满足，以确保最优反应函数实现了整体利润最大化①，由 $\frac{\partial^2 \pi_1}{\partial q_1^2} = \frac{\partial^2 \pi_2}{\partial q_2^2} = -2b < 0$，可知二阶条件满足。那么，由两个一阶条件可以推导得出，厂商 1 和厂商 2 的最优反应函数为：

$$\begin{cases} q_1 = R_1(q_2) = \dfrac{a - c_1}{2b} - \dfrac{q_2}{2} \\ q_2 = R_2(q_1) = \dfrac{a - c_2}{2b} - \dfrac{q_1}{2} \end{cases} \tag{3.3}$$

两家厂商的最优反应函数如图 3－1 所示。

---

① 本章中所出现的最大化问题的二阶条件都能满足，为使行文更加简洁，后面将不再验证。

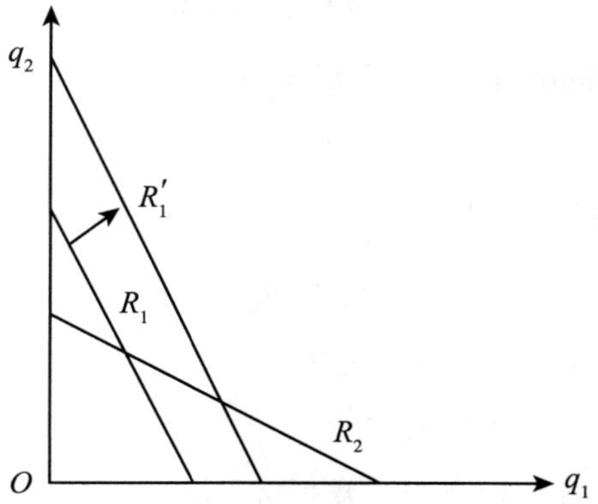

图3－1　古诺—纳什均衡及比较静态分析

反应函数通常向下倾斜，即对每家厂商而言，若对手的产量增加，该厂商就必须降低自身产量。其经济含义是，一旦某厂商增加其产量，将导致价格下降，另一厂商为保持盈利将会削减其产量。对最优反应函数向下倾斜的另一个更直观的解释是，对手产量的增加将会改变该厂商面临的剩余需求（residual demand）。因此，当厂商面临一个更低的剩余需求时，将会选择一个更小的产量。

对两厂商最优反应函数的联立方程组求解，得：

$$q_1^c = \frac{a - 2c_1 + c_2}{3b}$$
$$q_2^c = \frac{a - 2c_2 + c_1}{3b} \tag{3.4}$$

因此，行业总产量及古诺—纳什均衡价格为：

$$Q^c = q_1^c + q_2^c = \frac{2a - c_1 - c_2}{3b}$$
$$P^c = a - bQ^c = \frac{a + c_1 + c_2}{3} \tag{3.5}$$

由式（3.4）可得，高成本厂商比低成本厂商的产量要低。即 $c_2 \geqslant c_1$ 意味着 $q_1^c \geqslant q_2^c$。则古诺利润水平作为厂商1和厂商2单位成本的函数，可以表述为：

$$\pi_1^c = (P^c - c_1)q_1^c = \left[\frac{a + c_1 + c_2 - 3c_1}{3}\right]\left[\frac{a - 2c_1 + c_2}{3b}\right]$$
$$= \frac{(a - 2c_1 + c_2)^2}{9b} = b(q_1^c)^2 \tag{3.6}$$
$$\pi_2^c = \frac{(a - 2c_2 + c_1)^2}{9b} = b(q_2^c)^2$$

下面我们对上述部分进行比较静态分析。假设厂商 1 发明了一种新的生产工艺从而使成本 c_1 有所下降①。式（3.4）表明当 c_1 减少时，q_1^c 增加、q_2^c 减少。同理，式（3.5）表明 c_1（或 c_2）的减少将会导致均衡价格 p^c 的下降，式（3.6）表明，c_1 的减少将增加厂商 1 的利润，同时降低厂商 2 的利润。

上述比较静态分析表明：

（1）每家厂商的均衡产量随自己的边际成本的上升而下降，随对手的成本上升而上升；

（2）每家厂商的均衡价格随自己的边际成本的上升而上升，同样随对手成本上升而上升；

（3）每家厂商的利润随着自己的边际成本的上升而下降，随着对手的成本上升而上升。

此外，如果令两家厂商成本相同，即 $c_1 = c_2 = c$，经过同理推导，则有均衡产量、总产量、均衡价格以及均衡利润为：

$$q_{1,2}^c = \frac{a-c}{3b} \quad Q^c = \frac{2(a-c)}{3b}$$
$$P^c = \frac{a+2c}{3} \quad \pi_{1,2}^c = \frac{(a-c)^2}{9b} \tag{3.7}$$

2. 多厂商寡头古诺模型

把上述古诺模型扩充为 N 家厂商，为方便叙述多家厂商古诺模型的经济含义，假设每家厂商的边际成本都为 c，则厂商 i 的成本函数为：

$$TC_i = cq_i \quad i = 1, 2, \cdots, N \tag{3.8}$$

市场需求函数为：

$$\begin{cases} P = a - bQ \\ Q = q_1 + q_2 + \cdots + q_N = \sum_{i=1}^{N} q_i \end{cases} \tag{3.9}$$

式中，q_i 为厂商 i 所选择的产量水平。用 Q_{-i} 表示除厂商 i 外所有厂商的产量之和，由以上条件可知，厂商 i 的利润为：

$$\begin{aligned} \pi_i &= Pq_i - cq_i = (a - bQ)q_i - cq_i \\ &= [a - b(q_i + Q_{-i})]q_i - cq_i \\ &= (a - bq_i - bQ_{-i})q_i - cq_i \end{aligned}$$

① 这种类型的研发所带来的成本下降称作“过程创新”。

厂商 i 的利润最大化一阶条件为：

$$\frac{\partial \pi_i}{\partial q_i} = a - 2bq_i - bQ_{-i} - c = 0 \tag{3.10}$$

求解式（3.10）中的 q_i，得到厂商 i 的最优反应函数为：

$$q_i = \frac{a-c}{2b} - \frac{Q_{-i}}{2} \tag{3.11}$$

因为我们假设 N 家厂商生产的产品是同质的，并且边际成本也相同，由对称性可知，在均衡时每家厂商的产量水平相同，设为 q^c，代入式（3.11）得：

$$q^c = \frac{a-c}{2b} - \frac{(N-1)q^c}{2}$$

由此可解出每家厂商的古诺—纳什均衡产量为：

$$q^c = \frac{a-c}{(N+1)b}$$

此时行业总产量与市场价格为：

$$Q^c = \frac{N(a-c)}{(N+1)b} \tag{3.12}$$

$$P^c = a - bQ^c = \frac{a}{N+1} + \frac{N}{(N+1)}c \tag{3.13}$$

每家厂商的利润为：

$$\begin{aligned} \pi^c &= (P^c - c)q^c \\ &= \frac{a + Nc - (N+1)c}{N+1} \times \frac{a-c}{b(N+1)} \\ &= \frac{(a-c)^2}{b\,(N+1)^2} = b(q^c)^2 \end{aligned} \tag{3.14}$$

从式（3.14）可以看出，随着厂商家数 N 的不断增加，每家厂商的利润将越来越小。

现在可以考虑三种情况：

（1）$N=1$，此时行业总产量为 $Q^c = \frac{(a-c)}{2b}$，市场价格为 $P^c = \frac{a+c}{2}$，这恰好与垄断情形相符，读者可自行验证；

（2）$N=2$，此时行业总产量为 $Q^c = \frac{2(a-c)}{3b}$，市场价格为 $P^c = \frac{a+2c}{3}$，这是两家厂商古诺模型的情形；

（3）$N \to \infty$，此时行业总产量为 $Q^c = \frac{a-c}{b}$，市场价格为 $P^c = c$，这恰好是完全竞争市场的情形，读者亦可自行验证。

通过以上分析可以发现，在古诺模型中随着同质厂商数量的不断增加，市场将越来越趋于完全竞争情形。通过简单直觉分析亦可得出，当 N 不断增加时，每家古诺厂商相对于整个行业市场而言越来越小，对市场的影响力也同样减小，当 N 趋近于无穷大时，每家厂商便近似完全竞争市场中的单家厂商。古诺模型初步预测了市场结构与市场绩效之间的关系，当市场集中度下降时，市场绩效有所改善。

现在进行更一般性分析，假设每家厂商的边际成本不同，厂商 i 的边际成本为 c_i，回顾式（3.10），此时厂商 i 的利润最大化一阶条件为 $a-2bq_i-bQ_{-i}-c_i=0$。它表明市场均衡时，$a-2bq_i^c-bQ_{-i}^c-c_i=0$。进行简单变换可以得到：

$$\begin{aligned}&a-2bq_i^c-bQ_{-i}^c-c_i\\&=a-bq_i^c-bq_i^c-bQ_{-i}^c-c_i\\&=a-bQ^c-bq_i^c-c_i\\&=P^c-bq_i^c-c_i=0\end{aligned}\tag{3.15}$$

对式（3.15）进行移项并在等号两边同除 P^c，利用 $b=-\frac{\mathrm{d}P}{\mathrm{d}Q}$，于是式（3.15）可进一步变换为：

$$\frac{P^c-c_i}{P^c}=-\frac{\mathrm{d}P}{\mathrm{d}Q}\times\frac{q_i^c}{P^c}\times\frac{Q^c}{Q^c}=\frac{s_i^c}{\eta}\tag{3.16}$$

式中，$s_i=\frac{q_i}{Q}$表示厂商 i 的市场份额，$\eta=-\frac{\mathrm{d}Q}{\mathrm{d}P}\frac{P}{Q}$表示行业的需求价格弹性。可以发现，式（3.16）左边为厂商 i 的勒纳指数，这一指数衡量厂商将价格保持在边际成本之上的能力。当厂商是完全竞争者时 $P=c_i$，此时勒纳指数等于其最小值 0。式（3.16）是古诺模型更深层次的含义，即厂商的市场势力（用勒纳指数衡量）与厂商的市场份额成正比，与行业的需求价格弹性成反比。

接来下把分析扩展到整个行业，对式（3.16）两边同乘 s_i^c，然后把所有厂商进行加总得到：

$$\begin{aligned}&\sum_{i=1}^{N}s_i^c\frac{P^c-c_i}{P^c}\\&=\sum_{i=1}^{N}\frac{s_i^c}{\eta}s_i^c\\&=\frac{\sum_{i=1}^{N}s_i^cP^c-\sum_{i=1}^{N}s_i^cc_i}{P^c}\\&=\frac{\sum_{i=1}^{N}(s_i^c)^2}{\eta}\\&=\frac{P^c-\bar{c}}{P^c}=\frac{H}{\eta}\end{aligned}\tag{3.17}$$

式中，$\bar{c}$ 为所有厂商边际成本的加权平均数，权数为各厂商的市场份额，H 是赫芬达尔—赫希曼指数（Herfindahl - Hirschman Index，HHI；简称赫芬达尔指数），可以用来衡量市场集中度。通过对古诺模型进行一般性处理，可以发现市场集中度（用赫芬达尔指数衡量）越高时，市场价格越高，与边际成本之差也越大。

3. 古诺均衡与社会福利

因为我们的分析是从给定的需求函数（而不是消费者效用函数）开始，不能通过计算消费者均衡效用水平来衡量社会福利。相反，我们用消费者剩余与厂商利润加总表示社会福利总水平。现在利润也成为社会经济福利的一部分，因为我们假定的经济体是由无数个经济个体组成，这些经济个体既是消费者，同时也是生产者，从这个角度看，利润也成为所有经济个体福利的一部分。

如图 3 - 2 所示，消费者剩余（consumer surplus）用 CS^c 来表示，均衡产量与均衡价格回顾式（3. 12）、式（3. 13），于是：

$$CS^c(N)=\frac{(a-P^c)^2}{2b}=\frac{N^2(a-c)^2}{2b(N+1)^2} \tag{3.18}$$

式中，N 为厂商数目，考察消费者剩余与厂商数目的关系可得 $\frac{\partial CS^c}{\partial N}>0$，表明消费者剩余随厂商数目增加而增加。

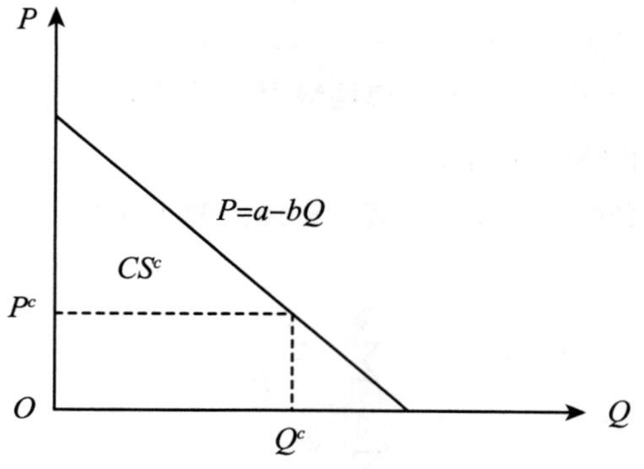

图 3 - 2　古诺均衡的消费者剩余

社会福利为消费者剩余与厂商利润之和：

$$\begin{aligned}W^c(N)&=CS^c(N)+N\pi^c\\&=\frac{N^2(a-c)^2}{2b(N+1)^2}+\frac{N(a-c)^2}{b(N+1)^2}\\&=\frac{(a-c)^2}{2b}\times\frac{N^2+2N}{(N+1)^2}\end{aligned}$$

π^c 的表达式可以回顾式（3.14）。考察社会福利与厂商数目 N 的关系可得$\frac{\partial W^c(N)}{\partial N}>0$，可以看出随着厂商数目增加，社会福利增加。因为尽管厂商利润会随 N 增加而下降，但消费者剩余会随 N 增加而增加。

（二）动态分析：斯塔克尔伯格模型

本部分探讨寡头厂商之间另外一种产量竞争模型：斯塔克尔伯格模型（Stackelberg，1934）。斯塔克尔伯格模型是一种动态博弈，基本假设如下：

（1）存在两家厂商，它们生产的产品是同质的，并且边际成本相同；

（2）厂商的决策变量是产量；

（3）厂商之间只进行一次竞争，一家厂商作为领导者先作出决策，另外一家厂商作为跟随者后作出决策；

（4）没有其他厂商进入。

假设市场需求函数为：

$$P = a - bQ$$

$$Q = q_1 + q_2$$

两家厂商的边际成本相同均为 c，厂商 1 作为领导者首先选择产量水平 q_1，厂商 2 作为跟随者在领导者作出产量选择后选择自己的产出 q_2。因为厂商 1 是行业领导者，能够计算厂商 2 的最优反应函数，因此，厂商 1 可以在此基础上选择产量水平 q_1，以最大化自身利润。

回顾式（3.3），易知厂商 2 的最优反应函数为：

$$q_2 = R_2(q_1) = \frac{a-c}{2b} - \frac{q_1}{2} \tag{3.19}$$

将其代入厂商 1 的利润函数得到：

$$\begin{aligned}\pi_1(q_1) &= Pq_1 - cq_1 = [a - b(q_1 + q_2)]q_1 - cq_1 \\ &= \left[a - b\left(q_1 + \frac{a-c}{2b} - \frac{q_1}{2}\right)\right]q_1 - cq_1 \\ &= \left(\frac{a-c}{2} - \frac{bq_1}{2}\right)q_1\end{aligned}$$

利润最大化一阶条件要求$\frac{\mathrm{d}\pi_1}{\mathrm{d}q_1}=0$，由此可以计算出厂商 1 的斯塔克尔伯格—纳什均衡产出水平为 $q_1^s = \frac{a-c}{2b}$，进而由式（3.19）可计算出厂商 2 的均衡产出水平为 $q_2^s =$

$\frac{a-c}{4b}$。此时把两家厂商的均衡产出相加，结合市场需求函数，便可计算出斯塔克尔伯克模型的均衡总产量与价格：

$$Q^s=\frac{3(a-c)}{4b}$$

$$P^s=\frac{a+3c}{4}$$

回顾古诺模型与垄断模型的均衡产出、价格为：

$$Q^c=\frac{2(a-c)}{3b}\quad Q^m=\frac{a-c}{2b}$$

$$P^c=\frac{a+2c}{3}\quad P^m=\frac{a+c}{2}$$

通过上述分析，可以得出以下结论。

第一，斯塔克尔伯格模型的均衡价格最低，产量最高，垄断模型均衡价格最高，产量最低，古诺模型居于两者之间。斯塔克尔伯格模型中领导厂商的产量恰好为垄断情形下垄断厂商的产量。

第二，斯塔克尔伯克模型与古诺模型的唯一差别是由静态模型变为了动态模型，这一点导致了领导厂商与跟随厂商产量的不同，而且相比而言先行动的领导厂商占有更大的市场份额，利润更高，这就是所谓的“先行者优势”（first-mover advantage）。有时这种优势能够强大到阻止后来厂商进入市场的程度，当某行业利润较高时，潜在厂商自由进入市场的机制可以使市场恢复到边际成本定价，即厂商自由进入和退出市场，是市场机制配置资源的一个重要基础。

第三，在古诺情形下，厂商 2 对厂商 1 策略选择的信息是不完全的（即古诺模型是静态模型，厂商 2 只能理性猜测厂商 1 的策略选择），此时厂商 2 的产量为$\frac{a-c}{3b}$；在斯塔克尔伯格情形下，厂商 2 对厂商 1 的策略选择有完全信息（即厂商 2 在选择策略时能够观察到厂商 1 的策略选择），此时，厂商 2 的产量为$\frac{a-c}{4b}$，可以发现比古诺情形少。

厂商 2 在完全信息情形下状况更差，根源在于动态博弈假设。在斯塔克尔伯格模型中，厂商 1 先决定产量策略 $q_1=\frac{a-c}{2b}$，厂商 2 后决定产量策略 $q_2=\frac{a-c}{4b}$，此时 $q_1=\frac{a-c}{2b}$ 并不是对 $q_2=\frac{a-c}{4b}$的最优反应，但由于动态博弈假设，厂商 1 已经无法改变策略；而在古诺模型中，当厂商 2 选择 $q_2=\frac{a-c}{4b}$时，厂商 1 可以进一步改变自身的产量选择，因此，厂商 2 根本就不会依据 $q_1=\frac{a-c}{2b}$ 来选择自身产量，反而可以达到更好的均衡结果。

二、价格竞争：静态与动态分析

本部分将介绍厂商静态与动态价格竞争的相关模型，我们将发现对于价格竞争而言，静态与动态情形结果是相同的。

（一）静态分析：伯川德模型

在古诺市场结构中，厂商选择产量大小，价格随之调整，以出清市场。相反，在伯川德市场结构中，厂商进行价格竞争。跟古诺模型相比，伯川德模型的一个特点是厂商能通过较小的成本快速调整价格，从而决定产量。该模型的支持者认为，在厂商竞争中，产量的调整需要调整存货，这往往需要进行生产能力的调整。这种调整对于厂商而言往往代价是高昂的，而调整价格的成本较低，有时可能只需变动价格标签。换句话说，厂商变动价格比改变产量更加容易。

1883 年，伯川德（Bertrand）在评论古诺（Cournot）的著作时提出了伯川德模型。实际上，伯川德不仅仅是对古诺模型不满，而是对一般寡头模型不满。事实上，两种模型各有其适用范围，有些市场是价格竞争，有些是产量竞争。经济学家的任务是要发现什么市场结构更接近现实。下面以双寡头竞争为例，求解伯川德市场结构下的纳什均衡。

由于博弈双方决策变量发生了变化，致使伯川德竞争的市场均衡与古诺竞争的市场均衡完全不同。在简化的伯川德模型中，关于消费者行为的基本假设如下：

（1）消费者从价格便宜的厂商那里购买产品；

（2）如果两家厂商卖价相同，各有一半的消费者分别购买厂商 1 和厂商 2 的产品；

（3）两家厂商产能不受限制，即每一家厂商都能够单独生产出市场所需全部产品。

根据上面假设，我们可以刻画每家厂商面临的需求特征。由于市场上只有两家厂商，生产的是同质产品，如果厂商 1 的价格高于厂商 2，那么厂商 1 的市场需求将为零，如果厂商 2 的价格高于厂商 1 的价格，那么厂商 2 的市场需求将为零；如果两家厂商价格相同，他们将平分市场；如果厂商 1 的价格低于厂商 2 的价格，那么该厂商将占领全部市场，同样的情况也适用于厂商 2。这样，每家厂商的市场需求函数如下（以厂商 1 为例）。

（1）如果 $p_1>p_2$，则 $q_1=0$，即在给定总需求的情况下，如厂商 1 要价高于厂商 2，则没有消费者从厂商 1 处购买产品。

（2）如果 $p_1<p_2$，则 $q_2=0$，所有消费者都从厂商 1 处购买产品，若同时有 $p_1<a$

（为了使分析的问题有意义，如果厂商 1 价格低于对手价格从而占领全部市场时，其价格还必须小于 a），在这种情况下，厂商 1 所面临的需求 $q_1 = \frac{a - p_1}{b}$。

（3）如果 $p_1 = p_1 = p$，则 $q_1 = q_2 = \frac{a - p}{2b}$。即如果双方要价相同，则市场需求在两厂商中平分。

上述三种情况解释了同质产品市场上的需求是如何在两家厂商之间分配的。

定义 如果满足下面三个条件：

（1）给定 $p_2 = p_2^b$，p_1^b 使得 $\pi_1(p_1, p_2^b) = (p_1 - c_1)q_1$ 最大化；

（2）给定 $p_1 = p_1^b$，p_2^b 使得 $\pi_2(p_1^b, p_2) = (p_2 - c_2)q_2$ 最大化；

（3）q_1^b、q_2^b 结合上述需求函数确定。

那么，$\{p_1^b, p_2^b, q_1^b, q_2^b\}$ 是一个伯川德—纳什均衡。

上述定义表明，在伯川德—纳什均衡中，在给定对手最优定价策略下，任何厂商都不可能通过单方面改变价格而增加利润。

以下我们将讨论该定义运用于厂商不存在生产能力限制的情况。

厂商不存在生产能力限制的含义是指，在任何价格下，厂商可以生产出他想要提供的产量。在伯川德模型中，我们看到，每家厂商面临的需求具有不连续性，只要一家厂商把价格提高到对手厂商价格之上一点，他的市场需求为零；而降低一点，他将得到全部市场。① 在这种情况下，根据厂商需求函数，价格竞争的结果将与其成本有关。

命题 3.1：如果两家厂商成本相同 $c_1 = c_2 = c$，那么伯川德—纳什均衡是：$p_1^b = p_2^b = c$，同时，$q_1^b = q_2^b = \frac{a - c}{2b}$。

证明：首先，根据厂商经营的理性原则，任何厂商的定价都不会低于边际成本，这样，有 $p_1 \geqslant c$，$p_2 \geqslant c$；其次，任何厂商都不可能制定高于边际成本的价格。这是因为，假如其中一家厂商的价格高于成本，以厂商 1 为例，$p_1 > c$，那么另一家厂商只要定价稍稍低于第一家厂商，即 $p_2 = p_1 - \varepsilon > c$（其中，$\varepsilon$ 为无穷小的正数，通常称作阿基米德数），根据需求条件，他就可以获得全部市场，并将得到利润 $(p_1 - \varepsilon - c)(a - p_1 + \varepsilon)/b > 0$，而第一家厂商将失掉全部市场，利润为 0。因此，只要任何一家厂商的定价高于成本，其对手就可以通过压价获得全部市场，并获得利润。那么相互压价过程就会一直持续下去，直到双方的价格等于成本。因此，只有当双方价格都等于成本时才达到一个

① 我们称厂商把价格降低到对手之下的行为为压价。

均衡状态，即 $p_1^b = p_2^b = c$。这时，没有一家厂商愿意偏离，即在给定对手价格等于成本情况下，厂商提价或降价都不会得到任何好处。这种状态即是伯川德—纳什均衡。即，如果厂商拥有相同的单位成本，那么伯川德—纳什均衡价格与总产量水平和竞争均衡的结果相同。换句话说，压价行为使得价格等于边际成本。

命题 3.2：如果两家厂商成本不同，假设厂商 1 的成本低于厂商 2 的成本，即 $c_1 < c_2$，还需使 $c_2 - c_1 > \varepsilon$，其中，ε 是一个足够小的数，此外还满足厂商 1 独占市场时的利润大于与厂商 2 平分市场时的利润，即：

$$(c_2 - \varepsilon - c_1)\left(\frac{a - (c_2 - \varepsilon)}{b}\right) > (c_2 - c_1)\left(\frac{a - c_2}{2b}\right)$$

这时，唯一的伯川德—纳什均衡是：$p_2^b = c_2$，$p_1^b = c_2 - \varepsilon$，$q_2^b = 0$，$q_1^b = \dfrac{a - c_2 + \varepsilon}{b}$。

证明：在两家厂商成本不同的情况下，为获得利润，两家厂商的定价都会高于成本，在这种情况下，两家厂商相互压价抢市场的情况和成本相同时的情况相同，但是由于 $c_1 < c_2$，厂商 1 可以承受的最低价格更低。实际上，只要他的定价稍稍低于 c_2，厂商 2 就会退出市场，他将获得整个市场，而且他也没有必要降得更多，因为那样会降低其单位产量上获得的利润，同时也不能获得更多市场。此外，他也不会将价格提高到 c_2 的水平，那样他将跟厂商 2 平分市场。因此，均衡状态就是厂商 1 的定价稍稍低于厂商 2 的成本，并且获得整个市场，厂商 2 的定价与成本相同（其能够承受的最低定价），面临的市场需求为 0。即，在厂商 1 的成本低于厂商 2 的情况下，厂商 1 可以把价格压到稍稍低于厂商 2 的成本，以便尽可能获得更多的利润。

到目前为止，本节讨论了同质产品市场的两种静态竞争模型：古诺市场结构下的产量竞争和伯川德市场结构下的价格竞争。在古诺市场结构下，厂商的竞争策略是选择产量；在伯川德市场结构下，厂商的竞争策略是选择价格。两种形态的市场结构，在价格、产量、利润等各方面都会产生不同的市场结果。在伯川德市场结构下，价格等于边际成本，没有利润（在厂商成本相同情况下），高成本厂商将被淘汰（在不同成本情况下）。在古诺市场结构下，厂商产量不同，存在利润。

（二）价格竞争的动态分析

此部分的分析考虑厂商之间的动态价格竞争，在保留伯川德模型其他假定的基础上，假设厂商 1 为领导厂商，首先选择价格策略，厂商 2 为跟随厂商，后选择价格策略。同样假设两家厂商的产能不受限制。

同斯塔克尔伯克模型的分析过程类似，厂商 1 了解厂商 2 的最优反应函数，并在此基础上作出价格选择。厂商 1 可以预测到三种情况下厂商 2 的最优反应：

（1）若厂商 1 的定价 p_1 高于边际成本 c，则厂商 2 的最优选择为定价 $p_1-\varepsilon$，抢占整个市场；

（2）若厂商 1 的定价 p_1 低于边际成本 c，则厂商 2 不会使定价等于或者低于 p_1，因为此时是亏损的；

（3）若厂商 1 的定价 p_1 等于边际成本 c，则厂商 2 的最优选择同样为在边际成本 c 处定价。

因此，在预测到厂商 2 对厂商 1 的最优反应后，厂商 1 的最优选择是在边际成本 c 处定价，厂商 2 随后将同样在边际成本 c 处定价。厂商之间进行动态价格博弈的结果与前文所述伯川德模型相同。

第二节　差异产品市场

在这一节，我们来分析生产差异产品的厂商行为。假设消费者能够区分相似但具有差异的产品，把这些产品看作是不完全替代的。一般而言，在现实经济生活中，绝大多数产业所生产的产品都是差异产品。本部分我们将介绍三个具有代表性的产品差异化模型。

一、霍特林模型

这部分内容关注垄断厂商情形。如图 3－3 所示，假设某城市在一条长度为 1 的直线道路上展开，N 个消费者在这条道路上均匀分布。消费者除了位置不同之外是同质的，消费者赶往商店购买商品需要支付交通成本，设每单位距离的往返成本为 t，商品价格为 p，每一期每个消费者只购买一件商品，消费者对商品的保留价格为 V。当商品价格加上往返交通成本不高于 V 时消费者才会购买商品。

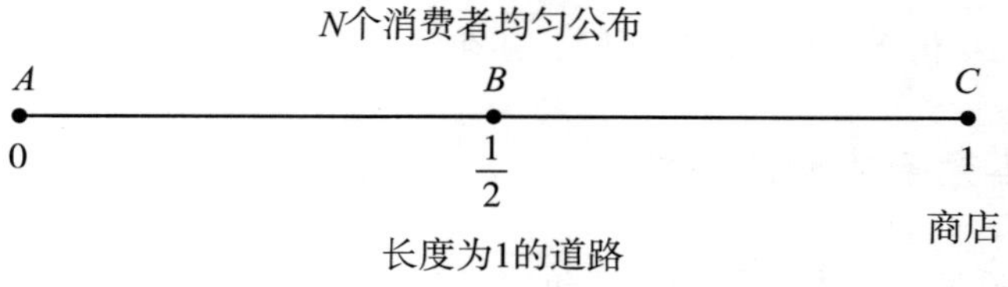

图 3－3　水平产品差异化的空间模型

此模型最早由霍特林（Hotelling，1929）提出，该模型可以用来研究水平产品差异化厂商之间的竞争。假设这条道路上的每一点代表的是偏好同一类产品中具有水平差异的产品消费者，以饮料的甜度为例，假设处于 A 点的消费者最偏好甜度为 0 的饮料，处于 B 点消费者最偏好甜度为 1/2 的饮料，处于 C 点的消费者最偏好甜度为 1 的饮料。假设商店处于 C 点，即厂商只出售甜度为 1 的饮料，定价为 p，那么若 A 处的消费者想要购买产品，则需要付出 $p+t$ 的成本，交通成本 t 可以理解为消费者的心理或者效用成本，即当消费者必须购买那些与自身最偏好的产品“相去甚远”的产品而承担的成本。处于 B 处的消费者则需要付出 $t/2$ 的心理成本，处于 C 处的消费者不需要付出额外的心理成本，因为他最偏好的就是甜度为 1 的饮料。因为我们假设所有消费者的保留价格相同为 V，而当价格加上心理成本不超过 V 时，消费者才会购买产品，因此，A 点的消费者购买产品的意愿最小，C 的消费者购买产品的意愿最强烈。

为了使自身利润最大化，某行业的垄断厂商需要做以下三个决策：

（1）定位问题（即把商店开设在什么位置）；

（2）数量问题（即开设多少商店）；

（3）定价问题（即是否应该服务于整个市场）。

在分析过程中我们先研究在垄断厂商服务于整个市场的情形下的定位问题与数量问题，然后再讨论垄断厂商是否应该服务于整个市场（即定价问题）。

命题 3.3：垄断厂商如何定价才能服务于整个市场？

从 1 家商店开始分析，假设其开设于道路中心。

如图 3－4 所示，横轴表示道路，商店位于 1/2 处，纵轴表示价格，V 表示消费者的保留价格，则距离道路中心 x_1 距离的消费者若要购买商品需要花费商品价格 p_1 加上往返的交通成本 tx_1，即 p_1+tx_1。图 3－4 表示的是若商店定价 p_1，则距离商店距离 $\leq x_1$ 的消费者愿意购买商品，距离商店距离 $>x_1$ 的消费者不会购买商品。

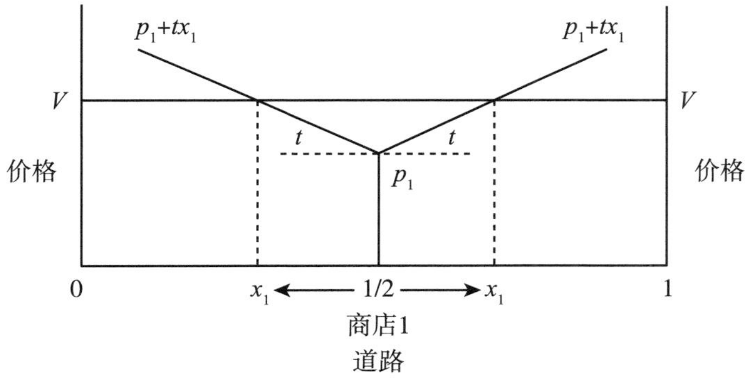

图 3－4　商店的需求问题

对距离道路中心 x_1 距离的消费者而言买不买商品是无差异的，有：

$$p_1 + tx_1 = V$$

由此可求出：

$$x_1 = \frac{V - p_1}{t}$$

由于共有 N 个消费者均匀分布在长度为 1 的道路上，因此，在价格为 p_1 时，共有 $2x_1N$ 个消费者愿意购买一单位商品，可得 1 家商店时的垄断厂商需求函数：

$$Q(p_1, 1) = 2x_1N = \frac{2N}{t}(V - p_1) \tag{3.20}$$

式（3.20）表明在每个消费者只购买一个商品的假设下，垄断厂商面临的需求随着价格的下降而增加。若垄断厂商想服务于整个市场，只需令 $x_1 = \frac{1}{2}$ 即可，可算出此时最高定价为 $p_1 = V - \frac{t}{2}$，当定价低于 $V - \frac{t}{2}$ 时垄断厂商同样可以服务整个市场，但此时利润明显减少。

假设垄断厂商边际成本为 c，设立每个商店的固定成本为 F，于是 1 家商店时垄断厂商服务于整个市场时的利润为：

$$\pi(N, 1) = (V - \frac{t}{2} - c)N - F$$

命题 3.4：垄断厂商应把商店开设在什么位置？（定位问题）

紧接着命题 3.1 进行分析，即假设垄断厂商服务于整个市场，可以发现此时商店的最佳选址便是道路中心，如图 3－5 所示，若商店向左稍移动一些距离，道路左边不会增加需求，道路右边反而会减少需求。此时若商店仍然想服务于整个市场，就必须降低价格，其利润与把商店设立于道路中心相比明显减少。因此，若只开设 1 家商店，垄断厂商的最优选择便是开设在道路中心。

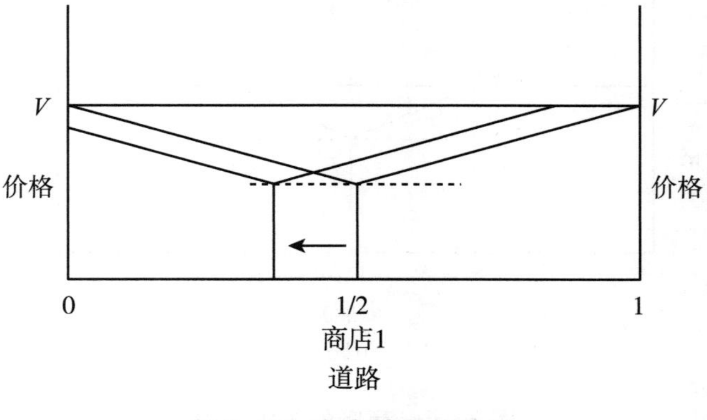

图 3－5 商店的最佳选址

命题 3.5：垄断厂商应该开设多少商店？（数量问题）

先考虑开设 2 个商店的情形，仍然假设边际成本为 c，每个商店的固定成本为 F，垄断厂商服务于整个市场。每个商店除了位置不同外是相同的，由对称性可知，2 个商店定价相同，如图 3－6 所示，此时两家商店的最优定位分别是 1/4 与 3/4，分析逻辑与一家商店时相同。

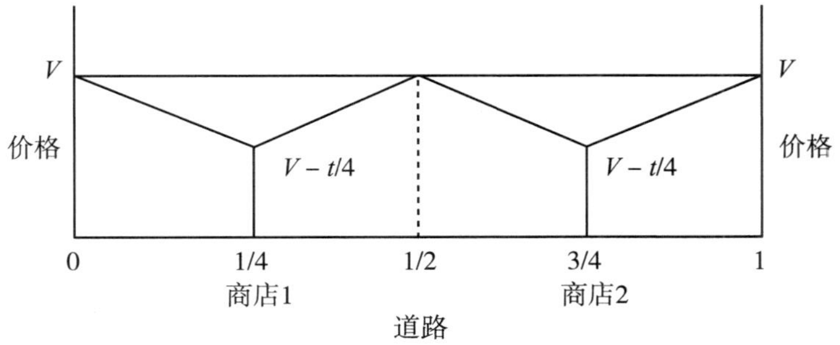

图 3－6　两个商店的定位问题

可计算出垄断厂商服务于整个市场，并且开设 2 家商店时的最高定价为：

$$p(N,2)=V-\frac{t}{4}$$

此价格比只有 1 家商店时高，垄断厂商利润为：

$$\pi(N,2)=N\left(V-\frac{t}{4}-c\right)-2F$$

以此类推，开设 3 家商店的情况如图 3－7 所示。

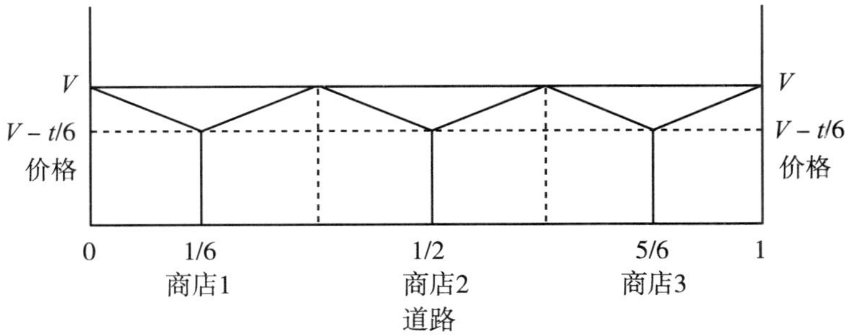

图 3－7　三家商店的定位问题

此时最高定价为：

$$p(N,3)=V-\frac{t}{6}$$

利润为：

$$\pi(N,3)=N\left(V-\frac{t}{6}-c\right)-3F$$

当有 n 个商店时，最高定价与利润为：

$$p(N,n)=V-\frac{t}{2n} \tag{3.21}$$

$$\pi(N,n)=N\left(V-\frac{t}{2n}-c\right)-nF \tag{3.22}$$

从上述分析中可以看出，商店数目 n 的增加将导致垄断厂商的定价越来越高，并不断接近消费者的保留价格 V，从而垄断厂商可以占有更多消费者剩余。从产品差异化的角度考虑，这意味着垄断厂商有动机开设更多商店，即提供更多种类的差异化产品，因此，在现实中我们可以看到大量相似但又有差异的商品。但是垄断厂商不可能无限制地增加商店数量，因为每新增一个商店需要付出固定成本 F，若新增商店可以增加利润，就要求 $\pi(N,n+1)>\pi(N,n)$，即 $n(n+1)<\frac{tN}{2F}$，当 n 满足此条件时，增加商店可以提高利润。

这意味着，当市场上有大量消费者（N 很大）、消费者对产品差异非常敏感（t 很大），以及增加新产品种类的固定成本很小（F 很小）时，市场上的产品种类将更为丰富。其中，t 很大意味着消费者对产品差异非常敏感，当垄断厂商提供的产品偏离消费者的偏好时，消费者需要付出很大的心理成本才愿意购买此产品，即购买意愿大幅下降，此时若垄断厂商想要增加需求，须提供更丰富的产品种类。

命题 3.6：垄断厂商是否应该服务于整个市场？（定价问题）

如图 3－8 所示，商店 1 位于 1/4 处、价格为 p 时，商店 1 向左右距离其 r 范围内的消费者提供商品，有 $p+tr=V$，商店总需求为 $2rN$，商店利润为：

$$\pi=\frac{2N(p-c)(V-p)}{t}-F$$

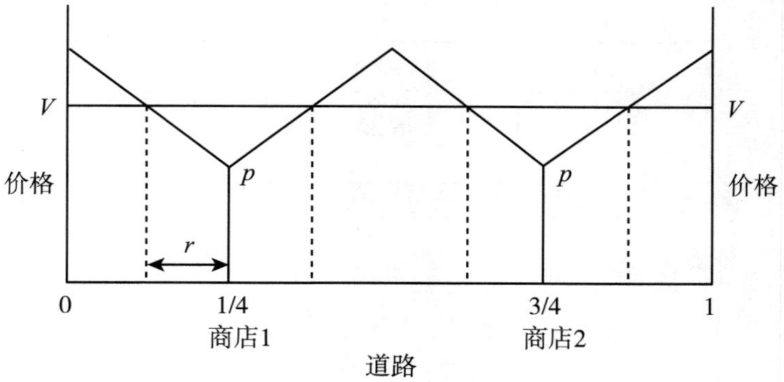

图 3－8　垄断厂商服务于部分市场

利润最大化一阶条件为：

$$\frac{\partial\pi}{\partial p}=\frac{2N}{t}(V-2p+c)=0$$

解出：

$$p^{*}=\frac{V+c}{2}$$

于是利润为：

$$\pi=\frac{N}{2t}(V-c)^{2}-F$$

可看出利润最大化的定价与商店数目无关。回顾式（3.21）、式（3.22），供应整个市场时的价格为：

$$p(N,n)=V-\frac{t}{2n}$$

因为在计算价格 p^{*} 时没有对 r 的大小设限制，因此，计算结果需要与 $V-\frac{t}{2n}$ 进行对比讨论，我们知道低于 $V-\frac{t}{2n}$ 的定价一定比 $V-\frac{t}{2n}$ 利润更小，因为此时需求不会增加，但价格反而更低。据此我们可以得出以下定价规则：

（1）当 $p(N,n)>p^{*}$ 即 $V>c+\frac{t}{n}$ 时，供应整个市场比供应部分市场利润更高，并定价 $p(N,n)=V-\frac{t}{2n}$；

（2）当 $p(N,n)<p^{*}$ 即 $V<c+\frac{t}{n}$ 时，供应部分市场利润更高，且定价 $p^{*}=\frac{V+c}{2}$。

二、产品差异化的伯川德模型

前面介绍的双寡头垄断市场伯川德模型有其不足之处，因为它假设两个厂商间任何价格偏离将导致高价厂商立即失去所有需求，这导致两个厂商需求与利润函数的非连续性。但在产品存在差异的情况下高价厂商并不会失去所有需求，本部分探讨这种情况。

在本节第一部分我们提出了产品差异化的空间模型，它也可以用来分析产品差异化的伯川德模型。

如图 3－9 所示，假设城市人口分布在一条长度为 1 的道路上，厂商 1 位于 $x=0$ 处，厂商 2 位于 $x=1$ 处，两家厂商处于竞争关系，同时选择价格策略以抢占市场，边际成本都为 c。两家厂商的位置分布意味着它们生产具有水平差异的产品。

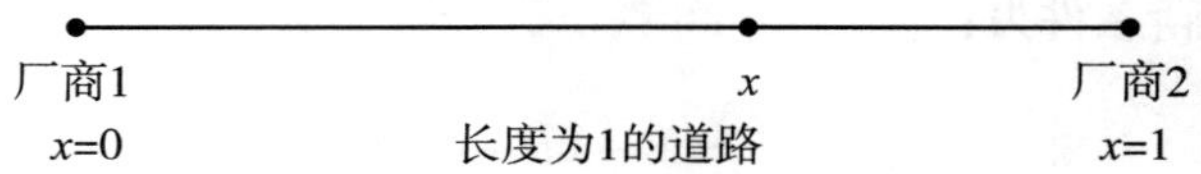

图 3-9　产品差异化的伯川德模型

假设 N 个消费者在这条道路上均匀分布，消费者赶往商店购买商品需要支付交通成本，设每单位距离的往返成本为 t，商品价格为 p，每个消费者最多购买一件商品，保留价格为 V。当商品价格加上往返交通成本不高于 V 时，消费者才会购买商品。我们进一步假设每个消费者都购买商品，不是从厂商 1 处购买就是从厂商 2 处购买，即两家厂商服务于整个市场。这意味着存在某边际消费者 x^m，对他而言，从厂商 1 购买产品和从厂商 2 购买产品无差异，即两种方式效用相同：

$$V - p_1 - tx^m = V - p_2 - t(1 - x^m)$$

于是边际消费者的位置为：

$$x^m(p_1, p_2) = \frac{p_2 - p_1 + t}{2t}$$

x^m 左边的消费者会从厂商 1 处购买，右边的会从厂商 2 处购买。

厂商 1 与厂商 2 的需求函数为：

$$D_1(p_1, p_2) = x^m(p_1, p_2)N = \frac{p_2 - p_1 + t}{2t}N$$

$$D_1(p_1, p_2) = [1 - x^m(p_1, p_2)]N = \frac{p_1 - p_2 + t}{2t}N$$

注意，与原始伯川德双寡头垄断模型不同，这个模型中任意厂商的需求曲线在 p_1、p_2 上都是连续的。这是因为当产品有差异时，高价厂商并不会失去所有需求。厂商 1 与厂商 2 的利润函数为：

$$\pi_1(p_1, p_2) = (p_1 - c)\frac{p_2 - p_1 + t}{2t}N$$

$$\pi_1(p_1, p_2) = (p_2 - c)\frac{p_1 - p_2 + t}{2t}N$$

每家厂商的利润均依赖于另一家的定价，为求出两家厂商的最优反应函数，根据利润最大化一阶条件：

$$\frac{\mathrm{d}\pi_1(p_1, p_2)}{\mathrm{d}p_1} = \frac{N}{2t}[(p_2 - p_1 + t) - (p_1 - c)] = 0$$

$$\frac{\mathrm{d}\pi_1(p_1, p_2)}{\mathrm{d}p_2} = \frac{N}{2t}[(p_1 - p_2 + t) - (p_2 - c)] = 0$$

解出两家厂商的最优反应函数：

$$p_1^* = \frac{p_2 + c + t}{2} \tag{3.23}$$

$$p_2^* = \frac{p_1 + c + t}{2} \tag{3.24}$$

联立式（3.23）和式（3.24）便可解出纳什均衡解：$p_1^* = p_2^* = c + t$。

此时边际消费者位置为：$x^m(p_1^*, p_2^*) = \frac{p_2^* - p_1^* + t}{2t} = \frac{1}{2}$。

两家厂商利润为：$\pi_1(p_1^*, p_2^*) = \pi_1(p_1^*, p_2^*) = \frac{tN}{2}$。

有以下两点需要注意。

（1）t 很大意味着消费者对产品差异非常敏感，需要付出极大的心理成本才愿意购买自己不偏好的产品，这使厂商降价吸引顾客的能力减弱，其实赋予了两家产品差异化厂商一定的垄断能力，因此，较高的 t 值（即有效的产品差异化）可以缓和价格竞争；相反，t 值越小厂商之间的价格竞争越激烈，当 t 趋近于 0 时，消费者对产品差异不敏感，产品便成为同质产品，此时两家厂商回到原始伯川德竞争情形，在边际成本处定价。

（2）本部分的分析假设两家厂商固定于城市两端，如果允许厂商在进行价格竞争的同时选择位置，模型将变得太复杂而难以计算。一方面，两家厂商都想定位于城市中心，因为可以抢占更大的市场（回顾本节第一部分分析的“定位问题”）；另一方面，两家厂商都定位于城市中心将使产品不再有差异，价格竞争会非常激烈。两种相反的力量使均衡难以确定。

三、迪克西特—斯蒂格利茨—斯宾塞模型

张伯伦（Chamberlin，1933）出版的《垄断竞争理论》一书中提出了垄断竞争市场结构，认为垄断与竞争力量的混合来源于产品差异化，而斯宾塞（Spence，1976）、迪克西特和斯蒂格利茨（Dixit & Stiglitz，1977）所开创的代表性消费者方法将张伯伦所提出的垄断竞争市场结构进行了模型化。这一部分分析的目的是，在垄断竞争市场结构下，找出一个行业内差异产品（厂商）的均衡数目。因为假定每一家差异产品生产厂商只生产一种产品，所以，差异产品数也就是生产差异产品的厂商数。张伯伦垄断竞争市场结构有以下假设：

（1）消费者具有相同的偏好，因此，可以用一个代表性消费者进行分析，该消费者

偏好有更多的差异产品可以选择；

（2）从生产技术条件看，差异产品数量可以无穷大；

（3）生产新的差异产品的厂商可以自由进入。

迪克西特—斯蒂格利茨—斯宾塞模型的特征是通过引入一个代表性消费者来推导出垄断竞争均衡下差异产品的数量。该模型的思路是：对代表性消费者设定一个效用函数，通过消费者效用函数来推导出消费者需求①，在给定技术条件（生产成本）和市场需求条件下，所有差异产品的厂商进行生产决策，在达到消费均衡（消费者效用最大化）和生产均衡（厂商利润最大化）时，垄断竞争结构下差异产品厂商的均衡数目随之确定。在该模型中，代表性消费者的收入通过给厂商提供劳动而获得。

模型假设在一个行业内，有 N 家生产差异产品的厂商，差异产品表示为 $i=1$，2，…，N，其中 N 是内生决定的。用 q_i 表示所生产的第 i 种差异产品的数量，p_i 表示产品 i 的单价。下面的分析将从代表性消费者、差异产品厂商、均衡的定义和垄断竞争均衡四个方面展开。

1. 代表性消费者

假设代表性消费者具有常数替代弹性效用函数（constant-elasticity-of-substitution utility function），并面临着预算约束。

假设效用函数为：

$$u(q_1, q_2, \cdots) = \sum_{i=1}^{N} \sqrt{q_i} \tag{3.25}$$

该效用函数表示消费者具有对产品多样性的偏好。

预算约束为：

$$\sum_{i=1}^{N} p_i q_i \leqslant I \tag{3.26}$$

2. 差异产品厂商

假定每家厂商只生产一种差异产品，那么当可供选择的差异产品非常多时，有些差异产品实际上不会被生产。假设差异产品厂商的成本函数为：

$$TC_i = \begin{cases} F + cq_i & q_i > 0 \\ 0 & q_i = 0 \end{cases} \tag{3.27}$$

① 即市场需求。由于消费者的偏好都相同，因此，可以假定市场上只有一个代表性消费者，那么代表性消费者需求就是所有差异产品厂商面临的市场需求。

3. 均衡的定义

差异产品的垄断竞争市场均衡是指，在市场自由进入的条件下，代表性消费者达到消费均衡，每个差异产品厂商达到生产均衡，这时的均衡也被称为张伯伦垄断竞争均衡。这时可以获得差异产品厂商的均衡数目，每家差异产品厂商的均衡价格以及均衡产量。具体定义如下：

如果满足下列条件：

（1）代表性消费者视自己的收入与价格为既定，并且在预算约束限制下追求效用最大化；

（2）在给定市场需求条件下，厂商追求利润最大化；

（3）厂商自由进入，因而导致行业利润为0，即 $\pi_i = 0$；

（4）资源需求等于资源供给，即 $\sum_{i=1}^{N}(F + cq_i) = L$。

那么，根据上面四个条件所得到的均衡差异产品数 N^{mc}，每种差异产品的均衡价格 P_i^{mc} 和均衡产量 $q_i^{mc}(i=1, \cdots, N^{mc})$ 被称为张伯伦垄断竞争均衡。

4. 求垄断竞争均衡

根据均衡的定义，首先通过代表性消费者均衡来推导出市场需求，然后通过差异产品厂商的生产均衡来推导出垄断竞争结构下差异产品厂商的数目。首先由消费者效用最大化导出需求函数，构造拉格朗日函数如下：

$$L(q_i, \lambda) = \sum_{i=1}^{N} \sqrt{q_i} + \lambda\left[I - \sum_{i=1}^{N} p_i q_i\right] \tag{3.28}$$

一阶条件为：

$$\frac{\partial L}{\partial q_i} = \frac{1}{2}\frac{1}{\sqrt{q_i}} - \lambda p_i = 0$$

$$\frac{\partial L}{\partial \lambda} = I - \sum_{i=1}^{N} p_i q_i = 0$$

根据一阶条件，可以推导出第 i 种差异产品的市场需求函数为：

$$q_i = \frac{1}{4\lambda^2 p_i^2} \tag{3.29}$$

可求出反需求函数以及该差异产品的价格需求弹性：

$$p_i = \frac{1}{2\lambda\sqrt{q_i}},\ e_d = 2$$

接下来由差异产品厂商利润最大化和资源约束导出均衡时差异产品数目，由厂商利润最大化的一阶条件：

$$MR = P_i\left(1 - \frac{1}{e_d}\right) = P_i\left(1 - \frac{1}{2}\right) = \frac{P_i}{2} = MC = c \tag{3.30}$$

可知差异产品的均衡价格 $P_i^{mc} = 2c$。同时，由于市场自由进入，厂商利润为 0，即 $\pi_i = (P_i^{mc} - c)q_i^{mc} - F = 0$，那么可以推导出差异产品厂商的均衡产量为 $q_i^{mc} = F/c$。

再由资源约束条件 $\sum_{i=1}^{N} TC_i = \sum_{i=1}^{N}(F + cq_i) = L$，即 $NF + cN\frac{F}{c} = L$ 可以推导出均衡时生产差异产品的厂商数目 $N^{mc} = \frac{L}{2F}$。

至此，我们已经解出差异产品条件下垄断竞争均衡，结果为：

$$P_i^{mc} = 2c$$

$$q_i^{mc} = F/c$$

$$N^{mc} = L/2F$$

根据差异产品的垄断竞争均衡，可以发现，在资源既定条件下，均衡差异产品（厂商）数目与厂商的固定成本呈负相关关系，固定成本越小，则生产的差异产品越多，固定成本越大，则生产的差异产品越少；差异产品厂商的均衡产量与固定成本呈正相关，与可变成本呈反相关。

第四章

兼并与进入壁垒

第二章探讨了市场结构的四个关键指标：市场集中度、规模经济与范围经济、进入壁垒、产品差别化，其中，市场集中度是市场结构最基本和最重要的指标之一。兼并和进入壁垒对市场集中度具有重要作用。一方面，兼并扩大了企业规模并降低了市场容量，提高了市场集中度；另一方面，较高的进入壁垒限制了新企业的进入，在很大程度上影响着市场集中度。市场集中和兼并主要是反映现有企业的竞争关系，进入则主要反映产业内现有企业和潜在进入者之间的竞争关系。

第一节　兼并

兼并又称吸收合并，指两家或者更多的独立企业合并组成一家企业，通常由一家占优势的企业吸收一家或者多家企业。兼并是企业边界延伸的主要形式，其不仅扩大了企业规模，而且降低了市场容量，促使市场向集中的方向发展。按照兼并双方的行业关系特征，可以将兼并划分为三类，即横向兼并、纵向兼并和混合兼并。横向兼并的参与者往往处于同一市场或者其生产的产品具有很强的替代关系；纵向兼并的参与者往往存在产业链的上下游联系（如供应商与生产商、零售商之间的关系），或者其生产的产品具有很强的互补性；混合兼并的参与者产品之间往往并不存在上述明确的关系，一般而言，其产品不相关。本节分别对这三种兼并进行介绍。

正如美国著名经济学家乔治·斯蒂格勒（1968）所说："没有一家美国大公司不是通过某种程度、某种方式的兼并得以形成的。"兼并伴随着西方国家经济发展过程，并对其经济格局产生了深刻的影响。兼并对经济的具体影响体现在：促进资本集中和集聚，加速产业结构调整。兼并对市场竞争结构和格局的影响是根本性的。以美国为例，其前后共经历了五次大的兼并浪潮，并对世界经济产生了深刻影响。第一次兼并浪潮发生在19世纪末20世纪初，此次兼并涉及的行业非常多，主要集中在纺织、铁路、烟草、石化等传统领域，主要形式是横向兼并。第二次兼并浪潮则开始于第一次世界大战后，结束于1929年大萧条，以纵向兼并为主，金融资本在其中扮演着非常重要的角色。第三次兼并浪潮发生在20世纪60年代，混合兼并成为主要形式。第四次兼并浪潮在1985年达到高峰，此次兼并最主要的一个特点是杠杆收购成为主流，同时科技发展起到了推波助澜的作用。最近一次兼并浪潮发生于20世纪90年代，跨国并购频发，全球经济一体化步伐加速，全球经济联系日趋紧密。

一、横向兼并

横向兼并（horizontal merger）是用一个单独企业来取代原先是竞争对手的两个或更多企业的市场行为。横向兼并参与者处于同一市场或行业。一方面，横向兼并能够使得企业有效利用规模经济优势、节约成本、产生协同效应，进而提升效率；另一方面，由于参与兼并的双方是直接竞争者，兼并往往削弱了竞争并提高了市场集中度，在一定程度加强了市场势力，削弱竞争和有损社会福利，这同时也是反托拉斯当局对横向兼并严格限制的重要原因①。

（一）横向兼并悖论：SSR模型

利用博弈论分析横向兼并问题一般被认为是始于SSR模型。萨伦特、斯威策和雷诺兹（Salant，Switzer & Reynolds，1983）基于简单古诺兼并模型分析得出：通常情况下，兼并的主要受益者并不是参与兼并的企业本身，而是未参与兼并的企业，一个行业中只有相当高比例（超过80%）的企业都参与兼并，兼并才是有利可图的。按照这个观点，大多数横向兼并不会发生，但这与现实不符，因此被称为横向兼并悖论。

SSR模型是建立在严格假设条件上的，这些假设包括：（1）边际成本为常数；（2）不存在协同效应②；（3）市场需求为线性；（4）单次兼并，即不存在连续兼并；（5）不存在新企业进入；（6）企业之间进行古诺产量竞争；（7）兼并不存在额外成本。

考虑古诺寡头之间的兼并情况。假设市场上共有n（$n>2$）个同质企业。每个企业

---

① 美国司法部和联邦贸易委员会于2010年8月19日发布了最新版《横向并购指南》作为横向兼并的解释和评估资料，其主题就是禁止创造、增强和确立市场势力或有利于行使市场势力的行为，其对市场势力的定义中强调了削弱竞争和损害消费者利益的种种行为，如抬高价格、降低产量、减少创新等。

② 协同效应体现在企业兼并中，是指企业通过合并其获利能力将高于原有各企业的总和。一般地，兼并的协同效应包括经营的协同效应（增加收益和降低成本）、财务的协同效应和公司治理协同效应。

的成本函数为 $c(q_i)=cq_i$，$i=1, 2, \cdots, n$；市场需求函数为：

$$p = a - Q,\ Q = \sum_{i=1}^{n} q_i \tag{4.1}$$

兼并前，古诺均衡时，每个企业的产量和利润分别为：

$$q_i^c = \frac{a-c}{n+1},\ \pi_i^c = \frac{(a-c)^2}{(n+1)^2} \tag{4.2}$$

现在假设有 $m+1$（$0<m<n-1$）个企业进行横向兼并，那么兼并后的市场上企业数量为 $n-m$，它们都拥有相同的成本，在均衡时也必将有同样的产量，同样的利润，即：

$$q_m^c = q_{-m}^c = \frac{a-c}{n-m+1},\ \pi_m^c = \pi_{-m}^c = \frac{(a-c)^2}{(n-m+1)^2} \tag{4.3}$$

式中，下标 m 和 $-m$ 分别表示兼并后的企业与任何一个未参与兼并的企业。兼并发生的条件是：兼并后新企业的利润要大于兼并之前企业利润之和，即：

$$\frac{(a-c)^2}{(n-m+1)^2} > (m+1)\frac{(a-c)^2}{(n+1)^2} \tag{4.4}$$

临界状态下，参与兼并的企业比例为$\frac{m^*+1}{n}=a(n)$，则：

$$a(n) = \frac{1}{2n}(2n+3-\sqrt{4n+5}) \tag{4.5}$$

将企业数目和对应使有利可图的参与兼并企业比例绘制在坐标轴上，如图 4－1 所示。可以看出，要使得兼并有利可图，参与兼并企业比例需要达到 80% 以上。

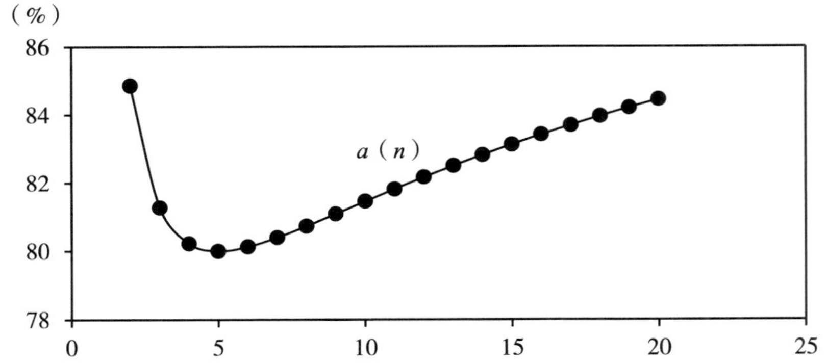

图 4－1　有利可图兼并的必要条件临界值

主要结论包括：

（1）形成完全垄断（即 $a(n)=100\%$）的兼并总是有利可图的；

（2）在没有形成垄断时，要使兼并有利可图，参与兼并的企业比例不低于 80%；

（3）兼并比例未达到80%时，兼并会造成参与兼并的企业利润损失，同时未参与兼并企业的产量和利润增加了，也就是说，兼并使得利润从参与兼并企业转移到了未参与兼并企业那里。

（二）对横向兼并的解释：规模经济与协同效应

在SSR模型中，由于存在严苛的假设，因此难以解释横向兼并现象。[①] 简单古诺兼并将兼并后的企业与兼并前的企业等同，这与事实不符，事实上，兼并后的企业与兼并前的企业存在实质上的不同，规模经济是重要的方面。简单古诺兼并没有考虑兼并后的企业所具有的资本联合生产能力。佩里和波特（Perry & Porter，1985）放松了SSR模型中的边际成本不变的假设条件，假定兼并后的企业可以控制兼并前每个企业的资本存量，同时，每家企业的边际成本随产量线性增加，资本存量越大，企业的边际成本曲线斜率越小，在这些假设下，由于新兼并企业的边际成本要低于未参与兼并的企业，兼并带来的规模经济使得兼并有利可图。

除规模经济外，兼并带来效率改善的第二个途径是协同效应（synergy effects）。简单来讲，协同就是“搭便车”，兼并形成的新企业可以充分利用兼并前企业所积累的资源。作为一个有机的系统，当企业兼并后，新兼并企业的整体效应往往要大于参与兼并企业效应之和。协同效应的主要类型包括：收入协同、成本协同、市场协同和技术协同等。当兼并个体并不能把其他外部企业挤出市场时，如果存在足够高的协同效应，没有形成高度集中市场的古诺兼并才是有利可图的。这意味着效率改善产生的正效应可以有效抵消外部企业的负效应。

（三）横向兼并的福利效应

反托拉斯当局对横向兼并的主要担心在于横向兼并会削弱竞争和有损社会福利。[②] 横向兼并既可能造成市场势力增强，也可能带来规模经济和成本节约的协同效应（效率提升）。评估横向兼并的社会福利效应需要同时考虑这两种效应，衡量兼并的社会总福

---

① 与发生兼并前相比，兼并后这些厂商的产量明显增加，而市场价格却上升了，因此，这些企业的利润明显增加，也就是说大量的利润从参与兼并的企业转移到未参与兼并的企业。那么，一个问题产生了：既然当一个企业可以在其他企业的兼并中“搭便车”，从而享受到同样多的好处时，那它为什么还愿意参与到兼并中来呢？

② 美国司法部和联邦贸易委员会于2010年8月19日发布了最新版《横向并购指南》。作为横向兼并的解释和评估资料，其主题就是禁止创造、增强和确立市场势力或有利于行使市场势力的行为，其对市场势力的定义中强调了削弱竞争和损害消费者利益的种种行为，如抬高价格、降低产量、减少创新以及减少激励措施等。

利就是要在两者之间找到平衡点，从而评估兼并带来的总效应。一项兼并可能是有利可图的，因为兼并形成的新企业即使不比原来的企业更有效率，但是也可能拥有更强大的市场力量，这可能会损害消费者福利和社会总福利；当然，也有可能是由于兼并形成的新企业比原来的企业更有效率，这样的兼并虽然增强了市场势力，但是由于效率提升带来的成本节约将使得兼并对社会福利的净效应为正。

威廉姆森（Willamson，1968）的福利模型分析了两种兼并（兼并前不存在市场势力和兼并前就存在市场势力）的社会福利变化情况。他得出：一是兼并带来的效率提升与垄断力量增强之间存在一个平衡点，不过，兼并带来的效率提升是主要的；二是市场势力越大，越需要更大的成本下降来抵销价格上升带来的负面影响，但以较小的成本下降可以抵销较大价格上升的总趋势依然不变；三是需求弹性越大，兼并前市场势力越强，兼并带来的负面影响也就越大。

二、纵向兼并

纵向兼并，又称垂直兼并，是指参与的兼并企业之间存在前向或后向联系，它们分别处于产品生产和流通过程中的不同阶段。一般而言，将中间品供应商称为上游企业，将最终品的生产者称为下游企业。纵向兼并可以划分为生产商（制造商）与零售商的兼并以及生产商（前一生产阶段）与生产商（后一生产阶段）的兼并。这里介绍一个纵向兼并与双重边际化①的基本模型。

假设存在一个垄断的上游制造供应商以及一个下游零售商。制造商不直接提供产品给消费者，而是通过一个单独的下游零售商来销售产品。制造商产品的边际成本为 c，卖给零售商的批发价格为 r，零售商以价格 p 出售给消费者，同时假设零售商存在额外成本为 c^U，其面临的需求曲线为：

$$q = a - bp，a > b(c + c^U) \tag{4.6}$$

采用逆向归纳法来求解这一问题，零售商追求利润最大化，即：

$$\max_{P}(p - r - c^U)(a - bp) \tag{4.7}$$

当给定了批发价格 r 后，零售商制定的零售价格为：

$$p(r) = \frac{a + b(r + c^U)}{2b} \tag{4.8}$$

---

① 双重边际化也称为“二元边际化”，是指如果两家厂商（这两家厂商之间存在纵向产业链联系）都具有垄断势力，而这两家厂商之间不存在相互合作机制，就会导致经济效率损失。

市场需求可以用 r 来表示，即：

$$q=\frac{a-b(r+c^{U})}{2} \tag{4.9}$$

上游制造商同样追求利润最大化，市场需求中的批发价格 r 来自零售商利润最大化的解。上游制造商的最大化问题为：

$$\max_{r}(r-c)\left(\frac{a-b(r+c^{U})}{2}\right) \tag{4.10}$$

求解利润最大化的一阶条件，得到批发价格、零售价格为：

$$r=\frac{a}{2b}+\frac{c-c^{U}}{2},\ p=\frac{3a}{4b}+\frac{c+c^{U}}{4} \tag{4.11}$$

对于一个纵向兼并的企业将求解 $\max\limits_{p}\ (p-c-c^{U})\ (a-bp)$，此时求得均衡价格为：

$$p^{m}=\frac{a}{2b}+\frac{c+c^{U}}{2},\ p-p^{m}=\frac{a}{4b}-\frac{c+c^{U}}{4}>0 \tag{4.12}$$

这说明纵向兼并使得价格下降，社会福利增加。原因可能是零售商忽略了下游企业更高的价格成本差异将会减少上游企业的利润，而在纵向兼并中，这一效应被完全内部化了。因此，在一个上下游垄断厂商各自维持产品定价的纵向市场中，零售价格要高于纵向兼并后的垄断厂商制定的价格。

在纵向兼并中，也可能存在“排挤效应”。一个上游企业和一个下游企业兼并，会显著增加兼并后企业的利润水平，减少未兼并企业的产出水平；同时，参与兼并的上游企业和下游企业在兼并后利润增加；另外，上游企业和下游企业的兼并不会将未兼并的下游企业排挤出市场，但是会显著减少其利润。这是由于这种兼并使得上游企业的市场势力增强了，其提供中间品的价格比兼并之前要高。

三、混合兼并

混合兼并是指参与兼并的企业产品之间一般既不是直接互补关系，也不是直接替代关系。这意味着，参与兼并企业的产品非常多样化，产品之间几乎没有联系。混合兼并的主要动机是优化资产组合和降低经营风险，实现多元化经营。

资产利用理论认为，一些资产具有专用性，只能用于生产特定的产品，而另一些资产则可以作为通用要素生产其他产品。显然，后一种资产在企业内部没有得到充分利用时，将它用于其他方面就可以获得更多收益。利用的方式可以是出售或出租这部分资产，也可以通过混合兼并自己留用这部分资产，特别地，在市场机制失灵的情况下，企业内部组织要比市场机制能够让这部分资产经营更有效率，所以，企业更倾向于通过混合兼并来利用这部分资产。

风险分散可能是驱动企业进行多元化兼并的又一重要因素。企业通过混合兼并把经营领域拓展到与原经营领域几乎不相关的行业，那么，当其中的某个领域或行业经营失败时，可以通过其他领域内的回报得到补偿，从而使企业整体收益率不会受到太大影响。尤其是，当一个企业兼并了一个与原企业收益率完全负相关的企业，且双方规模相当，那么兼并后的企业风险对冲后，可以得到一个平衡的收益率。即使不是完全负相关，混合兼并后的企业收益率变动程度也大大低于多元化兼并前的变动程度。① 因此，混合兼并能降低收益的变动范围，分散经营风险，企业能获得更稳定的收益率。

混合兼并对社会福利的效应是不确定的。混合兼并具有正反两方面的影响：一方面，混合兼并是企业实现多样化经营、提高效率的重要手段；另一方面，混合兼并为形成巨型企业提供了条件，这往往会削弱潜在竞争从而损害消费者利益。

第二节　进入壁垒

进入壁垒主要反映行业内现有企业和潜在进入者之间的竞争关系。进入壁垒既包括结构性进入壁垒，也包括策略性进入壁垒。结构性进入壁垒是企业无法自身支配的、外生的进入障碍，策略性进入壁垒是指当面对进入威胁时，在位企业采取的一系列策略性行为，这些策略性行为影响到了新企业的进入。进入壁垒对社会福利具有双重影响。一方面，进入壁垒会造成市场集中和价格扭曲，损害消费者利益；另一方面，有利于维持一个稳定的市场结构。基于此，本节从进入壁垒以及可竞争市场与进入壁垒的福利效应两个方面展开阐述。

一、进入壁垒

进入壁垒关注这样一类问题：为什么一些行业能够长期获得超额利润而没有引起新企业大规模的进入？哪些因素限制了新企业的进入？早期的结构主义学者将市场结构看作是外生的，在市场结构的众多因素中，进入壁垒是反映市场结构的一个重要变量。因此，结构主义者更多关注那些使得在位企业获得超额利润的外生性因素。贝恩（Bain,

---

① 兼并双方收益率相关系数值对风险降低的程度至关重要。例如，当两个企业收益率完全不相关时，兼并企业收益率的标准差可降低至原来的 0.707 倍；当两个企业收益率呈负相关时，兼并后企业收益率的标准差会降得更低。不过，在实际情况下，企业收益率的相关系数往往是正的，主要原因可能是不同企业面对的是同一个宏观经济环境和受同一个最高管理者的控制。即使如此，混合兼并也大大降低了企业的经营风险。

1956）认为，规模经济、产品差异化、绝对成本优势是构成进入壁垒的主要决定因素。与结构主义观点不同，以斯蒂格勒（Stigler，1968）为代表的芝加哥学派关注更多的是进入壁垒对经济效率的影响，认为进入壁垒是新企业比老企业多付出的成本。冯·威泽克（Von Weizsacker，1980）拓展了斯蒂格勒的定义，将进入壁垒与经济福利相联系，认为进入壁垒是必须由一个寻求进入某一行业的企业而不是在位企业所承担的生产成本，从社会的角度上看，进入壁垒意味着资源配置扭曲。随着博弈论的大发展，博弈论在产业组织领域的广泛应用催生出新产业组织（new industrial organization，NIO）理论，他们更多侧重于对策略性进入壁垒的研究，强调市场结构内生、动态分析和信息在进入博弈中的重要作用。

（一）结构性进入壁垒

按照形成原因，进入壁垒可划分为结构性壁垒和策略性进入壁垒。结构性进入壁垒是指企业自身无法支配的、外生的，由产品技术特点、资源供给条件、社会法律制度、政府行为以及消费者偏好等因素所形成的壁垒，因此是一种无意的、静态的进入壁垒。策略性进入壁垒，也称进入遏制，是指行业内企业为有效应对进入威胁，利用自身优势，通过一系列策略性行为构筑起遏制进入的堡垒，因此是一种战略的、动态的进入壁垒。

结构性进入壁垒与策略性进入壁垒并不是彼此对立，而是存在密切联系。一方面，结构性壁垒，特别是需求因素和生产技术因素形成的结构性壁垒是策略性壁垒存在的前提，没有结构性进入壁垒，策略性壁垒也不可能长期存在；另一方面，随着市场集中度的不断提高，市场结构逐渐趋向于寡占。寡头企业可以利用自身的力量影响市场环境，使之发生有利于己的变化，可能许多之前企业无法控制而被看成是外生性的因素现在已经可控，如企业利用雄厚的经济实力可以游说政府改变法规和政策，利用强大的研发能力改变行业的技术特点，通过大规模的广告投资改变消费者的偏好等。

结构性进入壁垒是在位企业在利润最大化决策时所产生的不可避免的、外生的附带效应，并不是针对潜在进入者的行为结果，它的形成有多方面的原因，主要有规模经济、绝对成本优势、必要资本量、产品差别化、网络效应以及政府管制。

（1）规模经济会形成市场进入壁垒。规模经济是指企业平均成本随着产量的增加而下降。企业的最小有效规模（MES）是其长期平均成本最小时企业能生产的最小产量。在行业的市场需求有限，同时存在规模经济的前提下，一个或少数几个企业在最小有效规模进行生产并获得经济利润，如果再有新企业以同样的产量进入，则所有企业都可能亏损。[①]

（2）绝对成本优势也会形成进入壁垒。它是指任何产量下，在位企业总能以低于潜在进入者的平均成本来经营同样的产品，即在位企业相对于进入企业，其平均成本总能拥有绝对的成本优势。在位企业的绝对成本优势可能源于：在位企业取得了某产品的生产专利；在位企业控制了产品供应渠道；在位企业控制了产品的销售渠道；进入企业在筹集进入资金时可能需要支付更高的资金成本。

（3）必要资本量限制形成进入壁垒。必要资本量是指新企业进入市场必须投入的资本。生产过程的资本密集程度越高，必要资本量越大，其资本费用就比在位企业高，因此，新企业进入市场的难度也就越大，这就是必要资本量壁垒。金融市场的不完全性、信息不对称和风险的存在，使得新企业很难筹集到大量资本或者新企业的融资成本比在位企业高。

（4）产品差异化形成进入壁垒。消费者对在位企业产品的偏好程度高于新企业产品，以致形成了新企业进入市场的障碍。产品差异是指行业内相互竞争的企业产品之间替代程度的不完全性。产品差异主要来源于市场中的消费者对有关企业的产品在长期中所形成的消费者偏好的差异，而且还会因企业的广告宣传活动以及商标法、知识产权法、专利法等法律的支持而得到加强。

（5）网络效应进入壁垒。网络效应即网络外部性，即购买某种网络产品的消费者数量增加将提高消费者效用水平，从而增加了消费者对该产品的需求。网络效应分为两种：直接的网络效应和间接的网络效应。直接的网络效应是指由于消费某一产品的用户数量增加而直接导致的网络价值增大。间接的网络效应是指随着某一产品使用者数量的增加，该产品的互补品数量增多、价格降低而产生的价值，这种网络效应主要是由基础产品与辅助产品之间技术上的互补性所形成的。基础产品与辅助产品之间的关系被称为硬件/软件模式，基础产品为硬件，辅助产品为软件。在硬件/软件系统中，一种硬件的用户基数越大，意味着与这种硬件产品相兼容的软件产品的需求越大，这会吸引软件产品的厂商来生产与之兼容的软件，软件产品的种类和数量就会增加，从而软件产品的价格越来越低，而这又会吸引大量的用户购买这种硬件产品，从而使这种硬件产品的网络规模不断扩大，进而促使大量的软件开发商为这种硬件产品提供配套软件，这就是网络产品的正反馈效应。正反馈效应使潜在进入者在市场上可能很难获得消费者或用户的支

---

① MES 与市场容量、实现规模经济的必要产量以及实现规模经济前的平均成本曲线斜率有关。一个产业的 MES 越大，市场容量中所占份额越大，则该产业客观上只能容纳少数企业存在，进入壁垒较高。

持，因此，用户基数的不对称就成为网络市场上的进入壁垒。此外，在间接网络效应作用下，在位企业的硬件产品可能已经拥有大量的配套软件产品，在正反馈效应的作用下，在位企业与进入企业在辅助软件产品上的数量差异会迅速扩大。另外，转换成本、培训和学习成本这些因素也使在位企业相对于进入者处于明显的优势，成为存在间接网络效应市场上的主要进入壁垒。

（6）政府管制形成进入壁垒。如果政府认为一个产业中只适合少数几个企业的生存，为避免过多企业进入引起的过度竞争，政府就会实行许可证制度来限制新企业的进入。政府的政策和法律一般来说是企业无法控制的外生变量，当一国政府认为只适合存在一个企业或企业数量不宜过多时，便会颁布政策来限制新企业的进入。例如，在某些行业中，开设新企业需要经过复杂的批准程序；购买国外技术和进口设备、原材料需要有关部门批准或发证；资金的筹措分配受到政策和法规的制约等。

（二）策略性进入壁垒

除了一些外生的、结构性因素会影响到新企业进入外，在位企业为了自身利益所采取的策略性行为也会影响到新企业进入。现实中，行业中的在位者常常会面临潜在进入者进入市场的威胁，原因在于，这些潜在的竞争者一旦进入市场，就会与在位企业进行竞争，导致在位企业的利益受到损失。因此，在位企业常常会采取相应的策略性行为来遏制潜在竞争者的进入。

在位企业通过影响潜在进入者进入市场的获利预期，进而对进入者的进入决策产生影响，这种影响进入者进入预期的策略性行为本质上是一种内生性进入壁垒。策略性进入壁垒产生于进入者与在位者之间的相互依赖关系，这种依赖关系在寡占市场上最为常见，寡占市场理论提供了分析策略性行为与进入决策的市场基础。贝恩（1956）指出，当在位者面临进入威胁时，它们通常会采取三种策略性行为：进入封锁（blockdated entry）、进入遏制（deterred entry）、进入容纳（accommodated entry）。其中，进入封锁是指在位企业的内部竞争，不会导致新企业进入市场。进入遏制是指在位企业无法实现封锁进入，但是却可以通过调整自己的行为，以阻止新企业的进入。进入容纳是指在位企业发现阻止进入的成本太高，所获得的收益还不足以弥补相关成本，其选择与进入者竞争。进入封锁不涉及进入者与在位者之间的策略互动。一般而言，在位者通常会通过利用限制性或掠夺性定价策略、实施产能威慑、提高转移成本等策略来影响竞争对手对进入后的市场获利预期，进而达到遏制进入的目的。

二、可竞争市场与进入壁垒的福利效应

（一）可竞争市场理论

可竞争市场理论（the theory of contestable markets）将潜在进入看作是决定市场结构和市场绩效的首要因素。1982 年，鲍莫尔（Baumol）、潘扎尔（Panzer）和威利格（Willig）共同出版了《可竞争市场与产业结构理论》一书，正式提出了可竞争市场理论。可竞争市场理论有别于传统观点，将进入条件（或进入障碍）作为市场结构判别的标准，以完全可竞争市场作为市场绩效评价的参照。

完全可竞争市场是这样一种市场：在这一市场上不存在严重的进入障碍，即进入和退出完全自由[①]。这样，即使市场上只有一个企业，只要进入和退出是无障碍的，那么它也是完全可竞争市场，因为潜在进入者的威胁始终存在。由于在完全可竞争市场上，进入和退出完全没有障碍，潜在进入者完全可以采取一种“打了就跑”（hit and run）的策略，而不用付出什么额外成本。这就是说，只要存在一个利润机会，潜在进入者就会进入，并在在位者做出价格调整时完美地退出。因此，一个完全可竞争市场满足无超额利润、有效率定价等市场特征。

1. 沉淀成本与进入遏制

可竞争市场理论是建立在不存在沉没成本的基础之上的。原因在于，如果不存在沉没成本，潜在的竞争者才能无须顾及不可逆投资问题，因此，他会采取“打了就跑”的策略。但是，如果进入成本是沉淀成本，或者在位者退出市场时其固定投资无法回收，那么沉淀成本就可能构成进入壁垒。

沉淀成本的大小决定了企业从市场上退出的难易程度，沉淀成本越高，退出壁垒越高，同时，如果进入者明白了这一点，其进入就越慎重，也就是说退出的难易程度决定了进入的决策。在完全可竞争市场上，沉淀成本的存在具有较强的承诺价值，这增加了新企业进入的阻力。原因在于，对进入者而言，巨额的沉淀成本暗示了在位企业继续留在市场的决心，如果新企业进入，在位者肯定会与之展开激烈的竞争，由于存在大量的沉淀成本在企业退出时不能顺利收回，这使得进入企业意识到如果市场前景不好其退出时就要面临较大的损失，因此不会轻易进入。这表明，在不存在其他人为进入障碍的情

---

① 这里的进入和退出自由不是说进入和退出完全没有成本，而是指相对于在位企业而言，进入者不存在生产技术和产量上的劣势。

况下，沉淀成本的存在构成了市场竞争性的根本原因。

威泽克（Weizsacker，1980）将沉淀成本引入古诺竞争模型，分析了沉淀成本与进入遏制的关系。在他的模型中，假设市场上存在 n 个寡头同质化企业，市场反需求函数为 $p=a-q$，每个企业的成本函数为：$c(q)=f+cq$，f 为固定成本，其中有一部分 θ 在企业退出时不可收回，即沉淀的。也就是说，如果企业选择进入，它需要支付的成本为 θf，如果它进入后的产量为正，那么它还需要支付额外的固定成本 $(1-\theta)f$。

容易知道，在不存在沉淀成本时，古诺均衡的每个企业的产量、利润、市场总产量以及市场价格分别为：

$$q_i=\frac{a-c}{n+1},\ \pi_i=\frac{(a-c)^2}{(n+1)^2}-f,\ Q=\frac{n(a-c)}{(n+1)},\ p=a-\frac{n(a-c)}{(n+1)}=c+\frac{a-c}{n+1} \tag{4.13}$$

显然，企业数目越大，每个企业的利润越小；同时，固定成本越大，企业利润越小。因此，当企业利润为 0 时，将不会有企业再进入，即：

$$\pi_i=\frac{(a-c)^2}{(n+1)^2}-f=0 \tag{4.14}$$

从而求得企业数目的上限为：

$$n^{max}=\frac{a-c}{\sqrt{f}}-1 \tag{4.15}$$

为求得厂商数目的下限，假设行业中的企业数目低于 n^{max}，市场上有 n 个在位者，假设第 $n+1$ 个企业想进入市场，假定第 n 个企业仍生产 $\frac{a-c}{n+1}$ 的产量，从其最优反应曲线的方程式来看，第 $n+1$ 个企业追求利润最大化时：

$$a-\frac{n}{n+1}(a-c)-2q_{n+1}-c=0$$

进而：

$$q_{n+1}=\frac{1}{2}\frac{a-c}{n+1} \tag{4.16}$$

第 $n+1$ 个企业进入市场后，市场价格变为：

$$p=a-\frac{n}{n+1}(a-c)-\frac{1}{2}\frac{a-c}{n+1}=c+\frac{a-c}{2(n+1)} \tag{4.17}$$

第 $n+1$ 个企业的毛利润为 $\pi_i=\frac{1}{4}\frac{(a-c)^2}{(n+1)^2}$，因此，如果第 $n+1$ 个企业进入市场后而没有生产，那么它会损失“沉淀的固定成本”（即进入费用）θf。也就是说，如果其毛利润不能收回其非沉淀的固定成本，那么已经进入的企业将选择不生产。即：

$$\pi_i = \frac{1}{4}\frac{(a-c)^2}{(n+1)^2} \leqslant (1-\theta)f \tag{4.18}$$

$$n \geqslant \frac{(a-c)}{2\sqrt{(1-\theta)f}} - 1 = \frac{1}{\sqrt{1-\theta}}\frac{n^{max}+1}{2} - 1 = n^{min} \tag{4.19}$$

由此，市场均衡企业数量应该处于这两者之间，即 $n^{min} < n < n^{max}$，当企业数量满足这个条件时，若有第 $n+1$ 个企业进入，它将选择不生产，因此，它最好不进入，故市场数目稳定为 n。注意到：

$$\frac{\partial n^{min}}{\partial f} = -\frac{1}{4}\frac{(a-c)}{\sqrt{(1-\theta)}}\frac{1}{f^{\frac{3}{2}}} < 0 \tag{4.20}$$

这意味着，固定成本越大，行业中均衡的企业数目越少；另外，当 θ 足够大（超过 $n^{max} = n^{min}$ 时的临界值 $\frac{3}{4}$ 时），即固定成本中有非常大的比例发生了沉没，那么在达到古诺均衡所要求的企业数目之前，企业的进入无法被阻止。

2. 可维持的市场格局

可行的或可维持的市场格局是指，满足市场均衡，同时每个在位企业都不发生亏损的市场格局。鲍莫尔、潘扎尔和威利格根据可持续产业结构的概念定义了“完全可竞争市场”。假设 y 是产业的总产出量，C（y）是生产总产量 y 的成本，假设所有的生产成本都相等，p 是产业的价格向量，Q（p）是价格为 p 时的需求量。假设潜在进入者提出，在价格为 p^{ε} 时将卖出 y^{ε}，如果对于所有的 $p < p^{\varepsilon}$ 和 $y < Q(p^{\varepsilon})$，都有 $p^{\varepsilon}y^{\varepsilon} < C(p^{\varepsilon})$，那么产业格局是可持续的。这里假定在价格固定的情况下，资本运动可以瞬时发生。在现存企业的要价保持不变的情况下，进入者可以检验市场并将资本投入生产。换言之，如果在位企业的产品价格不随进入的发生而降低，在可持续的产业格局下，任何一个可行的进入计划都不可能使得进入者获利。这就是说，如果在位者的价格水平保持不变，一个进入者将价格定在现行价格水平之下，则进入者可以销售任何小于或等于 Q（p^{ε}）的数量，但即便是这样，进入者也无法获利。威泽克（1980）的研究进一步表明，如果不存在进入壁垒，企业进入直到经济利润为零时，长期古诺均衡的结果是行业中的企业数目将超过社会福利最优的情形，即存在过度进入。

（二）进入壁垒福利效应

在位企业获得经济利润是进入壁垒存在的前提。因此，如果根据边际成本等于价格的帕累托静态效率的观点来判断进入壁垒的福利效应，进入壁垒的存在无疑造成了资源配置效率的损失。但是，完全竞争市场理论的进入壁垒，存在大量原子型企业的市场绝非是现实市场经济环境中的客观描述。许多因素使得这一理想状态无法实现，几乎所有的企业都不是在完全竞争的市场中从事经营活动。从效率增长和产业技术进步的角度来看，适度的进入壁垒无疑是有利于经济增长和技术创新的，因此，从长期来看，进入壁垒具有双重福利效应。

对结构性进入壁垒来说，它具有双重福利效应。一方面，进入壁垒是与垄断力量相联系的。产业的进入壁垒越高，进入越困难，进入的企业越少，企业的市场势力越大；反之，当进入壁垒太低时，大量企业涌入，规模经济等优势也难以发挥，容易形成原子型市场结构。因此，进入壁垒的直接效应包括：（1）影响该产业的企业数量；（2）如果需求的扩张速度不变，那么该产业的价格就会上升；（3）影响行业的利润率；（4）由于进入壁垒限制了潜在进入者进入，从而减少了行业中的企业数量，提高了行业集中度并增强了该行业的大企业的市场势力，此外，高度集中的市场结构给企业的合谋和串谋提供了方便，增加了其限产提价的倾向，造成价格扭曲。

以上结果反映了进入壁垒对社会福利的负面效应。另外，进入壁垒的存在也具有一定的正面效应。这主要表现在：（1）一般情况下，由产品差异形成的进入壁垒越高，产品越具有多样化的异质性，它们也更能满足人们多样化消费需求，所实现的社会总效用也就越多；（2）对于规模经济显著的行业来说，由于进入壁垒的存在，阻止了低效率的原子型小企业进入市场，提高了行业集中度，使社会获得规模经济效益；（3）企业进入或退出市场，本质上是资源重新配置的过程。在其他条件不变的情况下，资源配置成本与资源转移频率呈正相关关系。进入壁垒的提高使企业进入后在行业内的经营活动具有相对稳定性，从而降低资源重置的成本，提高资源配置的净效益。

策略性进入壁垒的福利效益的评价则较为复杂和困难，原因在于策略性行为本身充满了不确定性。

第五章

垄断定价与策略性定价

在完全竞争市场中，企业是价格的接受者，对价格没有任何控制力量。但在不完全竞争市场中，企业具有一定的市场力量，因此可以影响市场价格。在完全垄断、寡头垄断和垄断竞争三种形态的不完全竞争市场结构中，企业都可以影响市场价格，只是程度不同而已。寡头垄断和垄断竞争结构下，企业不是价格的接受者，但也不能完全决定市场价格。而垄断企业则是市场价格的唯一决定者。因此，垄断企业要考虑定价问题。在一些服务行业和特殊行业中，即使不是完全垄断企业，但只要具有一定的市场垄断力量，如果其市场不受其他因素影响，它也要考虑产品定价问题。本章将分别探讨价格歧视、两部定价、高峰定价、限制性定价和掠夺性定价。

第一节　价格歧视

当市场上只有一个供应者时，市场就出现了垄断。垄断企业面临的需求是整个市场需求，垄断企业的目标是利润最大化，根据其利润最大化目标的一阶条件可以推导出来垄断企业利润最大化的必要条件：边际收益 = 边际成本。垄断企业根据这个原则来制定垄断产量 Q，进一步分析其边际成本，可以获得垄断企业面临需求的价格弹性、边际成本和其价格之间的关系如下：

$$P\left(1-\frac{1}{\varepsilon}\right)=MC(Q) \tag{5.1}$$

整理得：

$$P=\frac{MC(Q)}{1-\frac{1}{\varepsilon}} \tag{5.2}$$

式（5.2）为垄断企业的定价原则。由于 $P\geqslant 0$，所以有 $|\varepsilon|\geqslant 1$。

上面分析的是垄断企业对所有消费者每单位产品都收取一个统一的价格，不管它们是谁或者它们要购买多少数量的商品。然而，如果企业能够根据消费者的不同特点对不同消费者收取不同价格，或者对消费不同商品数量的同一消费者根据其消费数量不同而对商品制定不同价格，企业可以提高其利润。这就是所谓的价格歧视。我们生活中有很多价格歧视的例子，如每月固定的费用（如水费）、数量折扣、学生折扣、非高峰打折、捆绑销售等。从本质上看，价格歧视就是分析企业如何从消费者那里获取最多的消费者剩余，从而提升其利润的定价机制或者方法。

一、价格歧视的条件和类型

企业要进行有效的价格歧视必须满足两个条件：一是企业必须拥有市场力量，否则，市场竞争会将价格推到边际成本水平，这样就无法进行价格歧视；二是商品在不同消费者之间不能够进行转售，否则不同消费者之间的套利行为将使得价格差异无法持续。消费者之间的套利分为两种：一种是通过“灰色市场”进行商品的转移，如在外汇价格双轨制下，通常存在所谓外汇地下交易的灰色市场；另一种是需求的转移，通过转移对商品的需求来套利。

套利能否真正发生取决于商品的转售成本，如果商品转售成本高于价格差异从而使得转售无利可图，转售就不会发生。因此，不同地理区域内的套利由于交通成本和税收的影响不大可能会发生。企业通常可能会采取一些策略以防止消费者发生套利行为，如利用授权经营、提高交易成本、合约补偿、垂直一体化和法律限制等。

垄断企业对消费者实行价格歧视的程度取决于它对于消费者支付意愿所具有的信息。根据价格歧视程度，可以将价格歧视分为三级：一级价格歧视、二级价格歧视和三级价格歧视，下面将分别探讨。

二、一级价格歧视

一级价格歧视，也称为完全价格歧视，是指企业对每一个消费者的支付意愿具备完全信息，完全垄断企业能够从一群具有不同特点的消费者身上抽取全部消费者剩余。完全价格歧视有三个特点。第一，企业利润等于全部消费者剩余。第二，边际消费者，也就是具有最低保留价格的消费者，其保留价格等于企业的边际成本。实施完全价格歧视的垄断企业生产了恰好数量的产品。第三，由于企业获得了所有消费者的全部剩余，因此，企业所生产的每一单位产品都恰好卖给具有相同边际支付意愿的消费者。垄断企业具有消费者支付意愿的完美信息。如果垄断企业能够获得所有经济剩余，其目标应该与社会的需求目标精确匹配，同样，其产出决策、产品选择和质量都是社会最有效率的。

如果垄断企业对每个消费者的支付意愿具有完全信息，它就可以实行完全价格歧视。这样，在构筑企业的需求曲线时，根据消费者的不同情况，垄断企业就面临两种不同的需求曲线。第一种情况是，如果消费者的偏好完全相同，消费者是“同质”的。这样，在构筑需求曲线时，实际上可以简化为只考虑一个代表性消费者，由于边际效用递减，代表性消费者起初为产品（边际消费意愿）支付的价格较高，但是随着消费量的增加，他愿意为边际消费意愿支付的价格逐渐降低，由此得到一条向下倾斜的需求曲线。第二种情况是，假设消费者的偏好都不同，每个消费者对商品都有单位需求。对于垄断企业提供的每一个产品价格，只有那些评价高于价格的消费者才会购买。价格越低，参与购买的消费者越多，从而也导致向下倾斜的需求曲线。

首先，考虑每个消费者不同的情况。在完全信息下，垄断企业知道消费者 i 对商品的评价为 v_i，所以，他只要向消费者 i 制定价格 $p_i=v_i$，就可以拿走其所有剩余。假设企业的边际成本为 c，那么只要还存在对产品评价高于 c 的消费者，企业继续生产就是有利可图的。这样，最后的均衡价格就等于边际成本。这表明完全价格歧视达到了社会帕累托最优。

其次，我们来分析同质消费者的情况。假设消费者的偏好都相同，具有效用函数 $\theta V(q)$，其中 θ 为偏好参数，垄断企业的边际成本为 c。这时，垄断企业可以向消费者提供一个费用数量组合（T^*，q^*），并达到完全价格歧视的目的。在这种定价方式下，消费者如果要消费就只能接受这种定价方式，支付费用 T^*，获得数量为 q^* 的产品。垄断企业选择 T^* 和 q^* 使利润最大化：

$$\max \pi = T - cq$$

$$\text{s.t.}\quad \theta V(q) - T \geqslant 0 \tag{5.3}$$

约束条件表示消费者的净效用必须非负。消费者的净效用是拟线性，从而没有收入效应。由式（5.3）的一阶条件解得：

$$T^* = \theta V(q^*) \tag{5.4}$$

$$p^* = \theta V'(q^*) = c \tag{5.5}$$

由此可以得出结论：在一级（完全）价格歧视下，市场价格等于边际成本，所以垄断企业的产量选择是帕累托最优，但是消费者剩余等于零。

为得到均衡值，假设消费者的效用函数为：

$$V(q) = \frac{1-(1-q)^2}{2} \tag{5.6}$$

根据消费者效用函数可以推导出反需求函数为：$p=\theta V'(q)=\theta(1-q)$。根据均衡条件可以得到最优费用产量组合：

$$q^*=1-c/\theta,\ T^*=(\theta^2-c^2)/2\theta \tag{5.7}$$

上面的分析可以扩展到消费者偏好不同的情况。既然垄断企业掌握消费者的全部信息、知道每个消费者的类型，就可以通过专门为其设计一个特定的费用—数量组合，来获取全部消费者剩余。

最后，垄断企业也可以通过两部定价方式达到一级价格歧视的目的。所谓两部定价，是指消费者在购买产品或服务之前要向企业支付一定的费用 A，然后再以一个不变的价格进行购买，该类定价方式将在后续进行更深入的介绍。

三、二级价格歧视

二级价格歧视是指垄断企业对消费者信息的掌握是不完备的，因此它不能够获得全部消费者剩余。在这种情况下，企业根据掌握的部分消费者信息，针对不同的消费者设计出不同的价格，让消费者自行选择，从而可以达到价格歧视的目的。例如，假设消费者分属于不同的消费群体，但企业不能具体确定某人到底属于哪个消费群体。这时，为了达到价格歧视的目的，垄断企业就应该针对不同的消费者设计不同的价格，让他们自行选择。

假设有两类消费者，垄断企业知道有 N_1 个消费者的偏好为 θ_1，有 N_2 个消费者的偏好为 θ_2，假设偏好参数 $\theta_1<\theta_2$。假设垄断企业偏好为 θ_i 的消费者制定费用—数量组合 $(T_i,\ Q_i)$，为了让每类消费者从为其类型设计的菜单中购买，必须满足参与约束，即每一类消费者的净效用为非负；然后，要让每个消费者购买为他这一类型所定做的菜单，还必须满足激励相容约束，即第二类消费者不会从为第一类消费者设计的菜单消费中获得更高的效用，反之则相反。

对于 θ_1 消费者，参与约束：

$$\theta_1V(q_1)-T_1\geqslant0 \tag{5.8}$$

激励相容约束：

$$\theta_1V(q_1)-T_1\geqslant\theta_1V(q_2)-T_2 \tag{5.9}$$

对于 θ_2 消费者，参与约束：

$$\theta_2V(q_2)-T_2\geqslant0 \tag{5.10}$$

激励相容约束：

$$\theta_2V(q_2)-T_2\geqslant\theta_2V(q_1)-T_1 \tag{5.11}$$

下面我们看上面哪些等式会成立。首先来看参与约束，要想让两类消费者都购买，那么第二类消费者的参与约束必须是松弛的，即要满足 $\theta_2 V(q_2) - T_2 > 0$，这样，第二类消费者才不会去购买第一类消费者的菜单。用反证法可以证明这一点。假设 $\theta_2 V(q_2) - T_2 \geqslant 0$，同时为了让第一类消费者购买，必须满足 $\theta_1 V(q_1) - T_1 \geqslant 0$。那么第二类消费者就可以通过冒充第一类消费者而得到正效用，即，$\theta_2 V(q_1) - T_1 > \theta_1 V(q_1) - T_1 \geqslant 0$。这样，专门为第二类消费者设计的菜单就是无效的。同时，企业为了获得最大化的消费者剩余，他设计的菜单要让第一类消费者的参与约束等式成立，即 $\theta_1 V(q_1) - T_1 = 0$。

接下来再看激励相容约束。在二级价格歧视中，垄断企业的目的是通过设计不同的菜单，让高偏好消费者显示出来，即让 θ_2 类消费者没有动机去冒充 θ_1 类消费者。所以，只有第二类消费者的激励相容约束等式成立，即，$\theta_2 V(q_2) - T_2 = \theta_2 V(q_1) - T_1$。垄断企业的利润函数为：

$$\pi = N_1(T_1 - cq_1) + N_2(T_2 - cq_2) \tag{5.12}$$

假设消费者的效用函数依然是式（5.6）所示，那么将式（5.8）和式（5.11）代入企业利润函数得到：

$$\pi = N_1[\theta_1 V(q_1) - cq_1] + N_2[\theta_2 V(q_2) - (\theta_2 - \theta_1)V(q_1) - cq_2] \tag{5.13}$$

根据一阶条件，得到两类消费者的均衡价格为：

$$p_1^* = \theta_1 V'(q_1^*) = \theta_1(1 - q_1^*) = \frac{c\theta_1}{\theta_1 + \lambda(\theta_1 - \theta_2)} \tag{5.14}$$

$$p_2^* = \theta_2 V'(q_2^*) = \theta_2(1 - q_2^*) = c \tag{5.15}$$

式中，λ 为高偏好与低偏好消费者的比例（N_2/N_1）。由式（5.14）和式（5.15）可以得出结论，高偏好的消费者的消费量是社会最优的，低偏好消费者的消费量低于社会最优。

四、三级价格歧视

三级价格歧视是指垄断企业能够通过对消费者的一些外部特征信号，将消费者分为一些相互分割的市场，从而对同一种产品在不同市场上收取不同的价格，或者对于不同消费者收取不同的价格，如车票和一些公园门票针对学生和老年人的价格优惠。实行三级价格歧视需要具备两个条件：第一，存在可以被分隔的市场；第二，被分隔的各个市场需求价格弹性不同。实行三级价格歧视时，需求价格弹性小的市场产品价格高，弹性大的市场产品价格低。当垄断企业知道不同群组消费者的市场需求并且可以阻止不同群组消费者的套利行为时，企业可以进行市场分割，从而在不同的市场中收取不同的价格。企业对同一群组的消费者收取统一价格，但是对于不同群组的消费者收取另外的价格。

假设企业可以将消费者分成两个无法套利的市场，其需求函数分别为 $D_i = q_i(p_i)$，$i=1, 2$。企业的生产成本为 $C=C(Q)$，其中 $Q=q_1+q_2$ 为总需求。则垄断企业的利润可以表示为：

$$\pi = p_1q_1 + p_2q_2 - C(Q) \tag{5.16}$$

由利润最大化的一阶条件可得：

$$\frac{p_i - C'}{p_i} = \frac{1}{\varepsilon_i} \text{或者 } p_i = C'/(1 - \frac{1}{\varepsilon_i}) \tag{5.17}$$

式中，$\varepsilon_i = \frac{\partial q_i/\partial p_i}{q_i/p_i}$是第 i 个市场的需求弹性。

由式（5.17），如果 $\varepsilon_i > \varepsilon_j$，那么 $p_i < p_j$，即在三级价格歧视下，企业在需求弹性大的市场中的价格低，而在需求弹性小的市场中的价格高。

第二节　两部定价与高峰定价

本节分析追求利润最大化的企业通常使用的两种重要的定价方法：两部定价和高峰定价。这两种定价方法在规制机构对公共事业定价时也会用到。两者定价方法相同，选择的价格结构相似，但是出发点不同，企业是从利润最大化角度进行定价，规制机构是从消费者福利最大化角度进行定价。

一、两部定价

我们通常可以看到，许多商业企业征收年度会员费或入门费，而不是对消费者的每次消费进行收费。这种现象在娱乐业中非常普遍，如游乐场、健身房，以及一些剧院。奥伊（Oi，1971）对该类现象解释如下：给定向下倾斜的需求曲线，垄断企业对每一单位的消费品征收一个固定价格，那么，只要消费者购买该商品，消费者就可以获得正的消费者剩余。这样，即使垄断企业能够征收利润最大化的价格，但是，他也不能抽取全部的消费者剩余。因此，除了固定价格，垄断企业需要第二个定价工具来设法抽取全部的消费者剩余。两部定价就是这样一个工具，企业通过两部定价方式可以达到价格歧视的目的。所谓两部定价，就是消费者在购买或消费前必须先向企业支付一定的特许费用，或者叫作“入门费”A，然后再以一个不变的价格购买或消费。两部定价在现实中有很重要的应用。例如五星级酒店的餐厅，购买金卡的消费者需要为金卡支付固定费用（入门费），然后持有金卡的消费者在该餐厅就餐就可以享受固定数量的折扣；再如自助餐，消费者支付了固定价格（入门费）后，就可以“免费”享用任何数量的食品。自助餐实际上可以看成是边际价格为零的两部定价。下面我们通过模型推演来认识两部定价策略的产生。

1. 购买或消费两部定价商品或服务的消费者

假定消费者通过从消费两部定价商品（或者服务）和其他商品（我们用货币表示）中获得满足。Q 为消费者购买该类商品的数量，m 是消费者花费在其他商品上的货币，A 是消费者要消费该商品必须支付的入门费，消费者的固定总收入为 I。这样就可以刻画消费者的预算约束为：

$$m + A + pQ \leqslant I \tag{5.18}$$

同时假定消费者的效用函数是拟线性的，则可表示为：

$$U = m + 2\sqrt{Q} \tag{5.19}$$

将预算约束式代入式（5.19），求取效用函数的极值：

$$\max_{Q} U = I - A - pQ + 2\sqrt{Q} \tag{5.20}$$

可以获得该消费者的需求函数：

$$p = \frac{1}{\sqrt{Q^d}}，即\ Q^d = \frac{1}{p^2} \tag{5.21}$$

消费者效用函数如图 5－1 所示。

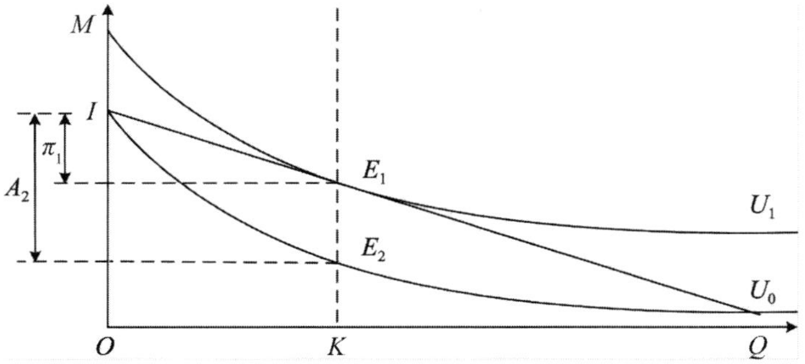

图 5－1　消费者效用函数

2. 企业不收取入门费的情况

假定该企业能够提供的商品数量有限，能够提供的数量为 K，K 为正数。现在假定企业只有一种办法收费，即按照每次消费者的消费量来收费，价格为 p，并不征收入门费，即入门费 A 为零。这时，该企业选择 Q 以使其利润最大化：

$$\pi = pQ = \frac{1}{\sqrt{Q}}Q = \sqrt{Q} \tag{5.22}$$

给定消费者的偏好为拟线性效用函数的情况，企业根据自身利润目标，将采取下述定价方案，使得消费者对企业商品的需求等于该企业能够提供的最大数量。

$$P_1=\frac{1}{\sqrt{K}}，且\ Q_1=K，因此，\pi_1=\sqrt{K} \tag{5.23}$$

3. 企业收取入门费的情况

入门费（固定部分的费用）实际上是一种捆绑销售的办法，消费者通过支付一个固定价格来获得固定数量的“免费”消费。图 5-1 表明，对于包含 $Q=K$ 数量的消费包，消费者愿意支付的最大价格为 A_2，即，用不超过 A_2 的价格购买 K 次消费的消费包使得消费者的福利要好于（或者至少不次于）他不消费的情况：

$$\max_{A}\pi(A)=A_2，满足\ I-A+2\sqrt{K}\geqslant I=U_0 \tag{5.24}$$

式（5.24）意味着 $A_2=2\sqrt{K}$，因此，企业利润为 $\pi_2=2\sqrt{K}$。这表明，对于固定数量的消费，收取固定费用的捆绑销售办法给企业带来的收益要高于任何一种不收取入门费，而是针对每次消费收费带来的收益。即：

$$\pi_2=\pi(A=A_2,\ p=0)=2\sqrt{K}>\sqrt{K}=\pi(A=0,\ p=1/\sqrt{K})=\pi_1 \tag{5.25}$$

4. 两部定价策略

实际上，企业是不大会恰好征收 A_2 的入门费的，原因在于：第一，企业不大可能准确无误地判断出消费者的无差异曲线 U_0 的准确位置和消费者的收入水平；第二，企业通常不单是征收入门费，而且还会对每一单位商品的消费收取一个固定价格，因为消费者偏好各不相同，只有部分消费者会消费商品。因此，可以得出结论，企业通常征收低于最高水平的固定费用（入门费），并且在此基础上，以 p_3 的价格对于额外的每一单位消费进行收费。p_3 不是很高，这样消费者对商品的消费会由 Q_3 增加到 Q_4，如图 5-2 所示。

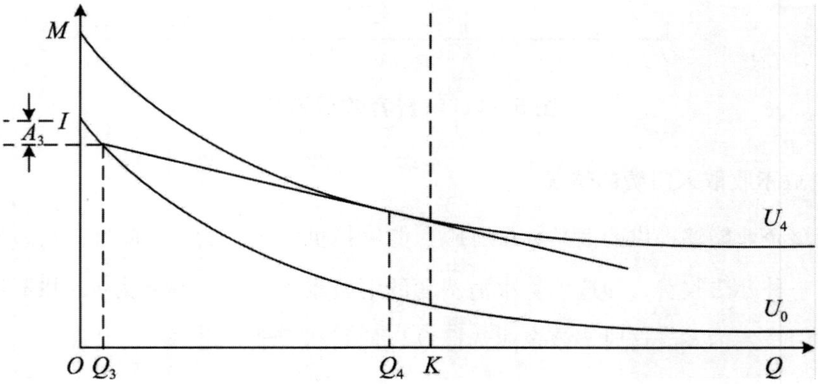

图 5-2　两部定价下消费者消费变化及其效用

二、高峰定价

高峰定价问题通常会在对公共事业公司的最优政府规制中提到，如电话、交通、电力公司等。然而，应该强调的是非规制企业也会从高峰定价中受益，因为当需求因季节而变化或者短期内对容量的投资不可逆转时，高峰定价对企业有好处，而且有效率，如宾馆、饭店、健身房、电影院、航空公司和其他运输企业等面临季节性需求或者每天的需求存在需求高峰的企业。

需要高峰定价的产品或服务有三个特点：第一，需求水平因期间而变化；第二，资本可以长时间出租或租赁；第三，产品或服务无法存储或存储的成本太高。否则，如果产出可以存储，企业可以通过产能的调整来平抑需求，就不会出现需求高峰的问题。现在假设有一家电力公司，它面临电力需求的高峰（H）和低谷（L）。

1. 高峰需求和低谷需求的消费者

假设用 p^H，p^L，Q^H 和 Q^L 来分别代表高峰需求和低谷需求时的电价和需求量，那么每一个期间的电力需求分别为：

$$p^H = A^H - Q^H，\ p^L = A^L - Q^L \tag{5.26}$$

式中，$A^H > A^L > 0$。

图 5－3、图 5－4 刻画了电力公司季节性需求的结构。

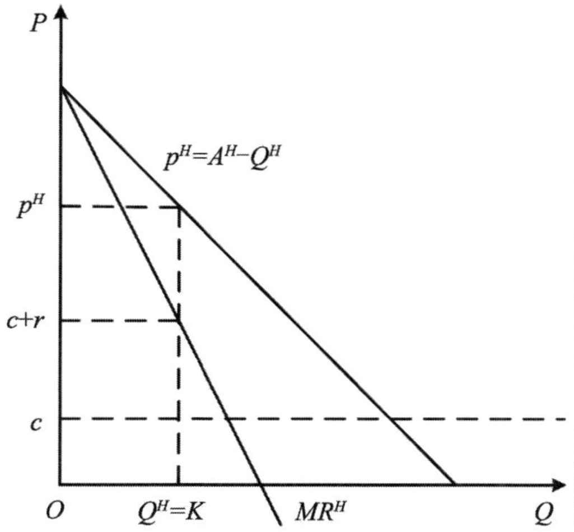

图 5－3　电力公司的高峰需求

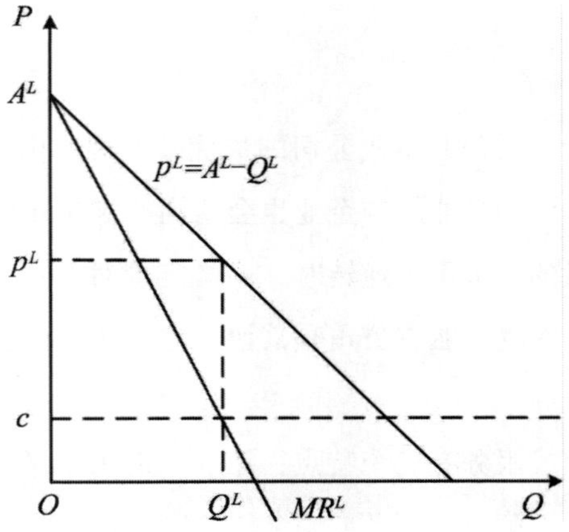

图 5-4　电力公司的低谷需求

2. 电力需求的期间性变动和电力公司的成本结构

电力公司面临的高峰和低谷的市场需求不同，我们用不同的线性需求函数来表示。电力公司面临两类成本：容量成本，因不同发电容量的装机机组而引起的成本：可变成本，因发电量的变化而引起的成本。为简化起见，我们忽略了其他费用，如管理费用等。

假定单位容量费用为 r，如果电力公司能够满负荷发电，产生的租金或成本为 rK。用 c 表示每千瓦时电量所产生的可变费用。这样，该电力公司高峰和低谷需求的总成本为：

$$TC(Q^H,Q^L,K)=c(Q^H+Q^L)+rK \tag{5.27}$$

式（5.27）表明对于需求高峰的容量投资意味着需求低谷时不必投资。这样，该式表明了联合生产的特征。

3. 利润最大化的电费结构

我们知道面临不同市场需求的垄断企业进行价格歧视的定价原则是每个市场的边际收入等于它的边际成本。然而，我们如何计算目前这种情况下，电力公司的边际成本？很显然，c 是一部分成本，然而，我们如何在两个市场分配容量成本 r？对此，有命题 5.1 来说明。

命题 5.1：如果追求利润最大化的企业季节性定价和产量结构设定如下：

$$MR^H(Q^H)=c+r\text{，并且 }MR^L(Q^L)=c \tag{5.28}$$

那么可以得到，$p^H=(A^H+c+r)/2$，$p^L=(A^L+c)/2$，并且 $p^H>p^L$。

也就是说，容量只是由高峰季节的需求来决定，而高峰季节的边际收入等于容量成本和边际成本之和。

证明略。

需要指出的是，上面关于高峰需求的分析有一个很大局限，就是分析中忽视了周期性需求中的市场变动，当不同的季节性定价导致消费者进行高峰消费与低谷消费的替代时，市场需求会发生变化。高峰消费与非高峰消费的高替代性在电话行业中表现最明显。因此，我们的分析是不完整的，这里的分析假定高峰需求与非高峰价格无关。

第三节 限制性定价和掠夺性定价

限制性定价和掠夺性定价都是在位企业短期的非合作策略性行为，其最终目的是影响或打击对手、获得市场控制权，以实现长期的利润最大化目标。两者都是企业之间实施的价格策略，但是两者又不同。限制性定价是通过在位企业的价格策略来影响潜在进入企业的市场预期，从而影响其进入决策；掠夺性定价的企业将价格定在低于对手成本的水平，从而将对手驱逐出市场并且遏制将来进入。下面我们将分别介绍限制性定价理论和掠夺性定价理论。

一、限制性定价

自从贝恩（Bain，1949）提出"限制性价格"以来，限制性定价就逐渐成为产业组织领域里的一个重要研究主题。限制性定价是一种策略性行为，通过在位企业的当前价格策略来影响潜在企业对进入市场后利润水平的预期，从而影响潜在企业的进入决策。综合限制性定价的相关文献，限制性定价理论主要包括三方面的内容：静态限制性定价、动态限制性定价和不完全信息下的限制性定价。在静态限制性定价的理论文献中，贝恩（1949，1956）、西洛斯·拉比尼（Sylos-Labini，1962）和莫迪利安尼（Madigliani，1958）是早期对静态限制性定价理论进行研究的主要学者。对动态限制性定价理论作出贡献的学者主要有卡米恩和施瓦茨（Kamien & Schwarts，1971）、德邦特（Debondt，1976）、加斯金（Gaskins，1971）和巴隆（Baron，1973）等。不完全信息下的限制性定价理论是进入20世纪80年代以后，随着博弈论和信息经济学在企业策略性行为理论中的广泛应用，不完全信息假设被引入限制性定价理论中以后而发展起来的。在这方面作出贡献的主要学者为米尔格罗姆和罗伯茨（Milgrom & Roberts，1982）

与哈瑞顿（Harrington，1986）。这里将以静态限制性定价模型为例来阐述限制性定价的基本原理。

假设市场中存在两个参与者：在位企业和潜在进入企业，它们生产相同的产品。在位企业承诺一定量的产量水平，并在未来的一段时间内维持此水平；对于在位企业的产业，潜在进入企业能够有效预期到在位企业承诺的产量数量；市场需求函数已知且固定不变。

假设在位企业和潜在进入企业产量分别为 q_i 和 q_e，如果潜在进入企业不进入，则其市场价格为 $p\ (q_i)$；如果潜在进入企业进入市场，则市场价格为 $p\ (q_i+q_e)$。对于潜在进入企业而言，在位企业的产量是固定的，则潜在进入企业依据需求（$q-q_i$）既定的条件下，基于利润最大化确定其产量。同时，假定市场需求函数是线性的。则：

$$p = a - bq \tag{5.29}$$

式中，$q=q_i+q_e$。

假定潜在进入企业成本函数为：

$$c(q_e) = mq_e + f \tag{5.30}$$

则潜在进入企业的利润函数为：

$$\begin{aligned}\pi_e &= p(q_i,\ q_e)q_e - c_e(q_e) \\ &= [a - b(q_i + q_e)]q_e - (mq_e + f)\end{aligned} \tag{5.31}$$

当 $\pi_e>0$ 时，潜在进入企业进入市场，反之，潜在进入企业选择不进入该市场。我们假定潜在进入企业利润为 0 时，在位企业的产量为 $\hat{q}_i$，此时，市场价格为 $\hat{p}_i$，故 $\hat{q}_i$、$\hat{p}_i$ 分别为限制性产量和限制性价格。在此基础上，可以得到潜在进入企业的反应曲线为：

$$q_e = \begin{cases}(a - m - bq_i)/2b & q_i \leqslant \hat{q}_i \\ 0 & q_i > \hat{q}_i\end{cases} \tag{5.32}$$

$$\hat{q}_i = (a - m)/b - 2(f/b)^{1/2} \tag{5.33}$$

由式（5.33）可得，限制性产量受到多种因素的影响：潜在进入企业的成本曲线、市场规模。其中，潜在进入企业平均成本越高，限制性产量将会越低；产业需求越大，限制性产量越大。

对于限制性定价，可以通过图 5－5 进行深入理解。如果潜在进入企业在在位企业生产 $\hat{q}_i$ 的时候决定进入市场，则市场中总产量将变为 $\hat{q}_i+q_e$，价格将下降为 $\hat{p}$，此时，潜在进入企业面临价格等于其平均成本，因此利润为 0。

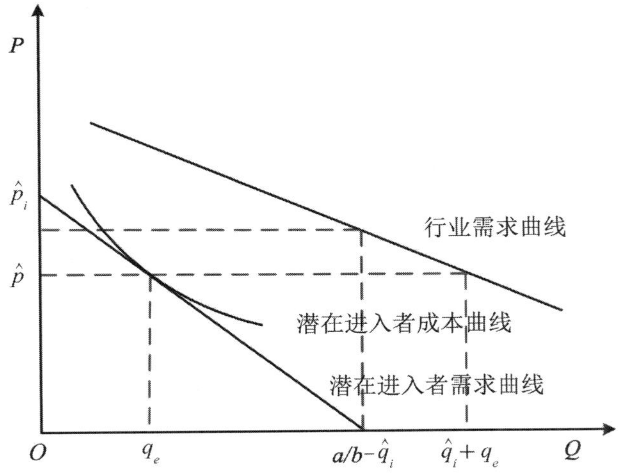

图 5－5　限制性定价

在限制性价格模型中，在位企业和潜在进入企业的博弈实际上是序贯博弈（seqential game）。在行动中，在位企业率先承诺其产量，潜在进入企业根据此产量确定进入与否，此过程中，潜在进入企业采取古诺跟随者行动。此外，依据成本和市场规模可以将限制性定价中可能出现的阻止状态分为三类。(1) 阻止成功进入（blockaded entry），市场整体需求较小，且潜在进入企业平均成本非常高。此种状态下，即使在位企业按照利润最大化原则确定产量及价格，市场对于潜在进入企业依旧没有吸引力。(2) 无效阻止进入（ineffectively impeded entry），市场规模非常大，潜在进入企业成本很低。此种情形下，在位企业若想阻止潜在进入企业进入市场，需要通过产量调整设定相当低的价格水平，但此时在位企业利润为 0 或者亏损。因此，在位企业将不会采取限制性价格行为，而让潜在进入企业进入市场。(3) 有效阻止进入（effectively impeded entry），市场规模及潜在进入企业成本位于阻止成功进入和无效阻止进入两种状态间。在位企业需要权衡限制性定价行为的利润损失和预期收益，进而确定是否采取限制性定价行为。

二、掠夺性定价

掠夺性定价是指在位企业将价格削减至对手平均成本之下，以便将对手驱逐出市场或者遏制进入，即使遭受短期损失。传统的掠夺性定价观点后来得以拓展：掠夺的潜在收益不仅仅来自掠夺市场，掠夺应被视作一项声誉投资，掠夺可以在其他地理市场或产品市场通过遏制进入或威慑对手而获益，这种溢出效应增加了掠夺收益。正如谢勒尔（Scherer，1980）所言：一个市场的掠夺性定价可以对其他市场对手或潜在对手行为产生影响。如果对手担心多市场经营者在A市场的削价行动会在B市场和C市场重演，那么就遏制了对手在B市场和C市场的行动。因此，掠夺收益除了来自A市场外，还增加了B市场和C市场竞争被遏制的收益。

掠夺性定价理论主要包括认为“掠夺性定价非理性、不符合企业的长期利润最大化目标”的芝加哥学派理论，以及通过引入信息不对称，认为“掠夺性定价是企业理性行为”的后芝加哥学派理论。而且，两者所得到的结论截然相反，这是由于关于信息的假定不一致。芝加哥学派的结论是建立在完全信息的基础之上。而后芝加哥学派通过引入信息不对称，利用博弈论方法来研究掠夺性定价是否理性的问题。

下面以泽尔腾模型（Selten，1978）为例来介绍该类定价策略。

传统的掠夺性定价观点一直认为，在市场份额的竞争中，企业将尽力阻止进入并且驱赶对手，因此，可能在一个市场上采取严厉的降价措施打击对手或者是潜在对手，从而在这个市场上建立起强悍的声誉，并且这种声誉可以外溢到其他市场上。即，如果企业在A市场上采取了严厉的降价行动，它在B市场和C市场上的对手会推断它在B市场和C市场的行动，因此受到遏制。

然而，泽尔腾（1978）用其著名的论断“连锁店悖论”对此进行否定，他采用博弈论方法证明，直觉上掠夺是理性的，但博弈论逻辑推理结果证明掠夺是非理性，其基本模型如下。

假设有一个在位企业（I）在N个不同市场上垄断经营。企业I面临N个潜在进入者，这N个企业先后进入，每一期有一个潜在进入者进入。如果进入企业进入，在位企业有两个策略选择：掠夺或者容纳。如果他进行掠夺，那么在位企业和进入企业的支付报酬分别是（P^I，P^E）。如果他采取容纳策略，那么，他和进入者的支付报酬分别是（A^I，A^E）。如果潜在企业不进入，在位垄断企业将赚取垄断租金M。我们假定$M > A^I > 0 > P^I$，并且$A^E > 0 > P^E$。

考虑最后进入者，他知道如果进入会遭遇掠夺，那么最好别进入，但是他也知道，面对实际进入，在位者容纳严格优于掠夺。因此，若假定博弈双方追求自身利益最大化，那么最后一个市场进入肯定发生，而且在位者会容纳，不管博弈进程如何。现在考虑倒数第2个市场，如果进入发生并且在位者在最后一个市场实施掠夺，那么在位者将会再次采用同样战略。但是，最后一个市场的决策独立于倒数第2个市场的决策。因此，若进入发生，在位者会在倒数第2个市场容纳进入，从而进入肯定会在倒数第2个市场发生。因此可得出结论：掠夺不是均衡战略，而且，即使已经看到连锁店对以前的每一个进入都实施了掠夺，据此逻辑下一个进入者也会推断出过去的行为不会重复——

进入会被容纳。对行为的重复观察不可能也不会动摇进入者对将来行为的信念。

因此，在完全信息下，如果 $N=1$，那么有唯一的子博弈完美纳什均衡（SPNE），均衡为潜在企业进入，在位企业容纳。

在完全信息下，如果 $1<N<\infty$，那么唯一的子博弈完美纳什均衡是在每一个市场上，潜在企业进入，在位企业容纳。

导致该结论的关键是共同知识（Common Knowledge）假定——容纳是对进入的最优反应，而进入是对容纳的最优反应。这种共同知识出现在完全且完美信息博弈中——博弈双方都知道正在进行的博弈树结构，都知道双方收益，都知道对方过去行动。只要放松完全信息假定，那么共同知识将不复存在，逆向归纳也不再适用。过去的行动将会成为将来相似情况下行动的参考，声誉将会起作用。而且，在信息不对称情况下，博弈方的均衡行动会发生显著变化，最终均衡也完全不同于完全信息均衡。

第六章

研发、创新与专利

党的十八大以来，党中央将创新摆在了中国经济发展的核心位置，强调抓创新就是抓发展，抓创新就是抓未来。① 回顾中国经济的发展不难发现，改革开放早期我们提出“科学技术是第一生产力”，当前又进一步提出“让创新成为发展的第一动力”，这一过程反映了中国经济、科技的发展与升级过程，同时也让我们意识到“创新”对于中国未来可持续发展的重要作用。

然而，创新是什么？创新的作用体现在什么方面？什么样的市场结构、制度安排有利于创新？这也正是产业组织理论关注的重要议题。

第一节　创新、研发与专利的联系及其分类

创新、研发与专利三者之间相辅相成，都是经济创新活动的重要组成部分。本节将阐述三者的概念、分类与联系。

一、研发的含义与分类

研发，即研究与开发（R&D）是指企业、研究机构等个体为获得或应用新的自然科学知识，以及改进技术、产品和服务而持续进行的目标明确的系统性活动。

根据佩波尔等（2014）的分类，研发活动可以分为三类。第一类是基础型研究。基础型研究主要关注基本原理与理论，并不针对具体的应用。然而，基础型研究的成果对于此后经济创新活动具有重要的支持性作用。第二类是应用型研究。应用型研究更关注

① 《让创新成为发展的第一动力——重访习近平总书记党的十八大以来国内考察地》，新华网，2017 年 9 月 28 日。

于实践应用和具体的用途，即研究出具体的产品。此类研究往往也涉及巨额的工程投入。第三类是开发活动。开发活动的目的是为了实现产品的量产化。

用电子计算机的发展历程有助于清晰理解不同类型研发的内涵。在计算机产业的发展过程中，早期对于二进制以及半导体等技术的研究属于基础型研究，这些研究并不针对具体产品，具有广泛的应用范围。1945 年，第一台电子计算机“埃尼阿克”的发明属于应用型研究。“埃尼阿克”是具体的产品，其用途主要是为了计算弹道，而当时制造“埃尼阿克”这一台计算机的费用高达 48.7 万美元。此后，计算机生产技术不断优化和发展，当前的计算机已经模块化、小型化、普及化，这个过程就属于研发的第三个类型，即开发。

二、创新的含义与分类

创新是对新工艺、新产品、新组织结构、新市场的寻找，发现、开发、改进、采用并加以商业化的过程。熊彼特（Schumpeter，1934）认为，创新就是一种新形式的生产要素组合，是推动资本主义经济发展的重要动力。

创新的分类方式有很多种，如弗里曼和索特（Freeman & Soete，1997）根据创新的性质将创新划分为四种类型：渐进创新（incremental innovation）、基本创新（radical innovation）、技术体系的变革（change of technology system）、技术—经济范式的变革（change of techno-economic paradigm）。[①] 本部分将主要针对创新的内容和创新的成本收益两个方面对创新的分类进行阐述。

根据创新对象和创新内容，一般可以将创新分为两类，即工艺创新（或流程创新）和产品创新。工艺创新是指投资于试验研究以寻找生产特定产品的低成本技术，或是工艺技术上所出现的具有新价值的发展和变化，包括开发和改进生产工艺流程、加工技术、操作方法、生产技术装备等方面的生产技术。而产品创新是指寻找开发新产品的技术，或是产品技术上所出现的具有新价值的发展和变化，包括新产品的开发和现有产品的改进。工艺创新与产品创新经常交替出现，两者一般被统称为技术创新。要建立关于创新的理论模型比较难，但还是有学者在做这种努力。例如通过比较创新成本与收益，即创新所带来的垄断价格与创新成本的大小对创新做出数理化的模型分析。

根据创新对成本的影响，创新可以分为突破性创新（重大创新）和非突破性创新

① C. Freeman，L. Soete. The Economics of Industrial Innovation. London and Washington，1997.

(小型创新)。突破性创新与非突破性创新的本质区别在于，在创新发生后，企业能否实施完全垄断定价。

假设在一个生产同质产品的行业中在位企业均为伯川德竞争者。所有企业的单位成本相同，为 $c_0(c_0>0)$。在价格竞争条件下，存在唯一的伯川德均衡，即所有企业将以成本价格出售产品（$p_0=c_0$），所得利润为零，产出总量为 Q_0，该均衡在图 6－1 中给出。

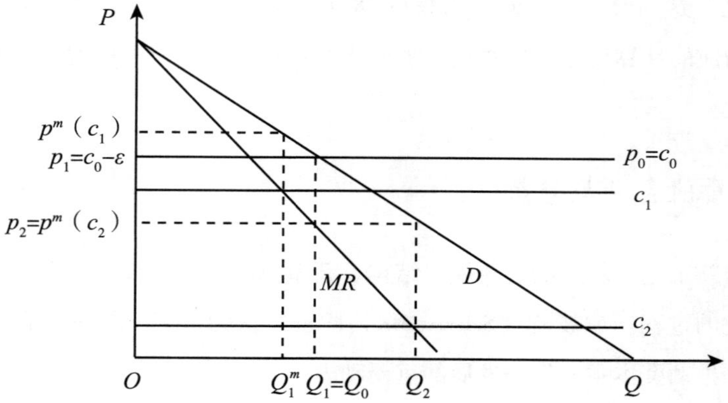

图 6－1 突破性创新与非突破性创新

根据夏伊（Shy，1996）的研究，假设企业通过创新获得了一种新技术：这种新技术能够将企业的单位生产成本从 c_0 降低到 c。假如市场上只有这一家企业，那么该企业将根据利润最大化原则（$MR(Q)=c$）进行垄断定价，其垄断价格为 $P^m(c)$，我们将根据该垄断价格与创新前成本大小的比较来区分突破性创新和非突破性创新。

定义 令 $P^m(c)$ 表示垄断企业的产品定价，c_0 为初始边际生产成本，c 为创新后边际生产成本，那么：

（1）如果 $P^m(c)<c_0$，则企业的创新为突破性创新；

（2）如果 $P^m(c)>c_0$，则企业的创新为非突破性创新。

图 6－1 描绘了这两种类型的创新。模型中，初始成本为 c_0，在同质产品竞争的伯川德模式下，初始价格 $p_0=c_0$，总需求为 Q_0，任何企业无法获得经济利润。

（1）非突破性创新。当某企业通过创新将成本下降至 c_1 时，其利润最大化的垄断定价为 $P^m(c_1)$。然而 $P^m(c_1)>p_0$，所以当该企业定价为 $P^m(c_1)$时，其无法获得任何市场份额。所以，该创新企业的最优定价为 $p_1=c_0-\varepsilon$（ε 为无穷小的正数）①。该定价略微

① 不难证明，在 P^m（c_1）以下，价格越低，企业的利润越低。

低于其他企业的成本，从而可以获得所有市场份额，即 Q_0。此时，创新企业的利润为 $(c_0-c_1)Q_0$。在这一类创新下，企业创新后的最优垄断定价高于非创新企业的成本，只能按非创新企业的成本定价，属于非突破性创新。不难发现，非突破性创新不会改变市场价格和消费者的需求量。

（2）突破性创新。当某企业通过创新将成本下降至 c_2 时，其利润最大化的垄断定价为 $P^m(c_2)$。由于企业的成本下降幅度巨大，以至于此时的垄断价格 $P^m(c_2)<p_0$，所以当该企业定价为 $P^m(c_2)$时，既能够实行自身的利润最大化，同时这一垄断价格还能低于其他企业的成本，把其他企业挤出市场。在这一条件下，企业的定价为 $P^m(c_2)$，产量为 Q_2，利润为$(P^m(c_2)-c_2)Q_2$。在这一类创新下，由于创新后成本足够低，企业能够按垄断价格定价，属于突破性创新。不难发现，突破性创新降低了市场价格，增加了消费量，同时也提升了消费者福利。

三、专利的含义与分类

专利是指由主权国家或国际组织颁发的一种文件，该文件记录了发明创造的内容，他人只有得到专利发明人许可后才可使用该专利。一项技术或发明被授予专利需要具备三个原则：首先是新颖性，即该技术属于新技术，且未被申请过专利；其次是创新性，即该技术与现有技术相比有实质特点和显著进步；最后是实用性，即该技术能够被制造或者使用，且能够产生积极效果。①

专利也是一种知识产权的保护制度。该制度赋予专利持有人在一定时间、一定范围内拥有排他性的技术独占权利。这种制度的确立最早始于 1474 年的威尼斯专利法（Venetian Patent Statute）。同时，专利制度也是以有限时间内的专利保护为条件，促使创新的披露。一旦专利到期，任何人都可以利用该项技术。

根据专利内容，专利往往被分为不同的类型。例如，在美国，专利被分为三类，即发明专利（utility patent）、外观设计专利（design patent）和植物专利（plant patent），其保护期限均为 20 年。②

在我国，专利也具有三种类型：发明专利，是指对产品、方法或者其改进所提出的新的技术方案，该专利的有效期为 20 年。实用新型专利，是指对产品的形状、构造或

① 参见《中华人民共和国专利法》（2008 年修正）。

② 美国专利商标局，https：//www. uspto. gov/patents-getting-started/general-information-concerning-patents # heading-2。

者其结合所提出的适于实用的新的技术方案，该专利的有效期为10年。外观设计专利，是指对产品的形状、图案或者其结合以及色彩与形状、图案的结合所作出的富有美感并适于工业应用的新设计，该专利的有效期为10年。

四、研发、创新与专利的关系

研究与开发是创新的前提，创新是研究与开发的结果，专利则是创新的体现。从企业角度看，研发是一种沉没成本的投入，尤其是研究阶段与其他投资相比具有风险高、不确定性强等特征。所以，企业的研究活动相关支出在会计核算中被归入成本类会计科目。仅当企业的研发活动进入开发阶段，且具备一定条件时，支出才能被资本化为无形资产，研发所得的专利即属于企业的无形资产。可见，在企业的创新活动过程中，研发是创新的必要非充分条件，而专利是企业创新的具体体现。

从宏观数据中也不难看出研发与专利（创新）之间的关联。图6-2和图6-3描绘了20世纪90年代中期以来全球和中国研发支出与专利申请之间的趋势。从图6-2和图6-3可以看出，无论是全球还是中国，其研发支出都与专利申请呈正相关关系。

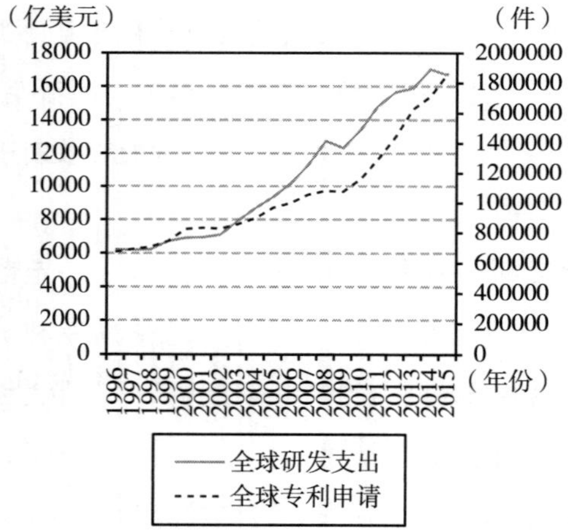

图6-2 全球研发与专利

资料来源：世界银行数据库。

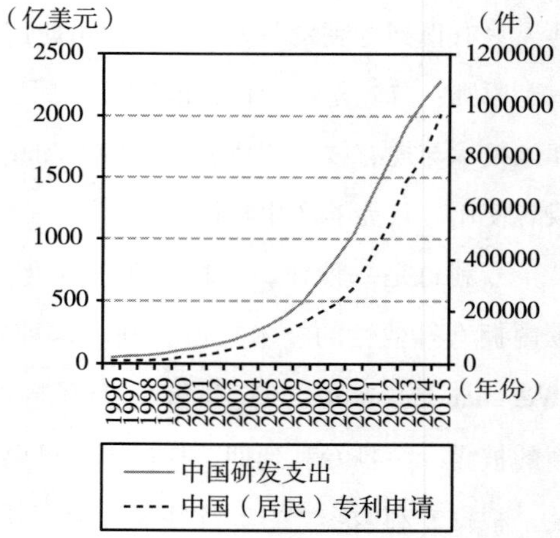

图6-3 中国研发与专利

资料来源：世界银行数据库。

另外，作为一种制度，专利制度的确立是对于研发创新的有效激励。研发是一种高风险的投入，这就意味着最终产品的价格中将包含高额的研发成本，尤其是对于技术含量较高、研发难度较大、风险较大的产品（如某些抗癌药物），产品最终价格可能很大程度由研发成本构成，而边际成本可能只占很小部分。若没有合适的知识产权保护，此类产品一旦被模仿，不承担研发成本的模仿者能以略高于边际成本的价格出售产品，从而抢占研发企业的市场。一旦意识到这一点，创新企业的研发动力也会大幅下降。所以，专利制度赋予创新企业的排他性权利能够让企业在一定时间内独占创新的收益，从而对企业的研发创新活动起到有效的激励。事实上，专利制度也是英国工业革命发展的法律基础。同时，专利规定了保护期限。前文描述也表明，对于专利的保护都存在一定的期限，往往不超过 20 年。而且，专利拥有者每年需要向政府缴纳专利年费，往往拥有专利的时间越长，缴纳的专利年费越高。这一制度避免了专利拥有者永久垄断，激发了企业不断创新的动力。

第二节　创新：市场结构和竞争

创新对于在市场竞争中的成败具有重要影响。创新对于企业的意义在于两个方面：首先，产品创新有助于企业开发新市场；其次，流程创新能够降低企业生产成本，促进企业在同质产品的竞争中获得市场份额，创造经济利润。本节研究的企业创新主要针对降低生产成本的流程创新。

一、市场结构与创新效率

对企业而言，创新是具有成本的。创新的成本一方面取决于该项创新所对应研发的投入。同时，正如前面所述，研发是高风险的沉没成本支出，这种不确定性风险同样也属于企业创新的成本。

所以，在何种情况下企业会创新？企业的创新决策又是否会受到市场结构的影响？这同样是产业组织理论需要考察的问题。

参考佩波尔等（2014），为了更好地衡量企业创新效率问题，我们首先以整个社会（包括生产者和消费者）的视角考察一项非突破性创新的价值。如图 6－4 所示，在创新前，某产品的边际成本为 MC_1；创新发生后，生产成本降低至 MC_2。从社会福利最大化角度看，只要消费者愿意支付的价格高于企业的边际成本，此时的生产就能够提升社会的整体福利。所以，当边际成本为 MC_1 时，福利最大化的产量应达到 MC_1 与需求曲线的相交处。此时，社会整体福利为 $a+b+c+d+e$，社会整体福利全部体现为消费者剩余，生产者剩余为 0。类似地，当创新使得边际成本下降至 MC_2 时，社会整体福利为 $a+b+c+d+e+f+g+h+i$。可见，创新带来的整体福利提升为 $f+g+h+i$。只要创新

的成本低于 $f+g+h+i$，该项创新就应该被实施①。

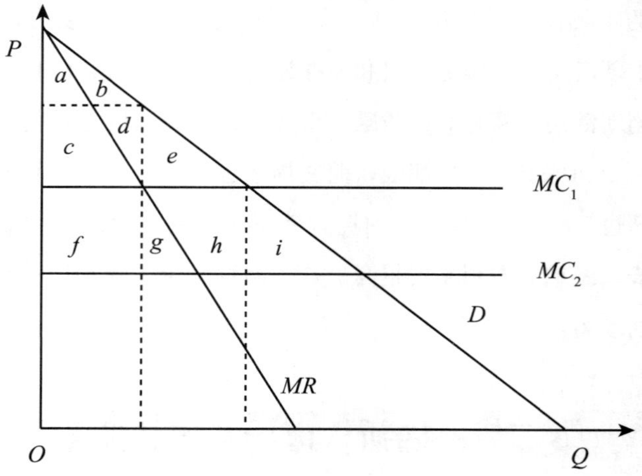

图 6－4　市场结构与创新效率

接下来，考虑在一个完全竞争的市场中，某一家企业获得了此项创新的机会。根据前文在“突破性创新”与“非突破性创新”部分的描述可以得知，此时企业的最优策略是定价为 $MC_1-\varepsilon$（ε 为无穷小的正数）。在这一策略下，该创新企业将其他企业均挤出市场，并获得经济利润 $f+g+h$。所以，对于完全竞争市场的企业而言，当且仅当创新的成本低于 $f+g+h$ 时，该项创新就会被执行。对比创新的社会价值不难发现，当创新的成本在 $f+g+h$ 至 $f+g+h+i$ 之间时，该项创新对全社会而言是有益的，然而企业并不会进行创新活动。其中的经济意义也不难理解：企业的创新决策仅考虑创新对自身利润的作用，而忽视了创新可能给消费者带来的福利，从而相对降低了创新的动力。

最后，我们考察垄断企业的创新效率。假设市场中只有一家企业，根据垄断定价，企业在创新前选择边际收益与 MC_1 相交处的产量进行销售。此时的生产者剩余，即企业的经济利润为 $c+d$。根据需求曲线和边际收益曲线的性质不难证明，d 部分的面积与 a 部分的面积是相等的。所以，企业的利润也等于三角形 $a+c$。同理，当边际成本下降至 MC_2 时，企业的利润增长至 $a+c+f+g$。对于垄断企业而言，该项创新的价值为 $f+g$，当且仅当创新的成本低于 $f+g$ 时，该项创新就会被执行。对比完全竞争市场中的企业，垄断企业的创新动力更小。结合图 6－4 及垄断的经济意义不难理解，当市场由单个企业垄断时，企业出于利润最大化的目的会减少产量，而创新带来的边际成本下降在低产量下贡献并不突出。这就使得只有创新的成本足够低时，垄断企业才愿意创新。

① 此处假设创新只作用一期，若需考察多期模型，则需将未来的福利增量贴现。

综上所述，创新能够降低生产成本，提升社会福利。然而，若是让企业自主决策创新活动，由于企业并不考虑消费者剩余，从而可能造成有效的创新得不到实施。同时，市场结构也将影响创新实施的效率，即处于完全竞争市场中的企业更倾向于创新。

二、创新竞赛

企业对创新时机的把握对于其在市场竞争中的成败具有重要影响。率先发现一项新技术或发明一种新产品会给企业带来成本优势或者技术优势，从而使企业在市场竞争中取胜。由于创新对企业如此重要，鉴于成为率先创新者的重要性，企业意识到不创新或者创新不够及时都可能导致创新过程中的净损失，从而企业往往都倾向于投入巨额资金用于研发创新。然而，企业创新的成本高昂，而市场规模是有限的，企业的创新竞争是否可能导致企业总体的创新投入高于社会最优水平呢？本节就将分析企业在创新方面的竞争行为，并集中分析企业创新投入水平的效率问题。

（一）创新竞赛模型

参考夏伊（1996）的模型，假设市场上有两家企业，他们进行新产品或新技术开发的创新竞争。每一家企业 K（$K=1$，2）投资 I 参与研发，研发带给每个企业的回报如下：企业投入 I 用于研发实验，由于创新具有不确定性，假设它创新成功、发现新技术的概率为 α。如果这家企业是唯一的创新成功者，那么新技术为其带来的收益为 V；如果两家企业都创新成功，那么每家企业收益为 $V/2$，如果创新不成功，那么收益为 0。

用 $E\pi_K(n)$ 表示企业 K 创新的预期利润，其中 $n(n=1,2)$ 表示从事创新活动的企业数目，同时用 i_k（$i_k\in\{0,\ I\}$）表示每家企业的研发投资额。现在来分析两种情况下企业的投资决策：只有一家企业进行创新和两家企业进行创新的情况。

（1）只有一家企业进行创新。如果只有企业 1 从事研发，企业成功的概率为 α，成功获得的利润为 $V-I$；不成功的概率为 $1-\alpha$，此时利润为 $-I$。由此，企业的预期利润可以用 $E\pi_1(1)=aV-I$ 表示，根据预期利润表达式，企业 1 的创新投资决策行为如下：

$$\begin{cases} i_1=I & \text{如果 } \alpha V\geqslant I \\ i_1=0 & \text{其他} \end{cases} \tag{6.1}$$

（2）两家企业进行创新。两家企业的创新竞赛将创新的风险进一步凸显。每家企业进行创新活动都面临两种风险：第一，自身技术的不确定性，即企业自身的创新是否能够成功；第二，即使自身技术创新能够成功，如果对手也实现了创新，则对手将分享创新的收益。所以，当两家企业都进行创新时，假设两家企业的创新相互独立，每家企业的预期收益可以表示为：

$$E\pi_k(2)=\alpha(1-\alpha)V+\frac{\alpha^2 V}{2}-I \tag{6.2}$$

令式（6.2）等于零，可以得到使两家企业愿意同时进行创新的一个充分条件：

$$i_1=i_2=I,\text{如果}\frac{\alpha(2-\alpha)V}{2}\geqslant I \tag{6.3}$$

式（6.1）和式（6.3）是企业在上述两种情况下进行创新的前提条件，仔细分析这两个条件会发现，企业是否进行创新投资（取决于是否会从创新活动中获得正利润）跟研发投资成本 I 和研发成功的概率 α 紧密相关。据此，可以从“研发成本”和“创新成功的概率”这两个维度画出图 6－5 来解释式（6.1）和式（6.3）。当“研发成本”和“创新成功的概率”的组合位于直线 $E\pi_K(1)=0$ 以上时，企业将不会进行创新。也就是说，即使在垄断条件下，较低的成功率或者较高的成本都将导致企业不愿意创新。图 6－5 同时也说明，当“研发成本”和“创新成功的概率”的组合点位于曲线 $E\pi_K(1)=0$ 和 $E\pi_K(2)=0$ 之间时，率先开展创新活动的企业是有利可图的，然而一旦某一家企业进行了创新，另一家企业便不会进行创新活动。即，只有一家企业进行创新。当组合点位于曲线 $E\pi_K(2)=0$ 以下时，创新的成功概率相较于成本而言足够高，即使两家企业同时进行创新依然有利可图，所以两家企业愿意同时进行创新。

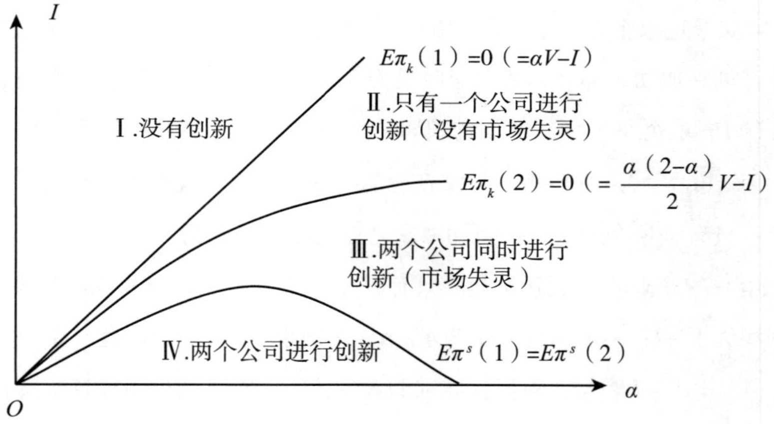

图 6－5 创新成本与创新企业数量

（二）创新竞赛与社会福利

前面夏伊（1996）所建立的创新竞赛模型从企业自身最优的角度探讨了创新决策，

本节将从社会最优角度定量分析创新企业数目应该是多少。一般来说，根据企业理性得出的进行创新活动的均衡企业数目，从社会角度看不一定就是最优的。因为从社会福利的角度来看，进行创新活动的企业数量增加虽然会增加创新成功的可能性，但市场规模是有限的，重复的创新可能带来单位产出创新成本的提升。下面根据创新竞赛模型来计算社会最优的创新企业数量。

我们用 $E\pi^{s}(n)$ 表示 n 家企业从事创新竞赛的期望收益，并把它视为社会总福利。当只有一家企业从事创新（$n=1$）时，预期社会福利为：

$$E\pi^{s}(1)=\alpha V-I=E\pi_{1}(1) \tag{6.4}$$

式（6.4）表明，当只有一家企业时，创新活动的预期社会福利与企业进行创新活动的预期收益一致。

当有两家企业从事创新活动时，预期社会福利为：

$$E\pi^{s}(2)=2(1-\alpha)\alpha V+\alpha^{2}V-2I \tag{6.5}$$

比较 $E\pi^{s}(1)$ 与 $E\pi^{s}(2)$ 可以发现，当且仅当 $\alpha(1-\alpha)V\geqslant I$ 时，$E\pi^{s}(2)>E\pi^{s}(1)$，即两家企业进行创新的预期社会福利大于一家企业进行创新的预期社会福利；否则，一家企业进行创新的社会福利要大于两家企业进行创新的社会福利。

如图 6-5 所示，在 $E\pi^{s}(2)=E\pi^{s}(1)$ 这一曲线以上的任何组合点上，社会最优的创新企业数量最多是 1。

综上所述，图 6-5 可以分为四个区域。

区域Ⅰ：在这个区域内，创新成本高、创新成功概率小，即使是市场中唯一的创新企业也不能从创新中获利，显然对社会而言从事创新是不利的。因此，在这个区域内，市场均衡和社会最优的结果都是没有企业进行创新。

区域Ⅱ：在这个区域内，要维持非负的预期收益，只允许一家企业从事创新。从企业角度来看，此时的成本风险组合决定了，当其是唯一的创新企业时，企业能够从创新中盈利。然而，由于市场规模的限制，当新进入一家创新企业后，两家企业需要平分创新收益。此时，两家企业的预期创新收益都将低于创新成本。在这一条件下，当市场中已经存在一家创新企业时，其余企业将选择放弃创新。从社会最优角度看，由于两家企业同时创新的社会收益为负，显然一家企业进行创新也是社会最优的。因此，市场均衡是只有一家企业进行创新，社会最优的结果也是如此。

区域Ⅲ：在这个区域内，相对较低的创新成本使得即使市场中已经有一家创新企业，新进入的创新企业依然能从创新中得到收益。但是，从社会福利的角度来看，虽然第二家企业从事创新会提升创新成功的概率，然而由于创新成本过高，上述概率提升带来的社会整体福利提升小于新增的创新成本。在这里，存在市场失灵，即市场均衡结果是两家企业都从事创新活动，但是社会最优的结果是只需要一家创新企业。此时市场均衡与社会最优出现偏离，而这种偏离出现的原因在于新进入的企业没有考虑他们的创新活动会给在位企业的收益造成影响。

区域Ⅳ：在这个区域内，创新成本非常低，尽管存在重复投资问题，两家企业从事创新都能获利。同时，从社会福利的角度来看，第二家企业从事创新会提升创新成功的概率，而且由于创新成本较低，上述概率提升带来的社会整体福利提升大于新增的创新成本。换而言之，在这个区域内，市场均衡结果与社会最优结果一致。

根据对上述四个区域的分析可以发现，市场决定的创新投入水平与社会最优水平是否一致，要取决于创新的成本和创新成功的概率。当创新的成本比较低，但重复投资提升的成功概率尚不足以弥补投资额时，就会存在市场失灵。此时，市场最优是两家企业从事创新，但社会最优是一家企业进行创新。在其他条件下，市场最优与社会最优是一致的。

第三节　研发：合作研发与非合作研发

本章第二节关于创新的分析探讨了企业创新的效率以及企业是否会做出创新行为。然而，作为创新的基础，研发的决策除了“研发”和“不研发”之外还涉及研发投入量的差异。尤其是在存在溢出效应的背景下，企业的研发决策不仅需要基于自身面对的环境，还需要考察对手的研发决策。本节将基于夏伊（1996）以及佩波尔等（2014）等的研究，探讨不同策略下寡头企业研发投入量的问题。

一、企业研发的模型设定

第一，本节使用一个两阶段两企业的博弈模型来分析企业合作与非合作的研发决策。其中，在第一期，企业进行研发投资决策，即企业选择投资额，假设这项研发决策为降低生产成本的工艺创新；在第二期，企业在一个同质产品市场上进行产量竞争，即依然采用古诺模型。

第二，假设市场需求函数为 $P = A - BQ$，其中，P 为市场价格，Q 为两家企业的总产量，A、B 为常数。

第三，每家企业的边际成本 $c_i = c_0 - x_i - \beta x_{-i}$，其中 c_i 为某企业的边际成本，c_0 为常

数，x_i表示该企业自身的研发强度，x_{-i}表示对手的研发强度，β（$0<\beta<1$）为外溢系数。该成本函数表明，企业的边际生产成本不仅与自身的研发强度成反比，同时也受到对手研发强度的影响，即对手的研发会对自身起到溢出效应。β的取值范围表明，研发的溢出效应对竞争对手的成本削减具有正向的促进作用，且作用效果小于研发对企业自身的作用。这一假设也符合现实规律：企业往往是通过刺探、模仿、人员流动等方式获得对手的研发外溢，显然这种方式获得的研发能力或技术只是对手所有研发成果的一部分，通过外溢渠道获得的成本削减效果自然也相对较小。

第四，假设研发强度与研发成本之间存在非线性关系，即 $r(x_i)=\frac{x_i^2}{2}$。这一假设表明，企业的研发是规模不经济的。我们可以从两个方面对此进行理解。首先，随着研发的深入、简单问题的逐个突破，企业面对的研发课题越发复杂。所以，研发越深入，单位研发强度耗费的成本越高。其次，随着研发强度的提升，企业也势必需要扩大研发队伍，这就涉及各类研发资源的整合、协调，当企业的研发规模扩大后，这方面的成本也会迅速提升。

二、非合作研发

我们先考察两家非合作厂商的研发决策问题。根据上述假设我们可以知道，一旦第一期中两家企业的研发强度（x_i）确定，则第二期将会回归到传统的古诺模型。所以，我们采取逆推法求解。

在第二阶段，当研发强度及成本确定后，根据前文古诺竞争模型的结论不难求得两家企业的最优产量与利润：

$$q_i^*=\frac{A-2c_i+c_{-i}}{3B} \tag{6.6}$$

$$\pi_i^*=\frac{(A-2c_i+c_{-i})^2}{9B}-\frac{x_i^2}{2} \tag{6.7}$$

式中，$-i$代表竞争对手。需要注意的是，由于研发成本的存在，企业的利润中需要扣除研发费用。

式（6.6）和式（6.7）表明，一旦企业在第一期决定了研发投入，进而决定了边际成本，在第二期的竞争中，两家企业就会达到上述均衡结果，这是两家企业的公共信息。所以，对于两家企业而言，其唯一需要决策的就是第一期自身的研发强度，并对竞争对手的研发强度做出反应。根据前文的成本函数，我们可以进一步将企业的成本函数代入式（6.6）中，得到：

$$q_i^* = \frac{A-c+x_i(2-\beta)+x_{-i}(2\beta-1)}{3B} \tag{6.8}$$

从厂商的产量式中可以看出，厂商的产量是自身研发强度的增函数。企业研发强度越大，边际成本就越低，这显然有利于企业在市场中获得竞争优势与市场份额。同时，研发强度的作用还与外溢系数相关，当外溢系数增加时，企业的研发能对竞争对手的成本削减起到更大的促进作用，这相对降低了企业自身的竞争优势，从而导致自身研发对产量的促进作用降低。

同时，一方的研究强度还会影响竞争对手的产量，而影响效果与外溢系数密切相关。式（6.8）显示，当外溢系数大于0.5时，一方的研发会促进另一方的产量；反之则会抑制竞争对手的产量。从经济学直觉上看，一方的研发会对竞争对手起到两个效应：首先，研发会降低边际成本，有利于自身攫取市场，挤压竞争对手的产量；其次，研发会通过外溢渠道降低对手的生产成本，从而增强了对手的竞争力。直观上看，当外溢作用很小时，第一个效应占据主导地位，一方的研发主要表现为抑制对手的产量。而当外溢效应很大时，第二个效应可能就会占据上风。类似的，我们可以将成本函数代入利润函数中，从而进一步考察厂商的利润最大化决策①：

$$\pi_i^*(x_i) = \frac{[A-c+x_i(2-\beta)+x_{-i}(2\beta-1)]^2}{9B} - \frac{x_i^2}{2} \tag{6.9}$$

一阶条件：

$$x_i^* = \frac{2(2-\beta)[A-c+x_{-i}(2\beta-1)]}{9B-2(2-\beta)^2} \tag{6.10}$$

式（6.10）刻画了两个厂商研发的反应函数。显然，当$\beta<0.5$时，厂商的研发强度是对手研发强度的减函数；当$\beta>0.5$时，厂商的研发强度是对手研发强度的增函数。即外溢程度高时，两者的研发是互补的；而外溢程度低时，两者的研发是相互替代的。

与传统的古诺模型类似，我们可以根据两者研发的反应函数计算纳什均衡，并求出均衡产量与均衡利润。

$$x_i^N = \frac{2(A-c)(2-\beta)}{9B-2(1+\beta)(2-\beta)} \tag{6.11}$$

$$q_i^N = \frac{3(A-c)}{9B-2(1+\beta)(2-\beta)} \tag{6.12}$$

---

① 利用一阶条件取极大值要求x_i平方项的系数小于0，即$9B-2(2-\beta)^2>0$。

$$\pi_i^N = \frac{(A-c)^2[9B-2(2-\beta)^2]}{[9B-2(1+\beta)(2-\beta)]^2} \tag{6.13}$$

式（6.11）至式（6.13）显示了企业的均衡研发强度、均衡产量与均衡利润。结果表明，厂商的最终均衡结果是需求、成本和外溢等参数的函数，而在众多参数中，我们尤为关心的是技术外溢程度对最终均衡的影响。从社会整体福利看，由于研发属于沉没成本，我们希望研发通过外溢的渠道让更多企业的成本下降，然而外溢的出现也将给企业“搭便车”的激励，从而有可能降低企业研发动力。外溢程度的提升到底会如何影响企业的研发决策、产量决策与利润呢？

从外溢程度对研发决策的影响看，我们不难发现，在一定的需求和成本条件下，企业的研发强度决策是外溢程度的减函数。从直观上不难理解，由于企业的研发成本与研发强度呈现非线性关系，降低研发强度能够较大程度上节省成本。外溢程度越高，企业越倾向于“搭便车”，从而降低了自身研发的积极性。

从外溢程度对产量的影响看，外溢程度的影响是非线性的。当 $\beta<0.5$ 时，β 的提升有助于提升产量；而当 $\beta>0.5$ 时，β 的提升则将会抑制产量。结合外溢程度与研发的关系不难发现，随着外溢程度的提升，企业的研发强度不断降低，其研发能够通过外溢的渠道降低对手的生产成本，进而提升产量。当外溢程度较低时，提升外溢程度对于研发的挤出效应低于研发的外溢效应，此时厂商会提高产量。当外溢程度已经很高时，提升外溢程度对于研发的挤出效应高于研发的外溢效应，此时厂商会降低产量。

此外，我们考察外溢程度对厂商利润的影响。利润与外溢系数的关系并没有那么直接，然而分析厂商的利润函数不难发现，至少当 $\beta<0.5$ 时，利润是 β 的增函数，即当社会外溢程度处于较低水平时，提升外溢程度能够提升企业的利润。

三、合作研发

现在考察一种新的情况——合作研发，即厂商在第一期研发阶段进行合作，在第二期市场销售阶段依然保持竞争。那么，在这种情况下，厂商的研发行为、产量选择与利润又会出现何种变化？

由于在第二期厂商间依然采取古诺竞争，所以一旦确定了研发强度，最终企业利润的形成逻辑与非合作研发时是一致的。换言之，在第一期开始时，两家厂商依然能够预期到研发强度与最终利润之间的关系。与非合作研发不同的是，由于在第一期采取了合作的模式，两个厂商在第一期最大化的利润都不再是自身的利润，而是两个厂商的总利润，即：

$$\pi_1^* + \pi_2^* = \frac{[A - c + x_1(2 - \beta) + x_2(2\beta - 1)]^2}{9B} - \frac{x_1^2}{2} + \frac{[A - c + x_2(2 - \beta) + x_1(2\beta - 1)]^2}{9B} - \frac{x_2^2}{2} \tag{6.14}$$

通过最优化求解很容易求得两个厂商的最优研发密度，并由此得到厂商的最优产量与利润：

$$x_i^c = \frac{2(A - c)(1 + \beta)}{9B - 2(1 + \beta)^2} \tag{6.15}$$

$$q_i^c = \frac{3(A - c)}{9B - 2(1 + \beta)^2} \tag{6.16}$$

$$\pi_i^c = \frac{(A - c)^2 9B}{[9B - 2(1 + \beta)^2]^2} \tag{6.17}$$

对比合作研发与非合作研发的企业决策与结果，不难发现：

首先，合作研发时研发强度不再是外溢系数的递减函数，而是递增函数。在非合作研发时，外溢系数的增大提升了厂商“搭便车”的激励。然而，在合作研发模式下，企业的最优化目标是双方的利润总和。此时，外溢系数提升后，企业增加研发对最优化目标的贡献更大。所以，外溢系数越高，企业的研发投资动力就越强。也正是基于上述逻辑，当外溢程度较小时，非合作研发模式下厂商的研发强度更大；而外溢程度较高时，合作研发模式下厂商的研发强度更大。

其次，从产量的角度看，均衡产量是外溢系数的增函数。直观上看，由于产量受到边际成本的影响，而边际成本又与研发强度、外溢系数密切相关，所以对于合作研发企业而言，外溢系数越高，研发强度越大，产量越高。由于外溢程度较低时，非合作研发模式的研发强度更高，所以此时非合作研发的产量更大；相反，外溢程度越高时，合作研发的产量越大。

最后，我们考察两类模式下利润的情况。事实上，利润情况的对比相对复杂，但是通过对比两类模式下的利润函数至少可以判断，当外溢系数 $\beta > 0.5$ 时，合作研发的利润更高。这一结果表明，当研发的外溢程度较高时，若厂商采取非合作研发模式，其“搭便车”的动机更强，厂商的研发强度更低，而这一均衡结果增加了企业的成本。相反，若采取合作研发模式，企业的研发动机更为强烈，而外溢程度高时，企业更加能够从彼此的研发活动中获得收益，从而降低了成本，提升了利润。

第四节　专利：最优投入与最优保护期

专利是政府授予发明者的一项法律证明，其目的是激励企业进行技术研究开发。专利赋予发明者在一定时期内使用创新成果的排他性权利。根据阿罗（Arrow，1962）的研究，企业的创新成果如果得不到保护，那么它将成为公共品而使得创新者无法补偿研究和开发的费用。尽管专利制度在鼓励新产品开发和工艺创新方面是必要的、有价值的，但是其负面效应也显而易见：专利制度通过授予企业一定时期内的垄断权而造成了市场扭曲，导致社会福利净损失。

一个受到广泛关注的专利案例是高通公司的专利费制度。高通公司凭借其在手机芯片领域的垄断优势向手机厂商收取高额的专利费，而且其专利费的收取是按手机售价的百分比制定的，即手机售价越高，专利费越高。由于芯片领域具有“高投资、低（边际）成本、高利润”的特征，所以先行芯片厂商能够利用当期市场的高额利润投资成本高昂的新技术，并凭借其现有优势在当期市场中压制潜在的新兴企业，进而在未来市场中继续占得先机。①

因此，如何设计最优专利保护期就成为一个重要问题。显然，专利保护期越长，创新企业由此得到的垄断收益越大，从而创新激励更强。但是，专利保护期越长，由于垄断所带来的社会福利净损失也越大。最优专利制度的关键就在于选择合适的专利保护期限，本节将探讨专利保护期与企业研发的关系以及如何设计最优专利保护期限。

一、模型假设

本节将介绍一种计算最优专利保护期限的简单方法，这种方法由诺德豪斯（Nordhous）和谢勒（Scherer）分别在1969年和1972年提出。根据夏依（1996）提出的模型，假设一家企业进行工艺创新，企业的研发强度为 x，该研发强度下企业的单位生产成本从原先的 c 下降到 $c-x$。企业进行研发的成本 $r(x)=0.5x^2$。假定企业的创新为非突破性创新，换言之，创新发生后企业利润最大化的价格 $p=c$，即企业的创新不影响原有的市场价格和产量。

图6-6描述了工艺创新使企业单位生产成本降低 x 之前和之后的市场利润情况。假

① 钟磊：《中国反垄断第一大案：高通反垄断案评析》，载于《对外经贸实务》2015年第7期。

定市场需求为 $P=A-BQ$，其中，$A>c$。由于企业向消费者索要的价格仅略低于 c，图中 M 为企业因创新而获得的利润。假定政府设定的专利期限为 T（$T\geqslant0$），那么创新企业在 T 期内每年享有 M 大小的利润，而 $T+1$ 期及以后所享有的利润为零。

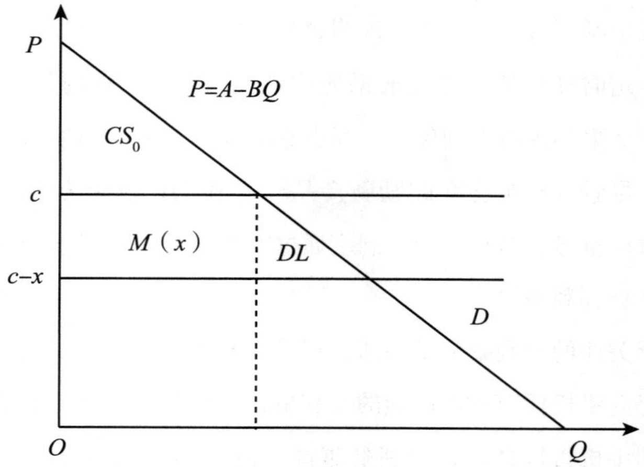

图 6－6　专利保护所带来的收益与损失

图中 DL 区域是 T 期内由于享有专利权企业的垄断力量所导致的社会福利损失。换而言之，从社会最优的角度来看，企业应该在 $P=c-x$ 处销售，此时社会整体福利最大。然而，$P=c-x$ 时企业利润为 0，企业在 T 期内出于自身利益最大化的需求将价格定在略低于 c 处，从而使得每一期的社会福利相比社会最优状态减少了 DL。T 期之后，由于专利到期，所有企业都将免费获得该新技术，此时市场均衡价格将下降到 $c-x$。此时，创新给社会带来的福利为 $M+DL$，福利增加是因为专利垄断权的消失扩大了社会总产量从而使消费者剩余增加。

根据图 6－5 可以很容易计算出 M（x）与 DL 的大小：

$$M(x)=\frac{(A-c)}{B}x, DL=\frac{x^2}{2B} \tag{6.18}$$

既然专利意味着在一段时期内的垄断权，那么需要建立一个动态模型来分析最佳专利保护期限。令 ρ（$0<\rho<1$）表示折现因子，它表示明年的一元钱在今年值多少钱。在完全有效市场上，折现因子与市场利率呈反相关关系。即 $\rho=\frac{1}{(1+r)}$，其中，r 为实际市场利率。

下面用一个两阶段博弈模型来分析最优专利保护期限问题，在第一阶段，政府在知晓企业的反应及研发决策的情况下，将专利保护期限设定为 T；在第二阶段，企业在政府给定专利保护期限的情况下，选择它的研发投入水平。这样，在 $t=1, 2, \cdots, T$ 时期内，创新企业受到专利权的保护并能在 T 期内获得垄断利润。

在具体分析过程中，我们将使用倒推法（backwards）先来看第二期——企业在给定政府最优保护期限为 T 的情况下选择最优的研发投入水平，然后再来分析第一期——政府在知道企业对专利保护期限的反应和研发决策后，决定如何确定最优专利保护期限。

二、企业选择最优的研发投入水平

在第二期，创新期限对于企业而言是给定的，我们用 π（x，T）表示创新企业选择研发投入 x 时的企业利润现值。企业将选择研发投入水平 x 使得其目标函数值最大，即：

$$\max_{x}\pi(x,T)=\sum_{t=1}^{T}\rho^{t-1}M(x)-TC(x) \tag{6.19}$$

根据等比数列求和法则以及企业的利润、成本函数，该目标函数可以进一步简化为：

$$\max_{x}\pi(x,T)=\frac{1-\rho^{T}}{1-\rho}\frac{(A-c)}{B}x-\frac{x^{2}}{2} \tag{6.20}$$

根据一阶条件易得，最优的研发强度 $x=\frac{1-\rho^{T}}{1-\rho}\frac{(A-c)}{B}$。

从最优研发强度的表达式可以看出，企业的研发强度选择由两部分决定。

一是$\frac{1-\rho^{T}}{1-\rho}$，即“贴现”情况。$\frac{1-\rho^{T}}{1-\rho}$的经济含义是当贴现系数为 ρ，每期支付为 1，共支付 T 期的年金的现值。当期限 T 越长，或贴现系数 ρ 越大（利率越低）时，该值越大。

二是$\frac{(A-c)}{B}$，即产量。从图 6－6 中可以清楚看到，A 为需求曲线与纵坐标的焦点，所以，$\frac{(A-c)}{B}$的经济学含义为企业的产量。当需求特征变化或成本变化导致厂商产量增加时，该部分的值就会变大。

从经济学意义上看，厂商的最优研发是产量的增函数，企业的产量越大，研发后成本下降带来的单期利润也就越大，企业自然偏向于增加研发。同时，由于专利的保护，企业可以在一定的期限内持续获得利润，而总利润现值的多少既取决于期限的长短，也取决于贴现系数。当期限 T 越长，或贴现系数 ρ 越大（利率越低）时，企业由研发获得的总利润现值也就越大，企业也更偏向于增加研发。

三、最佳专利保护期

分析完第二阶段博弈后，现在转向第一阶段博弈。在这一阶段，政府能够决定的是专利保护期限。政府能够预期到，一旦专利保护期限确定，在下一期中企业的研发强度也将确定，进而所有的福利条件都将被确定。政府要在第一期选择最佳专利保护期，使社会整体从该项创新中获得的福利达到最大。

前面的分析表明，在专利到期前，社会福利体现为消费者剩余（CS_0）与厂商剩余（$M(x)$）；专利到期后，市场结构又趋向完全竞争，价格降为 $c-x$，此时的社会福利全部体现为消费者剩余，新的消费者福利为 $CS_0+M(x)+DL$。所以，政府的最优化目标函数为①：

$$\max_T W(T)=\sum_{t=1}^{+\infty}\rho^{t-1}\frac{1-\rho^T}{1-\rho}\left[\frac{(A-c)}{B}\right]^2+\sum_{t=T+1}^{+\infty}\rho^{t-1}\frac{1}{2B}\left[\frac{1-\rho^T}{1-\rho}\frac{(A-c)}{B}\right]^2-\frac{1}{2}\left[\frac{1-\rho^T}{1-\rho}\frac{(A-c)}{B}\right]^2 \tag{6.21}$$

综上所述，政府将在第一期按式（6.21）选择最优专利期限，并最终实现社会福利的最优。求解式（6.21）并不容易，然而，分析式（6.21）不难发现政府面临一个权衡取舍：当选择专利期长时，企业的研发强度更大，$M(x)$ 部分更大，然而由于推迟了获得 DL 部分的时间，从而使得获得 DL 部分的总现值变小；反之，社会福利获得 DL 部分更快，但降低了企业的研发动力，$M(x)$ 部分变小。所以，政府需要选择一个合适的专利期限，实现社会福利的最大化。

虽然式（6.21）难以求得解，但是借助计算机，我们可以考察在一定参数下 T 的选择过程。我们假设利率为4%，$A=100$，$B=1$，$c=50$，此时目标函数 $W(T)$ 的变化如图6－7所示。图6－7表明，随着 T 的上升，社会福利呈现出先上升后下降的过程，并在 T 为26左右时取得最大值。这一情况也与我们的直观感受相符。

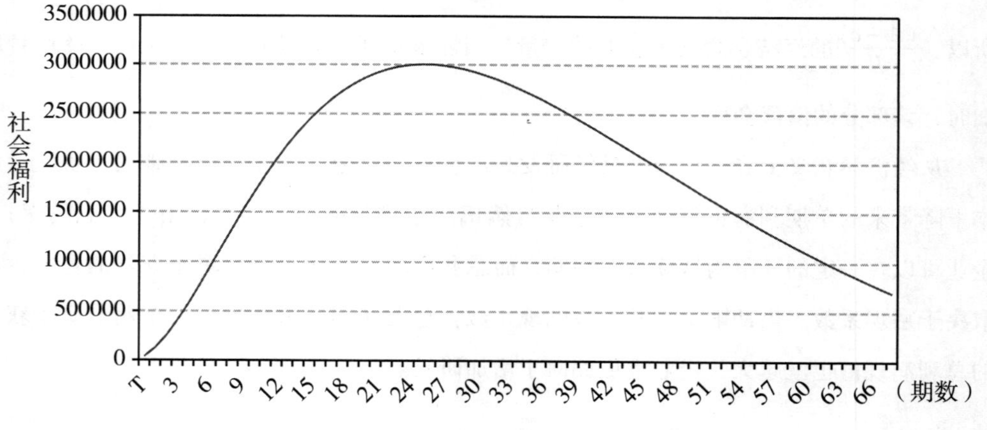

图6－7 社会福利变化与专利期限

注：该图仅示意社会福利与专利保护期的关系，图中社会福利 W 的数值没有实际意义。

---

① 由于 CS_0 是固定值，不受专利保护期 T 的影响，从而不需要纳入政府的最优化目标函数。

本节阐述的结论至关重要，因为常有文献主张应当授予创新者永久的专利保护期限。其背后的逻辑在于引导创新者进行社会最优的研发投资，必须让创新者获得创新所带来的全部利润流，而该利润流是会一直持续下去的。但上面的结论却清楚地说明，专利保护期限将引发垄断扭曲效应（即因为专利垄断权而导致的社会福利净损失），永久的专利保护并不会实现社会福利的最大化，相反，设置适当的专利保护期有利于提升社会整体福利。斯蒂格勒在 1958 年的测算也表明，最优的专利保护期限为 17 年，而目前各国的专利法也往往明确规定了专利的保护期限。

第七章

信息与广告

在市场经济时代，商品广告已经成为消费者了解商品的重要形式，而随着媒体技术的发展，形形色色的广告也深入了生活的方方面面。据国家工商行政管理总局统计，2017 年，中国的广告经营额达到 6896 亿元，占到国内生产总值的 0.84%。而在俄罗斯世界杯中，万达、蒙牛、海信、vivo 等中国企业也进行了大量的广告宣传，整个世界杯中国企业的广告总支出超过 8 亿美元。可见，广告已经成为越来越多中国企业进行宣传的手段。

随着广告的普及，消费者对于广告的争议也从未停止。普通消费者对广告最朴素的看法是，广告本身似乎并不会直接提升产品的使用价值，那么在广告上进行投入似乎是一种“浪费”。进一步看，广告能够提升企业知名度，这就使得一旦行业内一家企业做了广告很有可能会促使其竞争对手也进行广告宣传，这又是否会让企业陷入“囚徒困境”从而造成效率损失？

事实上，广告的存在有其经济学意义，本章将从信息的角度阐述广告对于市场中供给双方的价值。

第一节　信息与信息不对称

广告的本质是传递信息。所以，在介绍广告之前，本节先对经济学中关于信息的相关问题进行简要描述。

一、信息的界定

从广义上看，在社会中传播的所有内容都能够被称为信息。从这个概念上看，人与人之间的对话、书信往来、文字记录以及电子信号的传输等形式都是在传递或记录信息。然而，本节主要从经济学的角度对“信息”进行界定与分析。在经济学中，我们谈论的“信息”一般指经济个体最优化决策的依据。经济学是研究资源最优配置的学科，而经济个体进行资源最优配置（或优化）的前提是需要知道其面对的各类条件。举例来看，厂商需要知道生产函数、要素价格以及需求函数等信息才能够进行最优化生产。消费者需要知道自己的预算、偏好、市场中各类商品的价格、质量等信息才能够最优化消费。

从信息能否被察觉的角度可以将商品分为三个类别。首先是搜寻品。搜寻品是指商品的质量、性能等信息能够被事先知晓，消费者只需根据自己的偏好进行最优化选择。完全意义上的搜寻品并不常见，但是部分产品在很大程度上具有搜寻品的特征，例如优盘的主要特征信息（如容量、外形等）可以轻易获得。其次是经验品。经验品是指只有经过试用才能知道质量的商品。其中典型案例就是鞋子。最后是信任品。信任品指的是即使在消费之后，质量也难以确定的产品。

二、有限的信息与信息不对称

虽然在很多情况下，经济学研究潜在假设经济个体拥有完善的信息，然而事实上在现实生活中，拥有完善的信息是一个极度苛刻的条件。美国联邦贸易委员会①认为人们获得的信息是有限的，其原因在于五个方面：第一，不同信息的可靠性不同；第二，搜集信息需要成本；第三，人们能够记住的信息是有限的；第四，由于处理信息具有成本，所以信息并不会得到完全的处理；第五，人们通常缺乏正确处理信息的能力。上述因素都能够导致经济个体缺乏有效的信息。对于消费者而言，由于上述因素的存在，他们可能对商品的质量、用途等信息缺乏了解，甚至可能不知道商品的存在。

更为重要的是，不同个体对于信息的掌握程度是不同的，这就产生了信息不对称。以商品销售为例，厂商是商品的制造者，能够相对充分掌握商品质量、成本、用途等信息。然而对于消费者而言，他们对于商品信息的了解必然远远不如厂商。所以，对于同一件商品，厂商是掌握信息的优势一方，而消费者在商品信息方面处于劣势。

消费者信息的缺失以及消费者与厂商之间的信息不对称将会造成效率的损失。一方面，由于消费者对商品缺乏认识，消费者可能会失去消费商品的机会，从而失去了提升效用的机会。另一方面，厂商与消费者之间的信息不对称可能造成“逆向选择”

---

① ［美］丹尼斯·W. 卡尔顿、杰弗里·M. 佩洛夫：《现代产业组织》，胡汉辉等译，中国人民大学出版社2009年版。

问题。例如，不同厂商在市场中提供质量参差不齐的商品。当市场中缺乏有效的信息传导机制时，消费者并不能在初次消费之前充分辨别经验品的质量，从而只愿意支付平均水平产品的价格，这将把生产高质量商品的厂商挤出市场。高质量厂商被挤出市场后，市场中商品的平均质量进一步下降，消费者的支付意愿也进一步下降，从而形成恶性循环。最终，只有最劣质的厂商留存在市场中，而消费者也只愿意提供最低的价格。

可见，信息的有限与不对称是商品销售领域的一个重要问题，而广告很大程度上是一种信息传递机制。下面将主要从信息传递的角度探讨广告的作用。

第二节 广告的作用

由于消费者信息的有限性，广告最直接的效果就是让消费者知道某种商品的存在及质量。同时，厂商还能够通过广告向消费者传递一种特殊信息，虽然这种信息可能未必直接反映商品属性，但却能够改变消费者偏好，劝导消费者购买相关产品。本节将参考波佩尔等（2014）、卡尔顿和佩洛夫（2009）的分析探讨广告的信息、信号传递作用与劝导效应。

一、广告与直接信息传递

（一）信息完全时的基准模型

在探讨广告的作用之前，我们将首先借助霍特林空间竞争模型阐述信息完全时的基准模型。模型假设有两个厂商（x 和 y）分别生产同质的产品，边际成本均为 c，定价为 P_x 和 P_y。厂商 x 与厂商 y 相距为 1，不妨设厂商 x 在 0 点处，厂商 y 在 1 点处。存在 N 个消费者均匀分布在两点之间，消费者愿意为消费商品支付的价格为 V，V 远大于 P_x 和 P_y。从消费者所在地行走至产品购买处 x（或 y）将产生负效用 td（或 $t-td$），其中 d 为消费者与 0 点的距离，t 表达了消费者对距离的偏好，t 越大表明相同距离产生的负效用越大。

对于消费者而言，其购买厂商 x 的条件为①：

$$V-td-p_x>V-t(1-d)-p_y \tag{7.1}$$

不难想象，在给定价格条件下，存在一个临界点，该处的消费者恰处于对两种商品

① 由于假设 V 远大于 p，消费者无论在哪个厂商处购买均能获得正效用，所以消费者只需要比较在两处购买的效用大小。

无差异的状态，其距离 0 点的距离 d^* 满足：

$$V - td^* - p_x = V - t(1 - d^*) - p_y \tag{7.2}$$

即：

$$d^* = \frac{1}{2} + \frac{p_y - p_x}{2t} \tag{7.3}$$

式（7.3）表明，当两个厂商价格相等时，临界点为中点，消费者将去距离自己更近的厂商处购买商品。当 P_y 相对于 P_x 更高时，临界点右移；反之，左移。而移动的范围与消费者对距离的偏好 t 相关。当消费者对距离偏好较弱，即 t 越小时，临界点移动幅度越大。

由于假设 N 个消费者均匀分布在两点之间，所以，对于厂商 x 而言，其覆盖的消费者为 d^*N，销售利润为：

$$\pi^x(p_x, p_y) = (p_x - c)(p_y - p_x + t)N/2t \tag{7.4}$$

$$\pi^y(p_x, p_y) = (p_y - c)(p_x - p_y + t)N/2t \tag{7.5}$$

对式（7.4）和式（7.5）求一阶导数可得两个厂商的反应方程，即：

$$p_x^* = (p_y + c + t)/2 \tag{7.6}$$

$$p_y^* = (p_x + c + t)/2 \tag{7.7}$$

联立式（7.6）与式（7.7）可求得价格的纳什均衡，即，$p_x^* = p_y^* = c + t$，进而可求得临界距离为 0.5，一半的消费者购买厂商 x 的产品，另一半购买厂商 y 的产品。

从上述结果中可以看到，均衡价格由两部分组成，即厂商的边际成本与消费者的距离偏好。当距离对消费者造成的负效用更大，即 t 更大时，均衡价格将更高。不难理解，当消费者完全不在意距离时，厂商只能在边际成本处定价，厂商的利润为 0。当消费者存在距离偏好时，厂商可以略微提高价格并获得其周边的消费者，从而至少可以获得正的利润。而且，消费者越在意距离（即 t 越大），厂商就可以更大幅度地提升价格，而不用担心周边的消费者被对方夺走。所以，当 t 越大时，厂商的均衡定价也就越高。

（二）广告与产品的直接信息

参考格罗斯曼和夏皮罗（Grossman & Shapiro，1984）的研究，我们将在完全信息模型的基础上，进一步分析信息的有限性与广告的作用。模型假设，在企业进行广告宣传之前，消费者对产品一无所知，也不会购买商品。在广告宣传之后，消费者会且仅会购买自己了解的商品。换而言之，当消费者只了解某一产品时，必然会购买该商品；当消费者没有接收到任何广告时，则不会购买；当消费者接触到两种广告时，消费者的决策与完全信息模型中的决策相同。

为了进行销售，厂商 x 与 y 分别进行相互独立的广告宣传，广告强度分别为 θ_x 与 θ_y，即该商品信息抵达消费者的比例。由于两者宣传是独立的，所以仅接收到 x 信息的消费者比例为 $\theta_x(1-\theta_y)$；仅接收到 y 信息的消费者比例为 $\theta_y(1-\theta_x)$；接收到两个商品信息的消费者比例为 $\theta_x\theta_y$；没有接收到任何广告信息的消费者比例为（$1-\theta_x$）（$1-\theta_y$）。与完全信息模型类似，上述消费者都在 0 ~ 1 间均匀分布。

当然，广告宣传具有成本，广告宣传的成本与两部分相关：与传播范围呈线性关系，且广告费的增速随广告传达的比例递增。这一假设符合现实：广告投放的范围与成本呈线性关系，但在一定范围内需要让更多的人获得广告信息，这一过程显然是边际收益递减的。所以，假设厂商的广告成本 $T_i=\frac{\alpha}{2}\theta_i^2N$。

在上述条件下，我们来考虑厂商的需求情况。对于厂商 x 来说，其需求来自两种消费者：首先，只接收到 x 广告信息的消费者必然购买 x；其次，有一部分消费者同时接收到了两个产品的广告信息，这些消费者的购买情况与完全信息模型中的情况一致，即有 d^* 比例的此类消费者将购买 x。所以，

$$
\begin{aligned}
q_x(\theta_x,\theta_y,p_x,p_y) &= \theta_x(1-\theta_y)N+\theta_x\theta_y d^*N \\
&= \theta_x(1-\theta_y)N+\theta_x\theta_y\frac{p_y-p_x+t}{2t}N
\end{aligned}
\tag{7.8}
$$

式（7.8）表明，厂商 x 的销量与其广告强度正相关（均衡状态下 $d^*\geqslant 0$），厂商为了提升销量就必须增加广告，然而广告的增加也是有成本的，厂商在计算利润时也需要将广告的成本扣除，即厂商的利润为：

$$\pi_x(\theta_x,\theta_y,p_x,p_y)=(p_x-c)\left[\theta_x(1-\theta_y)+\theta_x\theta_y\frac{p_y-p_x+t}{2t}\right]N-\frac{\alpha}{2}\theta_x^2N \tag{7.9}$$

对于厂商 x 而言，其可以控制的变量有两个：产品 x 的定价以及广告强度的选择。厂商对于这两个方面的选择最终都将达到边际收益与边际成本相等的状态。所以，我们将式（7.9）对 θ_x 和 p_x 求一阶导，得：

$$p_x^*=\frac{p_y+t+c}{2}+\left(\frac{1}{\theta_y}-1\right)t \tag{7.10}$$

$$(p_x-c)\left[(1-\theta_y)+\theta_y\frac{p_y-p_x+t}{2t}\right]=\alpha\theta_x^* \tag{7.11}$$

对比式（7.10）和式（7.6）（完全信息条件下厂商 x 的定价函数）可以看到，当存在广告时，厂商 x 的最优定价提高了（$\frac{1}{\theta_y}-1$）t。从经济学直觉上看，厂商 x 的最优定价提升主要是由于广告的存在提升了厂商 x 的垄断能力，即一部分消费者并不知道 y

的存在，从而只能在 x 处消费。事实上，最优定价的增长幅度也是 θ_y 的减函数，即厂商 y 的广告覆盖面越小，厂商 x 的定价提升幅度越大。

类似地，对于厂商 y 而言，也存在与式（7.10）、式（7.11）对称的最优条件。考虑到厂商 x 与厂商 y 的对称性，最终两者的最优定价、最优广告强度都是相等的，从而能够方便地进行求解。最后解得：

$$p_y^* = p_y^* = c + \sqrt{2\alpha t} \tag{7.12}$$

$$\theta_x^* = \theta_y^* = \frac{2}{1 + \sqrt{\frac{2\alpha}{t}}} \tag{7.13}$$

事实上，为保证厂商的最优广告强度覆盖的消费者比例小于1，我们假设广告的成本参数 $\alpha > 0.5t$，即广告的成本如此之高以至于厂商的最优选择不是覆盖所有消费者群体。在这一条件下，厂商的均衡定价将高于完全信息时的均衡定价，且广告成本参数越高，均衡定价越高。从经济学直觉上看，这一方面可能是因为厂商的定价需要覆盖广告成本；另一方面，广告成本越高，对手的广告投放就会越少，不知道对方产品的消费者也就越多，从而厂商自身的垄断能力也就越强。

综上所述，广告的作用主要是直接信息的传递，即让消费者了解产品的存在。在这一背景下，厂商选择最优的广告投入进行宣传，目的是实现利润的最大化。

二、广告与质量信号传递

虽然广告能够传递产品的信息，然而广告传递的信息本身并不能有效克服供求双方的信息不对称。一般认为，厂商对于产品拥有更完善的信息，厂商可以通过广告将信息传递给消费者，从而让消费者在更多信息的条件下进行最优化决策。然而，结合本章第一节中关于产品的分类不难发现，这种直接信息传递的作用往往局限在搜寻品方面。换而言之，在搜寻品市场，厂商通过广告让消费者知道了产品的信息，这种信息是消费者在消费之前就能够准确地辨别的。在这种情况下，消费者才能够根据厂商提供的信息进行最优化决策，提升效率。

然而，在经验品方面，广告的直接信息传递作用是否还有效呢？由于厂商与消费者之间存在信息不对称，劣质产品的厂商有动机模仿优质产品的厂商，在广告宣传中美化产品属性，从而吸引消费者购买。对于消费者而言，在消费经验品之前并不能够准确判断商品的优劣性能，同时也无法从广告中获得有效信息。这就使得消费者不愿意以优质品的价格在市场中购买产品，或是对优质品有需求的消费者可能就被排除出市场。这将进一步把优质厂商挤出市场。可见，对于经验品而言，仅仅提供商品信息的广告并不能够起到应有的作用。

那么，这是不是意味着广告在经验品领域没有作用呢？纳尔逊（Nelson）在20世纪70年代给出了否定的答案。事实上，除了广告本身对产品的描述外，广告还间接地传递着一项重要的显性信息——广告的成本。广告的成本主要取决于两个方面：聘请的广告演员和广告的传播（包括传播媒体、时间段、覆盖面等）。消费者普遍对于演员的身价拥有一定的了解，同时对于媒体传播的价格也有一定的直观感受。这就使得消费者对于广告的价格能够有一定的判断。显然，在一线明星出演、在主流媒体黄金时段展播的广告的成本是相当高的；而使用群众演员、在午夜展播的广告成本要低得多。

那么什么样的厂商愿意花费高额的费用制作广告呢？假设有一个经验品厂商，其产品质量低劣，但进行了高额的广告宣传。那么可能会有消费者听信广告进行购买，然而消费者在第一次购买之后识别了该产品的质量，此时任何关于该产品的广告对于这些消费者而言都将是无效的，他们都不会再进行消费。由于广告费用高昂，这些费用无法完全分摊在第一批消费者身上，从而使得高额广告宣传对该厂商是不经济的。换言之，当广告成本过高时，厂商必须依靠多期的销售才能收回广告成本，这对于劣质品厂商而言是不可能实现的，从而劣质品厂商将主动放弃高成本的广告宣传。这就意味着只有生产高质量产品的厂商才有可能进行高额的广告宣传。

当消费者、高质量产品生产商、低质量产品生产商同时意识到上述问题时，一个有效的社会均衡就出现了。首先，对于生产低质量经验品的厂商而言，其无论如何都不会进行高额广告宣传。其次，生产高质量经验品的厂商为了将其区别于生产低质量经验品的厂商，将会主动进行高额广告宣传。他们也相信消费者会在尝试购买己方产品后持续购买，从而弥补广告费用。最后，对于消费者而言，他们能够明确看到两类厂商的显性信号，从而只购买进行高额广告宣传厂商的产品。当然，由于这些厂商生产的都是高质量经验品，消费者自然将持续消费。

纳尔逊的模型充分说明了信息不对称条件下广告在信号释放方面的作用。然而，对于纳尔逊的模型依然需要做出两点补充说明。

第一，施马兰西（Schmalensee，1978）指出，高成本广告能够成为有效信号机制是有条件的。当劣质品的成本过低，以至于其模仿优质品后仅通过消费者的初次消费就能够弥补广告费用，那么生产劣质品的厂商也将有动机进行高额的广告宣传。换而言之，只要消费者足够多，单位产品的利润能够足够高，那么劣质品生产商有动机通过广告实现“一锤子买卖”。如果读者关注身边的广告也确实能够发现很多类似的现象。

第二，对于信任品而言，广告同样也具有信号传递的作用。信任品与经验品的区别在于，信任品即使在使用之后消费者依然无法即使判断产品的好坏。正因如此，在经验品案例中的“持续购买”机制在信任品中就不存在了。但是，广告一定程度上也能够释放有效的信号。高额的广告支出是企业的沉没成本，塑造了企业的形象，对于这些企业而言，社会关注度会更高，一旦出现问题被发现的概率以及给企业形象造成的损失也会更大。正是高额机会成本的存在使得这些企业“作恶”的成本更高，概率更低，自然也更容易获得消费者的信任。如果我们关注一下各企业和品牌的广告支出可以发现，日化用品、药品企业的广告支出非常高，而日化用品和药品就具有典型的信任品特征。

综上所述，由于厂商与消费者之间存在信息不对称，广告能够成为厂商释放信号的机制，从而促进社会的效率。

三、广告与消费者偏好

前文分析中，广告并不会影响消费者的偏好，广告的作用是能够扩大消费者的信息集，从而根据自身偏好进行最优化选择。在上述设定条件下，我们很难解释现实生活中部分广告的作用。在日常生活中我们经常会发现，消费者对于某些商品已有充分的认识，此时广告似乎并不会增加消费者对于商品的额外认知。然而，部分厂商依然会进行大量的广告宣传。例如，可口可乐是家喻户晓的品牌，无论是商品口味还是商品质量均早已被市场认知，为何企业还会大量投放广告？

事实上，此类广告被称为劝导性广告，即通过广告传递的信息影响消费者偏好，让消费者在消费相关商品时因广告而获得额外的效用。消费者进行消费决策时需要考虑商品的价格与其能够给自身带来的效用，而商品给消费者带来的效用多少直接取决于消费者的偏好。当广告能够影响消费者偏好时，其将直接影响厂商面临的市场需求。

劝导型广告对市场需求的作用至少体现在以下两个方面。首先，在给定价格下，部分消费者的偏好本不足以支持其做出购买决策。然而，在接触广告所传递的信息后，商品给消费者带来的效用得到提升。这将使得部分原本不会购买该商品的消费者转而做出购买决策。其次，在消费者选择购买数量时，其考虑的是边际效用与价格。由于广告提升了商品对消费者的效用，在边际效用递减的规律下，消费者的购买数量也将增加。

在现实生活中，钻石是广告宣传改变消费者偏好的经典案例。众所周知，钻石本质上就是碳元素组成的单质晶体，而碳是地球上最丰富的元素之一。事实上，从钻石本身的性质来看，由于钻石具有极高的硬度，其主要使用价值也仅为切割与研磨。然而，钻石厂商的广告宣传改变了消费者的偏好，将钻石与“永恒的爱情”相联系，从而成功地实现了销售传奇。

在广告将钻石与“永恒的爱情”联系之前，钻石也曾经历销售衰退的过程。在19世纪中期之前，钻石由于其稀缺性一直是贵族展现财富的象征，属于宝石的一种。然而，随着19世纪后期大体量钻石矿的发现，钻石失去了稀缺性特征。即使钻石厂商垄断了钻石的原料，并控制销量，但在20世纪初期，钻石市场依然出现了大幅的衰退。

为挽回钻石销售的颓势，垄断型钻石厂商De Beers与美国广告公司Ayer进行合作，将钻石人为打造成爱情的象征。Ayer通过电影、纸质媒体以及名人进行了大量的广告宣传，其广告宣传的核心就在于将钻石与爱情联系到一起，让消费者在潜意识中坚信钻石代表了永恒与爱情，是结婚的必需品。正是在这种广告宣传下，钻石文化首先在欧美流行起来，并逐步蔓延至全球，钻石也成为了当前销售最成功的奢侈品之一。

从钻石的广告案例中不难发现，此类广告本质上也是在提供信息，但钻石案例中广告提供的信息并不是描述产品的性质，而是直接改变了消费者的偏好，从而最终达到提升销量的目的。

第三节　垄断厂商的广告支出

一、广告投放的理论机制

参考卡尔顿和佩洛夫（2009）的分析可以发现，对于垄断厂商而言，投放广告（或增加广告力度）意味着其面临的需求曲线将向外移动（见图7－1）。无论是直接传递信息的广告，还是传递质量信息的广告，或是劝导性广告，其最终达到的效果都是提升市场对相关产品的需求。

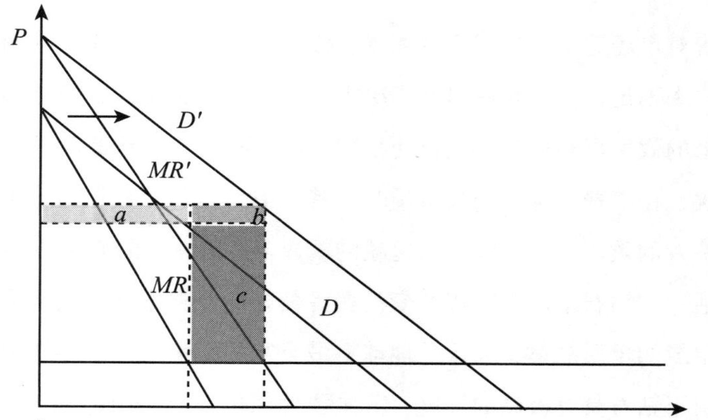

图7－1　广告与需求

根据垄断厂商的产量决策原则，当厂商提升广告投放力度后，其销售利润（不考虑广告成本）将出现提升，提升幅度为 $a+b+c$（见图 7－1）。其中，a 部分表示的利润增加体现了需求上升后导致的均衡价格的上升；c 部分表示的利润增加体现了需求上升后导致的均衡产量的提升；而 b 部分则是由均衡产量提升与均衡价格提升共同实现的。可见，广告投入将同时提升均衡价格与均衡销量。

虽然广告能够提升企业销售利润，然而广告投入本身也意味着成本的增加。作为追求利润最大化的厂商，其是否需要投放广告以及以多大力度投放广告同样取决于边际成本和边际收益：当广告投入带来的边际收益（如图 7－1 中所示的 $a+b+c$）大于广告成本，则厂商选择投放（或追加）广告；反之，则不投放（或不追加）广告。

二、广告投放的最优水平

根据日常生活经验与直观感觉，广告覆盖面越广、广告投资力度越强的厂商往往能够得到更多顾客的信任，获得更大的市场份额。然而，广告渠道是稀缺资源，厂商投放广告也面临高额的成本。那么，厂商如何平衡广告收益与广告成本？换而言之，厂商是如何制定最优广告投入的？下文将对垄断厂商的最优广告投入问题进行分析。

假设某一家垄断厂商，只出售一种产品，产品需求随着厂商广告的增加而增加。在该市场中，产品需求函数如下：

$$Q(A,p)=\beta A^{\varepsilon_A}p^{\varepsilon_p} \tag{7.14}$$

式中，$\beta>0$，$0<\varepsilon_A<1$，$\varepsilon_p<-1$。参数 A 表示厂商的广告支出，Q 和 p 分别表示产品需求和产品价格。式（7.14）表明，产品需求随广告水平（A）增加而增加，需求的广告弹性为 ε_A。产品需求随价格的上升而下降，需求的价格弹性为 ε_p。

假设厂商的边际成本为 c，垄断厂商要对价格（p）和广告支出（A）两个变量进行选择，其目标函数为：

$$\max_{A,p}\pi(A,p)\equiv pQ-cQ-A=\beta A^{\varepsilon_A}p^{\varepsilon_p+1}-c\beta A^{\varepsilon_A}p^{\varepsilon_p}-A \tag{7.15}$$

式（7.15）的两个一阶条件为：

$$0=\frac{\partial\pi(A,p)}{\partial p}=\beta A^{\varepsilon_A}(\varepsilon_p+1)p^{\varepsilon_p}-c\beta A^{\varepsilon_A}\varepsilon_p p^{\varepsilon_p-1} \tag{7.16}$$

$$0=\frac{\partial\pi(A,p)}{\partial A}=\beta\varepsilon_A A^{\varepsilon_A-1}p^{\varepsilon_p}(p-c)-1 \tag{7.17}$$

由式（7.16）可得：

$$p^M=\frac{\varepsilon_p}{\varepsilon_p+1}c$$

即：

$$\frac{p^M - c}{p^M} = \frac{-1}{\varepsilon^p} \tag{7.18}$$

式（7.18）即为勒纳条件。其表明即使在存在广告的情况下，垄断厂商的定价依然只取决于边际成本和需求的价格弹性，而与广告支出的多少无关。

同时，由式（7.17）可得：

$$\frac{p^M - c}{p^M} = \frac{1}{\beta\varepsilon_A A^{M^{\varepsilon_A - 1}} p^{\varepsilon_p + 1}} \tag{7.19}$$

当企业选择最优的价格与广告支出时，结合式（7.18）与式（7.19）可得：

$$\frac{\varepsilon_A}{-\varepsilon_p} = \frac{1}{\beta A^{M^{\varepsilon_A - 1}} p^{M^{\varepsilon_p + 1}}} = \frac{A^M}{p^M Q^M} \tag{7.20}$$

式（7.20）通常被称为“多夫曼—斯坦纳”（Dorfman-Steiner）条件。该式指出，垄断厂商最优广告支出与销售收入的比例应当等于广告弹性与需求价格弹性之比。对这一命题的经济学解释也比较直观：当某商品的销量对广告较为敏感，对价格缺乏弹性时，厂商就应该增加广告支出份额。虽然广告的投放具有成本，但是由于需求的广告弹性较大，广告的投放能够较大幅度提升销量，覆盖广告成本。反之，当消费者对广告不敏感，而对价格敏感时，企业应该减少广告支出。在这种情况下，我们可以理解为厂商宁愿节约广告开支，并将节约的费用平摊至每件商品，从而降低售价。由于广告弹性低，价格弹性高，所以广告减少导致的需求降低有限，而价格降低导致需求迅猛增长。

第八章

市场绩效

2018 年 7 月，历时近两年的高通对恩智浦的收购案因在反垄断调查中未获得中国国家市场监督管理总局的批准而以失败告终；① 20 世纪末以来，全球最大的电脑软件供应商微软就不断受到多国的反垄断调查与处罚；② 再往前追溯至 20 世纪初，标准石油公司在 1911 年被美国政府裁定垄断，并被拆分成 34 家独立的小公司。③ 政府的这些行为归根结底是为了维护市场效率。事实上，市场效率只是产业运行结果，即市场绩效的一部分，而市场绩效涵盖了企业、消费者和社会整体福利等各个方面。本章将深入地对市场绩效问题进行探讨，并分析影响市场绩效的重要因素。

第一节　市场绩效的评价与度量

所谓市场绩效是指在一定的市场结构下，通过一定的厂商行为使某一产业在价格、产量、成本、利润、产品质量、品种以及技术进步等方面达到的经济结果，也即由厂商自身福利、为消费者创造的福利、社会效率等多方面的因素组成。市场绩效理论是产业组织理论的重要内容。对市场绩效的判定和评价是政府制定产业组织政策的重要依据。

一、市场绩效的评价准则与主要内容

经济行为绩效的评价与经济行为的目标紧密联系在一起，不同的经济行为目标决定

---

① 国家市场监督管理总局官网，http：//www. samr. gov. cn/xw/xwfbt/201807/t20180726_ 278084. html。

② 《微软反垄断案》，https：//corporatefinanceinstitute. com/resources/knowledge/strategy/microsoft – antitrust – case/。

③ 埃克森美孚官网，https：//corporate. exxonmobil. com/Company/Who – we – are/Our – history。

了对该行为绩效的相应评价。社会经济活动的行为主体往往是多元的，或多层次的，包括个人、企业、行业或产业，以及整个国民经济总体。各经济行为主体从事经济活动的目标多种多样，从而对其行为绩效的评价标准也是多元的和多层次的。

产业经济学对市场绩效的评价主要是从中观层面，以产业和企业经济活动的目标为基准，对特定市场结构和企业行为下的市场运作效果进行评价。一般而言，市场绩效的评价主要是以社会福利水平的提高与否为主要依据。一般意义上的社会福利目标包括了经济活动的效率、公平、稳定和进步等多层次和多方面的内容，而市场绩效评价则主要从中观的产业层面，考察产业的资源配置效率、产业技术进步状况、与生产规模大小和生产能力过剩相关的生产的相对效率（或简单说规模经济效益），以及企业内部组织管理效率（或X—非效率程度）等几个方面的内容组成。

具体来看，产业经济学对市场绩效的评价主要涵盖以下三个方面。

首先，是企业的经营效率情况。产业组织理论关注产业内企业生产耗费和利润率的高低，即考察企业生产费用尤其是销售费用及产品改型上是否存在浪费，以及有多大程度的浪费，产业的平均利润率是否合理等。

与企业经营效率密切相关的是企业内部组织管理效率，即X—非效率。X—非效率是由美国哈佛大学莱本斯坦（H. Ieibenstein）1966年提出的一个概念。它是指在一些企业组织中，存在着一种非配置低效率，即由于管理行为中的缺陷或不足而导致的实际产出与最大产出之间出现的缺口。其实质是一种组织或动机的低效率，X代表造成非配置低效率的一切因素。莱本斯坦的X—非效率理论主要涉及三个变量之间的关系：市场环境、企业组织和经济效率。

一般认为，导致X-非效率的具体原因有以下三个方面。

（1）代理成本增加。大企业多采用股份制组织形式，企业股权一般较为分散，作为所有者的股东，依靠有限的所有权不能控制企业，更难以面对复杂的和专业性极强的经营管理工作，由此导致一批具有专业管理知识和才能的职业经理人员受企业所有者委托，实际掌控了企业的日常经营。但大企业的所有者和职业经理追求的目标往往不一致：所有者主要关心公司利润和股本收益最大化，而职业经理人未必追求这一目标。从实现自身利益最大化动机出发，他可能更关心企业规模的扩张，市场份额的增大，以及员工福利水平的提高等目标，由此决定了经理们可能过分追求企业规模的扩大，并追求市场垄断地位，从而导致企业内部效率的低下。除了所有者与经营者之间，大企业内部在各个层级之间也存在多种委托代理关系，从而产生较高的代理成本，这进一步加重了企业的X—非效率。

（2）激励成本增加。在市场交易中，优胜劣汰的竞争法则对交易双方具有较强的激励，并可能产生较高的效率。而在企业内部，生产经营过程是以团队方式组织的，各成员的边际贡献难以确定和测量。随着企业规模的扩大，对成员业绩的考核、激励和监督的成本将进一步上升，激励强度相应下降。企业规模越大，企业经营绩效与每一个员工的实际经营行为关系越难以确定，企业管理者为掌控员工的劳动报酬、提高劳动生产率所需花费的激励成本也越高，从而加大了产生X—非效率的可能。

（3）管理成本增加。企业规模过大，就会因管理层次的增加和管理幅度的拉大而使信息在纵向和横向传递过程中发生失真、扭曲，从而导致决策失误。法国管理专家V. A. 格兰丘纳斯认为，随着企业领导的下属人数和单位的增加，企业内部交互关系数量会更快增长，这意味着企业内部管理成本的不断增大。除此之外，当企业规模扩张到一定程度，中层经理人员用在非生产性活动上的时间和精力进一步增加，这些都会加重X—非效率。

其次，是产业技术的进步情况。技术是人类认识自然和改造自然的劳动手段、知识、经验和方法的总称，其本质是人类利用自然和改造自然的有目的的动态实践过程。技术不仅仅包括劳动工具这样的物化要素，还包括工艺规程、制造技艺、生产组织管理方法等知识形态的形式，两者共同构成一个整体的技术系统，并以最优配合、最大效率、最佳效益实现生产的发展。

产业技术的进步涉及创新与研发，这也是产业组织理论的重要探讨议题。正如前文所述，产业技术的进步至少具有两方面的意义。

一方面，技术进步涉及产品品种、质量的发展。这种产品品种和质量的优化是否能够满足消费者的需求，以及在多大程度上满足其需求也是产业经济学的一个重要议题。

另一方面，技术的进步能够优化企业投入产出的效率。在当今社会，各种投入效率的高低主要取决于技术进步水平及其应用。就资金投入而言，假定其他因素不变，企业产出量与资金投入量成正比。但产出量的增加并非一定要增加资金投入，提高投资效率同样可达到提高产量的目的。从劳动投入效率角度看，技术的进步能够提升劳动生产率以及劳动组织效率。从自然资源要素的投资效率角度看，企业技术进步为自然资源的开发和利用开辟了广阔的前景。企业通过技术水平的提高，可以按照不同的生产目的对自然资源进行多层次、多目标的开发与综合利用，从而可以大大提高自然资源利用的综合经济效益。

最后，是社会效率。微观经济学认为，完全竞争的市场机制能够保证资源的最优配置，这表现为社会总剩余或社会福利（生产者剩余与消费者剩余之和）的最大化。然而，在多数情况下，产业结构决定了完全竞争的局面无法实现。作为拥有垄断能力的厂商，其在利润最大化的要求下做出生产、经营方面的各类决策，这种决策虽然对企业而言是最优的，但可能造成产量不足、研发过度等效率损失，所以并不一定符合社会整体福利的最大化。所以，考察不同的市场结构与企业行为对社会整体福利的影响也是产业经济学对市场绩效评价的一个重要方面。

二、市场绩效的主要度量指标

在对市场绩效的研究过程中，尤其是在实证研究中，我们必须构建合理的指标来从不同的角度衡量市场绩效。参考传统文献以及新近的研究，本节主要介绍以下五类指标。

（一）利润率

根据微观经济学原理，在完全竞争市场上，各种资源在产业间、企业间的自由流动，各产业的利润率趋于平均化，所有的企业都只能获得正常利润，不存在垄断利润。因此，产业间是否形成了平均利润率是衡量产业内市场结构效率是否达到最优的基本依据。利润率的一般计算公式是：

$$R=(\pi-T)/E \tag{8.1}$$

式中，R 是税后资本收益率，π 是税前利润，T 是税收额，E 是自有资本（包括股本或所有者权益）。

利用利润率指标评价市场绩效应区别经济利润和会计利润。经济利润等于收入减去机会成本，而会计利润则是根据规定的会计原则所计算的利润。具体来说，经济利润等于收入减劳动、物资耗费和资本成本。严格来说，评价市场绩效的高低应采用经济利润而非式（8.1）中的会计利润。

（二）贝恩指数（Bain index）

贝恩把利润分为会计利润和经济利润两种，这样就克服了简单利润率计算所存在的弊端。会计利润计算公式为：

$$\pi_\alpha=R-C-D \tag{8.2}$$

式中，π_α 是会计利润，R 是总收益，C 是即期总成本，D 是折旧。

经济利润计算公式为：

$$\pi_\beta=\pi_\alpha-iv \tag{8.3}$$

式中，π_β 是经济利润，i 是正常投资收益率，v 是投资总额。

于是贝恩指数公式为：

$$B = \pi_\beta / v \tag{8.4}$$

对比贝恩指数与会计利润率可以看到，贝恩指数更进一步考虑了资本的机会成本。只有当会计利润超过资本的机会成本时才能够认为该企业或产业存在超额经济利润。

贝恩指数的理论依据是：市场中如果持续存在超额利润（或者说经济利润），那么一般情况下就表明该市场上存在垄断势力，且超额利润越高，垄断力量越强。可见，贝恩指数代表的是产业的超额利润率。贝恩指数的优势在于，计算该指数所要求的基础数据相对比较容易取得，产生系统偏差的可能性就减少了。

需要指出的是，在现实经济生活中，某个产业的利润率高于社会平均利润率水平，并不一定是由垄断因素引起的，还可能是由以下因素所导致：一是作为风险性实业投资报酬的风险利润；二是由于不可预期的需求和费用条件的变化形成的预期外利润；三是技术开发与创新所带来的创新利润。这三种超额利润都是短期的，不可能长期存在。因此，传统产业组织理论认为，倘若某一产业的利润率长期高于社会一般利润率水平，就说明该产业存在着一定的垄断力量。

（三）勒纳指数（Lener index）

勒纳指数度量市场绩效是通过计算价格与边际成本的偏离率进行的。其计算公式为：

$$L = (P - MC)/P \tag{8.5}$$

式中，L 是勒纳指数，P 是价格，MC 是边际成本。

事实上，勒纳指数有其经济学含义。在完全垄断市场中，垄断厂商的产量决策为边际成本等于边际收益，即 $P(Q) + QP'(Q) = MC$。经过简单的等式变换可以得到 $\frac{P(Q) - MC}{P(Q)} = -\frac{QP'(Q)}{P(Q)}$，其中，等式左边为勒纳指数，而右边是需求弹性的倒数。

根据上述分析可知，勒纳指数的数值在 0 和 1 之间变动。在完全竞争市场中，价格等于边际成本，需求弹性趋近于无穷大，勒纳指数为 0；在完全垄断市场中，勒纳指数会大一些，但不会超过 1。可以看出，勒纳指数本身反映的是当市场存在支配力量时，价格与边际成本的偏离程度。当垄断程度较高、市场竞争较弱时，勒纳指数较小；反之，勒纳指数较大。

然而，勒纳指数的应用依然存在一定的问题。首先，在计算勒纳指数时，对于边际成本的计算较为困难。其次，即使能够精确测算勒纳指数，然而若一个市场中需求弹性很大，即使该市场完全由一家厂商垄断，此时的勒纳指数也不会很大。同时，勒纳指数难以反映企业为了谋取巩固垄断地位而采取的限制性定价和掠夺性定价行为所产生的结果。

（四）托宾q值

托宾q值是衡量市场资源配置的一个指标，指一家企业资产的市场价值（通过其已公开发行并售出的股票和债券来衡量）与这家企业资产的重置成本的比率。其计算公式为：

$$q=\frac{R_1+R_2}{Q} \tag{8.6}$$

式中，q是托宾指数，R_1是股票的市值，R_2是债券的市值，Q是企业资产的重置成本。

若$q>1$，即企业的市场价值大于其重置成本，意味着该企业在市场中能获得超额利润；显然，q值越大，该企业造成的社会福利损失越大，市场绩效越低。

使用托宾q值的优点是避免了估计收益率或边际成本的困难。另外，为了使q具有意义，企业资产的市场价值和企业资产的重置成本都需要精确的衡量，前者数据容易获得（加总已发行的股票和债券市值即可），后者取值就困难得多。因此，这一指数不如其他方法常用。

（五）生产率与生产率的分布

全要素生产率（TFP）是经济产出中不能被资本、劳动力等要素投入所解释的部分，即当要素投入不变时，经济依然能够增长的原因。全要素生产率主要用于衡量技术进步在经济增长中的作用。

对于全要素生产率的计算也经历了发展的过程。早期的全要素生产率计算主要采用索洛余值法。根据C－D生产函数：

$$Y_{it}=A_{it}K_{it}^{\beta_K}L_{it}^{\beta_L} \tag{8.7}$$

式中，Y_{it}表示产出，K_{it}、L_{it}分别表示资本和劳动力的要素投入。而A_{it}代表的就是全要素生产率。通过对数处理可得：

$$\ln Y_{it}=\ln A_{it}+\beta_K\ln K_{it}+\beta_L\ln L_{it} \tag{8.8}$$

具体计算全要素生产率时，我们将式（8.8）构建回归方程：

$$\ln Y_{it}=\beta_0+\beta_K\ln K_{it}+\beta_L\ln L_{it}+\mu_{it} \tag{8.9}$$

根据式（8.9），通过实际经济数据进行回归，并估计出参数。常数项与残差项即为全要素生产率。

索洛余值法为全要素生产率的计算提供了基本的思路，然而索洛余值法存在两个重要的缺陷：首先是联立问题。式（8.9）的回归估计要求残差项与解释变量不相关，然而企业的要素投入（如劳动力投入）会根据其全要素生产率进行调整，这就使得回归方程存在内生性问题，从而导致估计的偏误。其次是样本选择问题。在观测样本中，部分生产率较低的企业会被挤出市场，尤其是，随着生产率的降低，资本存量较低的企业更容易被挤出市场。这一问题又导致了残差与资本变量存在相关性，从而导致估计的偏误。

为了克服索洛余值在计算生产率过程中存在的问题，大量学者进行了持续的探索。当前对于全要素生产率的计算主要采用的是奥利和帕克斯（Olley & Pakes）于1996年提出的方法。首先，其将式（8.9）中的残差项进一步分解为企业个体的全要素生产率与实际误差。同时，企业的生产率又可以表示为企业投资、资本等变量的函数，从而将式（8.9）转换为半参形式并估计出 β_L。其次，通过现有数据考察企业的进入退出概率问题，并与上述半参模型联立，最终估计出 β_K，并计算出全要素生产率。

近年来，国内外学者又进一步从生产率分布的角度考察资源分配效率的问题。在资源自由流动的条件下，生产率高的企业能够获得更高的利润和发展空间，而生产率低的企业将会被逐步挤出市场或被高生产率企业收购，市场中的企业应当拥有趋近的生产率。反之，只有在要素流动存在限制、市场存在扭曲等情况下，高生产率企业和低生产率企业才能够共存于市场之中。所以，生产率的分布情况一定程度上能够衡量市场的资源配置效率。

生产率分布的计算方法相对比较简单。首先，可以使用同一产业中所有企业全要素生产率的标准差进行衡量。标准差越大表明产业内的生产率离散程度越大。其次，可以使用分位数之差进行衡量。例如，产业内生产率的90分位数与10分位数之差或75分位数与25分位数之差等。类似的，分位数之差越大表明产业内的生产率离散程度越大，资源的配置效率相对也较低。

需要说明的是，生产率的分布并不完全等同于资源配置效率。例如，当某产业内的产品具有较低的替代性时，该产业的生产率分布会相对较大。所以，在考察生产率分布与资源配置问题时也需要控制住其他条件。

第二节 市场结构—市场行为—市场绩效（SCP）分析范式

市场绩效是产业运行的结果，在关注市场绩效的同时，我们也同样关注市场绩效受什么因素影响。在产业组织理论发展的早期，哈佛学派提出了市场结构—市场行为—市场绩效（SCP）分析范式，本节将对SCP分析框架的历史起源、内涵、内容、缺陷及发展进行深入探讨。

一、SCP分析范式的起源背景

第二次工业革命之后，美国确立了现代产业领域的领导地位。随着美国产业的发展，产业发展中的效率问题也日益凸显，并引起了美国政府的重视。在产业经济学领域对不完全竞争有充分认识之前，美国政府就在1890年出台了第一部反垄断法规——《谢尔曼法》。

《谢尔曼法》对于市场竞争的干预体现在两个方面。首先，《谢尔曼法》限制企业合谋。显然，企业间的合谋定价、串通涨价以及产量限制等行为是易于观察和鉴定的，直观上看，企业的串谋也具有明确的主观动机，削弱了市场的竞争环境。事实上，在《谢尔曼法》实施的初期，多起企业间的合谋受到了惩处。其次，《谢尔曼法》旨在限制垄断。然而，垄断如何判定并不如判断串谋那样直观。即使垄断的事实成立，垄断造成的效率问题又是否与企业的主观意图有关？这些因素使得当时美国对于垄断的判定颇具争议。

正是在上述背景下，当时的学者意识到对于产业法律法规的制定缺乏理论基础的支持，并开始了持续的理论与实证探索。从20世纪30年代之后，哈佛大学的学者逐步创建了相对完整的产业组织理论体系。梅森基于有效竞争的理论，归纳了有效竞争的市场结构标准与有效竞争的市场绩效标准。梅森的研究为SCP分析范式的确立奠定了重要的基础。

从实证研究角度看，在20世纪50年代之前，学术界对产业经济学领域内的一些议题已进行过一些描述性或经验性的研究，如兼并浪潮、企业组织与行为等。但这一时期的研究并未很好地揭示市场结构和竞争如何影响价格和产量。

进入20世纪下半叶，产业经济学的学者们开始为以上研究寻求一个可靠的理论范式，并在这种寻找的过程中逐步形成了结构—行为—绩效（SCP）的分析框架。这一框架的中心假说是：可观察到的市场结构的特征决定了该市场中的企业行为，并且在给定的市场结构特征条件下，市场中的企业行为决定了市场绩效中的可衡量方面。贝恩首先提出并检验了该理论框架。在贝恩之后，现代产业组织理论虽然发生了一系列重大的变化，但是在研究对象和研究范围上却一直秉承了贝恩所开创的这一传统。

二、SCP分析范式的内涵

SCP分析范式在贝恩的《产业组织》中首次完整地被提出。SCP分析范式主要采用实证研究的手段考察了市场结构、市场行为与市场绩效之间的关系。哈佛学派认为，市场结构、市场行为与市场绩效之间是存在因果关系的：市场结构是一个相对外生的条件，企业在一定的市场结构下采取特定的市场行为，最终形成市场绩效。所以，根据哈佛学派的 SCP 分析范式，判断并调控市场结构是形成良好市场绩效的重要环节。

具体来看，在 SCP 分析范式中，市场结构主要由“卖方集中度”“买方集中度”“产品差别化程度”“进入的条件”等指标衡量，主要考察“卖者之间”“买者之间”“买者和卖者之间”“现有卖者与潜在进入者之间”四种基本的市场关系。市场行为则主要包括四个方面，即“卖者的价格和产量决策”“卖者的产品和销售费用决策”“卖者的掠夺性行为和排他性行为”“企业作为买者时的市场行为”。

而作为企业行为的最终结果，对市场绩效的考察主要涉及以下六个方面：受产量、企业规模和过剩生产能力所影响的相对技术效率；相对于长期边际成本和平均成本的价格水平以及价格—成本差额；长期边际成本和价格相等条件下最大可能产出规模与实际产业产出水平的比较；生产成本与促销费用的比较；生产或产品的特点，如设计、质量和多样性等；产业在产品和生产工艺方面的进步状况，及其与可以达到的最优成本水平的比较。

在贝恩看来，SCP 分析范式的根本要义，是强调市场结构是企业行为的决定因素；而在一个给定的市场结构中，企业行为又是市场绩效的决定因素。SCP 分析范式的分析起点，是完全竞争和垄断这两个基本的市场模型。贝恩把这两种市场看作是现实世界中所有市场状态分布范围的两个端点。其中，生产集中于仅仅由两家或三家企业的产业即为高度集中的产业，它们接近于这一范围中的垄断一端。而拥有许多企业的产业则被看作是接近于竞争一端的产业。在这两个极端之间，市场结构从完全竞争市场向垄断市场的移动必然导致市场行为的性质发生相应变化，并最终造成市场绩效的所谓“由好向坏”的变化。所以，鉴别一个市场结构是接近还是远离垄断这一极端，便成为传统产业组织理论研究的一项基本原则。而所谓不良的市场绩效（资源配置的低效率）是由不良的市场行为（垄断行为）造成的，这些不良行为又源于不良的市场结构（即垄断），这成为传统产业组织理论的基本逻辑。因此，以贝恩为代表的哈佛学派在政策主张上明确倾向于由政府干预来改变不良的市场绩效，并始终强调从形成和维护所谓有效竞争的市场结构入手。

当然，SCP 分析范式认识到市场结构和企业行为也是一系列特定的产业基本经济技术特性和市场势力的产物。因此，对市场结构和企业行为的有关决定因素的分析，也同样是贝恩所开创的传统产业组织学的一个重要组成部分。

不过，贝恩最终并没有就他所提出的SCP分析范式作出进一步更为一般化的完整说明，特别是在对市场行为的决定因素及其对市场绩效的影响，以及SCP分析范式中各环节的反馈效应等方面缺乏深入的分析。直到1970年谢勒（Scherer，F. M.）的《产业市场结构和经济绩效》发表以后，传统产业组织理论的SCP分析范式才最终得到了系统完整的阐释。概括说来，谢勒对SCP分析范式的重要贡献有两个方面。

一是从供给和需求两个方面系统阐释并强调了所谓产业基本条件对市场结构和市场行为的影响。其中，在供给方面，这些基本条件包括主要原材料供应企业的所有权与分布区域、可利用技术的特点、产品的耐用性、产品价值衡量方面的特征、商业习惯、工会制度及其规章等；在需求方面，这些基本条件则至少包括不同价格区间需求的价格弹性、需求量的增长率、替代产品的可替代程度、买者的购买方式、产品在销售方面的特征以及产品生产和销售的周期性和季节性特点等。

二是进一步揭示了市场行为对市场结构和产业基本条件以及市场结构对产业基本条件的反馈效应。例如，强有力的研究与开发可能改变一个产业的技术，从而可能改变产品成本状况和产品差别化程度。再如，卖者所采取的协调其价格相互影响的政策可能提高或降低进入壁垒，从而对长期市场结构产生影响。换言之，谢勒在贝恩的基础上进一步探讨了SCP分析范式中各变量之间的反向影响机制。

也正因为如此，迄今为止产业组织学文献中有关SCP分析范式的说明和具体应用，大多是以谢勒所作出的图示和相关解释为蓝本的。不过，令人遗憾和迷惑的是，不知出于何种原因，确实有一些学者简单地认为SCP分析范式只存在一种因果关系，并且也无须考虑其他因素对结构、行为和绩效的影响，从而误解了这一范式的真实意图和思想。

三、SCP分析范式的研究内容

（一）主要研究历程

SCP分析范式主要通过产业层面的数据，运用实证研究的方式探讨市场结构与市场绩效之间的关系。事实上，早在《产业组织》出版之前，贝恩便已在《利润率与产业集中的关系：美国制造业（1936—1940）》和《新竞争的壁垒》这两篇论著中凸显了运用产业层面的数据进行跨部门统计分析的重要意义，从而成功地把产业组织经验性研究的焦点从单个产业的案例研究转移到跨部门研究上。较之采用案例研究方法而言，这一方法无疑能使产业组织理论所旨在揭示的一系列普遍性问题和各因素之间的一般关系得到更为客观的描述和论证。也正因为如此，在20世纪60～70年代的各类经济学期刊中出现了大量基于 SCP 分析范式的实证文献。这些文献采用政府部门提供的数据，通过回归分析来解释各产业平均利润率的差别，并特别关注了不同的市场结构的影响，这成为当时这一领域几乎所有研究的共同特征。

总体上看，对 SCP 分析框架进行经验性研究和验证过程，可大致归结为以下四个阶段。第一阶段，1951～1968 年，使用产业层面的数据对跨部门的小样本进行基本统计分析，对市场结构的许多方面主要采用主观评价。第二阶段，1967～1977 年，使用产业层面的数据，主要对跨部门的大样本进行计量经济分析，对市场结构的大多数方面都采用客观评价。同时，有些研究都采用了企业层面的数据，对跨部门的大样本进行分析。第三阶段，1974～1983 年，总体上不再迷恋于经验性研究，特别是那些使用产业层面的数据对跨部门的大样本所作的经验性研究。第四阶段，1982 年至今。经验性研究在产业经济学中再次复兴，只是更多地使用企业和业务层面的数据，使用时间序列及跨部门时间序列合并数据，以及进行价格和长期报酬率的研究等。

（二）集中度与利润率关系的探索

在 SCP 分析范式中，集中度与利润率的相关性研究一直处于重要地位，本节也将重点介绍关于集中度与利润率的研究。在关于集中度与利润率关系的研究中，哈佛学派与芝加哥学派代表了两种不同的观点。

哈佛学派最早对市场集中度与利润率的相关性问题进行实证分析的是贝恩。1951 年他调查了美国 42 个产业，并计算出这 42 个产业中最大 8 家企业在该产业的集中度（即 CR_8），然后通过比较各产业 8 家最大企业的利润率与产业平均利润率的差异，来说明市场集中对利润率的影响程度。统计结果显示：8 家最大企业的销售额超过本产业 70% 以上的集中度时，可以获得比集中度在 70% 以下的产业更高的平均利润率，即前者的利润率为 11.8%，后者的利润率为 7.5%。① 1966 年，迈克尔·曼使用 1950～1960 年的数据，再次证实了贝恩的观点。他与贝恩一样采用 70% 的 CR_8 集中度作为标准，将样本分为两组，结果发现：较低集中组的平均利润率为 9.0%，而较高集中组的平均利润率为 13.3%。② 尼达姆通过研究还直接给出市场集中度与利润率之间存在的关系式：

$$\frac{p-mc}{p}=\frac{1}{E_d}=\frac{S_f}{(E_d+E_s)S_r} \tag{8.10}$$

---

① Bain J. S. Relation of Profit Rate to Industry Concentration: American Manufacturing 1936 – 1940. Quarterly Journal of Economics, 1951, 65 (4): 602.

② Mann H. M. Seller Concentration, Barriers to Entry, and Rates of Return in Thirty Industries, 1950 – 1960. The Review of Economics and Statistics, 1966, 48 (3).

式（8.10）中，p 为价格，mc 为边际成本，E_d 为产品的价格需求弹性，E_s 为竞争对手在价格上的反应，S_f 为某企业的市场份额，S_r 为竞争对手的市场份额。式（8.10）的经济含义是：企业的利润率与自身的市场份额成正比，与价格弹性和竞争者的市场份额成反比。

哈佛学派认为，市场结构是决定市场绩效的主要因素，而集中度又是市场结构的主要衡量指标，利润率是市场绩效的衡量基准之一，因此，市场集中度也是决定行业利润率的主要因素。在他们看来，在垄断或寡头垄断市场中，由于存在着少数企业之间在价格上的共谋和协调行为，以及通过高进入壁垒限制企业的进入，削弱了市场的竞争性，保证了垄断价格和高额利润的形成。贝恩曾指出："厂商能够通过限制它们之间的竞争来提高利润，而他们能做到这一点的最好办法，莫过于通过兼并或其他方式以形成一种市场结构，其中厂商的数量较少，则销售集中的程度较高。这是因为在一个集中的寡头垄断部门（或者在其极端形式完全垄断部门）中，竞争通常不像存在大量厂商的部门那样激烈和有效，因而较容易维持一种大大高于成本的价格。"① 这也就是说，高集中市场结构所导致的垄断企业的高利润率，是垄断企业通过制定垄断市场价格实现的。这一结果是资源配置低效率的表现。有效的产业组织政策应采取分割大企业、禁止兼并等措施，对垄断或寡头垄断市场结构进行规制。

与哈佛学派学者贝恩的发现不同，芝加哥学派的德姆塞茨通过实证分析则得出，市场集中与利润率之间的正相关性只有在集中度达到一定高度时才表现出来。在市场集中度为10%~50%的区间内，利润率不仅不随着集中度的提高而上升，有时反而会下降；只有当集中度超过50%以后，才存在市场集中度与利润率的正相关关系。这就是说，市场集中度与利润率的正相关关系是有条件的，即要求市场集中度达到一定水平。②

芝加哥学派认为，高集中部门的大公司之所以能够得到高利润，主要是由于它们具有较高的经营效率，而与它们的市场垄断地位并无直接联系。芝加哥学派还反对哈佛学派关于市场结构决定市场绩效的观点，认为在市场结构与市场绩效的关系中，市场绩效是自变量，市场结构则是市场绩效作用的因变量，不同的企业效率形成不同的市场结构。德姆塞茨通过实证分析指出：集中度与利润率的正相关很可能并不反映高集中部门内主要企业相互勾结、提高价格的行为，倒是更可能反映为该部门内主要大企业更高的

---

① Bain, Joe Staten, Masson, Robert T., Qualls, P. David. Essays on Industrial Organization, in Honor of Joe S. Bain. Ballinger Pub. Co., 1976.

② Demsetz H. Industry Structure, Market Rivalry, and Public Polic. The Journal of Law and Economics, 1973, 16 (1): 1-9.

效率和更低的成本。因为如果高利润率是由于协调定价和价格上升导致的，那么按照这种逻辑，产业寡头垄断定价行为所获得的利益，即它们的利润率也应该同该产业内的小企业或该产业中不同规模企业的利润率相关。德姆塞茨通过比较不同集中水平和规模的企业，发现利润率并没有随不同产业集中程度的上升而提高。相反，如果部门集中和大公司高利润的正相关关系是由于高集中部门大公司拥有优越的技术效率和较低的成本，则高集中部门的小企业就不会比低集中部门的小企业获得更高的利润。而这一结论与他进行实证分析得出的结果相符合。他由此得出结论：实际资料并不支持高度集中导致大公司垄断勾结定价从而获得垄断利润的假定，而支持关于这种高额利润来自大公司效率和低成本的解释。①

可见，按照哈佛学派的理论，垄断大企业的高利润率是由于这些企业具有市场支配能力，可以制定垄断市场价格。行业的高利润率实际上是市场垄断势力作用的结果，而与大企业的经营效率并不存在必然的联系，恰恰是在垄断市场条件下，大企业由于可以通过制定垄断价格就可以获取较高的垄断利润，从而导致企业追求经营效率的动机下降，因此垄断市场是低效率的。芝加哥学派在关于市场结构与经济效率的作用机制上就与哈佛学派存在根本的差别。哈佛学派的分析逻辑是市场结构决定市场绩效（包括市场效率），而芝加哥学派则认为，市场结构是市场效率作用的结果，垄断市场结构是通过这种市场上的大企业较高的经营效率才形成的，高利润率只是大企业具有较高经营效率的表现形式。

四、SCP 分析范式的局限性

SCP 分析范式虽然统治了主流产业组织学界近半个世纪，但其本身仍然有着许多难以克服的固有局限性，自然也导致了来自各方的长期批判。

首先，SCP 分析范式缺乏坚实可信的理论基础。虽然贝恩早就宣称其产业组织理论是“以价格理论为指南，回答其中所揭示的一些问题，批判性地检验它，同时提出有关改进的建议”。然而，实际上从梅森开创性的研究起，以 SCP 分析范式为代表的主流传统产业组织理论采用了非正统的理论观点来解释市场结构、市场行为和市场绩效之间的关系。因此，上述研究一直游离于正统经济理论之外。尽管有关学者竭尽所能，但其主要理论充其量只是对大量观察的经验性描述，仍然不具有逻辑上的必然性。也正因为如此，

---

① Demsetz H. Industry Structure, Market Rivalry, and Public Polic. The Journal of Law and Economics, 1973, 16 (1): 1-9.

在传统产业组织理论盛行的年代，虽然从表面上看其具有非常显著的有别于其他应用经济学科的特点，但研究范围的狭窄也不可避免地成为制约其进一步发展的致命缺陷。

其次，SCP分析范式在解释思路方面存在一定的局限。事实上，SCP分析范式从来都没有否认过市场结构之外的一些因素对市场行为的影响（特别是所谓产业的基本条件），也承认市场行为对于市场结构存在“反馈性质”的影响。然而，由于它在根本上仍然过于强调市场结构对市场行为的决定作用，并且又未能对策略性行为的逻辑作出清楚的解释，这使得以SCP分析范式为基础的主流传统产业组织理论不仅一直难以有效解释不完全竞争条件下的企业行为，而且除了一些描述性的所谓产业基本条件之外，也几无可能再有新的重要因素被纳入SCP分析范式之中，如企业的产权结构与治理结构、信息不对称、有限理性和交易费用等。

最后，SCP分析范式所崇尚的跨部门经验性研究存在着来自数据采集和模型设计方面的天生缺陷。主要表现在以下两个方面。

（1）产业口径的差异。尽管贝恩早就注意到了作为政府统计口径的产业与产业组织理论所研究的产业之间的重大差别，但是，在几乎所有的跨部门研究中，主流传统产业组织学者仍然不得不使用政府提供的统计数据。这样，有关研究不仅常常忽视了外国竞争和区域性市场的存在，而且也不是根据经济学意义上的产品市场来定义产业。对于在多个市场上经营的多元化企业，也没有令人满意的处理方法。

（2）指标构建问题。在建立模型过程中，某些变量的建立也是相当困难的，如经济利润、预期以及产品技术的基本属性等重要变量难以构建。而如果在跨部门回归分析中这些不可观察的变量与自变量相互关联，那么有关系数的估计值也就难免会发生重大偏差。

五、SCP分析范式的再认识与发展

（一）SCP分析范式的发展

正如前文所述，在贝恩提出SCP分析范式之后，产业结构的内生与外生问题一直是学界关注的焦点。哈佛学派与芝加哥学派对于SCP分析范式的争论也主要集中在这一方面。到20世纪末，萨顿（Sutton）提出了沉没成本与产业结构内生模型，为SCP分析范式的发展作出了重要贡献。

萨顿的模型假设企业进入市场具有沉没成本。由于沉没成本的存在，企业是否进入市场取决于企业进入后的利润能都覆盖其沉没成本。沉没成本的引入将企业进入市场的决策内生化，而企业进入市场直接影响到产业的集中度。

萨顿考虑了三种不同竞争模式的市场。第一种是卡特尔市场，这一模式下企业之间通过协议维持一个较高的市场价格。在卡特尔市场中，企业平分利润。当企业的利润与沉没成本相当时，市场中企业的数量（即市场结构）达到稳定。显然，卡特尔市场是一个缺乏竞争的市场。第二种是古诺竞争的市场，在这一模式下企业采取古诺竞争模式（即产量竞争），最终达到纳什均衡。同样，当市场中企业的利润与沉没成本相等时，市场达到饱和。古诺竞争的竞争强度高于卡特尔。第三种是伯川德竞争，该模式下企业采用价格竞争。根据前文伯川德模型可知，这一类市场竞争最为激烈，当企业数量超过1家时，所有企业都将把价格定为边际成本。显然，这一模式的竞争最为激烈。

通过模型分析，萨顿发现了两个结论。首先，随着市场的扩大，市场中企业的数量，即市场集中度呈现下降的趋势。这是因为市场的扩大给了更多企业共存的空间。其次，竞争越激烈，市场集中度越高。这一结论与直观印象是相悖的。根据原始 SCP 分析范式，市场集中度与市场竞争是呈现反向关联的，但萨顿通过理论模型表明，竞争压低了市场价格，但也因此阻碍了新企业的进入。以伯川德竞争为例，在这一模式下，所有企业都清楚，一旦市场中超过两家企业，所有企业都会把价格降低至边际成本，从而导致无法回收沉没成本。所以，当市场中存在一家企业后，其余企业便不会选择进入市场。

此后，萨顿还进一步探讨了异质产品与内生沉没成本条件下的情况，探讨了产品质量、广告、研发等因素的作用。萨顿的研究虽然也存在一定的缺陷，如假定竞争形式不变，但为 SCP 分析范式的发展提供了新的思路。事实上，产业组织理论对于 SCP 分析范式的实践也始终持续：在贝恩之后，部分学者将研究关注点跳出美国，例如，克拉克（Clarke，1984）探讨了英国产业集中度与利润率的关系；部分学者针对性地探讨了具体产业内市场结构与市场绩效的关系，如劳埃德·威廉姆斯等（Lloyd-Williams et al.，1994）分析了西班牙银行业的情况。可见，对于市场结构、企业行为与市场绩效的研究始终是产业组织理论的一个重要分析议题。

（二）对市场结构与市场绩效关系的再认识

对市场绩效的衡量和判定是产业组织理论研究的重要内容，但究竟哪些因素影响市场绩效，一直是一个争论不休的问题。根据产业组织理论，市场结构对市场绩效会产生很强的影响。但现实经济生活是非常复杂的，影响市场绩效的因素也是多方面的，这些影响因素的作用方式又多种多样，正因为如此，很难简单地直接推论出市场结构与市场绩效的关系，特别是不能轻易地用统计分析进行直接判断。无论是进行逻辑推演，还是运用统计数据进行实证分析和判断，都必须注意对所研究的现实经济条件和产业特点作具体、深入的分析。例如，按照传统的产业组织理论，高利润或高价格——成本差表明生产绩效较低，因为消费者支付了较高的价格。但现实更多的情况表明，利润与市场集中度的关系往往是：较大的厂商具有较高的效率和创新能力。高效率和高创新能力，是厂商获得高利润的主要原因，在这种情况下，厂商不断扩大市场，并导致市场集中。再者，成功的厂商之所以能够吸引消费者，占有较高的市场份额，或者是因为价格低，或者是因为产品质量好，因此，高利润和较大的市场占有率就可被视为消费者满意度的指标。有的研究还表明，除了少数集中度非常高的产业，一般产业的集中度与托宾 q 值的相关性并不显著，这也许可以解释为：厂商的利润高是因为效率高而并不是产业集中度高的缘故。①

在对利润与市场结构的关系研究中，还涉及短期利润与长期利润的问题。一般情况下，短期利润与市场结构的关系并不确定，因为在任何一种市场结构中，厂商的短期利润既可能为正，也可能为负。所以，如果要用利润来衡量市场绩效，就必须使用长期利润指标。至于一个产业需要经过多长时间才算是达到长期并没有一个统一的界定。通常情况下，在某一时期一些产业具有较高的利润率，另一些产业具有较低的利润率；而经过一段时间后，一些厂商会从低利润的产业转向高利润的产业，这会导致收益率趋向于一个相同的水平。一些研究成果也表明，在集中度较高的产业，高利润会趋向于下降。可见，动态地研究一个产业的超额利润是如何变化的以及变化原因，具有重要的意义，这比静态地比较各产业或各厂商的利润，简单地判定市场结构对市场绩效的影响，具有更重要的意义。再如，大多数厂商都不只是生产一种产品，因此，厂商的利润或者价格——成本差反映的可能是不同产品的综合状况，这种综合性的统计数据用来分析单一产品市场的情况，可能会导致不正确的分析结论。

对于市场结构与市场绩效的关系，如果不区分产业或市场的特点，简单地假定所有的产业都具有相同的市场结构与市场绩效作用关系，是很不现实的。作为资本密集型的钢铁、石化、航空等行业，与作为劳动密集型的服装、家具、理发等行业，它们的市场结构与市场绩效的关系就存在很大的差别，很难一概而论。因此，对各个不同的产业进行研究，区分不同产业中市场结构与市场绩效的关系，是很有必要的。研究市场结构与市场绩效的关系，需要特别重视各个产业的资本密集度（一般用资本—产出率来衡量）的差别。一些研究表明，一个产业的资本密集度与这个产业的市场集中度存在明显的正

---

① 金碚：《产业组织经济学》，经济管理出版社 1999 年版，第 150 页。

相关，高资本—产出率（资本密集型）产业的产业集中度较高。例如，科林斯和普雷斯顿（N. R. Collins & L. E. Preston）的研究显示，美国制造业的厂商集中度（$CR4$）与该产业的平均资本—产出率有明显的相关性，即产业集中度越高的产业，其资本密集度（资本—产出率）也越高。有关研究还表明，资本密集度高（产业集中度高）的产业，其利润率调整到产业平均利润率所花的时间也更长，即资本密集度高（产业集中度高）的产业对市场需求变化的反应相对更慢，所以，资本密集度高（产业集中度高）的产业有可能在较长的时间内保持相对较高的经济利润。

总之，对于市场结构和市场绩效的关系，经济学家们长期以来已做过大量的研究，但其中许多问题尚未得到一致的结论，一些理论判断还属假说性质，对许多统计分析结果的理论解释也缺乏坚实的逻辑支撑。例如，最典型的一点，按传统产业组织理论，经济利润或超额利润越低的产业，市场绩效越高。那么，在进行产业分析时，我们真的可以用产业利润率的高低来衡量各产业的市场绩效吗？可以认为利润率低的产业比利润率高的产业绩效更高吗？这显然是不合理的。事实上，现实经济生活中产业的超额利润，除了来自市场的垄断地位，还来自企业家创新的收益和承担风险的报酬等，简单地从行业利润率的高低判定该行业的市场绩效显然是不可取的。

第三节　市场绩效的损失与改进

SCP 分析范式表明，厂商的行为会深刻影响市场绩效。本节将参考佩波尔等（2014）从垄断厂商定价与厂商间关系两个角度具体分析企业行为将如何影响社会总剩余，并分析可能的改善措施。

一、价格歧视与市场绩效

在三级价格歧视案例中，厂商在不同市场制定不同价格。这一行为将如何影响社会总剩余？对于这一问题的回答，首先需要确立对照标准，即考察实行统一定价时的社会总剩余，进而与价格歧视状态下的社会总剩余进行对比。

假设厂商面对两个需求弹性不同的市场，反需求曲线分别为 $P_1 = A_1 - B_1Q_1$，$P_2 = A_2 - B_2Q_2$，其中，$A_1 > A_2$。根据需求弹性的定义，市场 1 为低弹性市场，市场 2 为高弹性市场。假设厂商边际成本为 0。

首先，考察厂商在两个不同市场实行统一定价的情况，即不实行价格歧视。此时，厂商面对的市场总需求 $Q=Q_1+Q_2=\frac{A_1B_2+A_2B_1}{B_1B_2}-\frac{B_1+B_2}{B_1B_2}P$，对应的边际收益 $MR=\frac{A_1B_2+A_2B_1}{B_1+B_2}-2\frac{B_1B_2}{B_1+B_2}Q$。根据边际成本假设，此时厂商的总产量为 $Q^*=\frac{A_1B_2+A_2B_1}{2B_1B_2}$，市场价格 $P^*=\frac{A_1B_2+A_2B_1}{2(B_1+B_2)}$。

其次，考察采取价格歧视策略后的市场均衡。根据边际成本与边际收益相等的原则，容易计算出两个市场的价格与销量分别为：$Q_1=\frac{A_1}{2B_1}$、$P_1=\frac{A_1}{2}$；$Q_2=\frac{A_2}{2B_2}$、$P_2=\frac{A_2}{2}$。

对比统一定价与价格歧视两种情况可以得到以下结论：相比于统一定价，价格歧视时厂商在低弹性市场的产量下降，价格上升；在高弹性市场产量上升，价格下降（见图8－1）。然而，厂商的总产量并未发生变化，厂商在低弹性市场减少的产量与在高弹性市场增加的产量相等。

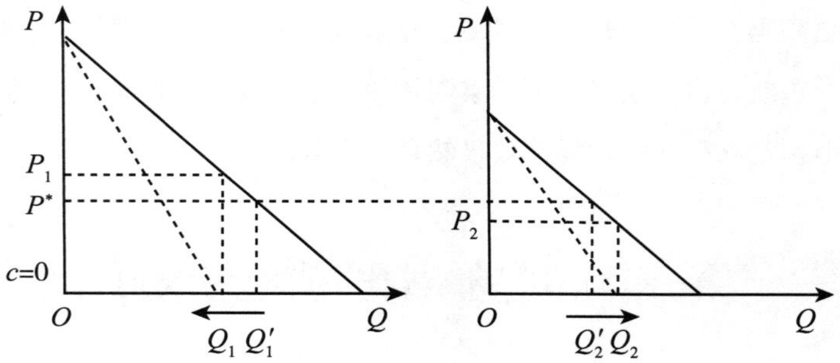

图8－1　价格歧视与福利损失

注：Q_1'和Q_2'为不存在价格歧视时相应市场的产量。

从社会整体福利的角度看，由于厂商在低弹性市场减少的产量与在高弹性市场增加的产量相等，低弹性市场的福利减少大于高弹性市场的福利增加（见图8－1）。换言之，三级价格歧视降低了市场效率。

模型背后的经济学含义也较为清晰：三级价格歧视中，厂商的盈利逻辑是在对产品需求更具有刚性的市场提升价格，提高利润率；而在弹性更大的市场降低价格，从而获得更大的需求量。其结果等价于将一部分原本在刚性市场的产量转移至弹性市场。由于刚性市场中消费者对于产品的评价更高，三级价格歧视意味着让对产品偏好更大的消费者少消费，而让对产品偏好相对低的消费者多消费。此时，虽然社会总供给量未变，市场效率却降低了。

价格歧视对于市场绩效的影响也可能存在有利的一面。当厂商对于市场的掌控能力不断提升，以至于能够实现一级价格歧视时，厂商最终能够实现市场绩效的社会最优。

在一级价格歧视中，厂商能够获得每个消费者的剩余。厂商将以每个消费者的保留价格向消费者提供产品，直至满足保留价格与边际成本相等的消费者的需求。此时，社会总剩余与完全竞争市场一致，即实现了社会福利的最大化。与完全竞争市场不同的是，一级价格歧视下，消费者剩余为0，而生产者获得了所有剩余。

其背后的经济学含义是：当厂商获得了绝对的市场能力，以至于能够获得所有市场剩余。此时，厂商就等同于社会计划者。厂商将尽一切可能实现市场效率的最大化，因为此时社会总剩余即是生产者剩余。

二、厂商纵向关系与市场绩效

本书在“纵向兼并”章节阐述了市场中存在垄断制造商与垄断零售商时，由于制造商与零售商分别进行了两次垄断定价，从而致使产品的最终市场价格甚至高于完全垄断市场的产品定价。其结果是产品需求量的减少以及整体市场效率的损失。这种损失被称为“二次边际化”损失（见图8－2）。

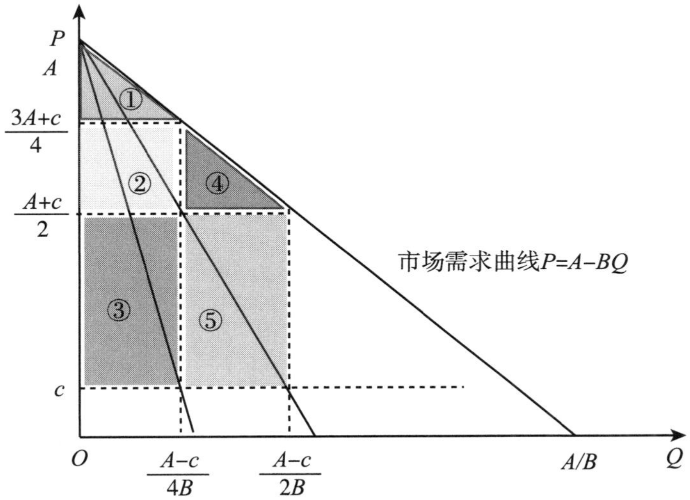

图8－2　二次边际化

从市场效率角度看，前文的分析表明，当上下游企业间不存在控制关系时，社会总剩余为：①（消费者剩余）＋②（零售商剩余）＋③（制造商剩余）。当实行纵向一体化后，生产者剩余扩大至③＋⑤，而消费者剩余扩大至①＋②＋④（见图8－2）。此时，各方剩余均得到提升，社会总剩余也得以提升，即纵向一体化优化了市场绩效。

除纵向一体化外，制造商与零售商之间的纵向协议也是提升市场效率的一种形式。

第一种纵向协议被称为“转售价格维持”，即上游制造商规定下游零售商的零售价格。当制造商以 $r=\frac{A+c}{2}$ 向下游零售商供货，并规定下游零售商的市场零售价格 $p=r=\frac{A+c}{2}$ 时，市场销售量为 $Q=\frac{A-c}{2B}$。此时，消费者剩余与纵向一体化一致，制造商获得所有生产者剩余（③+⑤），零售商盈亏平衡，市场整体效率达到纵向一体化时的水平。

第二种纵向协议为特许经营费协议，即零售商须提前支付特许经营费，从而获得制造商生产产品的销售权。制造商可收取③+⑤作为特许经营费，并以边际成本 c 向下游零售商供货。当零售商支付特许经营费后，该费用成为沉没成本，不再影响零售商后期决策。此时，零售商的边际成本为 c，其供给决策将与纵向一体化厂商一致，并获得生产者剩余③+⑤。上述分析表明，在各方剩余与市场效率方面，特许经营协议等价于“转售价格维持”。

综上所述，对于市场效率的判断不能简单地考察市场中企业的数量或是否存在价格限制，更应当具体考察市场运行的具体机制。

第九章

产业结构的划分与演变

产业之间的比例结构及其变动是现实经济活动在中观产业层面最为直观的表现，也是反映经济运行阶段和经济发展质量的重要指标。产业结构的演变有其内在的一般规律，历史上许多著名的经济学家针对产业结构的比例关系提出了一系列重要论述，这些学说构成支撑当代产业经济学科的核心理论，同时也是世界各国尤其是发展中国家制定产业政策的主要依据。本章将首先介绍产业的主要分类方法以及产业结构的划分方式，其次梳理产业结构演变规律的相关理论，最后总结产业结构演变的主要影响因素。

第一节　产业分类与产业结构

现实经济世界由复杂的产业构成，通过对产业进行划分与分类，一方面能够促进产业经济理论研究，另一方面为产业政策制定与国民经济宏观管理提供了必要的工具。实际上，无论是在联合国的统计分析报告中，还是在各国政府的经济规划和管理实践中，抑或是在以产业为对象的经济理论研究中，都可以看到有关产业划分的问题。本节将介绍通行的产业分类标准和产业结构的划分方式。

一、通行的产业分类标准

根据产业分类标准的适用范围，可以将其分为国际性通用产业分类标准、地区性产业分类标准以及国家产业分类标准，另外还有一些行业内通行的产业分类标准。本书选取了由联合国制定的国际产业标准分类（ISIC）、北美产业标准分类（NAICS）及中国国民经济行业分类标准等典型产业分类标准进行介绍。

（一）中国国民经济行业分类

1. 分类概况

中国国民经济行业分类是由中国国家统计局、中国标准化研究院负责起草制定的，符合我国行业分类要求的行业分类标准。其将国民经济行业划分为门类、大类、中类和小类四级；将我国全部经济活动共分为20个门类，每个门类下分若干大类，大类下分出中类，中类下再分小类。经济活动按四个层次，层层分解并按系统进行编码。

中国国民经济行业分类标准自发布以来，根据国民经济发展需要，经过了多次修改。历次版本包括GB/T 4754—1984、GB/T 4754—1994、GB/T 4754—2002、GB/T 4754—2011。2017年，我国出台了最新国民经济行业分类标准文件GB/T 4754—2017，由中华人民共和国国家质量监督检验检疫总局和中国国家标准化管理委员会发布。与GB/T 4754—2011标准相比，GB/T 4754—2017标准保留了GB/T 4754—2011标准的主要内容，门类划分保持不变，但对个别大类及若干中类、小类的条目、名称和范围做了调整。调整后，大类增加了1个，中类增加了41个，小类增加了287个。门类数仍为20个，大类由96个变为97个，中类由432个变为473个，小类由1094个变为1381个。

最新标准中20个门类分别是：A农林牧渔业；B采矿业；C制造业；D电力、热力、燃气及水生产和供应业；E建筑业；F批发和零售业；G交通运输、仓储和邮政业；H住宿和餐饮业；I信息传输、软件和信息技术服务业；J金融业；K房地产业；L租赁和商业服务业；M科学研究和技术服务业；N水利环境和公共设施管理业；O居民服务、修理和其他服务业；P教育；Q卫生和社会工作；R文化、体育和娱乐业；S公共管理、社会保障和社会组织；T国际组织。

根据GB/T 4754—2017，该标准适用于在统计、计划、财政、税收、工商等国家宏观管理中对经济活动的分类，并用于信息处理和信息交换。目前国内所使用的产业层面的统计数据都是基于这一分类体系。例如，国家统计局在发布2018年1~2月国民经济运行情况时，特别指出我国装备制造业、高技术产业保持了比较快的增长，一些新产品像工业机器人增长速度超过25%，新能源汽车增长速度超过178%，新动能支撑能力不断提升。统计标准的这种与时俱进，能够更准确地获取经济发展信息，从而更好地指导经济结构优化升级。

2. 行业划分原则

本标准采用经济活动的同质性原则划分国民经济行业。即每一个行业类别按照同一种经济活动的性质划分，而不是依据编制、会计制度或部门管理等划分。确定某一单位行业归属的原则是按照该单位的主要经济活动确定其行业性质。当该单位从事一种经济活动时，则按照该经济活动确定其所属的行业；当该单位从事两种以上的经济活动时，则按照主要活动确定该单位的行业。

3. 编码方法和代码结构

中国国民经济行业分类采用线分类法和分层次编码方法，将国民经济行业划分为门类、大类、中类和小类四级。代码由一位拉丁字母和四位阿拉伯数字组成。

门类代码用一位拉丁字母表示，即用字母 A、B、C…T 依次代表不同门类；大类代码用两位阿拉伯数字表示，打破门类界限，从 01 开始按顺序编码；中类代码用三位阿拉伯数字表示，前两位为大类代码，第三位为中类顺序代码；小类代码用四位阿拉伯数字表示，前三位为中类代码，第四位为小类顺序代码。

中类和小类根据需要设立带有“其他”字样的收容项。为了便于识别，原则上规定收容项的代码尾数为“9”。当大类、中类不再细分时，代码补“0”直至第四位（见图 9－1）。

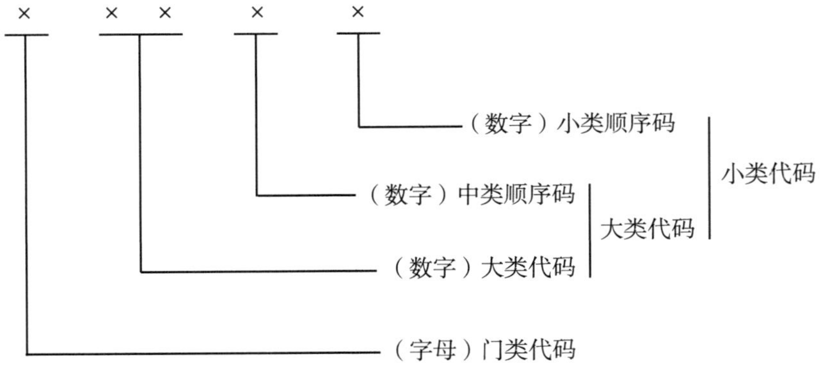

图 9－1　中国国民经济行业分类法

（二）国际标准产业分类

国际标准产业分类体系，全称“所有经济活动的国际标准行业分类”（indexes to the international standard industrial classification of all economic activities，ISIC），是联合国经济及社会理事会的统计委员会为统一世界各国或地区的国民经济统计口径而设计的，通过把产业分类标准化，从而提供产业结构研究的经济统计基础。ISIC 于 1948 年首次颁布，后于 1958 年、1968 年、1990 年、2002 年、2008 年历经五次修订，先后推出 ISIC1.0 版、

ISIC2.0 版、ISIC3.0 版、ISIC3.1 版、ISIC4.0 版，ISIC Rev.4[①] 为截至目前使用范围最广的产业分类标准。

国际标准产业分类 ISIC Rev.4 首先将全部经济活动分为 21 个大项，每一个大项下分出若干个中项，中项下分出小项，小项下再分细项。这样，经济活动按四个层次，层层分解，然后按系统进行编码，从而将全部经济活动分门别类地表示出来。

其中的 21 个大项分别是：A 农业、林业及渔业；B 采矿和采石；C 制造业；D 电、煤气、蒸汽和空调供应；E 供水，污水处理、废物管理和补救活动；F 建筑业；G 批发和零售业，汽车和摩托车的修理；H 运输和储存；I 食宿服务活动；J 信息和通信；K 金融和保险活动；L 房地产活动；M 专业、科学和技术活动；N 行政和辅助服务活动；O 公共管理与国防，强制性社会保障；P 教育；Q 人体健康和社会工作活动；R 艺术、娱乐和文娱活动；S 其他服务活动；T 家庭作为雇主的活动，家庭自用、未加区分的物品生产及服务的活动；U 国际组织和机构的活动。

标准产业分类法是目前国际上最为通行的产业分类标准，大多数国家都提供了本国产业分类标准与该产业标准的对照，为进行跨时期、跨国界的比较提供了极大的方便。例如，世界贸易组织（WTO）、世界银行（World Bank）、经济合作与发展组织（OECD）、欧盟投入产出数据库（WIOD）以及联合国商品贸易统计数据库（UN Comtrade）等发布的数据都基于该产业分类。

（三）北美产业分类

北美产业分类系统（north American industry classification system，NAICS）[②]，是由加拿大统计局、墨西哥国家地理统计局和美国管理和预算办公室经济分类政策委员会合作开发的行业分类系统。一方面，该系统是在“北美自由贸易协定”的背景下制定的，其目的是提供一个三国产业结构的共同定义和共同的统计框架，从而更好地对三个经济体进行分析；另一方面，伴随着北美信息服务业的快速发展、新的医疗保健形式出现、服务业以及高科技制造的扩展，原有标准产业分类体系已无法适应各国经济的快速变化发展，经济社会迫切需要对分类体系进行修改以反映不断变化的经济组成。在此大背景下，1997 年 4 月 9 日，美国预算管理办公室宣布使用北美产业分类体系 NAICS，大致每

---

① ISIC Rev.4 即 ISIC4.0 版。

② 加拿大以英文和法文作为官方语言，北美产业分类系统法文全称 Système de Classification des Industries de l'Amérique du Nord，简称 SCIAN；墨西哥以西班牙语作为官方语言，北美产业分类系统西班牙文全称 Sistema de Clasificación Industrial de América del Norte，简称 SCIAN。

五年修订一次①，以反映北美经济产业结构的变化。

NAICS 使用面向生产的概念框架，根据企业主要从事的活动进行行业划分，将使用类似原材料投入、类似资本设备和类似劳动力的企业归入同一行业。体系由 6 位阿拉伯数字组成，参与该协定的国家可保持该代码体系的前 5 位不变，其中前 2 位为部门代码，第 3 位为子部门代码，第 4 位为产业组代码，第 5 位为 NAICS 产业代码，第 6 位允许各国可根据自身的情况做适当调整②，美国、加拿大和墨西哥三个国家的前 5 位代码体系是完全相同的。

NAICS 使用六位数分级编码系统将所有经济活动分为 20 个行业部门。具体包括：11 农业、林业、狩猎业和渔业；21 采矿、采石和石油、天然气开采；22 公用事业；23 建筑业；31/32/33 制造业；42 批发贸易业；44/45 零售贸易业；48/49 大型旅客航空运输和所有铁路运输业；51 信息业；52 金融、保险业；53 房地产和租赁业；54 专业和技术服务业；55 公司和企业管理；56 行政和废物处理服务③；61 教育业；62 卫生保健和社会保障业；71 艺术、文娱演出和娱乐业；72 住宿和饮食服务业；81 其他服务（公共管理除外）；92 公共管理。此外，将未纳入上述 20 个行业部门的统一归入“99 其他未分类”。

根据联合国统计司（UNSD）发布的各国行业统计分类标准，目前该标准主要应用范围为美国、加拿大、墨西哥和波多黎各。根据联合国统计司（UNSD）发布的“NAICS（US）2017-ISIC Rev. 4，correspondences”代码匹配文件可将其与 ISIC Rev. 4 标准进行转换。

（四）中外产业分类标准对比

总的来看，无论是中国国民经济行业分类，还是美国、加拿大等国所使用的北美产业分类，都基于本国国情及行业特征而推行，其生命力在于能够准确地衡量本国或本区域的产业分类状况，从而更好地进行分类统计与管理并以此指导该国家或地区的产业发展。

从分类标准中可以看出中外产业发展中的一些差异。例如，以中美产业分类标准进行比较，为更好地适应信息服务业的快速发展，1997 年推出的第一版北美产业分类标准

---

① 截至书稿撰写时，美国版北美产业分类标准严格按照 5 年一修订，分别于 2002 年、2007 年、2012 年以及 2017 年进行了修订。

② 三国为适应各自国内情况对该分类有些许调整，目前美国最新版为“NAICS US 2017”，加拿大最新版为“NAICS Canada 2017 Version 2.0”，墨西哥最新版为“NAICS México 2013（in Spanish only）”。

③ 此处为“Administrative and Waste Services”直译。

中已经对互联网信息产业保持了充分的关注，定义了“514191-On-Line Information Services”①，即“线上信息服务”；而中国直到2002年，中国国民经济行业分类标准GB/T 4754—2002推行时，才第一次出现了“G信息传输、计算机服务和软件业”及该门类下的“6020互联网信息服务”，从时间点上看，中国国民经济行业分类标准晚于北美产业分类，从内容上看北美产业分类标准中的相关概念所明确包含的产业类型也更加丰富。又如，房地产业和租赁业务在中国国民经济行业分类标准中是分开的，即“K房地产业；L租赁和商业服务业”，其中房地产租赁经营业务归于“K房地产业”；而在北美产业分类标准中，两者归为一类，即“53房地产和租赁业”，一定程度上是因为美国住房租赁市场与销售性住房市场共同构成了美国住房业务主体②，倘若分开归类房地产租赁经营业务难以进行划分。

造成上述差异的根本原因是两国相关产业所处的发展阶段、所面临的发展环境以及所经历的发展过程不同，或者说，产业分类标准的差异本质上是由国家间产业发展的差异所决定的。

（五）其他产业分类标准

除了上述分类之外，还有很多区域性、行业性的产业分类标准。考虑到欧盟经济体在国际舞台上的重要地位，联系中国行业划分实践，接下来对欧盟产业分类标准及中国上市公司行业分类标准做简要介绍。

1. 欧盟产业分类标准

伴随着欧洲经济一体化，欧盟各国在产业分类上进行了标准化改革，推出了欧盟产业分类体系，英文全称“the statistical classification of economic activities in the European Community”，简称NACE③。NACE是在欧盟地区使用的行业标准分类系统，由欧盟统计局（Eurostat）负责管理。该分类体系派生于国际标准产业体系，是目前最有影响力的派生型产业分类体系之一。自1990年推出NACE Rev. 1以来，经过两次改版，于2002年推出NACE Rev. 1.1，2008年推出了最新版NACE Rev. 2。

作为“国际标准产业分类”的衍生分类，其各级类别与国际标准产业分类基本保持

---

① 根据1997年版的北美产业分类标准，“514191-On-Line Information Services”包括在线信息访问服务、互联网访问提供商、互联网服务提供商等业务活动。

② 20世纪80年代以来，廉价土地的供应以及以ABS、REITs为代表的金融工具创新使得美国的租赁性房产业务快速发展。

③ 简称源自法语“Nomenclature statistique des Activités économiques dans la Communauté Européenne”。

一致。其中，NACE Rev. 2 的第一级和第二级分类与国际标准行业分类 ISIC Rev. 4 完全相同；NACE Rev. 2 的第三级和第四级在国际标准产业分类 ISIC Rev. 4 的基础上进行了细分。该分类体系可以根据联合国统计司（UNSD）发布的“NACE Rev. 2-ISIC Rev. 4, correspondences”代码匹配文件与 ISIC Rev. 4 标准进行转换。

2. 中国证监会上市公司行业分类指引

为规范上市公司行业分类工作，中国证监会于 2001 年推出《上市公司行业分类指引》，并于 2012 年发布《上市公司行业分类指引》（2012 年修订）对其进行了修改，2012 年版指引自公布之日起施行。该指引以在中国境内证券交易所挂牌交易的上市公司为基本分类对象，适用于证券期货监管系统对上市公司行业分类信息进行统计、评价、分析及其他相关工作。各证券期货交易所、中国证券登记结算公司、中国证监会派出机构以及其他相关机构，向中国证监会报送统计数据所涉及的上市公司行业分类应符合该指引的规定。

该指引以上市公司营业收入等财务数据为主要分类标准和依据，所采用财务数据为经过会计师事务所审计并已公开披露的合并报表数据。当上市公司某类业务的营业收入比重大于或等于 50%，则将其划入该业务相对应的行业；当上市公司没有一类业务的营业收入比重大于或等于 50%，但某类业务的收入和利润均在所有业务中最高，而且均占到公司总收入和总利润的 30% 以上（包含 30%），则该公司归属该业务对应的行业类别；不能按照上述分类方法确定行业归属的，由上市公司行业分类专家委员会根据公司实际经营状况判断公司行业归属；归属不明确的，划为综合类。

该指引参照《国民经济行业分类》（GB/T4754—2011），将上市公司的经济活动分为门类、大类两级。与此对应，门类代码用一位拉丁字母表示，即用字母 A、B、C……依次代表不同门类；大类代码用两位阿拉伯数字表示，从 01 开始按顺序依次编码，共包括 19 个门类，90 个大类。

与国民经济行业分类 GB/T4754—2011 相比较，该分类前 18 个门类及其所含 89 个大类与国民经济行业分类保持一致，以“S 综合”门类及其所含大类“90 综合”替换掉国民经济行业分类中的“S 公共管理、社会保障和社会组织”和“T 国际组织”两大门类及其所含 7 个大类。总的来看，该行业分类在国民行业分类的基础上，将不具备上市可能性的行业进行了剔除，此外仅保留门类和大类两大层级，整体更为精简，更加契合中国上市公司行业管理需要，在金融实践及相关研究领域得到了广泛应用。

二、产业结构的划分方式

除了上述统计意义上的产业分类标准外，接下来将分别介绍经典的马克思两大部类产业分类法、农轻重产业分类法、三次产业分类法、霍夫曼产业分类法等产业结构划分方式。

1. 马克思两大部类产业分类法

两大部类分类思想由马克思在剖析资本主义社会再生产过程中提出并做了详细分析。马克思对资本主义社会物质生产领域的社会总产品形态进行了分析，根据不同产品在社会再生产过程中的不同作用，从实物形态上把社会总产品分为第Ⅰ部类的生产资料生产和第Ⅱ部类的消费资料生产，前者是指生产各类生产资料的部门，后者是指生产各类消费资料的部门。

根据两大部类分类法，为了顺利进行社会再生产，一方面，要求生产过程中所耗费的资本在价值上得到补偿；另一方面，要求生产过程中所耗费的生产资料和消费资料得到实物的替换。生产资料的生产既要满足本部类在生产过程中对消耗掉的生产资料的补偿，也要满足两大部类扩大再生产后对追加的生产资料的需求。只有两大部类的生产在规模和结构上保持一定的比例，才能正常实现价值补偿和实物替换，社会再生产才能顺利进行。

两大部类分类法的思想是对社会再生产过程的高度概括和科学抽象，马克思考察了资本主义简单再生产与扩大再生产的条件，从而揭示了剩余价值的秘密。也正是因为如此，它很难成为一种实用的分类方法，由于这一方法不将非物质生产部门包括进去，因此在进行一国产业结构划分实践过程中具有不完整性和局限性。但不可否认的是，直到今天，马克思的两大部类产业分类法对于指导经济运行本质规律的研究仍具有重大意义。

2. 农、轻、重产业分类法

农、轻、重产业划分的思想和方法，是部分国家曾经一度沿用的产业分类法。这种产业划分的方法在理论上是依据了马克思等古典经济学家关于生产劳动和非生产劳动划分的思想，实践上则是苏联物质产品管理和统计体系的衍生物。

在该分类法中，农、轻、重分别指农业、轻工业和重工业。其中农业包括种植业、畜牧业、林业和渔业等；轻工业包括食品、饮料、纺织、服装、印刷、家具、制革等工业部门；重工业包括冶炼、钢铁、煤炭、电力石油、化工、机械等工业部门。

农、轻、重产业分类法中尤其强调物质产品生产在社会经济发展中的基础地位，即使是在服务经济逐渐占据主导的今天也仍然是有很强指导意义的。尽管伴随着经济的发展和科技的进步，物质产品生产部门在国民经济构成中所占的比重逐步下降，但物质产品生产的经济性质并未根本改变。同时，农、轻、重的产业分类法反映并指导了世界上许多国家的经济进步过程，推进了这些国家的工业化进程。目前世界上成功跨越中等收入陷阱的国家都在一定程度上经历了农、轻、重产业的梯次发展过程，而拉美等落入中等收入陷阱的国家一个共同之处就是忽视了国内工业体系的发展，因此，农、轻、重产业分类法至今仍是指导落后国家组织和推进经济发展的重要工具。

然而，农、轻、重产业分类法也有着明显的局限性。总的来说，它具有体系上的不完备性和统计上的不准确性，而且也缺乏在不同经济发展阶段或不同经济发展水平国家之间的普遍适用性。具体地说，一方面，由于农、轻、重产业划分并没有将社会生产部门都包括进去，这样，随着经济的进步和服务业的发展，它越来越不反映国民经济的全貌；另一方面，后发展起来的许多生产部门越来越难以简单地将其划入农业、轻工业或重工业之中，从而制约了其现实应用性。

3. 三次产业分类法

三次产业分类法是产业结构研究中最重要的分类法之一。它不仅是一种方法，也是一种理论。经济学界普遍认为，英国经济学家、新西兰奥塔哥大学教授费希尔（A. G. D. Fisher）和另一名英国经济学家克拉克（C. Clark）是“三次产业”分类法的创始人。

一般认为，“三次产业”分类法就是把全部经济活动划分为三类：第一产业（primary industry），包括农业、畜牧业、游牧业、狩猎业、渔业和林业等；第二产业（secondary industry），包括采矿业，制造业，电力、热力、燃气及水生产和供应业，建筑业等；第三产业（tertiary industry），包括商业、金融、饮食等公共服务，以及科学、卫生、教育、政府等公共行政事业与其他公益事业等。按照中国国民经济行业分类，上述第一、第二产业外的其他产业均被列入第三产业。可以说，第一产业指广义的农业，第二产业指广义的工业，第三产业指广义的服务业。

三次产业分类法是目前产业结构理论研究中最重要的分类法之一，该方法为认识和划分社会经济活动提供了一种富有价值的思路，同时也为经济统计和管理工作提供了现实可行的方法。三次产业分类法的不足一方面在于其产业划分是比较粗线条的，另一方面在于这种分类本身也存在一定的局限，例如，在其理论基础方面，社会再生产过程被描述得过分笼统和简单；在具体划分现实的经济活动上，尚存在不少难以自圆其说的矛盾；第三产业的内容过于庞杂，把性质上相距甚远的部门行业混杂在一起，难以分析第三产业的变化实质等。随着经济社会的快速发展，服务业所占比重越来越高，信息技术冲击下产业融合的趋势不断加强，三次产业的界限日渐模糊，三次产业分类对于一些新的经济现象和新的产业业态的解释能力凸显不足。

4. 霍夫曼产业分类法

霍夫曼产业分类法，是由德国经济学家霍夫曼在对工业化过程进行分析和考察时运用的产业分类法。为了更好地研究工业化及其发展进程，霍夫曼把产业分为三种类型，即消费资料工业、资本资料工业和其他工业。

（1）消费资料工业，包括食品工业、纺织工业、皮革工业、家具制造业等。

（2）资本资料工业，包括冶金及金属制品工业、运输机械工业、一般机械工业、化学工业等。

（3）其他工业，包括橡胶、木材加工、造纸、印刷等工业。

此外，霍夫曼针对某工业产品既属于消费资料又属于资本资料的情况，提出了“75%”的分类原则，即某工业产品75%以上用于消费资料时，将该工业归入消费资料工业，75%以上用于资本资料时，将该工业归入资本资料工业，上述两条均不满足时归入其他工业。

根据该分类方法，霍夫曼提出了著名的“霍夫曼比例”或“霍夫曼系数”，即消费资料工业净产值和资本资料工业净产值的比例，以此衡量一个国家工业化的发展阶段，并在此基础上提出了著名的“霍夫曼定律”。

5. 钱纳里—泰勒分类法

钱纳里—泰勒分类法由美国经济学家钱纳里和泰勒于1968年提出，将不同经济发展时期对经济发展起主要作用的制造业部门划分为初期产业、中期产业和后期产业，旨在考察生产规模较大和经济比较发达的国家的制造业内部结构的转换和原因。

根据该分类方法，初期产业包括食品、皮革、纺织等部门，该产业是一国经济发展初期起主要作用的制造业部门，其产品主要用于满足基本生活需求，具有最终产品性质，且需求的收入弹性低，生产技术简单；中期产业包括非金属矿产品、橡胶制品、木材和木材制品、石油化工、煤炭制品等，该产业是一国经济发展中期起主要作用的制造业部门，其产品既包括中间产品，又包括最终产品，产品需求收入弹性高，增长较快；后期产业包括印刷出版、粗钢、纸制品、金属制品、机械制造等部门，该产业是一国经济发展后期起主要作用的制造业部门，其产品需求收入弹性高，产业关联效应强，增速超过GDP增速。

这种产业分类方法考察了生产规模较大和经济比较发达的国家制造业内部结构的转换和原因，对于一国经济发展过程中的产业选择与产业结构调整具有一定的指导意义，尤其对于发展中国家，有利于政府按照不同阶段推进本国产业发展。

6. 要素集约度分类法

要素集约度分类法，即按生产要素密集程度将产业划分为劳动密集型产业、资本密集型产业、技术密集型产业和知识密集型产业。劳动密集型产业（labor-intensive industry）是指在生产活动中对劳动力要素依赖程度较高的产业；资本密集型产业（capital-intensive industry）是指在生产活动中对资金要素依赖程度较高的产业；技术密集型产业（technology-intensive industry）和知识密集型产业（knowledge-intensive industry）是指在生产活动中对技术和知识要素依赖程度较高的产业，在相关的研究实践中也常常将两者等同起来。

需要指出的是，劳动密集型产业、资本密集型产业和技术密集型产业是一个相对范畴，在不同的社会经济发展阶段上有不同的标准。产业升级并不意味着由资本密集型产业、技术密集型产业完全替代劳动密集型产业，产业的选择需要综合考虑一个国家的资源禀赋、发展阶段、空间特征等因素，并在此基础上对不同类型产业进行分类引导。

7. 其他产业结构划分方式

在近年来产业经济相关的研究文献和政策实践中，还有一些从产业发展的最新动态和基于不同的分析目的所提出的产业划分方式。

产业发展阶段分类法：按照产业发展所处的不同阶段将产业划分为幼稚产业、新兴产业、成长产业、朝阳产业、夕阳产业、恒星产业、衰退产业等。与之相通的分类方法是产业生命周期分类法，将产业划分为初创期（幼稚期）、成长期、成熟期和衰退期四个阶段。该类产业分类方法对于一国或地区产业选择及产业结构调整提供了一个选择角度，但在实践中面临着可操作性难题，即难以准确判断特定产业在特定时点所处的阶段或周期。

四次产业分类法：在原有三次产业的基础上，增加一项产业即第四产业（信息产业）的产业分类法。① 该产业分类重点关注了信息技术产业，更加贴合经济社会发展实际，是对前述三次产业分类方法的改进，但是目前来看也同样面临着粗线条、现实解释力差等局限性。

投入结构分类法：国内有关学者基于要素来源即投入结构，提出了新型产业分类体系，将产业划分为创意产业、服务产业、物质产业和生态产业。通过这种划分方式，能

---

① ［美］波拉特：《信息经济论》，李必祥译，湖南人民出版社1987年版，第34页。

够更好地把握要素投入对于产业生存和发展的约束，有助于政策制定者及产业投资者更好地进行区域产业定位。

基于国家战略发展目标的产业划分。《“十三五”国家战略性新兴产业发展规划》中指出，战略性新兴产业代表新一轮科技革命和产业变革的方向，是培育发展新动能、获取未来竞争新优势的关键领域。战略性新兴产业划分随着经济发展不断进行动态调整，如“十二五”期间战略性新兴产业是指节能环保、新一代信息技术、生物、高端装备制造、新能源、新材料和新能源汽车等产业，“十三五”期间调整了战略性新兴产业的内涵，包括信息技术产业，高端装备与新材料产业，生物产业，新能源汽车、新能源和节能环保产业，数字创意产业，还包括空天海洋、信息网络、生命科学、核技术等核心领域的战略性产业①等，更好地契合了中国于2015年提出的《中国制造2025》发展目标。

此外，为更好贴合社会经济发展目标而制定相关产业分类标准时，可以结合基本的产业分类逻辑进行创新。例如，南开大学产业经济研究所根据地区实际产业发展规划，采取注重产业融合的组合式产业结构划分方法，创新性地将产业分为平台产业、产城融合性产业、创新产业与生态产业。虽然没有按照传统的国民经济行业分类进行划分，但对于地方经济社会发展而言更具实际指导意义。

总之，从某种意义上说，各种不同的产业分类法的产生，都有一定的理论价值或实践意义。但同时，每一种具体的产业分类方法也都存在一定的局限性和特殊的适用范围。

第二节　产业结构的演变规律

随着社会经济的不断发展，产业结构处于一个不断演变的过程。一方面，社会经济的发展推动了产业结构的优化升级；另一方面，产业结构的演变反过来促进了社会经济的发展，研究和揭示产业结构的演变规律是产业结构理论的重要任务之一。

一、经济增长理论与产业结构

（一）现代经济增长——总量与结构

对于现代经济增长的解释，存在着两种不同的观点：新古典主义的观点和结构主义

① 参见《中华人民共和国国民经济和社会发展第十三个五年规划纲要》。

的观点。新古典主义认为：国民生产总值的增长是资本积累、劳动力增加和技术变化长期作用的结果。而这一结果是在竞争均衡的假设条件下产生的。在那里“需求变化和部门间的资源流动被认为是相对不重要的，因为所有部门的劳动和资本都能带来相同的边际收益”。另一种与新古典主义相对立的观点是结构主义经济学家所持有的，例如，钱纳里认为，“经济增长是生产结构转变的一个方面，生产结构的变化适应需求的变化，能够更有效地对技术加以利用。在预见力不足和要素流动有限制的条件下，生产要素的部门转移能够加速经济增长。”

总体上看，经济增长的结构主义观点越来越被社会各方所认同。但是，对于如何分析和研究这一内在联系，其方法却大相径庭。有些人从经济总量的角度出发，把产业结构置于总量框架之内，从总量的变化过程来研究产业结构的变化趋势；有些人则从部门的角度出发，强调部门结构变化对经济总量增长的作用，从部门的变化过程来分析经济总量的变动规律。针对这两种分析角度和研究方法的区别，许多经济学家曾经展开过激烈的争论，库兹涅茨和罗斯托是其中的代表人物，库兹涅茨的观点属于前者，而罗斯托的观点则属于后者。

1. 库兹涅茨经济增长理论

库兹涅茨提出，人均产值及社会生产率的快速提高和生产结构的快速变换之间存在密切联系。人均产值和社会生产率的快速提高是由新知识和技术革新的大规模应用导致的，新知识和技术革新的大规模应用和人均产值及社会生产率的快速提高共同导致了生产结构的快速变换。简言之，经济增长带动了产业结构变化。库兹涅茨从三个方面回答了经济增长与产业结构变化之间的关系。

第一，在社会生产率不断提高的过程中，应该注重满足消费者需求的先后顺序，基于对消费者的需求结构的充分考虑选择适当的生产结构。即与人类生理特征有关的需求等级的先后次序决定着生产结构的变化。例如，在经济处于相对落后的阶段，农业部门占据极大比重，反映了在低生产力的情况下食物需求的优先性。在人均产值不断上升时，对食物的需求可以得到相当充分的满足，便带动了生产结构的改变，从而实现工业化。

第二，各国经济增长并不同步。一方面，各国经济增长的起步期及增速各不相同；另一方面直到现在只有较少的国家实现了经济水平的提高，这意味着全球经济发展的差距实际上处于不断扩大之中。在此背景下，各国产品比较优势处于不断变化当中，进而导致参与国际贸易的国家的进出口结构处于不断变化当中。

第三，人均产值和社会生产率的快速提高是由新知识和技术革新的大规模应用导致的。由于技术革新首先应用于个别行业，那些在一定时期内增长更快的工业部门通常是因为它们处于当时技术革新的中心。因此，伴随着技术革新带来的经济增长，产业结构也发生了变化。

2. 罗斯托经济增长理论

美国经济学家罗斯托认为，古典式理论是在基本静态的假定下形成的，他们把与经济增长过程密切相关的变量固定不变，或者只允许一次性变化，又或者倾向于以严格和一般的形式把动态变量引入理论之中，以至于他们的模型不能像经济史学家那样抓住经济增长的本质现象。

罗斯托提出的经济增长理论，其核心是罗斯托起飞模型，又称作“罗斯托模型”或“罗斯托经济成长阶段论”，是经济发展的历史模型。该模型认为经济增长有六个基本阶段：传统社会阶段、起飞准备阶段、起飞阶段、走向成熟阶段、大众高消费阶段、追求生活质量阶段。罗斯托认为，一国经济的增长由各部门不同的增长率所带动，可以将各个经济部门划分为三类——主要增长部门、补充性增长部门和派生性增长部门。其中，主要增长部门，即主导产业，通过技术创新及使用新资源，实现高增长率并带动其他部门扩张；在主要增长部门的带动下，补充性增长部门快速发展；派生性增长部门的发展与总收入、人口等总量变量有相对稳定的关系，与主要增长部门的快速发展没有直接关系。

任何阶段的经济增长都是主导产业发展的结果，主导产业部门的扩张具有重要的外部经济效应和其他间接效应。经济增长就是通过不同主导产业部门不断重复起飞阶段的经验而进行的，即现代经济增长是主导产业经济部门依次更替的结果。

基于上述认识，罗斯托提出了产业扩散效应理论和主导产业的选择基准，即“罗斯托基准”。他认为，应该选择具有较强扩散效应（前瞻、回顾、旁侧）的产业作为主导产业，将主导产业的产业优势辐射传递到产业关联链上的各产业中，以带动整个产业结构的升级，促进经济发展。

“前瞻效应”是指主导产业能够诱发新的经济活动或派生新的产业部门，即对新产业、新技术、新原料和新能源的出现产生的诱导作用。例如，随着计算机硬软件技术的快速发展，派生出了诸如安全、社交等应用场景，催生了一众互联网巨头的诞生。

“回顾效应”是指主导部门的增长对那些向自己供应投入品的供应部门产生的影响。主导部门在处于高速增长阶段时，会对原材料和机器设备等投入品产生新的投入需求，这些投入可能是物质，也可能是人力。例如，随着中国基础设施的快速发展，促进了我国大型工程机械制造业的发展，并在更加广泛的领域促进了大型装备技术的升级；与此同时，打造出一支高水平的新兴工程技术及管理人员队伍。

“旁侧效应”是指主导产业的兴起会影响当地经济和社会发展，包括制度建设、国民经济结构、基础设施、人口素质等。例如，20 世纪钢铁产业集聚带动周边相关服务业及城市基础设施的发展，由此诞生了一批“钢铁城市”。

总的来看，新古典经济学家，从远离现实的假定，即“生产要素具有相同的边际收益”，得出否定结构转变对经济增长作用的观点。即使他们的假定在逻辑上能够成立，但却与现实仍存在巨大的差距，现实中各部门生产要素的边际收益往往不尽相同。结构主义经济学家认为，离开了对现代经济增长中产业经济结构的分析，就不能解释经济增长发生的原因。该理论的缺陷在于过于强调价格体系作为促进增长的均衡机制的失败，因此否认了市场机制的作用，忽视了竞争存在的意义。

实际上，经济增长与结构变动是不可偏废的，即两者不可能单方面地实现。尽管在理论上还有许多争论和分歧，但各国经济发展的历史与实践证明，经济增长与结构转变之间有着稳定的内在联系。这是因为经济增长意味着商品和供给的增加，也意味着收入量的增长。而伴随着收入的增长，必然带来消费结构乃至社会需求结构的变动，也必然要求社会的生产结构或产业结构进行相应的变动与调整。否则就会出现生产结构或产业结构与需求结构的偏离和脱节，从而使经济增长因缺乏需求基础而无法持续下去。同样，结构变动也需要经济增长的支持与配合。在没有经济增长的情况下，收入水平保持不变，因此消费结构和需求结构并不发生变化，此时的结构调整与变化就会因缺乏需求结构变化的作用而无法进行。

（二）产业结构变化对经济增长的影响

改革开放以来中国经济总量持续快速增长，如今经济总量已位居世界第二位。但是由于过度依赖于固定资产投资和低附加值产品出口来维持经济增长，高能耗、高污染、高排放产业在产业结构中占据过高比重，经济增长的潜力受到资源与环境的制约。自 2015 年开始，中央提出供给侧结构性改革，旨在调整经济结构，使要素实现最优配置，提升经济增长的质量和数量。产业结构的优化升级，是推动中国经济高质量增长所面临的重要问题之一，产业结构变化对经济增长的重要影响和作用，表现在以下六个方面。

（1）产业结构是决定经济增长的重要因素之一。产业结构对经济发展具有双重作用：不合理的产业结构使得比例失调、资源浪费，会严重妨碍经济的发展；优化的产业结构则会极大地推动经济的发展。优化的产业结构，意味着产业的比例协调、技术先进、发展层次高，能够实现产业对资源的优化配置和高效利用，能够改善供给、增加有效供给、创造新的需求，带来经济快速、协调、高效发展。在要素层面，资本、劳动力等要素投入的产出效益很大程度上取决于要素的组合方式，而技术创新往往在某些部门率先出现，然后通过结构关联效应不断扩散，带动其他部门生产效率的提高，加上技术创新的中心不断转移，各要素的投入产出效益随之提高，经济总量随之增长。

（2）产业结构的改进是经济协调和持续发展的必要条件。经济发展要协调，产业结构必须合理，数量比例必须恰当，投入产出关系必须均衡，社会再生产的实现条件必须满足。否则，必然是比例失调、结构失衡、短缺和积压并存，势必影响到社会再生产协调和持续进行。经济发展要持续，产业结构必须不断优化升级，必须发展环保产业、知识密集型产业，发展节约、保护、高效利用资源的产业。否则，必然导致环境污染、资源破坏、生态失衡，根本不可能实现可持续发展。

（3）产业结构的变动会对经济增长产生深刻影响。一方面，产业结构升级带动社会总产量的提高；另一方面，产业结构的升级会对经济发展质量产生直接影响。伴随着产业结构的升级优化，人类开发和利用资源的合理化程度不断提高，经济社会发展质量不断提高。

（4）产业结构的状况是经济效益高低的决定性因素。产业结构是决定资源在产业之间能否优化配置、高效利用的关键性因素。宏观资源的优化配置主要体现为资源在产业之间的优化配置。产业结构优化带来的经济效益不仅是决定宏观经济效益的重要因素，而且具有超越个体企业效益的整体意义。

（5）对于后发国家而言，推动实现产业结构优化升级是跨越中等收入陷阱的必由之路。发展中国家在经济发展过程中面临重重阻力，从落后国家进入中等收入国家以后很可能失去发展动力，陷入长期经济停滞。而产业结构失衡是导致一国落入中等收入陷阱的原因之一。平稳跨越中等收入陷阱，必须推动产业结构优化升级。

（6）产业结构安全关系到国家社会经济系统安全，是维持国家经济持续增长、社会长治久安的基本要求。随着世界经济全球化与区域经济一体化的不断推进，一国产业结构会伴随着国际间要素流动进行调整，在此过程中，保证特定产业的生存和发展不受威胁、掌握核心技术、提高发展层次，保证一国产业结构的整体安全，使一国产业部门处于相互适应、协调发展、持续增长的状态，支柱产业和战略产业由本国资本控制且具有较强的国际竞争力，也具有重要意义。

总而言之，产业结构是过去经济发展的产物，又是未来经济发展的基础、动力和关键因素，产业结构与经济发展更多是互为条件、互为因果。

二、产业结构演变的一般规律

将一国产业划分为农业、工业、服务业，通过观察各产业增加值占 GDP 比重的变化可以发现，产业结构演变存在着农业增加值占比逐渐减少，工业增加值先增加后减少，服务业增加值不断增加的一般规律。从全球范围来看，以英国、美国为代表的发达国家，经历了较为完整的产业结构变迁，以“二战”后日本、韩国为代表的新兴工业国家也基本经历了各阶段的产业结构演变过程。本部分将结合上述国家相关数据简要阐述产业结构演变的一般规律，并结合中国、印度两大发展中国家产业结构演变现状作对比分析。

如图 9－2、图 9－3 所示，发达国家英国和美国自“二战”以来农业占比不足 10% 且持续下降，目前已不足 1%；工业占比亦呈现出逐步下降趋势，目前仅占 GDP 比重 20% 左右；与之相对应，服务业占 GDP 比重持续上升，已达到 80% 左右，产业结构演变规律表现突出。

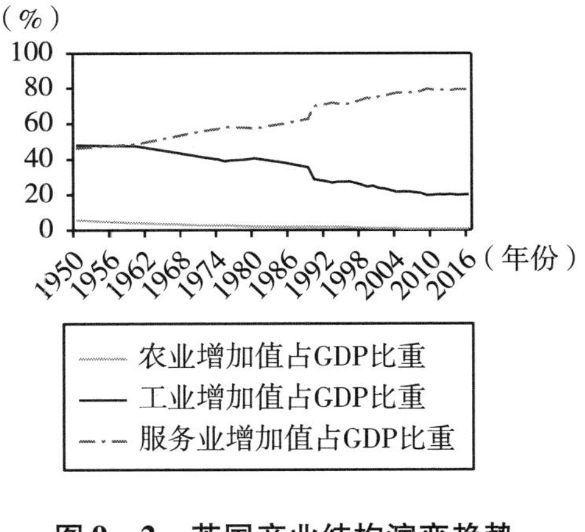

图 9－2　英国产业结构演变趋势

资料来源：Wind 数据库。

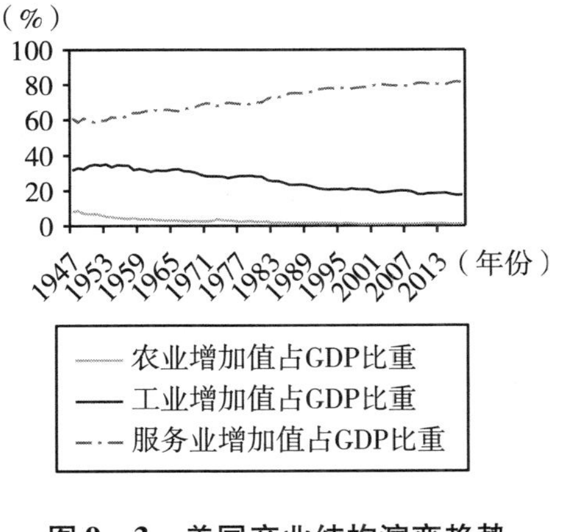

图 9－3　美国产业结构演变趋势

资料来源：Wind 数据库。

如图 9－4、图 9－5 所示，日本和韩国在农业领域亦表现出持续下降趋势，农业增加值占 GDP 比重均已下降至 3% 以下；与英国、美国不同的是，两国工业增加值占比仍保持在 30%～40%，其中日本已呈现出长期下降趋势，而韩国仍处于工业增加值占比增长后的“横盘”阶段。从这个角度看，日本的产业结构演变领先于韩国；两国服务业均呈现出长期上升趋势，服务业增加值占比达 60%～70%，与英国、美国相比仍有差距。

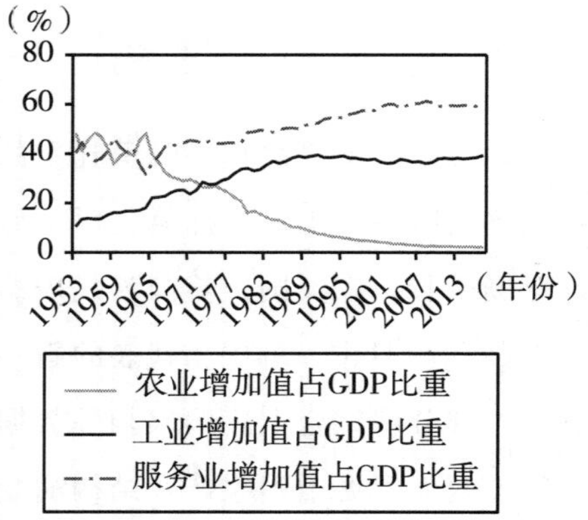

图 9－4　韩国产业结构演变趋势

资料来源：Wind 数据库。

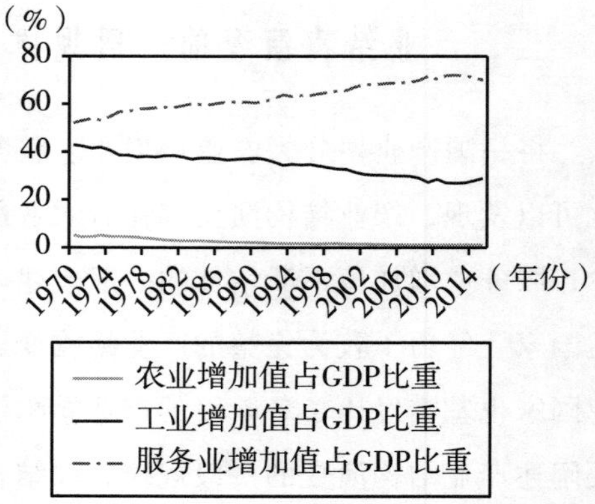

图 9－5　日本产业结构演变趋势

资料来源：Wind 数据库。

如图 9－6、图 9－7 所示，就中国和印度两大发展中国家而言，两国农业增加值占比均呈现出长期下降趋势，中国农业增加值占比已下降至 10% 左右，印度农业增加值占比已下降至 20% 左右；两国工业增加值占比在经历自 20 世纪 60 年代以来长达半个世纪的增长趋势后，相比较中国工业增加值占比一度接近 50% 而言，印度工业增加值占比长期在 30% 左右波动，2010 年以来两国工业增加值占比已经呈现出下降趋势，到 2015 年中国工业增加值 GDP 占比已跌破 40%，印度已跌破 30%；两国服务业增加值占比均呈现出长期增长趋势，均已突破 50%。

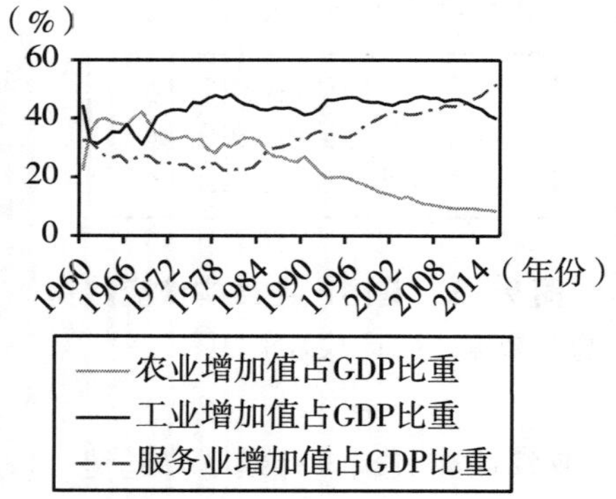

图 9－6　中国产业结构演变趋势

资料来源：Wind 数据库。

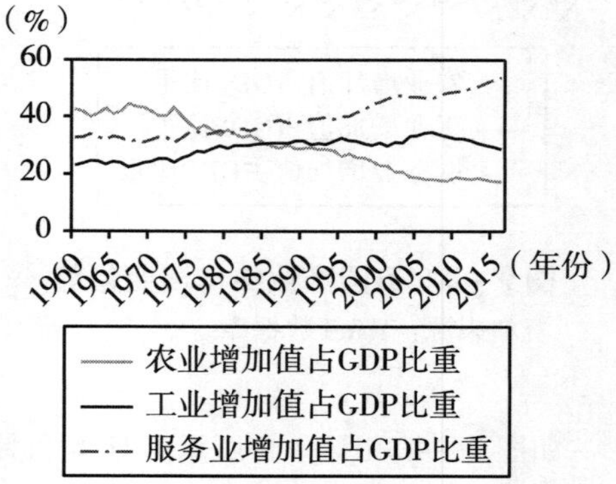

图 9－7　印度产业结构演变趋势

资料来源：Wind 数据库。

三、产业结构演变的主要理论

（一）两大部类产业结构演变理论

两大部类分类思想由马克思在剖析资本主义社会再生产过程中提出并作了详细分析。该分类方法清楚地说明了社会再生产的实现条件，是研究产业结构演变规律的经典理论之一。

1. 马克思的产业协调发展理论

马克思认为，在社会化大生产条件下，国民经济中存在着许多产业部门，各产业部门只有配置必要的生产资料和劳动力，才能进行生产，而且生产资源只有按一定比例恰当配置，才能使得各产业部门的产品正好能满足本部门和其他部门生产和生活的需要。只有这样，产业和产业之间的关系才能协调，才能在产业层次上优化资源配置，社会再生产才能顺利进行，国民经济才能协调高效发展。国民经济的各产业部门都要保持一定的比例关系，是马克思社会资本再生产理论揭示的社会化大生产的客观必然性，是产业结构变动的普遍规律之一。

2. 列宁的生产资料优先增长理论

在马克思关于社会再生产的规律性研究基础之上，列宁在研究资本有机构成变化对社会再生产的影响时，深入分析了物质生产两大部类之间的相互关系和变动趋势，明确提出了“生产资料生产优先增长”的结论。列宁指出：“资本发展的规律就是不变资本比可变资本增长得快，也就是说，新形成的资本越来越多地转入制造生产资料的社会经济部门。因此，这一部门必然比制造消费品的那个部门增长得快。”① “这样我们看到，增长最快的是制造生产资料的生产资料生产，其次是制造消费资料的生产资料生产，最慢的是消费资料生产。”②

生产资料生产的优先增长，并不意味着生产资料的生产可以脱离消费资料的生产而孤立地、片面地发展。因为，生产资料的生产归根到底还是为了以更多的技术设备和原材料去供应消费资料的生产部门，以满足这些部门的生产需要。生产生产资料的各个部门，总是要通过直接或间接的交换和生产消费资料的各个部门发生联系，生产资料生产的发展终究要依赖消费资料生产的发展。这也是两大部类增长规律研究的缺陷所在。

---

① 《列宁全集》（第 2 卷），人民出版社 1961 年版，第 126 页。
② 《列宁全集》（第 1 卷），人民出版社 1961 年版，第 66 页。

在社会生产实践过程中，两大部类产业结构演变理论提供了一种从生产力分配看待经济社会发展的视角，揭示了两大部类产业结构变动的普遍规律，对于理解社会再生产及在此基础上的产业结构变动具有重要意义。

（二）配第—克拉克定理

早在17世纪，配第第一次发现了世界各国的国民收入水平的差异及其形成的不同的经济发展阶段，其关键在于产业结构的不同。他通过进一步考察后得出结论：比起农业来，工业的收入多；而商业的收入又比工业多，即工业比农业、商业比工业的附加价值高。后来，克拉克重新发现和研究了产业结构的演进趋势，得出了产业结构演进的规律性结论。

配第和克拉克的研究结论是：随着经济的发展，即随着全社会人均国民收入水平的提高，劳动力首先由第一产业向第二产业转移；当人均国民收入水平进一步提高时，劳动力便大量向第三产业转移；劳动力在产业间的分布状况，在第一产业将减少，在第二产业、第三产业将增加。人们称这种由人均收入变化引起产业结构变化的规律为“配第—克拉克定理”。

配第—克拉克定理比较直观、简洁地阐述了三大产业之间的变迁规律，有利于我们快速建立起对产业结构变迁规律的基本认知。需要注意的是，尽管劳动力大量向第三产业转移，但是并不能据此忽视了第一、第二产业的相对重要性。此外，随着技术不断进步和商业模式不断创新，三次产业之间的边界变得模糊，该理论在现代经济社会实践过程中存在着适用性问题。

（三）库兹涅茨经济增长理论

素有“GNP之父”之称的库兹涅茨（Kuznets）在继承配第和克拉克等研究成果的基础上，仔细地挖掘了各国的历史资料。他利用现代经济统计体系，对产业结构变动与经济发展的关系进行了较为深入的考察。他依据人均国内生产总值份额基准，考察了总产值变动和就业人口结构变动的规律，揭示了产业结构变动的总方向，从而进一步证明了配第—克拉克定理。

库兹涅茨基于对经济增长长期趋势的观察得出以下四个结论①。

（1）发达国家在进入现代经济增长以前，其农业部门的初始份额是相当高的。大部

① ［美］库兹涅茨：《各国的经济增长》，常勋等译，商务印书馆1985年版，第344～355页。

分情况都在 50%～65% 之间。

（2）所有国家劳动力的农业部门份额都在下降，大多数国家在发展过程中其下降比例都相当大。

（3）所有发达国家以及那些农业部门劳动力份额显著降低，欠发达国家工业和服务业部门的劳动力份额都出现上升。

（4）劳动力在服务业部门份额上升的情况十分普遍。这与总产值中服务业部门份额没有持续性上升形成对照。

库兹涅茨基于上述发现，提出三次产业劳动力和国民收入份额的变化规律，这一规律被称为“库兹涅茨法则”。这一规律的主要内容是：第一，农业部门（第一产业）实现的国民收入的比重，随着年代的延续，在整个国民收入中的比重同农业劳动力在全部劳动力中的比重一样，处于不断下降之中；第二，工业部门（第二产业）的国民收入的相对比重大体来看是上升的，然而，工业部门劳动力的相对比重，将各国的情况综合起来看是大体不变或略有上升；第三，服务部门（第三产业）的劳动力相对比重，几乎在所有的国家里都是上升的。但是，国民收入的相对比重却未必和劳动力的相对比重的上升是同步的，总体来看呈略有上升的趋势。

（四）罗斯托主导产业转化理论

罗斯托（Rostow）通过长期研究首先提出了主导产业转化规律：在不同的经济发展过程中，有特定的主导产业在支配着经济的运行，主导产业的种类决定了产业结构的主要类型和产业结构变化的规律。

按照主导产业的特点，国内外学者总结了产业结构演变的一般规律。[①]

第一阶段是以农业为主导的阶段：农业比重占有绝对地位，第二产业、第三产业的发展均很有限，产业结构的变动速度慢，产业结构保持相对稳定状态。

第二阶段是以轻纺工业为主导的阶段：轻纺工业由于需求拉动大、技术要求简单、从第一产业分离出来的劳动力低廉等有利因素得到较快发展；第一产业的发展速度有所下降，地区有所削弱；重化工业和第三产业的发展速度较慢，这时轻纺工业取代农业成为主导产业，产业结构出现一定的变化。

第三阶段是以原料和燃料动力等基础工业为重心的重化工业阶段：农业产值在国民经济中的比重已经很小；轻纺工业继续发展，但速度逐渐放慢下来；以原料和燃料动力

---

① 臧旭恒：《产业经济学》，经济科学出版社 2004 年版，第 306～307 页。

等基础工业为重心的重化工业得到较快发展，并逐渐取代轻纺工业的位置成为主导产业。

第四阶段是以低度加工组装型重化工业为主导的阶段：传统型、技术要求不高的机械、钢铁、造船等低度加工组装型重化工业发展速度较快，其在国民经济中的比重越来越大，并成为主导产业。

第五阶段是以高度加工组装型工业为主导的阶段：由于高新技术的最大应用，传统产业得到改造，技术要求较高的精密机械、精细化工、石油化工、机器人、电子计算机、飞机制造、航天器、汽车及机床等高附加值组装型重化工业有较快发展，成为推动国民经济增长的主要动力。

第六阶段是以第三产业为主导的阶段：第二产业的发展速度有所放慢，比重有所下降，特别是传统产业的下降幅度较大，但内部的新兴产业和高新技术产业仍有较快发展。整个第二产业内部结构变化较快，但产值占 GDP 的比重已不具有主导地位。第三产业包括服务业、运输业、旅游业、商业、房地产业、金融保险业、信息业等的发展速度明显加快，并在 GDP 中占有较大或主要份额，成为国民经济的主导产业。

第七阶段是以信息产业为主导的阶段：信息产业获得长足发展，特别是信息高速公路的建设和国际互联网的普及，推动了信息产业的快速发展。这一时期，信息产业已经成为国民经济的支柱产业和主导产业。人们也常把这一阶段称为后工业化社会。

以上分析表明，主导产业转换引起的产业结构变动，存在着从以农业为主的结构开始，按顺序依次向以轻工业为主的结构、以基础工业作为重心的重工业为主的结构、以高加工度工业作为重心的重工业为主的结构、以第三产业为主的结构、以信息产业（第四产业）为主的结构演进的规律性。

需要指出的是，尽管关于主导产业的更替存在上述一般性规律，但罗斯托还提出，在起飞阶段一个或几个新制造业部门的迅速成长是一种促进经济转变的有力而必不可少的发动机，但是在起飞阶段各部门的发展并没有一个特定的顺序，没有哪一个部门有“奇异的魔力”，对一个正在增长的社会来说，并不一定要重复诸如英国、美国或俄罗斯的结构顺序和模式。但是，在主导产业的选择过程当中，有四个基本条件是必不可少的。

（1）必须提供足够的有效需求以支撑主导产业部门产量的迅速增长。对于能为产量迅速增长打下基础的部门的一种或多种产品的有效需求必须有所扩大。

（2）必须为这些部门引入新的生产技术，并提升其生产能力。

（3）社会必须能够为关键性部门的起飞提供所需的资本，特别是这些部门的所有者（私营企业家或政府）应该把大部分利润重新投资，从而形成足够的生产能力和技术积累以推动这些部门的发展。

（4）一个或几个主导部门的扩张和技术变革，必然要求其他部门相应地增加生产能力和使用新生产技术。

总的来看，罗斯托的主导产业转化规律，对于历史上发达国家的发展历程具备较强的解释力，对于指导发展中国家的主导产业选择、实现经济起飞具有一定指导和借鉴意义。而罗斯托提出，“在起飞阶段各部门的发展并没有一个特定的顺序，对一个正在增长的社会来说，并不一定要重复诸如英国、美国或俄罗斯的结构顺序和模式。”这对各国审慎审视自身发展条件提出了要求，对于后发国家而言具有很大启发意义。

（五）钱纳里工业化阶段理论

钱纳里（Chenery）在经济发展的长期过程中，考察了制造业内部各产业部门的地位和作用的变动，揭示了制造业内部结构转换原因，即产业间存在着产业关联效应，为了解制造业内部的结构变动趋势奠定了基础。他通过深入考察，发现制造业发展受人均GNP、需求规模和投资率的影响较大，而受工业品和初级品输出率的影响较小。

钱纳里提出了结构转变的三个阶段，即初级产品生产阶段、工业化阶段、发达经济阶段。他的“制造业内部的结构变动趋势”，即后一阶段产业逐渐替代前一阶段产业的理论被称为钱纳里工业化理论。因为结构转变过程中并不存在不同阶段之间的明显间隔点，因此，三个阶段之间的分界线在某种意义上是任意的。对于各个阶段的基本特征，钱纳里总结如下。

第一阶段，初级产品生产。在结构转变的第一阶段，占统治地位的是初级产品的生产活动——主要指农业。这是可交易商品产出增长的主要来源。一般来说，初级产品生产增长的速度慢于制造业，但是，在低收入水平上，制成品的有限需求不能使制造业成为总产出的主要来源。附加价值中农业的高比重，也是这一阶段总增长速度较慢的主要原因之一。在供给方面，第一阶段的特点是资本积累低速至中速增长，劳动力加速增长，以及全要素生产率极为缓慢地增长。是生产率增长的速度过慢，而不是投资水平较低引起了这一阶段总产出的低速增长。

第二阶段，工业化。结构转变的第二阶段以经济重心由初级产品生产向制造业生产转移为特征，如非金属矿产品、橡胶制品、木材加工、石油、化工、煤炭制品等部门。这一转移的主要指标是制造业对增长贡献的相对重要性发生了变化。根据钱纳里的测算，一旦收入水平超过400美元，制造业对增长的贡献就将高于初级产品生产的贡献。至于这一转变究竟发生在较低还是较高的收入水平上，则取决于不同国家的资源禀赋和贸易政策。在供给方面，第二阶段的多数时期中，资本积累的贡献一直较高，因为投资率增加有助于补偿部门生产函数中资本比重的下降。

第三阶段，发达经济。在这一阶段，就需求方面而言，制成品的收入弹性开始减少，并自某一时点起，制成品在国内总需求中所占的份额也开始下降。其中出口持续增长可以在一定时期内抵消这种变动趋势，但是最终还是会以国民生产总值中以及劳动力就业中制造业份额的下降得到表现。就供给方面而言，第三阶段和第二阶段的主要区别是，要素投入的综合贡献减少了。资本贡献减少的原因在于，资本增长的速度较慢，同时资本的比重也出现了下降的趋势。另外，人口增长的速度减缓了。此外，相较于第二阶段，第三阶段中全要素生产率的增长同工业化的联系要小得多，而其在整个经济中的分布则要广泛得多。最引人注目的变化发生在农业领域，多数发达国家的农业，已经由生产率低速增长的部门转变成劳动生产率增长速度最高的部门。农业劳动力的持续转移、农业同其他部门的工资缺口逐步消失，是变化的基本原因，他们促进了资本对劳动的替代和各种技术进步。①

钱纳里的工业化阶段理论，刻画了经济增长与产业结构演变之间的关系，描绘了一国经济增长过程中的产业结构升级路径图，对于一国经济发展具有一定借鉴意义。

（六）霍夫曼定理

德国经济学家霍夫曼（Hoffmann）对工业化问题进行了许多富有开创性的研究，提出了被称为“霍夫曼工业化经验法则”的工业化阶段理论。他根据霍夫曼比例，也称霍夫曼系数，即消费品工业净产值与资本品工业净产值的比例，把工业化分为四个发展阶段：第一阶段霍夫曼系数为5，消费品工业占主导；第二阶段霍夫曼系数为2.5，资本品快速增长，达到消费品工业产值的50%左右；第三阶段霍夫曼系数为1，资本品与消费品平衡；第四阶段霍夫曼系数为1以下，资本品工业为主导，实现了工业化。

霍夫曼认为，各国工业化无论开始于何时，其演变趋势大致相似。该趋势表现为，随着工业化进程不断推进，消费品工业部门与资本品工业部门的净产值之比是逐渐趋于下降，即“霍夫曼系数”呈现出不断下降的趋势，这就是著名的“霍夫曼定理”。

在实际应用中，霍夫曼比例往往用轻工业品净产值与重工业品净产值的比例来表示。霍夫曼的工业化阶段理论阐释的主要是工业化过程中重工业化阶段的结构演变情

---

① ［美］钱纳里等：《工业化和经济增长的比较研究》，吴奇、王松宝等译，格致出版社、上海三联书店、上海人民出版社联合出版2015年版，第97~99页。

形，从三次产业分类的角度看，霍夫曼定理显然没有考虑服务业，而服务业恰恰是经济增长到一定阶段后三次产业中增速最快的产业，仅仅通过霍夫曼系数衡量产业结构演变规律具有一定局限性。

（七）新结构经济学的产业选择理论

新结构经济学由林毅夫提出，认为现代经济发展的表象是收入水平的不断提高、生活水平的不断提升，其本质则是一个结构不断变迁的过程，包括：决定劳动生产力水平的技术不断创新，产业不断升级，为收入和生活水平的提高提供了物质基础；决定交易费用的硬的基础设施和软的制度安排不断相应完善，使生产力能够最大限度地实现最终的价值。一个国家陷入低收入的陷阱或中等收入陷阱是由于结构未能实现比发达国家更为快速的动态变迁。结构变迁的内生机制在于基于比较优势选择主导产业。

通过分析由政府推动产业结构升级的成功案例，该理论认为①，政府实施的能够促进产业发展的政策，是与该国要素禀赋结构所决定的潜在比较优势相符的。因此，在政府提供的帮助下，企业一旦建立起来，它一般是有竞争力的；且更为重要的是，为了保证能够很好地利用一国潜在的、不断变化的比较优势，政府可以有针对性地选择一些国家的成熟产业作为发展目标，这些国家的人均收入（用购买力平价衡量），大体上高于本国人均收入一倍，在这一过程中，先驱国家一直为后来者扮演着“经济指南针”的角色。

林毅夫的新结构经济学，从比较优势及潜在比较优势的角度，阐述了一国产业结构升级过程中的产业选择问题，根据该理论，产业政策是有必要的，且政府在产业选择过程中扮演着重要角色，该理论对于后发国家实现产业升级与经济赶超具有一定的参考价值。

（八）国家竞争优势理论的产业发展驱动阶段②

1990 年，哈佛商学院的迈克尔·波特（Michael Porter）出版了《国家竞争优势》一书，书中提出了著名的“国家竞争优势”理论。根据该理论，波特从国家竞争的角度，将一国产业发展划分为四个阶段，分别是要素驱动阶段、投资驱动阶段、创新驱动阶段和财富驱动阶段。前三个阶段是国家竞争优势发展的主要力量，通常会带来经济上的繁

---

① 林毅夫：《新结构经济学》，北京大学出版社 2012 年版，第 130～131 页。
② ［美］波特：《国家竞争优势》，李明轩、邱如美译，中信出版社 2012 年版，第 68～84 页。

荣，第四个阶段则是经济上的转折点，国家经济可能因此走下坡路。

（1）要素驱动阶段。该阶段的竞争优势在于初级生产要素，产业竞争依赖于国内自然资源和劳动力资源等初级生产要素的拥有状况，具有竞争优势的产业一般是资源密集型产业和劳动密集型产业。

（2）投资驱动阶段。该阶段的竞争优势在于资本要素，产业竞争依赖于国家和企业的投资意愿和能力，具有竞争优势的产业一般是资本密集型产业。

（3）创新驱动阶段。该阶段的竞争优势在于企业的创新，产业竞争依赖于国家和企业的技术创新意愿和技术创新能力，具有竞争优势的产业一般是技术密集型产业。

（4）财富驱动阶段。该阶段的竞争优势在于已获得的财富，企业进行实业投资的动机逐渐减弱，金融投资的比重开始上升，资金大量流入不动产，经济活力开始下降，出现大量企业并购行为，反映了各行业不愿竞争只求稳定的愿望。

第三节　产业结构演变的影响因素

产业结构演变是一个由多因素综合作用所决定的经济过程。一般来说，影响产业结构演变的因素主要包括以下方面：知识创新与技术进步、需求结构、供给结构、跨国贸易与投资、制度与政策等。

一、知识创新与技术进步

科学技术是第一生产力，知识创新与技术进步是社会生产力水平的重要决定因素之一。随着产业分工进一步深化，社会生产对科技进步的依赖越来越突出。新技术已经成为经济和社会发展中的重要变革力量，科学技术对经济发展作出了巨大贡献，知识创新与技术进步已经成为影响产业结构演变的最主要因素。

第一，科学与技术革命往往催生新产业形态的诞生。按照一般的划分标准，人类社会前后共经历过四次工业革命，又称四次技术革命。第一次工业革命是蒸汽技术革命，带动了纺织业的大发展、以轮船和火车为代表的运输业的飞跃；第二次工业革命是电力技术革命，推动了电力工业崛起、以内燃机为核心的汽车工业与航空工业的发展；第三次技术革命是计算机及信息技术革命，以原子能的利用、计算机技术的大发展为标志。当前正在进行的第四次工业革命，是以万物互联、人工智能、清洁能源、机器人技术、量子信息技术、虚拟现实以及生物技术等为代表的全新技术革命。2015 年，李克强总理在国务院常务会议上强调：互联网 + 双创 + 中国制造 2025，彼此结合起来进行工业创新，将会催生一场“新工业革命”。显而易见，历次技术革命都催生了新的产业形态诞生，带动了产业结构大调整。

第二，技术进步带来劳动生产率的提高，使生产要素从旧的生产部门转移出来，旧的生产部门所占比重不断下降，由此带来产业结构的变动。与此同时，部分产业获得相对成本优势，引发资源向该产业的流动，促使该产业在产业体系中所占比重上升。一般而言，这种情况较多地发生在需求弹性较大或正处于上升、发展阶段的产业部门。例如，工业化过程中，工业比农业、重工业比轻工业、组装加工工业比原材料工业在劳动生产率提升上形成越来越显著的优势，因此其产业比重也日益提高。在历史上，正是那些具有较大需求弹性并且具有更高技术进步率的部门，在产业结构中占有越来越大的比重。此外，技术进步可以不断拓宽劳动对象，使产业部门不断细化，新的产业分工不断产生。

总之，从历史经验来看，每一次技术进步的出现，总是引起产业结构的某些变化和调整。当前，为了突破结构性减速的阻碍，实现可持续增长，以知识部门为代表的新生产要素供给，成为我国能否跨越发展阶段的主导力量。知识部门自身不仅具有内生性，而且以其外溢性促进传统工业、服务业部门的发展，有利于促进结构升级。①

二、需求结构

总需求是一定时期内经济体中各部门所愿意支出的总量，包括消费、投资、政府购买和净出口。市场经济条件下，一个社会中消费者选择的集合即社会需求决定了资源配置的方向和格局。尽管消费需求对资源配置的约束强度在不同国家、不同时期表现有所不同，但资源配置必须符合消费者选择或需求的原则是不容置疑的。总的来看，需求引导生产，从而需求结构的变动会导致产业结构的变动。

从消费需求的角度看，消费需求的变化一方面体现在人类消费需求总量的变化，另一方面体现在消费需求结构的变化。消费需求总量和结构的变化会引导相应产业部门的扩大或缩小，以及新旧产业部门的更替。相比较而言，消费需求结构的变化对产业结构变化的影响更为直接。随着经济社会的发展，消费结构的高端化直接影响着产业结构的高级化，消费结构升级推动产业结构升级。

---

① 中国经济增长前沿课题组：《突破经济增长减速的新要素供给理论、体制与政策选择》，载于《经济研究》2015 年第 11 期。

从投资需求的角度看，投资在各产业部门之间的分布是改变现有产业结构的直接原因，投资是通过产业结构增量变化来调整产业结构存量的途径。投资需求结构是指投资在国民经济各部门、各行业、各地区之间的分配比例，它影响一国产业结构的形成及其变动。投资需求是影响产业结构的重要因素，且相比较于需求结构更易管理。在经济社会实践过程中，政府往往采取一定的政策措施，通过调整社会投资结构，推动产业结构调整；当出现经济危机时，政府可以通过财政投资直接改变社会投资总量与投资结构，从而推动经济社会健康发展。需要注意的是，在开放经济中，资本流动、外部需求和供给冲击等均构成高成本投资模式的现实约束，不恰当的投资会影响甚至阻碍产业结构优化升级。

总之，经济系统高效健康运行要求需求结构与产业结构相匹配。当前，在物质资本驱动增长动力减弱的困境下，重视消费对人力资本的贡献作用，促进消费、生产结构互动升级，是我国实现发展突破的关键。

三、供给结构

与需求相对应，供给结构的变动也会引起产业结构的变动。在开放经济中，一国供给结构决定着一国生产的比较优势，进而影响着一国的产业结构。可以从资金供给、自然资源禀赋、人力资源供给等方面分析供给结构对产业结构演变的影响。

从资金供给的角度来看，资金供给结构影响各部门资本的分配和积累水平，影响产业结构变化。市场化配置资源过程中，产业增量资本和存量资本的调整表现为各产业之间资源的流动、配置、重新组合，进而调整产业结构。随着现代化技术的发展和生产设备日益大规模化，特别是在发展重工业和新兴工业方面，需要庞大的资金注入，资本价格过高会阻碍重工业、新兴工业等资本密集型产业发展。一方面，一个国家的资本积累程度是制约产业结构演进的一个重要因素；另一方面，畸形的资金供给结构会对一国产业结构升级造成灾难性的影响，甚至会导致经济泡沫，触发金融危机。

从自然资源禀赋的角度来看，自然资源禀赋在很大程度上制约一个国家的产业结构。例如，地下资源状况对于采掘工业、燃料动力工业以及重工业结构有决定性的影响。缺乏矿产资源的国家无法形成大规模的采掘工业，或者是采掘工业在整个产业结构中的比重相对要低些。相反，如果一国某种资源特别丰富，则可能形成以利用这一资源为主的产业占重要地位的产业结构。例如，中东诸国以石油业为主的产业结构。

从人力资源供给的角度来看，一个国家能否向新的产业源源不断地输送劳动力，是产业结构不断演进的重要条件。美国经济学家舒尔茨认为，学校教育、在职培训、保健、人口流动等方面的投资可以增加一国的资本存量并加快经济发展的速度。经济发展主要取决于人的质量，人的质量可以成为自然资源如土地的替代物。劳动力的多寡、质量的高低等人力资源供给结构问题，在很大程度上决定了产业结构的发展水平。在市场经济条件下，劳动力和资本的相对价格决定劳动力和资本之间的替代关系，从而影响产业结构及其变动。

四、跨国贸易与投资

随着经济全球化步伐的加快，国与国之间的经济贸易关系越来越紧密，相互之间的依赖性也越来越强。通过影响国家的经济发展，国际贸易对国家的产业结构也具有非常重要的影响。国外商品的进口，可以弥补本国生产某种商品的产业发展的不足，而且进口某些国外新产品具有促进开拓本国市场、为本国发展同类产业创造条件的作用。与此同时，某些产品的进口还可以产生抑制本国某些产业发展的作用。

资本、技术、人才和劳动力等生产要素的国际流动，无论对流出国还是流入国的产业结构都会发生影响。例如，跨国公司进行跨国投资，国际资本以直接投资或间接投资方式流动，都在很大程度上影响着世界产业结构的变化。

外商直接投资对于提升一国产业结构具有重要推动作用，中国的经济增长奇迹即在很大程度上与大量跨国公司在华投资密切相关，外商投资在改变东道国产业结构的同时，也促进了东道国的技术进步。但是，也应该看到，国际资本流动也会引起东道国经济运行风险的增加，既需要传统的对冲与资本管制等方式应对资本流动冲击，也要求东道国矫正各种经济扭曲，优化营商环境。

五、制度与政策

除了上述各种因素对产业结构的变动影响外，政府的宏观政策、区域政策、产业政策和制度安排等因素也影响着产业结构的变动。社会环境因素对于产业结构系统来讲，属于外生变量。但其对产业结构升级的影响是不可低估的。产业政策是各国在其产业发展过程中所采取和制定的一系列的经济政策，以鼓励或限制某些产业的发展，是指导产业发展和产业结构调整的最主要依据。政府还可以通过制定财政、货币等政策，采取公共投资、管制等措施，利用立法、协调等手段以调整供给结构、需求结构、国际贸易结构和国际投资结构，进而促使产业结构发生相应的变动。

市场是资源配置的重要手段，是随时间而演化的制度安排，市场信号可以直接引导投资和消费行为，进而影响产业结构的变动。因此，市场法规与机制的规范和完善程度也成为影响产业结构的因素之一。

21世纪初，我国面临重大的国际发展机遇，把握好机遇的关键是制度。通过建立有秩序的市场经济制度、加快技术进步、保持持续的开放和千方百计提高资本形成，可以充分地从全球化合作和新技术、新产业革命中获益。

六、其他因素

在研究产业结构演变的影响因素时，不可忽视金融在资源配置中的核心作用，相应地会对产业结构演变产生重要影响，具体影响因素包括金融系统发展水平、利率水平、汇率水平等因素。例如，对于劳动密集型产业来说，人民币小幅升值会挤掉低利企业生存的空间，倒逼产业结构升级。

第十章

产业关联与全球价值链测算

产业关联是考察社会经济活动相互协调、相互制约关系的重要工具，在产业分工的不断发展、深化和重构的大趋势下，产业关联在其中所扮演的角色愈发重要。产业关联主要是从产业之间的投入与产出的视角来分析经济系统中产业上下游间的供需关系，利用投入产出表考察一国经济中各产业部门之间的比例关系以及各产业部门对整个经济系统的推动或拉动作用。产业关联往往主要作为制定经济计划、监测经济运行和开展趋势预测的重要工具，随着全球产业分工体系的发展，产业关联被应用到全球价值链的运行测度上。本章首先解析产业关联的内涵与形式，其次结合投入产出表介绍投入产出模型及其在产业波及效果领域的应用，最后利用跨国投入产出表介绍其在全球价值链测度方面的进展。

第一节　产业关联的内涵及形式

一、产业关联的含义

在经济社会活动中，某产业的产出作为其他产业生产的投入要素，以保障其他产业产出的顺利进行，各产业之间的这种由投入品和产出品为纽带，将各产业连接起来并相互作用而形成的技术经济联系，称为产业联系，即产业关联。在产业关联过程中，某产业需要其他产业提供的产品来满足其生产的要素需求，而又将自己的产出提供给其他产业满足其他产业的生产需求，以维持整个经济系统的正常运作，因此，产业关联表面上反映为各产业之间的投入产出关系，更重要的是体现了产业之间的供给与需求关系，而其实质是产业上下游间的技术经济联系。在这种投入产出关系中，各种投入品和产出品可以为有形产品或无形产品，也可以用实物形态或价值形态表示；技术经济联系和联系方式包括了实物形态和价值形态，由于实物形态的联系和联系方式无法用计量方法准确衡量，因此，实践中普遍采用价值形态的联系和联系方式来衡量产业之间的技术经济联系。

产业关联的理论和方法主要存在于20世纪30年代美国经济学家里昂惕夫（Leontief）开创的投入产出经济学中。它借助投入产出表（产业联系表或里昂惕夫表）对产业之间在生产、交换和分配上发生的联系进行分析和研究，从而得出产业之间数量比例上的规律性。

由于产业关联理论有助于了解和认识一国经济中各产业部门之间的比例关系及其特征，进而为经济预测和规划服务，因此，该理论受到了各国的普遍重视。目前，包括美国、日本在内的许多国家都编制了投入产出表。只是不同国家对其叫法不同，如投入产出法在俄罗斯和东欧国家被称为"部门联系平衡法"，在日本则被称为"产业关联经济法"。

传统的产业关联主要是反映产业之间的技术交流、中间使用以及劳动、资本和土地等要素在产业层面的配置关系。近年来，国内外关于产业联系的研究开始较多地关注于产业在空间维度上的经济联系。产业关联促进了区域之间的联系，这里的区域联系不仅包括国内经济地区之间的联系，也包括国家之间的产业联系，例如，通过进口某国的中间产品投入一国的生产中，两个非同一地域上的产业之间发生了联系。随着经济全球化的发展，同一国家不同地区之间，以及不同国家不同地区之间的经济联系越来越紧密，使得某个地区某产业的产品提供给其他地区的产业作为生产要素使用成为可能，并且任何一个地区产业部门的生产活动也离不开其他地区产业产品的支持，因此，跨区域生产部门间的供需联系逐渐成为产业关联分析的重点。

二、产业关联的途径

产业关联揭示的是各个产业之间是以何种方式联结成为一个运动着的有机整体的。产业关联的途径包括两方面内容：产业间发生联系的主要方式和联系方式的划分。

（一）产业间联系的主要方式

产业间联系的纽带即产业之间发生相互联系的基础，该基础将不同产业联结起来构成产业关联的一部分，主要包括以下六部分内容。

1. 产品联系

经济活动成果的最基础表现形式是产品。在社会化再生产过程中，由于产业间存在供给与需求关系，一些产业部门为另一些产业部门的生产活动提供必要的产品，或者产品部门间彼此提供产品。如开采石油需要机械的辅助，建筑业的生产需要电力的保障才能进行等。产品联系是其他产业联系的基础，其他产业联系，如生产技术联系、价格联系、劳动就业联系，都是依托于产品联系而发挥作用的。同时，各产业部门间提供产品数量的比例关系能够体现一个国家或地区产业协调发展的水平。此外，产品联系的密切程度和技术层级也是国民经济运行效率和产业发展质量与效益的重要体现，因此，产品联系是产业之间最基本的联系形式。

2. 服务联系

服务包括生产性服务和消费性服务，生产性服务以为其他产业提供服务投入为目的，而消费性服务主要处于社会经济系统的末端环节。随着服务业发展，服务所占比重不断提高，越来越多的联系通过服务的方式来建立。由于产业间存在广泛联系，在社会再生产过程中必然有一些产业需要其他产业为其提供服务满足生产需要，如旅游业的发展离不开运输业，建筑业为房地产业的发展提供支持，各产业之间通过服务搭建桥梁紧密联系，产业之间的服务联系也通过各种形式渗透到各行各业中。

3. 生产技术联系

生产技术上存在的差异性是产业划分的基础，一个完整的国民经济系统需要不同技术类型产业的协同配合才能得以运转，而产业间的协同配合需要依赖于生产技术的沟通与衔接。

产业之间的供给与需求关系使得某产业为其他产业提供的产品需要满足其生产的特性。在生产过程中，一个产业部门不是被动地接受其他相关产业部门的产品，而是在给定本产业生产所需产品的技术特点、产品结构等特征的基础上，对其他相关产业提出工艺、技术和质量等特定要求，以保证本产业生产的要求①。如生产电子产品对所需的零部件的性能要求必须达到一定标准才能组装上市销售；房屋建造要求钢材质量有保证，所以钢材的生产过程也必须严格按照生产程序进行。因此，生产技术为各产业间提供了一个联系渠道，成为产业联系的重要依托。一般生产技术联系与产品联系不可分，产品供求之间的均衡受生产技术发展变化的影响，该均衡体现为产品的供求比例的变化，并且会导致某产业与其上下游产业的依存度发生变化，从而引发产业结构的调整。

4. 价格联系

以货币为媒介表示的等价交换关系，表现了产品与服务的“投入”和“产出”关系，这种以价格为手段的联系方式即为价格联系。

---

① 苏东水：《产业经济学》，高等教育出版社 2015 年版，第 177 页。

一般均衡关系建立在价格机制基础之上，在异国的资源禀赋条件和消费结构下产业之间应达到的均衡状态，这种联系方式使得不同产业之间的产品与服务关系可以以统一的衡量尺度进行量化，进而为编制价值型投入产出表提供了可能，同时也提供了一种计量产业结构变动和产业间比例关系分析的方法。此外，在价格机制的作用下，具有替代性的产业间的竞争变得更加激烈，这不仅为市场注入了活力，也有利于社会成本的节约和劳动生产率的提高。

各种商品、服务和生产要素的价格相互关系而形成一个有机的整体，体现了产业之间各种价格相互联系和相互制约的内在关系，反映了现代市场经济条件下产业之间价值交换关系。①

5. 劳动就业联系

劳动是产品生产过程中最重要的初始投入，劳动在部门之间的配置与流动是社会分工体系发展变化的主要表现。由于产业之间存在广泛、复杂的联系，一个产业的发展必然会对其他产业造成影响。一方面，劳动在部门间的流动造成一部分产业就业人数增加，另一部分产业就业人数减少，从而引发产业结构的变动；另一方面，劳动力作为产业最基本的初始投入，产业规模的扩张不仅增加本产业的就业机会，也会由于产品供需关联带动其他产业的发展，各产业的发展又影响市场就业情况，这种产业之间的劳动就业联系会产生对就业的乘数放大效应。

6. 投资联系

在一个经济体系内，任何一个产业的发展都会影响与之相关产业的发展，换句话说，任何一个产业的发展也受到相关产业发展水平的制约。因此，对某个产业的发展进行投资，必然要求对相关联产业也进行投资和发展，以为其提供相应数量和质量的中间品，才能保障该产业发展升级目标的实现，实现产业之间协调发展，这就表现为产业之间的投资联系。

产业部门间的投资联系主要反映投资乘数效应。在对产业进行投资时，产业的扩大或发展带来经济收益的增加，且由于对某产业的投资推动了相关产业的投资，进而由连锁反应带动整个经济系统收入更大比例的增加。

（二）产业间联系方式的划分

产业关联的方式表现包括以下几种。

---

① 陈保启、杨丽：《产业经济学》，经济科学出版社2011年版，第212页。

1. 直接联系和间接联系

产业部门之间通过供给与需求关系形成的直接提供产品和服务的关系即直接联系，各产业间存在大量的直接联系，如电力行业为机械制造业、食品加工业等多个行业提供动力来源。

间接联系是指在社会再生产过程中，两个产业部门之间不发生直接的生产技术联系，但通过另外一些产业部门的作用而发生的联系。例如，汽车工业和采油设备制造业之间并无直接联系，但它们之间存在着间接联系，其间接联系表现为：汽车需要汽油作燃料，而汽油开发和石油开采有关，石油开采又与采油设备制造有关，这样汽车工业的发展就通过上述其他部门最终影响石油设备制造业的发展，从而使汽车工业与石油设备制造业之间发生了间接联系。

2. 前向联系和后向联系

前向和后向体现了产业之间的上下游关系。后向联系是指某一产业在其生产过程中需要从其他产业获得投入品所形成的依赖关系。前向联系则是指某一产业的产品提供给其他产业使用而形成的产业关联。

前向联系和后向联系分别通过供给关系与需求关系而与其他产业发生联系。例如，甲产业为乙产业提供产品，甲属于供给方，乙属于需求方，那么对于甲产业来说，它通过供给关系而与乙产业形成的关联就是前向联系，对乙产业来说，它需要甲提供的产品，因此，乙产业通过需求关系与甲产业形成的关联就是后向联系。例如，石油开采需要机械设备作为工具，对于机械设备来说，其与石油开采业的关联就是前向联系，对于石油开采业来说，它与机械设备行业的关联就是后向联系。

无论是前向联系还是后向联系，都会产生一种压力，以促进相关产业的发展。在广泛复杂的经济技术联系下，这些产业的发展会推动和促进其他产业的发展。一个产业的前向联系与后向联系，一般是由产业的技术特点决定的。根据产业前向联系与后向联系效应的大小，钱纳里和瓦塔纳贝（Chenery & Watanabe）把所有产业分为以下四类：（1）中间制造品产业，即前后向联系能力都很强的产业；（2）最终制造品产业，即前向联系能力弱而后向联系能力强的产业；（3）中间初级产品产业，即前向联系能力强而后向联系能力弱的产业；（4）最终初级产品产业，即前后向联系能力都弱的产业。①

① Chenery, H. B. and Watanabe, T. International Comparisons of the Structure of Production. Econometrica, 1958, 26 (4): 487.

3. 单向、双向和多向联系

在产业提供产品过程中，上游产业单方面提供产品或服务给下游产业直接消耗，而下游产业并不提供产品或服务给上游企业，这种联系方式称为单向联系。如铁矿石开采业与金属冶炼业主要是单向联系，农业与食品加工业也属于单向联系。

双向联系是指上游产业为下游产业提供产品或服务为其直接消耗，下游产业也为上游产业提供产品或服务，由此而形成的上下游产业之间的联系。如原油开采——石油加工主要为双向联系，原油开采需要柴油为其提供燃料，柴油又由原油开采后加工而成。

多向联系指在多个产业部门中，先行产业部门为后续产业部门提供产品或服务供其直接消耗，后续产品部门也为先行产业部门提供产品或服务供其消耗。不同于双向联系的是，双向联系通常只考虑两个产业部门直接的经济联系，而多向联系包含多个产业部门直接和间接的经济联系，如煤—钢—采矿设备与煤之间主要表现为多向联系。在现实中，完全意义上的单向联系和双向联系是比较少的，实际中单向联系、双向联系与多向联系往往交织在一起。

上述各种形式的产业关联，并不是相互独立的。它们在很大程度上是互相交叉和互相包括的，它们从不同的侧面对产业关联进行了不同描述，其中每一种描述都是依据了产业关联的一个方面的特点。

第二节　投入产出表与基本模型

一、投入产出表的定义及构成

投入产出法是产业关联分析的基本方法，通过投入产出表、投入产出模型对产业间“投入”和“产出”的数量比例关系进行分析。① 投入产出表是投入产出分析的主要工具，通过建立棋盘式表格来概括一个经济系统中各产业部门的投入来源和产出去向，以此种方法建立的表就是投入产出表。在经济社会再生产过程中，各部门的生产需要其他部门提供的产品作为其生产的投入品，包括原料、配件、设备等，而各部门的产出又成为其他产业部门的投入品，各产业部门之间形成错综复杂的经济联系，通过使用投入产出表，可以清楚地展示各个产业之间产品流入和流出的生产过程。

投入产出表将各产业部门在一定时期使用的投入和产出按照产业间的相互关系以矩

---

① 苏东水：《产业经济学》，高等教育出版社 2015 年版，第 179 页。

阵的形式排列出来，形成棋盘式表格，反映产业之间经济活动的走向，其行向表示产业之间产品的分配状况，列向表示产业之间生产的投入来源。一个完整的投入产出表主要由纵横交错的三部分组成，分别表示为第Ⅰ象限、第Ⅱ象限和第Ⅲ象限，其中，第Ⅰ象限的横纵坐标分别由各产业部门的中间投入和中间使用表示，该部分为投入产出表的核心；第Ⅱ象限水平并列于第Ⅰ象限之后，即横向坐标名称与第Ⅰ象限相同，但纵向坐标表示经济中的最终使用情况；第Ⅲ象限位于第Ⅰ象限下方，反映产业之间的增加值情况。投入产出表有两种结构形态，一种为实物型投入产出表，另一种为价值型投入产出表，两种表的结构形式相同，不同点在于实物型投入产出表以标准单位或自然单位计量，而价值型投入产出表以统一货币单位计量。由于实物型投入产出表纵列不能相加，不能反映产品价值运动，其使用性在实践中受到影响，因此，使用更多的是价值型投入产出表。①

根据对进口商品处理方法的不同，将投入产出表分为竞争型投入产出表和非竞争型投入产出表。② 竞争型投入产出表采用在最终使用之外直接将进口产品减去的方式来体现进口部分，而没有在各生产部门的中间投入中对国内生产和国外进口进行区分，而非竞争型投入产出表将中间投入区分为国内生产和国外进口两部分，在最终使用中仅包含进口的最终品。目前在官方发布的统计资料和单国模型的研究中，大多采用的是竞争型投入产出表，具体形式如表 10－1 所示。

表 10－1　　投入产出表

投入＼产出		中间使用				最终使用				进口（－）	其他	总产出
		部门1	部门2	……	部门 n	消费	资本形成	出口	最终使用合计			
中间投入	部门1	Z_{11}	Z_{12}	…	Z_{1n}	C_1	K_1	E_1	Y_1	I_1	O_1	X_1
	部门2	Z_{21}	Z_{22}	…	Z_{2n}	C_2	K_2	E_2	Y_2	I_2	O_2	X_2
	……	…	…	…	…	…	…	…	…	…	…	…
	部门 n	Z_{n1}	Z_{n2}	…	Z_{nn}	C_n	K_n	E_n	Y_n	I_n	O_n	X_n

① 苏东水：《产业经济学》，高等教育出版社 2015 年版，第 180 页。

② 刘遵义等：《非竞争型投入占用产出模型及其应用——中美贸易顺差透视》，载于《中国社会科学》2007 年第 5 期。

续表

投入 \ 产出		中间使用				最终使用				进口（−）	其他	总产出
		部门1	部门2	……	部门 n	消费	资本形成	出口	最终使用合计			
初始投入（增加值）	劳动报酬	L_1	L_2	…	L_n							
	固定资产折旧	D_1	D_2	…	D_n							
	生产税净额	T_1	T_2	…	T_n							
	营业盈余	S_1	S_2	…	S_n							
	增加值合计	V_1	V_2	…	V_n							
	总投入	X_1	X_2	…	X_n							

第Ⅰ象限是中间产品矩阵部分，由名称相同、排列次序相同、数目一致的产品部门交错而成，为该表的核心，揭示了产品部门之间的相互联系、相互依赖、相互制约的关系，行向称为中间使用，表示某产品部门为包括本部门在内的所有部门提供的中间产品或服务情况，列向称为中间投入，表示某产业生产过程中需要消耗的包括本部门在内的所有部门的产品或服务情况。

第Ⅱ象限由中间投入与最终使用交叉部分组成，最终使用包括消费、资本形成和出口，行向表示某产品部门提供的产品或服务成为最终产品的价值量，列向表示最终使用的规模及其构成。第Ⅰ象限和第Ⅱ象限连接组成的横表反映了国民经济各产品部门产出的使用去向，包括中间使用去向和最终使用去向。

第Ⅲ象限是第Ⅰ象限在垂直方向的延伸，主要反映物质生产部门的初始投入情况，通过该象限可以看出增加值的来源。因此，该象限又称为增加值象限，主要由劳动者报酬、固定资产折旧、生产税净额以及营业盈余组成，其与第Ⅲ象限连接组成的竖表反映了国民经济各产品部门生产经营过程中的各种投入来源和产品价值构成，包括中间投入和初始投入部分。

投入产出表有以下三个基本平衡关系①：

（1）行平衡关系：

$$中间使用 + 最终使用 - 进口 + 其他 = 总产出$$

① 程子林等：《中国 2012 年投入产出表》，中国统计出版社 2015 年版，第 8～9 页。

（2）列平衡关系：

中间投入 + 增加值 = 总投入

（3）总量平衡关系：

总投入合计 = 总产出合计

每个部门的总投入 = 该部门的总产出

中间投入合计 = 中间使用合计

二、投入产出的基本模型

利用投入产出表的数据对各产业部门间的技术经济联系进行归纳和整理，便可以建立投入产出模型进行产业关联分析。

投入产出模型由系数和变量的函数关系组成的数学方程组构成。建立投入产出模型一般分为两步进行：首先，根据投入产出表数据计算出所需的系数，一般为直接消耗系数和完全消耗系数；其次，利用计算出的系数根据平衡关系建立函数表达式，就可以得到投入产出模型。

（一）系数计算

1. 直接消耗系数与完全消耗系数

直接消耗系数，也称投入系数，即通常所说的单位产品的消耗量，一般用部门总产量去除各部门所消耗的有关产品（投入物）的数量。它反映各产业间的直接联系程度，是建立模型最重要、最基本的系数。其一般公式为：

$$a_{ij} = \frac{Z_{ij}}{X_j}(i, j = 1, 2, 3, \cdots, n) \tag{10.1}$$

式中，直接消耗系数 a_{ij} 代表由 j 部门总产出 X_j 的每单位所消耗的 i 部门的产出数量，并称为进入 j 部门的 i 部门产品的投入系数，主要反映技术水平，在价值型投入产出表中还受相对价格变化的影响，且 $0 \leq a_{ij} < 1$，表示投入不超过产出。

在产业联系中，直接消耗系数还可以反映产业部门间的联系广度，当 $a_{ij} = 0$ 时，表示 i 产业部门和 j 产业部门间没有直接联系（但不能断定两个产业之间没有联系）；当 $a_{ij} > 0$ 且包含的 j 产业部门数越多时，表明 i 产业部门在产业关联中与其他产业存在广泛的联系。

直接消耗系数描述了一种产品生产过程中对其他产品的直接消耗，反映了产业之间的直接联系。在经济生产活动中，各产品之间还存在间接联系，因此，各产业部门之间除了直接消耗外，还存在间接消耗，将直接消耗与间接消耗加总起来便得到完全消耗，而完全消耗系数则是直接消耗系数和间接消耗系数之和，表示某种产品生产单位最终品对另一种产品的完全消耗量。

由于完全消耗系数更具体地反映了社会再生产过程中各产业部门间的经济数量关系，因此能够全面、深刻地反映各产业之间的技术经济联系。完全消耗系数计算公式为：

$$b_{ij} = a_{ij} + b_{i1}a_{1j} + b_{i2}a_{2j} + \cdots + b_{ii}a_{ij} + \cdots + b_{in}a_{nj} \tag{10.2}$$

或写成：

$$b_{ij} = a_{ij} + \sum_{k=1}^{n} b_{ik}a_{kj} \tag{10.3}$$

式中，b_{ij}为完全消耗系数，表示生产单位j产品直接消耗和间接消耗的i产品数量之和；a_{ij}为直接消耗系数，表示生产单位j产品所直接消耗的i产品的数量；$\sum_{k=1}^{n} b_{ik}a_{kj}$为全部间接消耗系数，表示一种产品$j$通过中间产品$k$（$k=1, 2, 3, \cdots, n$）对于另一种产品$i$的全部间接消耗量。

用矩阵形式表示则为：

$$B = A + BA \tag{10.4}$$

式中，

$$A = \begin{bmatrix} a_{11} & a_{12} & \cdots & a_{1n} \\ a_{21} & a_{22} & \cdots & a_{2n} \\ \vdots & \vdots & & \vdots \\ a_{n1} & a_{n2} & \cdots & a_{nn} \end{bmatrix} \quad B = \begin{bmatrix} b_{11} & b_{12} & \cdots & b_{1n} \\ b_{21} & b_{22} & \cdots & b_{2n} \\ \vdots & \vdots & & \vdots \\ b_{n1} & b_{n2} & \cdots & b_{nn} \end{bmatrix}$$

经过推导可得，由它们所组成的矩阵B和直接消耗系数矩阵A之间存在如下关系：

$$B = (I - A)^{-1} - I \tag{10.5}$$

完全消耗系数又称为逆矩阵系数。它的经济含义是：当某一产业部门每提供一个单位最终使用时，导致各产业部门由此引起的直接和间接的产出水平发生变化的总和。其中$(I-A)^{-1}$为里昂惕夫逆矩阵，又称为完全需要系数矩阵，用L表示，其元素L_{ij}表示第j部门增加一个单位最终使用所需要的i部门产品的完全需要量。可以看到，完全消耗系数矩阵与里昂惕夫矩阵在对角元素上相差1。

2. 直接分配系数与完全分配系数

直接消耗系数是从列向构造的系数，相应地，从行向构造的系数为直接分配系数，表示i部门每单位的产出分配给j部门的份额，也称产出系数。将同行的元素除以该行代表的部门的总产出即可得到直接分配系数，表达式如下：

$$h_{ij} = \frac{Z_{ij}}{X_i}(i,j=1,2,\cdots,n) \tag{10.6}$$

将各产品部门的直接分配系数用矩阵形式表示出来形成直接分配系数矩阵，并用字母 H 表示：

$$H = \begin{bmatrix} h_{11} & h_{12} & \cdots & h_{1n} \\ h_{21} & h_{22} & \cdots & h_{2n} \\ \vdots & \vdots & & \vdots \\ h_{n1} & h_{n2} & \cdots & h_{nn} \end{bmatrix}$$

由于是用同行元素相除，即用同一种产品相除，所以分配系数不受价格变动的影响。

在经济系统中，一个产业部门对另一个产业部门产品的分配不仅包括直接分配，也包括间接分配，因此，类似完全消耗系数，得到以下完全分配系数：

$$g_{ij} = h_{ij} + h_{i1}g_{1j} + h_{i2}g_{2j} + \cdots + h_{ii}g_{ij} + \cdots + h_{in}g_{nj} \tag{10.7}$$

或写成：

$$g_{ij} = h_{ij} + \sum_{k=1}^{n} h_{ik}g_{kj} \tag{10.8}$$

式中，g_{ij}为完全分配系数，表示 i 部门单位产品直接和间接分配给 j 部门的产品数量之和；h_{ij}为直接分配系数，表示 i 部门每单位的产出分配给 j 部门的份额；$\sum_{k=1}^{n} h_{ik}g_{kj}$ 为全部间接分配系数，表示第 i 部门通过第 k 部门对第 j 部门的所有间接分配。

用矩阵形式表示为：

$$G = H + HG \tag{10.9}$$

式中，

$$H = \begin{bmatrix} h_{11} & h_{12} & \cdots & h_{1n} \\ h_{21} & h_{22} & \cdots & h_{2n} \\ \vdots & \vdots & & \vdots \\ h_{n1} & h_{n2} & \cdots & h_{nn} \end{bmatrix} \quad G = \begin{bmatrix} g_{11} & g_{12} & \cdots & g_{1n} \\ g_{21} & g_{21} & \cdots & g_{2n} \\ \vdots & \vdots & & \vdots \\ g_{n1} & g_{n2} & \cdots & g_{nn} \end{bmatrix}$$

进一步变换有：

$$G = (I - H)^{-1} - I \tag{10.10}$$

式中，$(I-H)^{-1}$为完全感应系数矩阵，又称高斯逆矩阵，用 $\bar{G}$ 表示，矩阵元素为

$\bar{g}_{ij}$，表示由第 i 部门增加一个单位初始投入带来的第 j 部门产出的增加量。完全分配系数矩阵与高斯逆矩阵对角元素也相差 1 个单位。从行向看，完全分配系数矩阵 G 的第 i 行元素表示第 i 部门的单位初始投入直接与间接分配给第 1 到第 n 部门的价值量，第 i 行系数合计表示第 i 部门增加单位初始投入推动的各产业部门产出增量的合计；从列向看，第 j 列表示的是第 1 到第 n 部门的初始投入直接与间接分配给第 j 部门的价值量，第 j 列系数合计表示第 1 到第 n 部门同时增加一个单位初始投入带来的第 j 部门的产出增量的合计。①

在投入产出分析中，完全消耗系数反映的是产业之间的后向联系关系，在生产过程中对其他产品部门生产所发挥的拉动作用，完全分配系数则反映产业之间的前向联系关系，在生产过程中对其他产业部门产品生产所发挥的推动作用。

（二）投入产出模型

由于投入产出表中各产业中的投入与产出都是平衡的，所以既可按行，又可按列建立投入产出模型。

1. 按行建立的投入产出模型

根据投入产出表的基本平衡关系，在行向上有②：

$$\sum_{j=1}^{n} Z_{ij} + Y_i = X_i (i = 1,2,\cdots,n) \tag{10.11}$$

式中，Z_{ij} 表示 i 部门提供给 j 部门的中间投入，Y_i 表示 i 部门的最终使用，X_i 表示 i 部门总产出。

由 $a_{ij} = \dfrac{Z_{ij}}{X_j}$，引入直接消耗系数后：

$$\begin{gathered} a_{11}X_1 + a_{12}X_2 + \cdots + a_{1n}X_n + Y_1 = X_1 \\ a_{21}X_1 + a_{22}X_2 + \cdots + a_{2n}X_n + Y_2 = X_2 \\ \cdots \\ a_{n1}X_1 + a_{22}X_2 + \cdots + a_{nn}X_n + Y_n = X_n \end{gathered} \tag{10.12}$$

用矩阵表示为：

$$AX + Y = X$$

---

① 夏明、张红霞：《投入产出分析理论、方法与数据》，中国人民大学出版社 2013 年版，第 29 ~ 30 页。

② 在竞争型投入产出表中，具体的行向平衡关系应为 $\sum_{j=1}^{n} Z_{ij} + Y_i - Ii + Oi = X_i$，在研究实践中，往往把 I 和 O 直接与 Y 合并，统一视为最终使用。

式中，A 为 n 阶直接消耗系数矩阵（a_{ij}），Y 为 n 个部门最终使用列向量，X 为 n 个部门总产品列向量。

将上述基本投入产出模型进行变换，有：

$$Y = X - AX$$

即：

$$Y = (I - A)X$$

进一步有：

$$X = (I - A)^{-1}Y \tag{10.13}$$

$(I - A)^{-1}$称为里昂惕夫逆矩阵，有时也称为完全需要系数矩阵，用 L 表示，它反映了最终使用部分与总产出之间的关系，是投入产出分析的重要参数，其元素 L_{ij}表示第 j 部门生产单位最终品对第 i 部门产品的完全需要量，矩阵中的每一列代表各部门为生产该最终品所需的产出量。

2. 按列建立的投入产出模型

投入产出表按列平衡关系，可以利用分配系数建立模型，根据已有等式：

$$\sum_{i=1}^{n} Z_{ij} + V_j = X_j (j = 1, 2, \cdots, n) \tag{10.14}$$

式中，Z_{ij}从列向上看表示 j 部门生产中需要的 i 部门的中间使用，即对 i 部门的消耗量，V_j 表示 j 部门的增加值合计，X_j 表示 j 部门总投入。

由 $h_{ij} = \dfrac{Z_{ij}}{X_i}$，引入直接分配系数后有：

$$\begin{gathered} h_{11}X_1 + h_{21}X_2 + \cdots + h_{n1}X_n + V_1 = X_1 \\ h_{12}X_1 + h_{22}X_2 + \cdots + h_{n2}X_n + V_2 = X_2 \\ \cdots \\ h_{1n}X_1 + h_{2n}X_2 + \cdots + h_{nn}X_n + V_n = X_n \end{gathered} \tag{10.15}$$

用矩阵表示为：

$$H^T X + V = X$$

式中，H^T 表示分配系数矩阵 H 的转置，X 为总产出列向量，V 为增加值合计列向量，进而：

$$X^T = V^T (I - H)^{-1} \tag{10.16}$$

式中，$(I - H)^{-1}$为高斯逆矩阵，因此，该等式称为高斯模型，反映了初始投入与总产出之间的关系，为分析不同产业部门初始投入带来的各部门产出变化提供了测量手段。

在投入产出分析中，直接分配系数矩阵与直接消耗系数矩阵之间存在相关关系。将总产出对角化，根据直接消耗系数和直接分配系数定义，有以下矩阵①：

$$A = Z\hat{X}^{-1} \tag{10.17}$$

$$H = \hat{X}^{-1}Z \tag{10.18}$$

对等式（10.17）左乘 $\hat{X}^{-1}$，然后将等式（10.18）代入，有：

$$\hat{X}^{-1}A = \hat{X}^{-1}Z\hat{X}^{-1} = H\hat{X}^{-1} \tag{10.19}$$

由等式（10.19）又可以得到以下等式：

$$H = \hat{X}^{-1}A\hat{X} \tag{10.20}$$

即直接消耗系数矩阵与直接分配系数矩阵互为相似矩阵，在知道总产出的情况下，可通过直接消耗系数矩阵求直接分配系数矩阵，也可通过直接分配系数矩阵求直接消耗系数矩阵。

利用直接消耗系数矩阵与直接分配矩阵的关系，可以证明完全需要系数矩阵与完全感应系数矩阵之间也存在相关关系。利用里昂惕夫逆矩阵，并代入式（10.20），有：

$$\begin{aligned}\hat{X}^{-1}L\hat{X} &= \hat{X}^{-1}(I-A)^{-1}\hat{X} = [\hat{X}^{-1}(I-A)\hat{X}]^{-1} \\ &= (\hat{X}^{-1}\hat{X} - \hat{X}^{-1}A\hat{X})^{-1} = (I-H)^{-1} = \bar{G}\end{aligned}$$

即完全需要系数矩阵与完全感应系数矩阵同样存在互为相似矩阵的关系。

三、投入产出模型的主要应用

投入产出法提供了一种定量分析一定时期社会再生产过程和产业之间联系的方法，借助投入产出法，我们可以更准确地认识和分析经济现状、探索经济运行规律、制定经济计划，也可以更深入地把握产业结构间的经济技术联系。

（一）投入结构

投入产出表纵列费用结构即投入产出表的投入结构，通过中间产品的投入，反映各个产业部门生产技术联系，在投入产出分析中，使用直接消耗系数指标来反映这种生产技术联系，故直接消耗系数又称为投入系数。投入系数可以用于各产业部门的结构比例分析，为结构比例的调整提供依据，从动态的角度看，某产业投入系数的变动可以反映产业间生产技术联系的变化，从而在一定程度上反映产业结构的变化情况。

---

① 陈锡康、杨翠红等：《投入产出技术》，科学出版社 2011 年版，第 30 ~ 31 页。

（二）销路结构

与投入结构对应，销路结构指产业部门间产品的流向，与产业之间的分配系数有关，故销路结构又称为分配结构，它反映某一产业产品分配给其他产业部门的比例。通过销路结构可以准确地识别产品的流向和比重，从而反映各产业部门在发展过程中受到其他产业部门发展的影响和制约情况。

（三）中间投入率

从后向关联的角度来看，在投入产出表的列向关系中，每个产业部门的生产不仅需要初始投入，也需要中间投入，某一产业使用的总的中间投入除以该产业的总投入，就可以得到中间投入率指标：

$$I_j = \frac{\sum_{i=1}^{n} Z_{ij}}{X_j}(j = 1,2,\cdots,n) \tag{10.21}$$

式中，$\sum_{i=1}^{n} Z_{ij}$ 表示某一产业的中间投入之和，中间投入率反映了某产业生产过程中需要从其他产业购入的原材料的比重，它反映了该产业的生产要素来源的分布。由于投入产出表在列向关系上有“中间投入 + 初始投入(附加价值) = 总投入”的关系，因此，在比例关系上有“中间投入率 + 附加价值率 = 1”，故当一个产业的附加价值率越高时，中间投入率越低。

（四）中间需求率

在投入产出表的横向关系中，每个产业的总产品都由中间品和最终品构成，从需求角度来说，即总需求由中间需求和最终需求构成，因此，由中间需求在总需求中的比例关系反映了某产业的总产品在其他产业投入品中所占的份额，进而反映了产业之间的经济结构特征，中间需求率表示为：

$$I_i = \frac{\sum_{j=1}^{n} Z_{ij}}{X_i}(i = 1,2,\cdots,n) \tag{10.22}$$

式中，$\sum_{j=1}^{n} Z_{ij}$ 表示各个产业部门对第 i 个产业部门的中间需求的总和，中间需求率越高，表明该产业部门提供给其他产业部门的中间产品越多，因此，该产业部门具有越强的原材料产业性质。通过中间需求率，可以较为准确地计算出各产业部门的产品用生产资料和消费资料的比例，因此能更确切地把握各产业部门在国民经济系统中的地位和作用。①

中间投入率和中间需求率可以反映各个产业之间的相互依存关系，也可以揭示按不同中间投入率和中间需求率划分的产业群在国民经济系统中所处的地位。钱纳里和渡边等曾按照中间投入率和中间使用率将美国、日本等多个国家的产业做了如表10－2所示的分类。

表10－2　按中间需求率和中间投入率大小划分的不同产业群

项目	中间需求率小	中间需求率大
中间投入率大	Ⅲ最终需求型产业 日用杂货、造船、皮革及皮革制品、食品加工、粮食加工、运输设备、机械、木材、木材加工、非金属矿物制品、其他制造业	Ⅱ中间产品型产业 钢铁、纸及纸制品、石油产品、有色金属冶炼、化学、煤炭加工、橡胶制品、纺织、印刷及出版
中间投入率小	Ⅳ最终需求型基础产业 渔业、运输业、商业、服务业	Ⅰ中间产品型基础产业 农业、林业、煤炭、金属采矿、石油及天然气、非金属采矿、电力

资料来源：杨治：《产业经济学导论》，中国人民大学出版社1985年版。

表10－2中，第Ⅰ、Ⅱ、Ⅲ部分属于国民经济系统中的物质生产部门，为其他部门提供中间品和最终品；第Ⅰ和Ⅱ部分属于中间产品生产部门，其生产的大多数产品提供给第Ⅲ部分使用；第Ⅲ部分把来自第Ⅰ、Ⅱ部门的产品加工后投放到最终需求中；第Ⅳ部分除渔业外，大部分为产品流通提供中介服务。

第三节　产业波及效果分析

产业关联理论所揭示的是存在于各产业之间的相互依存、相互作用关系。由于国民经济产业部门间存在错综复杂的关系，某产业发展变化会对其他产业发展变化造成影响，故需要利用产业波及效果分析对产业关联的动态变化情况进行揭示。

一、产业波及效果的内涵

由于产业间存在广泛的联系，当一个产业部门发生变化时，会对其他相关产业部门

① 苏东水：《产业经济学》，高等教育出版社2015年版，第190页。

造成影响，各个相关产业部门的变化又引起与之相关的产业部门的变化，这种影响沿着产业关联依次传递，但影响力逐渐减弱，这个过程就是产业波及，由产业波及对国民经济系统产生的影响，就是产业波及效果。利用投入产出表对国民经济系统波及影响进行分析，就是产业波及效果分析，具体表现为当投入产出表中某一系数发生变化时，引起的表中其他系数的变化。在产业关联的作用下，当经济系统中的某产业发生变化时，必然会因为各产业的相互作用关系传导到其他方面乃至整个国民经济体系，故产业波及效果分析是一种动态分析。

产业波及影响表现在三个方面：一是某产业的变化对其他产业生产活动造成的影响；二是最终需求的变化导致整个经济系统的变化；三是附加值部分的变化对整个经济系统的影响。

在产业波及中，产业发生变化按照一定走向将影响传递给相关产业所遵循的路线即产业波及线路。因此，产业之间的联系方式即产业波及线路，它体现了产业波及的路线和效果，此外，产业间的波及效果也体现在产业之间的联系纽带上，当某一产业发生变化时，借助联系的纽带将影响传递下去，如引起其他相关产业的技术、价格、就业等方面的变动，进而产生各种波及效果，如生产技术波及效果、价格波及效果等。

二、产业波及效果的指标与测算方法

反映产业波及效果的指标主要有四个，分别为产业感应度系数、产业影响力系数、生产诱发系数和最终依赖度。此外，较常用的还有综合就业系数和综合资本系数，利用投入产出表也可以计算碳排放含量。

（一）产业影响力系数和感应度系数

在产业关联中，某产业变化会对相关产业造成影响，在该产业关联的链条中，发生变化的产业影响其他产业的程度称为该产业的影响力，而将受到影响的产业的受影响程度称为感应度。各个产业之间存在不同的感应度和影响力，分别用感应力系数和影响力系数来表示产业之间的感应力和影响力。

1. 影响力系数

影响力系数反映的是，当国民经济系统中某一部门增加一个单位最终使用时，对国民经济系统各部门产生的生产需求波及程度。影响力系数可以通过投入产出表的逆矩阵获得，其公式为①：

$$F_j = \frac{\sum_{i=1}^{n} L_{ij}}{\frac{1}{n}\sum_{i=1}^{n}\sum_{j=1}^{n} L_{ij}} (j = 1,2,\cdots,n) \qquad (10.23)$$

式中，L_{ij}为里昂惕夫逆矩中的元素，$\sum_{i=1}^{n} L_{ij}$ 为里昂惕夫逆矩阵第 j 列之和，表示 j 部门增加一单位最终产品对经济系统各部门的完全需要量，$\frac{1}{n}\sum_{i=1}^{n}\sum_{j=1}^{n} L_{ij}$ 为里昂惕夫逆矩阵列和的平均值。

影响力系数以 1 为分界点，若 $F_j > 1$，表明 j 产业的生产对其他生产部门产生的波及影响程度高于社会平均影响水平；若 $F_j = 1$，表明产业的生产对其他生产部门产生的波及影响程度与社会平均影响水平一致；若 $F_j < 1$，表明产业的生产对其他生产部门产生的波及影响程度低于社会平均影响水平。总之，某产业的影响力系数越大，表明该产业部门对其他产业部门的拉动作用越大。如在大多数历史年份的投入产出表中，制造行业产业影响力系数往往大于 1 且高于多数其他的大类行业，说明制造行业对其他产业部门的生产拉动作用较大，与上游关联性较强。

2. 感应度系数

感应度系数反映国民经济系统中某产业部门增加一单位初始投入对其他相关产业部门的推动程度。

用公式表示为②：

$$P_i = \frac{\sum_{j=1}^{n} \bar{g}_{ij}}{\frac{1}{n}\sum_{i=1}^{n}\sum_{j=1}^{n} \bar{g}_{ij}} (i = 1,2,\cdots,n) \qquad (10.24)$$

式中，$\sum_{j=1}^{n} \bar{g}_{ij}$ 为完全感应系数矩阵的第 i 行之和，表示 i 部门增加单位初始投入引起的各部门产出增加之和；$\frac{1}{n}\sum_{i=1}^{n}\sum_{j=1}^{n} \bar{g}_{ij}$ 为完全感应系数矩阵的行和的平均值，用以反映国民经济系统各部门增加一单位初始投入引起的对所有部门产出需求和的均值。

与影响力系数类似，感应系数 P_i 也以 1 为分界值，若 $P_i > 1$，则表示该部门对经济系统各部门产出的推动作用高于社会平均水平；若 $P_i = 1$，则表示该部门对经济系统各部门产出的推动作用与社会平均水平持平；若 $P_i < 1$，则表示该部门对经济系统各部门

①② 程子林等：《中国 2012 年投入产出表》，中国统计出版社 2015 年版，第 8～9 页。

产出的推动作用低于社会平均水平。在以往年份感应度系数较大的行业大多为石油和天然气开采业与金属矿采选业等资源类行业，表明这类行业对其他产业部门的生产具有巨大的推动作用。排名越靠前的行业，当其初始投入增加时，会越有助于为下游产业提供更多的产品，进而推动国民经济的整体发展。

（二）生产诱发系数和最终依赖度

由于某产业部门最终需求的变化会带来其他相关产业生产的变化，故可以利用生产诱发系数来计算各产业部门最终需求的变化对生产的诱导作用程度，也是反映国内经济循环与国际经济循环的重要指标。生产诱发系数表示为生产诱发额与相应的最终需求额的比值，生产诱发额是对某产业的最终需求量在产业波及效果的作用下引起的全部生产额。生产诱发额可以通过里昂惕夫逆矩阵获得，用公式表示为：

$$U_L = (I - A)^{-1} Y_L \tag{10.25}$$

式中，U_L 表示各产业最终需求 L 项目的生产诱发额向量，L = 消费、投资、出口，Y_L 表示各产业在 L 最终需求项目上的最终需求向量。

若用 U_{iL} 表示第 i 产业部门对最终需求 L 项目的生产诱发额，元素 Y_{iL} 表示第 i 产业的 L 最终需求项目，则 $\sum_{i=1}^{n} Y_{iL}$ 表示各产业对最终需求 L 项目的合计数，则生产诱发系数表示为：

$$W_{iL} = \frac{U_{iL}}{\sum_{i=1}^{n} Y_{iL}} (i = 1,2,\cdots,n) \tag{10.26}$$

式中，W_{iL} 即表示第 i 产业部门的最终需求 L 项目的生产诱发系数。

借助生产诱发额，还可以计算某一产业生产的最终依赖度。最终依赖度是指某产业的生产对各最终需求项目的依赖程度，包括对消费、投资和出口等的依赖，并且其依赖包含直接依赖和间接依赖两种形式。最终依赖度用依赖系数表示，某产业各最终需求项目的生产诱发额与该产业各最终需求项目生产诱发额的合计数之比，即表示该产业对各最终需求项目的依赖程度，用公式表示为：

$$Q_{iL} = \frac{U_{iL}}{\sum_{L} U_{iL}} (i = 1,2,\cdots,n) \tag{10.27}$$

式中，U_{iL} 为第 i 产业部门最终需求 L 项目的生产诱发额，Q_{iL} 表示产业 i 对最终需求 L 项目的最终依赖度。根据最终需求依赖系数，可以判断哪些属于消费依赖型产业，哪些属于投资依赖型产业，哪些属于出口依赖型产业。

（三）综合就业系数和综合资本系数

利用里昂惕夫逆矩阵不仅可以计算一个产业的影响力系数，也可以计算由产业生产的变动带来的就业人数和资本量的变动，即可以利用里昂惕夫逆矩阵求综合就业系数和综合资本系数。

综合就业系数指的是，当某产业创造一单位生产时，需要本产业部门和其他相关产业部门的直接以及间接就业总人数，用公式表示为：

综合就业系数 = 就业系数 × 逆矩阵中的相应系数

用矩阵表示为①：

$$(J_1 J_2 \cdots J_n) = (a_{v1} a_{v2} \cdots a_{vn}) \begin{bmatrix} L_{11} & L_{12} & \cdots & L_{1n} \\ L_{21} & L_{22} & \cdots & L_{2n} \\ \vdots & \vdots & \ddots & \vdots \\ L_{n1} & L_{n2} & \cdots & L_{nn} \end{bmatrix} \tag{10.28}$$

式中，J_i 表示第 i 产业的综合就业系数，a_{vi} 表示第 i 产业的就业系数，L_{ij} 为里昂惕夫逆矩阵中的元素。其中，产业就业系数等于该产业的就业人数除以该产业的总产值。

类似于综合就业系数，综合资本系数指的是，当某产业创造一单位生产时，需要本产业部门和其他相关产业部门的直接以及间接资本总量，用公式表示为：

综合资本系数 = 资本系数 × 逆矩阵中的相应系数

用矩阵表示为②：

$$(K_1 K_2 \cdots K_n) = (a_{c1} a_{c2} \cdots a_{cn}) \begin{bmatrix} L_{11} & L_{12} & \cdots & L_{1n} \\ L_{21} & L_{22} & \cdots & L_{2n} \\ \vdots & \vdots & \ddots & \vdots \\ L_{n1} & L_{n2} & \cdots & L_{nn} \end{bmatrix} \tag{10.29}$$

式中，K_i 代表第 i 产业的综合资本系数，a_{ci} 为第 i 产业的资本系数，L_{ij} 为里昂惕夫逆矩阵中的元素。其中，产业资本系数等于该产业资本总量与该产业总产值的比值。

（四）碳排放核算

社会生产与自然环境一直存在密切的联系，在社会再生产过程中会产生大量污染

---

① 杨公仆、干春晖等：《产业经济学》，复旦大学出版社 2005 年版，第 413 页。

② 杨公仆、干春晖等：《产业经济学》，复旦大学出版社 2005 年版，第 414 页。

物，破坏良好的自然环境，自然环境的恶化又对生产资料造成影响，对污染物进行分析，可以合理调节投入产出，也为分析污染物对环境的破坏提供了一种量化的分析手段，对于世界各国调整节能减排、生态文明建设提供依据。

碳排放一直是环境问题中不可忽视的一部分，利用投入产出表可以对碳排放进行核算。①假定 Ψ 为二氧化碳的直接污染排放系数向量，用 B_P 表示完全污染排放系数矩阵，则有：

$$(B_{P1}B_{P2}\cdots B_{Pn})=(\lambda_1\lambda_2\cdots\lambda_n)\begin{bmatrix}L_{11} & L_{12} & \cdots & L_{1n}\\ L_{21} & L_{22} & \cdots & L_{2n}\\ \vdots & \vdots & \ddots & \vdots\\ L_{n1} & L_{n2} & \cdots & L_{nn}\end{bmatrix} \tag{10.30}$$

式中，B_{Pi}表示第 i 产业的完全污染系数，λ_i 为部门 i 在生产过程中二氧化碳的直接污染排放系数，L_{ij}为里昂惕夫逆矩阵中的系数。

根据式（10.30），可以计算出生产本国最终需求和出口部分所产生的全部二氧化碳排放量，公式分别表示如下：

$$P_Y^T=(\lambda_1\lambda_2\lambda_n)\begin{bmatrix}L_{11} & L_{12} & \cdots & L_{1n}\\ L_{21} & L_{22} & \cdots & L_{2n}\\ \vdots & \vdots & \ddots & \vdots\\ L_{n1} & L_{n2} & \cdots & L_{nn}\end{bmatrix}\begin{bmatrix}Y_1\\ Y_2\\ \vdots\\ Y_n\end{bmatrix} \tag{10.31}$$

$$P_E^T=(\lambda_1\lambda_2\lambda_n)\begin{bmatrix}L_{11} & L_{12} & \cdots & L_{1n}\\ L_{21} & L_{22} & \cdots & L_{2n}\\ \vdots & \vdots & \ddots & \vdots\\ L_{n1} & L_{n2} & \cdots & L_{nn}\end{bmatrix}\begin{bmatrix}E_1\\ E_2\\ \vdots\\ E_n\end{bmatrix} \tag{10.32}$$

式中，P_Y^T 为国内最终需求引起的二氧化碳排放总量，P_E^T 为出口引起的二氧化碳排放总量，Y_i 与 E_i 分别为第 i 产业的最终需求和出口。

第四节　全球价值链分工与跨国投入产出分析

一、跨国投入产出表

随着全球生态网络的发展，各产业之间的联系不再局限于某一国或某一地区，在经

① 陈锡康、杨翠红等：《投入产出技术》，科学出版社 2011 年版，第 30 ~ 31 页。

济全球化背景下，各国经济上的相互依赖和相互作用为跨国生产提供了发展基础，使得跨国贸易为国家间的投入产出提供了依据。

以各个国家间经济生产联系为纽带，可以编制出国家间投入产出表。国家间投入产出最早来源于美国经济学家艾萨德（Isard）在1951年提出的区域间投入产出模型概念。区域间投入产出表也称为IRIO模型，但其对基础数据的需求量巨大，研制比较困难，随后钱纳里（Chenery）和摩西（Moses）又先后提出了多区域投入产出模型，简称MRIO模型（又称为Chenery-Moses模型或列系数模型），该模型为每个产品部门建立一个产品流动矩阵，以此来对贸易系数进行推算，该模型相比IRIO模型对数据要求较少，故获得了更为广泛的应用。随后，各个学者也对区域间投入产出模型进行了深入研究，基于不同的假设提出了各种类型的模型。目前，投入产出表的主流模型为MRIO模型和Pool-Approach模型，但区域间投入产出模型的基本矩阵形式是IRIO模型。通过编制区域间投入产出模型，可以对区域间的资源配置情况进行分析，可以更为全面、系统地反映各区域和各产业间的经济技术联系，也提供了一种分析区域经济差异、区域产业联系影响等的量化工具。

根据区域间投入产出模型的设计思路，国际间投入产出表的基本形式如表10－3所示。①

表10－3　　　　国际间投入产出模型的基本形式②

<table>
<tr><td colspan="3" rowspan="3">产出
投入</td><td colspan="7">中间需求</td><td colspan="7">最终需求</td><td rowspan="3">总产出</td></tr>
<tr><td colspan="3">国家1</td><td>……</td><td colspan="3">国家m</td><td colspan="3">国家1</td><td>……</td><td colspan="3">国家m</td></tr>
<tr><td>部门1</td><td>⋮</td><td>部门n</td><td>⋮</td><td>部门1</td><td>⋮</td><td>部门n</td><td>部门1</td><td>⋮</td><td>部门n</td><td>⋮</td><td>部门1</td><td>⋮</td><td>部门n</td></tr>
<tr><td rowspan="7">中间投入</td><td rowspan="3">国家1</td><td>部门1</td><td colspan="7" rowspan="7">Z_{ij}^{rs}</td><td colspan="7" rowspan="7">Y_{ij}^{rs}</td><td rowspan="7">X_i^r</td></tr>
<tr><td>……</td></tr>
<tr><td>部门n</td></tr>
<tr><td>……</td><td>……</td></tr>
<tr><td rowspan="3">国家m</td><td>部门1</td></tr>
<tr><td>……</td></tr>
<tr><td>部门n</td></tr>
<tr><td colspan="3">增加值</td><td colspan="7">V_j^s</td><td colspan="8"></td></tr>
<tr><td colspan="3">总投入</td><td colspan="7">X_j^s</td><td colspan="8"></td></tr>
</table>

① 刘卫东、陈杰等：《中国2007年30省区市区域间投入产出表编制理论与实践》，中国统计出版社2012年版，第11页。

② 目前较为常用的跨国投入产出数据主要来自World Input-Output Database（WIOD）、Organization for Economic Co-Operation and Development（OECD）、United Nations Conference on Trade and Development（UNCTAD）、World Trade Organization（WTO）等。

国际间投入产出表和基本投入产出表结构相似，也是由纵横交错的三部分组成，分别称为第Ⅰ象限、第Ⅱ象限和第Ⅲ象限，各象限主栏和宾栏的划分方式与单一区域的投入产出表相同，不同点在于国际间投入产出表将中间投入、中间需求和最终需求细化到国家层面，每个国家再包含 n 个产品部门，各个国家之间的各个产品部门由此交错形成棋盘式表格，同时，各象限的元素除了包含表示产品部门的下标外，还包含表示国家的上标，如 Z_{ij}^{rs} 从横向看表示由 r 国的 i 部门生产的产品分配给 s 国的 j 产品部门的产品数量，从列向上看表示 s 国 j 产品部门生产中对 r 国 i 产品的消耗量，X_i^r 表示 r 国 i 产品部门的总产出。对于中间投入部分，主对角线部分表示各个区域的内部经济结构，非对角线部分则表示各个区域间的贸易关系；最终需求部分由不同区域的最终需求子矩阵组成；增加值部分也由各个不同区域的增加值子矩阵组成。①

根据区域间投入产出表，在行向和列向上也可以得到类似基本投入产出表的平衡关系式。

（1）行平衡关系：

中间需求 + 最终需求 = 总产出

（2）列平衡关系：

中间投入 + 增加值 = 总投入

（3）总量平衡关系：

总投入合计 = 总产出合计

每个部门的总投入 = 该部门的总产出

中间投入合计 = 中间需求合计

二、垂直专业化与全球价值链贸易增加值核算

（一）垂直专业化

在经济联系越来越紧密的今天，各种产品的生产联系越来越多地跨越国界，扩展到全球的空间范围，由此掀起了围绕全球价值链的广泛研究。

在全球价值链形成的初期，广泛使用的相关概念包括价值链、商品链、产业链等，直到21世纪初，才将全球价值链（global value chain，GVC）作为统一的术语和分析框

---

① 刘卫东、陈杰等：《中国2007年30省区市区域间投入产出表编制理论与实践》，中国统计出版社2012年版，第11页。

架，在此之后，对于全球价值链的相关研究得到迅速发展。①

垂直专业化最早由美国的经济学家巴拉萨（Balassa）在20世纪60年代提出，指的是一种商品的生产过程由连续的多个生产阶段组成，每个国家根据特有优势在某个或多个生产阶段进行相应的专业化生产的过程，随后出现了很多与垂直专业化相类似的名词，如国际生产分工、价值链分割、多阶段生产、外包等。2001年国际学者赫梅尔斯、石井和伊（Hummels，Ishii & Yi，简称HIY）首次提出了现在使用相对广泛的测量垂直专业化（vertical specialization，VS）的方法。② HIY将*VS*定义为一个国家在参与国际生产中其出口产品中的进口中间产品含量，也即出口中包含的国外附加值，从这个角度出发，他们利用OECD投入产出表计算了各国的VS，对一国在全球价值链分工背景下的国际专业化分工地位进行了研究。赫梅尔斯等提出的垂直专业化可以分为*VS*值和*VS*比率（*VSS*）两部分，其中，*VS*是绝对指标，用于测度出口产品中包含的进口中间品含量；*VSS*则一个相对指标，表示*VS*值在总出口中的比重，其范围为0～1，该值越大，说明该国的垂直专业化程度越高，即该国在国际分工中的分工程度越高。若*VSS*值为0，表示一国的出口产品全来自本国，而不包含进口中间品；若*VSS*值为1，则表示出口产品全部来自进口的中间产品。③

对于垂直专业化的使用，HIY对*VS*进行测算时，提出了两个假设：一是假设出口商品中的进口投入与生产提供本国消费所需的进口品的投入品比例相同，即同比例假定；二是假设所有进口中间品的国外含量相同，即若进口中间品已经在其他国家进行进口加工，那么以最后一次的国别价值增加值进行计算。④ 以上假设在实际中存在一些问题，且在应用中也存在一些不足之处，如未能反映一国在国际分工中创造的增加值，因此，后来越来越多的学者在HIY的理论基础上，对*VS*进行了改进和扩展。此外，赫梅尔斯等认为垂直专业化生产的发生需满足三方面内容：（1）一种商品需要在两个或多个连续的阶段进行生产；（2）在产品生产过程中，两个或多个以上的国家要提供相应的价值增值；（3）在产品生产过程中，应至少有一个国家使用进口投入，并且其产出中必须有一部分用于出口。具体的垂直专业化示意图如图10－1所示。

---

① 刘维林：《区域产业全球价值链嵌入的绩效与升级路径研究》，经济科学出版社2014年版，第7页。

② David，Hummels，et al. The Nature and Growth of Vertical Specialization in World Trade. Journal of International Economics，2001.

③ 刘维林：《区域产业全球价值链嵌入的绩效与升级路径研究》，经济科学出版社2014年版，第98页。

④ 朱妮娜、叶春明：《东亚区域生产网络背景下的贸易价值增值研究——基于国际投入产出模型分析》，中国金融出版社2013年版，第94页。

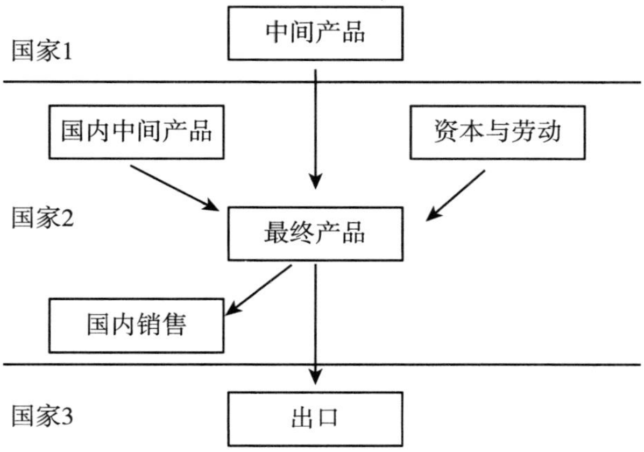

图 10－1　垂直专业化示意

赫梅尔斯等提出的 VS 测算方法，计算过程如下：

$$VS = \frac{I}{X} \times E = \frac{E}{X} \times I \tag{10.33}$$

式中，E 表示出口，I 表示进口，X 表示总产出，当一国不使用任何进口的中间品时，$VS=0$。

若用 k 表示国家、i 表示产业部门，则某国的垂直专业化程度可以表示成所有产业部门垂直专业化的加总，即：

$$VS_k = \sum_i VS_{ki} \tag{10.34}$$

故一个国家总出口中的 VS 份额即 VSS 表示为：

$$VSS_k = \frac{VS_k}{E_k} = \frac{\sum_i VS_{ki}}{\sum_i E_{ki}} \tag{10.35}$$

进一步用矩阵形式表示为：

$$VSS_k = \frac{VS_k}{E_k} = uA^M E/E_k \tag{10.36}$$

式中，u 表示元素为 1 的 $1 \times n$ 的向量，A^M 为 $n \times n$ 的进口系数矩阵，E 为 $n \times 1$ 的总出口向量，E_k 为 k 国所有产业部门出口总和，n 是产业部门数，A^M 中的元素 a_{ij} 表示 j 产业部门一单位产出需要的来自 i 部门的进口投入。

由于进口投入品可能会在多个产业部门进行循环使用，即进口投入品在第一部门使用后，包含在第一部门的产出中又被投入第二产业部门，如此循环下去，直到进入出口最终产品的生产部门，因此，根据这种循环使用特征，可将式（10.36）进一步写为：

$$\frac{VS_k}{E_k} = uA^M[I - A^D]^{-1}E/E_k \tag{10.37}$$

式中，A^D 表示 $n \times n$ 的国内系数矩阵，I 为单位矩阵，$[I - A^D]^{-1}$ 为国内里昂惕夫逆矩阵，反映进口中间品在国内各生产部门循环使用的情况，其他字符解释同前。

（二）全球价值链贸易增加值核算

继 HIY 提出 *VS* 之后，出现了与垂直专业化对应的另一名词——出口附加值，又称完全国内增加值（domestic value-added，DVA）。*VS* 表示一国出口中的进口中间投入的价值，而 *DVA* 表示一国出口中由本国创造的增加值，在国际分工深化的背景下，一个国家出口的价值要么来自国内，要么来自国外，因此有如下关系式：

$$VS + DVA = 1 \tag{10.38}$$

根据式（10.38），*VS* 和 *DVA* 可以看作出口这枚硬币的两面。因此，若知道一个国家出口中的进口品的附加值，那么就可以求解出口品中包含的本国附加值。

利用跨国投入产出表，可以计算各个经济体在全球价值链中的增加值分布情况。简单以两国两部门为例，计算出口中的贸易增加值。假定 $\hat{V}$ 为各国各行业增加值系数对角矩阵，其元素 V_i^s 表示 s 国 i 产业的增加值，$\hat{E}$ 为各国各行业出口子矩阵沿对角线分布形成的矩阵，矩阵中的元素 E_i^s 表示 s 国 i 产业的出口子矩阵，L_{ij}^{sr} 为里昂惕夫逆矩阵中的元素，则两国两部门贸易增加值矩阵表示为：

$$\hat{V}L\hat{E} = \begin{bmatrix} V_1^s & 0 & 0 & 0 \\ 0 & V_2^s & 0 & 0 \\ 0 & 0 & V_1^r & 0 \\ 0 & 0 & 0 & V_2^r \end{bmatrix} \begin{bmatrix} L_{11}^{ss} & L_{12}^{ss} & L_{11}^{sr} & L_{12}^{sr} \\ L_{21}^{ss} & L_{22}^{ss} & L_{21}^{sr} & L_{22}^{sr} \\ L_{11}^{rs} & L_{12}^{rs} & L_{11}^{rr} & L_{12}^{rr} \\ L_{21}^{rs} & L_{22}^{rs} & L_{21}^{rr} & L_{22}^{rr} \end{bmatrix} \begin{bmatrix} E_1^s & 0 & 0 & 0 \\ 0 & E_2^s & 0 & 0 \\ 0 & 0 & E_1^r & 0 \\ 0 & 0 & 0 & E_2^r \end{bmatrix}$$

$$= \begin{bmatrix} V_1^s L_{11}^{ss} E_1^s & V_1^s L_{12}^{ss} E_2^s & V_1^s L_{11}^{sr} E_1^r & V_1^s L_{12}^{sr} E_2^r \\ V_2^s L_{21}^{ss} E_1^s & V_2^s L_{22}^{ss} E_2^s & V_2^s L_{21}^{sr} E_1^r & V_2^s L_{22}^{sr} E_2^r \\ V_1^r L_{11}^{rs} E_1^s & V_1^r L_{12}^{rs} E_2^s & V_1^r L_{11}^{rr} E_1^r & V_1^r L_{12}^{rr} E_2^r \\ V_2^r L_{21}^{rs} E_1^s & V_2^r L_{22}^{rs} E_2^s & V_2^r L_{21}^{rr} E_1^r & V_2^r L_{22}^{rr} E_2^r \end{bmatrix} \tag{10.39}$$

式中，$V_1^s L_{11}^{ss} E_1^s$ 表示由 s 国第 1 产业的出口带来的 s 国第 1 产业的增加值，$V_2^s L_{21}^{ss} E_1^s$ 表示由 s 国第 1 产业的出口带来的 s 国第 2 产业的增加值，其他元素具有类似的解释，根据 *DVA* 的定义，在两国两部门模型中，可以得到：

$$DVA = V_1^s L_{11}^{ss} E_1^s + V_2^s L_{21}^{ss} E_1^s + V_1^s L_{12}^{ss} E_2^s + V_2^s L_{22}^{ss} E_2^s$$

即 s 国出口中包含的国内增加值为第 1 产业和第 2 产业出口带来的增加值总和。此外，在式（10.39）中，基于前向关联角度，每一行元素表示经济体（s 国或 r 国）的第 i 产业（1 或 2）的增加值的去向；基于后向关联角度，每一列元素表示经济体（s 国或 r 国）的第 i 产业（1 或 2）的增加值来源。①

三、产业上游度与生产阶段测度

在经济全球化背景下，一个国家参与国际分工的地位体现了该国的经济实力，通过使用产业上游度指标，不仅可以用于衡量一个国家在全球价值链中的地位，也可以用于比较各国产业在国际上的竞争力。

（一）产业上游度含义

产业上游度即行业上游度，是指某产业生产的产品距离最终品的平均距离。通过在产业层面对产业上游度进行计算，可以对各产业在相应生产价值链上的位置进行衡量，以确定各产业在全球价值链的中的分工位置和竞争程度。安特拉斯等（Antràs et al.）在 2012 年提出了产业上游度概念，用以研究一个国家在国际分工背景下，该国某个行业在全球价值链中所处的相对位置和国家生产分割程度，他们将某产业在其产业价值链上的位置定义为该产业与最终产品间的加权平均距离，即一个国家的产品在达到最终需求之前需要经历的生产阶段数，可以利用该指标来分析各个国家不同产业在生产价值链中的上下游关系。当产业上游度越大时，说明该产业越接近生产价值链的中间投入品端，与最终产品端的距离越远，在到达最终品端时需要经历的生产阶段数越多。

生产阶段数即生产分割长度，最早提出“生产分割”概念的是琼斯和基尔茨科夫斯基（Jones & Kierzkowski），他们认为随着贸易壁垒和产品运输、信息成本的下降，为一体化生产过程的分割提供了条件，使得产品生产过程中的不同环节被分配到成本较低的国家或地区进行生产，资源配置也变得更加有效。② 换言之，生产分割将生产过程各个环节的生产任务分配给不同的国家或地区来完成，不仅优化了资源配置，提高企业生产的专业化水平，也使得各个国家广泛参与全球价值链的分工中，为测度各个国家在价值链上的上下游位置提供了测算基础。当生产阶段数变长时，经济生产的结构复杂度会提

---

① 对于三国模型，可参见王直、魏尚进、祝坤福：《总贸易核算法：官方贸易统计与全球价值链的度量》，载于《中国社会科学》2015 年第 9 期。

② 马涛：《中间产品贸易和直接投资、生产分割的关系——基于中国工业部门的研究》，载于《国际贸易问题》2010 年第 1 期。

高，又进一步反映全球生产分工体系的深化程度，也由此说明一国与其他国家在生产联系上的互动强度。

（二）产业上游度计算方式①

有关产业上游度的测算方法，最早由法利（Fally）和安特拉斯（Antràs）分别提出，本书以安特拉斯的研究为例，介绍有关产业上游度的测算方法。

1. 封闭情况下的产业上游度

在一个没有存货的封闭经济中，若一国有 n 个产业，则第 i 产业的总产出 X_i 等于其最终产品 Y_i 与其作为其他产业的中间投入 Z_i 之和，即：

$$X_i = Y_i + Z_i = Y_i + \sum_{j=1}^{n} d_{ij}X_j(i,j = 1,2,\cdots,n) \tag{10.40}$$

式中，d_{ij}是封闭条件下生产单位价值的j产品需要投入的i产品的价值，且其值大于等于0。为便于刻画该产业在价值链上所处的位置，将第 i 产业的总产出表示成以最终使用形式表达的一个无限项，故有：

$$X_i = Y_i + \sum_{j=1}^{n} d_{ij}Y_j + \sum_{j=1}^{n}\sum_{k=1}^{n} d_{ik}d_{kj}Y_j + \sum_{j=1}^{n}\sum_{k=1}^{n}\sum_{l=1}^{n} d_{il}d_{lk}d_{kj}Y_j + \cdots \tag{10.41}$$

对式（10.41）中每一项乘以其距离最终需求的距离加1，再除以总产出，即可得到封闭条件下的产业上游度 U_i，表达式为：

$$U_{1i} = 1 \times \frac{Y_i}{X_i} + 2 \times \frac{\sum_{j=1}^{n} d_{ij}Y_j}{X_i} + 3 \times \frac{\sum_{j=1}^{n}\sum_{k=1}^{n} d_{ik}d_{kj}Y_j}{X_i} + 4 \times \frac{\sum_{j=1}^{n}\sum_{k=1}^{n}\sum_{l=1}^{n} d_{il}d_{lk}d_{kj}Y_j}{X_i} + \cdots \tag{10.42}$$

显然，$U_i \geqslant 1$，若 U_i 越大，则该产业的产业上游度越大，说明该产业与最终产品端的距离越远。

以上方法计算出的产业上游度与法利在2011年提出的测算上游度的方法等效，法利提出的上游度计算方法表示为：

$$U_{2i} = 1 + \sum_{j=1}^{n} \frac{d_{ij}X_j}{X_i}U_{2j} \tag{10.43}$$

式中，$U_{2i} \geqslant 1$，$\frac{d_{ij}X_j}{X_i}$表示产业 j 购买的部门 i 的总产出份额。

利用上述公式和一国投入产出表就可以对该国任何一个产业的上游度进行测算。

---

① Antras P., Chor D., Fally T., et al. Measuring the Upstreamness of Production and Trade Flows. American Economic Review, 2012, 102 (3): 412-416.

2. 基于国际间投入产出表的产业上游度测算

在开放条件下，由于存在贸易流动情况，故式（10.40）变为：

$$X_i = Y_i + \sum_{j=1}^{n} d_{ij}X_j + E_i - I_i \tag{10.44}$$

式中，E_i 表示 i 产品的出口，I_i 表示 i 产品的进口。假设一国产业 i 的总产出被用于国内或国外产业 j 的中间投入比例为：

$$\delta_{ij} = \frac{d_{ij}X_j + E_{ij} - I_{ij}}{X_i} \tag{10.45}$$

式中，E_{ij}表示产品 i 的出口被用于国内或国外产品 j 的数量，I_{ij}表示产品 i 的进口被用于国内或国外产品 j 的数量。但由于 E_{ij} 和 I_{ij} 数据获取困难，因此，假定产业 i 的出口或进口被用于国内或国外产业 j 的中间投入比率与产业 i 的总产出被用于国内或国外产业 j 的中间投入比例相同，即：

$$\delta_{ij} = \frac{I_{ij}}{I_i} = \frac{E_{ij}}{E_i} \tag{10.46}$$

在该假设下，进一步有：

$$\hat{d}_{ij} = d_{ij}\frac{X_i}{X_i - E_i + I_i} \tag{10.47}$$

用 $\hat{d}_{ij}$取代式（10.42）和式（10.43）中的 d_{ij}，即可得到开放条件下的产业上游度：

$$\hat{U}_{1i} = 1 \times \frac{Y_i}{X_i} + 2 \times \frac{\sum_{j=1}^{n} \hat{d}_{ij}Y_j}{X_i} + 3 \times \frac{\sum_{j=1}^{n}\sum_{k=1}^{n} \hat{d}_{ik}\hat{d}_{kj}Y_j}{X_i} + 4 \times \frac{\sum_{j=1}^{n}\sum_{k=1}^{n}\sum_{l=1}^{n} \hat{d}_{il}\hat{d}_{lk}\hat{d}_{kj}Y_j}{X_i} + \cdots \tag{10.48}$$

同理也可以得到法利方法的模型形式：

$$\hat{U}_{2i} = 1 + \sum_{j=1}^{n} \frac{\hat{d}_{ij}X_j}{X_i}\hat{U}_{2j} \tag{10.49}$$

安特拉斯等提出的测度产业上游度指标时，考虑了封闭和开放经济两种情况，但假设相邻生产阶段的距离为 1，即各生产阶段间为等距离，虽然在实际中各生产阶段的距离不一定相等，但是由安特拉斯等提出的测算方法在计算产业上游度时，仍具有重要意义。

在国际间投入产出模型下，假设国际间投入产出表共包含 g 个国家，每个国家有 n 个部门，则总部门数为 $gn = g \times n$，式（10.45）中 E_{ij} 和 I_{ij} 数据均可以从国际间投入产出表中获取，上游度的测度可以视为封闭情况下的特例，因此，上游度的测算可直接采用矩阵形式得出：

$$U = 1 \times X^{-1}Y + 2 \times X^{-1}AY + 3 \times X^{-1}A^2Y + 4 \times X^{-1}A^3Y + \cdots \tag{10.50}$$

式中，U 为 $gn\times1$ 的上游度列向量，Y 为 $gn\times1$ 表示最终产品的列向量，X 为由总产出元素作为对角阵构成的 $gn\times gn$ 矩阵，A 为 $gn\times gn$ 的中间消耗系数矩阵。对式（10.50）两侧同时乘以 A 可得：

$$AU=1\times X^{-1}AY+2\times X^{-1}A^2Y+3\times X^{-1}A^3Y+4\times X^{-1}A^4Y+\cdots \quad (10.51)$$

式（10.50）和式（10.51）相减可得：

$$(I-A)U=X^{-1}AY+X^{-1}A^2Y+X^{-1}A^3Y+X^{-1}A^4Y+\cdots=X^{-1}(I-A)^{-1}Y \quad (10.52)$$

进一步推导可得到：

$$U=X^{-1}B^2Y=X^{-1}(I-A)^{-1}Xu=(X(I-A)X^{-1})^{-1}u=(I-H)^{-1}u=Gu \quad (10.53)$$

式中，u 为 $gn\times1$ 的单位列向量，H 为国际间投入产出表的分配系数矩阵，G 为相应的高斯逆矩阵。

第十一章

产业结构优化

产业结构优化是一个国家或地区经济发展质量提升的重要体现，产业间和产业内部构成要素数量比例的动态变化能够反映出某一国家或地区产业结构优化的程度。产业结构优化也包括多个维度，目前研究应用较为广泛的包括反映产业间均衡与协调程度的产业结构合理化，反映产业附加值、技术复杂度、集约水平等的产业结构高度化，以及反映产业内部服务投入水平以及服务业发展程度的产业结构服务化等。本章将对上述概念的内涵、测度方法以及实现机制等进行介绍，进而阐述产业结构优化升级的实现路径。

第一节　产业结构合理化

产业结构合理化是产业结构优化的重要内容，也是产业结构高度化的基础。关于产业结构合理化的论述，主要包括内涵、判断基准、实现途径以及效应等方面内容。

一、产业结构合理化的内涵

（一）产业结构合理化的含义

产业结构合理化是指在社会经济活动中，实现供求结构均衡、各产业部门协调发展并取得较好结构效益的产业结构优化过程，反映为各产业之间协调能力的加强与关联水平的提高。因此，产业结构合理化是一个由不合理到合理的动态调节过程，也即各产业之间经济技术联系与数量比例关系动态变动达到合理配置的过程。产业结构是否合理，决定着国民经济能否协调发展与良性循环。衡量产业结构是否合理的关键在于判断产业之间是否具有因其内在的相互作用而产生的一种不同于各产业能力之和的整体能力，如果产业之间因相互作用而引起的关系越协调，产业结构整体能力就越强，那么与之相对应的产业结构就越合理，反之则越不合理。①

通常，产业结构不协调主要表现为供求结构变化的不协调。一方面，供给结构的变化无法适应需求结构的变化，在需求结构发生变化时，供给结构由于其自身的原因，可能不能及时变化，如供给结构刚性、市场信息不对称等导致供给结构在需求结构发生变化后不能及时调整；或者变化相对滞后，如供给结构与需求结构变动之间存在时滞问题导致供给结构变动滞后；又或者供给结构发生过度变化，如供给过剩，导致供给结构的变化不能适应需求结构的变化。另一方面，需求结构的变化也无法及时适应供给结构的变化。当供给结构发生变化时，如果人均收入水平不高，高档商品就无法吸引收入较低者等情况导致需求结构未发生变动，出现需求不足；或者需求与供给之间存在的时滞问题使得需求结构变动缓慢；另外，如资金人才的不足、新产品新技术等情况的出现，短期内需求快速膨胀，导致需求结构的过度变化，进而引起供给结构与需求结构的不匹配。

（二）产业结构合理化的内容

产业结构合理化的内容主要包括四方面，分别为产业素质间的协调、产业间联系方式的协调、产业间相对位置的协调以及产业间供给与需求的协调。只有强化产业间的协调，才能提高产业结构的聚合质量，进而提高产业结构的整体效果。②

1. 产业素质间的协调

评判产业素质间是否协调的关键在于判断相关产业之间是否存在技术水平的断层和劳动生产率的强烈反差。如果存在着断层和强烈反差，产业之间就会产生较大的摩擦，产业素质间就会表现出不协调。通过比较产业部门的国民收入份额和该产业部门的劳动力份额之比，可以大体判断产业素质间的协调程度，若比值分布较集中且有层次，则产业间素质较协调，反之则不协调。

2. 产业间联系方式的协调

产业之间联系方式的协调表现为产业间是相互服务和相互促进的，而不是相互阻碍和相互抵消的。具体表现为各产业部门在生产过程中相互提供帮助，并且彼此促进，不以削弱一方的发展为代价来提高自身的发展，如农业为工业提供相应的动力和原料，工业为农业提供机械装备和技术，同时，农业与工业在社会再生产过程中密不可分，在彼

---

① 苏东水：《产业经济学》，高等教育出版社 2015 年版，第 220 页。

② 周振华：《产业结构优化论》，上海人民出版社 1992 年版，第 107～113 页。

此的帮助下协调快速发展。

3. 产业间相对位置的协调

产业间存在的错综复杂的关系，使得各产业在产业结构中所处的地位不同，各自的职责也不相同。产业间相对位置的协调就是指产业间排列的位置层次分明，各主次与发展的关系轻重有别，即产业间主次分明、各行其责。如果产业间主次不分、轻重无序，就会造成产业关系错乱，进而导致产业结构的不协调。

4. 产业间供给与需求的协调

产业结构合理化要求产业间供给变动与需求变动相适应，两者相互平衡。在需求正常变动时，产业结构通过自身的调整适应新的需求变动，进而供求之间数量与结构上的差异逐渐缩小，两者变动趋于协调。如果出现一方缓慢变化或不变化，以及过度变化的情况，不仅会造成产业结构的失衡，也会阻碍社会发展。

二、产业结构合理化的基准

（一）产业结构合理化判断标准

目前对产业结构合理化的判断基于以下四个标准。

1. 国际基准

钱纳里曾将一国的经济发展分为从传统社会到现代化社会的六个阶段，并给出不同阶段下三次产业的比例结构。国际基准即主要基于钱纳里等提出的标准产业结构为依据，来判断某个国家或地区在不同的经济发展阶段下产业结构的合理度。① 然而，根据历史数据进行统计分析来挖掘产业结构变动的一般规律，虽然可以作为判断产业结构变动是否合理的参考依据，但是不能作为绝对判断标准使用。原因在于各国在不同经济发展阶段所处的环境、要素禀赋等不一样，无法形成统一的发展模式和产业结构，故不能以此作为绝对的量化根据。

2. 需求结构基准

需求结构基准考虑的是需求结构与产业结构的适应程度，包括静态和动态两个方面。静态的适应是指产业结构与需求结构的匹配程度，动态的适应是指当需求发生变化时，产业结构是否能够进行相应调整，或者产业结构的调整幅度能否满足需求结构变动

---

① 苏东水：《产业经济学》，高等教育出版社 2015 年版，第 223 页。

的步伐。只有当两者在静态和动态条件下都能够相互适应时，产业结构才合理，否则就不合理。但是，在考虑运用此种基准来判断产业结构的合理性时，应该首先确定需求结构是否正常，只有在需求结构及其变动正常的情况下，才能用该标准对产业结构的合理性进行判断，否则根据需求异常条件下的供需失衡来判断产业结构的合理性反而会造成偏差。

3. 产业间比例平衡基准

产业结构合理化要求产业之间有一个协调的比例关系，因此，产业间的比例关系是否协调，可以作为判断产业结构是否合理化的一个基准。比例协调的产业结构能够避免在某些产业产生严重的短缺或者过剩等需求不适应市场的情况，进而避免产业结构的扭曲。经济增长需要产业间的协调发展作为支撑，产业间的比例协调是经济增长的重要保障。但是也不能以此作为绝对的判断基准，因为在不同的经济增长条件下，各产业部门会表现出不同的增长速度，引起产业间结构比例的变化，这是由于不同的经济发展阶段所造成的，只有当产业结构关系的失衡制约了经济的持续增长，才能判断为产业结构的不合理。

4. 资源利用合理有效基准

产业结构的重要功能之一就是将输入的各种生产要素，按照市场需求转换为相应的产出，这种转换过程伴随着转换效率的高低，只有当转换的效率处于一个合理的范围时，资源才能得以有效的利用，故资源能否得到合理有效的应用也是判断产业结构是否合理的一个重要基准。资源被合理有效应用的程度越高，产业结构就合理，反之则越不合理。①

（二）产业结构合理化测定方法

有了产业结构合理化判断基准，还需要对产业合理化进行测定，具体的测定方法包括以下四种②。

1. 国际比较法

国际比较法主要是通过与库兹涅茨、钱纳里、赛尔奎因等提出的标准产业结构的量化对比，将所研究国家或地区的产业结构比例与上述学者所提出的相同或接近国民产值水平下的标准产业结构进行比较，计算出研究对象与标准产业结构之间的差异，并将其

① 杨公仆等：《产业经济学》，复旦大学出版社 2005 年版，第 338 页。

② 苏东水：《产业经济学》，高等教育出版社 2015 年版，第 224 页。

作为产业结构合理水平的判断依据。

2. 影子价格分析法

在西方经济学中，影子价格作为衡量资源合理配置的一个指标，在产业结构中，也可以利用产业部门的影子价格与整体影子价格的平均值偏离程度作为衡量产业结构合理化的一种方法，当两者偏离越小时，结构越合理，当偏离越大时，产业结构越不合理。

3. 需求判断法

在产业结构合理化的判断基准中，需求结构与产业结构的匹配程度和适应程度是产业结构合理化的判断基准之一，此外，也可以从需求角度对产业结构合理化进行判别。从需求角度来衡量产业结构是否合理化，需要从静态与动态两个方面相结合进行考察，既要考虑静态方面需求结构与产业结构的匹配程度，同时也要考虑动态方面需求结构与产业结构调整的适应性。在从动态角度对产业结构与需求结构的适应性进行评价时，可以从收入弹性角度进行分析，其判断方法为分别对每一产业产品的需求收入弹性和生产收入弹性进行计算，如果两者相等，表明该产业与社会需求相适应；如果所有产业的需求收入弹性和生产收入弹性都相等，则说明整个产业结构与需求结构是彼此适应的。

4. 结构效果法

利用产业结构变动引起的国民经济总产出的变动来衡量产业结构变动方向是否合理的方法即结构效果法。当产业结构的变化有助于国民经济总产出的相对增长，则说明产业结构的这种变化方向是合理的；反之，则不合理。

三、产业结构合理化的实现机制

产业结构的合理化包括两个对立统一的过程：一是不同部门与行业之间进行不断调整，使彼此趋于协调的过程；二是产业部门间形成的这种协调被打破的过程。协调被打破主要有两方面客观原因：一是由于需求和需求结构发生变化，引起产业结构相应调整；二是由于技术进步改变了某些要素的生产效率，带来某些产业供给能力的变化，进而形成一种新的供需平衡关系。以发展的视角来考虑产业结构的合理化问题，新的供需平衡关系对原有供需平衡关系的替代，是产业结构在长期内实现合理化的重要路径。但在这一路径的实现过程中，引发产业结构调整的信号和动力存在较大差异，根据这种差异可以将其分为市场机制、计划机制及市场计划相结合的机制。①

---

① 苏东水：《产业经济学》，高等教育出版社 2015 年版，第 225 页。

（一）产业结构调整的市场机制

产业结构调整的市场机制主要是经济系统的自我调节过程，在市场信号的引导下，经济主体通过生产资源的重组和在产业部门间的流动，促进产业结构尽可能适应需求结构的变动。在需求结构发生变化时，由于各种原因，可能导致现有需求结构与供给结构不匹配，出现部分产品需求大于供给，而另一部分产品供给大于需求的情况，进而引起产品价格的波动，一旦价格波动幅度超过部门间生产资源转移的临界值，资源就会从价格下降的产品部门转移到上升的部门，直到形成新的供求平衡点。价格是这一结构调整过程的变动信号，而动力则是各经济主体对增加利润避免损失的追求。

（二）产业结构调整的计划机制

与市场机制对应，计划机制是一种对经济系统的调控过程，由政府干预向经济系统传达某种信号，直接在产业间进行资源的配置，推动产业结构的变化。政府以经济发展目标为出发点，根据产业结构情况，向经济主体传达指令，进而对产业供求关系进行调整。这一结构调整中结构变动的信号是政府有关指令，动力则是政府对经济持续、稳定、协调增长的追求。

（三）产业结构调整的市场与计划相结合机制

在产业结构的调整机制中，市场机制虽然比计划机制准确、稳妥灵敏，但由于市场机制主要是事后调节，信号的传递存在时滞，需要的成本较大，而计划机制属于事前调节，但由于政府的有限理性以及与市场之间存在的摩擦，很难实现对产业结构合理化的精确识别和有效调节，故单独使用任何一种机制都不能达到最优结果，难以促使产业结构由不合理达到合理的状态。从全球各国的实践来看，无论是资本主义国家还是社会主义国家，都不是仅仅采用一种市场机制或计划机制，而是将两者有机结合起来，并且根据各自不同的国情以及不同的发展阶段或经济周期对两种机制的选择各有侧重，从而引导本国的产业结构向着合理化的方向不断调整。

四、产业结构合理化的效应

产业结构既有各产业部门之间质的联系，又有其量化关系。因此，产业结构合理化中的均衡与协调不仅是一般质的关系，而且要有量化指标。产业结构合理化效应包括结构整体效应、结构联系效应和结构经济效益。

（一）结构整体效应

产业结构作为各产业部门按一定方式构成的有机整体，会出现所有单个产业相加所没有的整体效应，这是由产业的结构内涵和结构素质产生的，也是产业结构的内在属性。由各产业互相联系和互相作用所产生的整体效应，可能是高的，也可能是低的；可能是积极的，也可能是消极的。当产业间联系方式不当、比例关系不协调等造成结构内耗，或产业结构中存在消极因素时，会导致整体效应低。因此，产业结构的整体效应反映着产业结构的合理化程度。

（二）结构联系效应

联系效应也称“关联效应”或“连带效应”，具体指某一产业投入产出关系的变动对其他产业投入产出水平的波及和影响。由于一国各产业间的联系系数各不相同，如果某一产业的前向和后向联系系数都比较大，则表明该产业与其他产业联系密切，具有较大的带动力和感应力，优先发展这些产业有利于促进产业结构优化。因此，合理化的产业结构会有助于一国产业间形成较为紧密的关联协作关系，提升整体的关联效应。

（三）结构经济效益

产业结构的基本功能就是通过自身的变化对经济的增长和效益的提高产生影响。所谓结构经济效益是指由于产业结构的变化所带来的经济效益，是反映产业结构和经济增长因果关系的概念。不同产业结构有不同的整体效益，因此有不同的经济增长速度。而不同的经济增长速度又对产业结构产生不同的要求。在产业结构与经济增长速度的上述辩证关系中，产业结构对经济增长速度的影响主要通过结构经济效益来实现。考察结构经济效益时，不能脱离初始结构的状况，也不能单纯观察结构变化后获得的经济效益，而要通过不同产业结构比较研究寻找合理的或最佳的结构。一般来说，结构经济效益大（小）首先表现为资源消耗的节约（浪费）或经济效益的增加（减少）上。因此，结构经济效益一般用资源消耗或经济收益在考察期的变动进行衡量。结构经济效益的水平是反映产业结构合理化的重要指标，也是产业结构合理化的必然结果。

第二节 产业结构高度化

产业结构合理化和产业结构高度化都是产业结构优化的重要内容，产业结构合理化是一个不断调整产业间比例关系和提高产业间关联作用程度的过程，但对于广大发展中国家和地区来说，更重要的是推进产业结构不断从低级形态向高级形态转变，即产业结构的高度化进程。

一、产业结构高度化的内涵

（一）产业结构高度化的含义

产业结构高度化是一个从低水平状态向高水平状态发展的动态过程，是随着科技发展、分工的深化，产业结构向着更高级的水平发展演进的过程，也即产业结构不断向高附加值化、高技术化、高集约化的一个调整过程，该过程不仅使得资源得到更有效充分的利用，也促进了产业结构的转化与升级。

在产业结构高度化发展过程中，往往伴随着以下五个方面的特征：（1）劳动力从第一产业向第二、第三产业转移，同时在比重上占据优势的产业也会从第一产业逐渐过渡到第二、第三产业，即三次产业的依次转移；（2）产业结构的调整使得资源密集类型得到优化，产业结构中占据较大比重的优势产业会从劳动密集型产业逐渐向资金密集型、技术知识密集型产业过渡，即各种要素密集度的产业依次转移；（3）产业结构中占比较高的优势产业由制造初级产品的产业逐渐向制造中间产品、最终产品的产业演进，即产品形态的依次转移；（4）劳动力素质和企业家才能在产业投入要素中的份额逐渐提高，推动生产效率的改善；（5）企业之间的国内和国际联系更加紧密，开放程度不断提高，专业化协作越来越突出。

（二）产业结构高度化的标志

对于产业结构高度化，其标志主要有五方面：（1）知识化，即知识在产业中的地位越来越重要，在指导产业发展过程中，知识已成为其最重要的决定因素；（2）服务化，即随着产业结构高度化的演进，第三产业在产业结构中的比重越来越大，日益成为促经济增长的主导产业；（3）高附加值化，即产品价值中所含剩余价值比例大，能够为企业带来较多的超额利润，往往是企业技术密集程度不断提高的结果；（4）高技术化，即在产业中产业结构的水平逐渐增强，产业中普遍应用高技术（包括新技术与传统技术复合），推动产业的集约化和规模经济效益的提升；（5）高加工度化，即加工深度化，具体表现为工业结构从原材料的粗加工、简单加工为主向精加工、复杂加工为主的方向发展，同时，由于加工的深度化提高了分工效率，因此，在加工深度化过程中，还伴随着劳动生产率的提高。

二、产业结构高度化的测度

在对产业结构高度化进行的量化研究中，主要采用的方法包括以下四种。

（一）标准结构法

标准结构法同国际比较法一样，需要将某国的产业与其他国家的产业结构进行比较，它是通过比较所研究的产业结构与其他国家的产业结构的平均高度，来衡量研究对象的产业结构高度化程度。一般标准结构法的分析主要运用两个指标：一是利用产值结构指标，站在系统的角度考虑产业结构时，系统的产出就是产业结构的产出，而产值结构就是产出结构的一种表现形式，因此，在价格体系合理的情况下，可以利用产值结构来衡量产业的标准结构；二是利用劳动力结构指标，劳动力作为生产要素进入经济系统，其追求的是劳动报酬最大化，因此，劳动力会向收入较高的产业聚集，不同产业间的不同劳动力情况可以作为反映产业结构的一个指标，但由于劳动力结构存在的一些问题，如劳动力流动受限等原因，不能将其作为最佳反映指标。

（二）相似性系数法

由于“标准结构法”在使用时只是进行简单对比，可能出现适应性问题，因此需要更为合理的方法来衡量产业结构高度化的程度。相似性系数法就是以某一参照国的产业结构为标准，采用相似性系数计算方法，将本国的产业结构与参照国的产业结构进行比较，以此确定本国产业结构高度化的一种方法。

在具体使用时，参考联合国工业发展组织（1980）的方法①，设 A 为研究对象国的产业结构，B 为参照国的产业结构，X_{Ai} 和 X_{Bi} 分别为第 i 产业在 A 和 B 中的比重，则 A 和 B 的产业结构相似性系数 S_{AB} 表示为：

$$S_{AB} = \frac{\sum_i (X_{Ai} \times X_{Bi})}{\sqrt{\sum_i X_{Ai}^2 \times \sum_i X_{Bi}^2}} \tag{11.1}$$

相似性系数的取值范围在 0 到 1 之间，S_{AB} 越大，A 和 B 两国的产业结构相似程度越高，当 A 和 B 两国的产业恰好是对方不具有的产业时，相似性系数值为 0。当 A 和 B 两

① 联合国工业发展组织：《世界各国工业化概况和趋向》，中国对外翻译出版公司 1980 年版，第 90 页。

国的产业结构完全相同时，该系数值为 1。通过该系数的测算，能够评估某个发展中国家的产业结构愈发接近还是远离某个作为标杆的先进经济体，并从中寻找发展中国家产业结构调整的方向。

（三）高新技术产业比重法

在工业内部，可以使用高新技术产业比重法来衡量产业结构高度化程度。在产业结构高度化过程中，产业重点依次从第一产业转移到第二产业和第三产业，劳动力密集型产业也向资源密集型产业和技术密集型产业过渡，最终以技术密集型产业为主导产业，因此高度化发展过程中，传统产业比重不断下降，而高新技术产业比重不断增加，通过比较不同时期或不同国家高新技术产业所占的比重，就可以直观地反映出产业结构高度化的程度。①

（四）加权生产率或技术复杂度法

从技术进步角度考察产业的高度化，实际上是资源和要素从生产率较低的产业部门向生产率较高产业部门流动的过程，从而使得高生产率的产业部门比重持续增加，进而使国民经济的总体生产率得到提高。按照该思路可以构建一国或地区 i 的产业高度化指数 H_i 为：

$$H_i = \sum_j S_{ij} \times F_{ij} \tag{11.2}$$

式中，S_{ij}为国家或地区 i 的第 j 个产业所占的比重，F_{ij}为国家或地区 i 的第 j 个产业的生产率。在实证研究中通常采用劳动生产率（工业增加值/就业人数）、资本生产率（工业增加值/资本存量）、增加值率（工业增加值/工业总产值）、全要素生产率等指标反映生产率。通过利用产业份额权重对各产业的生产率进行加权得到的不同国家、不同时期的总体生产率进行比较，就可以反映出产业高度化的相对水平及其在不同时期的变动。

还有的研究采用技术复杂度来刻画产业的高度化水平，其思路和计算公式与加权生产率法基本一致，只不过是用技术复杂度来代替生产率进行度量。在实证研究中技术复杂度可以通过某产业生产所需的中间品数量或利用国际贸易数据对其出口国的 GDP 水平加权得到。

---

① 李孟刚、蒋志敏：《产业经济学》，高等教育出版社 2008 年版，第 136 页。

三、产业结构高度化的机制

产业结构高度化是指要素资源从低生产率部门向高生产率部门转移的动态过程，也即向具有更强竞争优势产业部门的转移过程。要素资源的转移导致各产业部门的禀赋条件发生变动，禀赋条件的变动又引起产业间份额的变化，从而导致产业优势地位的改变，产业结构即在这种不断调整的过程中逐渐实现高度化。

创新是推动产业结构高度化的重要动力来源，当一个产品由于创新被开发出来时，和该产品有关的产业逐渐兴起，随着人们对产品优点的认识以及产品自身的改进，市场需求不断增加，该产业开始进入扩张状态，产品需求急剧增加。由于产业间存在错综复杂的关系，当一个产业部门发生变动时，在产业关联效应的作用下会引发其他产业部门发生变动，最终推动整个产业结构的变动。当产业扩张到一定程度时，由于产业内存在激烈竞争，企业发展资金周转失控，或技术进步缓慢等原因，导致产业发展到达“瓶颈”阶段，产业扩张减速，此时，若不能及时进行调整，特别是从长期来看，当企业缺乏进一步的创新或创新不足时，就会出现产业收缩现象。正是这种产业部门的“兴起—扩张—减速—收缩”运动过程推动了产业结构的高度化。

产业结构高度化是通过不同时期优势产业的更替来体现的。衡量产业的优势地位主要有三种标准：一是附加价值的高低，当产业所拥有的附加价值越高时，产业就越占有优势，附加值高的产业也就成为了占有优势地位的产业；二是产业产值的大小，产值比重越大，产业越具有优势；三是产业关联效应的强度，某产业如果在受原材料供应影响较大的情况下，若其后向关联效应较大，那么该产业就是具有优势地位的产业，同理，对于受最终需求影响较大的产业，当其前向关联效应较大时，该产业就是具有优势地位的产业。三种标准分别强调利润率的高低、产值规模大小以及产业影响力大小。创新对于产业高度化的推动主要就是通过附加价值、产业规模以及产业影响力这三个方面的变化表现出来的。

库兹涅茨的研究还发现，不同产业的增长速度受产业创新活动的影响存在差异而呈现不同的发展节奏，产业速度变化并不一致，在不同时点同时存在低增长部门、高增长部门和潜在高增长部门。一般高增长部门由于距离创新起源更近，有更大的增长空间，对经济的促进作用也更强，随着产业创新的减缓，具有更高创新能力的产业就会取代现有产业，产业之间便出现产业优势更迭现象，这种更迭变化就推动了产业高度化的实现。

第三节　产业结构的服务化

一、产业结构服务化的内涵及主要表现

（一）产业结构服务化的内涵

产业结构服务化的概念源于服务经济学。维克托·R. 富克斯的《服务经济学》是第一部有关服务经济学的经典著作，该著作对服务业的含义、服务业增长的原因、服务业对经济的影响等问题进行了开创性的研究。维克托·R. 富克斯将服务部门的范围划定为包括批发和零售商业、金融、保险和不动产经营等行业，和政府一般部门（在许多情况下包括军队），以及传统上称作服务行业的行业，包括专业服务、个人服务、企业性服务和修理服务等行业。①

目前关于产业结构服务化并没有一个确切的定义。相关概念有产业结构服务化（service-oriented tendency of industrial structure）、产业结构软化（inteneration of industrial structure）、产业结构知识化（knowledgeization of industrial structure）、产业结构高级化（development of industrial structure）等。

一般认为，产业结构服务化的“化”不是目标，而是一个过程。产业结构服务化是指在社会生产发展过程中，产业内部不断服务化以及服务业所占比重不断上升的过程。一方面，在传统产业内部对服务性资源依赖程度加深，能源、原材料、设备、厂房等实物资源投入占比不断降低，而管理、人力资源、信息、金融、技术和知识等服务性资源投入占比不断提高；另一方面，服务业部门不断扩张，服务业部门内部分工更为细致，服务业增加值占比不断提高。

与产业结构服务化相似的概念是产业结构软化，包括前向软化和后向软化。产业结构前向软化是指随着现代科学技术的不断发展，产业结构的不断高度化、高级化，在此过程中，“软产业”比重越来越大，而“硬产业”比重越来越小。产业结构后向软化是指在现代经济发展的过程中，不断将现代科学技术应用于传统产业，使得传统上的“硬产业”的软化程度越来越高，逐渐转化为软产业的过程。如何区分“软产业”和“硬产业”，有学者曾给出产业结构软化度的计算公式，并对“软产业”和

① 富克斯：《服务经济学》，商务印书馆 1987 年版，第 26 ~ 27 页。

"硬产业"进行了区分。①

产业软化度计算公式：

$$产业软化度=\frac{无形投入}{总投入}$$

或者：

$$产业软化度=\frac{软投入}{总投入}$$

如果把劳动力成本考虑到无形投入中，则软化度可表示为：

$$产业软化度=\frac{软投入+劳动成本}{全部投入}$$

产业结构软化度计算公式：

$$产业结构软化度=\frac{软产业总产值}{国民生产总值}$$

作为近似值，产业结构软化度又可表达为：

$$产业结构软化度=\frac{软产业就业人数}{就业总人数}$$

软化度的取值范围是0~100%，越接近100%，表示软化程度越高。可以借鉴日本的经验，界定软化度指数在40%~60%的产业为低软化产业；而软化度指数大于60%的产业称为高软化产业，软化度指数小于40%的产业称为"硬产业"。

近年来，随着服务业增加值占比不断提高，以及服务业就业人口占比不断上升，服务业在社会经济体系中的重要性越来越高，相比较于产业结构软化，产业结构服务化概念更加明确，相关研究中更多地使用产业结构服务化这一概念。

（二）产业结构服务化的表现

产业结构服务化典型表现为社会经济中服务业产值所占比重上升，服务业就业人口增加。

自20世纪70年代以来，以美国、英国、法国、德国为代表的西方发达国家服务业增加值占GDP比重快速提高，其中，美国、英国、法国服务业增加值占比分别由20世纪70年代初的61%、55%、60%上升至80%左右，德国服务业增加值占比相对低一些，但增速同样非常快，已从20世纪70年代初的48%上升至70%左右（见图11-1）。

① 李健：《论产业结构软化》，载于《北京理工大学学报》1999年第4期。

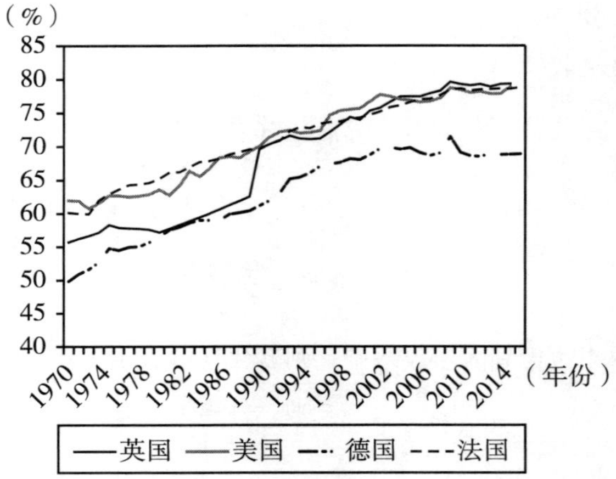

图 11-1 英国、美国、法国、德国服务业增加值占比

资料来源：根据 EPS DATA 和世界银行数据整理。

与西方发达国家相比，以日本、韩国和新加坡为代表的亚洲发达国家和以中国为代表的亚洲发展中国家，服务业增加值占 GDP 比重同样经历了快速提高。其中，日本和韩国服务业增加值占比于 20 世纪 70 年代初至 2015 年前后分别由 52%、44% 上升至 70%、60% 左右；新加坡服务业增加值一直保持在较高比例，已达到 75% 左右，与其他各国相比增速较慢；中国服务业增加值占比增速最高，已由 70 年代的 25% 左右上升至 2015 年前后的 50% 左右，增长了 1 倍有余（见图 11-2）。

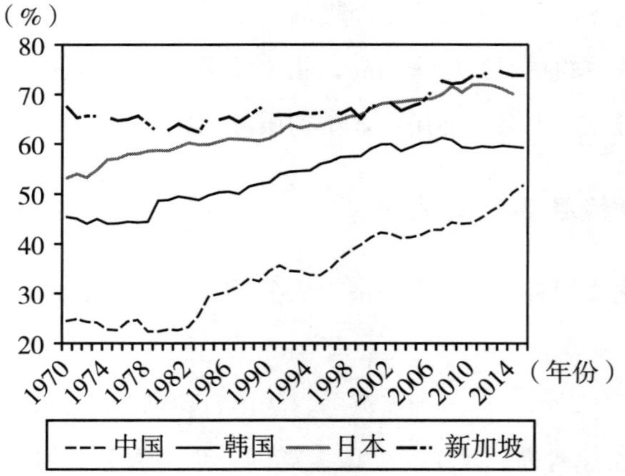

图 11-2 中国、新加坡、日本、韩国服务业增加值占比

资料来源：根据 EPS DATA 和世界银行数据整理。

与服务业增加值占 GDP 比重相对应，服务业就业人口占总人口比重的数据同样反映了全球产业结构服务化的变动趋势。如图 11-3 所示，自 20 世纪 80 年代以来，以美国、英国、法国、德国为代表的西方发达国家服务业就业人口占比迅速提高，其中，美国服务业就业人口占比由80年代初的65%左右到2015年前后已上升至80%左右；英国服务业就业人口占比由70年代末的57%左右已上升至80%左右；法国服务业就业人口占比由70年代末的55%左右已上升至75%左右；德国服务业就业人口占比相对较低，但增速较快，自80年代初的53%左右已上升至70%左右（见图11-3）。

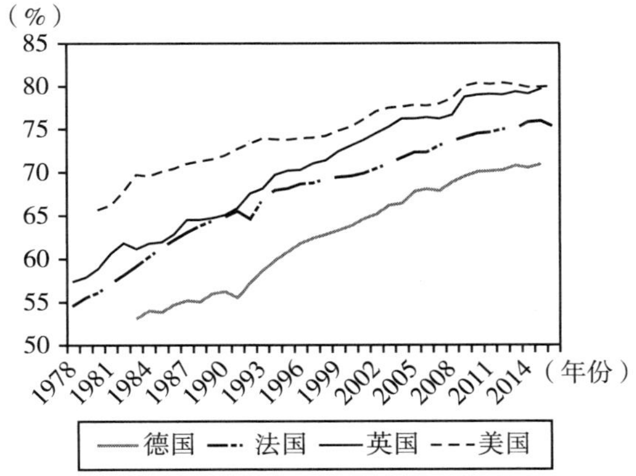

图11-3　英国、美国、法国、德国服务业就业人口占比

资料来源：根据EPS DATA和世界银行数据整理。

同样，以日本、韩国和新加坡为代表的亚洲发达国家和以中国为代表的亚洲发展中国家，服务业就业人口占总人口比重同样经历了快速提高。其中，日本服务业就业人口占比由20世纪70年代末的50%左右到2015年前后已上升至70%左右；韩国服务业就业人口占比由70年代末的30%左右已上升至70%左右；新加坡服务业就业人口占比最高，以由70年代末的60%左右已上升至80%有余；中国服务业就业人口占比最低，但同样增速较快，已由20世纪70年代末的10%左右上升至40%多，增长了3倍有余（见图11-4）。

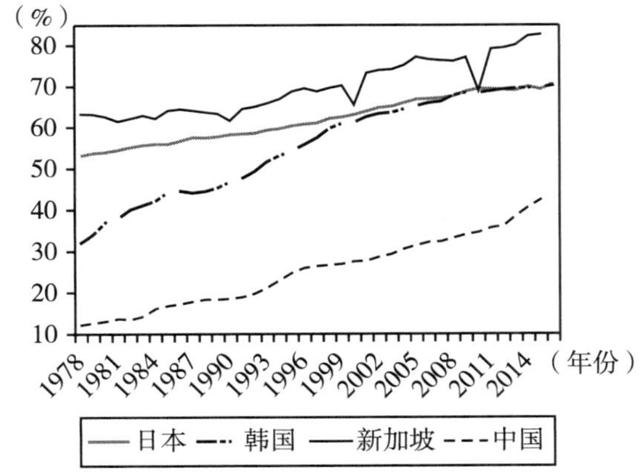

图11-4　中国、新加坡、日本、韩国服务业就业人口占比

资料来源：根据EPS DATA和世界银行数据整理。

二、产业结构服务化的动因

（一）科技进步

“科学技术是第一生产力”，科学创新、技术进步对于任何行业的变革而言都是至关重要的。科技进步推动了产业结构的变化，同样对服务业内部结构产生了巨大影响。一方面，科技进步推动了生产力的发展，越来越多的生产力从制造业中解放出来进入服务业部门，提高了服务业产值在社会总产值中的占比；另一方面，科技进步带动了服务业内部的转型升级，由传统的生活服务业如餐饮、理发等行业向金融、咨询、物流等知识、技术密集型服务业转型，这种新兴服务业进一步提高了服务业在国民经济中的地位。

（二）消费者偏好

随着社会经济的不断发展，人们的生活水平不断提高，在基本的物质产品得到满足后，人们才会考虑更高层次的追求。相比较而言，人们对以粮食、衣物为代表的物质产品的需求收入弹性较低，对娱乐、文体等服务性产品的需求收入弹性较高。因此，在生产力发展水平较低的时候，人类更多地考虑解决衣、食、住、行等基本需求，随着社会生产力的不断发展，人们的收入水平不断提高，传统的衣、食、住、行问题得到解决，对服务性产品的消费偏好自然不断提高。消费者偏好是推动全球经济产业结构服务化的重要因素之一。

（三）收益率驱动

各国在产业升级的过程中，将由劳动密集型产业向资本密集型产业和技术密集型产业转型，相比较于劳动密集型产业，资本密集型产业和技术密集型产业中，资本和技术在最终收益中的分配占比更高，直接导致了相对于农业、工业而言，以金融、技术咨询为代表的服务业的整体收益率更高；而且同一产业内部，管理、技术、财务等服务性生产部门的收益率更高。在“看不见的手”的作用下，资源会更多地选择流向收益率更高的产业部门，从而推动了全球经济产业结构服务化。

（四）分工专业化

由于专业化分工的发展，社会劳动分工更为细化和深化，社会生产的链条不断拉长，交易环节不断增多，与分工专业化生产使得效率得到提高相对应，交易环节的增多导致了交易费用的增加。根据微观经济学的观点，只要劳动分工的边际收益大于交易费用带来的边际成本，分工会持续下去，直到两者相等。在这一过程中，一方面，由于交易环节的不断增多，生产性服务业得到快速发展，分工的细化衍生出对金融、保险、物流、通信等行业的大量需求；另一方面，企业组织形式的改变提高了人力资本的重要性，带动了法律、会计、管理、广告等相关服务业的快速发展。

（五）城市化

城市化的不断发展，推动了产业结构服务化。一方面，城市中人口大量集聚，会对商业和生活服务业产生巨大需求，从而推动相关服务业的快速发展；另一方面，城市化进程往往伴随着经济的快速发展，随着人们物质生活水平的不断提高，会越来越重视对精神文化生活的追求，从而推动教育、娱乐、咨询等服务业的发展；此外，城市中企业的空间集聚以及大规模的基础设施建设，会对生产性服务业产生巨大的需求空间，带动以金融、信息、法律、会计、设计为代表的生产性服务业的发展并产生空间集聚效应。

（六）政府引导

一方面，相比较于第一产业的低附加值，第二产业的高污染与高能耗，第三产业具有高附加值、生态环保的优点，同时伴随着经济全球化，资本、技术等要素在全球竞争中的重要性不言而喻，各国政府有足够的动力通过一定的引导措施将资源投入服务业部门尤其是生产性服务部门之中；另一方面，伴随着国际贸易的发展，经济全球化及区域经济一体化的大环境下，各国可以通过贸易交换满足本国对基本农产品和工业产品的需求，从而将更大的精力、更多的资源投入对以资本、技术等为代表的全球价值分配话语权的争夺之中，进一步推动了全球主要发达国家的产业结构服务化。

三、产业结构服务化的理论解释

（一）分工理论

产业结构服务化可以从分工的角度进行理论解释。对于分工理论的系统化研究始于亚当·斯密的《国富论》①。亚当·斯密认为，分工能够提高劳动者的熟练程度，减少从事多种活动进行转换所带来的损失，同时机器的发明与应用使得劳动得以简化，个体

---

① 亚当·斯密：《国富论》，华夏出版社2005年版，第7页。

劳动者能够承担更多的工作，此外，市场规模越大，分工的专业化程度越高。

阿林·杨格和贾根良在亚当·斯密劳动分工思想的基础上提出了迂回生产和社会收益递增概念，进一步发展了分工理论。[①] 他们认为，分工使一组复杂的过程转化为相继完成的简单过程，在其中的一些过程中机器得以应用。在此过程中，分工得到了进一步发展，产业分工及其专业化使得报酬递增得以实现。阿林·杨格和贾根良强调，第一，迂回生产推动报酬递增；第二，基于迂回生产式的劳动分工更多地取决于市场规模。

杨小凯在《新兴古典经济学和超边际分析》[②] 中认为人们在做出资源配置的决策之前，会先选择专业和分工水平。杨小凯认为，一方面，专业化分工可以使收益递增；另一方面，这一过程会导致组织结构的复杂性不断提升，进而导致交易费用增加，因此，应根据分工所产生的递增收益与交易费用的高低选择企业内分工还是企业间分工。

总的来看，随着分工的不断深入，产业链条不断延伸和细化，面向厂商的生产性服务得以发展，服务业从其他产业中分类出来成为独立的产业并通过集聚效应加速发展，即分工推动了产业结构服务化。

（二）产业融合理论

产业结构服务化也可以运用产业融合理论进行解释。产业融合是指不同的产业或行业之间通过渗透、交叉、延伸、重组等形式相互作用，逐步形成新的产业的动态发展过程。

产业融合的方式主要包括产业渗透、产业交叉和产业重组三类。其中，产业渗透主要是指高科技产业及其相关产业向传统产业进行渗透融合进而形成新兴产业；产业交叉是指通过产业间功能的互补和延伸实现产业融合，多发生于高科技产业链自然延伸的部分；产业重组是指关联产业为提高竞争力进行的重组融合，往往发生于某一大类产业内部。

产业融合能够推动传统产业转型，进而不断优化产业结构。在产业融合的推动下，传统产业不断革新，新的产品与服务不断涌现，服务业尤其是现代服务业应运而生，这一过程表现为产业结构服务化。

（三）价值链理论

价值链理论最早由哈佛大学商学院教授迈克尔·波特于其竞争三部曲之《竞争优势》[③]

---

① 阿林·杨格、贾根良：《报酬递增与经济进步》，载于《经济社会体制比较》1996 年第 2 期。

② 杨小凯：《新兴古典经济学和超边际分析》，中国人民大学出版社 2000 年版，第 170 页。

③ 所谓竞争三部曲，是指迈克尔·波特的三部有关竞争的著作，即《竞争战略》《竞争优势》《国家竞争优势》。

一书中提出，该理论提供了一种系统的方法将企业划分为一些相互分离的活动。波特提出，价值是买方愿意为产品所支付的价格，价值活动是企业所从事的物质上和技术上界限分明的各项活动，价值活动是企业创造有价值的产品的基石。企业的价值活动可以分为基本活动和辅助活动，其中基本活动是涉及产品的物质创造、销售、转移给买方以及售后服务的各种活动，辅助活动用以辅助基本活动，包括采购、技术开发、人力资源管理和企业基础设施等，企业创造的增值总额由各个活动共同完成，企业的竞争优势来源于企业上述相互分离的活动。

随着全球经济一体化进程的推进，全球价值链条不断延长，价值分配向研发和品牌两端进行转移。1992 年，业界提出了著名的“微笑曲线”① ——在产业价值链中，附加值更多体现在两端，即设计环节和销售环节，处于中间的制造环节附加值最低。在此过程中，生产性服务业占比不断提高，服务贸易出口在全球经济中的地位越来越重要。这种价值链分配规则推动了产业结构服务化的进程。

（四）鲍莫尔—富克斯假说

富克斯是最早对服务业增长的原因进行统计分析的学者，他从服务业就业增长的角度进行了阐述，认为服务业就业增长的原因可以总结为：第一，服务业最终需求的快速增长；第二，服务业中间需求的增长；第三，服务业人均产出增长较低，及服务业的劳动生产率比较低。他特别指出，由于服务业的劳动生产率增长相对缓慢，从而导致了服务业就业人数增长速度高于服务业产出的增长速度。

与富克斯同一时期，威廉·鲍莫尔提出了著名的“鲍莫尔成本病”概念。鲍莫尔认为，由于服务业生产率相对滞后，名义工资的上升会导致服务业生产成本上升，随着劳动力向服务业转移，社会整体经济增长率将下降。

学术界将两者得出的结论称之为“鲍莫尔—富克斯假说”，引发了学术界关于服务业的更多研究和争论。

四、产业结构服务化的特征

第一，从投入产出的角度来看，产业结构服务化的特征主要体现在两个方面——投入服务化和产出服务化。随着产业结构服务化的推进，投入方面，经济发展对包括科技资源、信息资源、人力资本及管理资源等服务性资源的依赖程度不断加深。产出方面，服务

---

① 施振荣：《再造宏基》，上海远东出版社 1998 年版，第 239 页。

业已占据各发达国家、各主要大城市的首要位置，从静态角度来看，服务业增加值在总产值中的比重不断提高，从动态角度来看，服务业产出对经济增长贡献的程度不断提高。

第二，服务的空间聚集特征。城市是服务的重要载体，服务在城市中的聚集源于城市本身空间聚集经济的特点。在产业配置的过程中，通过空间聚集，能够有效节约空间交易成本、推动学习与创新、激发品牌与广告效应，从而产生正的经济外部性。相比较于制造环节，服务环节的聚集更容易实现，成本更低，聚集的正外部性更加明显，从而使得服务业的空间聚集特征更加明显。一般而言，居于全球性或区域性经济中心的城市，其以金融、咨询、设计为代表的服务业更为发达。

第三，知识和信息等要素的重要性日益增强。知识经济是指以现代科学技术为核心的、建立在知识和信息的生产、传播、使用和消费之上的经济。而知识和信息的生产、传播、使用和消费主要是以服务的方式来体现的。在所有知识中，科学技术、管理和行为科学的知识是最重要的部分，知识经济的根本特征是创新，在知识经济时代，经济发展主要取决于智力资源，知识是知识经济时代的最主要的生产要素。知识经济主要表现在两个方面：一方面，知识相关的服务对传统产业不断进行渗透与改造，使得农业与工业生产中的知识含量不断提高；另一方面，以知识为基础的新兴产业也在不断崛起。

第四，服务业与制造业深度融合是重要趋势。服务业和制造业的直接结合点是生产性服务业，即从制造业内部生产部门分离出来，为生产、商务活动提供服务，从而独立发展起来的产业。以金融、物流、设计、广告等为代表的生产性服务业的发展直接影响着制造业的发展，体现着经济发展阶段、市场化程度以及社会分工专业化水平的不断提高。随着经济全球化及区域经济一体化，人类全球资源配置能力将进一步提高，服务业与制造业的融合将面临更加广阔的发展空间。

第四节　产业结构优化升级的实现路径

一、产业结构优化升级的动因

基于产业结构优化升级的一般规律，影响产业结构升级的因素可以概括为以下五点。

（1）供给。供给代表着对产业结构升级过程中的要素输入，包括劳动力的供给、资金的供给、技术的供给、自然资源的供给等。要素供给在总量层面和结构层面上的不同，直接影响着不同产业之间的资源配置，显然会影响产业结构的优化升级。

（2）需求。在市场经济条件下，需求因素对产业结构变化的影响更为直接，对产业结构的优化升级起重要的引导作用。一方面，需求规模的变化将直接带动产业规模的扩大或缩小；另一方面，需求结构的变化将推动产业部门的更替。因此，那些影响需求的因素，如产品价格、国民收入及分配、利率等，都是影响产业结构优化升级的因素。

（3）科技。在产业结构优化升级的过程中，科学技术创新发挥着不可替代的作用。创新带动科技进步，伴随着科技进步，一方面，新的生产函数被引入某些产业之中，推动生产力实现质的飞跃；另一方面，新的技术催生新的产业部门，创造出新的市场需求。此外，伴随着产业技术扩散效应，将带动整个经济系统的大发展。因此，科技进步将直接带动产业结构的优化升级。

（4）环境。产业结构的变动受到环境的干扰和影响，包括政治环境、经济环境、社会环境、生态环境等。如稳定的政治环境有利于产业结构的优化升级，反之将会对产业结构的优化升级产生很大的阻碍作用。因此，尽管环境因素对于产业结构而言是一个外生变量，具有不可控的特点，但其对产业结构优化升级的影响是不可低估的。

（5）政策。政策对产业结构升级的推动作用不可忽视。尽管对于产业政策的作用学术界存在很多争议，但不可否认的是，“看得见的手”在社会经济运行过程中发挥着重要作用。一国的宏观经济政策、财政政策、货币政策等，会从总量或结构层面上对供给与需求、技术与环境等因素施加影响，从而直接或间接地推动产业结构优化升级。

二、产业结构优化升级实现机制的争论

（一）“转型”和“升级”的关系

在一些研究之中，“产业优化升级”“产业转型升级”“产业升级”等概念区分并不明确，国内学者李海舰认为，产业转型与产业升级之间既有联系又有区别。具体来看，产业升级是“做好”的概念，产业转型是“做对”概念；产业升级通俗来讲是指追求卓越，而产业转型则是指打造时代产品、时代企业、时代产业；在竞争层面上，产业升级所追求的是“弯道超车”，而产业转型追求的是“变道超车”“换道超车”。相比较产业升级，在破旧立新的过程中，产业转型更加重要，产业转型包括技术转型、产品转型和企业转型等不同层面；作为产业转型的重中之重，新经济在经济形态、发展模式、发展阶段、思维方式等若干方面，均具有自己的特性，是智慧经济、共享经济、大数据经

济、互联网经济的融合与发展。① 在实践中产业升级与产业转型往往相辅相成，产业应当在转型中升级，在升级中转型。

（二）产业政策之争

近年来，关于产业政策对产业结构优化升级作用的争议引发了广泛的关注，如2016年林毅夫与张维迎关于产业政策的争论②。

一方以林毅夫为代表的新结构经济学，基于新古典主义经济学理论，认为产业政策是相对宽泛和广义的概念。具体是指：（1）中央政府或是地方政府为促进某种产业对该国或者该地区的发展而有意识地采取一些政策的措施。例如关税保护、贸易保护政策、税收优惠，各种补贴，一些对研发的补助，尤其是研究的补助；（2）有些国家为发展某种产业，给予产业垄断权利，或是进入某个产业必须有特许，限制竞争让这个产业有比较高的利润；（3）政府可以用采购的方式应对一些新的产业，有产品研发出来，政府就予以采购，从而进行快规模化生产，降低生产成本，提高竞争力。综合看来，政府的钱是有限的，不可能所有的基础科研都支持，必须有选择地使用资源，这就是产业政策。

另一方以张维迎为代表的观点，基于米塞斯发展的市场理论，对产业政策定义较为狭窄和具体，认为产业政策是指出于经济发展或其他的目的，政府在私人产品领域进行的选择性干预和歧视性对待，私人产品和选择性干预是主要方面。政府在公共产品上的投资不属于产业政策，普遍性的政策也不属于产业政策，统一的所得税不是产业政策。但是如果在某些企业进行税收优惠以扶植就是产业政策。专利保护是知识产权问题，不属于产业政策，地区政策也不属于产业政策。

关于产业政策的争论，主要源自双方对“产业政策”的定义存在不同的认识。在上述定义的基础之上，林毅夫认为，推动一国经济发展、产业结构转型升级，需要一个有为政府采取有效的产业政策。例如，每个国家每个发展阶段都具有拥有潜在比较优势的产业，政府应当帮助已经进入这些产业的企业解决一些问题，例如交通基础设施落后、电力供应不足、政府管理程序复杂等导致的交易成本太高问题。政府应该根据各地不同的情形来制定相应的产业政策。

张维迎认为，产业政策所勾画出的是一个理想化的“乌托邦”，但是现实中，由于

---

① 根据李海舰在中国区域经济学年会上的发言整理。参见方大春、成祖松：《区域创新驱动与产业转型升级的战略与路径——2017年中国区域经济学会年会综述》，载于《区域经济评论》2018年第1期。

② 2016年11月，在北京大学国家发展研究院举行的“产业政策思辨会”上，林毅夫与张维迎就产业政策展开辩论。

人本身的"无知"与"无耻"，产业政策在实施过程中面临着很多问题难以解决，使产业政策成为一场"豪赌"，导致了资源的浪费和市场运行机制的扭曲。例如，产业政策要求政府鼓励企业"吃螃蟹"，但是在实际操作中政府无法分辨其所补贴的"吃螃蟹"的企业究竟吃的是"螃蟹"还是"鱿鱼"。[①]

尽管学术界存在争论，但不可否认的是，各国政府并没有放弃使用产业政策。在一国试图推动产业结构优化升级的过程中，往往会推出诸如主导产业选择、幼稚产业保护、衰退产业及过剩产能的退出与调整等产业政策。

三、主导产业选择

主导产业对于产业结构系统而言具有决定性引导作用。主导产业的高质量发展不仅能够拉动经济快速增长，同时可以推动一国经济转型升级，因此，各国普遍关注主导产业的发展。

（一）主导产业的概念

所谓主导产业（leading industry，dominant industry or trigger industry），是指能够充分利用先进技术，具有较高的需求收入弹性，因此自身保持较高的增长速度，同时，又具有较大的产业关联效应，从而能够很好地带动其他产业发展的产业部门。

主导产业理论的起源，可以追溯到美国经济学家罗斯托。1960 年，罗斯托在其代表作《经济成长的阶段》一书中，明确提出了主导产业这一概念。通过大量的经验对比和理性思考，罗斯托提出了著名的"近代经济增长本质上是一个主导产业更替的过程"的命题。他指出，整个经济的增长率常常取决于一些关键产业和部门，这些产业和部门的发展直接或间接导致了整个经济的增长，这些产业罗斯托称之为主导产业或主导部门。罗斯托的论述为以后的经济学家分析主导产业提供了广泛的启示。

（二）主导产业的选择基准

由于主导产业的发展对于一国经济发展具有重要的战略意义，因此，主导产业的选择就成为非常关键的问题。一般而言，主导产业的选择基准主要包括以下五类。

1. 赫希曼基准

这一选择基准是根据美国经济学家赫希曼（A. O. Hirschman）20 世纪 50 年代中期在

---

① 相关资料整理自新华网、凤凰财经、搜狐财经等媒体报道及北京大学国家发展研究院 2016 年第 61、62 期简报。

《经济发展战略》一书中进行产业关联分析时所提出的。① 其含义是，选择能对较多产业产生带动和诱导作用的产业，作为政府支持和发展的重点。这一基准又称“赫希曼基准”。

根据钱纳里和渡边对意大利、日本、美国等国家所做的产业间相互依存状况的分析，赫希曼对产业间的关联关系与工业化的联系做了进一步研究，指出在资本相对不足和国内市场相对狭小的发展中国家，应当优先发展产业关联度较高的产品的生产。依据赫希曼基准进行主导产业选择，能够较好地体现产业间的相互依存关系。

2. 收入弹性基准

日本学者筱原三代平20世纪50年代为规划日本的产业结构提出了“收入弹性基准”。② 该基准以产品的收入需求弹性大小作为标准来规划产业结构，选取收入弹性大的产业作为主导产业。收入弹性基准是依据收入消费结构变化的规律提出的，即随着人均收入水平的增长，新增收入会较多地用于代表较高消费水平的商品的支出，应当选择代表社会需求变化趋势的产业作为主导产业，该基准是从需求的角度选择主导产业。按此基准，日本选择了收入弹性高的产业作为政府扶植的主导产业，形成了20世纪60年代日本重化工业的高速增长局面。

3. 生产率上升基准

生产率上升基准是指根据某一产业的要素生产率与其他产业的要素生产率的比率选择主导产业，一般用全要素生产率进行比较，即产出对全部投入要素之比。该基准是从供给的角度选择主导产业，也是由日本学者筱原三代平提出的。全要素生产率的上升主要取决于技术进步，按生产率上升率选择主导产业，就是选择技术进步最快、技术要素密集的产业。因此，这一基准又称为“比较技术进步率基准”。

4. 过度环境基准和丰富劳动内容基准

进入20世纪70年代，日本在制定产业结构规划时又增加了“过度环境基准”和“丰富劳动内容基准”。过度环境基准要求选择能提高利用效率、保护环境、改善公害，并能补充由于经济高速增长而引发社会资本短缺、环节生产集中带来的人口密度过大问题的产业作为主导产业。过度环境基准的着眼点在于因工业的快速发展所带来的工业化与环境保护、经济发展和社会成本之间的矛盾，协调经济可持续发展和社会利益的关系。

丰富劳动内容基准要求选择能够提供更多舒适安全和稳定劳动场所的产业。该基准

---

① 赫希曼：《经济发展战略》，经济科学出版社1991年版，第67页。

② 筱原三代平：《产业结构论》，筑摩书房1976年版，第30～32页。

显示了随着生产力的发展，人们意识到发展经济的最终目的是为了提高劳动者满意度，这在一定程度上反映了一国经济已经发展到较高的水平。①

这些基准的选择都是从日本当时的国情出发，并考虑了国际环境的变化。由于它们与产业结构的变化趋势相一致，所以具有普遍的国际借鉴意义。

5. 短替代弹性基准、增长后劲基准和“瓶颈”效应基准

除了上述基准外，国内一些学者提出了适合于发展中国家选择主导产业的三项标准，即重点扶持那些无法替代的短缺性产业，满足社会最迫切而又必不可少的需求的短替代弹性基准；重点支持那些对整个产业体系的发展有深刻和长远影响的产业，以保持整个经济的持续稳定增长的增长后劲基准；重点发展那些“瓶颈”效应大的产业，以减少因“瓶颈”而造成的摩擦效应，称之为“瓶颈”效应基准。②

四、幼稚产业保护

（一）幼稚产业的概念

关于幼稚产业，无论是学术界、产业界还是政府部门都没有形成带有普遍性的定义和比较公认的类似主导产业那样的标准，只是明确幼稚产业一般应具有未来发展成为主导产业的潜质，即一般也应具备收入弹性大、技术进步快、产业关联度大、环境友好等特点。但由于发展时日尚短，尚不具备比较优势等原因，需要政府的扶植和保护。

幼稚产业保护政策最早可以追溯到18世纪后半叶美国汉密尔顿的保护制造业思想和19世纪中叶德国李斯特的贸易保护理论，这一发展渊源使得幼稚产业保护政策大多时候都与保护贸易相联系。

除了李斯特的幼稚产业保护理论之外，其他阐述幼稚产业保护必要性的理论还包括社会振兴费用学说、边际产业开发学说、“先行者利益”学说等。简言之，社会振兴费用学说是从产业的供给成本曲线呈“U”字形的角度，阐述工业后发国家的幼稚产业需要适当扶植的理论。边际产业开发学说是阐述政府通过技术扶持不断地扶持边际优势等于边际劣势的边际产业，使边际产业成为出口产业的理论，该理论主要是论述工业后发国家如何选择出口产业的理论。③“先行者利益”学说则是从打破工业发达国家相对工

---

① 芮明杰：《产业经济学》，上海财经大学出版社2016年版，第251页。

② 臧旭恒等：《产业经济学》，经济科学出版社2016年版，第276~286页。

③ 详细内容可参考杨公朴、夏大慰：《现代产业经济学（第二版）》，上海财经大学出版社2005年版，第197~199页。

业后发国家所具有的规模经济优势和掌握垂直分工主导权优势的角度，说明工业后发国家对同类产业实行保护的必要性。

（二）幼稚产业保护政策的主要内容

幼稚产业保护政策因为与国际贸易紧密相关，所以其政策内容有相当一部分与国际贸易保护政策相吻合。主要的政策手段是关税保护和非关税壁垒。关税保护就是通过对幼稚产业的国外进口产品征收很高的税率，使得进口产品的市场价格高于国内同类产品的市场价格，从而削弱国外产品的价格竞争力。关税保护是一种歧视性政策手段，随着世界经济一体化和贸易自由化的推进，关税保护的作用领域越来越小。非关税壁垒是以种种非关税措施，如依照环境保护标准、食品安全标准等对国外产品的进口设置一些事实上的进入障碍的做法，在关税壁垒的作用日趋削弱的同时，非关税壁垒在某些方面有加强的趋势。另外一类是旨在促进本国产业发展的扶植性政策手段，与其他扶植性政策手段没有太大差异，主要包括财政扶植，如减免税、财政补贴、特殊折旧等；金融扶植，如优惠贷款、外汇管制以及充足的资金供给等；技术扶植，如政府投资技术开发、对技术开发和引进给予财政、金融支持等手段。

（三）幼稚产业保护的注意事项

幼稚产业保护政策是典型的倾斜性、差别性政策。作为政策对象的幼稚产业，可能在保护政策下迅速成长壮大，发展成为具有竞争力的主导产业，也可能在保护政策的温床下长期处于弱势状态，甚至成为滋生腐败的土壤。因此，选择什么样的产业作为幼稚产业加以保护，在保护政策实施的过程中应注意哪些问题，将直接决定一项保护政策的成功与否。

（1）作为幼稚产业保护对象的产业应是需求价格弹性高，即提供支出倾向高的产品或服务的产业。对于发展中国家而言，如果选择生产需求价格弹性小于 1 的商品，会使本国的交易条件恶化，从而出现经济发展但福利水平下降的“贫困陷阱”。而如果选择生产需求价格弹性大于 1 的商品，会使产品生产成本下降进而带动价格下降，但需求的增长率会高于价格的下降率，提高其他国家的进口倾向，使本国的相对国民生产总值（GNP）得到提高。

以“二战”后的日本为例，日本把钢铁、家电、汽车等产业作为出口产业加以培育，它们都是需求价格弹性较高，或者说支出倾向很高的产业，所以使得日本的相对 GNP 水平大幅提高，但这种发展方式极易引起与贸易伙伴国之间的摩擦。简言之，应将需求价格弹性高，即提供支出倾向高的产品或服务的产业作为幼稚产业保护政策的对象。

（2）产业具有很强的规模经济性是幼稚产业保护政策能够成功的前提条件。从市场需求来看，对该产业的产品不仅要有较大的现期需求市场，而且要有巨大的市场需求潜力。处于幼稚期的产业必定是在平均成本曲线的递减区间内，也就是还没有达到最优经济规模点，为了使该产业在短时间内达到最优经济规模点，不仅需要强劲的需求拉动，而且产业自身也应具有规模经济性。

（3）幼稚产业内的企业间应具有竞争性的行为取向。幼稚产业保护政策具有与生俱来的弱点，即它可能成为保护弱者的温床。当产业内的企业数量很少时，规模经济性的要求决定了幼稚产业一般具有这个特点，企业间的合谋倾向会更加严重。但企业间的竞争性行为取向可能将保护性政策的温床效应降低到最小，尽可能达到增强企业竞争力的政策效果。

（4）幼稚产业保护政策必须具有时间期限。由于幼稚产业保护具有显著的“双刃剑”效应，因此，即使能够做到政策实施的正面效应大于其负面效应，也不应将幼稚产业保护政策长期化。如果幼稚产业保护政策长期化，其负面效应必然大于其正面效应。明确的政策时效，可以部分发挥竞争激励作用，因为，企业会意识到，一旦保护性政策到期，竞争力才是企业生存的根本。

（5）巴斯特布尔（Bastable）标准和穆勒（Mill）标准作为幼稚产业选择的事后标准，对当期政策实践的指导意义并不大。但可以作为政策评价的标准。所谓巴斯特布尔标准是指受保护的幼稚产业最终所带来的社会净福利必须大于现在所支付的保护费用。而穆勒标准是指受保护产业在保护到期后必须有一定的利润，离开政府的保护也能够自我发展。从这两个标准的内容可以看出它们均具有事后评价的特点。

五、衰退产业及过剩产能的退出与调整

（一）衰退产业和过剩产能的概念

1. 衰退产业

衰退产业的名称来自产业生命周期理论，依据该理论，任何产业的发展都会经历一个从幼稚期到成长期、成熟期直到衰退期的过程，迈入衰退期的产业就是衰退产业。但由于产业生命周期理论自身也遭到多方面的质疑，例如，现实中很难准确判别和划分四个阶段，并非所有产业都必然经历这四个发展阶段等，使得生命周期理论不足以成为界

定衰退产业的科学依据。为此一些学者也尝试着从其他角度定义衰退产业，例如，迈克尔·波特认为“在持续的一段时间里产品的销售量绝对下降的产业”① 就是衰退产业。也有学者以销售增长率为视角，认为衰退产业是“在正常情况下，一个国家或地区的某一产业产品销售增长率在较长时期内持续下降或停滞的产业”。② 衰退产业是一个相对概念，在不同国家或地区，不同经济社会发展阶段，不同科技水平下，衰退产业的范畴会有很大差异，这也是衰退产业往往能够衰而不亡，在特定条件下可以再次焕发生机的原因。

衰退产业具有三点明显的特征：一是产品的需求增长率下降，其产业所提供的产值占 GDP 的比例呈下降趋势；二是生产率相对较低，技术进步率下降，且无产业创新能力；三是市场上出现新兴替代性产品，且替代性产品的需求增长率呈上升趋势。在上述三个特征中，技术进步率下降且产业创新无望是决定衰退产业的本质特征，因为一旦产业能够突破“创新瓶颈”，需求增长率下降和替代产品竞争问题都可以迎刃而解。

2. 过剩产能

与衰退产业相关的概念是产能过剩行业，经济社会中部分行业由于盲目投资、低水平扩张导致生产能力过剩，以至影响社会经济的平稳运行，这种行业被称为产能过剩行业。产能过剩有两大特征。第一，产能过剩是市场经济条件下一个经常出现的现象，这既有企业发展战略的原因，也有经济周期变动和市场价格波动的原因。第二，当经济运行过程中存在价格扭曲时，往往会造成资源配置的低效率并导致产能过剩。例如，当资源价格被低估时，会使得大量的技术水平低、工艺落后的高耗能“僵尸企业”得以存活，市场无法出清，从而导致产能过剩。

从理论上看，生产能力大于需求是市场经济条件下经常出现的现象，因此不能简单地将“生产能力大于需求”或者用“供过于求”作为判断“过剩产能”的标准。只有当供过于求的产能数量超过维持市场良性竞争所必要的限度、企业以低于成本价格进行竞争时，超出限度的生产能力才有可能是“过剩”的生产能力。此外，对于过剩概念，应分为“即期过剩”和“预期过剩”。顾名思义，“即期过剩”是指现阶段的过剩，主要表现为设备利用率和产销率低、产成品库存增加、价格下降甚至低于成本、企业亏损面较大；“预期过剩”是指未来的过剩，主要表现为在建项目投资增长过快。③

---

① ［美］迈克尔·波特：《竞争战略》，陈小悦译，华夏出版社 1997 年版，第 247 页。

② 陆国庆：《衰退产业论》，南京大学出版社 2002 年版，第 34 页。

③ 王岳平：《我国产能过剩行业的特征分析及对策》，载于《宏观经济管理》2006 年第 6 期。

对于过剩产能的干预问题，一方面，在市场经济运行过程中，产能过剩是比较普遍的现象，这种自然市场经济条件下的产能过剩往往不需要政府过多干预，市场机制会自发进行调整；另一方面，由于制度、体制等因素的原因，政府对资源过度干预导致资源配置扭曲所产生的产能过剩，则需要通过政策调整尽可能地消除资源配置扭曲。如果不能对过剩产能进行调整，会进一步加剧产业结构不合理的矛盾，影响经济持续快速协调健康发展。

（二）衰退产业退出与调整政策

所谓衰退产业调整政策就是以衰退产业为对象实行的旨在促进产业内资源流出或是支持产业创新使产业摆脱衰退困境的政策总和。从定义中可以看出，衰退产业调整政策总体上有两种政策取向：一是顺应产业发展趋势，加速产业内经济资源流出后使产业进一步走向衰落甚至是消亡；二是以技术创新为突破口，扭转产业的发展趋势，使其重新焕发竞争活力。除此之外，还有一类政策取向因其具有的消极性，即通过种种保护措施维持衰退产业的生存，已经逐渐退出历史舞台。

在顺应产业发展趋势的政策取向下，政府面临的主要问题是如何在大批企业破产，员工失业的情况下保持社会稳定，让产业内的经济资源特别是劳动力顺畅地从衰退产业流向其他产业，因此，降低退出壁垒是问题的关键。退出壁垒主要包括固定资产壁垒、资产专用性壁垒、人力资源壁垒以及其他一些制度性壁垒。对应以上壁垒，衰退产业调整政策采取的主要手段有以下三方面。

（1）加速设备折旧。采取促进折旧的特别税制，对因设备报废而产生的损失政府提供部分补偿等，降低固定资产壁垒。

（2）促进转产。政府通过法律或行政手段强制或诱导衰退产业部门停止或减少生产，建议适宜的转产方向，并在贷款、税收乃至政府补贴等方面予以优惠扶持，通过技术信息服务、技术指导等对企业转产提供所需的技术上的支持，加速产业转换。

（3）支援劳动力流动。相比资产而言，确保衰退产业内的劳动力顺畅流出，实现转岗和再就业更为重要。为此，政府应有目的地利用公共教育和培训设施，设立再就业培训基金，加强对职工新的就业技能的培训。强化劳动信息提供服务，实行再就业奖励制度，等等。除此之外，作为安全保障底线还应建立和完善失业保险等社会化援助体系。

对另一类衰退产业调整政策，即以技术创新为突破口，扭转产业发展趋势的政策而言，政府政策的核心是如何支持产业和企业的创新行为。在现代产业发展史上，并不缺乏产业由衰到盛的例子，如棉纺织业在 20 世纪中期一度受到化纤业的冲击而走向衰落，但从90年代开始，受到人们追求天然健康消费时尚的拉动，以及棉纺织业自身生产技术创新开发出更高档、更优质的产品，使得棉纺织业重新焕发了生机。类似棉纺织这类衰退产业，虽然也面临经济资源的流出问题，但更主要的是增强产业的技术创新能力。在支持衰退产业创新方面，政府可以采取以下三方面措施。①

（1）政府构筑衰退产业创新平台。创新是一种破坏性的创造，首先，要加大企业的创新压力，强制淘汰落后生产技术和生产工艺，严格行业生产和质量标准，并对先行企业给予一定的激励。其次，通过创建官、产、学、研的创新体制，引导支持产业和企业创新。

（2）将衰退产业创新作为高科技产业化的一个目标。衰退产业与高科技产业的融合既是衰退产业创新的一条主要路径，也是高科技产业成长的主要拉动力量。政府应该也可以充当衰退产业与高科技产业融合的媒介，并在衰退产业高科技化后的产品市场推广等方面发挥一定的作用。

（3）利用资本市场扶持衰退产业创新。任何产业的创新都离不开资本市场的支持，对衰退产业的意义则更显重要，因为如果任由市场机制发挥选择功能，衰退产业可能很难获得资本市场的青睐，因此，需要政府政策的介入。具体包括激励风险资本投向衰退产业的创新活动，通过证券市场为衰退产业创新提供资金支持，分散衰退产业创新风险等。

（三）过剩产能退出与调整政策

推进产能过剩行业结构调整，关键是要发挥市场配置资源的基础性作用，充分利用市场的力量推动竞争，促进优胜劣汰。政府在其中的作用，一是规范市场秩序，为发挥市场机制作用创造条件；二是综合运用经济、法律和必要的行政手段，加强引导，积极推动。为加快推进产能过剩行业的结构调整，可以通过重组、改造、淘汰等方法，推动产能过剩行业加快结构调整步伐。具体来看，可以从以下四点展开。②

（1）发挥市场在资源配置中的决定性作用。在市场经济条件下，由于经济周期、技术进步、要素禀赋变化等因素，企业生产和发展有涨有落，导致一些行业的产能过剩，并由此推动竞争和结构升级。因此，对于产能过剩行业，首先要充分发挥市场机制的作

---

① 关于政府采取的措施的内容，主要参见陆国庆：《衰退产业论》，南京大学出版社2002年版，第260~268页。

② 梳理、总结自《国务院关于加快推进产能过剩行业结构调整的通知》、2015年中央经济工作会议公报。

用，消除价格扭曲，降低市场退出壁垒，推动市场快速出清；其次，可以根据市场化的方式，支持加工制造行业中加工能力过剩的行业扩大出口，同时注意控制对国别的出口增速，以免出现“反倾销”等贸易摩擦；最后，鼓励和加快兼并、重组，提高行业集中度和国际竞争力，支持行业主导企业的技术改造、技术创新和产业重组。

（2）提高新项目准入门槛。对于产能过剩行业而言，一是可以从需求方面着手，如扩大出口；二是可以从供给层面，减少落后产能的供给。另外，可以通过提高新项目的准入门槛，包括严格的环境、能耗、水耗、资源综合利用和安全、质量、技术、规模等标准，从源头上控制住落后产能，从而在结构调整中促进供需总量趋于平衡。例如，可以通过提高新项目准备门槛，压制过剩性的资源型行业继续低水平扩张的市场空间。

（3）推进技术改造。产能过剩的同时，市场的约束加强，在一定程度上提供了一次“强制性出清”的机会。在主要依靠市场优胜劣汰的同时，应当充分利用产能过剩所带来的市场约束加强的机遇，对于产品技术比较先进的骨干企业，应采取措施支持其技术创新，从而从根本上淘汰落后产能，促进产业结构升级和增长方式转变。

（4）加强信息披露。一方面，市场信号扭曲是造成产能过剩的重要原因之一；另一方面，当产能过剩已然存在时，更高效的信息沟通能够推动市场快速实现出清，化解产能过剩难题。应当充分发挥市场主体、行业协会和政府在信息披露方面的沟通与合作，一是可以更好、更充分地发挥市场机制的作用；二是可以使政府的相关政策可以快速通达，尽可能降低市场与政府之间的沟通成本，凝聚共识，提高效率。

第十二章

产业集群

产业的集群化发展是当今产业经济领域一种较为普遍的经济现象，特别是在全球经济融合与产业国际分工的大背景下，这一现象尤为引人关注。从目前全球范围产业的发展态势来看，不难发现越来越多的产业活动正在逐渐趋向于空间的集中，通过资源要素在地理上的聚集而获得集群的竞争优势，并推动了许多国家和地区新兴产业的快速发展与传统产业的繁荣昌盛。产业资源在地理上的集中分布所形成的产业集群现象构成了一幅色彩斑斓、块状明显的“马赛克”式世界经济版图，这些块状区域已成为世界上财富的主要创造者。① 对于产业集群的内涵、类型、构成及其演化创新机理的研究已成为现代产业经济学的一个重要组成部分，本章主要对这种特殊产业现象的理论发展、构成主体、竞争优势和创新机制等内容进行分析和阐述。

第一节　产业集群的内涵及其理论发展

产业集群是一种正在全球普遍兴起的经济现象，人们真正用产业集群（industrial cluster）一词来系统分析产业的地理集中现象也不过二十几年的时间。由于研究目的、视角的不同，学术界对于产业集群的内涵还没有形成一个统一的表述，产业集群的理论发展也是分别沿着几条不同的路径演进的，每种理论都有其各自的侧重点，在范式方法上也略有不同，本节将对产业集群产生的现实背景、概念内涵和主要流派进行分析。

一、产业集群研究的现实背景

当今世界经济的发展从空间视角来看，正呈现出一种有趣的特征，一方面，交通运

① Scott A., Storper M.. Industrialization and Regional Development. In: Storper M and Scott A. eds. Pathways to Industrialization and Regional Development. London: Routledge, 1992: 3-17.

输与信息通信技术迅猛发展，世界范围内贸易与投资的自由化不断推进，资本、劳动、技术和信息等生产要素进行跨国界、跨区域流动的障碍越来越少，虽然偶有逆全球化的现象发生，但是，经济全球化势不可挡；另一方面，空间因素对于经济资源配置的影响非但没有削弱，反而呈现出比以往更加强烈的影响力。从空间因素对产业活动的影响来看，最突出的表现就是产业的集群化现象。面对同样的经济现象，由于不同研究者的研究出发点不同，对于现象的理解和侧重也有所不同。目前对产业集群现象的理解和研究至少是从四个角度展开的。

一是从全球来看，有限几个高度集中的核心经济区所生产的产品占据了全世界总产出的很大一部分。① 拥有美国硅谷的加利福尼亚州，2019 年，其一个州的经济总量相当于在全世界经济总量排名第 5 位国家的 GDP。② 从国家内部单个产业的分布来看，许多产业的地理分布日益趋于集中，如美国高科技、风险资本企业集中在“硅谷”，影视娱乐业集中在好莱坞，软件、网络业集中在波士顿，汽车设备及零部件集中在底特律，意大利的丝绸、纺织及服装业集中在北部，日本的汽车业集中在东京市及其周边地区，等等。这些产业活动在地理上的集中现象引发了人们对于资源要素空间集聚的内在本质这一问题的思考，新经济地理学派所提出的聚集经济理论即是这种研究视角的代表。

二是从微观角度来看，在相关产业中的企业越来越倾向于选择相近的区位以形成专业化的产业集群，如美国纽约玛第森大街的广告业群、加利福尼亚的葡萄酒业群、克利夫兰的油漆和涂料业群、马萨诸塞的制鞋业群等。意大利是中小企业集群网络十分发达的国家，产业集群的集中程度很高，意大利 70% 以上的制造业、30% 以上的就业、40% 以上的出口量都是在专业化产业区域内实现的，以意大利统计局的评判标准，全意大利的专业集群地有 190 多个。③ 德国斯图加特的机床业群、伊德的工具制造业群、索林根的刀具业群、图特林根的外科器械业群，法国布雷勒河谷的香水玻璃瓶业群、巴黎森迪尔区的网络业群等都是国际著名的专业化产业集群。在很多发展中国家，企业趋向集群化的特征也很明显。例如，印度约 350 个集群创造了印度制造业出口额的 60%，一个非常小的城镇卡尼巴德（Qanibad）的纺织集群所织造的毯子占印度全国产量的 75%。④ 面对大量专业化产业集群的出现，许多研究者将研究重点放在企业集群化的经济和社会动

---

① A. Malmberg, Ö Sölvell, I. Zander. Spatial Clustering, Local Accumulation of Knowledge and Firm Competitiveness. Geografiska Annaler. Series B, Human Geography, 1996, 78 (2): 85 -97.

② 资料来源：美国经济分析局和世界银行数据库。

③ 顾强：《中国产业集群》（第 1 辑），机械工业出版社 2005 年版，第 129 页。

④ 贾纳克·梅塔：《印度中小企业卓越绩效的集群方法》，载于《中国质量》2015 年第 1 期，第 52 页。

因上，以及集群当中的企业如何通过相互作用而获得集群化经营的利益，“新产业区”理论就是从这个方向上来研究产业集群的，他们更加侧重对专业化产业区内企业之间的投入—产出等联系以及产业集群的具体运行机理的研究。

三是从时间维度来看，产业在地理上的集中具有相当大的稳定性，一旦企业的集聚形成一种固化的结构形式，这种集聚会不断累积下去。例如，从20世纪初，美国的大部分制造业就集中在东北部相对较小的一个近似平行四边形的地带，该地区制造业就业约占整个美国制造业就业的74%。到1957年，这一制造带仍然占美国制造业就业的64%①，在长达半个世纪的时间，制造业的这种小范围地理集中并未发生很大的变化。意大利的东北部和中部地区（第三意大利②）自从20世纪70年代迅速崛起以来，至今该地区的纺织服饰相关产业仍处于高速增长之中，尽管经过三十年的变迁，产业的技术水平、生产方式已经发生了很大变化，原有的低成本劳动力优势已经不复存在，但产业的集群化发展却未呈现减弱的趋势。对于这一现象除前面提到的新经济地理学派中用路径依赖等理论加以阐述外，另一有影响力的学说是以波特为代表的竞争优势理论学派，从竞争联系的角度分析产业集群如何在竞争环境中保持其旺盛生命力。

四是自20世纪90年代后期，除了经济活动的集中、企业投入产出密切关联外，人们发现产业集群往往成为技术创新的主要发源地。特别是高科技企业越来越倾向于在科技园区内进行集群化发展。自1951年美国斯坦福研究园（硅谷的前身）成立以来，全世界现有各类科技园区802个，其中西方发达国家占80%以上，如美国有358个，欧洲联盟有229个。③ 其中最成功的高科技企业集群是美国的硅谷，聚集了高达8000多家电子科技公司和软件公司，知识经济即是发源于此。在欧洲，英国的苏格兰科技区是闻名于世的高技术区，拥有250家电子公司，是英国乃至欧洲的电子工业生产基地，英国79%的集成电路产品都是在这里生产的。发展中国家中，印度的班加罗尔（Ban Galore）高技术开发区是一个成功的例子，印度软件业和服务业的飞速发展离不开这个计算机软件研究生产中心的设立，这一地区如今已成为世界上最重要的计算机软件生产、加工和出口基地之一。其他有名的科技园区还包括中国台北新竹的半导体硬件产业集群，芬兰

---

① H. Perloff, E. Dunn, E. Lampard, and R. Muth. Regions Resources, and Economic Growth, Baltimore: Johns Hopkins, 1960: 57-62.

② 1977年由意大利社会学家巴格那斯科（Bagnasco）命名，包括意大利中部与东北部的七个大区，因其工业结构以自发性、小规模、灵活的专业化生产、积极开拓销售市场和产品集中于纺织、陶瓷、服装等传统行业等特征而迥异于意大利西北部（大工业结构）和意大利南部（贫穷落后的农业地区）的产业结构，所以称之为“第三意大利”（Third Italy）。

③ 顾朝林、赵令勋：《中国高新技术产业与园区》，中信出版社1998年版。

赫尔辛基的通信电子产业集群等，这些高科技中小企业集群已经成为当今世界创新的中心。为何产业集群能够产生出源源不断的技术创新动力，以欧洲创新环境小组（GREMI）为代表的创新学派，即是从这一视角提出其以“创新环境”（innovative milieu）与“集体学习”（collective learning）为核心概念的产业集群创新理论。

二、产业集群的内涵

20 世纪 80 年代以来，产业集群及其竞争力问题开始成为产业经济、区域经济等相关学科研究的热点，很多国家和地方政府也借鉴成功产业集群的实践经验设立和培育大量本地的产业集群，以提升区域经济发展水平和产业竞争力。如前所述，由于对产业集群现象认识的出发点、侧重点不同，对于产业集群的内涵也有各不相同的表述。在各国的理论研究以及推进集群发展的会议和政府文件中，对于产业集群现象有多种不同的称呼，除“产业集群”（industry cluster）外，还有“区域企业集群”（regional cluster of enterprises）、“地方生产系统”（local production system）、“产业区”（industrial district）等，近年来还有人从创新的角度提出“地方创新环境”（local innovation milieu）、“区域创新体系”（regional innovation system）等概念。对于产业集群来说，波特是较早对这一概念进行明确阐述的学者，他提出产业集群是指一个由许多企业和非营利组织所组成的集团，作为该集团中一员是每一个成员企业竞争力的一个重要要素。将整个集群凝结在一起的纽带是“买卖关系”、共同的技术、共同的客户或分销渠道，或共同的劳动力市场。[①] 此后，许多学者又提出各种与产业集群相关的概念。例如，“价值链集群”——由广义的投入—产出或买卖关系构成一种产业集群，既包括最终产品生产者，也包括第一、第二、第三个直接或间接参与交易的供应商[②]。“企业网络”——由有限个企业成员所组成的集团，他们之间的契约联系与商业目标有利于产生互惠的财务收益。网络成员互相选择往往出于多方面的原因，他们以某种方式进行明确的合作，并在一定程度上相互依赖。集群内部更容易形成这种网络，特别是频繁的商业交易所带来的相互熟悉和信任关系。[③] “意大利式工业区”——地理上高度集中的企业集团，任何工作直接或间接面向共同的最终市场，分享价值和知识已成为一

---

① Porter M. E. The Competitive Advantage of Nations. New York: Free Press, 1990: 24.

② Roelandt T. J. A., P. den Hertog. Cluster Analysis and Cluster-based Policy Making: the State of the Art. In: T. Roelandt and P. den Hertog (eds). Cluster Analysis and Cluster-based Policy: New perspectives and Rationale in Innovation Policy. Paris: Organisation for Economic Cooperation and Development, 1999: Chapter 1.

③ Rosenfeld S. Industrial Strength Strategies: Regional Business Clusters and Public Policy. Washington, D. C.: Aspen Institute, 1995: 13.

种文化环境，通过竞争与合作形成密切的联系。[①]“产业综合体”——通过重要的物资流和服务流连接的多个产业构成的集团，此外，在区位选择上表现出高度的相似性。[②]“创新环境”——不仅仅是一个企业集团或区域集团，而是“一个能产生协同过程的综合体；一个在经济或技术上相互依存的复杂组织系统；一个生产系统、技术文化和企业家相互联结的紧凑整体”[③]。

虽然由于研究目的、研究视角不同，对产业集群概念的内涵理解也各不相同，但就其本质而言，表述各异的产业集群概念基本都具有一种内在一致性，即大量企业因各种相互联系所带来的收益而形成地理上的集中。在这些概念中，最为流行和获得较多认可的是波特在1990年对产业集群所做出的界定：产业集群（industry cluster）是“某一特定领域内，在地理位置上相互接近的公司集团和关联组织，他们通过商品和辅助活动相联系”，波特也因此被认为是首次使用“产业集群”一词并对其做出系统阐述的学者。

纵观以往对于集群相关概念的界定及阐述，结合产业经济学、区域经济学的传统视角以及全球市场、区域创新、供应链等新的理论与认识，可以将产业集群的内涵归结为以下五个方面。

（1）产业集群内的企业在地理上高度集中，具有空间上相互接近的特性，空间距离是影响产业集群形成的基本变量，但对于不同的产业类型其作用机制和表现形式也不一样，有时侧重于运输成本的节约，有时侧重于信息等其他交易成本的节约。

（2）产业集群内的企业在经营活动上存在密切的联系，有些集群以纵向的投入—产出关系为主，有些集群以横向的竞争合作关系为主，企业间分工合作的精细化使集群多具有较高程度的专业化水平。

（3）产业集群内部有非常活跃的创新交互过程，特别是在高科技产业集群中，知识转移和分享非常频繁，技术外溢效应明显，产业集群中的技术进步与创新活动十分密集。

（4）产业集群的发展是一个逐渐演进的过程，集群成员从互相选择到密切协作需要时间的积累，集群中的组织结构、相互依存方式和程度是动态调整的。

---

① Rosenfeld S. A. Overachievers: Business Clusters that Work. Chapel Hill. NC: Regional Technology Strategies, Inc, 1995: 13.

② Czamanski S., L. A. Ablas. Identification of Industrial Clusters and Complexes: a Comparison of Methods and Findings, Urban Studies 1979, 16: 61 – 80.

③ Maillat D. The Innovation Process and the Role of the Milieu. In E. M. Bergman, G. Maier, and F. Todtling (eds). Regions Reconsidered: Economic Networks, Innovation, and Local Development. London: Mansell, 1991: 103 – 117.

（5）产业集群的产生和发展不仅有经济上的动因，还有很多社会性的动因，社会网络、社会基础设施及社会资本等都是产业集群的基本动力，促进了集群的生成和演化。

三、产业集群理论的主要流派

产业集群作为当今世界经济现象中的一个热点引起了许多领域中学者的关注，从早期新古典经济学家马歇尔对于集群现象较为系统地阐述开始，德国古典区位论、苏联经济地理学、新经济地理学、战略管理学以及技术创新等领域的学者都对这种独特的产业空间组织现象进行深入的研究，按照他们研究的视角和所提出理论的内容，大致可分为七个主要的流派。

1. 早期新古典经济学对产业集群的阐述

对产业集群现象进行较系统的研究最早见于英国新古典经济学家马歇尔在其《经济学原理》一书中的论述。他将任何一种货物因生产规模扩大而带来的经济性分为两类："第一是有赖于这个工业的一般发达的经济；第二是有赖于从事这个工业的个别企业的资源、组织和经营效率的经济。我们可称前者为外部经济，后者为内部经济。"内部经济和外部经济后来被进一步概括为规模经济和聚集经济。马歇尔发现了外部经济即聚集经济与产业集群之间的密切关系，认为产业集群是因为外部经济所致，指出，"外部经济往往能因许多性质相似的小型企业集中在特定的地方——通常所说的工业地区分布而获得。"[①] 马歇尔还以当时英国谢菲尔德和兰开夏郡等地著名的手工业集群为实例，描述了集中于某些地方的产业，即他所称的"地方性产业"的原始形态。他所说的地方性产业就是具有分工性质的产业在特定地区的集聚，马歇尔把这些特定地区称作"产业区"（industrial district）。产业区内集中的是大量种类相似的小型企业。对于地方性产业为什么能够在产业区内集聚，马歇尔将其归结为提供专门技能的劳动力市场、专业化的服务型行业以及改进的交通及其他基础设施，除此之外，马歇尔还用随产业规模扩大而引起知识量的增加和技术信息的传播来说明产业集群这种现象。马歇尔对于产业区的开创性研究为后来产业集群理论的发展奠定了重要的基础，他所提出的外部规模经济构成产业集群产生和发展的核心理论根基，但由于当时研究条件有限，马歇尔的外部经济理论主要是一种启发式的，并未对此进行充分展开，系统归纳出集群产生的组成要素。

2. 德国古典区位经济学家的产业集群理论

作为德国古典区位理论代表人物的阿尔弗雷德·韦伯在他的《工业区位论》中，从

---

① ［英］马歇尔：《经济学原理（上卷）》，朱志泰译，商务印书馆 1997 年版。

微观企业的区位选择行为出发，分析了企业趋向于在一定地区集中的原因。他认为，企业选择集中的原因除便利的交通、丰富的矿藏等资源禀赋上的特殊原因外，更重要的是一般原因，即在大规模生产条件下，多个工厂集中在一起与各自分散时相比，能给各工厂带来更多的收益和节省更多的成本。韦伯把这种地方性聚集效应归结为四方面的因素：一是随着技术设备专业化整体功能加强，技术设备具有相互依存性，会促进地方集中化；二是大规模的劳动力市场，由于大量综合的、专业化劳动力组织的存在，有利于促进相关产业的集中；三是市场化因素，他主要从提高购买批量和销售规模的角度来看，集中可以获得信用上的优势；四是经常性成本开支，主要是从电力、煤气、自来水等公用基础设施建设的角度来分析。韦伯还对产业集群进行定量研究，并提出产业集聚程度的测度方法，即临界等运费曲线分析方法。通过集聚所带来的工厂成本的节约与运费的增加进行权衡来寻找最优的工厂区位。韦伯探讨了产业聚集优势的因素，并量化了集群形成的标准，提供了十分有意义的研究成果。但韦伯的这种区位研究传统由于过于抽象和仅限于经济因素的考虑使产业集群现实形成中重要的制度、社会、文化、历史等因素没有得到充分考虑。

3. 苏联的地域生产综合体理论

地域生产综合体理论主要是在20世纪30年代苏联社会主义建设快速推进时期，进行“查波罗什工程”“贝加尔沿岸综合工程”等项目建设的基础上总结实践提出来的。这些项目从性质上来说都属于综合体建设。在对这些建设成就加以总结的基础上，科洛索夫斯基、涅克拉索夫、彭德曼以及苏联科学院研究人员分别对地域生产综合体进行了理论分析，形成一系列很有现实政策意义的理论。他们将生产综合体划分为不同的功能部分，包括：经营类——由一系列专门化企业构成，是综合体的核心；关联类——与经营类形成前后向投入—产出联系的企业；依附类——利用经营类企业的回收物件、废料进行生产的企业；基础设施——为地域内的企业提供一般性生产条件的多种设施。这种组织结构是一种典型的产业集群，其核心是专业化生产与密切的生产投入—产出联系和基础设施的共享。这种理论具有较强的政策意义，是一种人为规划导向型的产业集群，在计划经济体制下有其积极的作用，但由于这种体制下企业难以自发结成生产上的联系，在具体的实施过程中综合体的协同效果往往与预期有较大的偏离。

4. “新产业区”学派的产业集群理论

“新产业区”学派的兴起与20世纪80年代西方国家经济普遍衰退的背景密不可分，在这种宏观经济背景下，美国的硅谷以及意大利、德国、法国等欧洲国家的一些地区生机勃勃的发展态势与之形成鲜明对比，引起了世界的广泛关注。研究者发现这些地区多是由中小企业集聚而成，企业之间有着各种各样投入—产出、竞争与合作上的关系，还包括各种非正式渠道的交流和沟通。这种有效的合作网络形成推动当地经济迅速增长的主要动力，人们把这种现象称之为“新产业区”。这一流派的“新产业区”概念是从马歇尔提出的具有创新环境的小企业集聚区演变而来的。1977 年就有意大利学者巴格那斯科对“第三意大利”的特点进行研究，首次提出“新产业区”的概念，即“新产业区”是由具有共同社会背景的人们和企业在一定自然地域上形成的社会地域生产综合体。①1984 年皮埃尔和赛伯的英文著作《第二次产业分工》②，首次对“新产业区”现象进行重新解释，并提出“柔性专业化”（又译为“弹性专精”）的核心特征，认为“新产业区”是在后工业化时代为顺应社会生产的需要而出现的有效生产组织形式。“新产业区”理论和马歇尔所研究的手工业产业区观点基本相似，都是以专业化劳动力分工、社会协作和外部经济为基础，但同时“新产业区”学派也强调一些新特征，例如，供应商和客户之间频繁的人员往来；企业之间在分担风险、稳定市场和分享创新等方面的合作；地方政府、行业协会等组织机构提供广泛的管理、技术、培训与金融方面的服务，等等。现代产业集群理论在很大程度上受到“新产业区”学派的影响，从 20 世纪 90 年代至今仍有大量关于产业区研究的重要文献不断涌现出来。

5. 新经济地理学派的产业集群理论

新经济地理学派的空间经济理论被称为经济学领域报酬递增与不完全竞争革命的第四次浪潮③，以克鲁格曼为代表的新经济地理学派以报酬递增原则为基础，分析区域相关经济活动的聚集现象。他认为递增的要素回报只在集聚发生的有限的空间领域中表现出来，地方化的规模报酬递增和距离带来的成本之间的平衡可以解释现实中各种等级化的空间产业格局。他所采用的研究方法完全遵从于主流经济学的分析范式，从报酬递增的假设出发④，利用生产函数与效用函数设计一套中心——外围模型，通过理论的抽象与推导刻画了行业地理集中形成的规律：在初始均衡的两个地区，随着贸易成本的逐渐

---

① Bacattini, Becattini G.. Dal Settore Industriale al Distretto Industriale: Alcune Considerazioni Sull'unità D'indagine Dell'economia Industriale, Rivista di Economia e Politica Industriale, 1979 (5): 7-21.

② Piore M., Sabel C.. The Second Industrial Divide: Possibilities for Prosperity. New York: Basic Books, 1984.

③ Krugman P.. What's New about New Economic Geography? Oxford Review of Economic Policy, 1998 (14): 7-17.

④ Krugman P.. Increasing Returns and Economic Geography. Journal of Political Economy, 1991 (99): 183-199.

降低，当聚集力大于离心力时，劳动力的转移最终会导致行业的不对称地理分布。在这一过程中，最初贸易成本的削减对厂商生产区位并没有任何影响，当贸易成本一旦下降到“均衡点”，聚集力将起主导作用，所有的工业则会移到一个地区，而此时劳动力和工业区位的转移并不是逐渐发生的，而是发生突变。该理论通过将马歇尔所提出的劳动市场分享、专业化附属产业等引入并予以模型化，证明了工业活动倾向于空间聚集的一般性趋势，并分析了由于贸易保护、地理分割等原因所形成的产业空间集聚的多样性。同时他还分析了产业区的路径依赖特性，集群一旦形成，所具有的自我累积效果。① 他的模型为产业集群的扶持政策提供了理论依据，为很多地方产业集群发展战略的设计提供了启示。但由于缺乏对知识与信息扩散效用研究的经济模型，对马歇尔所提出的技术外溢这一产业集群的关键因素没有纳入分析中去。另外，由于这一学派的理论过于抽象、假设过于严格，也在现实性方面遭受到许多批判。

6. 战略管理学派的产业集群竞争优势理论

以美国哈佛商学院的波特教授为代表的战略管理学派利用5年时间调查了10个国家和一些地区的产业发展，在此基础上，提出了著名的国家竞争优势钻石模型。他发现在构建国家竞争优势的过程中一国的优势产业在地理上集聚的现象，并明确提出了“产业集群”的概念。波特对集群更多地着眼于竞争联系而非投入—产出上的联系，认为集群是产业获取竞争优势的组织基础，进而构成国家竞争优势的基础。波特将集群定义为在某一特定领域内互相联系的、在地理位置上集中的公司和机构的集合②，包括一系列相关联的产业和其他一些与竞争有关的实体，如上游的原料、零部件、设备和服务供应商、专用基础设施供应商等。下游拓展到销售渠道和客户，横向扩展到互补产品的制造商和在技术、技能上相关或有着共同投入品的企业，还包括政府以及大学、咨询、培训、商会等机构。③ 波特对于集群内在结构的分析与以往相比更为全面，并将产业区理论所强调的投入—产出系统更加向前推进了一步。但波特的理论也不是完备的，如对生产的社会嵌入性、技术创新的来源以及网络的复杂性等问题都未加以充分考虑。近年来从波特理论出发的集群分析已经逐渐和社会学、地理学关于网络和产业区的文献相互渗透。产业集群竞争优势理论已经与新产业区理论以及克鲁格曼的规模报酬递增理论共同构成了分析产业集群的三大理论。

---

① Krugman P.. Geography and Trade. Cambridge. MA：MIT Press. 1991.

② Porter M. E.. Clusters and New Economics of Competition. Harvard Business Review，1998（11）：77 - 79.

③ Porter M. E.. On Competition，Boston：Havard Business School Press，1998.

7. 欧洲创新学派的产业集群理论

继新产业区学派以及波特战略管理学派之后，以欧洲创新环境研究小组（GREMI）为代表的欧洲学派所提出的创新环境理论，为产业集群研究提供了一个新的视角。他们将熊彼特的创新理论同区域产业特征相结合，认为创新环境是指孕育创新过程的区域组织,[①] 他们用这一概念来指代高科技和创新密集型中小企业集聚区。创新环境理论与马歇尔式产业区有一定的继承性，但更注重于高科技的产业背景，因此也有观点将其作为新产业区学派的一个分支。这一派别所分析的对象大都局限在欧洲，在个案研究中比较有代表性的包括英国剑桥[②]、法国格勒诺布尔[③]和索菲亚—安第波利斯[④]以及德国慕尼黑[⑤]等地区。集体学习是创新环境存在和不断更新的保障，指区域内的创新主体之间强大和稳定的创新协同作用[⑥]，通过新企业衍生、结网、互动以及人才流动等过程来实现。欧洲学派的创新环境理论为产业集群研究拓宽了在知识与技术创新这一方向上的视野，但对于创新环境的作用机制与过程并没有详细阐述，同时对创新环境过于严格的定义也极大地影响了这一理论的适用性和拓展性。

对于产业集群的理论研究，除了上面介绍的七个主要理论流派之外仍有很多重要的理论和派别，如新产业空间学派、创新系统学派等。我国学者对于产业集群的研究自20世纪90年代以来也开始蓬勃兴起，并围绕着我国改革开放后江浙、苏南和广东等地区大量涌现的中小企业聚集区进行了很多深入的研究。早在1994年王缉慈就在《现代工业地理学》一书中将国际上新产业区的概念引入我国[⑦]，此后国内学者针对新产业区的识别标准[⑧]、产业集群的外延和类型[⑨]、产业集群的起源与演化[⑩]等许多问题展开很多有

① Maillat D.. Territorial Dynamic, Innovative Milieu and Regional Policy. Entrepreneurship and Regional Development, 1995 (7): 157 - 165.

② Keeble D. et al.. Collective Learning Processes, Networking and 'Institutional Thickness' in the Cambridge Region. Regional Studies, 1999, 33 (4): 295 - 303.

③ De Bernardy. Reactive and Proactive Local Territory: Co-operation and Community in Grenoble, Regional Studies, 1999, 33 (4): 343 - 352.

④ Longhi C.. Networks, Collective Learning and Technology Development in Innovative High Technology Regions: The Case of Sophia-Antipolis, 1999, 33 (4): 333 - 342.

⑤ Sternberg R., Tamasy C.. Munich as Germanýs No. 1 High Technology Region: Empirical Evidence, Theoretical Exporations and the Role of Small Firm/Large Firm Relationships. Regional Studies, 1999, 33 (4): 367 - 377.

⑥ Capello R.. Spatial Transfer of Knowledge in High Technology Milieux: Learning Versus Collective Learning Processes, Regional Studies, 1999, 33 (4): 353 - 365.

⑦ 王缉慈：《现代工业地理学》，中国科学技术出版社1994年版。

⑧ 李小建：《新产业区与经济活动全球化的地理研究》，载于《地理科学进展》1997年第3期。

⑨ 仇保兴：《中小企业集群研究》，复旦大学出版社1999年版。

⑩ 金祥荣、朱希伟：《专业化产业区的起源与演化——一个历史与理论视角的考察》，载于《经济研究》2002年第8期。

意义的理论分析。但目前来看国内对于产业集群的研究尚有一定传统学科的局限性，研究方法也处于尝试和摸索阶段，对于全球科技产业转移和知识经济环境下产业集群的发展和动态演化机制等理论前沿问题尚有待于进一步研究。

四、产业集群理论研究新发展

纵观集群理论文献，相关研究正沿着“集群外部→集群层面→集群内部”的“宏观→中观→微观”的主线深化，同时也朝着“生产系统、经济关系→知识和创新系统、社会与文化关系”的“直观→非直观”的领域拓展，认为全球产业集群发展存在某种路线图，如果按照这种结构所设定的路线，各参与国制订并实施政策，就能同步提升产业发展水平并实现共赢。仿佛一切只要按部就班的进行，发达国家与发展中国家的共同发展便是自然而然的结果。然而，近些年来，包括中国在内的一些发展中国家产业集群升级出现困境，并且以结构论为框架的、对集群升级所进行的理论修补，似乎也只是头痛医头、脚痛医脚的治标不治本的举措。直至此时，理论界才又开始反思集群形成、演化和升级的本源到底是什么。①

传统哈佛学派的 SCP 分析范式在波特初次提出产业集群这一概念时就深深植入了产业集群理论中。产业集群理论的相关研究在经过嵌入性理论和新经济地理学等有力理论分析工具的强化后，最终逐渐演变成为结构论研究体系。这一体系囊括了集群理论研究开始至今几乎所有相关的主流研究内容，产生了大量研究成果，同时大部分国家也制订相应政策以指导产业和集群发展，可以说结构论的影响非常深远。

在理论界和产业界均把结构当作集群组织的内涵和本源，在努力完善这一理论体系的同时，现实中的一些问题却让人们不禁怀疑其基础性作用：德国巴登符腾堡、“第三意大利”与中国长三角、珠三角地区的许多产业集群在结构上并无太大区别，但它们之间的创新活力与价值创造能力显然大相径庭；以美国硅谷等集群为模板，基于结构特征来进行集群复制、建造科技园的实践也常常是失败的，或者不能复制出硅谷的创新性；②很多已经完全具备升级条件的中国集群企业，没有按照设想的过程升级，仍然还在既有的低端产品和技术基础上继续着和原来差别不大的经营模式。③

---

① 黄宾、于淑娟：《产业集群理论研究新发展及其实践启示》，载于《技术经济与管理研究》2017 年第 10 期。

② Miniti M.. Entrepreneurship and Network Externalities. Journal of Economic Behavior & Organization, 2005 (1): 1 - 27.

③ 刘友金、吕政：《梯度陷阱、升级阻滞与承接产业转移模式创新》，载于《经济学动态》2012 年第 11 期。

此外，对于“结构决定行为，行为决定绩效”这一结构论的逻辑前提缺乏足够的合理性验证。例如，集群处于萌芽阶段或发展初期时，大规模企业在地理上的聚集尚未形成，企业与企业间、企业与社会经济系统间的结构层次尚未展现或处于极为脆弱的阶段，自然此时也不存在所谓的“结构决定行为”的逻辑假设。因此，结构论无法合理和完善地描绘产业集群的本体内涵，那么遵循结构论所进行的政策实践经常出现失灵的问题也就可以理解了。

随着现实世界的经济活动发展与经济理论发展，尤其是随着学者对于集群内部研究的深入，很多学者已经意识到行为对结构的积极影响，“行动者是积极主动的智能体，他们以行动和认知参与网络建构，而不是抽象结构的玩偶。”① 更有学者进一步认为是行为而非结构对集群的形成、演化和升级起基础性决定作用，“是企业创业、交易、战略等逐利行为引致了企业间的经济、社会连带关系与结构。而所谓空间集聚的事实以及结构特征则如同哲学意义上存在于各行动者之间的‘主体间性’。尽管这种‘主体间性’是理解集群不可或缺的部分，并确实在集群演进过程中对个体行动者产生了正面或负面作用，但是其无法替代行动者的主体性地位。”②

目前，基于“行为先于结构，结构跟随行为”的原始逻辑，集群理论研究已经开始出现从结构论向行为论转向的趋势。行为论学者认为，行为对于集群发展的基础性决定力量体现在行为对于结构的强烈影响和发展的路径依赖上，即后来者会受到先行者影响并存在模仿先行者的动机。

从产业集群的不同发展阶段来看：（1）在集群发源初期，零星的企业依附于各自的地理空间上，没有稳定的集群内外部结构存在。正是这些企业的摸索、学习和试错等不确定行为，逐渐单向调整着给定空间范围内的经济关系。当不确定行为的结果积累达到某一阈值时，会引发企业间的模仿、竞争和合作等确定行为，从而构筑相对稳定的经济关系结构。由于经济关系和社会关系的互嵌性，这一过程也会伴随特定空间内已有社会关系的重构或强化。当包含经济关系和社会关系的稳定结构形成后，会反馈回企业行为，并以不确定行为和确定行为并存的行为模式呈现。这种行为反馈又进一步形塑和强化着集群的内外部结构，至此，集群进入因果循环过程。（2）在集群发展步入相对稳定阶段时，企业行为虽受制于特定集群结构所圈定的行为集，但企业仍保留充分的行为主动性，表现为企业能够选择行为集中符合自身行为意愿的行为方式，甚至还可能跳出行

---

① ［美］马丁·奇达夫、蔡文彬：《社会网络与组织》，王凤彬等译，中国人民大学出版社 2007 年版。

② 吴义爽：《行为基础观、行为转型与战略创业主导的中国集群升级》，载于《经济学家》2013 年第 2 期。

为集做选择。正因如此，结构相似的集群才会表现出显著不同的创新活力和绩效差异。也正是这个原因，使得那些试图通过简单复制结构来复制硅谷集群的努力基本都以失败告终。（3）在集群发展后期，结构有时不仅不能带来升级突破所必需的战略创业意愿和行动，反而容易通过路径锁定引导集群企业继续选择模仿和跟随行为，知识同化和创新乏力必然导致集群的衰败。此时，反倒是摆脱原有结构束缚的战略创业行为，如新产品创新、新知识引进、并购与联盟等，会把集群重新带回集群发源初期的行为与结构互动的逻辑轨道，再通过对原有结构的解构、重构或跃迁实现集群升级。由此可见，在集群发展的各个阶段，行为决定结构，结构影响行为。①

行为的基础性决定作用还体现为行为的序贯性自影响，即先行者行为对后来者行为的影响。集群发源初期，先行企业以一定的行为方式开始创业并触发行为与结构的因果循环过程，从而不断形塑和强化了一种蕴含初始行为方式特征的集群结构。由于这一结构中不仅包含了特定的经济信息，如分工秩序、价值分享等，还包含了特定的非经济信息，如能力获取渠道、认知途径、竞合与创新方式等，因此会制约或激发后来者对某些行为的选择，这些行为又会进一步通过调整结构而对后续的行为产生影响。因此，结构也可以理解为先行者行为对后来者行为的映射介质。整个过程中，先行者不仅通过我们所熟知的路径锁定对后来者的行为选择产生影响，还通过一种隐性的行为惯例干涉后来者的行为认知从而影响行为取向，最终实现序贯性影响可能。总的看来，行为对结构和行为的决定作用可以分别用实和虚两个逻辑过程来描述。实过程涉及行为与结构，是指行为不断形塑和强化集群结构，形成了行为与结构、路径锁定和行为选择之间的循环演进逻辑。虚过程涉及行为与行为，是指先行者的行为模式被大部分集群企业所接受，逐渐在集群内形成一种行为惯例并影响后来者的行为取向，蕴含着行为对行为、行为惯例与行为取向之间的序贯影响逻辑。

虽然对集群内涵和本源的研究已由结构论逐渐转向行为论，但也应该充分认识到结构论的地位和作用。结构论不仅是渐次打开集群“黑箱”的研究必经阶段，还因其确实符合我们对集群的直观认知而使集群研究能够一开始就立足于具体化而非抽象化，从而吸引更多人关注，并且经过长期积累，结构论也为集群研究提供了很多有洞察力的见解。因此，在清楚了解产业集群理论研究新发展及其实践启示对集群发展的基础性作用后，并非要完全放弃结构论转而选择行为论，而是要将两者结合，即基于行为的内涵

① 黄宾、于淑娟：《产业集群理论研究新发展及其实践启示》，载于《技术经济与管理研究》2017 年第 10 期。

性，借助结构的外显性，改为系统和动态的研究集群问题。从行为和结构之间的逻辑出发研究集群演化的动力学机制，为我们展现了一个新的研究领域，这一领域既包括结构论中关于“什么样的集群内外部结构最有利于产业演化”的研究内容，也包括行为论中的“如何推动集群向着最佳的内外部结构演化”的研究内容。据此，行为论学者认为，该部分研究未来可能遵循的研究次序为：首先，借助行为论分析某地集群的内外部结构是由什么行为推动形成的；其次，利用结构论研究该地产业发展到底需要怎样的内外部结构，最后，再回到行为论研究如何引导企业行为的转变以实现内外部结构的变化调整。

第二节　产业集群的类型、构成主体与动态演进

作为一种产业活动在特定空间聚集的特殊经济现象，产业集群在现实中有着各种各样的表现形式，不同的产业归属、不同的集聚空间范围、不同的市场结构以及不同的企业协作方式下所构成的产业集群，其运行模式、聚集目的、组织结构、复杂程度和聚集阶段等都有差异，并且各具特色。本节将对产业集群的各种类型进行探讨，进一步分析集群的构成主体及其发展演进的阶段性特征。

一、产业集群的类型

对于产业集群的分类，目前还没有统一的观点，由于产业集群的差异性和复杂性，其划分标准十分多样，许多的学者提出不同的看法以服务于不同的研究目的。

1. 马库森的产业集群分类

在各种产业集群的划分方法中，提出较早，在国际上引用较多的是马库森（Markusen）在 1996 年《光滑空间中的黏着点：产业区的分类》① 一文中，根据对美国、日本、韩国、巴西四个国家新兴产业区的研究，从公司构造、对内对外的经济联系以及治理结构的不同出发，提出四种典型的产业集群类型：（1）马歇尔式产业区（Marshallian district），主要是中小企业的聚集区，意大利式产业集群为其变体；（2）轴—辐式产业区（hub-and-spoke district），其空间结构是以一种或几种工业的一个或多个主要企业为中心；（3）卫星平台式产业区（satellite platform district），主要由跨国公司的分支机

① Markusen. Sticky Places in Slippery Space：A Typology of Industrial Districts. Economic Geography，1996，72（2）：294 –314.

构组成，有些分支机构是高技术研发中心，也有的是由低工资、低税、公众资助的机构组成；（4）国家主导型产业区（state-centered district），即以国家公共利益为导向型的企业与机构聚集形成的产业区。

马歇尔式产业区并非完全意义上的马歇尔早期在《经济学原理》中所描述的产业集群形式，在现代经济体系中，这种产业区更多表现为“第三意大利”式的产业聚集区，其突出特点是以中小企业居多，这些企业产品多从属于同一个产业供应链条，企业之间有着密切的生产联系，专业化程度强。产品多为定制化产品，进行大规模标准化生产的可能性较小，大多存在于传统手工艺制品、时装、陶瓷、雕刻等产业，“第三意大利”是这种产业区的典型。因此，在很多文献中都直接称其为意大利式产业集群。

轴—辐式产业区是以相对少量的关键企业或设施为核心，以大量服务于核心企业的供应商或其他企业为辅助的产业集群形式。例如，在美国西雅图以波音公司为核心形成的飞机制造相关产业集群、在日本丰田市以丰田公司为核心的汽车产业生产基地以及在底特律以三大汽车公司为核心的汽车城，等等。其突出特征是由在一个或多个产业中的一个或几个垂直一体化的大企业支配，环绕以较小的较弱的供应商，等级制度明显。大量中小企业非常依赖于大的核心企业，或者间接享受与大组织集聚的好处。集群核心一般都是某一产业的垄断者或行业巨头，通过本地化的生产来获得成本优势，往往面向的是全世界范围内的市场，与域外的供应商、客户和竞争者有密切的联系。

卫星平台式产业区是由总部在其他地区的大型企业分支机构或分厂设施的集合，常常是由在相对落后的地区或在城市边缘地带所设立的开发区的形式发展而来。产业区中的企业有的是以低端装配厂为主，有的则是高科技的研发中心，他们的共同特点是在空间上与企业总部独立，而在各种决策上完全受制于企业总部。美国的研究三角园是这种卫星平台式产业区的代表，很多跨国公司的研究中心集合在那里。韩国低档的纺织和电子学卫星平台 Kumi，以及污染严重的异种产业的集合 Ansan，则是另一种低端卫星平台式产业区的代表。这种产业区中的企业或机构之间在生产上的合作很小，区内联系较少，而与区外总部之间的联系交流则十分普遍。对于低端装配型产业区来说，其稳定性相对较弱，当存在其他劳动成本较低的区域时，则会由于企业的外迁而衰落。高科技研发中心型的产业区由于专业化技术人才的替代性相对较低以及随着生活环境逐渐趋于完善稳定，这种产业区有可能会具有较强的稳定性，甚至逐渐向创新型产业区转型。

国家主导型产业区是由各种公共或非营利的主体为核心所形成的一种特殊的产业集群形式，其最突出的特点是区内政治联系作用大于经济联系。区内的企业或机构多服务于军事、国防或科研、教育等目的。前者以美国圣塔菲、阿尔布开克、圣地亚哥和科罗拉多斯普林斯市等城市为代表，它们因军事基地、军事研究院和武器研究室而闻名；后者则以麦迪逊、萨克拉曼多、奥斯汀等美国城市，以及日本筑波、韩国大德为代表，这些城市的快速增长得益于本地的大学和政府研究综合体。这些产业区的形成和存在很大程度上依赖于国家政府预算和公共开支，而非本地产业活动自发组织演化的结果。

除上述典型的产业集群形态外，马库森认为，现实中的产业集群很多是上述四种形式的混合体，在不同的阶段以某一种形态为主，通过集群的不断转换和再造实现产业集群的发展演化。

2. 联合国贸发组织的产业集群分类

联合国贸易与发展组织（UNCTAD）在 1998 年提出产业集群划分的三个标准①：即集群内企业技术的总体水平、集群内技术的延伸性以及集群内企业相互协作与网络化程度。按照这三个标准，产业集群被分为两大类：第一类为自发型产业集群，包括非正式产业集群、有组织产业集群、创新型产业集群三种；第二类被称为开发型集群，主要包括科技产业园区和创业园以及出口加工区两种类型。②

非正式产业集群是发展中国家和欠发达国家中产业集群的主要形式，集群内大量的中小企业，其技术水平落后于产业的前沿水平。工人的技能水平低、缺乏持续的学习机制。进入壁垒很低，企业进入、退出频繁，但产业的技术创新、管理水平提升、新技术设备的引进、产品质量的改善十分缺乏。企业间缺乏信任，没有共享信息的传播，集群内部竞争残酷，几乎没有合作。

有组织的产业集群是以集体化的建构过程为特征的，共同分析和解决在公共基础设施与服务方面的共同问题。尽管集群中的企业仍为中小企业，但很多企业的员工都在 2000 人以上，并通过系统的训练和学徒制来提高员工的技能水平，尽管只有少数企业技术水平接近于产业前沿，但总体上拥有较高的技术水平。有组织的产业集群最突出的特征是企业的合作与网络已经形成，企业也意识到了合作的重要性，但持续性的合作较少，竞争还比较激烈。

创新型产业集群主要集中于发达国家，也有少数在发展中国家，例如，印度班加罗

---

① UNCTAD. Promoting and Sustaining SMEs Clusters and Networks for Development, Paper prepared for an Expert Meeting on Clustering and Networking for SME Development, Geneva, 1998, 2 – 4 September, TD/B/COM. 3/EM. 5/2.

② Mytelka L., Farinelli F.. Local Clusters, Innovation Systems and Sustained. Competitiveness, UNU/INTECH Discussion Paper 2005, 2000, October.

尔（Bangalore）的软件产业集群和巴西圣卡特林娜岛（Santa Catarina）的陶瓷产业集群。集群内的企业主要从事知识密集型的生产活动，拥有较强的产品设计与工艺创新以及技术适应能力。企业都拥有不断创新的职能和国际竞争能力，产品大量出口，是国际市场中重要的一部分。集群中很多中小企业为大企业提供零部件生产服务，大企业为小企业提供技术平台和技术指导。

科技产业园区以及出口加工区的产生是政府科技与贸易政策下的产物，政府希望通过高科技企业与机构的空间聚集来实现技术创新和贸易利益的目的。其范围从大的技术研究中心到地区性的科技园与创业园。尽管在企业层面有一些企业通过这种集群化取得成功，但产业园区通常缺乏激励企业协作和促进技术交流的机制。这种产业园区被视为新技术培育的“温床”，但也因为过高的土地成本和大量基础设施投资却没有带动地方经济的增长而受到批判。在出口加工区中，尽管吸引了很多国外投资的进入，但在集群内部协调和网络化的水平却很低，与地方生产系统的投入—产出联系很少。这五种产业集群及其特征如表 12－1 所示。

表 12－1　　　　产业集群的类型及其特征

特征	自发型产业集群			开发型产业集群	
	非正式产业集群	有组织的产业集群	创新型集群	科技产业园区和创业园	出口加工区
案例	库马西苏米（Suame）（加纳）	锡亚尔科特（巴基斯坦）	班加罗尔（印度）	国际创业园（中国）	保税加工区（墨西哥）
技术水平	低	中	高	低到高	中低
技能	低	中	高	中	中低
创新	很少	中等	较多	中等	很少
信任	低	高	高	低	低
合作	低	高	高	低	中
竞争	高	高	高	中	高
企业规模	小	大企业和中小企业	大企业和中小企业	中小企业	大企业和中小企业
出口	很少	中等或较多	较多	中等	较多
学习	很少	中等或较多	较多	较多	很少或中等

资料来源：UNCTAD. Promoting and Sustaining SMEs Clusters and Networks for Development. Paper prepared for an Expert Meeting on Clustering and Networking for SME Development, Geneva, 1998, 2－4 September. TD/B/COM. 3/EM. 5/2.

3. 国内学者分类

国内学者从中国的现实国情出发，提出了符合中国实际的产业集群划分标准。一是根据集群的结构状况，将产业集群分为市场型产业集群，其特征是群内企业之间的关系以平等的市场交易为主，各生产厂以水平联系来完成生产的市场型中小企业集群；二是以大企业为中心，众多小企业为外围而形成的“锥形”产业集群；三是以信息联系为主而不是以物质联系为主，以计算机辅助设计和制造业柔性生产方式来进行生产的混合网络型企业群落。① 根据产业集群产生的原因把我国产业集群分为以下五类：沿海外向型出口加工基地、智力密集地区、条件优越的开发区、乡镇企业集群而形成的企业网络以及国有大、中型企业为核心的企业网络。② 根据行业结构集中度及本地生产链的完整程度两个维度，把产业集群分为飞地集群、锥子集群、原子团集群和未来集群。③ 根据不同的产业基础将产业集群划分为五类：一是建立在农村或者乡镇工业基础上的特色产业集群；二是在科技实业家创业基础上形成的高科技产业集群，如北京中关村 IT 产业集群；三是在本地“三来一补”基础上发展起来的产业集群，如广东东莞劳动密集型集群；四是由外资的配套企业发展起来的产业集群（技术密集型集群），如北京亦庄诺基亚兴网工业园；五是改造后的国有企业经繁衍和集聚形成的产业集群，如青岛海尔、重庆嘉陵摩托车等。根据产业集群存在的形态，将我国的产业集群分为浙江专业化产业区（原生型产业集群）、广东外向型产业集群（嵌入型产业集群）和中关村高新技术产业集群以及国有企业衍生形成的产业集群。④

我国国家发展和改革委员会工业司也将我国产业集群分成了三类：一是古典的产业集群——马歇尔产业区；二是“龙头 + 网络”的形式，其特征是龙头企业在研发、生产、营销中发挥创新和导向作用、横向支撑作用、纵向纽带作用，众多中小企业和家庭工厂形成网络状，实现生产社会化；三是以核心大企业为主，中小企业配套形成的产业集群。

4. 其他产业集群分类方法

由于产业集群的广泛性和多样性，除上述比较重要的分类方法外，还有许多其他的分类方法。例如，根据产业集群的机制分为基于核心技术的产业集群、基于销售网络的产业集群、基于品牌的产业集群和基于知识共享的产业集群；根据产业集群企业间协作

---

① 仇保兴：《小企业集群研究》，复旦大学出版社 1999 年版。

② 王缉慈：《创新的空间：企业集群与区域发展》，北京大学出版社 2001 年版。

③ 黄程、符正平：《珠江三角洲地区企业集群的分类及其特征》，载于《管理评论》2003 年第 6 期。

④ 刘善庆、陈文华等：《产业集群分类综述》，载于《企业经济》2005 年第 5 期。

程度分为松散型产业集群与紧密型产业集群；根据产业集群的聚集机制和阶段分为单纯聚集型产业集群、生产综合体和社会网络型产业集群；根据产业归属分为农、林产业集群、制造业产业集群、服务业产业集群，甚至进一步细分为汽车产业集群、信息产业集群、纺织产业集群等；根据产业集群内部企业的协作方式分为多元化产业集群和转包型产业集群等；以及结合产业集群的产业特征与系统复杂性划分为传统产业集群、高新技术产业集群和基于大企业的产业集群；甚至还有根据产业集群分析的范围和层次分为微观层公司群、中观层产业集群和宏观层区域间产业集群等。

二、产业集群中的行为主体及其功能

由于现实中存在着形形色色的产业集群，构成集群的主体要素特征不尽相同，所以每个主体所承担的功能也各有侧重。但在产业集群呈现出这种多样性的同时，产业集群的主要行为主体及其功能也都存在一定的共性。根据波特的定义，产业集群是指在“某一特定领域内，在地理位置上相互接近的公司集团和关联组织，他们通过商品和辅助活动相联系”，从这个定义可以看出，波特所定义的产业集群包括了零部件、机器和服务等专业化投入的供应商和专业化基础设施的提供者，向下游延伸至销售渠道和客户，从侧面还可扩展到辅助性或互补产品的制造商以及技能技术要素投入的各类相关企业。企业是产业集群中最主要的主体，波特指出：“在相关资源性产业中，企业扮演了产业集群中吸引供应商、服务供应商、互补性产品供应商，以及组成填补空隙的供应商角色。联合投资的目的，有时是为了建立当地支援性产业的能力。”① 除了企业以外，政府是产业集群中经常发挥关键性作用的重要行为主体。波特认为，使产业集群的发展与升级更顺畅是政府除保持宏观稳定、改善微观能力和建立微观经济规则之外的第四大职能，而且是比前面几个职能更为重要的职能，政府在开发型产业集群中往往扮演着领导核心的作用。大学、培训和研究机构在产业集群的形成和运行中的作用也非比寻常，他们是知识创新的主体，通过知识成果的扩散和技术外溢来发挥作用。特别是在创新型产业集群中，这些机构往往是集群赖以存在的核心。协会、商会、专业服务机构、律师事务所和会计师事务所等中介组织以及金融服务机构是产业集群中各个成员联系的纽带和支撑，他们都是各种产业集群运转必不可少的服务单位。企业、政府、科研机构以及中介组织构成了典型产业集群的四个主要的主体要素，在这些主体行为的共同作用下，产业集群得以运行和维系。

---

① Porter M. E.. The Competitive Advantage of Nations. New York: Free Press, 1990.

企业是任何产业集群运行中最基本的要素单元，现实中存在的任何一种类型的集群，无论其是因何种关联因素结合而成的有机体，首先都是由企业这一基本要素所聚集而成。对于企业聚集过程的分析有古典模型、产业联合体模型和社会网络模型三种基本的过程模型①，其中古典聚集模型是基于马歇尔的产业聚集思想，产业集群地理上的接近性源自企业聚集的外部经济。马歇尔式外部经济包括三种类型：一是地理集中的产业能够培育专业化的供应商；二是同行业厂商聚集有利于创造专业化的劳动力资源库；三是地理上的接近有利于信息传播。这三种外部经济同时发挥作用使集群中的企业从各种类型的外部性中获益。产业联合体模型是以企业间联系为视角，这种联系主要是基于企业之间销售和购买的贸易联系。通过企业区位的接近性来实现空间交易费用的最小化，是企业集群化运行的主要动力。社会网络模型最初是从社会学发展而来的，用于产业集群中主要是来自经济学对产业集群嵌入性和社会资本问题的思考。企业间的联系主要依赖于个体间的信任，紧密的私人联系构成社会网络，这种基于信任的联系优势被描述为社会网络的嵌入性水平。由于群体所共有的规范、习俗使企业相互协作配合，而随着群体的规模、规范以及共有信念的变化，经济联系的强度和方式也会呈现不同的形态。这三种模型为企业聚集提供了三种不同的视角，随着企业在空间上的集聚，外部性效应不断增加，交易成本不断下降，个体间信任不断巩固，加速推进着产业集群的形成和规模的扩大。

政府是在开发型产业集群的运行中往往发挥关键作用的行为主体，按照马歇尔的观点，产业集群是外部性突出存在的领域，那么越是在这种外部性强的领域，政府需要发挥的作用就越大。波特认为："在经济上，政府无可避免要扮演多重的角色……政府最大的角色，是保持宏观经济稳定……政府的第二个角色是，改善经济体中微观经济的一般能力……政府的第三个角色，是建立整体的微观经济规则，与监督竞争的诱因，而且此种竞争有助于生产力的提升……尽管政府的这些角色是促成经济进步的必要条件，但是有了这些仍未必足够。尤其当政府开始它更基本的角色，也是第四个角色，使产业集群的发展与升级更顺畅，其实更加重要……政府最后的角色是，发展与执行一个积极有区隔且长期的经济活动方案，或改变流程，使政府、企业、机构和人民，既能提升一般的商业环境品质，也能形成本地的各种产业集群。"② 政府在产业集群中扮演着多项角色，包括各种硬件基础设施的提供者；企业间相互信任、协作的良好氛围以及健全法律

---

① Gordon I. R. McCan P.. Industrial Clusters: Complexes, Agglomeration and/or Social Networks?. Urban Studies, 2000, 37 (3): 513 - 532.

② ［美］迈克尔·波特：《竞争论》，刘宁、高登第、李明轩译，中信出版社 2003 年版。

法规等制度的供给者；技术、培训、会展等公共服务的提供者；区域创新系统的建设者；各种中介组织的资助和培育者等。上述这些功能都是企业间得以形成集群并且能够有效运行的必备条件，中国台湾的新竹产业园区、第三意大利的成功崛起都是在政府的强力引导下实现的，在发展中国家产业集群的培育和发展中，政府的作用更为突出。

科研机构是产业集群中知识创新、技术扩散的发源地和主要推动者，特别是在现代高科技产业集群中，集群的整体竞争力很大程度上依赖于新技术、新工艺和优秀人才的开发与应用，而大学、科研院所、研究机构正是培育这些要素的主体。首先，科研机构为企业提供可商业化的新技术研究成果，直接为企业提供技术研发的功能。其次，大学是集群中优秀技术和管理人才的培育基地，是企业高科技人才和企业家的主要来源。最后，科研机构通过组织讲座、学习、论坛传递知识，扩大产业集群的技术外溢效应，共同学习提供集群的创新能力。上述机制的共同作用加速了集聚规模的扩张和产业集群的演化。例如硅谷的成功企业中60%以上的创办者都是斯坦福大学的师生和校友，我国中关村的许多IT企业也都是由中科院、清华大学、北京大学等出资创办的。

中介组织主要由行业协会、专业咨询服务机构、金融投资机构等组成。波特对产业集群中的同业公会、共同体等机构的沟通、推广等功能十分重视。行业协会等中介机构是集群内部企业之间、企业与政府之间沟通的重要媒介，也是行业自律、维护竞争的重要管理者，同时也发挥对外营销，吸引企业入驻的职能。专业的咨询服务机构则为企业的发展提供各种法律、财务方面的支持。金融投资机构是企业流动资金、融资贷款的主要提供者，在创新产业集群中，风险投资商是创新企业快速发展壮大的必备条件。这些机构共同推动着企业的成长和集群的扩张，是很多集群得以健康运行的重要保障。

在产业集群的运行发展过程当中，上述的四个基本要素综合发挥作用，随着各种类型产业集群的形成诱因、产业形态的不同，它们各自的作用强度也有所不同。例如对于自发产生的集群，企业与中介机构的交流互动机制在产业集群的形成和运行中的作用更为突出，政府则往往在识别之后发挥引导和规划的作用。对于政府主导型的产业集群而言，政府在集群初创期乃至成熟期所发挥的引导、资助和培育功能占据主导地位，其他主体的作用机制主要是为配合政府的目的而发挥作用。因此研究各种类型产业集群的运行规律，必须对集群出现的诱因、条件和产业形态加以区分，根据各种主体作用方式、强度的不同制定合理的产业集群发展演进战略。

三、产业集群演化的主要阶段

世界上的任何事物都会经历一个产生、发展、兴衰的过程，产业集群作为一种经济组织，其生命周期特征也十分明显。一方面，作为相关企业和机构的聚合体，随着时间的推移必然表现出企业的迁入迁出和集群规模的涨落；另一方面，产业集群内部的生产、技术、信息等方面的网络联系及其动力机制也会随着时间的变化而发生强弱的改变。在不同的阶段，产业集群聚集的诱因、作用方式和强化机制都有很大的差别。

国际上对于产业集群生命周期主要从两方面进行研究。一是从经验研究的角度，根据现实中不同国家或地区产业集群的发展情况，将产业集群在不同阶段下的典型特征进行描述和归纳。① 前文述及的联合国贸易发展组织所提出的产业集群的五种类型就是从产业集群发展的阶段性特征和联系的角度划分的。二是从演化理论的角度，分析产业集群产生、发展和衰落的过程和机制。例如，阿霍坎加斯等（Ahokangas et al.，1999）运用演化理论揭示了产业集群不同阶段的演进机制和发展特点，在很大程度上完善了对集群发展过程的研究。② 我国学者近年来也对产业集群的动态演进过程进行许多详细的阐述，如依据集群竞争优势的发展将集群成长分为发生、发展、成熟和衰退阶段；③ 依据集群要素结构演化与关联演化分为基本要素集聚型产业集群、价值链集聚型集群、社会网络集聚型集群、创新网络集聚型集群四个阶段，④ 等等。上述产业集群演化阶段的划分方式尽管各有侧重，但在不同阶段的核心特征上是基本吻合的。产业集群的演进过程基本呈现出近似“S”形的生命周期曲线特征（见图 12－1）。

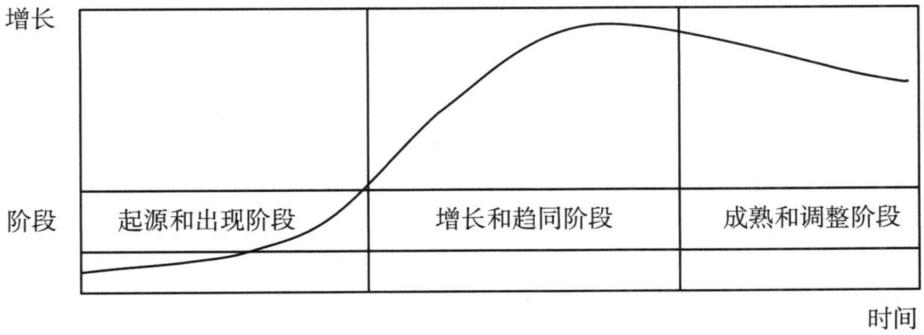

图 12－1　产业集群的生命周期

资料来源：Ahokangas P.，Hyry M.，Rasanen P.. Small Technology-based Firms in Fast-growing Regional CLuster. New England Journal of Entrepreneurship，1999（2）.

---

① Guerrieri P.，Pietrobelli C.. Models of Industrial Districts' Evolution and Changes in Technological Regimes. Paper Prepared for the DRUID Summer Conference，2001；Giovana C.，Dini M. Small Enterprises Cluster and Network Development in Developing Countries：The Experience of UNIDO. Issues Paper of UNIDO，1999.

② Ahokangas P.，Hyry M.，Rasanen P.. Small Technology-based Firms in Fast-growing Regional Cluster. New England Journal of Entrepreneurship，1999，2：14－25.

③ 张萍：《基于生命周期视角的产业集群演化研究》，载于《山西农经》2020 年第 11 期。

④ 秦夏明、董沛武、李汉铃：《产业集群形态演化阶段探讨》，载于《中国软科学》2004 年第 12 期。

按照阿霍坎加斯等所提出的演化模型，产业集群发展各阶段的特征可以总结如下。

1. 起源和出现阶段

在产业集群的发展初期，通常萌芽于少数具有创新精神的创业者通过其独特的私人关系所建立起来的企业网络组织，一批新企业开始共同在某一地点设立并相互集聚。此后随着这一地区知名度和影响力的扩大，各种新企业不断进入集群，大量企业的群集带来集聚经济效益的实现。企业集聚的增加带来企业家阶层和各类人才市场的形成。同时，随着市场机会逐渐得到识别，企业不断进入，市场竞争开始加剧，生产规模也相应扩大，与此相关的产品和服务的供应商也逐步发展起来，集群内部的关联性开始形成。

2. 增长和趋同阶段

随着企业集聚规模的扩大，产业集群开始得到市场、社会的认可，产业集群以设立产业园区和组织机构等形式被明确下来，产业集群的发展开始步入实质性快速增长阶段。一方面，资金、人才、技术等生产要素加速聚集进来；另一方面，集群的内部网络联系大大加强，外部环境迅速完善，逐步形成了一个广泛的、高质量的、松散联结的网络，各企业之间形成建立在差别化基础之上的竞争与合作关系。企业之间形成一种交流协作的文化氛围，社会网络逐渐扩大。各种思想、技术和信息传播速度加快，集群整体技术水平迅速提升，但与此同时，企业之间也开始出现模仿和同构化，这一阶段的后期产业集群将进入趋同阶段。此时虽然仍有新企业不断进入集群，但企业的数量和增长率都将出现下降趋势。

3. 成熟和调整阶段

当产业集群的规模逐渐趋于成熟和稳定时，集群企业的产品市场开始逐渐接近饱和，企业之间的竞争开始加剧，而土地等资源的价格迅速增加，这时企业聚集的成本将逐渐超过聚集的经济效益，直至使集聚经济丧失。这一阶段，集群中的企业变得更加保守，创新活动缺乏所需的投入，企业更趋于模仿。如果这种连锁效应持续下去，随着模仿和同构化的增加，集群内企业的兼并、退出行为大大增加，企业数量下降，而企业创业和创新则更多地选择现有集群以外的地区。如果集群不适时采取调整措施，最终集群将缺乏发展创新的动力，甚至开始仿冒、造假，产生类似“劣币驱逐良币”的效应，导致整个集群地区的衰败。为了使集群能够持续下去，就需要调整集群的定位，采取措施如及时调整结构，促进产业升级，鼓励并强化创新，营造良好的创新氛围，完善市场组织网络，制裁造假行为，等等，形成推动集群持续发展的新的动力。

第三节 产业集群的竞争优势

产业集群这种特殊的产业现象引发人们广泛关注的根本原因在于这种产业组织形态所焕发出来的强劲、持久的竞争优势。波特就曾指出，“一个国家或地区在国际上具有竞争优势的关键是产业的竞争优势，而产业竞争优势来源于彼此相关的产业集群。”① 分析产业集群竞争优势的基础、来源以及构建途径，是本节的主要内容。

一、产业集群竞争优势的理论背景

对于产业集群竞争优势的研究，其理论框架主要来自马歇尔的产业区理论、克鲁格曼的空间经济理论和波特的钻石理论模型。

产业集群的竞争优势分析，首先应从企业空间集聚的基本原因出发。在马歇尔所提出的产业区概念中，他提出产业集群应具有六方面特征：（1）与当地社区同源的价值观系统和协同的创新环境；（2）生产垂直联系的企业群体；（3）最优的人力资源配置；（4）产业区理想的市场——不完全竞争市场；（5）竞争与合作并存；（6）富有特色的本地金融系统。这些特征是产业的簇群化发展模式不同于分散化发展模式的关键之处。这种产业区内由于具有专业化劳动力市场、专用投入品的供应商和服务提供商以及商业知识的技术溢出效应而吸引企业的聚集，从而带来产业集群的不断发展扩张。他还特别强调产业区内的产业氛围，这种氛围被描述为：产业区内弥漫着“空气”，这种“空气”就是商业秘密与思考和行动的习惯。他认为，由这些效应所带来的外部性是产业集群化发展优于非集群化发展的重要原因，并被后来的研究者进一步概括为包括规模经济、区位经济和城市化经济在内的聚集经济。② 因此，聚集经济被后来的许多经济学家视为产业集群竞争优势的一个经济学上的概念基础。

国际经济学领域著名的主流经济学家克鲁格曼在20世纪90年代开始将视角转向经济活动的空间层面，他所提出的一个重要思想就是由于聚集经济所导致的中心——外围空间模型。③ 他部分地继承了马歇尔的外部性观点，并将外部性重新概括为劳动力市场储备、专业化的供应商和技术溢出三方面要素，由于这几方面因素的存在，他认为经济

① Porter M. E.. The Competitive Advantage of Nations. New York：Free Press，1990.

② Hoover，Edgar M.. The Location of Economic Activity. New York：McGraw-Hill，1948.

③ Paul Krugman. Increasing Returns and Economic Geography. The Journal of Political Economy，1991，99(3)：483-499.

活动在空间维度应建立在规模报酬递增和不完全竞争的假设之上。在这种假设下，经济活动在空间上的集中能够形成外部规模经济和范围经济优势，达到交易成本最小化的目的，从而诱发经济活动在地理上的集中。

波特的产业集群理论与竞争优势的关系十分密切，他早期对于产业集群的研究就是从国家竞争优势的一个组成部分展开的。在《国家竞争优势》一书中，他将评价一个国家产业竞争力的关键因素概括为要素条件、需求条件、相关支持产业和企业战略、结构和竞争状况四个方面，这四个要素共同构成波特的国家竞争力钻石模型，而这四个条件同时也是与产业集群密切相关的。第一，产业的集聚最初多发生在拥有某些生产要素优势的地区，如自然资源禀赋、基础设施以及劳动力丰富等。第二，产业集群中的企业更容易获得专门的信息，有利于察觉、理解和反映市场需求，同时在产品上实现满足顾客需求上的互补。第三，产业集群也形成一个巨大的当地市场，帮助企业从当地获取发展和创新所需的资源，与当地的供应商和伙伴建立紧密的联系。第四，集群内部的信息交流和较低的进入壁垒与风险加剧了企业间的竞争，同时也影响到参与整个价值链的企业，从而影响集群的企业数量和规模，构成产业集群的动态演化。通过这四方面的机制，产业集群对于一国的产业竞争优势乃至整个国家的竞争优势都有着十分深远的影响，因此被波特视之为国家竞争优势的重要来源，同时这四个要素也成为考察产业集群竞争力的重要指标。

二、产业集群竞争优势的构成

基于上述理论背景，产业集群的竞争优势构成也形成多维度的指标和划分方法。产业集聚是工业化发展进程中的必然产物，各国间的经济交往加强与竞争合作等因素都会促进产业的集聚形成。同时产业集聚也加强了国际竞争，国家层面都在积极地调整产业结构和促进产业升级，企业层面也在增强创新能力和取得集聚优势，形成具有国际竞争力的产业。

我国的许多学者都结合相关理论在对我国产业集群发展进行实证考察的基础上，提出很多观点。如有的学者将其概括为资源优势、成本优势、创新优势、市场优势和扩张优势。[①] 有的学者则将其划分为直接经济要素和非直接经济要素两大类，其中直接经济要素包括生产成本优势、产品差异化优势、区域营销优势和市场竞争优势，非直接经济

---

① 吴宣恭：《企业集群的优势及形成机理》，载于《经济纵横》2002 年第 11 期。

要素则主要包括区域创新系统优势和社会资本优势。[①] 还有的学者综合以上两种思路将其概括为资源获取优势、市场效率优势、创新创业优势和集群扩张优势。[②] 上述几种观点尽管在概念表述和强调重点上不尽相同，但基本都包括了资源、成本、市场、创新和发展五个主要方面，按照这五个主要方面，可将产业集群的竞争优势概括为表 12－2 中的内容。

表 12－2　　　　产业集群竞争优势的构成

资源优势	成本优势	创新优势	市场优势	扩张优势
资源吸引效应	减少信息费用	创新的激励效应	促进专业市场建设	横向规模扩张
素质提升效应	降低劳动力成本	创新的学习效应	促进品牌建设	纵向规模扩张
提高资源利用效率	节省流通费用	创新的文化氛围	有利于开拓国际市场	整体合力扩张
优化资源配置	减少产品试制费用	创新的服务体系		
		创新的人际环境		

资料来源：吴宣恭：《企业集群的优势及形成机理》，载于《经济纵横》2002 年第 11 期。

第一，从资源优势来看，主要表现为四个方面。一是资源吸引效应，即产业集群示范作用而对直接联系的物资、技术、人力资源和各种配套服务的吸引效应，使集群内企业更容易、快捷和节约地获得所需的资源。二是素质提升效应是指在集群的竞争机制和学习效应的作用下，集群内企业的技术人员和工人的技能不提高，设备不断改进，新产品和新工艺不断涌现等，使这些资源要素的素质得以不断提升。三是提高资源利用效率，一方面来自企业间分工协作所产生的资源互补；另一方面来自企业业务外包所带来成本的节约和效益的提高。四是优化资源配置是指在集群区资源要素高度聚集的条件下，更便利资源要素向有竞争力的优势产业配置。

第二，从成本优势来看，主要也可分为四个方面：一是企业紧密相邻，信息交流频率高所带来的信息费用的减少；二是产业集群常聚集大量来自农村或外地劳动者，劳动力成本较低；三是地理距离短，运输、订货和库存费用低所带来的流通成本的下降；四是各种生产要素的聚集以及信息的灵敏能够带来新产品开发试制成本的降低。

第三，从创新优势来看，主要来自五个方面：一是竞争压力下产生的创新的激励效应，迫使企业提升产品质量或实施差异化竞争；二是由于区位接近、经济联系频繁、信息交流便捷所产生的创新集体学习效应；三是众多企业相互竞争、相互学习所产生的创

① 魏守华、石碧华：《论企业集群的竞争优势》，载于《中国工业经济》2002 年第 1 期。
② 郑胜利、周丽群、朱有国：《论产业集群的竞争优势》，载于《当代经济研究》2004 年第 3 期。

新文化氛围；四是各类高校、科研单位、培训机构、行业协会等大量提供研究开发技术支持的机构形成创新的服务体系；五是区内人际关系网络所形成的创新人际环境。

第四，从市场优势来看，可划分为三个方面：一是企业集群利用自身的区位、产品分工体系所形成的产销网络有利于促进专业市场的建设；二是大量“小而特、小而专、小而精”企业的迅速壮大和提升使该地区形成综合品牌效应；三是借助于集群企业的相互协作，一些中小企业可以增强竞争能力，开发国际经济联系渠道，开拓国际市场。

第五，从扩张优势来看，产业集群的增长和扩张可以分为三种方式：一是横向规模扩张，即由于集群的各种优势不断吸引新的外来投资和新企业的进入；二是纵向规模扩张，即在原有产品和产业之外不断拓展上下游产业，同时组建大量配套企业和服务性企业；三是整体合力扩张，即企业集群与小区域经济的耦合强化了企业间的协作，集群企业出现了日益细化的社会分工，提高了产业的整体合力，加速了企业集群的对外扩张。

产业集群的竞争优势尽管可以概括为上述五类，但这五类优势并不是相互独立的，而是相互依赖、相互作用，必须通过企业的共同努力、创新协作才能发挥应有的效应，才能保证产业集群形成自己的竞争优势，在市场竞争中长期保持自己的市场地位。

三、产业集群竞争优势的培育

产业集群的竞争优势并非与生俱来，而是集群发展到较为成熟的阶段才呈现出来的，这也说明，在集群的发展过程中应有意识地培育和发挥集群的竞争优势，主要的培育途径可概括为以下五个方面。

1. 积累企业战略性资源

企业是产业集群的重要载体，产业集群的竞争优势也主要来自企业。按照基于资源的企业理论的观点，企业核心的竞争能力来自其特有的、稀缺的而且外部成员不可模仿的资源和能力，这类资源和能力就是企业的战略性资源。处于产业集群之中的企业，其特有的战略性资源主要包括基础设施、产业氛围、社会资本以及特有品牌和技术等，这些资源也被称为产业集群的固定性资产要素①，这些因素影响着产业集群的吸引力，但本身不随着集群的扩张和内部契约的变化而变化。这些要素是随着时间的积累所形成的公有性资产，嵌入于集群内部，具有外部组织不可获取的特性。这种固定性资产要素的一个突出特征就是其正的外部性效应，能够为集群内部的企业带来孤立企业所无法获取

---

① Pandit N. R., Cook G. A. S., Swann G. M. P.. The Dynamics of Industrial Clustering in British Financial Services. The Service Industries Journal, 2001, 21 (4): 33-61.

的各种收益，推动着企业的成长以及新企业的加入。因此，培育产业集群的竞争能力必须注重各种战略性资源的积累，改善基础设施条件、营造产业集群的共有文化和学习氛围、促进社会资本的形成和累积等。

2. 挖掘集群成本优势

通过聚集获取规模经济和范围经济来降低成本是产业集群形成和发展的主要原因之一。产业集群的成本优势既包括单纯意义上的生产成本，也包括运输费用、产品搜寻成本等各种交易成本。这些成本上的节约从来源上可划分为供给方和需求方两个方面（见表12－3）。

表12－3　　产业集群中企业成本优势产生来源

项目	需求方	供给方
优势源	供应方接近性 固定性资产要素共享 降低产品搜索成本 降低运输成本 信息外部性 专门劳动力 基础设施共享	生产投入要素共享 固定性资产要素共享 降低客户搜索成本 知识和信息外部性 降低运输成本 “森林效应” 专门劳动力 基础设施共享

资料来源：魏江：《产业集群：创新系统与技术学习》，科学出版社2003年版，第41页。

产业集群成本优势的发挥离不开对上述各项成本的节约，产业集群应积极为与上述各项成本有关的经济活动提供便利，通过组建专业化的统一市场、建立企业互信机制、专业劳动力的引进和培养等措施为产业集群发挥成本优势创造条件。

3. 培植产业创新升级能力

根据产业集群的生命周期演化规律，产业集群必须不断创新、推动产业不断升级才能使产业集群始终保持活力。产业集群的创新升级包括集群的产业组织创新、产业技术创新、产业价值创新和产业环境创新等多个方面。产业组织创新是指产业集群应从中小企业低水平重复竞争逐渐走向以核心企业为主导的差异化竞争格局，通过资产服务、金融创新等途径推动企业以兼并、重组以及股份合作等形式实现产业组织的优化。产业技术创新一方面要注意对技术人才的培养引进；另一方面更应与大企业、科研单位和大专院校主动建立协作关系，加速产品更新换代。产业价值创新主要在于对产品价值的开发，通过树立区域品牌、设计系列产品、开发增值服务等方式促进产业价值的创新。产业环境创新则主要体现在产业制度改革、政府服务体系、中介咨询服务等方面。

4. 优化集群组织协作能力

产业集群是一种特殊的网络型组织结构，它实际上是试图通过这种方式在内部科层结构与外部市场结构之间寻找到一种更优的资源组织形式。在产业集群中，集群的组织协作能力决定了集群的网络成本，从而决定了这种网络型组织能否优于企业内部科层或者市场的关键。集群的网络成本来自两个方面：一方面是产业集群的自组织机制，市场的驱动使众多企业自发聚集在一起，由于自发的市场存在不完全契约、机会主义和道德风险等问题而引发相应的成本和风险；另一方面，产业集群也具有一定的可控性，通过政府政策或行业协会指导而呈现组织性，而这些管理机构的运转也有一定的成本。这两种力量同时发挥作用，两者必须相互协调，政府或协会的引导应建立在自组织力量的基础上，通过市场机制来调节，保证自组织按照正常的轨道运转，以最大限度地降低自组织成本和网络管理成本。

5. 培育产业市场开发能力

产业集群的经济活动所生产出来的最终产品价值主要是通过外部市场来实现的，市场是带动产业集群产生发展的引擎，特别是在经济全球化趋势下，对于发展中国家来说，国际市场的开发是拉动经济更快发展的重要条件。产业集群的市场开发应立足当地以及集群已拥有的比较优势，注重特色资源的开发利用、特色产品的开发和特色文化的培育，整合产品，组织专门的队伍开展集群品牌战略和文化推广，形成产业集群的营销优势。

第四节　产业集群与创新

产业集群的发展壮大来自其独特的竞争优势，而产业集群竞争优势的持续改善与提升，则是通过集群的不断创新来实现的。创新使产业集群保持旺盛的生命力和活力，从而形成持久的竞争优势。创新是产业集群研究中的重要内容，从马歇尔到产业区学派、新经济地理学派以及欧洲创新学派的学者都把创新作为产业集群的核心内容来研究。为此，本节将专门对产业集群与创新之间的密切联系以及产业集群的创新动力与机制加以阐述。

一、产业集群是创新的重要载体

人们对于创新的研究是在熊彼特时期开始展开并得到普遍关注的，此后经过不断的发展，也形成很多不同的学派，而产业集群自熊彼特时期就在创新理论中扮演着重要的角色，如今随着各国对创新研究的兴起，产业集群已被视为世界各国创新的重要载体。对于产业集群与创新之间的这种密切关系，很多学者试图加以解释并提出了著名的学说。

1. 熊彼特创新理论中的中小企业集群

产业集群与创新之间的内在关联早在人们开始正式研究创新的时候就已经被认识到，这在熊彼特的创新理论体系中就有所体现。熊彼特的创新理论中有两套明显不同的理论体系（或称之为“两个熊彼特”）：一是第一次世界大战前强调企业家与小企业创新作用的早期的熊彼特；二是后期强调大企业垄断优势及技术进步的熊彼特，这两套理论常被称之为“熊彼特Ⅰ”和“熊彼特Ⅱ”。[①]“熊彼特Ⅰ”理论把中小企业视为创新以及经济增长的主要引擎，他认为创新及经济增长的动力多来自在经济周期复苏阶段中大量涌现的中小企业，它们将发明创造成功转换为商业化的创新。伴随着这种现象，这种中小企业的涌现多是以空间集群化的形式出现的，而企业所面临的不确定性和动态变动性，正是后来产业集群理论中的一个重要假设。“熊彼特Ⅱ”理论则认为技术来自企业的内部创新部门，并认为，“大企业已经成为经济进步的最有力发动机，尤其已经成为总产量长期扩张最有力的发动机。”[②] 但后来的很多实证研究表明，随着市场结构集中程度的提高，企业的创新将趋于下降，而在近乎完全竞争的市场中，中小企业的创新优势更大些，创新的成效和数量并不取决于企业的规模。[③] 因此，“熊彼特Ⅰ”理论的假设后来往往被认为更加符合现实。

尽管创新理论的许多假设还存在很多的争议，同时创新理论体系本身也存在相互矛盾之处，但创新理论中所提出的因不确定性与不完全信息所造成的中小企业集群化发展模式却构成了各种创新产业集群产生和发展的基本逻辑。

2. 马歇尔的创新产业氛围学说

为什么大量中小企业的集群模式能够促进创新的产生和扩散？这种作用机理是什

---

① Philips A.. Technology and Market Structure. Lexington, MA, Health, 1971.

② Schumpeter J.. Capitalism Socialism and Democracy. Harper & Brothers, New York and London, 1942.

③ 仇保兴：《小企业集群研究》，复旦大学出版社 1999 年版。

么？马歇尔在他的《经济学原理》中，阐述了创新与空间聚集之间的这种密不可分的联系，这种联系他认为是由于创新思想的传播必须依赖于产业氛围的塑造，正如书中所述，“在这里……行业的秘密不再成为秘密，而且似乎是公开的，孩子们不知不觉地也学到许多秘密。优良的工作受到正确的赏识，机械以及制造方面和企业的一般组织上的发明和改良之成绩，得到迅速的研究；如果一个人有了一种新思想，就为别人所采纳，并与别人的意见结合起来，因此，它就成为更新的思想之源泉……”① 从产业层面来看，创新产业部门主要通过其前向后向联系影响其他的产业，而这种联系是通过企业的区位来扩散的，由于这种扩散方式，导致了经济活动的空间聚集；② 从产品层面来看，新产品的引入不同于传统产品，其对沟通交流以及外部经济有着很大的依赖。③

3. “新产业区”学派和“创新环境”学派的探索

随着产品市场异质性和不确定性的日益增加，企业界开始掀起一场柔性专业化的革命，越来越多的企业开始选择柔性专业化的发展策略。柔性专业化是通过垂直外包、灵活性、设备的多用途化、劳动者的技能化以及产业群落的形成所实现的，而这些条件恰恰营造了有利于创新的环境。意大利、德国、日本等地各具地方性特色中小手工业的复兴就是这种柔性专业化革命的重要表现。④ 伴随着这种柔性专业化革命，产业集群作为创新的重要载体开始越来越引发人们的关注，“新产业区”学派和“创新环境”学派都试图对产业集群与创新的关系进行进一步解释。“新产业区”学派对创新的空间集中所做出的解释是企业为适应环境变化以及新的需求，需要垂直分解成为相互结网的中小企业而实现，这些中小企业共同集中于专业化的产业区中，通过地理上的接近使他们持续创新所需成本最小化。“创新环境”学派则强调进行创新的过程中所面临的不确定性，能够通过创新环境而得到削弱。在这个过程中的一个关键环节就是集群具有共同学习机制，由于地理上的接近性，这些中小企业共同搜集信息、共同讨论、共同决策以及非正式的协调成为可能，这些都有力地减少了不确定性的发生。

4. 国家创新系统学派对知识传播的解释

产业集群之所以成为创新的重要载体其原因除了创新所面临的不确定性外，还来自

---

① Marshall A.. Principle of Economics, London, MacMillian, 1920.

② Perroux. Note Surlanotion Depôle Decroissance. Economie Appliquée, 1955.

③ Vernon R.. International Investment and International Trade in the Product. Cycle, Quarterly Journal of Economics 1966, 80 (May): 190 - 207.

④ Piore M., Sabel C.. The Second Industrial Divide: Possibilities for Prosperity. New York: Basic Books, 1984.

知识与信息不完备。知识与信息都是创新的关键性投入，但两者有所不同，信息通常比较容易编码（codify）并且内涵较为统一，而知识尤其是新知识往往十分模糊、难以编码。知识可分为编码化（codified knowledge）和缄默知识（tacit knowledge）两种，当代的创新活动是企业和用户在交流编码化知识和缄默知识的过程中相互作用所推动的。① 在这两类知识中，缄默知识占据整个知识的绝大部分，而编码化知识则只是冰山一角。② 编码化知识的传播在现今社会已经变得十分容易，但缄默知识的传播则更适合通过频繁的、面对面的方式才能够实现。缄默知识也被称为“粘性信息”（sticky informantion）③，企业对知识的学习问题引发了人们对于创新系统的研究。

国家创新系统学派认为创新和学习除需要正式的机构和制度外，还需要具备企业间的网络关系、各种非正式的文化、习惯以及相关部门与制度的支持。④ 而这些条件都要求企业在地理上的接近性，以便于人们新知识、新思想的交流。特别在创新的早期阶段，非编码的知识与经验往往是最关键的因素，这时创新活动在空间上具有很强的集群倾向，以便利于知识溢出效应的发挥。⑤ 近年来，区域层面的创新系统引发了人们更多的关注。区域创新系统强调各种正式的机构和制度，如大学、科研机构、金融机构、法律制度和社会管理体制等在区域创新环境方面的重要性，硅谷正是这种创新系统的典型。

从上面对产业集群与创新关系各种角度的阐述中可以看出，产业集群是创新的重要载体，企业在地理上的接近性所带来的相互信任、频繁接触、经常性合作一方面有助于克服创新过程的不确定性；另一方面也更有利于知识的传播，使创新的成本大大降低，企业也得以专精于某一项技术，推动着创新的不断涌现。

二、产业集群的创新动力与机制

产业集群之所以能够成为技术创新的主要载体，是因为集群自身所具有的各种推动创新的不竭动力，在美国硅谷的成功运作所带来的示范效应下，各国高新技术产业区纷

---

① 经济合作与发展组织：《以知识为基础的经济》，杨宏进、薛澜译，机械工业出版社 1997 年版。

② Nonaka H. Takeuchi. The Knowledge-Creating Company. Oxford University Press，1995.

③ von Hippel，Eric. Sticky Information and the Locus of Problem Solving：Implications for Innovation. Management Science，1994，40（4）：429－439.

④ DosiG.，Freeman C.，Nelson R. R.，Silverberg G.，Soete L.. Technology and Economic Theory. London：Pinter Publishers，1988.

⑤ Audretsch D.. Agglomeration and the Location of Innovative Acitivity. Oxford Review of Economic Policy，1998，14（2）：18－29.

纷崛起，成为推动各国科技进步的主体和世界经济增长的重要引擎。在1981年萨克森宁（Saxenian）对硅谷半导体工业的实证研究中，按照创新程度的不同，将半导体工业分为三个阶段（类型），即研究与开发、制造、装配。其中，研究与开发本身就是直接的技术创新活动，制造过程的创新活动相对比较少，装配过程的创新活动则更少。根据各个环节在地理上的区位分布，将世界近似分为五个圈层，即硅谷所在的圣克拉拉县、美国西北和西南地区、美国其他地区、欧洲和日本以及第三世界国家，发现创新含量最高的研究与开发过程79%都发生在硅谷，而创新含量次之的制造过程只有36%发生于硅谷，其他主要分布在美国、欧洲和日本，而创新含量最少的装配过程则仅有3%在硅谷，88%分布在第三世界国家。[①] 这种创新在地理上的高度集中现象在其他国家也不乏类似的例证，由此可以看出，企业通过产业集群的形式来实现创新具有显著的优势。产业集群对于创新的推动力量来自多个方面，有些学者[②]将其概括为知识溢出效应[③]、创新资源的可得性、"追赶效应"和"拉拨效应"[④]、吸聚作用以及植根性等[⑤]方面。

1. 知识溢出效应

这里的知识包括技术知识、需求信息、供给信息、经营经验等。这些知识具有公共物品的性质，一旦被创造出来，传播的速度越快，拥有的人越多，为群体带来的福利就越大。但其中许多知识，如凭经验积累发展起来的知识难以具体化、系统化，没有人际间的频繁接触和耳濡目染很难传播或传播很慢。阿罗和兰卡斯特把这类知识的传播比作传染的蔓延。他们认为，人际间接触的面越广、接触的频率越高，这类知识传播的速度就越快，传播的程度就越彻底。在产业集聚的地方，同行业的生产厂家、供应商、重要的客户以及相关产业和支持产业交织在一起。由于地理位置的接近，它们可能共有一个供应商，同一家顾主；它们的高级管理人员可能同上一家餐厅，同参加一个俱乐部；其职员可能彼此是邻居，天天朝夕相处；其技术人员可能从一个公司流向另一个公司；有的技术如果单独进行研究可能耗费很长时间，但同行的接触可能"一点就通"。人际间的频繁接触和交流，增加了经营的"透明度"，行业的秘密不再是秘密，"空气中弥漫着

---

① Saxenian A.. Silicon Chips and Spatial Structure: The Industrial Basis of Urbanization in Santa Clara County. Ph. D. dissertation, Berkeley, CA: University of California Berkeley, 1981.

② 刘友金、黄鲁成：《产业群集的区域创新优势与我国高新区的发展》，载于《中国工业经济》2001年第2期。

③ 曾中禄：《产业群集与区域经济发展》，载于《南开经济研究》1997年第1期。

④ Porter M. E.. The Competitive Advantage of Nations. New York: The Free Press, 1990.

⑤ 俞文华：《美国高技术产业区产业群模式及其优势来源分析》，载于《国土开发与整治》1998年第2期。

产业的气味”。显然，处于集群中的企业很容易获得研究开发、人力资源、信息等方面的外溢效应。

2. 创新资源的可得性

创新资源越容易获取，创新越有优势。A. 萨克森宁认为，“如果这些资源就在手边，就比较容易作出决策。”① 创新资源主要包括人才、资金和技术。从人才资源来看，产业集群把各种人才吸引到同一地方，从而使厂商更容易得到所需要的人才，而各种人才也更倾向于去产业集聚的区域谋职，在那里有更多的选择机会，也能够找到更有挑战性的工作。从资金资源来看，高技术创新最重要的是风险投资，产业集群容易使风险投资家了解产业的发展动态，判断拟投资企业的发展前景，从而降低投资风险。同时，集群效应也降低了风险投资家寻找投资项目的信息成本。因此，越是产业集聚的地方越容易获得风险资金。据美国风险投资协会 1992 年调查数据，美国 1991 年的近 2/3 的风险投资基金集中于加利福尼亚州、马萨诸塞州和纽约州，在加利福尼亚州主要集中在硅谷地区，而在马萨诸塞州主要集中在 128 号公路区。从技术资源来看，完善而集中的产业体系强化了对相关产业领域的研究力度以及对新技术的快速反应能力。另外，知识的溢出效应也使得企业更容易获得相关技术。总之，由于集群中相互联系的相关产业的存在，为居于其中的企业获得投入要素提供了一个便利的专业化供应源，这种供应源的存在可以使企业迅速地获得所需的资源配置并进行整合。

3. “追赶效应”和“拉拨效应”

企业在地理位置上彼此的接近促进了相互之间的了解，使它们的互相影响加强。一方面，由于竞争障碍的减少，竞争对手之间在相同的环境下从事相似的活动使公司的业绩更容易相互比较，出于攀比心理的作用，企业间的竞争会加剧，后进企业更容易模仿先进企业，先进企业为保持竞争优势会更努力创新。尤其当一个强有力的新竞争者出现时，模仿效应会使其新思想往前、往后、横向传递，从而使整个行业受益，这种效应被称为“追赶效应”。另一方面，由于集群内部相关产业之间的相互支撑，集群内的某些产业可以因集群内那些先进的相关产业的拉拨而提升它的竞争力，这种效应即波特所谓的“拉拨效应”。

4. 吸聚作用

就像物理学中物体质量越大万有引力越大，产业集群规模越大也越能够吸引更多的

---

① ［美］安纳利·萨克森宁：《地区优势：硅谷和128 公路地区的文化与竞争》，曹蓬、杨宇光译，上海远东出版社 1999 年版。

厂商加入。一是吸引外来者的进入。据一项对外国投资影响的估计，在对外商有吸引力的地区，集群存量每增加10%，该地区被未来投资者选中的可能性就增加5%～7%。二是吸引衍生（spin-off）公司的加盟。衍生公司是指由区内高技术企业的科技人员或者母体公司中的企业家分离出来创办的新公司。企业聚集程度越高，企业的专业化分工往往越发达，衍生公司就会越多。这些衍生公司通常都把选址靠近母公司，利用原来的关系网络和共享的信息资源，开展创新活动。

5. 植根性①

高技术产业区的产业集聚，使经济主体之间容易形成一种相互依存的产业关联和共同的产业文化，并且创建一套大家共同遵守的行业规范。在这一套行为规范的指导下，人们相互信任和交流，从而加快了新思想、新观念、信息和创新的扩散速度，节省了产业群组织的交易成本，这种特性被称之为植根性。植根性又被认为是产业集群优势的制度来源，它对于高技术产业区的发展极为重要。正如美国学者A. 萨克森宁所指出的："人们，包括硅谷人，往往都没有意识到硅谷那种合作与竞争的不寻常组合连同其他因素共同构成的制度环境给他们带来的成就。其实，正是硅谷的这种地区优势是使硅谷企业迅猛发展的重要因素。"②

① 英文"embeddedness"，原先来自新经济社会学，多译为嵌入性，在产业集群研究界也称之为植根性或根植性。

② ［美］安纳利·萨克森宁：《地区优势：硅谷和128公路地区的文化与竞争》，曹蓬、杨宇光译，上海远东出版社1999年版。

第十三章

产业融合

随着信息技术在全球范围内以前所未有的速度迅猛发展，以及各国政府部门对信息产业规制的放松，20 世纪后期首先发生在电信、广播电视和出版业之间的产业融合现象，以区别于以往产业融合的形式，引起学术界、产业界和政府部门的广泛关注。这种以产业边界模糊化为标志的融合现象，正在对整个经济组织、市场竞争乃至社会生活产生重要影响。进入 21 世纪，随着互联网技术的迅猛发展，产业融合现象已不仅仅限于信息产业之间，互联网与服务业、农业、制造业的融合全面展开。本章主要围绕信息产业融合、农村三次产业融合和制造业服务化等几种典型的产业融合形态探讨其融合的动因及经济效果。

第一节　产业融合的实质与分类

纵观近现代产业发展史，产业融合并非当今独有的现象。例如，发生在 20 世纪 60 年代的材料技术革命创造了铝合金、塑料、玻璃纤维、光纤维等多种新型材料产品，并由此产生数个新兴产业。新材料革命引领的产业融合，以技术融合发端，终止于创造新的独立产业。这一特点与本章重点探讨的产业融合有很大不同。

一、产业融合的内涵

产业融合概念最早是在 20 世纪 70 年代末由日本的实业界提出。在当时的全球性企业合并、合作浪潮中，日本 NEC 公司在 1977 年提出了“电脑与通信”（computer and communications，C&C）的公司口号，预测产业融合的时代即将来临。[①] 学术界对产业融

① ［日］小林宏治：《C&C：日本的智慧》，沙易马如出版社 1980 年版。

合的讨论，最早也是源于数字技术的出现而导致的产业之间的交叉现象，对产业融合内涵的界定也集中于形象化的现象描述上，而且并非始于经济学者们。

1978 年，麻省理工学院媒体实验室的尼古路庞特（Negrouponte）用三个重叠的圆圈来描述计算机、印刷和广播三者的技术边界，认为三个圆圈的交叉处将成为成长最快、创新最多的领域。同年，法国的诺拉（Nora）和曼克（Manc）为了反映电气通信（telecommunication）和信息处理（information）相互融合的现实，将两个词合成为一个新词，即“telematiqu”，并把信息转换成数字后，将照片、音乐、文件、视像和对话透过同一种终端机和网络传送及显示的现象称为数字融合。进入 20 世纪 80 年代后，哈佛大学的欧丁格（Oettinger）预测到，电子通信、信息处理、广播、出版、教育、图书馆等，所有与信息相关的行业都将进入融合的时代。① 此后，有关产业融合内涵界定的讨论越来越丰富，不同专业背景的研究者的研究切入点不同，从大的分类上，有从单一角度定义的，也有从综合角度定义的。②

1. 单一角度的产业融合定义

（1）从产品角度，把新的媒体形式和服务视为融合。例如，约菲（Yoffie，1997）将融合定义为“采用数字技术后原来各自独立产品的整合”。这意味着当所有通信（包括广播、窄带、电话、光缆、因特网、卫星、微波）的平台都被数字化后，它们所传递的服务就具有了相似性。

（2）从技术层面，把融合视为不同媒体技术或部门在不同层面上的综合或结合。例如，在一份受欧盟委托所做的咨询报告中，融合就被视为一个正在进行的过程，其中会出现四方面的结合：一是电视与出版业在内容方面的结合；二是原先分离的物流性基础设施的结合，并能以不断下降的成本来传递各种信息；三是计算机世界中信息储存与处理能力的交互方式；四是性能改进和使用便利的电子产品的普及化。

（3）从市场变化的角度来定义融合。日本学者植草益（2001）给产业融合下的定义是：产业融合就是通过技术革新和放宽限制来降低行业间的壁垒，加强行业中企业间的竞争合作关系。

2. 综合角度的产业融合定义

（1）根据欧洲委员会“绿皮书”的定义，融合是指“产业联盟和合并、技术网络

---

① 张磊：《产业融合与互联网规制》，上海财经大学出版社 2001 年版，第 8 ~ 12 页。

② 对产业融合内涵的界定，参见周振华：《信息化与产业融合》，上海三联书店、上海人民出版社 2003 年版，第 9 ~ 12 页。

平台和市场三个角度的融合”。这个定义囊括了融合的几个不同层次，即技术网络平台融合、产品和市场融合，以及产业融合。

（2）从融合的不同层面来看，有学者认为主要有四种融合：一是产品融合，即信息产品都采用相同的技术手段来处理；二是过程融合，即通过虚拟过程完成过去需要几个不同过程才能完成的事情；三是基础设施融合，不同的通信基础设施融合在一起；四是市场空间的融合。

从上述产业融合的内涵界定来看，其中的绝大部分是以信息产业正在发生的产业融合现象为蓝本，有很强指向性的定义。只有植草益和欧洲委员会“绿皮书”的定义内涵较为宽泛，特别是植草益的定义，是从企业间从不具有竞争关系到具有竞争关系的变化来定义的，可以包容信息产业之外的融合现象。而且产业融合发展的事实也表明，产业融合虽然在信息产业表现最充分，但并不是信息产业独有的现象。

二、产业融合的分类

作分类的前提是明确分类角度，依据不同的分类角度，可以有不同的分类方式。

1. 基于渗透方式的分类

从产业和行业间的渗透方式划分为高新技术的渗透融合、产业间的延伸融合和产业内部的重组融合。①

高新技术的渗透融合是指高新技术作为一种手段或方式向其他相关产业渗透，促成两个或多个产业的融合，或形成新的产业。其中最具有代表性的是20世纪90年代后期发生的信息和生物技术对传统产业的渗透融合，如机械电子、航空电子、生物电子等新兴产业就是新技术和传统产业渗透融合的产物。再如现代物流产业，也是信息技术向传统的运输、仓储等领域渗透，并结合现代经营管理理念而产生的新兴产业。高新技术间的相互渗透也是产业融合的一种方式，如生物技术与信息技术融合产生的DNA芯片计算机就是最好的例子。

产业间的延伸融合是指通过产业间的功能互补和延伸实现产业间的融合。信息产业融合是产业间延伸融合的典型事例，电信、广播电视和出版业各自扩大服务的外延，虽然不一定产生新的产业，但每个产业的内涵都较融合前宽泛了许多。当前，除了信息产业之外，从更一般的表象看，这类融合还表现在服务业向第一产业和第二产业的延伸和

---

① 部分内容参考厉无畏、王振：《中国产业发展前沿问题》，上海人民出版社2003年版，第200～201页。

渗透。如金融、法律、管理、培训、研发、设计、客户服务、技术创新、广告等服务在第二产业中的比重和作用越来越大，成为第二产业附加价值的一个主要来源。

产业内部的重组融合是发生在各个产业内部的行业整合。这种融合或是出于市场需求的拉动，或是为了提高产业的生产效率。例如，以生物链为纽带，农业整合了内部的种植业、养殖业与畜牧业，创造了生态农业这种新型业态。制造业内部基于供应链管理的思想，整合上、中、下游相关联的企业，部分改变企业之间的竞争或交易关系，创造一种不同于纵向一体化的新的组织结构形态。

2. 基于产品或服务的可替代程度的分类

一般的，按照融合后企业间产品或服务的可替代程度可以划分全面融合和部分融合。①

全面融合是指两个或以上的产业全面融合成一个产业。全面融合又存在两种情况，一种情况是，两个产业并不存在技术或规制上的障碍，可以相互自由地进入对方的经营领域，企业间可以相互提供高替代性的产品或服务，从而理论上可以消除融合产业间的边界，直至形成一个产业。但现实中这种全面可替代的融合并不容易发生，因为融合前的产业都会存在各自的优势业务领域，并会设法巩固各自在优势业务领域的竞争能力。全面融合的另一种情况是，一个产业通过技术创新等方式与另一个产业形成替代关系，而且从最初的部分替代逐渐向全面替代发展，最终导致被替代产业的全面衰退。这种全面替代的例子在产业发展史上并不罕见，例如，作为运输方式，铁路取代了马车，电动吸尘器的出现导致扫把制造业的衰退等。

部分融合是现实中更为常见的产业融合形式。它是指两个或两个以上的产业由于技术创新或放松规制可以相互进入对方的经营领域，产业内的企业间既面临因为产品或服务的强替代性而产生的激烈竞争，又由于竞争优势的差异各自提供部分替代性较低或无替代性的产品或服务，结果不是此消彼长或是全面融合成一体，而是存在融合部分与非融合部分。当前绝大多数的产业融合是这种部分融合。

3. 基于产品性质的分类

按照产品性质分为替代型融合和互补型融合。②

这种分类最初是基于信息产业融合而言的。替代型融合有两种含义：一是指融合的产品之间具有相似的特征；二是指产品具有共同的标准元件束或者集合。例如，计算机系统的

---

① ［日］植草益：《产业融合——产业组织的新方向》，岩波书店 2000 年版，第 24 ~ 25 页。

② 张磊：《产业融合与互联网规制》，上海财经大学出版社 2001 年版，第 18 页。

键盘、显示器和中央处理单元（CPU）就是具有共同的标准元件束的产品。基于替代型融合的两种含义，替代型融合的方式也可以分为两种：一是固定数量的用户可以利用不同产品来替代地实现更多的不同任务；二是更多的用户在完成特定任务时将不同产品视为可替代。

互补型融合是指两种产品联合使用比单独分开使用时效果更好或者比以前联合使用时更好。互补型融合主要发生在同一标准约束下所开发的新产品或者子系统之间，其基本要求是标准束内部元件联合使用时其功能大于各自独立使用，或者联合使用能够实现原来独立使用时所无法实现的功能。互补型融合同样也有两种类型：一种是固定数量的用户通过联合使用不同产品可以实现更多的功能；另一种是更多的客户通过联合使用不同产品来实现特定功能。

上述关于替代型融合和互补型融合的定义是在信息产业融合的背景下所做的。推而广之，替代型融合的情况下，融合后的产业相对于融合前的各产业具有相当的竞争优势，融合前产业与融合后产业呈现一定的此消彼长关系。而互补型融合一般指两种或两种以上的产品或服务联合使用比单独分开使用时效果更好，也可能是由于技术变革或进步等，现在联合使用比以前联合使用效果更好。例如，融合多个传统产业而成的现代物流产业集成提供多种服务，融合后的物流产业并不是取代融合前的各行业，而是以现代物流的经营服务理念，借助现代化的信息技术条件，将从前分属各行业的服务内容有机整合，创造“1 +1 >2”的经济效果，这也是典型的互补型融合。

三、信息产业融合的背景

产业融合与产业分立相对应，产业分立是迄今为止产业发展的主体特征，产业分立的根本表现是存在明显的产业边界，有学者将产业边界划分为技术边界、业务边界、运作边界和市场边界四种形式。[①] 产业融合从现象上讲，就是打破融合各相关产业的边界，这在电信、广播电视和出版三大产业之间的融合上表现得最为充分。

三大产业部门在融合发生之前，存在明显的产业边界。首先，三大产业部门各自有其特定的技术手段及设备，并按特定的技术标准提供各自的信息服务内容，技术各自独立，因此，存在技术边界。其次，三大产业部门分别提供不同的产品与服务内容，并通过各自特定的流通渠道和流转环节形成各自不同的价值链，业务边界清晰。再次，三大

① 关于产业边界和下文三大产业边界特点的论述参考周振华：《信息化与产业融合》，上海三联书店、上海人民出版社 2003 年版，第 31 ~ 34 页；关于信息技术的发展参考唐·泰普斯科特、阿特·卡斯顿：《范式的转变——信息技术的前景》，东北财经大学出版社 1999 年版。

产业部门各自都维持纵向一体化的市场结构，竞争只发生在同一部门内的不同企业之间，分属三大产业部门的企业之间不具有竞争关系，市场边界明显。最后，从企业行为的角度看，三大产业部门在提供信息服务内容时，各自遵循特有的行为准则与规范，政府规制内容和方式也各不相同，运作边界同样清晰。因此，虽然电信、广播电视和出版这三大产业部门在提供信息服务这一点上具有同一性，但严格的产业边界使得它们长期处于分割状态，直到20世纪后期的信息技术革命才对三大产业部门的融合产生了实质性影响。

信息技术进步及互联网发展带来的数字融合是产业融合发生的背景。在产业融合发生之前，三大产业部门所提供的虽然都是信息产品或服务，但因为信息资源的形式不同，又缺乏将它们进行统一的技术条件，所以只能各自依据不同的技术条件确立各自的价值链，并形成各自的市场。而信息技术进步使得信息资源数字化成为可能，所有信息资源都可以转化为统一的“比特”（信息）进行传输，为三大部门之间的融合奠定基础。而信息化进程中三种主流技术的产生和成熟，即微处理器技术替代传统的半导体技术、开放式的技术标准取代个别技术标准，以及新的标准化和集成化组件开发软件取代原始的手工劳动开发方式，统一了信息实现手段，从而增强了不同媒体形式之间的互换性和互联性，这是产业融合的前提。① 互联网信息传输平台的建立最终使三大产业融合成为可能。互联网是建立在IP协议基础上的双向传播系统，它混合了双向通信的特点，如电话和传真等的一对一通信形式和电视、广播等的一对多通信形式，可以在互动的基础上传输任何数字形式的信息，而数字技术的发展恰好可以把语音、数据和视像等信息形式都以1和0的形式进行编码化处理，并借助互联网的通道进行传播。总之，信息技术的发展，统一了信息实现手段，使数字化的信息资源能够在由互联网搭建的信息传输平台上进行双向、便捷、互动的流通，这是信息产业融合的背景，也是产业融合发生的前提。

四、农村三产融合的背景与实质

1. 农村三产融合的背景

农业作为关系国计民生的基础性产业一直受到我国政府的高度重视，连续多年中央一号文件都有事关农业、农村、农民的发展问题。2015年中央一号文件首次提出通过推进农村第一、第二、第三产业融合发展来促进农民增收，2016年中央一号文件又再次强调以推进农业产业链整合和价值链提升的方式加强农村三次产业的深度融合。最近几

① ［加］唐·泰普斯科特、阿特·卡斯顿：《范式的转变——信息技术的前景》，米克斯译，东北财经大学出版社1999年版。

年，随着“互联网+商业”模式创新的迅猛推进，“互联网+农业”在消费市场端对缩短产供销链条，降低供需双方的信息不对称程度，满足个性化、差异化、品质化、高端化需求方面发挥了不小的作用。“互联网+农业”通过对农业生产、经营、管理、组织全过程的信息化、数字化、网络化运用，全面提升农业现代化水平。

长期以来，我国农业现代化发展滞后于工业化和城镇化的进程，要想真正填补城乡二元鸿沟，加快农业现代化是唯一选择。农业产业化是农业现代化的基础，而产业融合是加深农业产业化的动力之源。

2. 农村三产融合的实质

虽然在我国政府文件中首次出现农村三产融合字样是在2015年，但是学界的研究早已有之。最早可以追溯到20世纪90年代日本学者今村奈良臣（1996）提出的第六产业概念，其基本内涵是第一产业向第二、第三产业延伸，通过农业中第一、第二、第三产业的相互延伸与融合，形成集生产、加工、销售、服务一体化的完整产业链条，本质是鼓励农民努力为自己创造更多的机会。由于将第一、第二、第三产业相加（1+2+3）或相乘（1×2×3）都恰好等于6，故称之为第六产业。国内学者对三产融合的界定基本大同小异。马晓河（2015）认为，农村第一、第二、第三产业融合发展指的就是以农业为基本依托，通过产业联动、产业集聚、技术渗透、体制创新等方式，将资本、技术以及资源要素进行跨界集约化配置，使农业生产、农产品加工和销售、餐饮、休闲以及其他服务业有机地整合在一起，使得农村第一、第二、第三产业之间紧密相连、协同发展，最终实现了农业产业链延伸、产业范围扩展和农民增加收入。① 姜长云（2015）指出，农村第一、第二、第三产业融合发展是以农村第一、第二、第三产业之间的融合渗透和交叉重组为路径，以产业链延伸、产业范围拓展和产业功能转型为表征，通过形成新技术、新业态、新商业模式，带动资源、要素、技术、市场需求在农村的整合集成和优化重组，直至农村产业空间布局的优化。② 赵霞等（2017）认为，三产融合指的是以第一产业为依托，以农民及相关生产经营组织为主体，通过高新技术对农业产业的渗透、三次产业间的联动与延伸、体制机制的创新等多种方式，将资金、技术、人力及其他资源进行跨产业集约化配置，将农业生产、加工、销售、休闲农业及其他服务业有机整合，形成较为完整的产业链条，带来农业生产方式和组织方式的深刻变革，实现农村三次产业协同发展。③

① 马晓河：《推进农村一二三产业深度融合发展》，载于《中国合作经济》2015年第2期。

② 姜长云：《推进农村一二三产业融合发展新题应有新解法》，载于《中国发展观察》2015年第2期。

③ 赵霞、韩一军、姜楠：《农村三产融合：内涵界定、现实意义及驱动因素分析》，载于《农业经济问题》2017年第4期。

3. 农村三产融合的驱动因素

产业融合是在政府放松规制的外部条件下，企业顺应市场需求，秉持追求利润最大化的理念不断突破不同产业间的边界，推出全新的产品和服务，最终形成了不同产业间的融合现象。农村三产融合脱胎于产业融合理论，因此，技术、企业、市场和政府毫无例外地在三产融合中发挥着关键作用。赵霞等（2017）进一步将其明确为技术创新、主体利益、市场需求和政府政策（见图 13－1）。

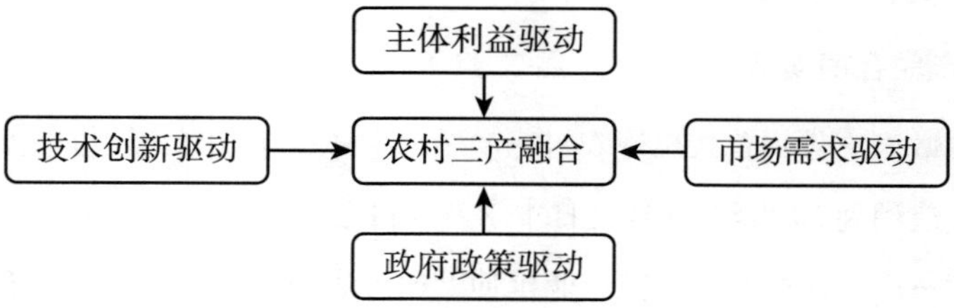

图 13－1　农村三产融合的驱动因素

技术创新是农村三产融合的引擎。通过技术创新可以打破农业内部不同子产业之间及农业与第二、第三产业之间的技术壁垒，逐步削弱不同产业间的边界，生产出全新的产品或服务来满足消费者多样化的需求，技术创新是驱动农村三产融合产生和发展不可或缺的引擎。以数字农业为例，它以遥感技术、地理信息系统、计算机技术、网络技术等高新技术为基础，将农业的信息化管理贯穿于农业的生产、流通、销售等过程，达到用较低的生产成本生产出优质的农产品，实现优良的生态环境等多重目的，实现农业与高新技术产业的深度融合。

主体利益是农村三产融合的内在源动力。农民依靠传统农业发展模式增收困难，而促进农村三产融合，则可以通过按股分红、按交易额返利、提升产品附加值等方式获得较高的收入，改变过去处于利益分配链条末端的被动局面。一旦农民及其相关组织作为主体参与农村三产融合中来，他们在追逐自身利益持续增加的过程中，为了获得规模效应和范围经济，会出现相互合作的现象，从而进一步促进农业跨产业的多元化经营，最终促使生产要素在更广泛的范围内得到优化配置，生产出更具有市场竞争力的产品和服务。可以说，农业生产经营主体不断追逐更高的利润是农村三产融合发生和发展的内在源动力。

市场需求是农村三产融合的外在诱因。随着经济社会发展水平的不断提高，人们对消费产品和服务的多元化、多层次需求日益提高，正是这种不断追求更好、更高、更新的产品和服务的消费需求驱动着企业不断谋求新产品、新技术、新服务的开发与创新，从而诱发了产业融合的产生与发展。农村三产同样受到了市场需求的驱动而产生了融合现象，如随着人们收入水平的提高，为了摆脱城市快节奏生活方式所带来的压力，许多城市居民开始寻求在充满传统乡村文化的田园意境中释放自我、还原自我的旅游消费服务，于是，产生了乡村游、农家乐等新型业态，促进了农村三产深度融合。

政府政策是农村三产融合的外部保障。政府通过对宏观经济的调控，提供公共产品与服务，进行市场监管，出台政策和颁布法律、法规等方式来达到保持国家宏观经济平稳快速发展的目的。对于农村三产融合而言，同样需要政府政策的驱动，通过财政、税收、法律等手段为农村三产融合营造出良好的外部环境，驱动农村三产深度融合发展。以日本、韩国为例，两国在促进本国第六产业发展的过程中，无一例外地动用了大量的人力、物力、财力及政策等多方面资源。政府政策的驱动可以为农村三产融合主体创造出优越的外部环境，是确保农村三产深度融合的外部保障。

五、制造业服务化的背景和实质

制造业服务化是产业分工细化的结果，也是品牌制造企业追求价值链攀升，获取更多附加价值的途径。

1. 制造业服务化的背景

制造业服务化是当前制造业升级的方向之一，适应新一代信息技术革命和产业革命的潮流，如德国提出的“工业 4.0”、美国提出的“工业互联网”计划，以及中国的《中国制造 2025》等，均将制造业服务化作为核心战略之一。这一现象的产生源于劳动分工和专业化生产发展到全球价值链分工阶段，价值链内各个环节由更多依靠生产过程获得增值向以提供服务获得更大增值转变，其代表着无形服务要素在价值链中的角色变得日益重要，生产要素中知识要素的比重日益增加。在制造业技术水平不断提高的背景下，有形产品的质量日趋稳定，更为有效地提高制造业产品竞争力及其附加值，增加无形服务环节的投入将成为提高各国制造业竞争优势的关键驱动力。

伴随着20世纪90年代知识经济的不断发展，经济活动中服务要素的作用日益显著，而制造业服务化正是服务要素在制造业中重要性不断提高的体现。制造业服务化过程不仅是一种商业模式的创新，而且也是一种生产技术的创新。① 对于制造业服务化的商业模式创新，这是发达国家将制造业低端环节转移到具有生产成本优势的国家和地区，导

---

① 关于制造业服务化的商业模式创新与技术创新论述，参见周大鹏：《服务化——制造业的创新之路》，上海社会科学出版社 2016 年版。

致国内制造业空心化而试图通过制造业服务化实现本国制造业可持续发展，通过为最终产品提供增值服务，提高制造业竞争优势的一种商业化手段。对于制造业服务化的生产技术创新，在全球价值链分工体系下，各国制造业企业按照自身比较优势融入全球价值链环节，并按照分工地位的高低获得相应制造产品的附加收益。经济的全球化过程，制造业的竞争态势日趋剧烈，价值链各个中间环节内传统生产要素，如土地、资本、劳动力等的比重不断降低，服务要素比重不断提高，制造业服务化正是各国制造业为获得价值链攀升，提高自身分工地位的重要途径。但客观地讲，能够通过制造业服务化获取更多价值增值的一是发达国家的制造企业，它们拥有更强的服务创造能力；二是享有品牌价值，能够在很大程度上掌控所属产业全球价值链的品牌企业。换言之，并不是一般的制造企业就有能力实现制造服务化。

制造业服务化的过程，更多地表现在制造业与生产性服务业之间的融合。服务业可以按服务功能进行划分，分为生产性服务业和消费性服务业。① 生产性服务业往往作为中间服务，为生产性企业提供投入要素，而消费性服务业作为最终服务，为消费者提供服务。制造业与生产性服务业之间的关系经历分立、共生互动与融合三个阶段，两者由独立发展逐渐走向相互融合。② 在第一阶段，制造业和生产性服务业处于分立状态。这个阶段，作为中间投入的生产性服务业为制造业的生产交易等活动提供服务，发挥经济润滑剂作用，其独立于制造业内部的价值链而存在，制造企业和服务企业之间有着明晰的企业边界。在制造业和生产性服务业的共生互动阶段，虽然制造企业和生产性服务企业仍然处于各自独立的状态，但制造业释放的生产性服务需求明显增多，需求拉动生产性服务业增长的势头迅猛，促进生产性服务业快速发展，而生产性服务业的发展促进服务的专业化水平提升，品质改善，甚至是服务价格的下降，从而间接促进制造业效率的提升，两者相互促进。最后，制造业和生产性服务业走向融合发展阶段。在这个阶段，随着信息技术的不断发展，生产性服务业和制造业之间的依赖性逐渐增强，两者由技术边界、业务边界、运作边界与市场边界构成的产业边界逐步打破，相互间的边界趋于模糊化，融合趋势越来越明显。

2. 制造业服务化的实质

范德摩尔和拉达（Vandermerwe & Rada，1988），首次提出制造业服务化这一概念③，指

---

① Greenfield H.. Manpower and the Growth of Producer Service. New York，Columbia University Press，1966.

② 关于制造业与生产性服务业之间关系的论述，参见杨仁发、刘纯斌：《生产性服务业与制造业融合背景的产业升级》，载于《改革》2011 年第 1 期。

③ Vandermerwe S.，Rada. Servitization of Business：Adding Value by Adding Service. European Management Journal，1988，6（4）：314 – 324.

出制造业服务化是企业以顾客为中心，提供更加完整的“包”，包括产品、服务、支持、自我服务和知识，其中服务将占据主导地位。这是制造企业为满足顾客需求而提供产品相关服务或整体解决方案的商业模式创新。

对于上述每一个模块（物品、服务、支持、自我服务和知识），具体含义如下。

产品：这是企业的硬件部分，产品可以由企业自身生产，有时也可以由其他制造商提供，例如寻找其他发展成熟的制造业企业进行代工等，富士康生产苹果公司的手机和电脑即是一个典型事例。

服务：主要是围绕产品的服务或者关于产品运输等的服务，例如纺织类的制造型企业向零售商提供流行时尚的预测，汽车制造商向其经销商提供金融支持等。

自我服务：主要指为了使消费者能够更方便、快捷地使用产品，而鼓励顾客参与的服务活动，例如顾客可以自己设计产品的样式，也可以自己查询自己快递的投递状态等。

支持：一般指为了使顾客能够高效地使用产品，而向顾客提供使用产品所需要的技能培训以及如何维护产品等。

知识：即整个“包”中具有创造性的脑力密集度部分，它不仅仅是数据或者信息，而是企业内个人对产品使用或者其他方面所了解知识的一种积累。

制造业服务化如图 13－2 所示。

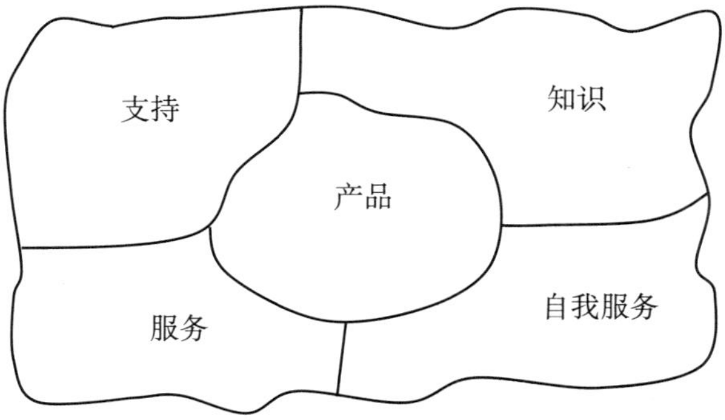

图 13－2 制造业服务化实质

资料来源：Vandermerwe S.，Rada. Servitization of Business：Adding Value by Adding Service. European Management Journal，1988，6（4）：314－324.

相关学者在研究制造业服务化的过程中，大部分沿用了上述含义，并在其基础上作了进一步的阐述，怀特等（White et al.，1999）认为服务化的过程，体现的是制造业企业由产品提供向服务提供的动态演进过程，是一种基于产品的服务，而消费者将由购买和使用产品到购买服务变化。① 雷斯金等（Reiskin et al.，2000）同样认为，制造业服务化中企业将由生产产品为主向提供服务转变，未来产品的价值将主要体现在服务要素上。② 绍洛韦茨（Szalavetz，2003）指出，制造业服务化包括：一是相对于企业内部传统的生产要素，如企业技术水平、人力资本、企业资产规模等，内部服务要素对企业的重要性越来越大；二是企业所提供的与产品相关的外部服务要素对企业的竞争力作用越来越强。③ 同制造业服务化相类似的概念是关于产品服务系统的定义，蒙特（Mont，2000）指出产品——服务系统是包括了产品、服务等生产要素的系统，该系统能够较好满足消费者需求，是消费者从购买产品向购买服务的一种转变。④ 在国内相关研究中，孙林岩等（2007）提出服务型制造的概念，认为服务型制造是制造与服务相融合的新业务形态，是一种基于制造的服务和面向服务的制造。制造企业通过产品和服务的融合、客户全程参与、企业相互提供生产性服务和服务性生产，实现分散化制造资源的整合和各自核心竞争力的高度协同，进而实现制造价值链中各利益相关者的价值增值。⑤ 刘继国等（2007）在研究中指出，制造业服务化可以分为投入服务化和产出服务化两个层面，投入服务化即服务要素在制造业企业生产要素投入中的重要性越来越高，产出服务化即服务产值的比重不断增加。⑥ 黄群慧（2014）从交易关系或制造业服务化“场所”的角度，认为制造业服务化可以分为企业内部服务化与企业外部服务化，内部服务化有利于强化企业内部服务职能，实现范围经济，外部服务化有利于企业实现规模经济。⑦ 李杰（2015）在形容制造业产品与服务的关系时，提出“煎蛋模型”，其中“蛋黄”代表企业的核心产品，往往同类企业之间差异并不大，“蛋清”代表与产品相关的服务，往往是一个产品制胜的关键。⑧ 王素云等（2019）指出，在互联网革命和数字革命背景下，互联网的发展能够为制造业服务化提供动力支撑，制造业企业将通过数据化的服务投入实现价值创造的功能，制造业服务化从制造业增值环节和服务增值环节向产品价值创造

---

① White A. L.，Feng L.. Servicizing：The Quiet Transition to Extended Product Responsibility. Tellus Institute，1999.

② Reiskin E. D.，White A. L.，Johnson J. K. et al.. Servicizing the Chemical Supply Chain. Journal of Industrial Ecology，2000，3（2－3）：19－31.

③ Szalavetz A.. ‘Tertiarization’ of Manufacturing Industry in the New Economy. Hungarian Academy of Science Working Papers，2003（134）：5－13.

④ Mont O.. Product Service-systems. Final Report for IIIEE，Lund University，Lund，2000.

⑤ 孙林岩、李刚、江志斌、郑力、何哲：《21 世纪的先进制造模式——服务型制造》，载于《中国机械工程》2007 年第 19 期。

⑥ 刘继国、李江帆：《国外制造业服务化问题研究综述》，载于《经济学家》2007 年第 3 期。

⑦ 黄群慧：《“新常态”、工业化后期与工业增长新动力》，载于《中国工业经济》2014 年第 10 期。

⑧ 李杰：《工业大数据》，机械工业出版社 2015 年版。

环节转移。[1]

3. 制造业与服务业互动融合的表现

制造业与服务业之间的互动融合，主要体现在两个方面。

一是以制造业作为基础，制造业向服务业的拓展。随着信息技术在实际生产活动中的广泛应用，具有一定资金和技术基础的大型制造企业服务化趋势日益明显，尤其是处于价值链中端的制造业企业，为了提高自身产品的增加值和竞争力水平，不断向“微笑曲线”的两端攀升，企业由单纯销售产品向产品——服务阶段迈进，经营领域随即也拓展到服务业领域。这种制造业企业的服务化过程，使得企业生产中的制造环节在产品价值创造上的作用不断弱化，而与产品相关的服务环节在产品价值创造上的作用不断增强，给企业带来更多收益的同时，也使得产品的生命周期延长，提高了企业产品的竞争力水平。上述制造企业产品和服务的融合，使得制造业与服务业之间的边界越来越模糊。

二是以服务业作为基础，服务业向制造业的拓展。服务业向制造业的拓展，主要体现在生产性服务业向制造业的拓展上。一方面，作为中间投入要素的生产性服务业，如管理、培训、研发、设计等逐步融合到制造业的生产系统中，提高制造企业产品的竞争优势。这种融合方式不仅需要生产性服务业与制造业有较强的产业关联度，而且需要借助现代信息技术，有效提高生产性服务的服务效率，从而实现生产性服务业与制造业高效的融合，提高彼此的收益水平。另一方面，一些处于价值链高端的生产性服务业凭借自身拥有的核心技术、销售渠道等，可以在全球选择合适的代工厂进行贴牌生产，从而融入制造行业，或者某些生产性服务业，可以利用资金收购拥有厂房、设备等的制造企业抑或自身投资建厂，从而融入制造业。这样，服务业与制造业之间的边界也趋于模糊化。

第二节 产业融合的动因

虽然20世纪90年代以来的产业融合主要体现在广播、电视、电信三网融合领域，但产业融合并不局限于此，农业的三次产业融合、制造业服务化，以及当前更为普遍存在的“互联网+”都可以视为是产业融合的一种形态。因此，有必要从更宽泛的层面探

---

① 王素云、沈桂龙：《制造业服务化内涵重释：从价值增值到价值创造》，载于《学习与探索》2019年第10期。

求产业融合的动因。现有的研究文献中，最早触及产业融合动因的是日本学者植草益，他对产业融合的定义，即产业融合是通过技术革新和放宽限制来降低行业间的壁垒，加强行业企业间的竞争合作关系，就是从产业融合的原因和结果的角度来给出的定义。

一、技术创新与产业融合

经济学意义上的技术创新最早出现在索洛（Solow）的研究中，他在《在资本化过程中的创新：对熊彼特理论的评论》中首次提出了技术创新成立的两个条件，即新思想来源和以后阶段发展的实现。第一次直接从行为集合角度定义技术创新的是伊诺斯（Enos），他认为技术创新是发明的选择、资本投入保证、组织建立、制订计划、招用工人和开辟市场等几种行为综合的结果。此后，曼斯菲尔德（Mansfield）、斯通曼（Stoneman）、弗里曼（Freeman）等都从不同角度认为技术创新是一项发明的首次成功的商业化应用。缪尔塞（Mueser）在20世纪80年代对技术创新作了比较系统地分析后认为，技术创新是以其构思新颖性和成功实现为特征的有意义的非连续事件。经济合作与发展组织（OECD）也认为，技术创新是指产品和工艺的创新，包括实现了的新技术的产品和工艺，以及技术上有重大改进的产品和工艺，创新包括科学、技术、组织、金融和商业的一系列活动。[①] 总之，技术创新是一项发明创造经过工艺化生产并最终获得市场认可的全过程，是从思想到产品再到商品的成功转换过程。

技术创新具有的扩散性和外溢性是其促成产业融合的本质所在，技术创新是产业融合的内在原因。技术创新对产业融合的作用表现在以下三个方面。首先，技术创新开发出了替代性或关联性的技术、工艺和产品，这些替代性或关联性的技术、工艺和产品通过渗透、扩散融合到其他产业之中，或者改变原有产业生产的技术路线，或者丰富了原有产业经营的内容和形式，从而改变了原有产业产品的消费特征。例如，IP电话作为信息通信技术创新的产物，相对于传统的电信服务，不仅创造了一种部分可替代的产品，而且为传统电信产业拓展经营服务内容提供了可能性。而当前迅猛发展的新一代信息技术，更是以其颠覆性的技术变革，对并不传统甚至可能是快速成长中的产业带来新的冲击，加速产业融合。其次，技术创新由于改变了原有产业产品或服务的技术路线和技术特征，因此改变了原有产业的生产成本函数，从而为产业融合提供了动力。例如，GPS（全球卫星定位系统）的发明和应用，改变和提升了传统运输服务的内容和质量，成为推动物流产业融合的一个技术动力。最后，技术创新改变了市场的需求特征，给原有产

---

① 于刃刚、李玉红：《论技术创新与产业融合》，载于《生产力研究》2003年第6期。

业的产品带来了新的市场需求，通过需求拉动为产业融合提供市场空间。例如，互联网技术的出现，使得对多媒体传输服务的需求日渐增多，开辟了新的市场需求，从而加快信息产业融合的步伐。①

有学者认为，产业融合发生的前提条件是产业之间的技术融合。产业之间具有共同的技术基础，能够首先发生技术的融合，即一个产业的技术革新或发明开始有意义地影响和改变其他产业产品的开发特征、竞争和价值创造过程。② 然而，技术融合的产生并不必然带来产业融合。从技术融合到产业融合需要经历技术融合、产品与业务融合，以及市场融合等几个阶段，最后完成产业融合的整个过程。这几个过程虽然在内在联系上具有前后承接性，但在时间上可能是同步推进的。

技术融合为产业融合提供可能性，但仅仅是可能性。建立在技术融合基础上的产品与业务融合，使产业融合从供给角度成为现实，也就是说，通过对技术生产路线、业务流程、管理以及组织等方面的协调和整合，使融合产业提供融合性的产品或服务成为现实，产品与业务融合使得企业在技术保障之下，通过管理和流程的再造与创新，能够创造真实的融合产品或服务。而一项产品或服务最终能否产生商业价值，取决于能否得到市场的认可。克雷斯腾森和罗森布鲁姆（Christensen & Rosenbloom）认为，许多公司技术融合战略的失败，不是因为受到技术能力不足的阻碍，而在于它们联结新价值网络的能力不够，体现在与特殊的供应商和消费者的联系不够，因此不能充分创造新产品和服务的市场需求。③ 也就是说，在产业融合的最后一步，即在市场融合上遭遇失败。所以，市场融合就是要在技术与业务融合改变了产业成本结构的基础上，形成能够满足和创造市场需求的差别化产品，取得竞争优势从而在市场上获得认可，通过市场需求体现融合后的产品或者服务的市场价值，最终完成产业融合。由此可见，技术融合是产业融合的必要条件而非充分条件。

二、放松规制与产业融合

经济性规制是政府针对自然垄断性产业和强外部性产业实行的有关企业进入和价格决策在内的某种干预或决定方式。传统经济性规制理论认为，因为自然垄断性产业具有

---

① 马健：《产业融合理论研究述评》，载于《经济学动态》2002 年第 5 期。

② Lei D. T.. Industry Evolution and Competence Development: the Imperatives of Technological Convergence. International of Technology Management, 2000, 19 (7-8): 699-738.

③ Christensen C., Rosenbloom R.. Explains the Auacker's Advantage: Technological Paradigms, Organizational Dynamics, and the value Network. Research Policy, 1997: 24.

规模经济性、范围经济性、网络经济性等特征，维持独家垄断或者少数几家企业寡头垄断的市场组织状态更有利于增强产业的生产和经营效率，避免大规模重复投资造成的社会福利损失。因此，需要对自然垄断性产业实行进入规制，阻止完全市场化、自由化的进入与退出行为。而为了确保垄断企业和寡头垄断企业在因进入规制带来的垄断市场中不会滥用市场垄断力量，就需要在进入规制的基础上实行价格规制，以弥补企业平均成本为主要定价原则，不能任由企业行使价格决定权。而对强外部性产业，如金融业、运输业、邮政业等实行进入规制的理由是确保国家机密及国民生命和财产的安全性，确保社会稳定等。对强外部性产业而言，不是产业特性决定了其适合独家或寡头垄断的组织状态，而是政府出于维护公众利益的目的，将服务的供给控制在少数几个可控的企业范围内，以满足政府进行规制的需要。可以说，无论是哪种规制情形，都是政府利用强制力量阻止投资流向某些特定的产业领域，阻碍由于新企业进入所产生的市场竞争效应的发挥，阻碍产业融合的发生。

然而，20 世纪 70～80 年代的研究发现，政府规制的基础遭到动摇。一是由于成本分摊式的定价方式和严格的进入规制使垄断者缺乏降低成本的动力，垄断者的经营效率低下，而被规制产业的特性决定了它们的低效率会直接影响到整个经济体系中的其他产业部门，抑制整体经济的竞争力。当前日益激烈的国际竞争，使得产业竞争力成为国家竞争力的一个重要载体，提升产业竞争力成为各国政府高度重视的一个议题。因此，政府作为规制者已经开始对规制效果产生不满。这是规制放松的一个主观原因。二是技术创新或是改变了某些自然垄断产业的技术经济联系，或是扩大了对自然垄断产业的市场需求，总之是使自然垄断产业的特性发生了一些变化，使之成为放松规制的客观原因。三是一些新的规制方式方法的出现，使得传统的规制理念和手段都可以作出新的调整。例如，对银行业与其实行以确保储蓄安全性为目的的进入规制，不如在允许银行破产倒闭的同时建立救济机构和救济制度更有效率。由于以上三个因素的合力作用共同促成放松规制的潮流。虽然放松规制不等同于取消规制，但放松规制意味着更自由、更活跃的产业进入行为却是事实。值得注意的是，由于放松规制所导致的产业融合，也必须满足产业融合发生的一个先决条件，就是融合产业之间具有一定的相似性。例如，信息产业都具有信息的搜集、储存、加工、整理和传送等功能，金融产业在储蓄、资金筹措、投资、金融决算、风险管理等方面具有相似性。但各融合产业在保持相似性的同时，还需要在产品或服务的种类、用途，或是制造方法、供给手段等方面具有一定的差异性，这种差异性在面临严格政府规制的时代构成产业的边界，而一旦政府规制放松，各产业又可以通过创新制造方法或供给手段，通过相互进入或部分进入对方的经营领域建立起竞争关系，促成产业融合的发生。[①] 因此，相互进入对方的经营领域是放松规制促成产业融合的一个根本特征，如银行、保险、证券业的混业经营促成金融产业的融合，传统电信业提供信息增值服务而新兴信息服务企业利用新兴的技术手段提供传统电信的替代性服务等都是相互进入对方经营领域的典型事例。

三、价值模块整合与产业融合

模块是指半自律性的子系统，通过和其他同样的子系统按照一定的规则相互联系而构成的更加复杂的系统或过程。将一个复杂的系统或过程按照一定的联系规则分解为可进行独立设计的半自律性的子系统的行为，是模块的分解化，而按照某种联系规则将可进行独立设计的子系统统一起来，构成更加复杂的系统或过程的行为，是模块的集中化。[②] 模块具有信息浓缩的特点，即每个模块的研发和改进都可以独立于其他模块的研发和改进，是独立存在的价值载体，因此也可以称之为价值模块。

价值模块整合促进产业融合要经历价值模块的研发、重用和整合几个阶段。价值模块研发即是在一个或者数个通用的标准界面下，每个价值模块面对公开的系统信息，而保密独特的个别信息来进行独立的研发和设计，赋予每个模块以独立的价值。模块重用（modularity reuse）则是利用事先建立好的模块创建新模块的过程。模块重用包含两方面的意思：一是系统地开发可重用的模块；二是系统地使用这些模块作为构筑模块，来设计新模块或更复杂的模块产品。模块重用是为了应付系统复杂化而提出的技术处理方案，以解决设计滞后于生产发展的问题。现实中常见的模块重用有软件重用和 IP[③]（intellectual property）重用。[④] 模块整合是指按照某种界面标准将可进行独立设计的具有一定价值功能的模块整合起来构成更加复杂的产品系统。无论在模块设计、重用还是整合的过程中，共同的界面标准都必不可少。而界面标准也是价值模块整合促成产业融合的关键。因为功能各异的模块，通过重用、改进、整合，如同"搭积木"一样，能够迅捷地制造出消费者个性化需求的产品，协调生产的规模化与需求的个性化之间的矛盾，真正实现生产上的"弹性专精"（flexible specialization）。以这些模块为载体与核心，形成一系列充满活力、具有强劲创新能力的融合化了的产业体系。换言之，因为存在包含

---

① ［日］植草益：《产业融合——产业组织的新方向》，岩波书店 2000 年版，第 21 ~ 22 页。

② ［日］青木昌彦、安藤晴彦：《模块时代——新产业结构的本质》，远东出版社 2003 年版，第 5 页。

③ IP 是指具有独立知识产权的功能模块，其作用是把一组拥有知识产权的电路设计集合在一起，构成芯片的基本单位，以供设计时搭积木之用。IP 模块也被称为系统宏单元、虚拟部件（VC）或芯核。

④ 朱瑞博：《价值模块整合与产业融合》，载于《中国工业经济》2003 年第 8 期。

知识产权的具有通用界面标准的模块载体，才使得更大范围的产业融合成为可能。[①]

四、需求演变与产业融合

随着经济的发展，消费者收入水平的提高，消费者对所购买商品的需求更加强调多样化、个性化和定制化，其不再满足传统大众化、单纯化的产品消费，转而向高质量、高服务的需求演变。而且由于信息技术的迅猛发展，消费者能够获取的产品信息越来越丰富，这也进一步促使消费者个性化需求的增加。消费者需求的这种演变趋势，是促使单一产业与其他产业融合的有力拉动，尤其促进传统制造业与生产性服务业的融合，制造业服务化趋势日益明显。

制造业服务化进程很大程度上被消费者需求所驱动，需求层次的提高要求企业提供核心产品的同时，提供其他与产品相关的服务等来建立和维持企业与消费者之间的关系。[②] 制造企业由提供产品向产品——服务的转变，不仅能够有效满足消费者的需求，而且能够提高自身产品竞争力和收益水平。[③] 相关学者基本上认同消费者需求在促进制造企业服务化中的关键作用。例如，尼利（Neely）认为，制造业服务化的主要驱动力是消费者潜在需求以及未来的需求趋势；[④] 胡查平认为，推动制造业企业服务化战略转型的一个重要推动力是顾客需求的变化，即消费者需求多样化、个性化等的提升；[⑤] 刘建国也认同挖掘消费者潜在需求对制造业服务化起到了正向作用等。[⑥]

消费者需求的演变，将使得消费者在消费有形产品的时候，更加注重内含在有形产品中的无形服务，这促使传统制造业行业结构的变化。一方面，为了满足市场上消费者日趋多样化、个性化、定制化的市场需求，制造企业越来越依赖于拥有高知识技术密集型优势和专业化优势的生产性服务业，其借助生产性服务业的研发和设计能力，提高自身产品的多样化水平，进而提高自身产品竞争力；另一方面，制造企业为了维持与消费

---

① 朱瑞博：《价值模块整合与产业融合》，载于《中国工业经济》2003 年第 8 期。

② Vandermerwe S., Rada. Servitization of Business: Adding Value by Adding Service. European Management Journal, 1988, 6 (4): 314 - 324.

③ Oliva R., Kallenberg R.. Managing the Transition from Products to Services. International Journal of Service Industry Management, 2003, 14 (2): 160 - 172.

④ Neely A.. Exploring the Financial Consequences of the Servitization of Manufacturing. Operations Management Research, 2008, 1 (2): 103 - 118.

⑤ 胡查平、汪涛：《制造企业服务化：服务提供真的能够改善企业绩效?》，载于《经济管理》2013 年第 10 期。

⑥ 刘建国：《商业模式创新、先动市场导向与制造业服务化转型研究》，载于《科技进步与对策》2016 年第 15 期。

者之间的关系，同时提高消费者使用产品的满意度，不断通过纵向一体化等方式，沿着产业链向上下游渗透和延伸，不仅提供自身核心产品，而且不断增加与产品相关的服务，如产品使用培训、售后、维护等，来满足消费者“产品+服务”需求的不断演变。这样，在不断演变的消费者需求驱动下，制造业与服务业逐步趋于融合，制造业服务化成为一种新的商业形态。

第三节　产业融合的经济效应

产业融合是一种新的经济现象，本质上更是一种产业组织方式创新，产业融合所导致的新型产业组织形态对产业发展和经济增长都将产生重要影响。至少从目前可以观察到的现象来看，产业融合的经济效应表现在以下七个方面。

一、赋予传统产业以竞争活力

在产业融合的几种类型中，高新技术产业对传统产业的渗透型融合是其中的一种典型形态。传统产业增强竞争力的有效途径是产业创新，产业创新是技术创新、产品创新、市场创新等的系统集成，是企业创新的最高层次和归属，是企业突破结构化的产业的约束，运用技术创新、产品创新、市场创新或组合创新等来改变现有产业结构或创造全新产业的过程。① 产业融合在孵化新产品和新服务的同时，也对传统产业的产业创新发挥重要作用。

首先，产业融合为传统产业的技术创新提供契机。20 世纪 90 年代以来，信息技术、生物技术对传统产业的渗透融合产生了机械电子、生物电子、航空电子、电子商务等一批新型业态，使机械、商贸、电子等一批传统产业运用新的技术手段提供新的产品和服务成为可能，而传统产业的生产工具革新和生产工艺创新是技术创新的一个浓缩表现。例如，信息技术与传统工业技术的融合产生了数控机床、数字化仪表、机器人、智能化仪表等，计算机应用于生产加工过程形成了计算机辅助制造技术（CAM），工程模拟试验过程开始用数学模型在计算机上进行工程模拟试验，智能管理系统（IMS）和开放工业系统（OTS）使制造过程智能化等。

其次，产业融合为传统产业的产品和服务创新开辟更广阔的空间。产品或服务创新

① 陆国庆：《产业创新：超越传统创新理论的新范式》，载于《江汉论坛》2003 年第 2 期。

是产业创新的第二个功能性环节，也是技术创新的延续，产品创新一般包含两个阶段：一是技术成果的产品化；二是产品的商业化。在技术成果的产品化阶段，高新技术产业向传统产业的融合不仅可以拓宽技术成果产品化的途径，而且可以赋予传统产品或服务以新的内涵和表现形式，如电子商务是对传统商贸服务内容的拓展和提升，光机电一体化产品也是完全区别于传统光学、机械和电子产品的一种新型产品。与以往在产业内部进行的产品创新不同，产业融合推动下的产品创新，大多发生在融合产业的边界交叉处，拓展产品化的空间。产品创新的第二个阶段，即商业化阶段，其实与市场创新阶段紧密相连，或者说是产品创新阶段向市场创新阶段的过渡，是个别企业的产品商业化向总体产业的市场化过渡。

最后，产业融合加大传统产业市场创新的成功概率，推动市场创新的步伐。传统产业大多处于产业生命周期的成熟期，这一时期市场创新的核心是扩大市场容量，也就是巩固和开拓客户资源。这一切仰仗技术创新和产品创新的实现。正因为产业融合为传统产业利用高新技术进行技术创新和产品创新提供了难得的契机，赋予传统产品或服务以新的内涵，可以使得传统产业以部分新产品或服务进入新的市场，在原有的市场基础上开辟出新的市场空间。而且与高新技术融合后的传统产业，某种意义上是经历一次脱胎换骨的重生，因此，市场创新对其不仅仅意味着巩固和开拓客户资源，而且是要不断开辟新的应用领域，是跳出原有的市场边界重新开辟新的市场。例如，传统的陶瓷产业在与新材料技术融合之后，其市场领域就从单一的日用品市场向日用品与高科技材料市场并重的方向发展。开发出了高性能的机械用陶瓷、光纤光导陶瓷材料、磁化材料、抗裂变材料等一批高科技的新型材料产品。使陶瓷产业的市场空间大为拓展，陶瓷产业也从纯粹的劳动密集型产业向高科技产业转变。

高新技术产业对传统产业的渗透融合基本是单向的，因此，其效果更多地体现在对传统产业的影响和改造上。明显的一点是改变传统产业的产业特性，使传统产业的劳动与资本密集型特征有所削弱，而技术与知识密集特征逐渐增强，提高传统产业的生产率水平，赋予传统产业以新的竞争活力。反过来，正因为存在庞大的传统产业体系，成为高新技术应用和扩散的主要领域，也为高新技术开辟了广阔的市场空间。因此，两者是相辅相成、互为促进的关系。

二、强化竞争效应

较早关注到产业融合会导致产业组织创新，从而改变企业间竞争合作关系的是日本学者植草益。植草益认为，竞争关系只会发生在同一产业内部的企业之间，而产业融合正是通过从前分属不同产业的企业可以相互进入对方的经营领域，使得不具有竞争关系的企业之间具有了竞争关系。

产业融合主要是通过市场边界模糊化来产生强化竞争效应。市场边界与技术边界、业务边界和运作边界一起构成产业边界，而产业边界是划分产业的依据，也是区分企业的产业属性，进而限定企业竞争范围的基础。市场边界模糊化是指由技术融合和业务融合造成的不同产业部门的产品或服务的差异性趋于模糊，而替代性增强，从而使得原本横亘在产业间的市场边界趋于模糊乃至消失，其带来的直接后果是从前不具有竞争关系的企业具有了竞争关系，竞争趋于激烈。

但产业融合的强化竞争效应并不仅仅使竞争趋于激烈，而且还对企业的竞争内容和形式等产生影响，从而形成了产业融合下的竞争特征。首先，产业融合引发了企业围绕创新竞争规则的竞争。在产业分立时代，由于产业界限相对固定，竞争规则也比较明确，而且相对而言，产业领先者具有制定竞争规则的主导权力，竞争企业只有挑战产业领先者制定竞争规则的权威，从根本上改变原有的竞争规则，才可能成为新的产业领先者。但在产业融合的背景下，由于企业与企业之间，以及企业与消费者之间的关系都更趋多样化，竞争规则的单一性和稳定性有所削弱，竞争规则的创新变得相对容易，与此同时，每一个竞争规则的更新都可能产生新的产业领先者，企业成为产业领先者的可能性大为增强，这激励企业进行创新竞争规则的竞争。其次，产业融合赋予企业核心竞争能力等概念以新的内涵。传统工业经济时代以“产品”“市场”“技术”“资源”等为载体的企业能力向创新能力上转化，基于产业特有能力（industrial-specific capability）的企业能力成为企业持续其竞争优势的根源。① 因此，产业创新拓展了企业竞争范围，也对企业竞争能力提出了更高要求，强化了竞争效应。最后，产业融合形成的市场空间交叉与聚合，将极大地削弱垄断企业的力量。正如可竞争市场理论所阐述的那样，由于面临潜在的竞争压力和替代威胁，即使是垄断者也会选择以竞争行为来维系自身的垄断地位，因此，能够以垄断型市场结构获取竞争性市场绩效。产业融合的强化竞争效应很大程度上也是通过新的市场竞争者和潜在竞争者的可替代威胁来实现的。

三、推动企业策略性竞争行为趋向边缘化

产业融合导致的产业边界模糊化对传统产业经济理论提出新的挑战。结构—行为—

---

① Chandler, Alfred D.. Organizational Capabilities and Economic History of the Industrial. Journal of Economic Perspectives, 1992, 6 (3).

绩效的产业组织理论分析框架也面临被修正的课题。就市场结构而言，由于产业融合使得市场边界出现游离，市场集中度这个用来衡量市场结构的主要指标可能失效。因为集中度的测度需要在一个明确的市场边界内进行，而产业融合恰恰使市场边界出现模糊和游离。也就是说，哈佛学派所主张的结构—行为—绩效的单方向决定论对解释产业融合环境下的企业行为可能不具有解释力，反而是强调市场结构与市场行为的双向联系，而且更重视市场行为作用的芝加哥学派的方法，可能更适合用来作为分析产业融合环境下企业行为的主要工具。

考察产业融合背景下的企业竞争行为会发现，由于企业所处的市场环境处在不断变化之中，且具有很高的不可预测性，企业要在这种市场环境下生存，首要的是具有适应市场持续变革的能力，而不论企业原先处于何种市场结构以及处于何种地位。以某个寡头垄断企业在传统市场环境下和在产业融合的市场环境下的策略性竞争行为为例可以解释这种变化。在传统的动态平衡且最终收敛于某种形态的市场结构下，一个寡头垄断厂商通常是采取压低价格或是提高产量的行为阻止新企业的进入或从属性厂商的扩张，虽然寡头垄断厂商大多不会不惜任何代价地将新企业或从属性厂商驱逐出市场，但充分运用现实的垄断力量是寡头垄断厂商选择策略性行为的基本思路。而在产业融合的市场环境下，即使是垄断厂商，为了应对剧烈变动的市场环境，不断获得竞争优势，企业更倾向于采取边缘性竞争策略。边缘性竞争理论由肖纳·L. 布朗和凯瑟琳·M. 艾森哈特提出，他们在该理论中将战略定义为创造一系列独立竞争优势的过程。这些独立的竞争优势综合起来，便形成一种固定式的战略方向，应变能力是使这种战略充分显示出业绩的关键动力。而且应变能力与生存能力以及随着时间的推移不断地改造企业的能力一起构成衡量成本的标志。① 概括而言，边缘性竞争战略是指利用变革的动态本质来构建一系列的竞争优势，并力图捕捉无序平衡的边缘状态，使得企业在无序和有序之间保持微妙的平衡状态。在此基础上，努力把握时间边缘平衡，使企业的变革随着时间的推移而发展，以此来培养企业具有对灵活性的追求能力，也就是说，一种适应当前变革环境的能力，随着时间不断演变的能力，面对挫折富有弹性的能力，以及挖掘变革优势的能力，最终通过灵活性的提高来夯实企业核心竞争优势的基础。边缘竞争战略把“如何制定战略目标”和“如何实现战略目标”的两个方面的内容进行有机地融合和运用，是一种信息时代意义上的战略。② 对采取边缘竞争策略的寡头垄断厂商来讲，价格和数量不是它们

---

① ［美］肖纳·L. 布朗、凯瑟琳·M. 艾森哈特：《边缘竞争》，吴溪译，机械工业出版社 2001 年版。

② 许树沛：《浅论边缘竞争战略的调整及其实施步骤》，载于《广西大学学报》（哲学社会科学版）2001 年第 4 期。

策略选择的核心，而是实施一系列应对变革的战略措施，并根据战略效果从中不断挑选卓有成效的策略继续执行，对一些无效的战略则会毅然放弃，并继续确立新的战略。这是一种典型的试错行为，通过不断试错，调整确定正确的方向，谋求企业的长远发展。

与传统市场环境下寡头垄断企业咄咄逼人的竞争行为相比，边缘竞争似乎是一种反应式的谨小慎微的行为，但恰恰是这样一组小的、时间跨度很长的连续行动，才可能应对产业融合所导致的快速的、不可预测的变革。只有采取一些反复进行的、坚持不懈的小行动，采取一系列形形色色的不同规模、不同风险程度的变革行动，才能在产业融合逐步展现的过程中取得“早先进入”的主动权，并可规避犯根本性错误的大风险。边缘竞争中将企业所采取的一些小行动的策略连接起来，便是一个完整的战略。① 以电脑业的巨头微软公司为例，为了应对产业融合要求的多层次、多领域竞争需要，微软公司最初实施了因特网战略，其主要举措是开发并推出微软自有的网络服务（microsoft network），并与美国在线服务公司（America Online，AOL）展开竞争。但最终难逃失败的结局，微软也果断地放弃原来的战略，通过购买太阳微系统公司的 Java 技术，收购了一系列网络公司，与美国在线服务公司形成合作伙伴关系。而且通过与美国国家广播公司（NBC）的合作，进军有线电视新闻和新闻网站业务；创办网络杂志“Slate”；与电影制作公司“梦工厂”合作，进军娱乐新闻业等。② 微软通过一系列试错性的边缘竞争策略，从最初应对信息产业融合时的被动和失败中逐渐走出来，并不断寻找属于自己的新的业务领域。而在寻找新的业务领域的过程中，协调合作，合作型竞争成为其策略行为的主基调。这充分体现了边缘竞争的特点，也就是说，为了应对产业融合导致的市场变革，企业需要在各方面创造一系列不相关的优势，并巧妙地把各类优势串联起来，形成一种半固定式的战略趋向。③

四、促生网络型企业组织

企业是一种组织形态，在传统工业经济时代，企业与产业一样也存在明显的边界，企业边界一般由法律边界、政治边界、经济边界和社会边界构成。④ 企业组织结构的发展经历了直线制、矩阵制、事业部制等主要阶段，在每种形态下，组织处理信息都是企

---

① 周振华：《信息化与产业融合》，上海三联书店、上海人民出版社 2003 年版，第 301 ~ 302 页。

②③ ［美］肖纳·L. 布朗、凯瑟琳·M. 艾森哈特：《边缘竞争》，吴溪译，机械工业出版社 2001 年版，第 15 页。

④ ［美］斯蒂芬·P. 布雷德利、理查德·L. 诺兰：《预测与响应：网络营销战略革命》，成栋译，新华出版社 2000 年版，第 302 页。

业的一项主要职能，而且传统的职能型企业组织的信息系统有着天然的缺陷，信息资源共享和有效利用的程度很低，且难以有效地协调和控制各种资源，仅仅由于激励相容，信息流动在组织成员之间也会受到限制。因为组织成员或者出于私人激励私自保留其掌握的信息，或者由于太费时间，或是对信息的整理太难，组织成员出于好心都会在传递信息给其他的同事时有所保留。① 总之，传统的企业组织形态在最大限度地发挥信息的作用时遭遇制度约束。与传统企业组织形态相对的是另一种高度无序的组织结构，在这种组织结构中，因为很难达成足够的共识，缺乏共同行动的一致性，其竞争优势也会因为企业组织内部的混乱而逐渐丧失。② 因此，面对产业融合导致的高速变革，如果厂商要采取边缘性竞争的战略博弈，就必须是一种处于以上两种状态间的无序边缘平衡的组织结构。③

这种无序边缘平衡的组织结构既非一成不变的稳定组织结构，也非毫无规则的无序结构。它以自身固有的最高运动频率运动着，并且是无规律的、高弹性的振动。当由无数个业务单元组成的企业从事这种无序边缘平衡运动时，就形成了网络型企业组织结构。网络型企业组织结构是一种柔性的组织结构，它不像传统企业组织那样以资产作为企业边界，也不需要签订实现法人资本一体化的相互控股协议。它可以基于成员间的共同利益，在具体业务流和具体价值流的水平上进行合作，从而模糊企业内部和外部的界限。网络型企业组织与传统企业组织相比的主要特点是：网络型企业组织是自适应的变动结构，可变的局部网络是组织各种资源的基本单位，而且可以根据市场需求产生或消亡；开放和动态是网络型企业组织的标志和象征；作为一个开放的系统，网络型企业组织的边界具有丰富的弹性和模糊性，企业组织模式具有目标导向性；网络型企业组织的形态具有多样性、组织形态的转换较频繁；信息共享型的信息运用模式使组织中的各个成员能够在地位平等的基础上相互合作，增强组织和组织成员探索新知识的能力；在网络型企业组织中，各界点具有动态的互补性，有助于知识，特别是一些暗默型知识的学习与分享，从而提高企业的竞争能力。从以上特点可以看出，这种网络型组织结构的基本属性及特点，与产业融合的要求高度一致。④ 网络型企业组织与产业融合形成了一种相互促进关系，产业融合促生了网络型企业组织，网络型企业组织又成为产业融合得以拓展的重要微观组织基础。

---

① ［法］泰勒尔：《产业组织理论》，马捷译，中国人民大学出版社 1997 年版。
② 周振华：《信息化与产业融合》，上海三联书店、上海人民出版社 2003 年版。
③ ［美］肖纳 · L. 布朗、凯瑟琳 · M. 艾森哈特：《边缘竞争》，吴溪译，机械工业出版社 2001 年版。
④ 周振华：《信息化与产业融合》，上海三联书店、上海人民出版社 2003 年版。

五、修正传统的企业间关系变化的内涵

在产业分立时代，企业间关系变化主要表现为横向兼并、纵向一体化和混合兼并等形式。在产业融合时代，虽然企业间关系变化的主要形式没有发生根本改变，但驱动因素却有了很大不同。

在传统市场边界清晰的市场结构下，企业之间进行横向兼并的主要动机是为了寻求市场势力，也就是说通过横向兼并产生企业规模扩大效应，巩固或确立兼并后企业的市场垄断地位。而在产业融合的情况下，由于市场边界的模糊化，融合产品之间的可替代性和差异性都很大，市场结构的垄断竞争特点越发突出。因此，企业间横向关系的变化一改一方取代另一方的兼并做法而向横向联合的方向发展。处在价值链的同一链条上的企业之间的横向联合，主要是为了增强市场竞争实力或是应对市场需求的不确定性。由此可见，企业间横向关系的变化更多地由对抗性转变为合作性，由改变企业实体组织向更多依托虚拟组织变化，合作竞争的理念成为产业融合时代企业间发展横向关系的主导性思维。

传统的企业之间纵向一体化的主要动机是节约交易成本，因此，纵向一体化的水平与产业链上交易环节的多少密切相关。但在产业融合的背景下，由于市场特征发生了某些根本性的改变，如需求的不确定性提高，价值链竞争的重要性增强，技术的主导作用突出以及渠道控制成为竞争的主要内容等，使得产业融合背景下的企业纵向一体化由主要关注交易成本向多样化的动机转变。欧盟在 1997 年所做的一项研究表明，企业纵向一体化的动因与产业融合条件下的市场变化密切相关，具体如表 13 - 1 所示。

表 13 - 1　　纵向兼并和联合

基本动因	实例
需求的不确定性	Hughes Olivetti Telecom（DirecPC），@ Home
市场定位及取得新技术	Bertelsmann-AOL，BBC WorldWide-ICL，STET-IBM
取得用户渠道的控制权	BT-BskyB，Disney-ABC-Capital Cities
向价值链的高端移动	Microsoft Network-NBC（MSNBC Internet new channel）
阻止来自相关市场的竞争	US West-Time Warner，Oracle-Sun-Netscape（Net-work Computer）

资料来源：欧洲委员会绿皮书，转引自周振华：《信息化与产业融合》，上海三联书店、上海人民出版社 2003 年版，第 315 页。

传统意义上的混合兼并是指企业在不同市场上为了分散风险而实行的各自独立的兼

并行为。而在产业融合的背景下，由于技术融合和市场融合已经发生，即使业务之间不具有兼容性，但运作平台的共享性却很大，因此，这种情形下的多样化兼并，不同业务之间的互补性明显增强，不同市场之间开始具有交叉性，兼并的主要动机从分散风险向更大范围的整合业务转变。

通过以上三种产业间关系变化形式在产业融合发生前后的表现可以得出，产业融合修正了传统的企业间关系的内涵，在新的动因驱使下，企业间的横向兼并、纵向兼并和混合兼并都被赋予了新的内容。另外，在产业融合没有发生之前，从发生兼并关系的企业主体来看，大多可以分出主动方和被动方。而产业融合内生的交叉兼并和联合现象引领企业关系进入一个新的时代。这个时代的根本特征是企业可以通过服务化，接受服务和提供服务来突破企业自身的边界，外包成为这一时代的核心概念，企业以提供服务的形式介入其他企业的内部事务，而以接受服务的形式允许其他企业介入本企业的内部事务。虽然这种以外包为纽带的交叉兼并和联合通常是以协议，而非实体组织的合并来实现，但其相比企业组织形态的长期性和稳定性并不逊色，实际上已经具有兼并的性质。这种交叉兼并和联合最可能获得双赢结果，因为它基本是以各自的优势领域进入对方的非优势领域，从而促进资源合理配置。交叉兼并和联合促进产生一种新的商业模式，有学者称其为新的“牛仔”时代，即企业进入的每一个新领域都可能是别人潜在的领地；而别人潜在的领地，也可能是它潜在的新疆域。①

六、提升产业结构的高度化水平

产业结构高度化的内涵与特定的经济发展阶段相适应，有其阶段性。当前的产业结构高级化主要表现为经济服务化和经济知识化。产业融合的拓展具有推动经济服务化和经济知识化的效果。

产业融合的拓展体现在广度和深度两个层面，广度是指产业融合发生的领域不断扩大。当前，除了以电信、广播电视、出版业为代表的信息产业之外，现代物流、金融业、能源业等都是产业融合十分活跃的领域，如果从高新技术向传统产业部门的渗透来看，产业融合的领域就更为广泛，而且有进一步扩大的趋势。就深度而言，产业融合的拓展化有三层含义:② 一是制造业与服务业的性质差别日渐模糊，服务作为一种重要的

① 姜奇平:《新商业模型》，中国友谊出版公司 2000 年版，第 378 页。

② 主要参考周振华:《信息化与产业融合》，上海三联书店、上海人民出版社 2003 年版，第 208 ~ 212 页。

投入要素，渗透到制造产品之中并占据越来越高的比例，产业边界交叉重叠的部分主要由服务构成，也即呈现经济服务化的趋势。二是产业融合拓展化意味着产业间建立新型的竞争协作关系。在产业分立时代，每个产业的技术进步速率和周期决定着每个产业的强弱兴衰，并强化产业边界。而以技术融合为基础的产业融合，推动基本的、核心技术的泛化，这一点在信息技术上表现得非常明显。随着网络技术的高度发达和信息网络对全社会各主要产业和经济部门覆盖率的不断加大，各产业部门的相互介入将趋于广泛，各不同功能企业之间的水平整合也将趋于普遍。因此，产业融合将形成一种新型的竞争协作关系，并在高新技术广泛运用形成各类产业自动化、智能化的基础上促进产业结构柔性化的发展。三是产业融合拓展化意味着产生更大的复合经济效应。日本学者宫泽健一从企业组织角度把复数主体通过网络联结产生的经济性称为联结经济性，或称为复合效应。① 产业融合正是通过更多的信息、知识、技术、人才、资本等经营资源跨越时空的结合，产生更大的复合经济效应。

上述无论是从广度还是从深度而言，产业融合的拓展化都意味着产业经济服务化，以及归根结底的产业经济知识化。因为融合简而言之就是合并同类项，这些同类项原来都是消耗物质的。合并之后，实现同样甚至更高性能，可以减少许多物质消耗，这是降低成本的源泉。而实现这一切，其实质是用知识替代物质。② 从这个意义上讲，产业融合反映了知识经济中某些最本质的方面，因此可以提升产业结构的高级化水平。

七、促进制造业价值链升级

价值链的概念最早是由哈佛大学的教授迈克尔·E. 波特（Michael E. Porter）于1985年提出的，他认为："每一个企业都是在设计、生产、销售、发送和辅助其产品的过程中进行种种活动的集合体，所有这些活动可以用一个价值链来表现出来。"③ 产业融合，这里主要指制造业与服务业的融合，使得制造业与服务业之间的边界日趋模糊，制造业向产业链上、下游不断渗透和延伸。制造业的这种服务化转型，不仅能够增加制造业产品中知识型服务要素的密集度，带来产品种类的增加，实现范围经济，而且能够加强价值链上各个环节的联系，降低彼此之间的协调成本，提高生产效率，实现产业由低端向高端的升级。④ 制造业服务化将成为我国制造业攀升全球价值链地位，增强国际竞

---

① ［日］宫泽健一：《制度和信息的经济学》，有斐阁1990年版，第66页。
② 姜奇平：《新商业模型》，中国友谊出版公司2000年版，第119～120页。
③ ［美］迈克尔·波特：《竞争优势》，陈小悦译，华夏出版社2005年版。
④ 周大鹏：《制造业服务化对产业转型升级的影响》，载于《世界经济研究》2013年第9期。

争力，促进其有效升级的关键因素。①

制造业服务化可以通过制造业运输服务化、电信服务化、金融服务化、分销服务化等促进价值链升级，提升企业在价值链体系中的分工地位。首先，从制造业运输服务化的视角。在产业链上，制造业运输服务化可以加深企业间工艺流程的分工合作，优化供应链的空间布局，促进全球和区域性优势资源的有效整合，延伸产业链条和企业生产步长，增加企业出口附加值。其次，从制造业电信服务化的视角。制造业电信服务化不仅能够在企业层面通过制造技术与信息技术的融合，使得企业能够有效控制自身产、供、销各个环节的经营运作，从而提高生产效率，而且能够在供应链层面，增强企业供应链的信息化程度，从而减少企业之间的信息不对称性，加强企业间信息共享和协同运作，提升供应链效率。再次，从金融服务化的视角。制造企业金融服务化要素的投入是企业价值链地位攀升，加深企业价值链参与程度的关键因素。它不仅能够有效缓解企业的流动性约束，减少交易成本，提高企业生产效率，而且能够通过对企业研发投入、技术创新进行支持，促进企业创新。最后，从分销服务化的视角。制造业企业分销服务化是企业价值链升级和延伸的重要途径，其能够在提供自身核心产品的同时，提供与产品相关的服务，加强与顾客之间的联系，从而有效缩短企业与顾客之间的距离，实现目标顾客锁定的同时，也能够减少企业与顾客之间的信息不对称性，指导企业实现有效供给，实现产品增值。②

虽然制造业服务化是促进企业价值链升级的途径之一，但是在短期制造业企业可能面临许多困难，如制造业企业对服务领域经营尚不熟悉、自身经营管理体系调整等，都会使得企业绩效出现不确定性。但是从长期来看，服务化能够改善制造企业的就业结构，提高制造企业的创新能力和竞争力，进而提升制造企业的绩效③，从而成为制造业实现价值增值的方向之一。

---

① 王思语、郑乐凯：《制造业出口服务化与价值链提升——基于出口复杂度的视角》，载于《国际贸易问题》2018 年第 5 期。

② 刘斌、魏倩、吕越等：《制造业服务化与价值链升级》，载于《经济研究》2016 年第 3 期。

③ 徐振鑫、莫长炜、陈其林：《制造业服务化：我国制造业升级的一个现实性选择》，载于《经济学家》2016 年第 9 期。

第十四章

产业模块化

“模块化”一词由来已久，既有最初从产品或功能角度定义的模块化，也有近年来逐渐形成的设计模块化、组织模块化等概念。模块化既有最简单形象的产品，如积木玩具，也有复杂多样的产品，如计算机和汽车等。随着人们对美好生活的需求日益增长，消费需求越来越呈现多样化特征，企业分工不断细化，从大规模生产到定制生产，再到大规模定制式生产，在市场全球化和信息技术迅猛发展的大背景下，模块化恰逢其时，其理论和应用范围正在不断深化和拓展。

本章所讨论的模块化是基于信息经济时代的背景而言，是当前产业经济领域正在不断深化的一场变革。

第一节 模块化概述

一、模块化的概念

模块化思想最早萌芽于亚当·斯密，自20世纪60年代开始再次逐渐受到关注。模块化的正式概念由鲍德温和克拉克提出，随后很多学者也从不同的切入点给出了不同理解，到目前为止，学术界尚未形成关于模块化（modularization）或模块（modular）的统一正式概念，其中比较有代表性的主要有以下两个定义。

鲍德温和克拉克认为模块化是：“通过每个可被独立设计且可作为一个整体运行的子系统来构建复杂产品和生产系统的过程。”为使模块再整合不会影响整个系统的正常功能，模块化必须遵循“可见设计规则”（visible design rules），模块化的基本活动可分为分离（split）和替代（substitute）、去除（exclude）和增加（augment）、归纳（inversion）和改变（porting）。

青木昌彦和安藤晴彦认为模块是指："半自律性的子系统，通过和其他同样的子系统按照一定的规则相互联系而构成的更加复杂的系统或过程。"显然，模块化是指将那些能够被独立设计与生产的具有半自律性的子系统按照某种规则相互拆解或组合的过程。模块的分解是将复杂系统分解为具有半自律性并且能够各自进行独立设计的子系统的过程；模块的整合是将各自独立的子系统按照一定的界面规则整合起来，从而形成更大的、更复杂的系统的动态过程。

以上青木昌彦和安藤晴彦的模块化概念都是在吸收鲍德温和克拉克的核心思想基础之上提出的，它进一步强调了模块的再整合。由于青木昌彦和安藤晴彦的模块化概念具有较强的代表性，得到了学者们的广泛应用和认可，很多学者的模块化概念都是在此基础上的延伸和拓展，因此，在模块化的概念界定方面，本章采用青木昌彦和安藤晴彦这一定义。

需要注意的是区分模块性（modularity）和模块化（modularization）概念，在诸多文献中，两个概念多有混淆。如前所言，模块化强调的是一个过程，是企业生产制造、组织设计的一种新的范式，而模块性强调的是一种属性，是产品、组织和企业内部网络构架的设计属性。模块是模块化的基本构成，模块性是模块需要具备的技术特性，完全的模块性意味着可以将复杂的产品分解为完全独立的部分，每个部分都可以独立存在，并且不需要依赖于与其他部分的协调，但是其模块性程度并不一定很高①，模块化过程中的构成模块所需具备的模块性程度需要权衡成本与收益。

二、模块化产生与兴起背景

（一）模块化的产生

模块化思想的早期萌芽可以追溯到18世纪的亚当·斯密时代。亚当·斯密关于专业化分工提高生产效率的研究，为模块化思想的形成作出了启蒙贡献。亚当·斯密关于大头针生产制造系统的故事，既是关于分工的经典概述，也是关于模块化最为原始的例子，它分析了把制针工艺分割成既相互独立又具有明确配合关系的专业化分工流程可以成倍地提高制针业劳动生产率的问题，形成了模块化概念的雏形。

20世纪60年代，一些学者从处理复杂系统的方法论角度对模块化进行了研究，其

① John Paul Macduffie. Modularity as Property, Modularization as Process, and 'Modularity' as Frame: Lessons from Product Architecture Initiatives in the Global Automotive Industry. Global Strategy Journal, 2013, 3 (1): 8-40.

中代表人物是西蒙（Simon）、亚历山大（Alexander）、埃文斯（Evans）、斯塔尔（Starr）等。西蒙（Simon）运用系统观点看到复杂问题的方法是模块化理论的雏形，他强调管理的难点在于复杂系统的分析和决策，复杂系统无处不在，对付复杂系统的一个有效方式是把整个系统分解为较少数量的子系统，他以制造钟表为例说明了模块化思想在解决复杂问题系统方面的效率优势，一个钟表由100个基本零件组装而成，在排除分工的前提下，一个制表工人必须组装100个零件才能制成一个钟表，比起按部就班地组装零件，运用模块化思想将100多个零件组装为若干个部件并对部件进行组装，虽然在耗费的时间上相同，但是由于各个部件相对独立，部件组装不会受暂停的影响，不会影响后续阶段工作的进行。继西蒙之后，亚历山大在此基础上进行了进一步研究，认为这种将复杂系统分解的思路简化了复杂系统的分析，并且从设计规则角度研究模块化，认为模块化设计规则可以改善组成模块之间的协调关系，并且克服设计者的认知局限。如将具有复杂结构的设计系统划分为各具特殊功能的子模块，并由不同领域的专家承担子模块的设计工作，可以克服由于不同领域设计者对整体系统的认知局限，导致整体设计效果的损失。

模块化正式概念的提出要追溯到20世纪末，鲍德温和克拉克于1997年在《哈佛商业评论》发表了《模块时代的管理》的一文中正式提出将模块化作为管理学的研究对象，而后在2000年出版的《设计规则：规模化的力量》一书中提出了模块化概念，开创了模块化理论的系统化研究。与此同时，以浅沼万里、青木昌彦为代表的日本学者对信息产业和汽车工业领域的模块化进行了考察，将模块化理论引入了经济学领域和产业层面，其中比较有代表性的著作是青木昌彦和安藤晴彦的《模块时代：新产业结构的本质》。

随着模块化研究两本代表性著作的问世，国际学术界和企业界掀起了一股模块化研究的热潮，模块化概念逐渐延伸到科学（如生物学、生态学、认知科学等）、技术（如模块化程序设计、软件设计、自重构模块化机器人等）、工业（如模块构建、工业设计和制造等）和文化（如复杂社区网络、当代艺术与建筑、模块艺术）等不同学科领域，研究范围也逐渐从方法论角度转向应用层面的研究，到20世纪末期，模块化思想逐渐被产业界所接受，越来越多地应用于汽车、电子信息、家电、金融等产业，在产品设计、生产系统、采购与供应链、企业与产业组织等领域发挥了重要作用，并对军工产品和军事思想产生了深刻的影响。受实践发展的推动，模块化逐渐成为经济和管理学界关注的研究命题，受到国内外学者的高度重视。

（二）模块化兴起的背景

20世纪80年代，鲍德温和克拉克开启了关于当今时代模块化讨论的序幕。那么，为什么模块化这个并非十分新鲜的事物会在20世纪80年代引起经济学界和管理学界相当一部分学者的广泛关注，为什么有学者认为当前已经进入了模块化时代，甚至为什么有学者称模块化为新产业结构的本质，回答这些问题的关键是要清楚当今时代模块化产生的背景。

首先，信息技术的发展使分解和整合复杂化模块的工作变得容易和重要。模块化是分工的必要而非充分条件，也就是说，存在分工并不必然导致模块化，但产生模块化则必然存在分工。对模块化而言，分解系统仅仅是一方面的内容，在系统分解实行分工生产之后再进行有效整合才是模块化的全部内容。因此，模块化要比分工复杂、精细得多，模块化生产不仅面临可能性问题，而且还面临必要性问题。所谓模块化的可能性是指设计者可以进行精确的功能划分，并且在技术上是行得通的；模块化的必要性是指进行模块化后是有意义的。[①] 当前部分产业系统发展的复杂程度为模块化生产提供了必要性，例如电子计算机产业、汽车产业等，但如果没有可行的技术保障能够高效地完成模块的分解和整合工作，那么即便具备必要性也不具备可能性，还是无法真正实现模块化生产。而20世纪后期最伟大的一项技术，即信息通信技术的发展恰恰为模块化提供了可能性，因为信息技术的发展使得各种模块的信息处理能力和操作能力都有了很大的提高，模块与模块之间的信息沟通与传递也更加便捷和低廉，信息技术的发展使得模块化突破了技术关口，与模块化生产的意义相结合，构成模块化产生的重要背景。

其次，激烈的市场竞争环境对竞争主体的要求促生模块化。当前，市场竞争的激烈程度超过了以往任何时代，对企业这一竞争主体的能力也提出了更高要求。企业要想在激烈的市场竞争中胜出，必须掌握秘密武器。模块化所具有的“背对背”竞争特征，即在遵守共同界面标准的前提下，相互独立地完成各自研发和生产的特点，能够最大限度地保证企业的创新动力，并激发企业的竞争本能。这与当前市场竞争对竞争主体的要求相吻合，是产生模块化的外在推动力。

最后，模块化是系统经济发展的内在要求。20世纪后期，全球经济发展进入一个重要转折期，从根本上表现为新经济的出现，而新经济的本质是系统经济。有学者认

---

① 胡晓鹏：《从分工到模块化：经济系统演进的思考》，载于《中国工业经济》2004年第9期。

为，现代社会正处在一个开放的系统时代。所谓经济系统，是指由一组经济元及其之间的相互联系共同构成的有机整体。而经济元的一个重要特征，是当把某个经济实体当作一个经济元去构成一个经济系统时，可以把它当作一个“黑箱”来看待，不考虑它的内部结构和内部信息，只考虑它的功能，即它与外部的联系。[①] 而模块化中模块的分解和整合恰好是基于功能展开的，也就是说模块是以功能划分为标准，每个模块都相当于经济系统中的经济元。经济系统所具有的递归性，即一个经济系统可以与其他经济系统一起构成更大的经济系统的特性，与模块化所具有的“大盒套小盒”，即模块的层层分解组合特征是相吻合的。所以，模块化是适应系统经济，也可以说是适应新经济发展要求的一种分工形式，因此，它才会在20世纪后期得到空前的重视和应用。

三、模块化的基本特征

（一）标准化特征

模块化的标准化特征主要体现在系统信息方面。在复杂系统中，分解模块虽然是进行模块化设计和生产的先行条件，但模块化的设计和生产最终需要由模块集来完成。为了完成模块集中工作，必须要建立起模块与模块之间的联系，系统信息就是为了确立模块与模块之间的联系规则而存在的。

系统信息是青木昌彦的称谓，鲍德温和克拉克将其称之为“看得见的信息”，即“可见设计规则”（visible design rules），后者认为复杂系统中要素之间相互联系密切，分解系统将可能使原系统功能彻底丧失，通过统一的标准化设计规则，可以将各要素分解为各个模块，在保持相对独立性的同时能保持良好的兼容性，重组并分配到新的系统结构中。

（二）自演化特征

模块化的自演化特征主要体现在个别信息方面，个别信息是与系统信息相对应的概念，为了与“看得见的信息”这个称谓相对应，鲍德温和克拉克也将其称为“看不见的信息”，它是有关各模块活动的固有环境的信息，可以隐藏在模块内部无须公开和传输。当具有竞争关系的模块之间展开竞争时，个别信息就可能成为每个模块秘而不宣的武

---

① 昝廷全：《系统经济：新经济的本质——兼论模块化理论》，载于《中国工业经济》2003年第9期。

器，决定自身的竞争力水平。个别信息的存在是模块化赋予每个模块设计和生产单位以高度自主权的体现。

系统内各个独立模块内部的交互活动遵循的是个别信息，它虽然只能对相对独立的模块产生影响，但会对外部环境的变化，在第一时间内作出反应。同时也使模块在“背对背”竞争中，能够独立完成设计、自然进化，有利于构建模块的自主创新。①

（三）稳定性特征

模块化是一种具有很强对外稳定性的结构形态。以半自律功能为基础的模块，通过拼图式的方式所构造出的模块化结构，具有结构内动荡性和结构外稳定性的双重特征。结构内动荡性是指通过分离（split）和替代（substitute）、去除（exclude）和增加（augment）、归纳（inversion）和改变（porting），使模块具有快速被淘汰的可能，因此，才会激励模块的创新能力。而结构外稳定性是指确立模块化结构的设计规则具有很强的稳定性，因此，确保了模块化整体结构具有较强的稳定性和可预期特征。这也使得模块整体抵御外部冲击的能力较强。② 而不具有竞争力的模块在遭遇冲击后退出，自然会有新的具有竞争力的模块加入来维系模块整体的稳定性，模块化结构因此更有利于试验和创新。

（四）选择价值特征

模块化系统开发出选择价值，能帮助系统的使用者提供多种的选择价值，选择的多样性体现了模块化的技术经济效益。东京大学教授藤本隆宏在其著名的产品架构理论中，提出了与模块型架构产品相对应的整合型架构产品的概念，认为整合型架构虽然也由诸多复杂的相互作用的子系统构成，但是各子系统在功能上相互依存，无标准化共性界面，因此只能提供单一最终产品，产品的可选择性不大。但模块化的系统可以提供多样化的产品，使得消费者能进行自由自在的选择，该模式使得客户运用系统时，也明显地增加了其价值。因此，模块化特别适合当今市场消费者需求的多样化，也是企业应对快速技术变化的有效方法。

除了以上四个基本特征外，模块化还有复杂结构、复杂性演化、结构开放性等特征，不同学者也根据模块化应用产业的不同特性提出了模块化的诸多特征，在此不一一

---

① 李春田：《现代标准化前沿：模块化研究》，中国标准出版社 2008 年版。

② 胡晓鹏：《从分工到模块化：经济系统演进的思考》，载于《中国工业经济》2004 年第 9 期。

赘述。总体而言，标准化特征和自演化特征是模块化最基本的特征，稳定性和选择价值等其他特征都是在这两个基本特征基础上的不断延展和深化。

四、模块化的设计规则

模块化的一个基本特征就是标准化，这种标准化可以体现为“可见设计规则”，一般来说，完备的设计规则包括三大要素：架构、界面、集成协议和测试标准。

（一）架构

架构用来描述模块化系统内模块间的具体联系形式，具体架构由模块数量、种类、属性及其作用等决定。图 14－1 给出了一个两层架构的系统，它表示一个产品的架构，它展现的就是一个允许产品的要素彼此相互影响相互关联的技术系统，是技术子系统的分解和集成以实现产品功能。

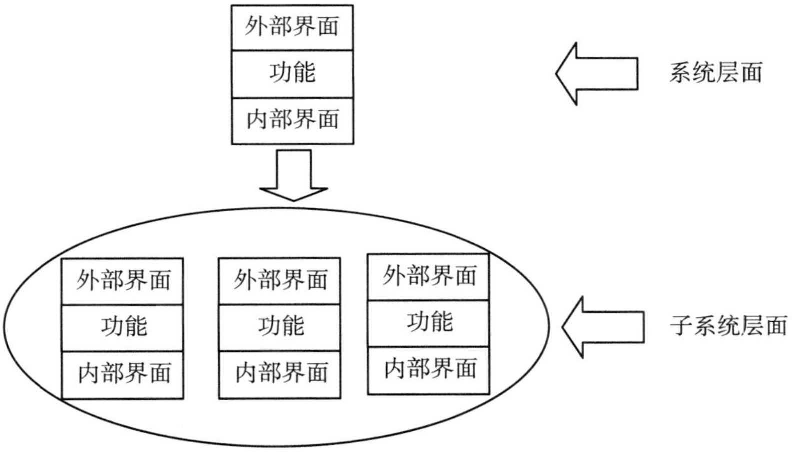

图 14－1 两层的模块化结构

（二）界面

界面，也称接口，是不同模块之间耦合关系的详细描述。模块化系统中模块间的交互作用必须通过界面来实现，界面的性质决定了模块之间如何组合、如何链接以及模块间信息交换的方式。构成复杂系统的要素必须具备可链接的界面，这样复杂系统才具备转化为模块化系统的基本条件。如图 14－1 所示，它规定了模块如何相互作用，模块相互之间的位置如何安排和联系，以及如何交换信息等。

根据技术系统的不同，界面可分为内部界面和外部界面，内部界面负责调整功能要素来实现产品所有功能；外部界面联系外部产品或使用者来影响更高层次的技术系统绩效，并在系统标准中发挥关键作用。

（三）集成协议和测试标准

在进行模块化设计过程中，设计者必须将主要模块之间的所有依赖关系分离出来，为了明确无法预见的相互依赖，并确保最终产品是一个能够运行并实现最终理想性能的系统，设计者需要在设计过程的最后对该系统进行集成和测试。

集成协议和测试标准是确保独立模块相互联系兼容的基础和规则，其中，集成协议规定了模块链接和分解时的协议，测试标准是用来检测模块链接后效果和功能的检测标准。具体来说，它们会告诉设计者安装系统的方法，并决定系统如何运行、某一特定模块是否符合规则，以及这类版本的模块较之于其他版本的模块运行如何等方面的规定。如检验模块是否符合设计规则（X 模块在系统里是否能发挥作用），测定模块性能（X 模块为何比 Y 模块好）等，当多个隐形模块被组装成系统后，它可以解决各模块之间遗留下来的小矛盾。

五、模块化的分类

从模块化的发展过程来看，模块化最初是起源于产品设计，后来扩展到产品生产，最后发展为模块化的组织形式，因此，按照模块化理论的发展演化脉络分类，模块化可分为设计模块化、生产模块化和组织模块化。

（一）设计模块化

因为模块化是基于功能的分工，所以设计开发中实行模块化是以功能可分解为前提，目的是为了降低零部件功能之间的相互依存性，从而提高设计和研发效率。为了更好地理解模块化设计开发的内涵，可以选取前述藤本隆宏所谓的整合型设计开发作一比较。在整合型设计开发中，每个零部件的设计都要考虑到其他多个零部件的性能，形成多对多的网络型设计开发结构。而模块化的设计开发可以确保产品性能之间形成一对一的关系，提高产品设计的独立性，零部件之间残存的相互依存性问题，只需在联系产品之间的界面上予以处理。这两种设计方式的差异如图 14－2 和图 14－3 所示。

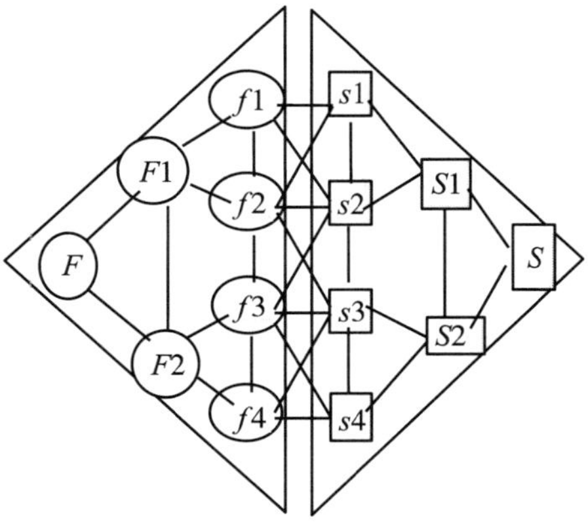

图 14－2　整合型结构产品的设计

资料来源：武石彰，藤本隆宏，具承桓. 自動車産業におけるモジュール化：製品・生産・調達システムの複合ヒエラルキー. RIETI Discussion Paper Series，2001，（1）.

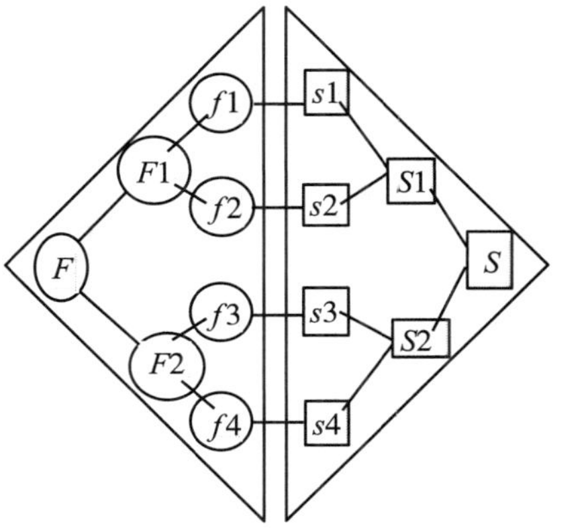

图 14－3　模块化结构产品的设计

资料来源：武石彰，藤本隆宏，具承桓 . 自動車産業におけるモジュール化：製品・生産・調達システムの複合ヒエラルキー. RIETI Discussion Paper Series，2001，（1）.

图中 F 表示产品的总体性能，S 表示产品总体的结构，$F1$、$F2$ 表示产品的分性能，$f1$、$f2$ 表示产品分性能的分性能，$S1$、$S2$ 表示大模块，$s1$、$s2$ 表示小模块，—表示相互间的关系。

为了简化，图中省略了 F 和 S，以及 $F1$、$F2$ 和 $S1$、$S2$ 之间的关系。

从图 14－2 和图 14－3 可以看出，两个图的左半部分都代表产品的性能，右半部分都代表产品的结构，整合型结构产品的设计，每个零部件的设计者，如 $S1$ 的设计者，必须同时考虑多个因素，如与其他产品性能的相互依存性（$s1 \leftarrow f1 \leftarrow s2$、$s1 \leftarrow f2 \leftarrow s2$ 等），与其他产品结构的关系（$S1 \leftarrow S2$），与产品整体设计的相互依存关系（$s1 \leftarrow S1 \leftarrow S$ 等），以及分性能之间的相互依存性（$f1$ 和 $f2$、$F1$ 和 $F2$ 等），关系错综复杂，设计工作缺乏独立性。但在模块化结构产品的设计中，每一种性能的设计都要使产品与性能之间存在一对一的关系，例如产品 $S1$ 的设计者，只需关注性能 $f1$ 和总体设计 S 就可以，也就是说，这些产品都是性能完整的模块，因此提高了设计的效率。

（二）生产模块化

生产模块化以设计模块化为前提，是指通过生产流程改造将模块化的设计转换成产品的过程。非模块化生产和模块化生产两种生产流程的差异如图 14－4 和图 14－5 所示。

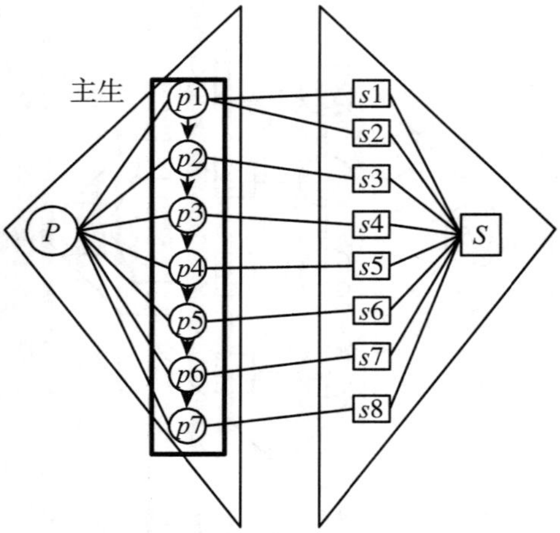

图 14－4　非模块化生产流程

资料来源：武石彰，藤本隆宏，具承桓．自動車産業におけるモジュール化：製品・生産・調達システムの複合ヒエラルキー．RIETI Discussion Paper Series，2001（1）．

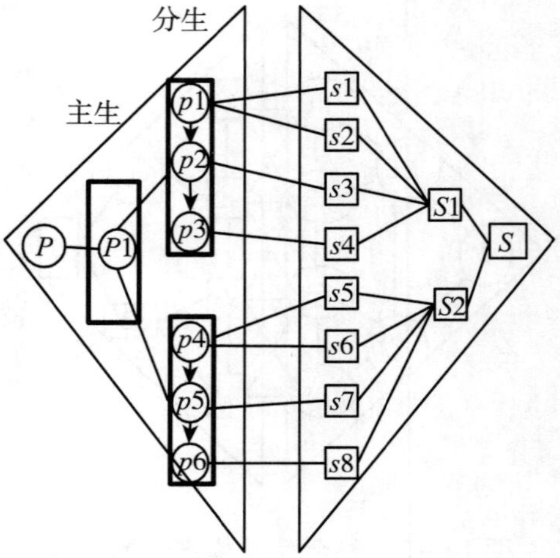

图 14－5　模块化生产流程

资料来源：武石彰，藤本隆宏，具承桓．自動車産業におけるモジュール化：製品・生産・調達システムの複合ヒエラルキー．RIETI Discussion Paper Series，2001（1）．

在非模块化或模块化水平很低的生产中，构成产品的所有零部件，也可以说是构成产品的所有小模块都并行排列，经过组装成为最终产品。从生产流程来看，就是需要一条长长的生产流水线来组装处理数量众多的零部件。而在模块化生产的情况下，因为最终产品由数个中间模块构成，每个中间模块的生产组装都可以由独立的生产线来完成，例如，两个中间模块 $S1$ 和 $S2$ 分别由两条组装生产线来完成生产，最终产品的组装，即主生产线只需完成对 $S1$ 和 $S2$ 的处理就可以了。在非模块化生产条件下，一条长长的生产流水线被分割为两条分生产线和一条简单的主生产线，通过生产流程再造实现组装生产的高效化。例如，汽车产业的模块化生产，由以往集中零部件散件在组装企业内装配变为模块供应商在组装企业附近，甚至就在组装企业的生产车间内，在组装生产线旁进行模块的生产供货。这种生产流程再造将即时采购（just in time）的物流模式变为工序的高度和谐（just in sequence）的物流模式，变过去企业内的工序为企业间的工序配合。由模块生产企业建成副生产线为组装企业的主生产线供货，主生产线的生产流程简化，主、副生产线要求达到工序的高度和谐的物流状态，这将不仅改变组装企业的生产流程，而且对模块生产企业的流程再造也提出迫切要求。

（三）组织模块化

交易是联结企业间关系的纽带，内部生产和市场化交易水平决定企业的边界，也由此决定企业组织的内外部关系。企业组织关系的模块化表现在内部和外部两个层面上。从内部来看，企业组织关系的模块化就是通常所说的组织模块化。也就是说，把企业视为一个由组件构成的系统，每一个组件自身也是由更小的组件构成的系统，这种分解可以一直进行下去，直到组件成为质点元件，或者不具有了分解的可能性。席林和斯坦斯玛（Schilling & Steensma）指出，在某些产业，一体化的层级组织正在被非层级的实体取代，这些实体表现出可渗透、内部和模块化等特性，即模块化的组织形式。①

从外部关系来看，企业组织关系的模块化是指由市场化交易替代内部生产带来的企业边界和企业间关系的变化。而模块化采购是促成这种关系变化的关键。对照图 14－6 和图 14－7 可以看出因模块化采购改变的企业间关系。

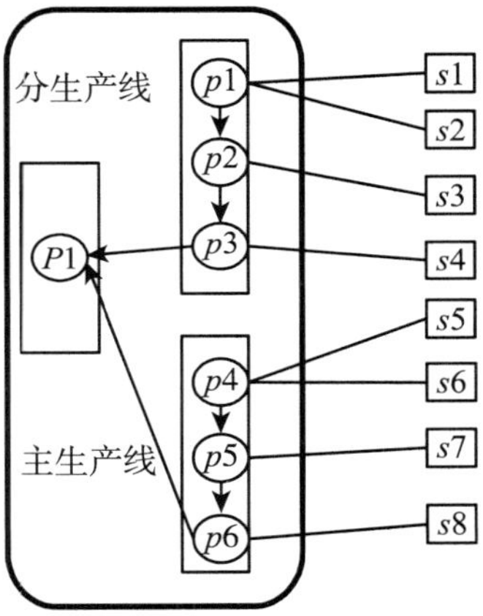

图 14－6　非模块化采购体系

资料来源：武石彰，藤本隆宏，具承桓．自動車産業におけるモジュール化：製品・生産・調達システムの複合ヒエラルキー．RIETI Discussion Paper Series，2001（1）．

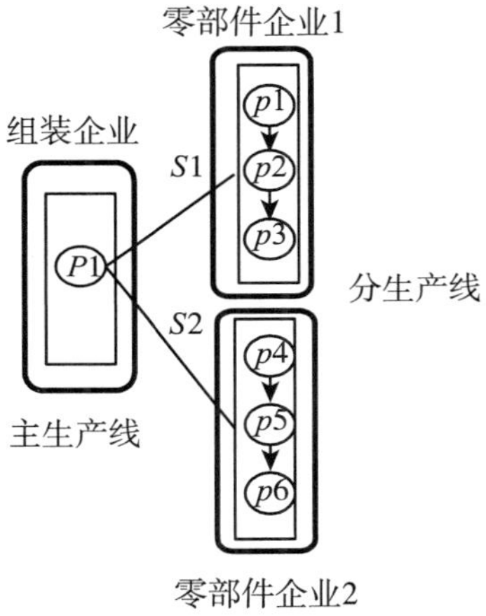

图 14－7　模块化采购体系

资料来源：武石彰，藤本隆宏，具承桓．自動車産業におけるモジュール化：製品・生産・調達システムの複合ヒエラルキー．RIETI Discussion Paper Series，2001（1）．

在非模块化采购的情况下，组装企业直接采购多种零部件，在企业内部建立分生产线，进行部分零部件的组装，然后再由主生产线完成组装工作。但在模块化采购的情况下，不同层级的模块企业分别完成相应的模块集成工作，组装企业只是集成少数几个大的模块，由市场交易部分地替代了企业内的生产，也由此对企业之间的关系重组提出了新的内容。因为采购模块化使得与组装企业进行直接交易的企业数量大为削减，并由此改变模块供应商与其他零部件生产企业之间的关系。

① 苟昂、廖飞：《基于组织模块化的价值网研究》，载于《中国工业经济》2005 年第 2 期。

设计模块化与生产模块化、组织模块化是相辅相成的递进关系。一般而言，设计模块化是基础，设计模块化将决定可能的模块组合，为生产和组织模块化创造前提。而组织模块化是促成生产模块化的主要诱因，为生产模块化提供组织保证。

六、模块化与分工

如前所言，早在亚当·斯密阐述其分工理论时，就已经触及最原始的模块化生产。从模块化内在形成机理看，模块化是分工的一种形式但是又不同于分工，是不同于传统意义上的分工概念，两者之间的不同之处主要在于以下四个方面。

（1）分工和模块化的具体内涵不同。从具体内涵来看，分工是在交易效率允许下，不断分解和细化的问题，分工越细，专业化水平就越高，分工程度也就越高。但是，模块化不仅涉及分解和细化问题，还涉及整合问题，是在分工基础上将各个细分部分按照某种规则重新组合的过程。

（2）分工和模块化的前提不同。根据新兴古典经济学的解释，分工产生的主要诱因在于制度创新引起交易效率的提高，其实，除交易效率外，技术的可行性也是实现分工的一个必要条件。与此不同，模块化要比分工复杂得多，精细得多，仅仅满足分工的前提是不够的，还必须具备进行模块化的可能性和模块化的必要性，模块化的可能性是指设计者可以进行精确的功能划分，并且在技术上是行得通的，模块化的必要性是指进行模块化后是有意义的，也就是说对于那些极其简单的产品或经济系统完全没有必要进行模块化。

（3）分工和模块化的导向不同。分工是一种专业化效率导向、力图节约的经济系统，其主要目的是获得分工经济效应。而模块化是一种允许浪费和重复建设的经济系统，在稳定的系统信息下，各模块设计和生产所必需的个别信息是保密的，这为多个模块主体同时展开设计竞争提供了可能性，即便这种竞争的最终胜出者可能只有一个，但一旦胜出可能具有的丰厚回报还是会吸引多个或一批企业专注于同一个模块的设计开发。从舵手单位的角度看，这种开发竞赛增加了其所面临的选择，可以更充分地应对未来的不确定性。但从社会总体的视角看，这种开发竞赛是一种重复建设，存在一定的浪费。但有学者将其称之为允许浪费的系统，是为增强“淘汰赛”的竞争激励效果和增加选择权所付出的必要的成本。①

（4）分工和模块化的经济效应不同。传统的分工理论认为分工是提高劳动生产率的

① ［日］国领二郎：《开放式网络经营》，日本经济新闻社 1995 年版。

重要内在机制，但由于传统分工模式不具有标准化普遍应用特征，而是与整体保持着复杂的联系，因此会受到市场容量限制而使得规模效应受到约束。而模块化分工则由于具有标准化的嵌入界面，可以大幅扩大标准化模块的适用范围，从而增加复杂产品生产的迂回程度和分工的灵活细化程度，从而产生由专业化分工累进所带来的报酬递增效应。同时，由于模块化分工推动了分布式生产体系的形成，可以克服地域限制，创造出经由产业地方化带来的交易效率提升，从而形成区域性专业分工集群和产品内分工。①

此外，分工和模块化在关注角度、对个人专业化程度和专业化经济水平等方面也存在不同。总体而言，模块化是与分工有联系但是又不完全相同的概念，是一种有别于传统的新型专业化分工关系。

七、模块化在计算机产业的发展效应

模块化在机械、电子等制造行业几乎普遍应用，很多研究者关注汽车、计算机行业的模块化。这里以计算机产业为例探讨其模块化发展效应。

最早对模块化展开研究的美国哈佛大学教授鲍德温和克拉克就是在追踪 IBM 公司的 360 系统的基础上开始的。IBM 的 360 系统被他们视为最早的模块型计算机。因为在 IBM 的 360 系统出现之前，IBM 和其他的主机制造商的计算机机型都是相互独立、没有通用性的。各机型都有独特的操作系统（OS）、处理器、周边机器、应用软件等。每当厂商进行技术革新推出新的计算机系统，都需要开发相应的特殊软件和零件，同时还要维持与过去的旧系统相对应的产品。终端用户要更换新的计算机系统时，需要重新改写原来的程序，而且如果在软件的更换上稍有差错，就有可能失去原系统里宝贵的数据。360 系统的设计者从正面对这些问题提出了挑战。他们创造了计算机家族的概念，对不同用途、不同大小的计算机设定统一的执行指令，使得这些计算机能够使用同样的周边机器。为了保持这样的兼容性，在设计上采用了模块化原则，即 360 系统的设计者把处理器和周边机器的设计信息分成看得见与看不见两类。IBM 设立中央处理器管理部，构筑并实施了不同装置的模块能够互相正确发挥作用的明确的、概括性的设计规则，分散在全世界的几十个设计队伍必须完全服从这些规则。另外，各队伍对模块里隐藏起来的要素，即不影响其他模块的要素则具有完全的处理权。② IBM 引进模块化设计方法之初，

---

① 齐羽：《组织模块化影响组织动态能力机制研究》，浙江大学博士学位论文，2013 年，第 18～19 页。

② ［日］青木昌彦、伊藤晴彦：《模块时代——新产业结构的本质》，周荣国译，上海远东出版社 2003 年版，第 30～31 页。

在商业上获得巨大成功。但由于模块化设计所必然要求的兼容性问题，也一度将 IBM 置于竞争的不利地位，因为其他众多新型企业都开始制造与 IBM 机器兼容并且可以外接的模块，它们遵守 IBM 的设计规则，又擅长特定的专业领域，所以能够制造出比 IBM 更好的产品来。这也说明，模块化并不必然对企业产生积极效应。但无论如何，IBM 360 系统的开发，开启了计算机产业模块化设计、生产、经营的先河，也使得计算机产业成为模块化发展最为充分的领域。

计算机产业模块化发展的效应主要表现在五个方面。

第一，模块化为新兴企业迅速成长创造契机。计算机产业的模块化发展使得该行业从封闭式走向开放式的硅谷模式，只要遵守模块界面所要求的看得见的规则，更多的企业都可以进入计算机产业，并专业化地从事它们各自所擅长的组件的生产。先入企业，例如，IBM 作为看得见的规则的制定者，虽然在制定规则方面享有一定的垄断权，但新兴企业以其专业化及创新能力在蚕食先入企业的市场份额方面锋芒毕露，以致类似 Intel 和 Microsoft 这两个 IBM 一手扶持起来的 IT 巨人赶上甚至超越 IBM 的经营神话，这在计算机产业并不罕见。

第二，从行业的角度看，模块化激发了 PC 行业整体的创新活力。模块化产生的开放标准降低了行业门槛，为大量企业的成功提供了广阔的机会，并满足了不同细分市场的需求。当很多企业进入后，促使零组件价格下降。PC 的零组件供应商应用创新的方法不断地进行试验，行业整体快速进入试错学习阶段，使得与其他行业相比，PC 行业整体的创新活力充沛，成长快速。

第三，模块化与垂直整合共同构成决定 PC 行业市场结构的两种力量。市场结构是企业之间关系的一种表现形式。在 PC 行业，一方面，模块化的企业为了扩大市场份额，提高集成服务能力以及实现结构性创新等目的，会通过购买、兼并等方式实行垂直整合，提高 PC 行业市场结构的集中程度；另一方面，垂直整合的企业由于面临较大的组织、管理、成本等压力，以及无法适应专业化和市场细分的要求等，使得它们又产生了寻求模块外包的动力。这样一来，模块化和垂直整合构成了两股既对立又相互转化的力量，共同左右 PC 行业的市场结构。

第四，模块化为 PC 行业的供应链整合创造条件。在当前新的竞争环境下，供应链与供应链之间的竞争已经取代单个企业之间的竞争成为市场竞争的主要内容。供应链整合是培育供应链的核心竞争力的前提。供应链整合，简而言之，就是通过信息技术手段和管理手段实现供应链制造流程和物流的无缝连接。模块化为 PC 行业的供应链整合创造了有利条件。一方面，PC 组件的兼容和标准化，允许制造商储存相对少的标准化组件，取代大量不兼容的组件，降低了库存风险和成本；另一方面，标准化模块产品使PC厂商快速完成产品组装成为可能，缩短了制造周期，也降低了制造厂商持有产品库存的风险。通过这两方面的作用，使得PC行业的供应链整合在制造行业中达到很高的水平。①

第五，模块化在PC行业产生的负面影响也初露端倪。模块化对行业的影响犹如一枚硬币的两个方面，除上述积极影响之外，模块化在PC行业产生的负面影响至少包括：模块化，特别是设计模块化可能使企业的“知识诀窍”等核心竞争要素趋于减少乃至丧失。这一点从IBM因为设计外包造就了Inter和Microsoft这类掌握更多“知识诀窍”的企业，又因制造外包（OEM）培育了宏基等一批具有成本和生产优势的PC制造企业，而自身的核心竞争优势却日渐衰落中可以窥见一斑。这种结果对行业整体的发展可能非常有利。另外，当模块化的应用范围越来越广，供应商系列不断变长时，会出现供应链的“长鞭效应”，也就是说顾客的需求波动在供应链上不断被放大，由此产生大量库存成本的资源浪费现象。这对PC这类产品更新速度飞快的行业而言是明显的负面影响。

第二节　产业模块化研究的理论流派

迄今为止，关于模块化的经济研究理论主要可分为以鲍德温和克拉克为代表的哈佛大学学派、以国领二郎、池田信夫、浅沼万里等为代表的比较产业论学派、以青木昌彦和克里默为代表的组织的信息效率比较论学派等几大主流学派，以及以恩斯特和切撒布鲁夫为代表的修正模块化理论。

由于有关模块化的经济理论研究目前还处于不断发展阶段，虽然能够作出粗略的学派划分，但几乎每个学派的理论都还在发展之中，系统性和理论深度都有待深化。因此，只能对每个学派的基本研究内容和观点作一简要描述。

一、哈佛大学学派

鲍德温和克拉克曾先后担任哈佛大学商学院的副院长和院长，20世纪末，由他们首先揭示了在电脑、汽车、金融等产业存在的模块化经营现象，并对此作出理论阐释，因此称之为哈佛大学学派。

---

① 纪雪洪、陈荣秋、唐中君：《PC行业的模块化与整合研究》，载于《中国工业经济》2004年第10期。

鲍德温和克拉克创立的哈佛学派对模块化研究的突出贡献，首先体现在他们敏锐地捕捉到了在电脑、汽车和金融产业出现的模块化现象。他们以 IBM 360 系统的设计为例，说明模块化设计使电脑产业进入了通用性、兼容性时代，而且由于模块化设计给予众多模块化产品设计企业以研究开发和试验的自由度，使得该产业的创新速度显著提高。模块化设计，如前所述，是指在产品设计中，以可分解的模块为单位进行设计分工的方法。同时，在电脑产业之外，模块化也进入大发展阶段，其中汽车和金融产业的模块化经营具有一定的代表性。模块化经营是一个比模块化设计内涵更为宽泛的概念，既包括设计的模块化，也包括生产、管理、组织结构安排的模块化等多个方面。

存在于上述产业的模块化经营，不仅具有激励创新，加快产业变化速度，提高竞争压力等作用，而且还会改变企业之间的关系。这是鲍德温和克拉克通过他们的研究表述的一个重要结论。从大的方面讲，模块化经营必然将企业分为两个层次，要么是设计师型企业，要么是模块设计和制造者。这两种类型的企业面对的能力要求是不同的，对设计师型企业而言，它必须能够让模块设计者们相信，它设计的结构能够在市场上流行，也就是说，它必须能够吸引模块设计者们遵照它所设计的结构，按照它所提供的界面联系规则，以相同的标准进行模块设计和制造。而对模块设计企业而言，它必须熟知隐含在设计当中的信息，而且在机会到来时，能够迅速做出满足市场需求的行动。这两种能力都不是轻而易举可以获取的，因此，无论是哪种类型的企业，为了获取与模块化经营时代相适应的能力，都需要具备一定的条件。例如，需要一个富有远见的经营者。经营者不仅需要模块化所要求的相应的技术能力，而且需要熟悉一些新型的金融和创造就业的手段，需要具备与各种类型的企业，如风险投资企业或竞争对手交往的能力，特别需要具有高度的创业精神。再如，必须进行适度的企业组织变革，即通过组织的模块化来适应设计的模块化的需要。同设计的模块化需要分解和集中一样，组织的模块化也需要达到自如地分开和统一的境界，为此也需要明确的信息，需要共同的联系界面，需要一定的联系规则来协调模块化组织的各个单元。由于人是组织当中的核心要素，模块化组织对公司的各类职员也提出了更高的要求。他们需要富有独立精神，具有高度的技术和革新能力，他们只在必要的情况下表现出服从的姿态，更多的时候他们是以挑战者和反叛者的身份存在。① 可以说，鲍德温和克拉克在模块时代的经营一文中已经大致描绘出了模块化经济和经营理论所要研究的基本内容，只是他们的论述本身还并不深入。

---

① Baldwin C. Y., Clark K. B.. Managing in an Age of Modularity. Harvard Business Review, 1997, 75 (5): 84-93.

鲍德温和克拉克在他们 2000 年出版的专著《设计规则：模块化的力量》一书中，将哈佛大学学派的模块化理论研究向前推进了一大步。首先，该书为理解系统创新提供了理论框架，系统创新在鲍德温和克拉克的书里是指模块与模块之间的各种操作功能，具体包括：将设计和具体任务分解为几个模块，即分离模块，用更新的模块设计来替代旧的模块设计，在系统里追加新的模块或去除某个模块，通过创造新的、更有效的联系规则使某个模块能包含其他的模块，将某个模块化的系统复制到其他领域里，改变模块的用途等。其次，鲍德温和克拉克阐明这种模块化操作方法能够创造价值。为此，他们利用在金融理论当中十分发达的期权理论证明了，因为研究开发具有很高的不确定性，这时让好几个单位（小企业）对个别模块的革新同时展开竞争，虽然会产生资源的重复投入问题，但整体上对社会来说还是有效的。同时，他们还指出，模块化并非适合所有产业领域，而且模块化也存在成本与收益问题，模块化虽然能够创造价值，但也可能是十分危险的。①

由鲍德温和克拉克引领的模块化理论研究的哈佛大学学派，从最初的揭示模块化现象，确定模块化的基本概念，到阐释模块化的经济学意义，关注模块化所具有的系统创新的基本功能，创立有关系统创新的理论研究框架等，发展脉络清晰可见，理论渐成体系，由此确立了他们在模块化理论研究中的独特地位。

二、日本的比较产业论学派

以国领二郎、池田信夫等为代表的日本的比较产业论学派，是在详细考察日本互联网产业和汽车产业发展的基础上，以企业之间关系为切入点展开其模块化理论的。

20 世纪末期，信息通信技术的迅猛发展为池田信夫和国领二郎等研究日本互联网产业的发展创造了条件。他们将数字化看作模块化运行的基础条件和环境，花费大量的时间和笔墨来阐述数字化，或者说数字革命的意义。他们认为，当前的模块化与以往工业化时代的模块化相比的最大不同，就是前者是伴随数字革命而产生的，而数字革命作为当前经济和产业运行的环境，较之模块化本身的意义更为重大。因此，在日本的比较产业论学派的理论体系中，数字化，或者说数字革命占据了一定的篇幅。

比较产业论学派认为，数字化的最大意义在于大幅度降低了信息传递成本，各类信息不仅被还原为简单的数字序列、执行指令，而且还可以用简单的“开关”（判断“是”或者“不是”的函数）的组合来表示。数字化的这一特性促成了信息交换与交易

① Baldwin C. Y. , K. B. Clark. Design Rules: The Power of Modularity. Cambridge. MA: MIT Press, 2000.

的网络化，也就是说，任何信息，只要它是遵循传输控制协议与互联网协议（TCP/IP）这种技术协议的，就可以通过特定的物质基础，例如电脑、通信媒体等进行独立的交换，从而形成网络经济。网络经济的最大特性是低成本，但与传统的工业经济的规模效应不同，例如，工业时代普通的工业产品，它的零部件之间既有特殊性，又有互补性，因此特定工厂的生产规模、设备规模越大，成本递减趋势就越明显，而网络经济的规模效应体现在用户规模上，而不是设备或生产规模本身，而且网络经济所要求的用户规模扩张推进了产品的标准化和通用性，模块化产品应运而生。① 在最初的电脑、后来的汽车和互联网等产业，产品都采取了开放式结构。例如，尽量减少电脑本体的零部件，取而代之的是设置了系统扩张插口，将插口产品作为模块化产品交给其他公司生产。同理，汽车产业通用性零部件产品比例的提升也是应用模块化的结果。

比较产业论学派对模块化的研究主要以企业间关系为切入点，也就是说，重在探讨模块化对企业之间关系的影响。开放式结构（设计思想）作为他们理论的一个核心概念是由国领二郎在 1995 年提出的。所谓开放式结构（设计思想）可以说是一种企业战略，是在模块化经济里，企业为了获得竞争的边际收益，放弃独自发展一整套技术的战略，而把技术要素进行模块化分解，每个企业集中力量设计、制造特定的模块，其他部分则通过与外部企业的合作，灵活地运用其他企业的资源，以获得竞争收益。而事实上，早在模块化理论没有受到如此重视的时候，日本的汽车产业就已经具有了这种开放式结构的特征。对此，研究日本汽车产业组织的先驱浅沼万里先生做过非常翔实的论述。浅沼万里发现，在日本汽车产业的组装企业和重要零部件供应商之间存在一种设计上的模块化，特别在丰田公司最为明显。具体表现是，对主要零部件产品，丰田公司只是确定一般的共识和界面，零部件供应商在遵循一般共识和界面的基础上自行设计产品，设计图纸只要得到丰田公司的认可就可以投入生产。浅沼万里将这种现象称为认可图纸方式。在这一框架之下，设计过程在供应商那里被浓缩化了，从而使生产系统里各模块的设计能够同时进行，大幅度缩短了改换车型（系统改良）的周期，而且因为一般共识和界面确定后参与同一产品设计的企业不止一家，可以产生竞争激励效应，这也是丰田公司保持竞争力的一个奥秘所在。②

这种开放式结构在日本的产业发展中还同时表现为模块化企业之间存在持续的联系，也就是长期稳定交易关系。这在某种程度上说明，仅有设计的模块化并不一定必然

---

① ［日］池田信夫：《宽带战略：胜负的转折点》，日本经济新闻社 2001 年版。

② ［日］国领二郎：《开放式网络经营》，日本经济新闻社 1995 年版。

获取模块化的收益，模块化对企业组织的内外部关系都是一种挑战。企业内部组织的模块化、产业组织结构的模块化都会成为未来模块化发展的方向。

三、组织的信息效率比较论学派

组织的信息效率比较论学派从组织间的信息传递效率角度切入研究模块化理论，其代表人物是模块化研究的另两位知名学者青木昌彦和克里默。可以说，组织的信息效率比较论研究是在反思鲍德温、克拉克、国领二郎等的部分研究结论基础上发展起来的。在青木昌彦看来，鲍德温和克拉克的最大理论贡献，是阐明了能够使模块化创造价值的各种条件，例如，系统设计过程的模块化无须成本或成本很小，模块分得越细，技术浓缩化的价值越高，各模块的不确定越高，越可以产生竞争激励作用，这些结论在硅谷这样的产业聚集区基本能够得到验证。但如果将这种结论推广到大部分产业，可能就会产生严重的问题。因为系统被分割得越细，模块之间的技术上、性质上的互补关系也就越强，也就是说，为了提高系统的价值，需要对模块的生产和设计进行相互调整。而且各模块内部的研究开发竞争，它重复投入资源的社会成本实际上也是随着竞争的组织形式、对研究成果的评价等因素的变化而变化的。如果没有适当的组织竞争，那么重复投入社会资源的成本就会很高从而造成浪费。① 组织的信息效率比较论就是从研究信息浓缩化的相对效率入手的。

克里默在 20 世纪 80 年代就给出了将大规模系统从提高信息利用效率的角度分解为模块的标准，后来他又提出了信息异化型系统和信息同化型系统的概念。信息异化型系统是指模块之间的信息被浓缩化的情况，而信息同化型系统是指信息共享的情况。比较这两种系统的信息利用效率，理论上讲，模块之间技术上、性质上的互补性越高，信息异化型系统就越会失去优势。青木昌彦在吸收克里默理论的核心思想之后，从 1990 年开始，用了大约十年的时间建立了组织的信息效率比较论的完整模型，简称为 A 模型、J 模型和硅谷模型，比较不同模式的信息利用效率。青木昌彦指出，所有类型的组织基本都要处理两类信息，即系统信息和个别信息。系统信息是同时影响两个模块之间活动的有关系统环境的信息，处理这种信息之后作出的决策决定了子系统之间的联系规则乃至界面的状态，处理系统信息的单位被称为“舵手”。个别信息是有关各模块活动的固

---

① ［日］青木昌彦、伊藤晴彦：《模块时代——新产业结构的本质》，周荣国译，上海远东出版社 2003 年版，第 13～15 页。

有环境的信息。① 在这一假定之下，A 模型、J 模型和硅谷模型分别有各自的信息联系规则和效率状态。

作为 A 模型代表的金字塔型分割（IBM 360 电脑）的信息处理和模块集中形式如图 14－8 所示。

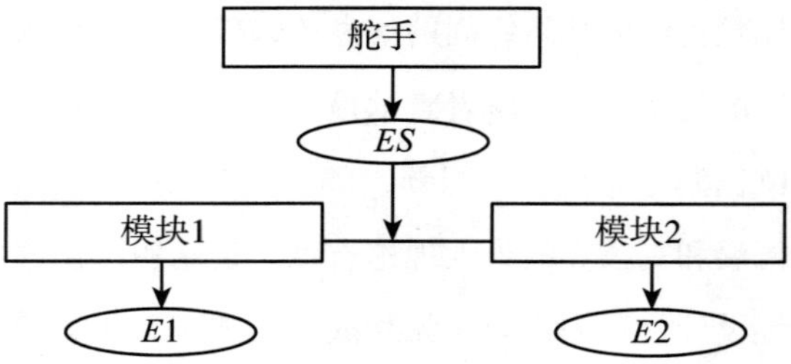

图 14－8　金字塔型分割

资料来源：[日] 青木昌彦、伊藤晴彦：《模块时代——新产业结构的本质》，周荣国译，上海远东出版社 2003 年版，第 16 页。

“舵手”负责处理专业的、排他的系统信息，在设计、生产各模块之前，由“舵手”决定模块的联系规则，而且只有“舵手”有权决定改变联系规则。各模块在“舵手”发出“看得见”信息的条件下，负责处理各自活动所必需的个别信息。

作为 J 模型代表的丰田式信息同化型联系如图 14－9 所示。

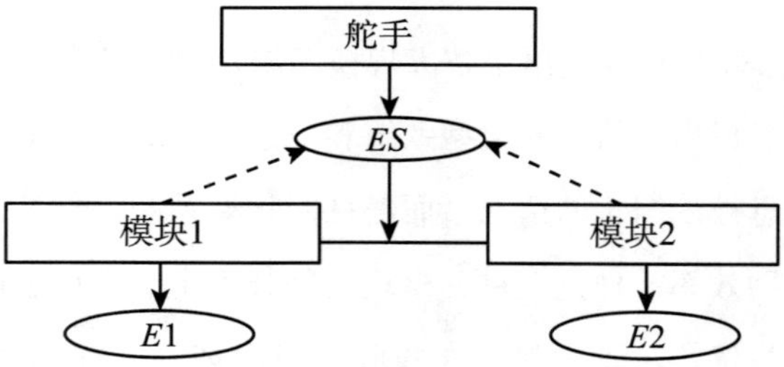

图 14－9　信息同化型联系

资料来源：[日] 青木昌彦、伊藤晴彦：《模块时代——新产业结构的本质》，周荣国译，上海远东出版社 2003 年版，第 17 页。

在“舵手”的领导下，“舵手”与模块之间，或者模块与模块之间不断地交换经常发生变化的系统信息。联系规则在各模块的活动开始后也会作细微的调整。换言之，信息在“舵手”与模块企业之间具有很高的共享性。

① [日] 青木昌彦：《比较制度分析》，周黎安译，上海远东出版社 2001 年版，第 16 页。

在硅谷模型中，信息的联系和传递状态如图 14 - 10 所示。

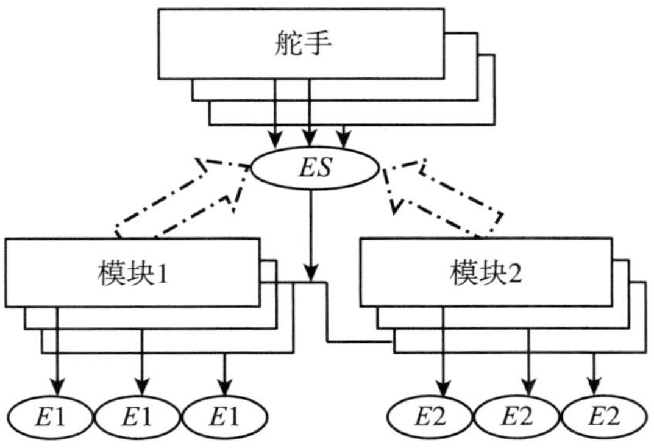

图 14 - 10　信息异化型联系

资料来源：[日] 青木昌彦、伊藤晴彦：《模块时代——新产业结构的本质》，周荣国译，上海远东出版社 2003 年版，第 18 页。

与前两种模型不同的是，硅谷模型中存在多个模块主体和多个“舵手”。各模块主体独立于其他模块，负责处理个别信息和一开始就已经确定的有限的系统信息，因此，各模块发出的看得见的信息是不同的。但这种异化的信息由“舵手”从其本身所处的系统环境角度加以解释后，再以简约的形式反馈到整个系统。于是，各模块主体对系统信息的处理就包括对反馈过来的异化信息的比较、解释、选择等活动。这种情况下信息的处理、传达和交换是分散的，各模块之间的联系规则在这种信息流动过程中不断被筛选和进化。①

在青木昌彦的这三种模型中，信息的传递和处理方式各具特点，“舵手”的作用也各不相同。例如，A 模型中，系统信息是单向固化传递的，唯有“舵手”具有系统信息决定权，因此，“舵手”是一个权威的领导者。J 模型中，系统信息是双向互动传递的，“舵手”除了具有相当的系统信息决定权外，更在发挥协调者的作用。硅谷模型中，系统信息是多向流动传递，而且不是唯一的，“舵手”的作用是找出最合适的路径。这三种组织的信息效率并不存在绝对的优劣之分，而是各有其适应的状况及各自的成本收益状态。这部分内容与模块化的成本和收益问题密切相关，留待下一节讨论。

四、修正性模块化理论

与主流模块化理论相对的是修正性模块化理论，其代表人物为恩斯特和切撒布鲁夫

① [日] 青木昌彦、伊藤晴彦：《模块时代——新产业结构的本质》，周荣国译，上海远东出版社 2003 年版，第 18 ~ 19 页。

等学者，他们对主流模块化理论的逻辑思路进行了批判，认为虽然模块化理论来自产业和企业实践，但是高度抽象的模块化理论在应用时可能会面临种种约束，如过度协调需要、界面标准的约束和创新的放缓等，并不一定能够在动态环境中取得预期效果，模块化的实施条件不一定存在。

在协调需求方面，修正模块化理论认为传统的主流模块化理论忽视了知识的交流，即使有交流，也认为仅仅是编码知识的交流①，而正是这一认识使得主流模块化理论过高地估计了模块化理论在应用方面的复杂程度和难度，这种复杂程度和难度主要是由于存在更为复杂的知识交流，或者认知上的局限，模块化过程会提出更为苛刻的协调要求，如在项目设计和生产过程中产生的协调问题，以及由于技术发展而产生的协调要求，显然，后者需要远比主流模块化理论所论述的更为庞大和更为细节的系统知识去整合专业知识②。部分主流模块化理论在一定程度上承认知识的交流，但是仅认为编码知识就足以形成交流，修正性模块化理论的代表性人物恩斯特则认为，编码是信息的一种不完全形式，开发模块需要一定的知识基础，组合模块则需要更为广泛的知识基础。③ 如果技术发展很快且不可预知，那么编码交流可能失去其应有作用，也就是说编码交流不能降低复杂性，此时组织就需要通过组织管理在其内部分工过程中加强协作。④

在界面标准方面，修正性模块化理论认为模块系统典型的特征之一是具有一定的僵化性，界面标准一旦形成，就很难改变。但是，当给定的设计框架所带来的效益达到极限时，新设计框架的出现又成为必然，主流模块化理论认为模块系统的一个特点就是设计框架的任何更新换代都需要对系统组件进行根本性的改变，即需要打破现有的界面标准。⑤ 所以，修正性模块化理论认为不存在固定不变的界面标准，有的学者甚至认为模块化（至少固定标准的模块化）不可能长期生存。⑥ 恩斯特等以芯片制造为例详细介绍

---

① Arora A.，Gambardella A.，Rullani E.. Division of Labour and the Locus of Inventive Activity. Journal of Management & Governance，1997，1（1）：123－140.

② Brusoni S.. Authority in the Age of Modularity. SPRU Electronic Working Paper Series，No. 101，The Freeman Centre，University of Sussex，2003.

③ Ernst，Dieter，Martin G.. Co-evolution of Technical Modularity and Organizational Integration-The Case of "System-on-Chip" Design. Manuscirpt，East-West-Center，Honolulu，2004.

④ Ernst，Dieter. Limits to Modularity：Reflections on Recent Developments in Chip Design. Industry & Innovation，2005，12（3）：303－335.

⑤ Chesbrough H. W.. Open Innovation：The New Imperative for Creating and Profiting from Technology. Journal of Engineering & Technology Management，2004，21（3）：241－244.

⑥ Sabel C. F.. Neither Modularity nor Relational Contracting：Inter-Firm Collaboration in the New Economy. Enterprise & Society，2004，5（3）：388－403.

了界面标准约束。① 早在20世纪90年代，由于统一的标准界面和设计规则，芯片制造的劳动分工简单而明确。随着处理技术复杂程度迅速上升，半导体价值链的所有环节之间联系和互动日趋紧密，旧的标准界面和设计规则势必需要随之改变。但是界面标准改变存在两大重要约束：寡头之间的激烈竞争和新技术带来的不确定性。一方面，原有市场的寡头们会阻止现有厂商形成统一标准；另一方面，技术的复杂性使得芯片制造过程的参与者们必须在多层面同时沟通，包括数据共享、知识交换，僵化的界面标准和设计规则不足以应对需要频繁调整的芯片制造流程。

在创新方面，主流模块化理论认为模块化具有"背对背"竞争特征，能够最大限度地保证企业的创新动力，并激发企业的竞争本能；模块化的结构内动荡性和结构外稳定性一方面使模块具有快速被淘汰的可能，能够起到激励模块创新的作用；另一方面也使得模块化结构本身更有利于实验和创新。修正性模块化理论承认模块化在创新方面的作用，但是认为模块化只能促进渐进式创新，即模块化可以对现有产品或流程进行相对细微的改变，尽可能地挖掘现有设计下的潜力，在不改变已有的主导组件设计和框架的前提下，降低成本，减少市场和绩效响应时间。② 渐进式创新不需要大量的科技投入，仅需要投入一定的技术和巧思，如创业和管理能力等辅助性的软性投入。③ 但是，模块化不利于革命性创新，所谓革命性创新包括新的构件技术和框架设计改变，这要求在框架和构件技术方面要有突破性的创新。这类创新需要顶尖的科学家、处在多个学科应用和理论前沿的工程师们密集交互，此外，也需要极其大量的资本投入。因此，革命性的创新不仅花费高昂，而且风险性也极高，创新失败的后果也可能极为严重。④ 也有学者认为模块化不只是延缓了创新，而是阻碍了技术进步，如切撒布鲁夫所言："尽管系统内要素的创新持续的进行，但是只要要素与系统其他部分的关系还没有发生变化时，系统层次的创新是不可能发生的。"⑤ 系统的组件化、模块化促进市场模块化的发展，最后反而变成了系统进一步创新的约束。

此外，修正性模块化理论认为主流模块化没有足够重视技术进步的动态机制，切撒

---

① Ernst, Dieter. Limits to Modularity: Reflections on Recent Developments in Chip Design. Industry & Innovation, 2005, 12 (3): 303 –335.

② Nelson, Richard R., Sidney G. Winter. An Evolutionary Theory of Economic Change. Cambridge MA and London: Belknap Press of Harvard University Press, 1982.

③ Ernst, Dieter. Beyond the 'Global Factory' model: Innovative Capabilities for Upgrading China's IT Industry. International Journal of Technology & Globalisation, 2007, 3 (4).

④ Ernst, Dieter. Upgrading through Innovation in a Small Network Economy: Insights from Taiwan's IT Industry. New York: Routledge, 2010: 295 –324.

⑤ Chesbrough H. W.. Towards a Dynamics of Modularity. Oxford: Oxford University Press, 2003.

布鲁夫就此提出了动态模块化理论，认为技术的进步是个循环过程，将其分为相互依赖—模块化—相互依赖三个阶段，在一项新技术的早期阶段，由于内部组织协调成本较低，内部组织比市场协调能够更好地解决复杂的技术问题，但是随着技术的成熟，技术界面的复杂性逐渐降低，内部组织优势逐渐消失，模块化结构边界收益递减，当模块化技术到达其边界，一个新的相互依赖的技术阶段又会产生。切撒布鲁夫认为在这个动态过程中，组织和创新管理要跟上新结构的需要，否则就会陷入模块化陷阱。也就是说，如果企业拘泥于在既定界面标准下开发其产品，将大大降低企业的系统整合能力，甚至会影响到企业的生存。

第三节　模块化对产业经济发展的意义

青木昌彦有关模块化对产业经济发展意义的一句经典描述是：模块时代，新产业结构的本质，也就是说，模块化可能将产业经济发展带入一个新的时代。但是，即便除去修正的模块化理论流派，前述模块化理论的三个主流学派也都无一例外地指出，模块化并非适用所有产业领域，模块化存在成本与收益，因此，面临度的问题。从这个意义上讲，直言模块化会开创一个新的时代是否言过其实，模块化对产业经济发展的影响到底体现在哪些方面，这是本节要讨论的内容。

一、模块化的收益与成本

模块化的收益是一种笼统的说法，实际存在不同层次、不同主体的收益问题。这里只是综合而言，在当前，模块化的收益至少表现在以下三个方面。

首先，模块化有利于各模块发挥专业化优势，提高产业的专业化水平。从亚当·斯密时代开始，专业化就被看作是提高生产效率的一条有利途径，吸引经济学家从多个角度，利用多种方法和工具来验证这条定理。模块化的专业化优势一方面来自节约信息处理和传递的费用，因为有相当部分的信息可以作为各个模块内部的隐藏信息无须公开传递；另一方面，每个模块在遵循共同的标准和界面的前提下，都只需关注模块自身的设计和生产工作，提高资源的利用效率。此外，模块化还可以发挥知识、劳动力等经济资源的专用性，形成专业化优势。

其次，模块化可以获得竞争激励效果。模块开发具有“淘汰赛”的特征，可以激发创业者的竞争本能。例如，在硅谷，往往是几十家企业同时研究开发同一技术，只要这一技术预期可以带来巨大的价值，而且成功的企业可以通过公开有效的途径获得该模块的全部价值，就会对创业者产生很大吸引力。模块化的竞争激励效果，很大程度上决定了它对当代产业经济发展的意义，因为它将改变企业的竞争环境，对企业经营组织结构、竞争策略等也产生新的要求。

最后，模块化具有应对不确定性和增加选择价值的效应。理论上讲，不确定性越高，选择的价值就越大。上述模块化的竞争激励效果，是指不同企业针对同一模块的设计展开激烈竞争，选择价值则是指在各模块内部多个主体同时开展设计竞争。如果把设计比作实验，模块的研究开发就可以建立在各种假设的基础上同时开展实验，其最大的效果就是可以应对未来的不确定性，增加选择的余地。虽然这可能带来浪费，但国领二郎将这种现象称为允许浪费的系统，也就是说，这是增加选择价值的代价。

除了以上收益外，模块通过将复杂系统划分为模块，节省了信息处理和信息传递的成本①，通过限制组件或任务间相互作用的程度与范围，减少了在设计或生产过程中循环的次数，增强管理复杂性产品的能力。同时，模块化使得无须显著改变其他模块就能够包容新的解决方法，减少了开发的不确定性和风险等。②

然而，现有研究发现，与模块化的收益相比，模块化还隐藏着巨大的成本，而且这种成本付出可能在一定程度上削减模块化的收益。模块化的成本具体包括以下四个方面。

（1）协调成本随模块划分程度而增加。模块分解后，模块之间是依靠事先设计好的联系规则来发生关系的。系统结构越复杂，模块划分得越细，模块之间技术上、性质上需要协调的互补性部分就越多，协调成本也会随之上升。

（2）重复研究开发带来较高的实验成本。模块化中的重复研究开发犹如硬币的两面，既有明显收益，又潜在着较高的实验成本。特别是当模块划分得很细，模块数量不断增加时，为了获得最好的结果，还必须增加实验（研究开发）的数量，这需要花费更多的成本。此外，需要检验模块与整体系统的兼容性，哪一类、哪一些、哪一个模块的性能最好，设计这种检测方法也需要成本。

（3）模块集中时面临交易成本。模块分解的目的是为了模块集中，模块集中时，交易成本广泛存在。特别是当增加模块的实验分散在独立企业组成的集群中时，交易成本会与模块数、实验次数成比例地增加。

---

① Aoki M., Takizawa H.. Modularity: Its Relevance to Industrial Architecture. The Saint-Gobain Centre for Economic Research5th Conference " Organizational Innovation within Firms", 2000.

② Baldwin C. Y., K. B. Clark. Design Rules: The Power of Modularity. Cambridge. MA: MIT Press, 2000.

（4）模块化蕴藏管理成本增加的风险。模块化系统的设计者或系统集成与检测的队伍可能会以停止自己的服务、收回知识产权等手段来威胁系统内其他有关人员，阻碍他们的工作。换言之，模块化系统蕴含潜在管理成本增加的风险。

此外，也有学者①对过度模块化表示担忧，指出模块化设计会阻碍突破性创新的产生，使模块设计商丧失相关生产知识与生产能力，降低竞争者进行模仿、跟随的难度，可能促使后者开发替代性产品与前者展开竞争。而且，模块化产品容易让顾客感觉产品相似②。

二、模块化环境下的竞争特征

模块化生产虽然在工业经济时代就已经存在，但当前我们所关注的却是存在于信息经济时代的模块化。工业经济时代与信息经济时代的判别有几个角度，信息技术革命的发生与否是一个显著标志。另外，从市场供需的角度看，工业经济时代供给居于主导地位，或者说是供给不足的状态，而信息经济时代是需求居于主导地位，或者说是供给过剩的状态。从企业之间竞争的内容看，工业经济时代以价格竞争为主，而信息经济时代的企业竞争，价格虽然还是一方面，但其他更多样的竞争形式不断涌现。模块化环境下的竞争特征表现在以下三个方面。

（1）企业竞争的专业化使得竞争的激烈程度加强。在模块化环境下，无论是“舵手”企业，模块供给企业还是模块集成企业（很多时候，这三类企业身份具有交叉性），在一段时间内的市场地位都是相对稳定的，也就是说，企业或是专注于某个模块的设计和生产，或是制定和设计系统规则，进行模块集成。由于分工的细化，企业竞争的专业化程度增强，而势均力敌的竞争对手之间的竞争会更趋激烈。

（2）竞争形式趋于多样化。企业地位不同，竞争内容和手段也不同。一般而言，模块化环境下的企业总体上可以分为两大类，即设计师型企业（“舵手”企业，更多的时候兼模块集成企业）和模块设计及制造企业。设计师型企业之间以标准竞争为主要手段，产业的主导者将是那些控制了行业标准的厂商。模块设计及制造企业之间则以“背对背”竞争为主，相对于“面对面”竞争来说，“背对背”竞争是指模块生产企业只能观测到“看得见”的系统信息，在遵守共同界面标准的前提下，相互独立地完成各自的研发。

（3）企业间的合作竞争成为一种趋势。合作竞争又可称为协同竞争，是企业之间在

---

① Fleming L., Sorenson O.. The Dangers of Modularity. Harvard Business Review, 2001, 79 (8): 20.

② ［美］B. 约瑟夫·派恩：《大规模定制——企业竞争的新前沿》，操云甫译，中国人民大学出版社 2000 年版。

双赢基础上建立的在竞争中合作、在合作中竞争的关系，通过企业间有意识地相互合作，得到由原来的各自独立的竞争所得不到的经营效果。企业彼此在各自的关键成功因素——模块化的优势环节上展开合作，以取得整体收益的最大化，这是企业采取合作竞争战略的原动力。

三、模块化对市场结构的影响

市场结构是产业内企业之间关系的存在状态。当前，模块化的发展还仅仅局限在有限的产业内，例如，电子信息、计算机、汽车、物流等产业是模块化的先发领域，所能看到的影响也基本局限在这一领域，而且并非完全清晰可见。从粗略的脉络来把握，模块化对市场结构的影响主要表现在以下三个方面。

（一）模块化带来市场结构的分层化

所谓市场结构的分层化是指同一产业内的企业因其特征不同而分属不同的竞争环境，形成细分市场，不同的细分市场具有不同的市场结构特征。具体而言，模块化带来的市场结构分层化就是在系统规则的设计层面，可能促成寡头型的市场结构，而在模块的设计和制造层面，竞争型市场结构的特征日渐突出。系统规则的设计可能是高度集权式的，如青木昌彦的A模型所展示的那样，也可能是分权式的，如青木昌彦的J模型和硅谷模型所展示的那样，无论哪种模型下，都存在“舵手”企业，而“舵手”企业之间的竞争正在日趋寡头化，都具有可竞争市场的特点。也就是说，寡头企业的数量虽然有限，但潜在的竞争和替代压力可以迫使企业采取竞争性策略。而在由模块企业构成的竞争性市场中，竞争可能达到白热化，这一点在模块化的收益中已经论述。但即便在这种市场结构下企业也可能获取垄断利润，只是垄断利润不是来自垄断者对其他企业的操纵能力，而是来自它的技术创新能力，因此，这使保持垄断利润的时间是有限的，这更加剧了企业间为获取垄断利润所进行的竞争。模块化导致的市场结构分层是相对的，不同层级的企业间具有流动的可能性，也就是说，模块企业可能发展成“舵手”企业，“舵手”企业也可能转化成模块企业，这更强化了每个层面上企业间竞争的激烈程度。

（二）模块化促生新型的市场组织结构

模块化使原来纵向一体化的市场结构逐渐转为横向或立体簇群式的市场结构，促生新型的市场组织结构，并带来以合作竞争、标准竞争和“背对背”竞争为主的市场竞争行为，行业领导者的控制力减弱。例如，鲍德温（2003）研究了1950～1996年间1500

多家企业构成巨大产业簇群（industry cluster）的计算机产业的数据，发现20世纪50～70年代计算机产业的市场价值集中在少数几家企业，如1969年IBM公司的相关企业占了整个市场价值的71%。从20世纪80年代开始，计算机产业逐渐摆脱了IBM的垄断，到1996年，没有一家企业超过市场价值的15%。[①] 在计算机产业半个多世纪的发展过程中，市场的总价值在戏剧性地大幅度增长的同时向众多企业转移。计算机产业呈现出这种市场价值分散化现象的根源在于模块化的推进。企业与企业之间的联系紧密，关系复杂。现在已经没有任何一家企业设计、制造整个计算机系统，而是分别设计组成计算机系统某个部分的模块。这些不同功能的模块通过共同的标准界面集成为一个功能强大的完善系统。由于模块化，整个产业呈现出立体簇群式的市场结构。

（三）模块化可能成为产业集群的催化剂

在产业集群的几种类型中，基于产业链联系的产业集群一般由成品组装企业、半成品企业与零部件企业构成，其中，半成品企业往往就是与组装企业联系最为紧密的模块集成企业。像汽车产业中的大型零部件供应商往往是这种模块集成企业。这类模块集成企业是模块分解与集中的关键节点，由一般零部件企业完成更小模块的设计和生产。为了模块间协调、集成的低成本和便利性，这些企业具有聚集而生的动力，促进产业集群的形成。这意味着，产业集群通常以模块化生产为基础。作为典型的高科技产业集群，硅谷就被称为模块的集约地。根据模块化理论，模块化是在显性规则的约束下，通过隐性规则的自由发挥而使模块呈现出较大的创新空间。另外，由于模块不同组合的便利性、多样性，导致了集成品具有较大的产品创新空间，这也是产业集群的一种竞争力所在。

四、模块化对企业经营的影响

模块化环境中企业被分成不同的类型，从大的方面讲，就是作为“舵手”的模块总集成企业和模块制造企业，而且因为模块可以按照不同的层次分解和集中，除了模块总集成企业之外，模块集成和模块制造企业的身份有时合二为一。因此，模块化对企业经营的影响很难绝对地区分是对哪类企业的影响。但一般而言，对作为“舵手”的模块总集成企业和其他类型企业的影响还是会有所不同。

“舵手”企业是创造出模块产品的“看得见的”信息或设计规则的企业，它必须精

---

① 雷如桥、陈继祥、刘芹：《基于模块化的组织模式及其效率比较研究》，载于《中国工业经济》2004年第10期。

通产品和整个生产过程的内部机理和联系规则，而且它必须让模块的设计者们相信它设计的结构能够在市场上流行，也就是说，它要具有行业领导力。

模块制造企业是模块的设计者，它们所设计的模块必须符合“舵手”企业设定的结构、界面、试验规则。它们可以随机应变地参与和退出任何“舵手”企业制定的规则。对模块设计和制造者来说，它应该熟知隐含在设计中的信息，在实现这个模块的市场化时，发挥卓越的行动能力。必须在机会到来时为了满足市场的需求迅速采取行动，而在市场混乱时立刻转向其他目标或是力争达到新的水平。模块制造企业还可能成为更小模块的集成企业，因此，模块制造企业对本模块的设计、分解和集中应该发挥领导作用。

模块化不仅具有加快变化速度、提高竞争压力的作用，还改变了企业之间的关系。在不断进行创新的产业里，成为数百家企业形成的产业群的一部分，不同于在稳定的产业里成为少数具有支配地位的企业，企业的战略和持续的行为不会一直有效，需要不断地作出适应性调整。从模块化市场的双重结构来看，企业经营者必须从两个主要的战略中慎重的选择，或者作为模块产品的“看得见的”信息或者设计规则的制定者，即“舵手”企业来竞争，或者作为一个模块的设计者来竞争，不过设计的模块必须符合“舵手”企业设定的结构、界面、试验规则。无论采取哪种战略，企业都必须对产品有深刻的理解，并且能够预测模块将怎样发展进化。因此，一般而言，无论是哪类企业，模块化对其经营者及经营策略都有一些共性的要求，表现在以下四个方面。

首先，需要有远见的高素质的经营者，他必须明确地掌握公司内外产品设计的所有进展，包括其他模块的创新、产品的结构以及整个系统的创新乃至与不同行业的合作。因为模块化使创新的基础有了飞跃性的发展，企业经营者针对竞争对手作出反应的时间也变短了，经营管理层必须比过去更明确地掌握公司内外产品设计的所有进展。企业能否在市场上取得成功，取决于能否勾画出在更广泛的领域里的竞争蓝图，能否把本公司的优势与其他领域里的新兴产业巧妙地结合起来。这种优势和战略选择，不仅包括产品技术，也包括金融资产手段和工人的技术，企业的经营管理层必须熟悉新型的金融手法和创造新的就业形态。[①]

其次，需要对内部组织进行再设计，也就是实行组织的模块化。企业内部的模块化会导致传统的层级组织治理管理模式的崩溃，在模块化过程中，企业会被分解为相对来说小型的具有部分自主权的组织单元（即模块）。[②] 组织单元之间的相互依赖关系较弱，

---

① ［日］青木昌彦、伊藤晴彦：《模块时代——新产业结构的本质》，周荣国译，上海远东出版社 2003 年版，第 44 页。

② Todd R. Zenger and William S. Hesterly. The Disaggregation of Corporations：Selective Intervention，High-Powered Incentives，and Molecular Units. Organization Science，1997，8（3）：209－222.

只有在需要完成一些特定任务时才会相互发生联结。对于一些任务导向性较强的大型企业，这种模块化组织形式有利于大型企业重新设计、重新调整和重构部门，比如企业可以将一项业务的完整服务提供流程分解为多个流程，从组织单元（模块）中抽调人员组成多个具有一定自主权的跨职能小组，由各个小组分别负责各个流程。模块之间的协调可通过减少层级组织和官僚主义来实现，如采用内部市场机制，建立利润中心等①，这样也可以激发员工的创业心态，起到正向激励作用。实际上，组织模块化的形式多样，从不同层面上来看，包括企业层面的模块化、部门层面的模块化和个人工作层面的模块化；从任务导向上来看，包括以任务为导向的模块化、以市场为导向的模块化和以企业核心竞争能力为导向的模块化。不同的模块化形式可以组合在一起，形成更高一层的模块。② 实际上，不能笼统地将某个企业定义为模块化组织或非模块化组织，任何企业都有或多或少的模块化，只是程度不同。如何解决专才和通才的问题，如何避免组织模块化可能导致的过度分权的后果都是企业模块化需要慎重考虑的问题。

再次，需要具备很强的资金获取及资产运作能力。模块化使企业的能力资源浓缩到非常具体的某一点，这意味着更强的专业化水平。但为了完成模块的生产以及市场交易，企业必须借助更广泛的外部资源，其中最基本的是资本市场，随着风险投资、企业并购等新型金融交易形式的出现，培育面向风险企业的股票市场，是模块化发展的必然要求。在模块化时代，企业获取金融支持的能力很大程度上决定其经营成功与否。

最后，需要具备构建友好环境界面的能力。模块化对人才的依赖程度空前提高，而且对人才的充分流动提出更高要求，从而需要一个发达的劳动力市场作为制度支撑。与此同时，模块化对传统的顾客界面的要求也发生了改变。在工业经济时代的分工下，顾客界面大多是一种事后关系，而模块化使企业与顾客（不少情况下是潜在顾客）的接触更为密切和频繁，顾客群界面相对清晰。企业经营者是决定企业对外交往界面是否广泛和友好的关键。企业经营者不仅要谙熟知识和技术生产本身，而且应熟悉金融资产手段，劳动力市场的运行规律，以及与顾客进行友好沟通的技巧等，只有具备这些基本素质的企业经营者才可能适应模块化的要求，在激烈的市场竞争中为企业引领出一条成长之路。③

---

① Anthony R. N., Govindarajan V.. Management Control Systems. Chicago, IL: Irwin/McGraw-Hill, 2000.

② Kuntz L., Vera A.. Modular Organization and Hospital Performance. Health Services Management Research, 2007, 20 (1): 48-58.

③ 白雪洁：《简析企业分工的新趋势》，载于《天津社会科学》2005年第4期。

第十五章

产业政策

产业政策是国家干预市场经济运行的一种手段，其产生的初始动机是为了弥补市场失灵。但随着产业政策实践的发展，其政策目标也逐渐拓展，从最初的弥补市场失灵到促进结构转换与经济增长，乃至提高产业和国家的竞争力等。与政府规制相比，产业政策的对象可以是所有产业，其政策内容庞杂，政策手段也相对灵活多样。本章从一般性产业政策切入，探讨产业政策的内涵、分类及其内容体系，然后转入对产业政策有效性研究的理论分析，在探究当代产业政策产生动因的基础上，重点描述产业政策实施的必要性及其制定依据。

第一节　产业政策的内涵及功能

一、产业政策的内涵

“产业政策”一词最早出现在1970年日本通产省（现在的经济产业省）代表在经济合作与发展组织（OECD）大会上所作的题为《日本的产业政策》的演讲中。但是，如果将其作为产业政策的发端，是对产业政策历史的抹杀，因为早在1890年，美国就通过颁布世界经济发展史上的第一部反垄断法律——《谢尔曼法》来行使产业组织政策了，只不过他们没有使用“产业政策”一词而已。有关产业政策内涵或者说产业政策定义的争论由来已久，学者们根据自身研究的需要定义产业政策的现象也不罕见。

对产业政策内涵的不同理解是导致产业政策定义繁多、分歧丛生的根本原因。综观林林总总的产业政策定义，主要可以分为以下几大类。

首先，从政策内涵的宽窄角度，可以分为宽泛派和狭窄派。宽泛派一般认为产业政策是政府有关产业的一切政策总和。例如，作为少数几个对产业政策作出定义的欧美学者，阿格拉认为产业政策是“与产业有关的一切国家的法令和政策”；[①] 而另一位研究日本产业政策的著名学者小野五郎也把产业政策定义为“政府实施的与调节产业活动相关的一切行为总和”[②]。与此相对应，狭窄派的产业政策定义认为产业政策的实施有其特定的前提和条件，主要是发生市场失灵时，由政府介入采取一系列补救措施。其中最具代表性的定义是日本研究产业政策的著名学者小宫隆太郎定义的产业政策，认为其是“政府的经济政策中，为了解决市场失灵或是出于其他目的，政策当局所实行的各种旨在改变产业间的资源分配状态，或是限制或激励民间企业的某种经营活动而采取的政策”[③]。宽泛派和狭窄派产业政策定义的最大分歧在于对产业政策实施范围和时机的理解上。从宽泛派定义来看，产业政策的实施不受时机所限，或者说是政府的相机抉择问题，类似于财政政策和货币政策，在政府认为有必要实施的情况下就可以实施。而从狭窄派定义来看，产业政策实施有个根本的前提条件，即发生市场失灵，这不仅限定了产业政策对象，而且限定了产业政策的时机，从而也使产业政策区别于政府常用的财政政策和货币政策。

其次，从政策实施国家范围的角度，可以分为普遍派和特殊派。所谓普遍派是指认为产业政策是所有国家都可能采用的一种调整经济和产业发展的手段。例如，美国学者查默斯·约翰逊认为，“产业政策是政府为了取得在全球的竞争能力打算在国内发展或限制各种产业的有关活动的总的概括。作为一个政策体系，产业政策是经济政策的三角形的第三条边，它是对货币政策和财政政策的补充”。[④] 从这个定义中可以看出，因为产业政策的目标是提高本国产业在国际上的竞争力，而这是任何国家都会面临的问题，所以产业政策是任何国家都可能运用的手段。而在特殊派看来，产业政策只对特定国家有意义，是特定国家的一种政策手段。例如，认为产业政策是工业后发国为赶超工业先进国而采取的政策总和。例如，日本学者井木信义和我国学者周叔莲等都认为，产业政策就是“当一国产业处于比其他国家产业落后状态，或者可能落后于其他国家时，为加强本国产业所采取的各种政策”[⑤]。这个定义可以说限定了产业政策的运用国家，认为它只是后发展国家的一种政策手段，其实是缩小了产业政策的内涵。

---

① ［英］阿格拉：《欧洲共同体经济学》，戴炳然译，上海译文出版社 1985 年版，第 132 页。

② ［日］小野五郎：《现代日本的产业政策：分阶段的政策决定机制》，日本经济新闻社 1999 年版，第 25 页。

③ ［日］小宫隆太郎：《日本产业、贸易的经济分析》，东洋经济新报社 1999 年版，第 5 页。

④ 杨公仆、夏大慰：《现代产业经济学》，上海财经大学出版社 2005 年版，第 192 页。

⑤ 周叔莲等：《中国产业政策研究》，经济管理出版社 1990 年版，第 37 页。

除此之外，在产业政策的定义中，还存在个别极端的情况，如把产业政策等同于计划，从而认为是计划经济体制国家才存在的一种政策。例如，美国社会学家阿密塔伊·艾特伊奥认为，产业政策就是计划，无非采取了一个更温和的、更加悦目的名词。还有学者认为，产业政策只是特定国家在特定时期，具体是指日本在第二次世界大战后经济快速增长期所执行的一种政府经济政策，因此，无论是在经济学的意义上还是在政府的政策实践意义上都不具有普遍性。并且这一概念本身也不可能有国际通行的定义，或者说并不需要。可以说，上述两种对产业政策的认识存在明显偏颇，也并不符合产业政策的发展实践，因此并不具有代表意义。

综合上述产业政策定义，本书认为产业政策是政府为促进产业发展对产业活动进行的一系列的干预，政府通过制定和实施一系列政策、措施来干预资源在产业间和产业内的配置。

由于学术界对产业政策内涵理解上存在差异，而这种差异并不完全源自研究者的研究需要，是有更深层的原因，主要体现在以下三个方面。

首先，经济价值观的差异导致对产业政策内涵的理解不同。这里所谓的经济价值观主要是指一国政府和社会各界长期遵循的有关经济运行和发展的某种规范性的共同认识或观念。产业政策从根本上讲是市场经济条件下国家权力干预产业运行的一种手段，市场经济的本质是自由竞争，是以价格为核心的市场机制的充分作用，这是一种普遍认识。但市场机制也存在缺陷，或者说会发生市场失灵的情况，因此，市场与政府力量的某种组合是现实市场经济的常态。而对市场与政府力量的强弱、各自作用的领域和场合等的不同认识，形成不同的市场经济价值观，从而对产业政策内涵产生不同理解。

其次，社会经济发展阶段的不同也会体现在对产业政策的内涵理解上。一国的经济发展具有阶段性，不同阶段的社会经济发展目标不同，对市场和政府力量的依赖程度不同，从而对市场和政府作用的价值判断也不同。很典型的是很多经济后发国家的学者都把产业政策定义成产业赶超政策或是产业竞争力政策，就是因为经济后发国家普遍面临提高产业竞争力的任务，而把产业政策看作是实现这一目标的途径。而在一些市场经济发展相对完善的发达国家，则大多表现出不认同产业政策或是把其等同于反垄断政策的倾向，这与这些国家所处的经济发展阶段和产业发展目标相适应。由此可见，产业政策作为公共权力介入产业运行的一种手段，从产生之初就刻上了政府和国家的烙印。

最后，学者对产业政策内涵基于上述两个方面的争论也促使部分学者试图使用各种方式处理这两种争论。宽泛派和狭窄派的争论更多是对产业政策所包含内容差异引起的，扩大产业政策范围、对产业政策进行进一步分类等方式成为部分学者的选择[①]。普遍派和特殊派的争论则集中在产业政策究竟是弥补市场失灵还是诱发政府失灵上，因此，大多数学者通过界定政府与市场的关系视角出发，试图通过将产业政策划分为功能性产业政策和选择性产业政策来解决其在产业政策内涵方面的纷争。

二、产业政策内涵的演进历程

尽管对于产业政策的定义与内涵学术界存在较大争议，但是对如何界定产业政策内涵并给出理论解释，毫无疑问是社会科学的一大挑战。产业政策从产生之初，一直与政府（国家）密不可分，政府主导成为产业政策的标志性特征。诺思（Douglass C. North）在其著名的诺思悖论中提道："国家作为一个经济体增长的基础，但它同时又是致使经济体人为衰退的根源。"[②] 因此，产业政策内涵也是在历史长河中通过政府实践不断发展与演进的。

1. 发展型政府理论

由于日本、韩国、新加坡和中国台湾在20世纪中后期的快速崛起，促使国际学术界自20世纪80年代起针对"东亚奇迹"这一现象进行研究，在这一过程中间，形成了一个名为发展型政府的理论思潮。所谓发展型政府，意指通过产业政策推动经济成长的政府。[③] 发展型政府通常具有以下特征：第一，拥有一批具有强烈发展意愿的精英，即政府官员在具有较强的为社会发展意愿的同时，还具备能够实现社会经济发展的能力；第二，能够超脱于社会力量，或不被利益集团左右，有效避免寻租或道德风险等问题发生；第三，有能力自主地制定高瞻远瞩的发展战略；第四，能够通过产业政策实施合理配置有限资源，实现辖区的产业发展和经济成长[④]。

发展型政府理论最初由美国政治学家约翰逊（Chalmers Johnson）所提出。自发展型政府理论出现起，一直受到多方质疑，克鲁格曼（Paul Krugman）、哈耶克（Hayek）等著名经济学家认为发展型政府理论不具备可持续性。1998年亚洲金融危机的爆发，使得批判的声音更加强烈。对于发展型政府理论的产业政策，批判者认为，一是错误地认定

---

① 从扩大产业政策范围来看，主要集中在将各类干预产业发展的政策都归纳为产业政策；产业政策分类主要分为水平型和垂直型产业政策（陈瑾玫，2011）。

② North. Structure and Change in Economic History. New York：W. W. Norton，1981：20.

③ 顾昕：《政府主导型发展模式的调适与转型》，载于《东岳论丛》2014年第34期。

④ Ziya Öniş. The Logic of the Developmental State. Comparative Politics，1991，1（24）：109－126.

产业政策的主导者为政府而非企业；二是产业政策的实施中心在于挑选赢家；三是错误地认定政府需要且一定能够实现资源的有效配置。①

2. 新自由主义转型论

由于经济发展现实的打击，在当时经济全球化和新自由主义蓬勃发展的环境下，发展型政府理论在众多质疑声中，开始了其转型之旅。新自由主义转型论是部分学者在发展型政府理论受到抨击之后，为其寻求的新发展方向之一。新自由主义转型论认为发展型政府理论存在其固有的理论缺陷，因此，其最终只能走向衰亡而由新自由主义取而代之。发展型政府向新自由主义政府的转型速度或快或慢，这取决于政府的转型路径、制度设计和政府决心。

3. 发展主义持久论

发展型政府理论的另一转型方向为发展主义持久论。发展主义持久论尽管也承认发展型政府理论存在一定的缺陷，但是能够通过政治、经济体制改革实现其韧性与活力。澳大利亚学者琳达·维斯（Linda Weiss）和美国经济社会学家彼得·B. 埃文斯（Peter B. Evans）是发展主义持久论的主要代表性人物。当然，在这一时期对于发展型政府理论的修订，也从原有的“挑选赢家”的产业政策制定的研究重心转向了强调政府的有限能力、制度制约、国家与社会多样性等方面。

4. 市场经济多元论

市场经济多元论延续了发展主义持久论的部分思想，重点强调多样性这一概念。由于国家制度、社会结构和文化的多样性，能够促使政府与市场形成多样性关系，从而形成具有多样性的市场经济体制。这一基本思想改变了原有新自由主义理论与发展型政府理论对待产业政策的二元对立。他们认为，市场经济绝非新古典主义或新自由主义所刻画的一种模式，而是呈现多样性，其根源来自制度的互补性（institutional complementarities）或制度的嵌入性（the embeddedness of institutions）。② 在市场经济多元论来看，市场经济体制固然重要，但同样也需要发展型政府通过产业政策这一手段对经济发展进行干预，而干预的手段要根据所在市场与国家的具体类型进行相应选择。

---

① Bai Gao. Japan's Economic Dilemma: The Institutional Origins of Prosperity and Stagnation. New York: Cambridge University Press, 2001.

② 顾昕：《政府主导型发展模式的调适与转型》，载于《东岳论丛》2014 年第 34 期。

三、产业政策产生原因的理论阐释

尽管对产业政策的概念、内涵、有效性甚至必要性存在较大争议，但产业政策在现实经济社会中依然无处不在。无论是崇尚自由主义的发达国家，还是推崇产业政策扶持的发展中国家，并不妨碍其在政府治理经济社会发展时应用这一手段。论及产业政策产生的原因，虽然也存在一定的争议，但总体上形成了五派观点。

1. 弥补市场失灵派

弥补市场失灵是对产业政策产生原因的古老而经典的解释。新古典经济理论认为，自由竞争的市场机制虽然可以促进有效率的生产，但却无法避免一定程度上的不公平分配，即产生狭义的市场失灵。这种情况下，一向被视为公共利益代言人的政府，认为自己有必要也有能力纠正市场机制作用的偏差，产业政策只是其纠偏的工具。“产业政策的基本前提是私人市场不能单独地实现国家福利与利益的最佳化。”除狭义的市场失灵外，解决由不完全竞争、不充分信息及信息不对称等产生的广义“市场失灵”，也被看作是产业政策的职能。

2. 促进经济发展派

从经济发展视角分析产业政策产生原因的学者认为，如果产业政策仅仅是为了弥补市场失灵，并不能够充分地解释现实中存在的旨在调整产业结构，推动产业兴衰转化，促进产业结构高级化的一系列政策。因为大部分的产业结构政策并不是为了弥补市场失灵，而是以实现经济赶超为目标，通过扶持主导产业，加速产业结构升级转换等手段来提高本国产业的竞争力，促进经济发展。

3. 增加有效供给派

这是以中国学者杨沐为代表的一派观点。他们认为，以市场不足或者说市场失灵论来解释产业政策产生的原因，只是适合已经建立健全市场经济体制的发达国家。但对大多数发展中国家来说，市场还很不完善，因此，市场不足或市场失灵论不足以说明发展中国家实施促进供给型产业政策的原因。而在增加有效供给派看来，发展中国家的实际供给不等于由它的全部资源投入所形成的总供给，因为总供给中包含多个无效供给部分，产业政策的目的就是为了减少无效供给，增加社会的有效供给。①

---

① 杨沐：《产业政策研究》，上海三联书店 1989 年版。

4. 维护国家利益派

以上关于产业政策产生原因的理论解释都是立足在一国范围内，但20世纪末期随着经济全球化的不断深入，各国产业与经济联系日益紧密。一国产业体系的封闭性被打破，同时也意味着一国产业体系的脆弱性增强。特别是当有外部突发事件发生时，例如爆发东南亚金融危机，出于国家经济安全的考虑，需要适当的产业政策对某些产业或领域予以保护。这时的产业政策纯粹是出于维护国家利益的需要，为此甚至可能牺牲部分产业效率或公平。2008年全球金融危机之后，包括美国在内的一些发达国家提出的“再工业化”政策等，也是维护国家利益的一种选择。

5. 实现政府私利派

虽然很多理论都把政府看作是社会公共利益的代言人，假设它具有完全理性。但正如对市场经济的理论化假设是一种非现实存在一样，政府也并非永远是理性的公共利益代表者。政府出于政治需要等经济以外的原因制定产业政策的情况并不罕见。因为既然承认政府的非理性状态是一种客观存在，就要承认政府出于“私”目的制定产业政策具有现实性。

上述不同观点的争论，实质上不过是从不同角度，用不同的分析方法论证或界定政府干预的性质、效果以及干预的程度、范围和方式，从而确定产业政策的效力与范围。因此，这种争论对于解决产业政策形成的基本逻辑问题，没有什么实际意义。因为产业政策具有明显的历史性。在不同的经济发展阶段或不同的经济环境下，产业政策的效力与范围是不同的。

四、产业政策的功能

产业政策在现实经济发展过程中的普遍存在性，源于产业政策是政府干预经济的重要手段。也正是得益于产业政策的功能，才使得政府能够对经济发展进行有效的管理与指导。产业政策的功能，可以从以下四个方面进行总结。

1. 提升国家整体协同抵抗外部风险能力

产业生命周期理论将产业的成长与发展过程归纳为“引入—成长—成熟—衰退”这四个阶段。因此，在产业成长与发展过程中，产业政策能够有效帮助产业抵抗外部风险，即使在标榜自由主义、完全市场机制的美国，其联邦和地方政府也需要帮助产业抵抗外部风险。无论是对领先经济体还是赶超经济体，产业政策这一功能都要求政府必须实施产业政策，通过产业政策帮助产业从引入期、成长期进入成熟期，并能较长时间维持在成熟期，延缓其进入衰退期的时间，为产业转型升级或新产业孕育创造良好的发展环境，避免因为外部风险导致产业发展偏离正常轨道。

2. 提升科技创新能力

科技创新能力一直是经济增长的核心驱动力，政府可以通过产业政策为科技创新提供有效生产环境（可以是宽松的创新环境，也可以是成果的保障环境），对科技创新进行鼓励（奖励型产业政策），以弥补创新和知识生产过程产生的外部性和不确定性导致的市场失灵。市场机制能够有效解决确定性权利交易的问题，使之实现帕累托最优，而创新的不确定性使得它如果完全交由市场来实现这一目标，则有可能对创新过程产生毁灭性打击。市场机制能够有效实现创新产出的交易，使得创新结果实现其最优的分配路径，甚至能够为创新行为提供外部辅助支持（提供融资途径），但却无法对创新能力提升提供有效支持。在这个层面来看，政府主导的产业政策是十分重要的，甚至可以说是关键性因素。

3. 服从赶超战略，实现跨越式发展

广义的产业政策无论在崇尚自由主义的发达国家，还是青睐政府干预的发展中国家都是需要的，而狭义的产业政策实践则更多出现在发展中国家或发展型政府的经济发展战略之中。相较于发达国家的领先地位，发展中国家的赶超战略目标更为明确，为实现跨越式发展，依托产业政策对产业结构调整、关键技术项目研发、贸易保护等方面进行支持。当政府通过投资、补贴、金融支持等非市场化方式来影响产业的培育与成长，调整产业结构，甚至支持市场机制的发育和成熟时，在服从赶超战略这一目标下，产业政策能够有实现跨越式发展的可能性。这也是狭义的产业政策在发展型政府之中受到青睐的主要原因。

4. 提高产业竞争力

产业政策最核心和最直接的功能便是提高产业竞争力。姑且不论产业政策在提高产业竞争力效果方面各经济体存在较大差异，但各国政府在实施产业政策（包含广义和狭义的产业政策）时的重要考量便是产业政策能够帮助其重点产业实现竞争力提升。第一，在提高产业竞争的过程中，单纯依靠企业的投入很容易因为资源欠缺或目标偏离而无法实现，需要有目标、有导向的产业政策和政府项目来完成这一过程。第二，市场机制在提升资源配置效率、创新效率和增长效率方面的作用在基础研发中有时难以发挥，但研发活动，对产业竞争力的提升作用不言而喻。第三，在产业，特别是新兴技术产业的发展过程中，如果没有产业政策的培育和保护，让企业或产业在发展过程中单枪匹马地面对国际竞争、承担市场风险，在国际竞争中会面临巨大压力。

第二节　产业政策的内容体系

基于不同的视角，产业政策存在多种分类，但目前公认的一种是根据政策内容将产业政策划分为产业结构政策、产业组织政策、产业技术政策和产业布局政策四大类。此外，近年来出现了将产业发展内容从其他各类政策中提炼出来，独立成产业发展政策的做法。但由于产业发展与其说是一项政策内容，不如说是产业政策的一个目标，所以本书仍旧沿用普遍认可的对产业政策内容体系的界定。

一、产业结构政策

产业结构政策的目标在于促进和推动产业结构转换，实现产业结构合理化和高度化。也就是在产业结构理论揭示的产业自身的发展演变规律之外，以政府外力的作用加快产业结构转换的速度，尽快提高产业结构合理化和高度化水平。因此，产业结构政策可以定义为，政府在一定时期内实行的以产业结构演进规律为基础，并旨在加快产业结构调整转换，促进产业结构合理化、高度化，进而推动经济增长的一系列政策总和。

1. 产业结构政策的特征

一般而言，产业结构政策主要包括主导产业选择政策、幼稚产业保护政策、战略产业扶持政策和衰退产业调整政策。虽然这四类产业结构政策的对象、内容和手段各有差异，但总体上它们具有一些共同特征。

（1）产业结构政策旨在调整资源和生产要素在不同产业间的分配状态，体现不平衡增长的思想。产业结构政策是以政府的合理化和高度化判断为基础，使得相对有限的经济资源和生产要素集中加快向某些部门的流入，例如向幼稚产业、战略产业或主导产业流入，或是加速资源和生产要素从某些部门，例如从衰退部门流出。总之是在产业自身演进规律的基础之上，施加一个外部的影响力，而且以优惠政策或差别待遇的形式表现出来，因此，产业结构政策体现的是一种不平衡增长思想。

（2）产业结构政策具有宏观性，与国家经济发展战略密切相关。产业结构转换是一国经济增长的内在要求，产业结构转换的能力和水平也直接关系到一国的经济发展质量和水平。因此，很多国家在依靠市场机制作用的同时，从促进国民经济长期、稳定、持续增长的角度推行产业结构政策，以加速市场机制的作用步伐，并弥补市场机制无法有效作用的领域对结构转换的需求。可以说，产业结构政策实施与否、适当与否，与一国经济发展战略的成败密切相关。

（3）产业结构政策的利益再分配效果更加突出。产业政策基本都带有利益集团属性，其中产业结构政策表现得最为充分。因为产业结构政策总体上贯穿不平衡增长或不平衡发展的思路，是有限资源在不同利益主体之间的分配，体现在政策结果上就是利益集团之间的福利水平有得有失，利益再分配的效果非常明显。正是源于此，一直以来都不缺乏对产业结构政策的猛烈批评，使得产业结构政策总体上走向衰微。

在上述四类产业结构政策中，主导产业选择政策更多关注的是主导产业的选择基准问题，相关内容在产业结构那一章中已经有所涉及，所以此处不再重述这部分内容。

2. 幼稚产业保护政策

关于幼稚产业，无论是学术界、产业界还是政府部门都没有形成带有普遍性的定义和比较公认的类似主导产业那样的标准，只是明确幼稚产业一般应具有未来发展成为主导产业的潜质，即一般也应具备收入弹性大、技术进步快、产业关联度大、环境友好等特点。但由于发展时日尚短，还不具备比较优势等原因，当前还需要政府的扶植和保护。

幼稚产业保护政策最早可以追溯到18世纪后半叶美国汉密尔顿的保护制造业思想和19世纪中叶德国李斯特的贸易保护理论。这一发展渊源使得幼稚产业保护政策大多时候都与保护贸易相联系，甚至成为保护贸易存在的唯一理由。

除了李斯特的幼稚产业保护理论之外，其他阐述幼稚产业保护必要性的理论还包括社会振兴费用学说、边际产业开发学说、先行者利益学说等。

简而言之，社会振兴费用学说是从产业的供给成本曲线呈“U”型的角度，阐述工业后发国家的幼稚产业需要适当扶植的理论。边际产业开发学说是阐述政府通过技术扶持不断地扶持边际优势等于边际劣势的边际产业，使边际产业成为出口产业。因此，该理论主要是论述工业后发国家如何选择出口产业的理论①。先行者利益学说则是从打破工业发达国家相对工业后发国家所具有的规模经济优势和掌握垂直分工主导权优势的角度，说明工业后发国家对同类产业实行保护的必要性。

幼稚产业保护政策因为与国际贸易紧密相关，所以其政策内容有相当一部分与国际贸易保护政策相吻合。主要的政策手段是关税保护和非关税壁垒。关税保护就是通过对幼稚产业的国外进口产品征收很高的税率，使得进口产品的市场价格高于国内同类产品

① 详细内容可参见杨公仆、夏大慰：《现代产业经济学》，上海财经大学出版社2005年版，第197～199页。

的市场价格，从而削弱国外产品的价格竞争力。关税保护是一种歧视性政策手段，随着世界经济一体化和贸易自由化的推进，关税保护的作用领域越来越小。非关税壁垒是以种种非关税措施，如依照环境保护标准、食品安全标准等对国外产品的进口设置一些事实上的进入障碍的做法，在关税壁垒的作用日趋削弱的同时，非关税壁垒在某些方面有加强的趋势。另外一类是旨在促进本国产业发展的扶植性政策手段，与其他扶植性政策手段没有太大差异，主要包括财政扶植，如减免税、财政补贴、特殊折旧等；金融扶植，如优惠贷款、外汇管制以及充足的资金供给等；技术扶植，如政府投资技术开发、对技术开发和引进给予财政、金融支持等手段。

幼稚产业保护政策是典型的倾斜性、差别性政策。作为政策对象的幼稚产业，可能在保护政策下迅速成长壮大，发展成为具有竞争力的主导产业，也可能在保护政策的温床下长期处于弱势状态，甚至成为滋生腐败的土壤。因此，选择什么样的产业作为幼稚产业加以保护，在保护政策实施的过程中应注意哪些问题，将直接决定一项保护政策的成功与否。

（1）作为幼稚产业保护对象的产业应是需求价格弹性高，即提供支出倾向高的产品或服务的产业。以第二次世界大战后的日本为例，日本把钢铁、家电、汽车等产业作为出口产业加以培育，它们都是需求价格弹性较高，或者说支出倾向很高的产业，所以使得日本的相对 GNP 水平大幅提高。但这种发展方式极易引起与贸易伙伴国之间的摩擦。

（2）产业具有很强的规模经济性是幼稚产业保护政策能够成功的前提条件。从市场需求来看，对该产业的产品不仅要有较大的现期需求市场，而且要有巨大的市场需求潜力。处于幼稚期的产业必定是在平均成本曲线的递减区间内，也就是还没有达到最优经济规模点，为了使该产业在短时间内达到最优经济规模点，不仅需要强劲的需求拉动，而且产业自身也应具有规模经济性。

（3）幼稚产业内的企业间应具有竞争性的行为取向。幼稚产业保护政策具有与生俱来的弱点，即它可能成为保护弱者的温床。当产业内的企业数量很少时，规模经济性的要求决定了幼稚产业一般具有这个特点，企业间的合谋倾向会更加严重。但企业间的竞争性行为取向可能将保护性政策的温床效应降低到最小，尽可能达到增强企业竞争力的政策效果。

（4）幼稚产业保护政策必须具有时间期限。由于幼稚产业保护具有显著的“双刃剑”效应，因此，即使能够做到政策实施的正面效应大于其负面效应，也不应将幼稚产业保护长期化。况且如果幼稚产业保护政策长期化，其负面效应必然大于其正面效应。明确的政策时效，可以部分地发挥竞争激励作用，因为企业意识到一旦保护性政策到期，竞争力才是企业生存的根本。

（5）巴斯特布尔（Bastable）标准和穆勒（Mill）标准作为幼稚产业选择的事后标准，对当期政策实践的指导意义并不大。但可以作为政策评价的标准。所谓巴斯特布尔标准是指受保护的幼稚产业最终所带来的社会净福利必须大于现在所支付的保护费用。而穆勒标准是指受保护产业在保护到期后必须有一定的利润，离开政府的保护也能够自我发展。从这两个标准的内容可以看出它们均具有事后评价的特点。

总体而言，在公平竞争的产业发展背景下，幼稚产业保护政策所具有的明显的歧视性，使其实施领域越发狭窄，实施条件越发严格。

3. 战略产业扶持政策

战略产业扶持政策最早由美国提出。然而令人颇为惊异的是，美国总体上对产业政策持否定态度，甚至不认为本国存在产业政策。战略产业扶持政策的提出得益于新贸易理论及战略性贸易政策的发展。新贸易理论，是以20世纪中期之后国际贸易领域内发生的一些新现象为背景，利用寡头竞争市场模型，阐释新型国际贸易产生动因及如何决定国际分工模式的一套相关理论，并在此基础上说明了保护本国市场的作用以及什么是最佳贸易政策问题。其代表人物是美国知名的国际贸易理论家保罗·克鲁格曼等。

简而言之，新贸易理论认为国与国之间在国际分工中所固有的优势同国与国之间要素禀赋差异一样，也是国际贸易产生的动因。特别是经济特征相似的国家之间的贸易，其产生的主要原因是报酬递增形成的国际分工，而不是国与国之间资源禀赋上的差异。而一些报酬递增产业在某一国家或地区的发展，仅用传统贸易理论的贸易本身扩大解释是行不通的，它可能仅仅产生于一种历史偶然性或是国家先行对该产业实行了保护。因此，对这类报酬递增产业而言，自由贸易并不一定是最佳的贸易政策，出口补贴、临时关税等措施有可能（但不是肯定）在一定程度上改变国际分工模式使其有利于实行保护主义的国家。①

从理论上讲，克鲁格曼所谓的规模报酬递增是战略性产业的唯一特征，因为只有具备这一特征它才可能在受到短暂的扶持或保护之后成长为具有出口竞争力的优势产业。但在现实的政策实践中，如何度量规模报酬递增都成为一道难题。因此，以能够在未来成为主导产业或支柱产业的新兴产业来界定战略产业的情况并不罕见。而且一般认为战

---

① 关于新贸易理论和战略性贸易政策，参见［美］保罗·克鲁格曼：《克鲁格曼国际贸易新理论》，黄胜强译，中国社会科学出版社2001年版。

略产业应具备三个特征：一是能够迅速有效地吸收创新成果，并获得与新技术相关联的新的生产函数；二是具有巨大的市场潜力，可望获得持续的高速增长；三是与其他产业的关联系数较大，能够带动相关产业的发展。①

然而，如果依据上述三个特征来判断战略产业，会发现它涵盖的范围很广，在结构性政策已经趋于弱化的当今时代对大范围的产业加以扶植并不现实。战略产业，顾名思义，有对一国的经济发展乃至国家安全至关重要的含义，只有少数产业才能够担此重任，因此，其选择的标准应该不限于满足上述特征，还应更加严格。从美国将电子信息产业作为战略产业来扶植并获得巨大成功的事例可以看到，战略产业应是与某项重大的知识或技术创新相关、能够对人类的生产和生活产生决定性影响，代表产业未来发展方向，并且是各国间竞争激烈的制高点产业。当前，以尖端军事及国防技术、信息和通信技术、生物技术、新材料技术、新能源技术、环保技术等为支撑的知识密集型产业，是战略产业的首选范围。

如前所述，带有歧视性特征的结构性政策的适用空间越来越小，即使是战略产业，也难以再像从前的幼稚产业保护那样，实行关税、配额、技术引进限制等直接干预手段，而是以间接诱导性和支持服务性手段为主。鉴于战略性产业的知识技术密集特征，各国的政策重点有向支持科学创新和技术研发，促进科研成果的产业化转化方向发展的趋势。

战略产业扶植政策的实施一般面临三大问题：一是如何准确选择战略产业，这是对政府知识、信息和决策能力的考验；二是如何保证战略性政策成功实施，因为产业间争夺生产要素的竞争和效果预测的难度可能降低政策成功的可能性；三是如何确保政策制定者有保证政策成功实施的能力问题，这不仅受政策制定者的主观能力所限，而且受客观原因制约。

4. 衰退产业调整政策

衰退产业的名称来自产业生命周期理论，依据该理论，任何产业的发展都会经历一个从幼稚期到成长期、成熟期直到衰退期的过程，迈入衰退期的产业就是衰退产业。但由于产业生命周期理论自身也遭到多方面的质疑，如现实中很难准确判别和划分四个阶段，并非所有产业都必然经历这四个发展阶段等，使得生命周期理论不足以成为界定衰退产业的科学依据。为此一些学者也尝试着从其他角度定义衰退产业，如迈克尔·波特

---

① 苏东水：《产业经济学》，高等教育出版社2000年版，第353页。

认为“在持续的一段时间里产品的销售量绝对下降的产业”① 就是衰退产业。也有学者以销售增长率为视角，认为衰退产业是“在正常情况下，一个国家或地区的某一产业产品销售增长率在较长时期内持续下降或停滞的产业”②。衰退产业是一个相对概念，在不同国家或地区，不同经济社会发展阶段，不同技术水平下，衰退产业的范畴会有很大差异，这也是衰退产业往往能够衰而不亡，在特定条件下可以再次焕发生机的原因。

衰退产业具有三点明显的特征：一是产品的需求增长率下降，其产业所提供的产值占 GDP 的比例呈下降趋势；二是生产率相对较低，技术进步率下降，且无产业创新能力；三是市场上出现新兴替代性产品，且替代性产品的需求增长率呈上升趋势。在上述三个特征中，技术进步率下降且产业创新无望是决定衰退产业的本质特征，因为一旦产业能够突破创新“瓶颈”，需求增长率下降和替代产品竞争问题都可以迎刃而解。

所谓衰退产业调整政策就是以衰退产业为对象实行的旨在促进产业内资源流出或是支持产业创新使产业摆脱衰退困境的政策总和。从定义中可以看出，衰退产业调整政策总体上有两种政策取向：一是顺应产业发展趋势，加速产业内经济资源流出后使产业进一步走向衰落甚至是消亡；二是以技术创新为突破口，扭转产业的发展趋势，使其重新焕发竞争活力。除此之外，还有一类政策取向因其具有的消极性，即通过种种保护措施维持衰退产业的生存，这类政策已经逐渐退出历史舞台。

在顺应产业发展趋势的政策取向下，政府面临的主要问题是如何在大批企业破产、员工失业的情况下保持社会稳定，让产业内的经济资源特别是劳动力顺畅地从衰退产业流向其他产业，因此，降低退出壁垒是问题的关键。退出壁垒主要包括固定资产壁垒、资产专用性壁垒、人力资源壁垒以及其他一些制度性壁垒。对应以上壁垒，衰退产业调整政策采取的主要手段有以下三个方面。

（1）加速设备折旧。采取促进折旧的特别税制，对因设备报废而产生的损失政府提供部分补偿等，降低固定资产壁垒。

（2）促进转产。政府通过法律或行政手段强制或诱导衰退产业部门停止或减少生产，建议适宜地转产方向，并在贷款、税收乃至政府补贴等方面予以优惠扶持，通过技术信息服务、技术指导等对企业转产提供所需的技术上的支持，加速产业转换。

（3）支援劳动力流动。相比资产而言，确保衰退产业内的劳动力顺畅流出，实现转

---

① ［美］迈克尔·波特：《竞争战略》，陈小悦译，华夏出版社 1997 年版，第 247 页。
② 陆国庆：《衰退产业论》，南京大学出版社 2002 年版，第 34 页。

岗和再就业更为重要。为此，政府应有目的地利用公共教育和培训设施，设立再就业培训基金，加强对职工新的就业技能的培训。强化劳动信息提供服务，实行再就业奖励制度等等。除此之外，作为安全保障底线还应建立和完善失业保险等社会化援助体系。

对另一类衰退产业调整政策，即以技术创新为突破口，扭转产业发展趋势的政策而言，政府政策的核心是如何支持产业和企业的创新行为。在现代产业发展史上，并不缺乏产业由衰到盛的例子，如棉纺织业在20世纪中期一度受到化纤业的冲击而走向衰落，但从90年代开始，受到人们追求天然健康消费时尚的拉动，以及棉纺织业自身生产技术创新开发出更高档、更优质的产品，使得棉纺织业重新焕发了生机。类似棉纺织这类衰退产业，虽然也面临经济资源的流出问题，但更主要的是增强产业的技术创新能力。在支持衰退产业创新方面，政府可以采取以下措施。①

（1）政府构筑衰退产业创新平台。创新是一种破坏性的创造，为此先要加大企业的创新压力，强制淘汰落后生产技术和生产工艺，严格行业生产和质量标准，并对先行企业给予一定的激励。然后，通过创建官、产、学、研的创新体制，引导支持产业和企业创新。

（2）将衰退产业创新作为高科技产业化的一个目标。衰退产业与高科技产业的融合既是衰退产业创新的一条主要路径，也是高科技产业成长的主要拉动力量。政府应该也可以充当衰退产业与高科技产业融合的媒介，并在衰退产业高科技化后的产品市场推广等方面发挥一定的作用。

（3）利用资本市场扶持衰退产业创新。任何产业的创新都离不开资本市场的支持，对衰退产业的意义则更显重要，因为如果任由市场机制发挥选择功能，衰退产业可能很难获得资本市场的青睐，因此需要政府政策的介入。具体包括激励风险资本投向衰退产业的创新活动，通过证券市场为衰退产业创新提供资金支持，分散衰退产业创新风险等。

二、产业组织政策

产业组织政策是政府为了使某一产业达到理想的市场绩效状态，采取的直接干预市场结构或企业行为，改变企业间竞争关系的政策总和，而有效竞争状态是政府对理想的市场绩效的最高追求。有效竞争作为“马歇尔冲突”的解最早是由英国经济学家克拉克

---

① 关于政府采取的措施的内容，主要参见陆国庆：《衰退产业论》，南京大学出版社2002年版，第260～268页。

提出的，其实质是规模经济和竞争活力的有效协调，从而形成有利于长期均衡的竞争格局。但由于有效竞争总体上无法度量，一定程度上降低了其作为政策目标的可操作性。

1. 产业组织政策的特征

产业组织政策以某一具体产业为对象，调整的是产业内的企业间竞争关系，因此与旨在调整产业间关系的产业结构政策特征有别。产业组织政策的特征表现在四个方面。

（1）仅就政策对象而言，产业组织政策具有公平非歧视特点。产业组织政策从政策取向上看，主要分为两大类，即鼓励竞争、限制垄断的竞争促进政策和鼓励发挥规模经济作用的规模经济促进政策。具体到某个产业采取哪种类型的政策，只取决于该产业的垄断与竞争状态，与产业的地位和作用等没有直接关系。① 这一点与产业结构政策有较大差异。

（2）产业组织政策具有微观性。从政策作用方向看，产业组织政策可分为市场结构调整政策和市场行为调整政策。但无论哪类，都侧重对微观企业行为的监控和调整，所以其政策结果也只是改变某一产业内企业之间的资源配置状态，具有很强的微观性，与旨在改变产业间资源配置状态的产业结构政策又有很大不同。

（3）产业组织政策的发展趋势日益加强。产业组织政策以有效竞争的市场状态为目标，是任何国家在任何发展阶段都需要面对和解决的问题。因此，当前无论是发达国家还是发展中国家，产业组织政策都没有出现类似结构性政策那样的弱化趋势，而是一直占据产业政策的核心位置，在某些国家，如中国这样朝向日益完善的市场经济体制过渡的国家，产业组织政策的重要性更是突现出来。

（4）法律手段是产业组织政策的主要手段。在产业政策的三种主要手段，即法律手段、经济手段和行政手段中，产业组织政策更多运用的是法律手段。特别是在竞争促进型的产业组织政策中，反垄断法几乎成为政策实施的先决条件。

2. 竞争促进政策

竞争促进政策是产业组织政策的重要构成部分，它以禁止和限制垄断和不正当竞争行为，维护竞争性的市场结构为内容。主要包括反垄断政策和中小企业政策两部分。

（1）反垄断政策。纵观西方国家的反垄断发展历史，对垄断的判定明显地经历了从结构主义向行为主义的转变过程。所谓结构主义方法就是通过市场集中度、产品可替代程度和潜在进入者进入市场的难度等因素来判定市场结构是否处于垄断状态。如果认定

---

① 当然，类似反垄断政策的“适用除外”等产业领域还是有所差别，但只属特例。

市场结构处于垄断状态，就会采取比较严厉的企业拆分措施或是较为温和的阻止企业合并行为的发生等措施。但随着产业竞争的日益加剧，这种结构主义判定标准可能损害规模经济性和效率的弊端也日渐显露。反之，行为主义的判定标准的地位日渐提高。所谓行为主义方法就是依据企业针对市场竞争者的行为而非企业自身规模的大小来判定是否存在垄断，只有企业实施了某种行为可能造成限制竞争的后果时，反垄断法才会予以干预。美国著名反托拉斯专家约翰·S. 麦吉指出："所有被指责为掠夺的行为（如降低价格、改进产品和生产过程）都是竞争性的。它损害了竞争者，但却对消费者有利。如果存在一个法律上的理由来约束这样的行为，那一定是这样的行为有可能变得过分。它们本身确实是无可反对的。这至少意味着，在制定反对这些行为的保护性政策时，必须小心区分什么是有益的竞争性行为，什么是有害的竞争性行为。"① 从麦吉的论述中可以看出，在行为主义标准下，反垄断法关注的重点转向限制企业的价格共谋行为、禁止非法的价格歧视、禁止排他性交易、禁止欺诈行为等不正当竞争行为上。

促使对垄断的判定从结构主义转向行为主义的原因主要有两个。

第一，激烈的国际竞争使得各国对产业规模经济的追求较之从前要热烈得多。规模经济所具有的低成本优势是应对全球产业激烈竞争的有力武器之一，而结构主义的判定标准下企业的规模经济性因为拆分和限制合并等受到严厉的打压，况且一些理论和实践的最新发展表明，市场结构与限制竞争并不存在必然联系，直接作用于市场结构的反垄断政策，可能只会损害规模经济效益，而无益于促进竞争和提高产业的国际竞争力。

第二，在结构主义的判定标准下判断市场结构本身就存在很大难度。一方面，由于市场存在产品市场和地理市场两个角度，而由于替代性产品的存在和市场地理范围不确定性，无论从哪个角度界定市场时都存在是否清晰明确的问题，而市场界定是判断市场结构的前提；另一方面，生产集中度、产品市场份额等常用的判断市场结构的指标，在不同时代、不同市场环境和不同产业存在很大差异，也使得对市场结构的判断缺乏一定的科学性和可操作性。

反垄断政策向行为主义标准转变的直接后果是各国反垄断的基本内容更加集中于对企业行为的监督上。主要是监督企业的两大类行为，即共谋行为和滥用市场支配力量行为。对共谋行为不仅禁止存在协议或证据的明示的共谋行为，而且特别强调默示的共谋行为，如一旦存在固定的相关市场份额、交换价格信息、相同的出价等现象或行为，即使企业之间没有卡特尔等协议，也在反垄断法的禁止范围内。虽然有学者认为在一个自

---

① ［美］小贾尔斯·伯吉斯：《管制和反垄断经济学》，冯金华译，上海财经大学出版社2003年版，第225页。

由、开放、统一的市场上，滥用垄断势力实施排他性行为是很难的事情，但并不排除在短期内垄断企业实行一些“掠脂”行为，妨碍市场公平竞争，如独家交易、搭配销售、维持转售价格、限定销售区域等，企业一旦存在类似行为，反垄断政策将以禁止滥用市场势力的名义予以干预。但因为对企业行为的监督与判别比对市场结构的判别更为困难，使得在行为主义标准下，反垄断政策反而有趋向宽松的迹象。

另外，即使在结构主义主导的反垄断政策时期，普遍存在于各国的反垄断政策的适用除外条款，也都认可一些类型的反垄断行为。从发展的历史看，早期各国反垄断政策的适用除外一般适用于几个领域，即自然垄断产业、进出口贸易、农业、银行和保险业、知识产权以及诸如中小企业、衰退产业、消费者组织、工会等其他领域。但近些年来，因为技术进步部分地改变了自然垄断产业的产业特性，因为国际经济一体化和自由化对全球范围的经济竞争提出更高要求，传统反垄断政策的适用除外领域被大幅缩小，同时加强了对合作研究与开发、知识产权保护等领域适用除外的执行力度，使得当前反垄断政策中适用除外主要集中在合作研究与开发、知识产权保护等知识产品的生产领域，以及一定的消费者行为和一定的工会行为等经济活动中的相对弱势的群体行为上。而且即便是在适用除外的领域，其受保护的程度也有所削弱，如根据德国卡特尔法的规定，专利所有权在其使用种类、范围、技术层面、数量、地域和时段等方面所产生的限制一律不得超过正当的范围。特别是不得利用专利的垄断使用权攫取其他方面的垄断。①

竞争促进政策不完全等于反垄断和反不正当竞争政策，虽然反垄断和反不正当竞争政策是竞争促进政策的主体。但除此之外，旨在增强中小企业竞争力的中小企业政策，以及一些招标、拍卖等竞争激励手段的运用都可以发挥一定的竞争促进作用，因此也是竞争促进政策的构成部分。

（2）中小企业政策。中小企业政策作为普遍存在于各国的一种竞争促进政策，在一些国家是以明确的中小企业法的形式体现出来的。虽然在不同国家，同一国家的不同时期或是不同产业，中小企业的概念并不相同，但基本上各国都从资产总额、年销售额以及从业人员等几个角度界定中小企业，而且会随着时间的变化，修改中小企业的界定标准。

从大的方面讲，制定中小企业政策的初衷主要有两点。一是因为中小企业在一国的

---

① ［德］曼弗里德·诺伊曼：《竞争政策——历史、理论及实践》，谷爱俊译，北京大学出版社 2003 年版，第 214 页。

社会经济发展中发挥重要的不可替代的作用，如中小企业可以创造更多的就业机会，可以满足多样化、个性化的市场需求，可以加快技术扩散与技术创新，可以扩大税基税源，可以培育新的经济增长点等，因此，中小企业是社会经济体系中最活跃的部分，对社会经济发展发挥不可替代的作用。二是因为与大企业相比，中小企业在市场交易和市场活动中往往会处在不利的地位，而富有竞争力的中小企业的存在本身对大企业就是一种竞争激励，因此，从削弱大企业的垄断势力，培育市场竞争主体的角度也应对中小企业予以一些特殊的政策。

中小企业政策从类型上可以分为两大类：一类是以所有产业内的中小企业为对象的一般政策；另一类是以特定产业内的中小企业为对象的特定政策。从一般政策来看，主要是从资金、技术、劳动力、信息等方面对中小企业予以扶持和援助，以此改善中小企业所处的相对不利地位。从政策手段看，设立专为中小企业融资的独立金融机构、为中小企业的融资行为提供政府担保等金融手段，制定特别税制给予税收优惠等财政手段，对中小企业的从业人员进行职业培训和技能指导等劳动政策，为中小企业的技术革新和研发活动给予各种支持和援助的技术政策，以及为中小企业的经营、技术、劳动、产品、市场等提供信息和咨询服务等信息指导政策，都是中小企业政策的构成部分。

在有些国家的中小企业政策实践中，还出现以特定产业内的中小企业为对象的中小企业政策，它实际上是产业结构政策在中小企业政策上的延伸，例如，有与产业组织政策相联系的鼓励中小企业合并联合，促进规模经济的政策，有与产业结构政策相联系的对衰退产业内的中小企业予以特殊保护的政策等。

3. 促进规模经济政策

促进规模经济政策作为产业组织政策的另一大类，其政策目标与竞争促进政策存在很大差异。如果说产业组织政策是在享受规模经济收益和享受市场竞争效益之间寻找一个均衡点的话，竞争促进政策更偏向于享受市场竞争的效益，而促进规模经济政策旨在享受规模经济收益。

促进规模经济政策实施的前提条件是认定某一产业没有达到规模经济状态，而且按照市场机制的自由作用，达到规模经济尚需时日。其原因是产业内的企业规模偏小，企业组织状态不合理。因此，促进规模经济政策的出发点是改善不合理的产业组织结构，建立大规模生产体制。其主要做法包括鼓励企业间兼并、促进企业联合，如建立企业间的专业化分工协作关系和组建企业集团，以及设置规模经济进入壁垒等。

在促进规模经济政策中最普遍的是产业合理化政策。产业合理化一词最早出现在20世纪20年代的德国、法国和英国等国家，在20世纪60～70年代的日本被发挥到极致。

实施产业合理化政策的目的是增强产业竞争力，因此往往被看作后发国家赶超先进国家的一种手段。合理化政策中的推动企业兼并与重组，协调产业内的企业间关系，避免出现过度竞争等内容与反垄断政策有冲突。为了协调两者之间的矛盾，产业合理化往往需要反垄断政策以适用除外的形式予以认可，如允许组建合理化卡特尔。与反垄断政策具有的强制特点相比，合理化政策大多采取诱导性手段，政府无权强令企业之间进行合并重组，或是分工协作、价格协调等行为，因此，一项合理化政策成功与否，往往取决于产业内企业间的竞争与垄断关系以及企业的意愿。而一般而言，当产业处于成长期时，企业之间的竞争取向非常明显，很难达成协调一致的意见，因此，合理化政策大多无法成功。这一点从 20 世纪 60 年代日本通产省（现在的经济产业省）实行的汽车产业合理化政策在企业一致的反对声中走向夭折就可以看得很清楚。而当产业处于衰退期时，由于企业的行为取向发生明显转变，合理化政策大多能够取得成效。日本在造船、钢铁等产业实行的合理化政策就是很好的例证。

三、产业技术政策

技术是与产业休戚相关的一部分，产业发展离不开产业技术的发展，产业技术政策也因此成为产业政策体系中必不可少的一部分。简而言之，产业技术政策就是引导和促进产业技术进步的政策总和。具体包括对技术引进、开发、创新、应用、扩散等内容的引导和控制。虽然一般而言，产业技术政策的对象是产业技术，但因为产业技术必须附着于具体的产业，而且不同的产业，其技术经济特征、技术发展水平都有很大差异，所以产业技术政策往往还有明确的产业指向。如汽车产业技术政策、钢铁产业技术政策等。

1. 产业技术政策的特征

技术是产业发展的灵魂和生命力所在，这奠定了产业技术政策在产业政策体系中不可替代的地位。与产业结构和产业组织政策相比，产业技术政策的特征主要体现在以下三个方面。

（1）产业技术政策具有普遍性和长期性。产业技术进步是永无止境的过程，不像产业结构和产业组织那样有一个静态的相对理想状态。因此，以促进产业技术进步为目标的产业技术政策普遍存在于各国，无论是发达国家还是发展中国家，普遍存在于产业发展的任何时期，无论是幼稚期、成长期还是成熟期、衰退期。不像产业结构和产业组织政策具有一定的间歇性，产业技术政策贯穿产业发展的全过程。

（2）产业技术政策成为国际产业竞争的一个焦点。由于知识和技术所部分具有的公共产品属性，使得政府对其进行干预的理由充分。当全球经济一体化、自由化的浪潮席卷而来，使旨在扶植产业发展的幼稚产业保护、幼稚产业扶植等结构性政策的运用空间日渐缩小之时，产业技术政策成为公开、合理扶植产业发展的主要手段，因此，也成为国际产业竞争的焦点。政府运用产业技术政策的能力和技巧，一定程度上可以决定产业的国际竞争地位。

（3）政府运用直接干预手段贯彻其政策意图的可能性更大。总体而言，产业政策以间接干预手段为主，但对产业技术政策而言，由于政府可以通过主体身份主持或参与特定产业技术开发等活动，或是对技术开发、应用、推广等给予直接的资金支持，因此，政府的政策意图能够得到更好的贯彻，为提高产业技术政策的成功率奠定了基础。

产业技术政策并不等同于国家科技政策，因为从研究开发主体来看，产业技术的第一研究开发主体还应是企业，而科学知识的研发主体无疑应是政府的科学研究机构。产业技术的核心是应用，而科学研究是基础性创新。因此，产业技术具有半公共物品属性，产业技术政策的目的是推动、促进、扶植产业的技术创新、应用和扩散，而不是替代企业的主体地位。也就是说，是在市场机制不能完全有效发挥作用的领域，政府利用权威、资金以及各种能力予以指导和扶植。

2. 产业技术政策的内容和发展趋势

产业技术政策内容繁杂，涉及面广，主要可以分为五大类。

（1）制定标准和长期发展规划。主要包括明确产业技术发展目标，制定各种具体的产业技术标准，制定技术发展规划，通过公布鼓励发展技术和限期淘汰技术引导企业技术进步的方向等。

（2）技术引进政策。主要包括明确鼓励引进和限制引进的技术种类，对鼓励引进的技术种类提供外汇和信贷支持，政府出面协调与技术引进相关的事宜等。

（3）技术研发支持政策。主要包括政府协调建立官、产、学、研一体化的研究开发体制，政府加大与产业技术相关的基础科学领域的研究创新力度，对企业的技术研发活动给予资金支持，鼓励和补贴企业之间的技术合作活动等。

（4）技术扩散政策。主要包括对技术扩散的方式和渠道提供建议，扶持技术扩散的源头企业，对企业积极的技术扩散行为给予财政和金融支持，必要时以产业技术标准等形式强制推进技术扩散。

（5）完善产业技术发展的外部环境。主要包括完善法律和制度环境建设，如制定和严格执行专利法，加强技术标准的执行力度，重视技术研发和应用人才的培养与教育培训，强化政府的技术信息提供职能等。

由于产业技术政策所具有的普遍性和长期性，以及其对产业竞争力的关键影响作用，产业技术政策有日趋强化的发展趋势，而且内容上也正在发生某种转型。产业技术政策的发展趋势主要表现在四个方面。

（1）从以个别产业或企业为主体的政策转向重视技术创新体系的建设。产业技术政策发展初期往往与结构性政策密切相关，以具体产业甚至是某些企业为政策对象，具有明显的导向性。而目前国家创新体系、产业创新体系的建设对技术政策提出新的要求，特别是在产业创新体系中技术创新体系居于核心地位，因此产业技术政策也开始朝向有利于创建技术创新体系的方向发展。

（2）从支持全面分散型技术开发转向扶持有选择的重点技术开发。如果把产业技术看作是一种产品，那么产业技术的生产不仅有比较优势问题，也有专业化分工生产的收益问题。因此，各国的产业技术政策从普遍性的技术开发支持转向有选择的重点支持，这样不仅可以强化支持力度，做到重点突破，而且可以增强专业化分工优势。

（3）从支援供给导向型的技术开发和扩散转向鼓励需求导向型的技术开发和建立网络型技术扩散体系。长期以来，产业技术开发领域的选择都是供给导向型的，但伴随需求社会的来临，供给导向型的技术开发和技术扩散所产生的低效率和偏差也日渐显露，使得需求导向型的技术开发成为必然，而且需求也成为技术扩散的拉动力量。这使得一些通用技术（如信息技术）向各个产业的渗透和延伸成为技术扩散的一种主要形式，而且有利于建立网络性的技术扩散体系。

（4）从重视技术开发向强调技术开发与扩散并重转变。技术开发是产业技术活动中的关键环节，从广义上看，技术引进后的消化吸收相当于二次开发，而技术扩散更是以技术开发为前提。因此，技术开发居于关键位置并不为过。但因为技术的外部经济性主要是通过技术扩散实现的，技术扩散效应越大，技术的正外部性越大，如果只重开发不重扩散并不能有效地发挥技术的作用，所以产业技术政策开始树立技术开发与扩散并重的理念，加大对技术扩散的扶持力度。

四、产业布局政策

产业布局是产业在一定地域空间上的分布和组合，促成产业布局的有两种力量：一种是产业自身的推动力量，是在自然、社会经济、地理位置、科学技术等因素在市场机制作用下的产业自我发展结果；另一种是政府利用产业布局政策实施的拉动力量。简而言之，产业布局政策就是政府旨在规划或引导产业空间分布的一切政策总和。

1. 产业布局政策的特征

产业布局政策在产业政策体系中具有相当的独特性，其特征主要表现在三个方面。

（1）产业布局政策肩负经济和社会双重目标。前述三类政策或是通过促进结构优化，或是通过促进组织优化，或是通过促进技术进步，目的都是获得产业或经济发展。而经济发展只是产业布局政策的一重目标，除此之外，它还肩负保持社会稳定、维护国家安全、实现经济公平等社会职责，是政府行使社会职能的一种手段。

（2）产业布局政策具有系统性。产业布局政策以特定区域为对象，是产业结构政策、产业组织政策和产业技术政策在区域的延伸，是微缩的产业政策，这是其系统性的一个表现。而且，产业布局政策的作用也是多方面的，它与区域经济发展政策、区域经济调控政策等相配合，共同构成区域经济政策发展体系，这是其系统性的另一个表现。①

（3）产业布局政策更具倾斜性和强制性。因为产业布局政策肩负社会目标，在选择政策对象时不仅仅考虑经济合理性，所以一旦政策对象确定后会以更具倾斜性的、更强制性的手段确保政策得以执行，例如实行区域产业扶植政策时，政府不仅可以施以财政、金融等间接优惠手段，而且可以直接投资等形式直接干预产业的发展。这也是产业布局政策易于导致不同利益主体之间矛盾的原因所在。总之，因其更具倾斜性和强制性，产业布局政策的运用需要更加谨慎理性的态度。

总体而言，产业布局政策更似产业结构政策在区域的延伸，是有目的地促进各类经济资源向某一区域的某类产业流入或加速经济资源从某一区域的某类产业流出的政策总和。

2. 产业布局政策的内容

产业布局政策基本可分为区域产业扶植政策和区域产业调整政策。

顾名思义，区域产业扶植政策是指政府通过给予各种优惠政策，完善投资和产业发展环境，或是直接投资等手段，以倾斜发展的思路，促进特定区域内的某类或某几类产业的发展。目的是加快扶植区域内的重点产业，促进该区域的经济增长。有几类地区最有可能成为这种区域产业扶植政策的实施对象。第一类是区域经济发展水平相对落后，而且其落后状态可能产生更大的社会问题等连锁反应。第二类是区域具有大规模发展某类产业的资源禀赋优势，但缺乏一些关键要素，如资金等，所以需要产业布局政策发挥外力支持作用。第三类是国家出于总体经济发展、维护产业安全和避免地区产业结构雷

---

① 汪世银：《区域产业结构调整与主导产业选择研究》，上海三联书店、上海人民出版社 2004 年版，第 222 页。

同等的考虑，确定一些产业的重点发展地区。

区域产业调整政策是指促进某类产业从劣势生产区域向优势生产区域转移，或是加快特定区域内的衰退产业加速生产要素退出的政策总和。每个地区对不同产业有不同的吸引力，而且地区的优势生产要素是变动的，这决定了每个地区适宜生存的优势产业也是变化的，因此会出现区域间产业转移现象。区域间产业转移可以是纯粹自发的市场过程，但由于市场调节的缓慢和存在某些资源流动壁垒，需要政府的区域间产业调整政策发挥作用。也因为区域间产业调整政策是对市场机制自发作用的一种推动和补充，所以它首先要与市场机制自发作用的方向相吻合，在此基础上，通过限制某类产业在某些区域的发展，鼓励某些生产要素从某类区域流向另一类区域等手段，加速区域间产业调整的步伐。区域产业调整政策中还有一种针对特定区域的资源依赖型产业，如采矿业、采煤业等，当其资源已经趋于枯竭时，需加速经济资源从资源依赖型产业退出，并选择培育新兴成长性产业的政策。这种区域产业调整政策是几乎所有国家都需要的，而且因为它涉及社会稳定等问题，是产业布局政策中很关键的一部分。

从产业布局政策的手段看，与产业政策的一般性手段没有太大差异。只是因为产业布局政策肩负经济和社会双重目标，所以其直接干预手段运用得还比较普遍。如以财政拨款、发行国家债券等形式直接扶植某一地区某类产业的发展，或是采取关停并转等强制手段，限制某一地区淘汰产业内的企业等。需要明确的是产业布局政策的存在基础也是市场经济体制，所以它与计划经济体制下的计划干预手段有本质区别，产业布局政策总体上也是依靠诱导、信息提供等间接手段运转的，是市场机制的有力补充。

五、产业政策的另一分类视角：功能性与选择性产业政策

当前关于产业政策有效性争论的焦点之一是对产业政策的分类认识不同，即所谓功能性产业政策和选择性产业政策，争议的对象主要是选择性产业政策。

1. 功能性产业政策

功能性产业政策是指为弥补市场失灵，以亲近市场、尊重市场为基础，强化市场功能，并为市场机制的完善与发展创造适宜的监管环境，来促进本国产业国际竞争力的提高而制定的超越市场支持性政策。功能性产业政策呈现出两个明显特征。一是横向覆盖——没有特定行业指向性。功能性产业政策又被称为普惠性产业政策（姜洋，2015），顾名思义是对所有行业都具有适用性，制定产业政策时强调市场机制在资源配置中的基础性作用。二是重在优化产业发展环境，制定功能性产业政策时，突出其协调作用，协

调政府与市场的关系，协调产业发展过程中各要素和资源的分配关系，协调企业与产业发展环境的互动关系。从协调产业发展环节来看，功能性产业政策要更集中于前端研发设计和后端市场培育，强化对科技研发、专业化人力资本、外部性强的基础设施以及信息不对称等领域的支持力度；从协调产业发展生命周期视角看，集中针对处于引入期和衰退期的产业。

功能性产业政策一般包含职业培训、研发补贴、市场竞争、创新体制建设等具有特定功能的方面。通过功能性产业政策涵盖的内容来看，是适用于所有产业发展所需要的支持性政策，着重强调为所有企业（产业）提供一个更加公平、有效的竞争平台，突出其为产业发展服务的功能性。

2. 选择性产业政策

选择性产业政策是为缩短产业发展进程、改变产业结构演进方向、实现国家赶超战略、确保国家安全等目标的实现，而制定的一系列由政府主动选择与扶持的特定产业（企业）发展差别性计划。选择性产业政策也具有两个基本特征。一是纵向覆盖——瞄准特定行业发展，突出对特定产业或企业实施差别化政策。并且往往在制定和实施选择性产业政策时，对该行业所有发展环节进行全方位的政策扶持，纵向覆盖特征显著。二是政府引导资源配置的特征鲜明，其理论依据是通过产业政策实现经济赶超。选择性产业政策在资源配置方面更加强调政府主导而非市场主导。突出政府的引导作用，引导资本、劳动力、设备、土地等一系列生产要素向特定行业集聚，优先推动产业规模增长，最终实现对产业（企业）自生能力的培育。从引导产业发展环节来看，选择性产业政策贯穿于产业发展过程的全部环节，对有利于该产业发展的科技研发、专业化人力资本、外部性强的基础设施以及信息不对称等领域进行相应支持；从产业发展生命周期视角看，通过引导资源配置进入特定产业，加快产业进入成长和成熟期。

第三节　产业政策的有效性理论

有关产业政策有效性问题一直存在较大争议，尤其在倡导自由贸易、自由市场为主的主流经济学领域，产业政策的理论研究与发展较为缓慢。直至近几年，产业政策有效性问题的重要性逐渐凸显，本节重点梳理产业政策有效性的相关理论。

一、传统的产业政策有效性理论

自亚当·斯密出版《国富论》创立古典主义经济学开始，市场机制就被认为是资源配置最优的实现方式。伴随着主流经济学流派的不断发展和演化，奉行自由主义，反对产业政策一直是其核心思想。但经济发展现实却显现出截然不同的结果，即放任市场自由发展并不总能实现资源最优配置和促进经济增长。因此，传统产业政策有效性理论从市场失灵理论出发，开启了对产业政策有效性的研究。

市场失灵理论（market failure theory）是指由于完全竞争市场假设过于严苛，现实中依靠市场机制往往无法实现资源的最优配置结果，即市场失灵。垄断、外部性、信息不对称和公共物品被认为是导致市场失灵的主要原因，主要表现在以下四个方面：第一，垄断行为的存在，使得市场竞争受阻；第二，经济主体的行为对社会和其他主体造成影响，带来外部经济或外部不经济，无论外部经济还是外部不经济都会造成整体福利的损失；第三，由于信息不对称或信息不完全的存在，市场交易容易出现逆向选择和道德风险等问题，造成福利损失无法达到资源配置的帕累托最优；第四，公共物品的特殊属性使得市场无法实现公共物品的供求平衡，造成公共物品资源浪费或者供给不足。因此，市场运行需要政府通过运用产业政策等工具改善市场失灵，提升资源配置效率，弥补市场机制的不足。

尽管政府通过产业政策对经济活动进行干预并不一定能够解决市场失灵问题，但却成为政府实施产业政策改善资源配置效率、缓解市场失灵的正当理由（布坎南，1989）。这在新兴产业的发展过程中表现的尤为明显。

新兴产业在形成与发展过程中存在较为明显的市场失灵现象。首先，技术溢出效应和规模经济效应的外部性导致新兴产业存在市场失灵。新兴产业的发展依赖技术创新，然而技术创新的全部收益却不能完全由创新企业获得，造成企业研发成本与收益偏离了社会研发成本与收益，降低了企业的创新积极性。同时，新兴产业大多为产业链中间环节，其对产业链上下游相关产业有较强的外部规模效应，容易导致社会资本投资分流。其次，在位厂商惰性导致的新兴产业市场失灵。新兴产业的高新技术特性使得在位厂商能够利用其领先优势，通过构筑技术、市场等进入壁垒获得垄断地位。而缺乏竞争的市场环境则会导致在位企业拒绝创新活动，而无法实现产业资源的最优配置。最后，新兴产业在发展过程中存在较强的不确定性，这就使得新兴产业在融资、研发与市场等方面出现信息不对称。因此，这些市场失灵现象的存在让政府有理由通过制定和实施产业政策来予以改善。

二、产业政策有效性理论的延展——信息经济学视角

斯蒂格利茨（Stiglilz）作为信息经济学的奠基人之一在其诺贝尔授奖演讲中向“看

不见的手”这一经典发起挑战：“我的理论认为，‘看不见的手’之所以看不见，可能就是因为它并不存在，或者说，即使存在，它也是瘫痪的。”斯蒂格利茨和其追随者基于不完全信息和不对称信息的新假设，以信息经济学理论为基础，重新分析了诸多市场的运行机制。信息经济学中有关产业政策有效性的理论主要包括以下三点。

第一，“非传统意义上的市场失灵。”基于信息不对称和信息不完全这一假设，市场失灵在深度和广度上已远超过新古典经济学所认可的范围。他认为，新古典经济学市场失灵关注的焦点在于市场是否具有提供良好的投资信号能力，而信息经济学更关注由于信息不完美导致资本市场、产品市场和劳动市场的市场失灵（Stiglilz，2007）。这些市场失灵的存在为不同类型的政府干预和产业政策实施提供了空间，奠定了产业政策有效的理论基础。

第二，格林伍德—斯蒂格利茨定理，即信息完全或信息不对称存在于市场时，市场本身也是不完备的，通过市场机制不会使资源配置自动达到帕累托最优。该定理认为市场失灵是无处不在的，不存在完美的市场调节机制，因此，政府干预与产业政策也应该是普遍存在的，这为现实中无处不在的产业政策给出了理论上的解释。

第三，政府干预与产业政策具有相对优势。信息经济学同样承认政府存在失灵，也同样认可产业政策存在诱发寻租和抑制创新的反作用。但是，他们认为没有证据表明政府天生就比市场更缺乏效率，政府失灵不会比市场失灵更严重。因为导致政府失灵的缺乏竞争、承担社会目标、寻租与腐败、没有破产威胁等因素可以通过机制设计解决。这些问题并不像市场失灵一样，市场失灵是市场天然形成的缺陷，而政府失灵并不是自身所固有的。同时，产业政策在促进投资协调、推进结构升级、强化知识积累、诱导创新研发等方面具有较强的优势，而得当的制度设计将使得产业政策利大于弊。

信息经济学中的产业政策有效性理论不仅为政府实施产业政策提供了一定的理论基础，还提出政府应重视在解决市场失灵过程中面临的激励与信息问题，以避免政府失灵对产业发展造成的负面影响，阻碍产业政策实施效果。这也是目前中国产业政策制定与实施过程中亟须关注和解决的问题。

三、产业政策有效性理论的延展——新结构经济学视角

对经济增长的分析是新结构经济学研究框架的基础，也是其产业政策有效性研究的基础。新结构经济学将大卫·李嘉图的比较优势理论与内生经济增长理论相结合，认为如果发展中国家按照比较优势原则发展产业，将从与发达国家的产业和技术差距中获益，从而实现比发达国家更快的增长。因此，确保经济能够按照与比较优势相一致的方

式增长，就需要企业能够按照比较优势原理选择技术和产业，而这一条件往往在发展中国家无法得到满足。发展中国家的竞争性市场机制尚不健全，需要政府采取各种措施完善市场制度，创造并维护产业市场和要素市场的有效竞争，给产业政策的实施提供了发展空间。如何制定适当的产业政策以促进经济增长？新结构经济学将迈克尔·波特的竞争优势理论与比较优势理论相结合，从扶持具备自生能力的企业出发，从微观角度来解读如何构建合理的产业政策，构建增长甄别和因势利导分析方法。第一，找到某国具有潜在比较优势产业；第二，帮助潜在优势产业中的企业降低交易费用；第三，政府通过招商引资、改善基础设施和产业环境来吸引企业进入潜在优势产业；第四，政府应为具备自生能力的企业和所在产业提供帮助；第五，政府通过工业园区或经济特区的形式帮助潜在优势产业以产业集群的形式成为具有竞争优势产业；第六，对先行企业进行外部性补偿。

尽管“挑选赢家”式的产业政策受到诸多质疑，但新结构经济学仍将重心放在如何平衡“挑选赢家”和“提供服务”上（顾昕，2014）。虽然新结构经济学的产业政策有效性理论更为注重对扶持产业的选择，但这一理论可以延伸到对某一产业内扶持企业的选择。林毅夫（2012）认为，政府可以通过产业政策协调同一产业内企业间相关投资，补偿先驱企业的信息外部性等方式培育和鼓励新产业发展。①

四、产业政策有效性理论的延展——新古典主义经济学视角

虽然新古典经济学一直提倡自由市场经济理论，反对产业政策和政府干预，但是新古典主义依然有肯定产业政策有效的相关理论，较为有代表性的两个理论是凯恩斯相机抉择政策和罗德里克（Rodrik）的产业政策。

凯恩斯主义的相机抉择政策主要包括货币政策和财政政策。凯恩斯主义起源于20世纪30年代，在经历了资本主义大萧条后，由于面临有效需求不足的现状，市场机制无法使经济均衡增长，为避免危机深化和失业扩大，提倡政府对经济进行干预，通过实施相机抉择的宏观经济政策实现社会总需求与总供给的均衡。相机抉择的货币政策和财政政策属于广义的产业政策，而罗德里克针对狭义的产业政策有效性提出了相关理论。

罗德里克（2009）认为，主流经济学家对产业政策的共识并非对新古典经济学的正确应用，他称自己的分析严格基于新古典主义，但却无法与主流经济学家在发展政策方面达成共识。他认为与产业政策的必要性相比，如何实施和制定更加有效的产业政策更

① 林毅夫：《繁荣的求索：发展中经济如何崛起》，北京大学出版社2012年版。

为关键，因为信息的外部性和协调的外部性足以说明产业政策的必要性。一是为让其他市场主体减少无谓的冒险行为，可将创新失利的信息作为公共物品提供给市场主体。二是新兴产业活动只要具有规模经济、投入特定性和产业链的集合性，对大规模投资活动加以协调就具有社会效益。在实施和制定有效产业政策方面，这一理论认为关键在于以下三点：一是政府与企业界建立制度化的合作伙伴关系，政府既不是高高在上且高瞻远瞩的独立的政策制定者，也不是受到特定产业特殊利益捕获的租金设置者，而是能在这两者之间行事；二是政府必须对锁定的产业同时给予“胡萝卜”和“大棒”，一方面要提供支持，另一方面要将所有政府支持与某种可度量的绩效指标联系起来，并且明确失败标准和终止条款；三是政府的问责机制必须健全，因此，产业政策的公开透明是重中之重。

第十六章

产业政策新发展

产业政策在主流经济学理论研究中并未得到足够承认与重视，但随着其在实践领域的广泛使用，主流经济学家也不得不重视和研究这一课题。因此，学术界近十几年里关于产业政策的研究逐渐增多，而越来越多的主流经济学家也加入了这一研究领域。本节从产业政策必要性、有效与无效、产业政策转型三个视角对产业政策的理论争论进行梳理。

第一节　产业政策的理论争论

产业政策从其产生那天起就面临着必要性、合理性和有效性的逻辑矛盾，虽然这种争论并没有真正影响到产业政策的实践。

一、产业政策必要性之争

承认产业政策的实施即使在以自由主义为宗旨的美国都无处不在、如影随形，[①]但这并不意味着产业政策存在即合理，否则也无须因其存废而引发争论。对于产业政策是否有必要，詹姆斯·罗宾逊（James Robinson）说："我们有充分理由从经济学理论中得出结论：产业政策可以是社会所需要的，并有可能促进经济增长和发展。"[②] 因此，产业政策"必要论"可以归纳为以下四个方面。

1. 市场失灵

市场失灵作为一国政府通过实施产业政策干预社会经济发展的理论支撑，产业政

---

① Mariana Mazzucato. The Entrepreneurial State：Debunking Public vs. Private Myths in Risk and Innovation, Revised Edition. London and New York：Anthem Press，2014.

② 詹姆斯·罗宾逊：《产业政策和发展：政治经济学视角》，载于《比较》2016 年第 1 期。

策能否弥补市场失灵就成为各国学者的研究重点。就连新古典综合派也承认外部性和公共物品这两大市场失灵离不开产业政策的纠正。随着市场失灵现象越来越多地充斥在现实经济生活中，市场机制无法自动调节经济发展，政府开始采用各种政策手段缓解市场失灵。国家干预经济思潮不断涌现。斯蒂格里茨作为政府积极干预主义的倡导者，从幼稚产业保护论出发，印证产业政策存在的必要性。他认为在寡头竞争的开放市场中，对幼稚产业实施进口保护的贸易产业政策可以带来比实施自由贸易更高的福利水平。①

2. 产业竞争力与产业结构

从提升产业竞争力角度来看，对幼稚产业保护是这一领域最早的相关研究。汉密尔顿（Hamilton）作为最早向本国政府提出对幼稚产业进行保护的先行者，他在1791年的《制造业报告》一文中阐述了对保护和发展当时处于新兴产业地位的制造业的重要性。李斯特（List，1841）在其基础上对幼稚产业保护论进行了进一步的阐释，他称幼稚产业保护的目的在于通过关税和贸易保护，推动幼稚产业向成熟产业发展，以提高国家的生产力与竞争力。

提到贸易保护性产业政策不得不提到克鲁格曼（Krugman）的战略性贸易政策理论。他的这一理论深受产业政策辩论的影响，但同时也推动了产业政策理论的发展（Chang，1994）。俞灵燕（2001）、金戈（2010）等国内学者在研究是否应该实施产业政策这一问题时也常常援引他的观点。由于某些行业特性，企业进入壁垒较高，且一旦进入容易形成规模经济的产业，如飞机制造业等，则容易形成国际寡头垄断。在这种市场中对本国企业实施保护性或战略性的产业政策，就有可能提升该产业和产业内企业的国际竞争力（Krugman，1984；Brander & Spencer，1985）。

迈克尔·波特（1990）将竞争优势理论引入对产业政策必要性的研究中，从一个新的视角对支持政府通过产业政策扶持产业发展、提升产业或企业竞争力提供理论支持。他对产业政策在要素、需求、相关性产业以及公司战略、组织结构和竞争等方面的作用机制进行系统分析，构建能够提升产业竞争优势的产业政策框架。

从促进产业结构升级角度来看，新结构经济学从这一视角给出了产业政策具有必要性的研究结论。依据比较优势理论对产业增长潜力进行筛选和甄别是新结构经济学一直研究的重点方向（林毅夫，2012a），在实践如何甄别具有增长潜力的产业过程中将原有

---

① Stiglitz J. E.，Greenwald B.. Pareto Inefficiency of Market Economies：Search and Efficiency Wage Models. American Economic Review，1988，78（2）：351－355.

的“挑选赢家”法则修订为了“挑选冠军”（顾昕，2014）。事实上，新结构经济学的基本立场是打造一种因势利导型的政府。这种类型政府应通过协调企业与市场机制而不是替代市场，与企业共同推进产业结构升级和产业发展方向（林毅夫，2013）。新结构经济学认为，经济发展中的市场失灵主要源于创新，并且可以由政府通过实施产业政策进行调节。林毅夫（2012b）认为，信息外部性和协调问题是导致市场失灵的主要原因，而国家可以通过产业政策为新兴产业提供信息补偿创新外部性，推动技术与产业结构升级，完善基础设施和制度建设，协调企业行为。

3. 技术开发与创新

技术开发与创新在现代经济发展中的作用日趋显著，然而创新行为却由于其较强的外部性与不确定性常常伴随着创新的市场失灵现象。因此，部分学者将产业政策视为促进技术开发与创新的重要武器。根据内生经济增长理论，技术开发与创新是决定一个国家长期经济增长能力的关键因素。而知识的创新、扩散与发展产生的市场失灵，恰恰给予产业政策存在的必要空间。政府可以通过产业政策对创新行为进行鼓励和引导。

斯蒂格利茨（1996）曾撰文谈及产业政策对促进创新与新兴产业发展有重要的作用。他强调新兴产业在形成与发展阶段常常面临市场需求不足的情况，这既包括新产品的市场需求不足甚至缺失，也包括其相关投入品市场。在这一阶段创新行为的正外部性会使得创新企业无法获得全部创新收益，而成为准公共物品的技术创新成果会阻碍企业的创新积极性。因此，非市场力量可以在市场机制失灵时发挥鼓励创新、培育市场和提供信息的作用，而产业政策就是推动新兴产业发展的重要非市场力量（斯蒂格利茨，2009）。

西莫利等（Cimoli et al.，2009）在其论文集《产业政策与发展：能力积累的政绩经济学》中重点阐述了政府在技术学习与经济增长中的指导性作用。该书对产业政策的影响进行了全面系统的分析，将技术知识积累视为推进经济增长和产业结构升级的核心，并用丰富的历史证据表明，在采取适当的措施组合时，产业政策是可行的，尤其在搜集信息、鼓励研发和创新方面能够为企业提供正向激励。

4. 政府行为和能力

产业政策能否解决市场失灵、提升产业竞争力、优化产业结构、鼓励企业研发创新与产业政策实施主体——政府的行为和能力密不可分。因此，在对产业政策必要性研究的过程中，学术界将政府失灵的存在作为抨击产业政策必要性的主要攻击点。政府失灵理论（government failure theory）认为，在纠正市场失灵的过程中，由于政府自身能力、官僚体制、寻租等客观因素会导致新的缺陷产生，使社会资源配置效率无法达到帕累托最优。有学者（Anne Krueger，1993；Deepak Lal，1983；Peter Bauer，1995）认为，产业政策并未发挥作用也不可能发挥作用，因为政府失灵总是比市场失灵更为严重。政府失灵理论为产业政策无效提供了理论基础，利用产业政策或者其他任何政策干预来解决发展问题是不可取的，政府仅应做到创建和守护自由市场的责任即可。

虽然产业政策在制定和实施过程中存在政府失灵，但仍有许多国外学者依然认为产业政策有实施的必要。斯蒂格利茨（1988）研究表明，无论是从统计数据还是具体案例来看，都不能证明政府部门比私人部门效率更低。同样，施莱弗（Shleifer，2002）的研究也指出，只要该国政府在其社会文明曲线内，应用产业政策对经济活动进行干预，就能够实现产业政策目标。罗德里克（Rodrik，2009）认为，由政府和企业共同对产业发展方向以及如何发展进行决策，产业政策应是政府与企业共同参与的战略合作过程。如果产业政策不再坚持“挑选赢家”法则，那么质疑政府挑选赢家能力这一行为和能力的问题也就不复存在了。中国很多学者也对政府是否有充分信息、能力以及合理的激励机制与手段而质疑过新结构经济学的“挑选赢家”之策。黄少安（2013）、张曙光（2013）、韦森（2013）等都从政府行为和能力角度对产业政策的“挑选赢家”法则进行了批判。然而，从比较优势理论来看，既定要素禀赋结构下，如何平衡经济结构问题是现阶段中国需要解决的问题。因此，对于现阶段的中国而言，产业政策是必要的，但产业政策不是“挑选赢家”更不是政府决策（余永定，2013）。就连罗德里克也对新结构经济学利用比较优势理论为产业政策实施提供指导提出质疑（林毅夫，2012a）。

二、产业政策有效与无效之争

在对产业政策有效和无效的争论中，国内外学者应用大量的实证研究评估产业政策效果。一部分学者认为产业政策对于经济发展具有一定的促进作用。其中，部分学者在承认产业政策具有一定效果的同时，也认为产业政策的有效性需要一定条件的保证。另一部分学者则认为产业政策无效，甚至产业政策的实施会阻碍产业发展。

1. 产业政策有效的研究

对于产业政策的有效的研究，大多来自对于“东亚奇迹”的一系列研究。这些研究认为日本、韩国和中国台湾在“二战”后取得巨大成就的核心因素来自成功的产业政策（Johnson，1982；Amsden，1989；Wade，1990；World Bank，1993）。罗德里克（2007）认为，产业政策具有极大潜力，但并不存在通用模式。要成功促进发展，产业政策必须根据各地区的特定环境和制度加以调整，必须对硬约束作出调整（Hausmann，Rodrik，Velasco，2007）。阿吉翁等（Aghion et al.，2015）更是通过实证研究对产业政策实施效果进行检验。阿吉翁等应用1999～2007年中国工业企业数据库实证检验了产业政策对企业生产率增长的影响，发现管理得当的产业政策，尤其是有利于促进竞争的产业政策，可以促进生产率和生产率的增长。阿吉翁等也进一步指出，产业政策的研究重点应在于如何设计和实施产业政策，以使它们更有利于竞争，进而促进增长，运用恰当的选择标准和良好的指导原则，能更好地发挥促进增长和激励创新的作用。

国内学者针对产业政策有效的研究承认了产业政策对经济发展的正向激励作用。如路风、慕玲（2003）认为，中央政府应当基于企业发展特点和技术发展需求，采取积极的科技政策和产业政策，才能够帮助中国企业突破技术结构制约，获得竞争优势。而刘宁宁（2001）和潘素昆、张玉梅（2005）分别以日本产业政策为研究对象对产业政策是否有效进行研究。他们发现日本产业政策对日本产业结构升级和经济发展起到了重要作用，但产业政策并非持续有效，其在实施过程中也存在无效情况，甚至给部分产业发展带来负面影响。而代永华（2002）以中国产业结构政策为研究对象对政策效应进行实证检验，结果显示，仅在改革开放初期政策效果显著，其余样本时间内政策效果并不显著，对中国产业结构转型升级的贡献十分有限，尤其在加入世界贸易组织之后，产业结构政策效应受到较为明显的制约。在承认产业政策效应的基础上，国内部分学者也对如何制定和实施产业政策进行了探索性的研究。韩小威（2006）认为，能够引导产业合理发展和优化产业结构升级的产业政策是有效且必要的，也是政府应该实施的产业政策。然而，有效且必要的产业政策应该以结果为导向，根据政策效果和政策效应这两个标准构建相应的产业政策。白雪洁（2008）则从产业生命周期出发，要求产业政策的制定与实施符合产业发展阶段，满足企业自主发展意愿，根据产业发展现实发挥企业或政府的主导作用。

2. 产业政策无效的研究

尽管产业政策在部分国家或地区取得了一定的成功，但产业政策失败的案例也比比皆是，即使在产业政策成功的东亚地区，其产业政策也并不是一直成功的。部分学者以日本、韩国产业政策为研究对象进行研究，以证明产业政策的无效性。马里科·萨卡巴拉等（Mariko Sakakibara et al.，2002）和马克斯·阿曼（Max Ahman，2006）分别以日本产业政策为例对产业政策效果进行实证研究。马里科·萨卡巴拉等认为，日本产业政策与韩国产业政策相比是成功的，韩国产业政策不仅没有形成如同日本产业取得的规模经济，反而对产业创新研发产生阻碍。而马克斯·阿曼则认为，日本对电动汽车的产业政策支持比较失败，在市场培育与技术创新方面成效并不显著，没有促进电动汽车产业快速发展，反而是没有产业政策支持的混合动力汽车得到了较大发展。

当然，产业政策的无效也不是无时无刻存在的，不能将产业政策完全否定。产业政策的存在本身是为了弥补市场失灵，但却在制定与实施的过程中受到了实施对象的影响，使其成为大型企业或落后产业的保护伞，既不利于产业持续发展，也不利于市场机制发挥资源配置的基础作用（林民书、林枫，2002）。然而，大型企业对眼前利益的追逐驱使原本以促进产业发展目标的产业政策转变为利益分配工具，扭曲了产业政策的实施效应（张维迎，2013）。赵坚（2008）通过对传统产业政策作用机制进行分析，认为构建基于比较优势的以企业能力为导向的竞争性产业政策更有利于企业成长和竞争力的提升。

三、产业政策转型之争

由于产业政策从产生之时，就不断受到学者质疑。因此，产业政策的支持者与实践者们也随着本国历史条件与经济发展阶段变迁不断修正和调整产业政策相关理论、制定依据与实施过程。在实践与理论领域开展关于产业政策转型的研究也随之丰富。

1. 产业政策转型内容之争

产业政策理论研究之初是基于日本、韩国等东亚国家的增长奇迹，为有效解释这一现象，并探究产业政策普适性模式，学术界掀起了产业政策研究热潮。而随着主流经济学家以及金融危机在理论与实践领域对产业政策的双重冲击下，产业政策转型研究被提上日程。更多学者认为产业政策的研究更多应考虑如何制定有效的产业政策和设计何种政策执行机制，而非考虑其是否有必要进行制定与实施。

从产业政策的演进历程也可以得知，政府直接干预和“挑选赢家”一度是产业政策的核心内容，而随着科技创新在经济发展中的作用越来越凸显，产业政策逐渐向以能力建设和创新为核心的内容转型。因此，对产业政策内容的转型也成为产业政策研究变化的另一重要方面，而对如何构建现代产业政策体系，如何实现产业政策转型等方面的研究，也成为众多学者争论的焦点。

2. 产业政策转型方向之争

产业政策自拉尔（Lall，1994；2004）将其划分为选择性产业政策和功能性产业政策之后，也就有了对产业政策的转型方向之争。部分学者支持产业政策应向功能性产业政策转型，而部分学者认为在赶超战略下，不能放弃选择性产业政策。

通过研究处于发展过程中的国家或者发展型政府发现，选择性产业政策能够帮助政府在短期之内迅速建立主导产业，并增强特定产业国际竞争力，林毅夫（2012）的新结构经济学以及其“挑选冠军”策略正是选择性产业政策的理论支持者。而且，持有这一观点的学者还认为我国产业政策转型应以选择性产业政策为主。

还有学者认为产业政策应向功能性产业政策转型，并且认为功能性、普惠性的产业政策才是产业政策转型的最终目标。功能性产业政策以市场机制为基础，发挥市场在优化资源配置效率、提升创新能力以及完善市场竞争机制的决定性作用，从而提高产业竞争力。政府退出选择性产业政策而向功能性产业政策转型成为必然（江飞涛、李晓萍，2015）。

3. 产业政策转型路径之争

无论是对产业政策转型内容还是转型方向的争论，都无疑承认一个事实，即承认产业政策转型是必然趋势。产业政策是从政府直接干预的传统产业政策向现代产业政策转型，还是从选择性产业政策向功能性产业政策转型，其核心是要有效界定政府与市场的关系。产业政策转型无论是内容上还是方向上，都强调重视发挥市场机制作用。而如何实现这一转型过程，怎样界定政府与市场的边界所在，成为产业转型路径的主要研究内容。

部分学者认为在产业政策转型过程中，其转型重点是竞争转型，即将产业政策从偏好型转型为竞争型，产业政策应该被限制在市场失灵最为严格的领域，成为竞争政策的“拾遗补缺”（戚聿东，2017）。部分学者认为产业政策转型应该侧重于政府行为的转型，即更加关注产业政策的行为方式或着力点，要根据资源禀赋与比较优势对产业政策的实施对象进行选择，并且将产业政策转型过程与产业转型升级的动态过程相互结合，形成动态调整机制（付才辉，2017）。还有部分学者认为，产业政策转型应从政府退出机制的建设开始，强调政府“不越位”远比“有为”更重要（郭强，2017）。

第二节 产业政策转型

产业政策转型作为近期产业政策研究新方向之一，相比产业政策是否有必要存在、产业政策效果研究，是更为崭新的研究领域。产业政策现实应用的广泛性，也使得对产业政策转型的研究变得更有价值。虽然对于产业政策转型，学者们存在较大的争议，但对产业政策转型的内涵、方向以及转型方式还是有一定程度的共识。

一、产业政策转型的内涵

产业政策之所以转型是因为经济发展阶段与产业发展特征的动态变化导致产业政策目标随之发生变化所致。从产业政策实践来看，产业政策最初目标基本为扩大产业规模，而随着产业规模提升，产业发展方向转变为产业发展质量与国际竞争力的提升，因此也就要求产业政策目标进行相应调整。从产业政策转型之争来看，产业政策从最初的干预供给向干预需求转变，也正基于此，我国产业政策转型强调对产业层面供给侧结构性改革的研究。具体来看，产业政策转型的内涵可以包括目标转型、功能转型、类型转型、手段转型以及体系转型。

产业政策目标由产业规模增长向产业高质量发展转型，提升产业创新能力和全要素生产率，实现产业结构优化升级。产业政策功能转型由产业扶持向培育企业自生能力，构建公平竞争、鼓励自主创新、保障知识产权的市场环境转型。

产业政策类型转型由以政府主导的选择性产业政策向以市场为主导的功能性产业政策和政府主导的选择性产业政策组合转型。对于处于产业生命周期成长期和成熟期产业，采用功能性产业政策提升产业创新能力和国际竞争力，优化产业结构，提高产业发展质量；对于处于产业生命周期引入期和成长期的新兴产业，关乎国家战略与安全的特殊产业，制定和实施选择性产业政策，保障这类产业能够顺利发展与成长。

产业政策手段转型由政府补贴、税收优惠等简单的行政手段转变为综合运用激励与监督机制，创新产业政策实施手段，构建产业政策效果评价机制，避免产业政策实施过程中的道德风险与逆向选择，对产业政策的制定与实施采取相机调整机制，设立退出程序，保证产业政策实施效果。

产业政策体系转型由供给推动向供给需求双向推动转变。产业政策不应只作用供给侧，通过对供给侧的结构性改革，从单纯加强生产环节扶持向供给侧提升质量，需求侧培育市场，创造有效需求转型。

二、产业政策转型的方向

产业政策转型的最终目标是要构建增进与扩展市场型的产业政策。产业政策转型之中，对于产业政策转型的方向虽然存在争论，但是对其转型的最终目标还是存在一定共识。而差别只在于产业政策转型是选择性产业政策向功能性产业政策转型，还是延续选择性产业政策，但对其进行动态优化与调整。

其实，这并非是个非此即彼的二分选择。有学者认为可以在基础研究、新兴产业、中小企业研发等特定领域和区域内保留选择性产业政策，而对其他领域选择性产业政策应逐渐向功能性产业政策转型。即使实施特定行业的选择性产业政策也要建立退出机制（张昱，2012）。因此，构建以功能性产业政策为主，选择性产业政策为辅的“市场友好型”产业政策体系，是产业政策转型的合理方向。

具体来看，产业政策目标从注重规模扩张向增效和创新发展转型；产业政策模式从以选择性产业政策为主向功能性产业政策与选择性产业政策组合转型；产业政策工具从单一手段向多元手段、从传统手段向创新手段转型；产业政策实施从二元主体向多元共治转型。

三、产业政策转型的方式

产业政策的转型方向是功能性产业政策与选择性产业政策的组合，这就要求在产业政策转型方式的选择上也要根据不同的产业类型，确定产业政策的转型方式。因此，按照产业生命周期，将产业划分为三个类别：第一类为新兴产业，包括市场机制下演进形成和由政府出于种种考量而选择发展的；第二类为核心产业；第三类为产能过剩产业。

1. 新兴产业：创新与市场并重

新兴产业大多处于产业发展的引入期和成长期，这一类型的产业往往具有两个显著特点：第一，新兴产业的出现往往源自新技术的应用与推广，产业规模小与市场需求不足，市场前景不确定性较强，高风险高回报是新兴产业的主要特征；第二，新兴产业的成长离不开科技创新，而创新行为的强正外部性对于成长中的新兴产业来说，无疑是致命打击。单纯依靠市场机制并不利于新兴产业的发展与成长。

尽管相对于政府选择出的新兴产业，由市场机制自发演进形成的新兴产业应让市场机制更多发挥作用，但它们都同样具有上述两个特点。这也就要求产业政策在面对新兴产业进行转型方式调整时，要降低市场不确定性和弥补创新的外部性。第一，产业政策应侧重于研发活动和市场培育，帮助产业实现快速成长；第二，对新兴产业中的企业，尤其是产业化过程，为其创造公平竞争的市场环境，以市场机制为主导培育企业自生能力。

2. 核心产业：提升产业发展质量

核心产业主要是指在经济发展现阶段的主导产业（相对新兴产业，核心产业是未来主导产业），但其离国际领先水平还存在一定差距，关键性技术研发有待突破的产业。

这类产业往往处于产业生命周期的成熟期，产业规模较大，产业技术相对成熟，但关键性技术依赖他国，自主研发能力较弱。因其在短期之内仍旧是经济发展的主导产业，其产业政策目标为提升产业发展质量，推动产业结构升级，提升产业的国际竞争力。因此，对于核心产业的转型应更加注重对关键性技术的自主研发支持，通过产业政策加大对产业升级与质量提升的干预和引导。

3. 产能过剩产业：尊重市场，优化结构

产能过剩行业一般分为两种类型：一类是产能绝对过剩，这一类行业往往处于产业成熟期或衰退期，市场需求严重饱和，甚至出现萎缩；另一类是产能相对过剩，而这一类行业甚至可以出现在产业生命周期的成长期，结构性产能过剩是相对产能过剩产业的主要表现。

对于产能绝对过剩产业，第一，产业政策应尊重市场机制，推动落后产能强制性退出，降低市场的进入与退出壁垒，鼓励企业间兼并重组，优胜劣汰；第二，帮助产能过剩行业实现产业转型，优化产业结构；第三，通过产业政策辅助拓展市场空间，延长产业生命周期。

对于产能相对过剩行业，第一，产业政策应从低端产业链环节退出，引导产品结构优化升级，强化供给侧改革，优化供给结构；第二，培育需求侧，提高市场的有效需求，利用市场倒逼产业结构转型。

第三节 中国产业政策研究的重点

尽管学术界对产业政策在必要性、有效性等方面依然存在一定的争议，但大部分学者也都承认，相比争论产业政策是否应该存在、产业政策是否有效，更重要的是应该如何制定和实施有效的产业政策，怎样能够更有效地提升产业政策的实施效果，如何设立适合的产业政策激励机制、评价机制和退出机制。结合我国经济发展现状，产能过剩、产业结构优化升级以及技术创新三个方面将会成为产业政策未来研究的主要方向。

一、产业政策与产能过剩

产业政策的重要作用之一是能够快速实现特定产业的规模扩张，短期内提升产业供给能力。生产规模的快速扩张与供给能力的大幅提升为产能过剩这一现象的出现提供了一定条件。要指出的是产能过剩①和过剩产能并不是同一概念。过剩产能是企业和产业发展为应对需求的外部冲击所要保有一定程度的生产能力，而产能过剩则意味着闲置产能的数量为企业或产业发展造成了负面影响。

产能过剩的成因较为复杂，从我国产能过剩的现状来看，产业政策诱发的产能过剩问题较为突出。在我国，产业政策导致的产能过剩往往与人为引导资源配置扭曲密不可分，结构性产能过剩是产业政策诱发产能过剩的主要表现形式。结构性产能过剩可以分为供给端的结构性产能过剩和产业主体错位下的结构性产能过剩。

首先，供给端的结构性产能过剩主要表现在三个方面。第一，政府制定产业政策时，强调产能规模的扩大，引导要素资源向特定行业集聚，产品供给快速增加。这样的产业政策实施之后，很容易打破市场机制下的供求平衡，导致市场供给并非市场需求，而产业供给结构并不能快速对市场需求结构变化作出反应，出现结构性的产能过剩。第二，重复性建设、产业链结构失衡与低端技术锁定下的结构性产能过剩。其主要表现为制造环节重复性建设，严重产能过剩，而高端环节建设不足，供给能力短缺。产业政策的扶持促使社会资源大量涌入特定行业，然而并非所有企业都有能力进入产业链高端环节，这就为大量重复性建设、产业链结构失衡与低端技术锁定提供发育温床，导致结构性产能过剩。第三，在产业政策制定、实施和退出机制设计缺陷下，使得政府对产业发展现状评估滞后，往往过分强化企业对产能投资和生产环节的支持，而对产业整体规模变化后知后觉，使政府发现产业规模增长过快之初，就已然处于产能过剩状态。

其次，产业主体错位下的结构性产能过剩更多表现为资源效率配置低下，致使产业全要素生产率增长缓慢甚至存在负增长。我国产业政策在实施过程中“扶大放小”的政策倾向较为明显，这也使得国有企业与产业政策往往捆绑出现。我国产业政策受益主体中国有企业数量占有绝对优势，这也就意味着在政府干预下的资源配置过程中，并非按效率引导资源配置而更多流向国有企业。与民营企业相比，国有企业在产业政策支持下必然呈现出产业主体错位的结构性产能过剩。“政府 + 国有银行 + 国有企业”三位一体的预算软约束体系，也使得产业扩张的“羊群效应”极易发生。②

---

① 从美国、欧洲、新兴经济体看，不同国家产能利用率中值水平有所差异，但大体在 81% ~ 82% 区间，高点在 83% ~ 85%，低点一般低于 75%，据此认为 81% ~ 82% 为产能利用率基本正常，高于 85% 为产能严重不足，低于 75% 则表示严重过剩。

② 林毅夫等：《产业政策总结、反思与展望》，北京大学出版社 2018 年版，第 250 页。

二、产业政策与产业结构升级

无论是产业政策还是产业结构升级，单独来看都是非常重要的研究议题，现阶段对于这两个问题的学术研究还是非常欠缺的。产业结构升级的研究难度在于如何判定产业是否升级，而且很难找到公认的度量标准。对于产业政策的研究也同样如此，尽管对于产业政策的研究逐渐增多，但大部分研究并不是严谨的学术类文献，学术界依然缺乏适合的文献对接产业政策的研究。

当将产业政策研究与产业结构升级相结合时，我们发现，无论什么样的产业结构被认定为是更为优化时，都需要相应的政策给出哪个产业应该优先发展，哪个产业需要转型或淘汰，并且通过产业政策给出产业升级的路径选择。刘守英、杨继东（2019）① 应用产品空间和经济复杂性方法研究发现，我国产业升级表现出从产品空间向中心稠密空间的转移，而这一变化说明我国产业升级路径体现出其是技术、资本、制度、技能的函数这一特征。产业政策的选择也符合我国产业升级的演进路径。

在对产业政策与产业结构升级进行研究过程中，还有很多其他值得研究的领域，如产业结构变迁过程中应该采取怎样的产业政策，产业政策如何转型以实现产业升级，如何挑选产业升级的路径。产业政策与产业结构升级的研究是学术领域的新“蓝海”，更是产业政策研究的未来趋势之一。

三、产业政策与技术创新

产业政策的出现与技术创新有着天然联系。无论是发展型政府还是自由主义政府，都无法否认产业政策在推动技术创新方面所作出的贡献。从产业政策的内容体系构成看，产业技术政策是产业政策的核心政策之一；从产业政策有效性理论研究看，无论是斯蒂格里茨还是罗德里克，都认为创新是产业政策存在的重要立足点。创新行为具有较强的正外部性，而外部性的存在导致技术创新活动存在市场失灵无可避免。产业政策作为政府纠正创新活动因外部性和不确定性导致的市场失灵的重要手段，研究其如何提升创新效率，解决市场失灵问题就成为未来产业政策研究的重要议题。

在有关产业政策转型研究的争论中，产业政策与创新政策融合是众多学者对产业政策转型路径的选择。技术创新，无论是模仿创新还是自主创新都需要政府对其进行干

---

① 刘守英、杨继东：《中国产业升级的演进与政策选择——基于产品空间的视角》，载于《管理世界》2019 年第 6 期。

预，放任市场完全主宰创新活动，将延缓科技成果产出速度和生产率的提升。我国在模仿创新阶段，得益于政府制定的一系列与技术引进相关的产业政策支持，缩短了我国追赶发达国家技术水平的进程；在自主创新阶段，由于政府对基础研发、创新融资、关键性技术创新等领域，依托产业政策大力扶持，使得我国拥有了具有国际领先技术水平的产业。

尽管产业政策对创新活动具有一定的正向影响，但我国技术创新能力还有待进一步提升。如何有效实现产业政策与创新政策融合，构建促进创新活动的制度设计，提升企业创新效率，探寻加快基础研究成果转化路径，将成为未来产业政策研究的重要选题。

第四节　全球化背景下产业政策新动向

虽然产业政策的冠名时间并不长，但从产业政策是政府干预市场经济运行的一种手段的角度来看，产业政策实际存在的时间相当久远。20 世纪八九十年代之前，产业政策的作用对象和作用范围都仅限于一国之内。但在八九十年代之后，随着国际经济和产业发展环境发生根本性转变，产业政策的发展也出现了一些新特征，并非以往的产业政策完全失去了存在的价值和意义，而是产业政策的发展出现了一些值得关注的新动向，这些新动向与以往的产业政策共同构成当代产业政策体系。而当代产业政策的新发展是一些因素共同驱动的结果。①

一、产业政策更需要适应产业国际化发展要求

20 世纪 80 年代以来产业发展的一个根本特征是跨越国界的产业活动普遍存在于世界上的每个角落，这是经济全球化的结果，反过来又加速经济全球化的进程。国界已经不再是严格的经济要素流动壁垒，国际化产业链条替代了以往一国范围内的完整产业链条，国与国之间的产业依赖明显增强，产业的资源配置活动从一国向国与国之间延伸，因此，以解决资源在一国内的部门间和部门内的有效配置为目的的产业政策，已经难以适应产业国际化发展的要求，需要作出适应性调整。

以产业经济的两个基本层面产业结构和产业组织的发展为例，经济全球化使得产业

---

① 关于驱动因素的论述，参见汪斌：《全球化浪潮中当代产业结构的国际化研究——以国际区域为新切入点》，中国社会科学出版社 2004 年版。

结构在全球和国际区域范围内演变、调整和升级，多数国家，特别是经济发达国家的产业结构运行都呈二元性，既有国内部分又有延伸到国外的部分，而经济欠发达国家也在承接其他国家产业转移的同时进行本国的产业结构调整，产业结构体系的民族性已经趋于弱化。另外，从产业的运行主体企业的竞争行为来看，全球范围的市场竞争已成主流，早已突破了以一国或一个地区为界的市场竞争范围，因此，立足于一国的市场集中度等产业组织和企业竞争行为的衡量指标也逐渐失去其客观性和公正性。

与经济全球化并行的另一发展趋势是区域化，区域化使当代世界经济结构呈现出“板块状”格局，区域内国与国之间的产业联结与互动机制更加明显，相互依存度也更大。而且基于区域内共有的一些社会文化经济理念等认知，使得当代产业政策在政策制定基础和政策效果波及范围上突破国界面向全球后，往往首先立足于本区域。欧盟产业政策实践就是典型的例子。

除此之外，当代产业发展的融合化和生态化趋势，也对产业政策的发展提出新的要求。产业融合化发展的直接经济效果是加剧企业竞争的激烈程度，而增强企业竞争力是应对竞争加剧的唯一办法，以往产业政策实践大多证明保护性、扶植性产业政策的效果并不像预想的那样理想，特别是对增强产业竞争力的效果不尽如人意。因此，为了应对日趋激烈的市场竞争，各国产业政策的着眼点开始向完善能够影响产业竞争力条件的外部环境上转移。产业生态化是各国普遍实施可持续发展战略的结果。产业生态化直接促成环境友好型产业的发展，并对环境保护领域的国际协调合作提出新的更高要求，体现在产业政策内容上，就是制定法律、法规引导绿色需求和绿色消费，加大国际协调的干预力度等。

产业政策的作用对象是产业，而当代产业的全球化、融合化、生态化等发展趋势，使政策对象自身就对产业政策变革提出了要求，成为产业政策变革的原始动力。

二、制定和实施产业政策更注重国际协调性

政策作用对象的客观要求只为产业政策变革提供了可能性，作为政策制定和实施主体的政府能否准确捕捉到这种变化，并乐于顺应产业的要求作出适应性调整，是政府选择的范畴。只有政府做出肯定的选择，可能性才能够变成现实性。而政府选择“是”还是“否”由政府理念决定。

当代产业发展趋势已经要求政府制定产业政策时的视野必须打破本国的限制，赋予产业政策协调性以增强其有效性，这意味着政府要部分地让渡从前所具有的独自决策权，代之以基于相同或相似的产业政策理念制定和实施具有国际协调特征的产业政策。

制定和实施产业政策时之所以要注重协调性，是因为政策普遍具有溢出效应。简而言之，也就是一国实施的产业政策后果会波及其他国家，对其他国家的企业或消费者产生一定的影响。例如，幼稚产业保护政策的溢出效应就很大，以致会引起其他国家的反对或报复。以往经济全球化、产业全球化的广度和深度都不似当前这样大时，即使这种基于一国立场的产业政策会引起国家间的摩擦与冲突，政府也可以不予理睬或是通过其他途径化解。但当产业的全球一体化发展已是普遍存在之时，增强各国产业政策间的协调性成为必然。产业政策的国际协调性是指“各国充分考虑产业活动的国际联系，有意以互利的方式调整各自产业政策的过程”。协调范围既可以在全球层面，也可以在国际区域层面，还可以是少数国家之间。从现状看，因为增强协调性就是各国政府相互让渡部分权力的过程，协调范围越小，政策成功的可能性越大。

总之，政府作为产业政策的制定和实施主体，其制定政策的视野必须从弥补本国市场经济失灵，促进资源的合理配置，向谋求国际协调，促进全球范围内资源的合理配置，通过各自的适度退让谋求各自利益的最大化，从单一的对抗理念向合作共赢的理念转变。

三、在合作博弈中实现产业政策效用最大化

判断一项产业政策是否有效要看其政策后果与当初预想的目标存在多大的偏差，偏差越小说明政策越有效。任何政策都会牵涉到利益的重新分配问题，因此，政策过程也就是各利益相关方的博弈过程。在产业政策的作用范围基本局限在一国的时期，政策的外溢效应也局限在一国内，各利益相关主体也都多少受到政府权威的影响。因此，政策效果相对容易把握，虽然这一时期远远偏离初始目标的政策也大量存在。但在当前这种国与国之间的经济联系空前加强的时代，产业政策要想获得预期的效果，首先要通过协调才可能达到。因为产业政策就是利益各方的博弈，现在产业政策的利益相关者中增加了国外政府和产业、消费者等，而且国外政府又具有政策制定权，国外的产业也有游说政府制定有利于自身的产业政策的能力，而一国内的产业政策利益相关者都没有这个权力或能力。因此，当前的产业政策决策主体在制定政策时必须考虑其他决策主体的反应，在双方和多方博弈中选择有利于自身利益最大化的决策。

经济学家哈马达（Hamada，1985）运用一个博弈模型，即哈马达模型①，该模型详细地比较了不存在政策溢出效应时两个相互依存度很高的国家，在出现政策溢出效

① K. Hamada，K. Iwata. The Political Economu of International Monetary Interdependence. MIT Press，1985。

应时分别采取协调和不协调态度时的政策有效性问题。得出当不存在政策溢出效应时，未经协调的政策安排也是有效率的。而一旦政策存在外部效应，这是现实中更普遍存在的常态，特别是在国际经济联系日益紧密的当今时代，政策的外溢效应非常明显，这时政策的有效点在代表两国协调后才能够达到契约线上。假定存在两个相互依存度很高的国家，其中任何一方的政策选择都必然受到对方政策选择的影响，如果两国之间不存在产业政策协调的情况，那么博弈的结果都是非合作均衡状态，均衡点都远离代表政策有效点的契约线，不具有帕雷托效率。但如果两国之间存在产业政策协调时，则可以达到合作均衡，使均衡点位于契约线上。至于均衡点落在契约线上的哪个位置，更有利于哪个国家，则取决于双方的谈判力量。而且由于双方的谈判力量长期内是变化的，产业政策的作用效果也是变动的，所以产业政策的协调博弈是一个不断反复的过程。

总之，在国际经济联系并不紧密的时代，一国为了达到理想的产业政策效果，只需考虑国内因素在制定政策时更加理性和客观就足以。而在当今时代，为了追求产业政策的有效性，首先要养成协调的态度和习惯，在与其他国家的协调和博弈中尽可能地维护和扩大本国的利益，而协调性表现在政策的内容和方式上。

四、国别性产业政策存在局限性

以本国产业为对象，以弥补本国市场存在的缺陷，促进经济资源在国内的产业间和产业内实现有效配置的传统产业政策的最大负面效应是容易引发国际纠纷。因为每个国家都是忽略别国可能的行动后制定最有利于自身利益最大化的政策，而现实是任何政策的效果都不可能局限在一国的范围内，只是波及范围有大有小而已。在国与国之间的经济联系不甚紧密的时代，这种小范围的波及可以不予考虑，但随着国与国之间的经济联系日趋紧密，即使初始的波及效应并不大，也会因为存在有效的传导机制而将其影响扩散开来。因此，只是基于自身利益最大化的政策越来越失去存在的空间。例如，幼稚产业保护政策基本已经退出历史舞台，这不是因为没有国家愿意实施幼稚产业保护政策，而是因为依照世界贸易组织等国际机构的规则和惯例，已经不再允许类似保护性政策的普遍存在。再如战略产业扶植政策虽然理论上存在的理由充分，但现实中，因为该项政策的实施极易导致利益相关国的报复行为，所以成功实施的可能性并不大。总之，当传统产业政策遭遇到国与国之间的利益问题时或是束手无策，或是适得其反，国际协调型产业政策应运而生。

五、国际协调型产业政策的特征和内容

在我国首次提出国际协调型产业政策的是汪斌[①]，在国际上较早关注这一现象并提出国际产业政策概念的是日本学者深尾京司和细谷佑二[②]。在深尾京司和细谷佑二看来，国际产业政策分为传统的和新型的两部分。传统国际产业政策是指国际经济政策的产业政策侧面，如幼稚产业保护政策、战略性贸易政策等。而新型国际产业政策是适应经济全球化的发展而出现的政策对象跨越一国范围的延伸型产业政策。这与汪斌提出的国际协调型产业政策具有较大相似性。

1. 国际协调型产业政策的特征

为了与国际协调型产业政策相区分，姑且将以往的产业政策称为传统产业政策。对于新型产业政策与传统产业政策的关系，必须明确的一点是，新型产业政策是对传统产业政策的发展和补充而不是替代。它们有各自不同的作用对象和领域。与传统产业政策相比，国际协调型产业政策具有以下三个方面的特征。

（1）政策制定和实施主体具有变动性和多样性。传统产业政策具体到各国一般都有明确稳定的制定和实施主体，例如，美国反垄断政策的执行机构是联邦贸易委员会和司法部，日本产业政策的制定和执行机构是经济产业省（从前的通产省）和公正交易委员会等。而国际协调型产业政策没有固定的制定和执行机构，根据需要，可能是多个国家政府的联合，也可能是由某个国际组织提议并组织。而且根据不同的政策内容，各国政府机构或国际组织也会发生变化。例如，涉及产业环境问题时，可能是由各国政府的环境部门和国际环境组织作为制定和执行机构，而涉及产业知识产权保护等问题时，可能是由各国政府的知识产权管理部门和国际组织作为制定和执行机构。而且机构的层次可能是区域性的，也可能是国际性的，总之政策制定和实施主体具有变动性和多样性。

（2）政策目标的层次更多、范围更广泛。传统产业政策中除了产业布局政策肩负一定的社会责任外，促进产业发展和资源在产业间、产业内有效配置的经济目标占绝对主体地位。虽然国际协调型产业政策的最终目标也是增强产业和企业的国际竞争力。但因为受到诸多外部条件的影响和限制，采取迂回的手段，以协调的理念实现政策目标更为

---

① 汪斌、钱欣：《略论经济全球化进程中当代产业政策的转型》，载于《浙江经济》2002年第17期；汪斌：《经济全球化与当代产业政策的转型——兼论中国产业政策的转型取向》，载于《学术月刊》2003年第3期，第37~43页。

② 深尾京司、细谷佑二：《国际产业政策与跨国公司》，载于《日本一桥大学经济研究所编经济研究》1999年第50卷第1期。

现实，为此妥协和让步也是必不可少。而且一些非经济性的社会目标、公共目标也是国际协调型产业政策的重要目标构成。例如，维护全球范围产业发展的软硬件环境等，产业发展不以牺牲环境为代价等已成为国际协调型产业政策的基本共识。

（3）间接诱导性政策手段居于主体地位。在传统产业政策中，直接干预性和间接诱导性政策手段几乎是平分秋色，而且在产业结构和产业布局政策中，直接干预手段甚至一度占据主要地位。但对国际协调型产业政策而言，除了法律手段所具有的强制性以外，直接干预的可能性很小，更多的是间接诱导性的，通过一些激励或惩罚措施诱导企业从事或避免某类行为。这与国际协调型产业政策的对象大多涉及多个国家，难以产生公认的权威机构行使强制权力密切相关。而且国际协调型产业政策的重点在协调，协调就是通过谈判、妥协和让步最终达到某种均衡结果的过程，并未给强制权威留出更大空间。

2. 国际协调型产业政策的主要内容①

与传统产业政策相比，国际协调型产业政策的内容更加丰富和多样化，而且政策侧重点发生了明显的改变，从促进产业间和产业内的资源有效配置向完善产业发展的外部环境，提供技术支持和战略保障等方向转变。

（1）战略性产业的技术支持和研发领域的国际合作。技术竞争已是当前产业国际竞争的核心，而代表未来产业发展的战略性产业，因其具有技术、知识密集的特征，更成为各国竞相扶持发展的领域。例如，信息技术、生物工程、航空航天、新能源、环保等产业。各国针对类似产业实行的技术扶持政策构成战略性产业技术政策的核心。战略性产业技术政策部分具有传统产业技术政策的内容，如政府以产业发展基金或企业技术创新基金等形式，增加对前沿性、战略性、原创性尖端技术领域的研究和开发投资，制定和实施各种吸引高科技人才的措施等。除此之外，国际协调的特点主要体现在，政府支持和协调本国与世界各国科技人员合作，支持和促进各国科研机构在设备、资料、科研信息等方面流动和沟通，共同组建跨国科研小组，鼓励在本国设立国际性研发机构等旨在促进研发活动国际化的一系列政策措施。

（2）产业技术标准竞争及其国际协调。对技术密集型产业而言，技术标准竞争关乎产业和企业发展的命脉。在全球不完全竞争的市场结构下，只有掌握和控制了产业技术

---

① 这部分参考汪斌：《全球化浪潮中当代产业结构的国际化研究——以国际区域为新切入点》，中国社会科学出版社 2004 年版；深尾京司、细谷佑二：《国际产业政策与跨国公司》，载于《日本一桥大学经济研究所编经济研究》1999 年第 50 卷第 1 期。

标准的企业才是最具竞争力的企业。从国家战略意义的角度来看，产业标准甚至可以说是国家主权在经济领域的延伸。产业标准竞争充分奉行强者生存的市场竞争原理，因此，对一国政府而言，能够作为协调者参与产业技术标准的制定中来，是本国经济和产业发展实力的象征。目前制定与协调产业技术标准竞争已经成为国际协调型产业政策的一项基本内容。具体包括通过政策引导、扶持相关产业及同一产业内领先企业间制定技术标准和实施知识产权战略，首先促成国家标准，再通过与外国政府、企业协调，促使本国标准上升为产业的国际技术标准。但因为全球性消费市场的形成，产业技术标准的稀缺性甚至是唯一性越来越明显，因此，围绕产业国际技术标准的竞争越来越激烈，协调活动也越来越普遍。

（3）产业发展环境的国际协调。当前产业发展的标准化程度越来越高，而且由于产业链的全球分布，产业活动的地理性分割已经成为一种常态。但为了确保生产的标准化，对产业发展环境的相似性要求越来越高。这种发展环境的相似性不仅体现在基础设施、生产场地、生产设备等硬件环境上，更体现在劳动力素质、生产技术水平、经营和管理水平，以及政府和生产者服务业等的发展水平上。而且不同产业对硬件和软件环境的要求也不尽相同。为了使产业的全球化活动更加活跃和便捷，提高产业全球运行的效率，各国政府除了在交通基础设施、信息通信基础设施以及产业运行的硬件环境等方面加强沟通与交流，提高便利化、标准化程度外，更应在劳动力的教育与培训、技术与管理支援等领域加强国际合作的程度，扩大产业发展环境的国际协调范围。

（4）产业环境标准制定及其国际协调。全球性产业发展的生态化趋势使得环境因素对产业以及国家经济竞争力的影响越来越重要。随着污染者付费原则得到普遍认可，环境成本已内部化在产品价格当中，成为影响产业竞争力的关键因素。而环境标准又是环境成本的直接影响因素，不同的环境标准会产生截然不同的产品竞争力效果。环境标准成为继技术标准之后的又一个产业和国家间激烈竞争的领域，为此，各国政府也采取与技术标准竞争和国际协调基本一致的做法。即首先加强国内的环境标准制定和执行力度，然后通过与有关国家的合作与协调，竭力使本国的环境标准逐步成为国际标准。当越来越多的国家都试图这样做时，围绕产业环境标准的国际协调就凸显了其重要性，成为国际协调型产业政策的重要部分。

（5）建立多层次的产业预警机制维护产业安全。在经济全球化日益加深的时代，维护本国产业安全也成为各国政府面临的重要课题。与以往主要针对本国的弱势产业实行的贸易、财税、金融等保护性措施不同，在适应经济全球化要求和满足 WTO 基本规则的前提下，当前主要是通过建立多层次的产业预警机制来维护产业安全，将产业安全保护前置化。具体包括：在国内建立进出口商品市场预警机制，监测国内外市场的销售、价格、数量等信息，运用技术壁垒、绿色壁垒等工具，建立不违反 WTO 规则的保护措施；利用本国的驻外机构和跨国公司在国外建立政策预警机制，第一时间掌握有关国家和地区的政策变动信息，以便国内进行协调和制定相应政策。在国外建立产业预警机制时，跨国公司责无旁贷。因为跨国公司具有遵守投资所在国的法律与规定及接受遵守母国法律与规定的母公司的指令的双重特性，是最直接的信息接收者和传播者。

（6）反垄断政策的国际协调与合作。反垄断政策是传统产业组织政策的重要内容。它是各国政府基于不同的竞争与垄断理念，以协调一国某一产业内的企业间竞争关系，达到有效竞争状态为目标，以拆分、限制合并、削弱市场进入壁垒，阻止不正当竞争行为等为手段的一系列政策措施，具有很强的国家色彩。但随着全球经济竞争格局的变化和竞争主体日趋微观化，增强本国产业和企业的国际竞争力逐渐成为反垄断政策必须重点兼顾的目标，因此，各国放松反垄断政策的趋势日渐显现。与此同时，反垄断政策领域的国际协调与合作也呈现方兴未艾之势，这正是适应企业全球化发展的需要，因为企业的全球化经营行为极易导致在不同国家遭遇不同的反垄断政策，从而打乱企业的总体经营战略的情况。各国政府既要求别国政府为本国企业削弱市场竞争障碍，又受到别国政府为其国企业削弱市场竞争障碍的请求，这种状况发展的结果就是各国政府就反垄断政策达成某些一致性的看法，促成某些公认的标准等。反垄断政策的国际协调与合作不是剥夺单个国家制定和实施反垄断政策的权力，而是旨在通过建立某些协调的一体化的反垄断政策，促进各国企业在更加平等一致的国际市场上展开竞争。

第十七章

政府规制及理论发展

政府规制（government regulation）是在市场机制为基础的经济体制下，以矫正和改善市场机制内在问题为目的的政府干预微观经济主体（特别是企业）活动的行为，一般认为政府规制是为了维护正常的市场秩序、提高资源配置效率、增进社会福利水平。政府规制分为经济性规制和社会性规制两类，政府规制理论经历了传统规制理论和激励性规制理论的演进过程，20 世纪 70 年代以来，政府规制实践也经历了以经济规制为重心向以环境质量、产品安全及工作场所安全为主要内容的社会性规制的转变，并波及各种产业。

第一节　政府规制概述

一、政府规制内涵

在 1970 年以前，传统政府规制理论的研究重点集中于对公用事业（电力、管道）、通讯、交通（公路货运、铁路、航空）与金融（银行、保险、证券）等特殊产业价格和进入的控制上，主要探讨在规模报酬递增情况下的定价与费率结构问题。体现这些研究成果的集大成者首推卡恩（Kahn）教授的经典教科书《规制经济学：原理与制度》。卡恩指出，作为用政府命令取代竞争的基本制度安排，政府规制是“对该种产业的结构及其经济绩效的主要方面直接的政府规定，如进入的控制、价格决定、服务条件及质量的规定，以及在合理条件下服务所有客户应尽义务的规定”①。而后，施蒂格勒进一步提出：“作为一种法规，规制是产业所需并主要为其利益所设计和实施的，规制是国家强制权利的运用。”② 1981 年，施蒂格勒又将规制范围扩展到所有

---

① Kahn A. E.. The Economics of Regulation: Principles and lnstitutions. New York: Wiley, 1970: 3.

② ［美］施蒂格勒：《产业组织与政府规制》，潘振民译，上海三联书店 1989 年版，第 210 ~ 241 页。

公共—私人关系中，不仅包括对传统公用事业的规制和制定反托拉斯政策，还包括对要素市场（如投融资）以及对商品和服务的生产、销售或交易的公共干预和法律制度的建立。[①] 谢泼德和威尔科克斯（Shepherd & Wilcox）认为，规制只是规制者们的所作所为，并把对工商业的公共政策分为反托拉斯法、规制及公共企业三类，关于公共企业的研究主要关注公共所有权和对公用部门的控制，重点放在政策制定者与受规制企业之间的互动关系上。[②] 史普博在对有关文献进行综述的基础上，考虑到资源的市场配置、消费者和企业决策及消费者和企业通过规制制度而发生的相互关系，扩展了规制的定义：规制是由行政机构制定并执行的直接干预市场配置机制或间接改变企业和消费者供需决策的一般规则或特殊行为。规制过程是由被规制市场中的消费者和企业，消费者偏好和企业技术，可利用的战略以及规则组合来界定的一种博弈。规制经济学研究的就是规制存在下的规制过程及作为其结果的市场均衡。[③] 植草益把由社会公共机构进行的规制，即由司法机关、行政机关以及立法机关进行的对私人以及经济主体行为的规制称之为公共规制。[④]

二、政府规制原因

（一）自然垄断

史普博认为，在现实经济活动中，由于存在着资源稀缺性和规模经济（economics of scale）、范围经济（economics of scope）及成本弱增性（subadditivity），使提供单一物品和服务的企业或联合起来提供多数物品和服务的企业形成一家公司或极少数公司的概率很高，经济学中把这种由于技术理由或特别的经济理由而成立的垄断或寡头垄断称为“自然垄断”或“自然寡头垄断”。自然垄断的存在以及它所导致的社会福利损失，一直被主流经济学作为政府经济规制的首要原因。

法罗（T. H. Farrer，1902）是最早从经济特征的角度来描述自然垄断的学者之一，他总结了自然垄断产业五大特征：一是该产业能够提供某种必需的产品或服务；二是

① Stigler. Comment on Joskow and Noll. In Studies in Public Regulation，G Fromm，eds. Cambridge，MA：MITPress，1981：73.

② Shepherd W. G.，C. Wilcox. Public Policies towards Business. 6th edn. Homewood，ll：Irwin，1979：267.

③ ［美］丹尼尔·F. 史普博：《管制与市场》，余晖等译，上海三联书店、上海人民出版社1999年版，第44～47页。

④ ［日］植草益：《微观规制经济学》，朱绍文等译，中国发展出版社1992年版，第24页。

该产业的生产环境和地理条件具有天然优势；三是产品不可贮存；四是具有规模经济特征；五是通常只能在垄断的条件下才能实现有效供给。[①] 基本上，法罗提出的这五个特征与现实中的自然垄断产业相符。在法罗之后，更多学者对自然垄断理论进行了多角度的研究，比较有代表性的人物是克拉克森和米勒（Clarkson & Miller，1982），他们认为，自然垄断的基本特征是生产函数呈规模报酬递增状态，即平均成本随着产量的增加而递减。这样，由一家企业来提供产品就会比多家生产的效率更高，成本更低。假定一个产业只能容纳一家企业的生存，那么就会有一个幸存者为了降低成本而不断扩大产量，进行低价竞争，最终把对手挤出市场，形成垄断，这就是自然垄断[②]。综合起来看，传统的自然垄断理论侧重于单一产品范畴，认为随着生产规模的扩大，在一定的产出范围内，自然垄断产业具有规模报酬递增、投资额巨大、投资回收期长、固定资产沉没成本大等特点，这表明规模经济成为自然垄断产业最重要的性质。例如，电力、电信、铁路、民航等基础设施产业都有类似的特征。因此可推出结论，由多家企业提供产品或服务将会导致资源浪费和低效率，而由一家企业进行垄断经营最为划算。这种传统自然垄断的认识，为政府对该类产业实行严格的进入规制提供了理论依据，而且在20世纪70~80年代之前的相当一段历史时期中，很多国家也是如此行事的。

20世纪70年代末以后，自然垄断理论在单一产品和规模经济研究基础上又取得了进一步的拓展，以鲍莫尔（Baumol）为代表的新自然垄断理论用成本弱增性（subadditivity）来刻画自然垄断的性质，将单一产品扩展到多产品范畴，在规模经济的基础上加入了范围经济的视角，使得自然垄断的概念得以充实。鲍莫尔（1977）在“论对多产业自然垄断的适当成本检验”中首次以多产品企业的成本弱增性来定义自然垄断。[③] 随后，鲍莫尔、潘札（Panzar）和威力格（Willig）在1982年出版的《可竞争市场理论》[④]，夏基（Sharkey）1982年发表的“自然垄断理论”更加明确地提出，自然垄断的最显著特征就是成本弱增性。[⑤] 所谓成本弱增性是指单个企业能比两家或两家以上的企业更有效

---

① T. H. Farrer. The State in its Relation to Trade. London：Macmilian，1902. 转引自王俊豪：《政府管制经济学导论——基本理论及其在政府管制实践中的应用》，商务印书馆2011年版，第70~71页。

② Kenneth W. Clarkson，Roger Leroy Miller. Industrial Organization：Theory，Evidence，and Public Policy. McGraw-Hill Book Company，1982：119.

③ Baumol W. J.. On the Proper Cost Tests for Natural Monopoly in a Multiproduct Industry. American Economic Review，1977（65，5）：810-822.

④ Baumol W. J.，J. C. Panzar and R. D. Willig. Contestable Markets and the Theory of Industry Structure. New York：Harcourt Brace Jokanovich，1982.

⑤ W. W. Sharkey. The Theory of Natural Monopoly. Cambridge：Cambridge University Press，1982.

率地向市场提供同样数量的产品，或者说在一定的产量区间内，随着产量或品种的增加，总成本增加的幅度小于总产量增加的幅度。如图 17－1 所示，图 17－1（a）显示了单个企业的平均成本曲线；图 17－1（b）中的 AC_1 由图 17－1（a）复制而得，AC_2 即为有两个企业构成的行业平均成本曲线（假设两个企业的成本函数一样），其中 Q^* 点决定了成本弱增性的范围，当产量小于 Q^* 时，单个企业生产的成本最低，当产量大于 Q^* 时，单个企业的成本优势才丧失，而在 Q 点与 Q^* 点之间的区域内，平均成本曲线是上升的，即仍存在成本弱增性，该成本弱增性对单产品和多产品来说都是适用的。显然，鲍莫尔等对自然垄断的新诠释，拓展了传统自然垄断概念的范畴。

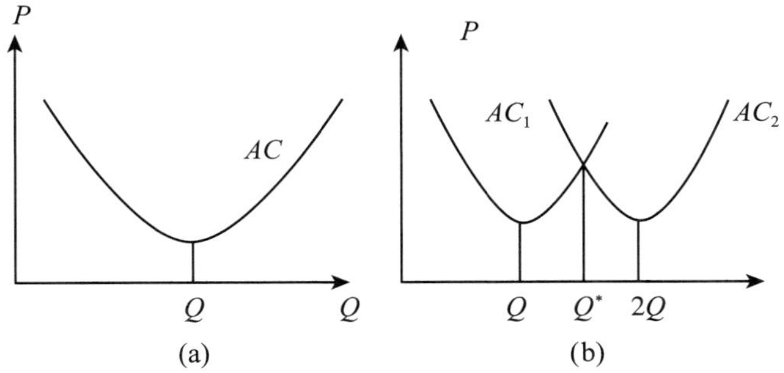

图 17－1　自然垄断的成本弱增性

资料来源：杨圣杰，《浅析自然垄断》，载于《探索》2002 年第 1 期。

自然垄断理论的另一个新进展表现在自然垄断属性的变化方面，沃特森（Waterson，1988）等指出，自然垄断属性并非一成不变。技术进步和需求变化既可能使自然垄断属性消失，也可能使某些原本不具有自然垄断属性的产业具备该属性。① 如两个地区之间的航空服务需求量大增，就会导致多个企业加入这一航线，这类服务的提供就会从一个自然垄断转变为寡头垄断市场格局。维斯库兹、维纳和哈瑞顿（Viscusi，Vernon & Harrington，1995）也用单一产品的例子来诠释自然垄断的变迁特点：一是永久的自然垄断，即长期平均成本随产量的增加持续下降，不论市场需求有多大，单个企业都能以最低的成本生产出来；二是暂时的自然垄断，即长期平均成本下降至产量某一点之后就变成常数，随着需求的增加，自然垄断就变成竞争性市场。②

① Waterson M.. Regulation of the Firm and Natural Monopoly. Cambridge, MA: Basil Blackwell, 1988: 43.

② Viscusi W. K., J. M. Vernon, J. E. Harrington, Jr.. Economics of Regulation and Antitrust. Massachusetts: The MIT Press, 1995: 59.

（二）信息不对称

信息不对称是指市场交易一方比另一方拥有更多信息的状态，它对市场的运行有很大影响。信息不对称可能导致市场无法实现资源的有效配置，甚至会导致市场的消失。对信息不对称的分析最初源于阿克劳夫（Akerlof，1970）对旧车市场调查基础上建立的“柠檬”市场模型。在该市场中，假定有两种旧车，一种为高质量车，另一种为低质量车，在对称信息条件下，买方能够在高质量车和低质量车之间进行选择。有些人会选择价格低廉的低质量车，而另一些人则愿意为高质量车支付较高的价格。但在实际生活中，由于信息不对称，旧车的卖者对他们的车拥有比潜在买者更多的信息。当买者事先不具备分辨旧车质量的能力时，他们只能把所有的车都视为中等质量而按照平均的预期价格支付。这样，卖高质量车的人就觉得不划算，不愿意卖高质量车，买车人也知道愿意卖的车一定是低质量车，最后只有卖低质量车的人才卖车。信息不对称使低质量商品把高质量商品逐出市场，即产生“劣品驱逐良品”现象。

“柠檬”市场的例子说明了信息不对称是如何导致市场失灵的。实际上对于那些虽然具有竞争性的市场结构，但消费者在自由选择问题上还不能保证得到充分信息的产业，由于信息不对称极易导致消费者利益的损失，因此有必要由政府对这些产业中的企业行为实施规制。如银行、保险、证券和运输等企业，提供各种各样的服务，并收取各种不同的费用，而消费者却未必拥有充分的信息以决定在多种多样的服务和价格中选择哪种为好，结果难以实现帕累托意义上的资源配置效率。同时，由于消费者不可能充分知道这些企业的经营内容和财产状况，一旦竞争的结果使企业发生倒闭时，消费者还会因此蒙受损失。为预防这类现象和事态的发生，需要政府从一开始便对有关产业的进入和具体市场行为进行干预，以解决信息不对称问题。因此，信息不对称成为政府对金融、保险、证券和交通运输等竞争性产业实施规制的重要依据。

（三）外部性

外部性是指一种物品或活动施加给社会的某些成本或效益，而这些成本或效益不能在该物品或活动的市场价值中得到反映。当一个行为主体的行动直接、间接地影响到另一个或另一些行为主体的福利时，则前者的行动对后者具有外部性。外部性的实质是私人收益和社会收益的不相等。所谓私人收益，即一项活动所产生的对实施这一活动个体的私人净收益；社会收益则是这项活动对实施个体和社会中的所有其他人的净收益之和。按外部性所产生的社会经济后果，可以将其划分为负的外部性和正的外部性。两者划分的依据是私人成本与社会成本以及私人收益与社会收益的对比关系。当一项产品或服务的私人收益大于社会收益时，此时存在负的外部性，反之存在正的外部性。外部性不仅是经济性规制的原因，也是社会性规制的重要原因。

关于外部性，在经济学里传统上用社会边际效益和社会边际成本进行解释和说明（见图 17－2）。如图 17－2（a）所示，在能够实现帕累托效率的资源配置条件中，社会边际收益（*SMB*）和社会边际成本（*SMC*）相等。并且，在纯粹的竞争性市场机制条件下，社会边际收益（*SMB*）和私人边际收益（*PMB*）相等，社会边际成本（*SMC*）和私人边际成本（*PMC*）相等。但有时，社会边际收益会大于个人边际收益，这种差异称之为“外部收益”，也就是“正外部性”，正外部性就是社会边际收益与个人边际收益的差额（*XB*），如图 17－2（b）所示。同样，社会边际成本也可能会大于个人边际成本，社会边际成本和个人边际成本的差额（*XC*）就是“外部成本”，也就是“负外部性”，如图 17－2（c）所示。外部性不仅不能通过市场和价格机制反映出来，相反，还妨碍市场机制的作用，使市场机制不能按帕累托效率有效配置资源。因此，需要政府规制外部性问题。

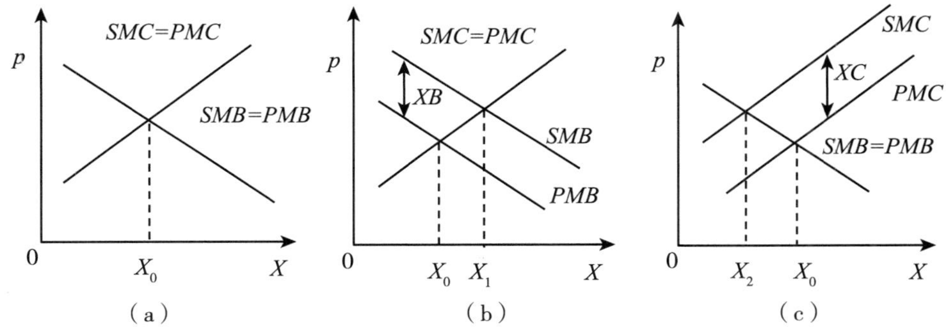

图 17－2　社会边际收益和个人边际收益

外部性是否需要规制，在理论界存在不同看法。科斯（Coase，1960）认为，由于缺乏明确界定的产权和存在交易成本而产生外部性问题，如果产权能很好地界定，交易成本不是足够高的话，即使有外部性，也不一定要求政府规制，人们之间的讨价还价协商就能导致帕累托效率。① 但在现实中，交易成本可能非常高，当事人之间的讨价还价并不解决问题，往往不如直接规制有效率。史普博（Spulber，1999）指出，缺乏明确界定的产权和存在交易成本是导致外部性产生的原因，这就使得法律制度或公共规制在界

---

① Ronald Coase. The Problem of Social Cost. Journal of Lawand Economics，1960（3）：1－44.

定产权和削减交易成本方面具备了潜在的作用。[①] 司法执行和行政规制的使用取决于这些选择在改进资源配置方面的相对成本及效果。对于环境问题和公共安全等外部性问题，可以通过私人协商或司法程序来解决，但其成本可能非常高，而由一个规制机构来集中地作出这些决定也许是最经济的，因为他们一般具备相关的专业知识。这时，政府规制就成为消除外部性的必要手段。

上述市场失灵的存在仅为规制的必要条件，而非充分条件。因为，市场解决不好的事情，政府也不一定能解决好，即使政府能够解决，也不一定十全十美。即为了解决市场失灵的政府也可能在干预中存在政府失灵。比如，规制可能引起很高的行政成本，甚至超过规制收益。规制者的信息不完全，致使规制政策效果大大减低。这就需要运用经济学方法，对规制和不规制的效果进行分析和比较，从中找出相应的解决办法。

三、政府规制分类

植草益将政府公共规制分为直接规制和间接规制两大类。如表 17－1 所示，直接规制分为经济性规制和社会性规制两类，这两类政府规制有不同的概念、领域和内容。间接规制以形成与维持竞争秩序为目的，不直接介入经济主体的决策而只制约阻碍市场机制发挥职能的行为。间接规制一般是司法机关为了防止不公平竞争，根据反垄断法、民法、商法等法律制度，对垄断行为、不公平竞争行为以及不公正交易行为所进行的间接制约。本书主要探讨直接规制，即狭义的公共规制。

表 17－1　　　　广义的公共规制

项目		主要目的	政府的主要活动
间接规制	不公平竞争规制	对应于垄断、不公平竞争及不公正交易	由反垄断法、民法、商法等产生的对垄断等不公平竞争行为的制约
直接规制（狭义的公共规制）	经济性规制	对应于自然垄断等	对在公益事业中的进入、退出、价格、投资等的制约
	社会性规制	对应于外部性、非价值性等	防止公害，环境保护，保证健康、安全，取缔毒品、炸药等

资料来源：［日］植草益：《微观规制经济学》，朱绍文等译，中国发展出版社 1992 年版，第 24 页。

---

① ［美］丹尼尔·F. 史普博：《管制与市场》，余晖等译，上海三联书店、上海人民出版社 1999 年版，第 60～64 页。

第二节　经济性规制与社会性规制

一、经济性规制

经济性规制是针对特定产业的规制，主要是在自然垄断和存在信息不对称的领域，为了防止发生资源配置低效和确保使用者的公平使用，政府用法律权限，通过许可和认可等手段，对企业进入和退出、价格、服务的数量和质量、投融资等有关行为进行的规制。与经济性规制不同，社会性规制更加关注社会活动的自然环境，市场过程中的不理想交换和交易行为所产生的危害和风险。概括地说，社会性规制关注的并不是经济活动自身的效率问题（如资源配置效率、生产效率等）或其导致的经济福利问题，而是经济活动所产生的社会影响问题。它是政府为了消除由于负外部性和信息不对称引起的市场失灵而进行的规制，例如环境污染、自然灾害、各种事故造成的健康和安全问题，企业趋利行为产生的低质产品或服务对消费者的损害等。

（一）经济性规制的领域

经济性规制的领域主要包括自然垄断领域和存在信息不对称的领域。自然垄断产业的基本特征在于其成本弱增性，典型产业包括电信、电力、铁路运输、自来水和煤气供应等。对于这些产业的主要业务领域而言，由一家或极少数家企业提供产品和服务，通常比多家企业提供相同数量的产品和服务具有较高的生产效率。但由于这些产业的在位企业具有相当大的市场势力，如果不进行政府规制，这些企业就会利用其垄断力量，通过制定高价获取垄断利润，从而扭曲社会分配效率。另外，银行、证券、保险、航空运输等典型产业，其在位企业往往是信息的垄断者，而消费者则只是信息的被动接受者，由于信息不对称问题比较严重，企业为了实现利益最大化目标，完全有可能通过信息误导，欺诈消费者。因此，也需要政府对这些产业实行政府规制。

（二）经济性规制的目标

实施经济性规制的宗旨是使产业合理运营，在维护消费者利益的同时，力求使产业能够健全发展。① 具体可从以下四个方面来理解经济性规制的目标。

---

① ［日］植草益：《微观规制经济学》，朱绍文等译，中国发展出版社 1992 年版，第 58 ~ 60 页。

（1）实现资源的有效配置。在自然垄断产业中，规制的重点是防止垄断企业滥用市场支配力。所谓市场支配力是指垄断企业利用自身的市场势力，确定高于边际成本水平以上的垄断价格，从而获取高额利润，造成社会福利损失。所以要利用价格上限规制、投资回报率规制等，限制垄断企业的价格决定，以便能实现资源有效配置。

（2）提高企业内部生产效率。如果市场结构是垄断性的，由于企业没有竞争压力，所以提高企业内部效率的积极性将减弱，包括在现有技术条件下实现投入物的最优组合所带来的生产效率，以最优生产规模进行生产所带来的技术效率，以及设备利用效率等。因此，有必要采取激励性措施刺激企业提高努力水平。

（3）避免不合理的收入再分配。垄断价格、差别价格、内部交叉补贴及差别对待，均是以垄断市场支配力为背景的，几乎都具有收入再分配的效果。一是企业的垄断定价不仅损害资源配置效率，而且还可能发生将消费者剩余的一部分转为企业利润进行再分配的情况。二是垄断企业对消费者实行差别价格，将消费者剩余的一部分或全部作为企业利润获取。三是经营多种产品或服务的垄断企业通过内部交叉补贴在不同领域消费者间进行收入再分配。四是垄断企业对消费者提供差别服务，难以满足一部分消费者的需求，因此，政府规制要求垄断企业要担负起对所有消费者提供服务的义务。

（4）维持企业的财务平衡。政府规制政策不仅要确保社会公平和内部效率，还要顾及产业的持续发展能力。自然垄断产业具有投资额大、投资回收期长的特点，而且，随着国民经济的发展，对自然垄断产业的需求具有一种加速增长的趋势。为了适应这种大规模、不断增长的需求，就需要自然垄断产业不断进行大规模投资，以提高市场供给能力。① 否则的话，如果产业不具备自我积累、良性发展的能力，这些产业便可能成为制约整个国民经济发展的“瓶颈”。所以，政府规制不仅需要保证企业能够补偿生产成本维持简单再生产的基本条件，还要保障企业的合理利润水平，使企业具有一定的自我积累、扩大再生产的能力。

综上所述，资源优化配置、提高生产效率、避免不合理的收入再分配、实现企业财务稳定是政府经济规制必须要考虑的重要内容，这里既有从社会层面考察的社会目标，也有从企业层面考察的企业目标，因此，政府在进行经济规制时，要协调好各目标之间的关系。

（三）经济性规制的内容

我国学者于立（2006）认为，经济性规制不是针对所有涉及市场失灵的经济活动，

---

① 王俊豪：《政府管制经济学导论》，商务印书馆 2001 年版，第 98 ~ 99 页。

而主要是针对自然垄断的。非自然垄断（人为垄断）的规制主要是反垄断法的干预内容；而对于自然垄断，则允许它存在，但要规制垄断者行为。[①] 以此为线索，本书所涉及的经济性规制主要有进入与退出规制、价格规制、投资规制、质量规制以及与产业发展规划密切相关的数量规制等内容。其中，进入与退出规制和价格规制是两种最主要的规制内容。同时，由于各个被规制产业的技术经济特征存在较大差异，决定了同一政府规制内容在各个产业也有所不同。

（1）进入与退出规制。进入规制是政府以限制过度竞争、提高生产效率为目的，从自然垄断产业的规模经济、范围经济和成本弱增性角度出发，通过发放许可证或是制定较高的进入标准，对企业进入某一产业或对产业内竞争者的数量所进行的政府规制，主要有批准、认可、注册、申报、命令、行政指导等几种方法；退出规制是政府对已进入自然垄断产业的企业在退出方面作出的某些限制。由于该类产业一般属于基础性产业，提供的产品和服务很大程度上是生产和生活的必需品，而且往往难以马上找到其他替代品。因此，为了保证供给的稳定性，政府会限制企业任意退出产业，以保证产品和服务能够满足社会需求。如美国曾经对铁路企业退出客运经营领域有严格的规制，用立法的手段要求企业不仅要从事有利可图的货运业务，还要提供具有社会公益性的客运服务。

（2）价格规制是以限制垄断企业确定垄断价格为目的，对其产品和服务的价格水平和价格体系所进行的规制。其中，价格水平规制是指对单位产品或服务的收费标准所进行的规制，一般考虑正常成本和合理报酬两大因素并根据总成本作为计算依据；而价格体系规制（亦称价格结构规制）主要是针对同一产品或服务对不同的消费阶层和不同的需求弹性制定不同的单价。[②] 由于大多数自然垄断企业提供的产品或服务往往面向的是具有不同需求特点的不同类型的用户群，这种需求差异又会产生成本差异，虽然理论上规制价格应该反映这些差异，但在产品或服务的生产过程中，许多成本又是“共同成本”，即同时提供多种业务而支付的成本，这就要求规制者监督企业如何将许多共同成本合理地分摊到各种产品或服务之中，因此，价格结构规制主要解决的是生产者的资源配置和不同用户群的利益分配问题。目前对价格体系方面的规制越来越放松，因此，本书主要讨论价格水平规制问题。价格规制具有一系列模型，包括边际成本定价、平均成本定价、报酬率定价、拉姆塞定价等。

（3）投资规制。政府规制者既要鼓励企业投资，以满足不断增长的产品或服务需

---

① 于立：《产业组织与政府规制研究新进展》，东北财经大学出版社 2006 年版。

② 于良春等：《自然垄断与政府规制——基本理论与政策分析》，经济科学出版社 2003 年版，第 74 页。

求，又要防止企业间过度竞争，重复投资，还要对投资品的最优组合进行规制，以保证投资效率和效益。无论在自然垄断的或竞争的产业，都是以防止因投资过度（或不足）而造成价格波动为目的的。投资规制包括被规制企业的设备更新、投资扩张、多角化投资以及与被规制企业相关的合并规制等。

（4）质量规制。质量规制是指既要防止那些不存在激烈竞争的垄断产业提供物品和服务的质量下降，又要防止竞争产业提供低劣的物品和服务。许多产品或服务的质量具有综合性，并不容易简单定义和直观认定。例如，航空服务质量包括准时性、安全性、机上服务、机舱设备、行李处理服务等方面，在规制实践中，很难将这些质量要素进行综合。因此，在一些被规制产业中，往往不单独实行质量规制，而是把质量和价格相联系，即在价格规制中包括质量规制，如果被规制企业没有达到质量标准，或者消费者对质量的投诉太多，政府规制者就要降低规制价格水平。

（5）数量规制。数量规制是指通过控制数量的方法来达到纠正市场失灵目的的各种政府干预行为。尽管在以往文献中“数量规制”并不多见，但在涉及公共领域的规制实践中，数量规制的应用十分广泛。在公共领域中，单纯由市场机制调节时容易发生公共产品投资不足的问题，而当政府担当起公共产品的提供者时，由于软预算约束的内在缺陷，又容易出现投资过度的问题，这就需要事先通过科学的计算来确定一个有效的数量，并通过规划、法律、政策等形式加以实施。如在交通运输领域，世界各国都会预先制定一系列中长期规划、发展战略等来指导交通基础设施的建设，测算未来交通运输的合理数量，进而通过政府审批、资金支持等机制使之符合未来的经济社会发展要求。

二、社会性规制

（一）社会性规制的领域

经济性规制始于18世纪90年代，而社会性规制是在20世纪60年代末才逐步实施的。如前所述，经济性规制的重点领域是电力、天然气、电信、交通、航空等具有自然垄断特征和信息不对称问题的产业及农业、银行业等特殊产业，表现为对产业的进入与退出、价格与工资等进行限制与约束。社会性规制与经济性规制涉及的领域不同，社会性规制处理的主要是外部不经济和非价值性物品问题。植草益（1992）指出，社会性规制是以保障劳动者和消费者的安全、健康、卫生、环境保护、防止灾害为目的，对产品和服务的质量和伴随着提供它们而产生的各种活动制定一定的标准，并禁止、限制特定行为的机制。[①] 萨缪尔森（Samuelson，1999）认为，社会性规制是用来保护环境以及劳动者和消费者健康和安全的规制；它用以矫正经济活动所引起的各种派生后果和外部性问题，包括空气净化、污水处理、核安全、药物安全和交通安全等。[②] 从社会性规制的内涵不难看出，这种规制不是针对特定行业，而是面向全社会所有厂商和消费者。

（二）社会性规制的目标

社会性规制的主要目标包括克服外部不经济、激励正外部性活动和保护信息劣势方权益，其直接方式是政府利用法律手段和行政手段直接干预规制对象的行为，诸如禁止特定行为、营业活动限制、行政审批、标准制定、法律制裁等；其间接方式是政府对规制对象的行为进行诱导和影响，如信息公开、收费补偿和权利交易制度等。

（1）克服外部不经济。外部不经济（external diseconomy）是指生产或消费行为给其他人造成损失而其他人却不能得到补偿的情况。人类自身的某些活动可能对外部环境产生大量的负面影响，致使环境、资源等难以再生的社会要素遭到严重破坏，从而造成环境污染和资源枯竭等问题，对人类的生存和发展产生不利影响。如交通运输过程中产生的空气污染和噪声污染就是一种外部不经济，排污企业在为自己创造财富的同时，给周边其他单位和个人造成了损害，产生了“外部成本”，而一直以来，这种“外部成本”并没有计算到企业的生产成本中。造成这种现象的根源在于环境资源的不可分割性，使其产权难以界定或界定成本非常高。由于外部不经济性问题很难依靠市场机制和个人行为来解决，因此，社会性规制的重要目标之一就是采用设立标准、发放许可证、收取各种相关费用、强制信息披露等政府监管措施，促使外部性问题内在化。同时，可以结合商法、民法、产品责任法等法律规章，运用行政权利向规制对象的违规行为给予罚款、损害赔偿等制裁，还可以开创排污权交易市场等。

（2）激励正外部性活动。人们所从事的活动还可能对社会产生正的外部效应，使社会收益大于私人收益，从而增进整体社会福利。但是如果具有正外部性的私人活动得不到相应的补偿，就会使行为主体失去继续从事该活动的动力。因此，“对于植树造林、清洁河道、建设公园、草地等产生正外部性的社会活动，也需要政府通过建立某种补偿机制，以刺激私人的正外部性行为，或在许多场合下，直接由政府从事正外部性活动。”[③]

---

① ［日］植草益：《微观规制经济学》，朱绍文等译，中国发展出版社 1992 年版，第 24 页。

② ［美］保罗·萨缪尔森、威廉·诺德豪斯：《微观经济学》，萧琛等译，华夏出版社 1999 年版，第 28 页。

③ 陆大道：《区域发展及其空间结构》，科学出版社 1995 年版。

(3) 保护信息劣势方权益。在社会经济活动中，市场交易双方往往处于信息不对称状态，即在交易过程中，一方控制信息但不向另一方完全公开，由此造成的非合约成本由信息不足方承担，导致安全风险、健康风险、质量风险等问题。因此，各国都将保护信息劣势方权益作为社会规制的重要目标，以便提高社会安全度、健康水平和服务水平。如政府可以利用行政法规手段，强制厂商向市场提供真实的、比较全面的信息，如要求有关厂商必须在药品包装上标明配方、药品有效期、适用范围、使用范围、使用方法、批号等方面的真实内容。政府还可以通过产品质量检查、市场调查等方式收集有关信息，向市场展示有信誉的厂商的信息。

(三) 社会规制的重点内容

日本经济学家植草益不仅建立了社会性规制四大类别的逻辑框架[①]，还将各大类社会性规制进行了细分，这种分类不仅涵盖了目前各国政府实行的社会性规制内容，而且与体现社会性规制的法律法规相对接。

(1) 确保健康、卫生。确保健康、卫生（药品法、医疗法、传染病预防法、检疫法、水道法、有关废弃物的处理与清扫方面的法律等）；麻药取缔（麻药取缔法、大麻取缔法、鸦片法、兴奋剂取缔法等）。

(2) 确保安全。防止劳动灾害、疾病（劳动基本法、劳动基准法、劳动安全卫生法等）；保护消费者（消费者保护基本法、消费生活用品安全法、家庭用品质量表示法、食品卫生法、分期付款销售法等）；交通安全（道路交通法、道路运输车辆法、海洋交通安全法、船舶安全法、港口管理法、海上冲突预防法、水上遇难救护法、航空法等）；消防（消防法）；枪炮取缔（枪炮刀剑类持有等取缔法）。

(3) 防止公害、保护环境。防止公害（大气污染防止法、水质污染防止法、噪音防止法、振动规制法、矿山安全法、金属矿业等公害对策法等）；环境保护（自然环境保护法、自然公园法、水产资源保护法等）；防止产业灾害（核燃料、原子反应堆规则法、高压气取缔法、液化石油气安全法等）；防止自然灾害（国土利用法、港湾法、沿岸法、河川法、森林法、矿山法等）。

(4) 确保教育、文化、福利。提高教育质量（学校教育法、私立学校法、社会教育法等）；提高福利服务（社会福利事业法、老人福利法、残疾人就业促进法等）；文物保护（文物保护法、关于保护古都的历史性风土的特别措施法等）。

---

① ［日］植草益：《微观规制经济学》，朱绍文等译，中国发展出版社 1992 年版，第 281～284 页。

第三节　政府规制理论与方法的发展

围绕规制代表谁的利益这一议题，形成了两种观点相互对立的理论：规制公共利益理论和规制部门利益理论。① 若从历史发展的角度看，规制公共利益理论是人们对规制动机的传统认识，而规制部门利益理论是在批判和反思规制公共利益理论的基础上而发展起来的。近年来，随着信息经济学的广泛应用，激励性规制理论得到了长足的发展。从劳伯和马盖特（1979）最先将规制看成一个委托—代理问题开始，巴隆和梅耶森（1981）将微观经济学理论中的新理论与新方法引入规制理论，规制经济学在委托—代理理论、机制设计理论等方面取得了明显进展。在拉丰和泰勒尔（1993）将激励理论和博弈论应用于激励性规制理论分析后，西方规制经济学达到了一个新的发展高峰。

一、规制公共利益理论

规制的公共利益理论认为，由于自然垄断、人为垄断、外部性、信息不对称等市场失灵的广泛存在，需要政府对市场进行规制。这一理论包含这样一个假设，即市场是有局限性的，如果放任自流，就会导致不公正或低效率。例如，在自然垄断情况下，为避免垄断者限制产出并提高价格从而使公众承受垄断价格，政府就应实行价格规制。同样对于厂商通过合谋、控制对产业的进入而造成的人为垄断，政府也应采用反托拉斯政策使合谋非法，并促使市场趋向竞争开放。在外部性存在的情况下，增加对负外部性的税收征收，补贴正外部性，这都可能导致倾向优化的资源配置状态。总之，规制公共利益理论主张纠正在市场失灵下发生的资源配置的非效率和分配的不公正，维护社会秩序和社会稳定。公共利益理论得到了很多经济学者的认可和支持。美国的卡恩、米克尔、布雷耶、欧文和布劳第根、日本的植草益等诸多著名的经济学家都是规制公共利益理论的代表者。

由于在许多情况下公共利益理论的分析与现实自相矛盾，所以遭到部分经济学家的批评。波斯纳（Posner，1974）指出，规制并不必然与外部经济或外部不经济的出现以及垄断市场结构相关，有时是企业要求政府进行规制的。② 例如，19 世纪 80 年代后期的

---

① 从规制动机的视角，有的学者将规制理论划分为规制公共利益理论、规制俘获理论、规制经济理论三个理论，有的则划分为规制公共利益理论和规制部门利益理论（包含规制经济理论），实际上两种划分研究的内容是一致的，并没有本质的区别。

② Posner R. A.. Theories of Economic Regulation. Bell Journal of Economics，1974：5.

铁路规制是厂商主动要求政府去做的，并开创了政府进入市场实行干预和规制的先例。历史上地方电话和城市间通信市场也是这样，是厂商主动要求政府对其“混乱”的市场进行规制。规制公共利益理论规范分析自相矛盾的事实还在于即使对于自然垄断进行规制，实际上并不总能有效约束企业的定价行为。施蒂格勒通过对美国电力事业价格规制的效果研究，认为规制仅有微小的导致价格下降的效应，并不像规制公共利益理论所宣称的那样规制对价格具有较大的下降作用。① 阿顿（Utton，1986）指出了规制公共利益理论以市场失灵和福利经济学为基础的狭隘性，认为在某些重要部门（如因为自然垄断或必须提供公共产品的部门）中，竞争受到某些方面的限制，零星地制定一些能够确保竞争得以运行的规制政策，并不一定会使资源配置达到最优。②

二、规制部门利益理论

规制部门利益理论最早是施蒂格勒在1971年发表的《经济规制论》中提出，随后由佩尔兹曼和贝克尔予以发展的。施蒂格勒用经济学中最常用的标准的供求分析方法来解释政府规制问题。在这一供求关系中，利益集团为需求方，政府为供给方。在需求方面，他认为影响一个产业对政府规制需求的主要因素是规制可以提供的多种收益：直接的货币补贴、控制新竞争者进入、干预替代品和补充品生产、实行固定价格等。在供给方面，他认为谋求当选的政党是否支持某项规制政策行动时要考虑是否有助自己当选。而需求规制的产业“必须支付两项政党所需要的东西：选票和资源。资源包括竞选经费、筹集经费的服务以及较间接的方式，如为政党雇用工作人员。利用一些大项目，说服该产业和其他有关产业人员，使支持票增加，反对票减少”。③ 施蒂格勒分析的前提是：（1）强制力是政府的根本资源，某利益集团能劝说政府为其利益而运用强制力改善该集团的福利；（2）各规制机构的行为选择是理性的，都追求效用最大化；（3）规制机构的规制供给与利益集团收入最大化行为的要求相适应，通过政府规制行为，规制者和利益集团均可增加其收益。施蒂格勒通过上述供给与需求分析认为规制通常使组织良好的利益集团获益，而生产者对立法过程的影响较之消费者而言具有明显的优势，因此，立法者常常被产业所俘虏，而规制机构最终也会被产业所控制。

佩尔兹曼（Peltzman，1976）沿着施蒂格勒的思路，对其理论的内容进行了扩展，

---

① ［美］施蒂格勒：《产业组织与政府管制》，潘振民译，上海三联书店1996年版，第158～178页。

② Utton M. A.. The Economics of Regulation Industry. Basil Blackwell，1986：8－12.

③ ［美］施蒂格勒：《产业组织与政府管制》，潘振民译，上海三联书店1996年版，第224页。

并最终形成了佩尔兹曼模型。佩尔兹曼模型是一种规制的政治或立法模型，该模型的关键性假设是：规制者为了维护自身利益，在运用规制权力时会选择使其政治支持达到最大化的政策。佩尔兹曼认为“搭便车效应”使较小的利益集团更容易俘虏规制者。在确定价格规制和进入规制等规制政策时，立法者可通过价格、利润等规制政策来决定受规制利益集团的规模以及企业的受益程度，如哪些消费者获益、哪些消费者蒙受损失以及企业的受益程度。① 佩尔兹曼通过研究政治支持函数最大化时的价格问题，证明了最优规制价格处于利润为零时的竞争性价格与产业利润最大化的垄断价格之间。这一规制价格将平衡消费者与生产者的利益。也就是，立法者或规制者会选择使其政治支持最大化的规制价格。②

斯蒂格勒和佩尔兹曼的分析都侧重说明，立法者或规制者可以选择规制政策，以使其获得的政治支持最大化。而贝克尔（Becker，1983）的理论关注的角度与他们有所不同，更强调利益集团之间的竞争，他认为，在假定其他利益集团行为选择的影响力水平条件下，每个利益集团都会选择使其福利最大化的影响力水平，即两个集团相互博弈，当他们都不愿改变其影响力水平时，便形成政治均衡，该政治均衡点是两个集团最佳反应函数的交叉点。也就是说，决定规制政策倾向性的利益集团竞争结果不仅取决于规制的福利效应，也取决于多个利益集团对立法机构或执行机构施加影响力时的相对效率。③ 与施蒂格勒和佩尔兹曼的模型相比，贝克尔模型对公共利益规制理论提供了一定的解释，但他并不认为规制是市场失灵的产物，而认为决定规制活动的是利益集团的相对影响。

规制部门利益理论与部分规制历史实践相符合，似乎比规制公共利益理论更具说服力，但由于其严格的假设条件，规制部门利益理论同样受到与规制公共利益理论相类似的批评。④ 反对规制部门利益理论的有力证据还在于现实生活中存在许多产业利润水平因规制而下降的实例，包括石油天然气价格规制和对环境、产品安全、工人安全的社会规制等。规制部门利益理论也难以解释许多产业被规制及后来又被放松规制的内在原因。另外，规制部门利益理论还与一些实践相矛盾，如交叉补贴和偏向小规模生产者。因此，规制部门利益理论在某种程度上也缺乏现实解释力。

---

① 肖兴志：《规制经济理论的产生与发展》，载于《经济评论》2002 年第 3 期。

② Peltzman S.. Toward a More General Theory of Regulation. The Journal of Law and Economics, 1976 (19): 211 - 248.

③ Becker. A Theory of Competition Among Pressure Groups for Political Influnce. Quarterly Journal of Economics, 1983: 98.

④ 王俊豪：《英国政府管制体制改革研究》，上海三联书店 1998 年版，第 36 ~ 45 页。

规制公共利益理论和规制部门利益理论相互对立，最主要原因在于，学者们对政府规制行为动机的研究持有两种不同的理论假设：一是道德人假设，二是经济人假设。[①] 道德人假设认为，政府是由一些道德情操高尚的人组成，除了公共利益外没有自己的独立利益，因此，政府必然无私地追求公共利益，把公共利益最大化看成自身行动和政策的最终目标。道德人假设有两点明显的缺陷：一是把政府看成不食人间烟火、没有自身利益和缺陷的理性的行为主体，这与现实是不相符的；二是根据道德人假设的逻辑，可得出这样的结论，政府行为是大公无私，政府行为没有必要受公民或其他社会组织的约束，这就为政府职能无节制扩张乃至于滥用职权提供依据。因此，公共选择理论从根本上否定了道德人假设，而把经济人假设从市场决策领域扩展到政治决策领域。公共选择理论认为，在政治市场上，选民和纳税人是需求者，政治家、官员和其他公务员是供给者。后者提供一定数量和质量的公共物品，前者为获得公共物品必须支付一定的税款。公共物品的提供是由各个利益集团之间或组成集团的个人之间一系列的讨价还价过程完成的。政治家在政治市场上追求的并非是公共利益，而是自身利益最大化。经济人假设比道德人假设，似乎更为合理和深刻。但仅从利益的角度来考察政府规制行为，并不能完全说明政府超越各种集团利益而维护公共利益的行为。更为严重的是，若完全从经济人的角度来考察规制行为，势必导致对政府规制存在合理性的彻底否定。

三、激励性规制理论

传统规制理论的既定前提是规制者与被规制者具有同样多的信息，双方进行的是一种对称信息博弈。在此基础上建立的价格规制方式是服务成本或公正报酬率规制，实质是一种成本加成定价。客观地说，可信的成本加成定价机制在吸引资本投资方面是有效的，因为投资者相信他们的运营成本和投资成本可以收回。但是，由于规制者与被规制者所掌握的信息往往是不对称的，这种传统规制方式在实行过程中存在较多缺点。第一，由于价格取决于成本基础，因此被规制企业缺乏降低成本的激励。企业一方面能够将成本的上升转嫁给消费者；另一方面即使降低了成本，其成果也被降低价格所抵消。第二，由于在价格测算时未考虑需求方面的条件，主要是需求的价格弹性，因此缺乏形成有效价格体系的激励机制。第三，由于对有关成本的信息存在非对称性，从而产生归企业所有的大量信息租金。同时，由于信息的非对称性，往往将公正报酬率设定于超过资本成本的水平，会产生利润额的增加，从而诱发企业过度投资，即发生 A－J 效应。

① 李郁芳：《体制转轨时期的政府微观规制行为》，经济科学出版社 2003 年版，第 4～6 页。

第四，完全成本分担的个别成本核算方法，增大了价格规制所必需的信息量。以上缺陷被认为是自然垄断产业规制缺乏效率和产业低效率运行的主要原因。随着信息经济学和博弈论的发展，人们认识到，规制机构与被规制企业之间存在信息的不对称性，表现为：规制机构知道有关被规制企业的信息要远远少于企业所知道的相应信息，双方进行的实际上是一种非对称信息博弈。由于存在信息的非对称性，因此会产生逆向选择和道德风险问题。不但如此，在规制过程中，规制机构与被规制企业之间的行为目标也存在差异，前者主要考虑社会福利最大化的实现，后者则主要关心企业利润最大化的目标。正因为存在上述问题，在规制理论中产生了激励性规制理论。

激励性规制理论实际上是运用博弈论、委托—代理理论以及信息经济学的相关方法来解决信息不对称条件下，效率与信息租金的两难选择问题。在信息不对称情况下，委托人必须利用代理人对自身利益（利润最大化）的追求，设计某种机制给代理人提供一种激励，以使其采取与自己目标（由消费者剩余和企业利润所构成的社会福利最大化）相符合的最优行动；同时为代理人设计一个合同菜单，通过合同选择来甄别不同类型企业，获取更多信息。具体来说，当规制机构与被规制企业之间存在着信息不对称时，应允许被规制企业利用其信息优势，通过赋予其更多利润支配权的方式使其在一定程度上得到信息租金，以换得提高生产效率的激励；同时，为了更好地利用被规制企业的私有信息，最佳的规制机制是通过提供这样一种合同选择，即在较低产量但盈亏平衡的低强度激励合约（如报酬率规制）和最优产量但利润最大化的高强度激励合约（如价格上限规制）之间选择，从而在生产效率和信息租金二者之间进行取舍，这就是激励性规制理论的核心思想。

在规制经济学发展史上，最先将规制过程看成是委托—代理问题的是勒布与马加特（Loeb & Magat），他们于1979年在《经济法学》杂志上发表了《公共规制的分散化方法》一文，建立了与拍卖理论中的激励相容偏好显示机制及公共品理论相联系的激励契约模型，针对规制过程中的逆向选择问题构建了“说真话机制”（称为L-M机制或L-M模型），即在需求信息对称、成本信息不对称的前提下，规制者允许受规制企业制定能够保持自身经营利润的合意的价格水平（价格决定权的分散化），同时，规制者以激励受规制企业实现社会福利（消费者剩余与生产者剩余之和）最大化为目标，提出政府补贴的支付规则。① 之后，很多学者针对L-M机制的种种缺陷进行了不断的修正和完

① Loeb, Magat. A Decentralized Method for Utility Regulation. Journal of Law and Economics, 1979 (22): 399-404.

善，包括沃格尔桑和芬辛格（Vogelsang & Finsinger）的 V - F 模型,[①] 巴伦与梅耶森（Baron & Myerson）的 B - M 模型,[②] 萨平顿（Sappington）提出的线性合约菜单类型中的最优的激励方案,[③] 巴伦与伯圣科（Baron & Besanko）对 B - M 机制的扩展等。[④] 1986年，拉丰和泰勒尔（Laffont & Tirole）进一步将道德风险问题引入规制模型，建立了逆向选择与道德风险共存于委托—代理关系中的最优激励方案。[⑤] 20 世纪 90 年代以来，拉丰和泰勒尔对激励性规制进行了更系统、更全面的阐述，主要分析了信息不对称条件下激励规制机制的设计原理。[⑥]

四、可竞争市场理论

1982 年，鲍莫尔、潘扎尔和威利格三位学者共同提出“可竞争市场”理论，该理论为判定一个产业是否具有可竞争性提供了理论依据。该理论认为，对于有些市场，新企业具有较大的潜在进入威胁，即使一家垄断者控制了市场，潜在进入的压力依然可以使垄断者像竞争性企业一样的行为，从而使该行业产品保持低价并实现有效率的生产。可竞争市场理论无疑为自然垄断产业规制改革提供了一种新的思路。但学者们对理论本身也存在争议，在理论与实践的统一上也存在一些问题。[⑦]

可竞争市场理论认为完全可竞争市场需满足三个假设条件。（1）企业进入和退出市场（产业）是完全自由的，相对于现有企业，潜在进入者在生产技术、产品质量、成本等方面不存在劣势。也就是说，竞争者间面临着相同的环境，可用同样的成本获得相同的技术并生产质量相当的产品。（2）潜在进入者能够根据现有企业的价格水平评价进入市场的盈利性。（3）进入和退出市场的成本为零，潜在进入者能够采取“打了就跑”的策略。甚至一个短暂的赢利机会都会吸引潜在进入者进入市场参与竞

---

① Vogelsang, Finsinger. A Regulatory Adjustment Process for Optimal Pricing by Multiproduct Monopoly Firms. Bell Journal of Economics, 1979, 10 (1): 157 - 171.

② David P. Baron, Roger Myerson. Regulating a Monopolist with Unknown Costs. Econometrica, 1982 (4): 911 - 930.

③ Sappington D. Optimal Regulation of Research and Development under Imperfect Information. Bell Journal of Economics, 1982 (13): 354 - 368.

④ Baron D. , D. Besanko. Regulation, Asymmetric Information and Auditing. Rand Journal of Economics, 1984 (15): 447 - 470.

⑤ Laffont, Tirole. Using Cost Observation to Regulate Firms. Journal of Political Economy, 1986, 94 (3): 614 - 641.

⑥ J. Laffont, Jean Tirole. A Theory of Incentives in Procurement and Regulation. MIT Press, 1993: 12.

⑦ Baumol W. J. , Panzar, J. C, Willig, R. D. Contestable Markets and the Theory of Industry Structure, Harcout Brace Javanovich Ltd. , New York, 1982: 23.

争，而在价格下降到无利可图时，它们会带着已取得的利润离开市场。厂商具有快速进出市场的能力，而且在退出市场时并不存在沉淀成本，即进退完全无障碍（perfectly free entry）。

可竞争市场理论可概括为以下三个方面内容。（1）在可竞争市场上不存在超额利润，这对垄断产业或寡头垄断产业也不例外。原因在于任何超额利润都会给潜在进入者提供一个短暂的赢利机会，他们既可以随时进入市场，又可以在现有经营者作出价格下降前退出市场，从而迫使现有经营者按平均成本定价。在这种情形下，垄断不阻碍市场的竞争性，潜在竞争决定了垄断企业将制定可维持性价格。（2）在可竞争市场上不存在任何形式的生产低效率和企业内部管理的 X—非效率。因为生产和管理上的低效率都会增加不必要的成本，这些非正常成本像高于平均利润的非正常利润一样，会吸引效率较高的潜在竞争者进入市场。因此，虽然从短期看，现有企业可能存在低效率现象，但从长期看，潜在进入者的威胁会迫使现有企业消除生产和管理上的低效率问题。（3）在可竞争市场上，由于潜在的进入者能够在进入之后实现与原有企业一样低的平均成本，所以，无论是现有厂商还是新进入者都不存在绝对成本优势。所谓绝对成本优势是指，如果某个厂商的单位成本曲线始终位于其竞争对手的单位成本曲线的下方，从而在一定范围内，该厂商能够把价格定位在稍高于自己的成本而又不会吸引其竞争对手进入的水平，就可以说该厂商具有绝对成本优势。

鲍莫尔等提出的可竞争市场理论对自然垄断规制提出了质疑，认为潜在的进入者的进入压力可以迫使垄断厂商制定获得正常利润的价格，因此，在可竞争的市场上不需要价格规制和进入规制。

可竞争市场理论强调潜在竞争者的作用，通过来自潜在进入者的竞争压力，对原有市场上垄断者的行为施加一定程度的约束，迫使原有垄断企业提高效率，并确保价格与平均成本相等，从而实现与完全竞争相同的竞争均衡。可竞争市场理论认为，垄断未必一定使福利受损，在可竞争市场的垄断均衡中，能够实现社会福利最大化。从一定理论意义上说，潜在竞争可以替代政府规制。由此可见，可竞争市场理论修正了人们对自然垄断产业规制的传统看法，开拓了新的思路，对于放松规制的实践具有深刻的影响，特别是在 20 世纪 80 年代初期美国对航空业的放松规制，可竞争市场理论起到了重要的推动作用。但是，由于该理论建立在一系列严格的假设基础上，不断受到学者的质疑。争论的核心是该理论赖以存在的三个前提假设应用于实践的有效性问题，特别是在资产专用性较强的产业里可竞争市场理论的适用性问题。由于可竞争市场理论的假设条件与现实之间的不一致性，鲍莫尔等对该理论进行了重新思考，并在 1986 年的一篇文章中明确提出："该理论可以作为政府规制的指南，而不是取消政府规制。"① 这也是该理论的重要贡献所在。可竞争市场理论既是放松规制的理论基础，也是在放松规制中重建规制的理论基础。尽管存在争议，但不得不承认，可竞争市场理论对世界各国的规制改革仍具影响力。

五、主要激励性规制方法

目前，给予企业竞争刺激的激励性规制方法主要有特许投标制度和区域间竞争，给予企业报酬的激励性规制方法主要有社会契约制度和价格上限规制。

（一）特许投标制

特许投标制（franchisc bidding）最早是由英国人凯德维克（Chadwick，1859）研究当时在法国的自来水业中实行的特许投标制度提出的，而在德姆塞茨（Demsetz，1968）首次将其作为对自然垄断的规制方法后，才又一度成为人们所关注的问题。随后，波斯纳（Posner，1972）针对美国的有线电视节目的垄断供给权，提出了引进特许投标制度的建议，呼吁重新重视这一制度。

特许投标理论的基本观点是：在政府规制中引进竞争机制，通过拍卖的形式，让多家企业竞争某产业或业务领域中的独家经营权（即特许经营权），在一定的质量要求下，由报价最低的企业取得特许经营权。因此，可以把特许经营权看作是对愿意以最低价格提供产品或服务的企业的一种奖励。采用这种方式，如果在投标阶段有比较充分的竞争，那么，价格可望达到平均成本水平，获得特许经营权的企业也只能得到正常利润。而且，由于特许经营权通常设有规定的年限，在潜在竞争压力下，获得特许经营权的企业为防止在下一经营期限中丧失经营权，而只能不断地降低成本，提高质量和效率。企业对垄断经营权的竞争，也消除了传统规制所难以解决的信息不对称。特许投标制是一种很有吸引力的规制方法，在发达国家的规制改革中得到了普遍的运用，也取得了良好的效果。例如，1986 年伦敦商学院所作的一项研究表明，英国地方政府对打扫建筑物、清理街道、收集垃圾等公共业务采取竞争投标制后，在保持原来服务标准的同时，成本平均降低 20% 左右，每年可节约开支 13 亿英镑。

在实际运作中，特许投标制也存在着明显的缺陷。第一，由于存在投标企业之间妥

---

① Baumol W. J.，Willig R. D.. Contestability: Developments since the Book. Oxford Economic Papers (Suppl.)，1986 (38)：27.

协、合谋的可能性，特许投标制度未必能够确保有效竞争。而且，已经拥有投标权的在位企业在投标时具有战略上的优势，很可能排挤新加入企业。特别是在规模经济和范围经济较为显著，投资周期较长，投资规模较大的产业，特许投标制度要发挥竞争的作用则更为困难。第二，如果在位企业在新一轮特许经营权竞争中失败，就会面临沉淀成本的处置问题。即便其资产可以转让给新进入企业，专用性资产的损失也难以避免。第三，在企业通过竞争获得特许经营权之后，受生产技术的复杂性、市场需求的多重性、未来的不确定性等诸多因素的限制，规制者与企业签订的特许经营合同的内容显然是不完备的，从而会导致逆向选择与道德风险问题。因此，植草益（1992）在综合施马伦西（Schmalensee，1979）以及维克斯和亚罗（Vickers & Yarrow，1988）对特许投标制度所指出的问题时认为，在技术和需求的不确定性很大的产业和需要大规模投资、资产固定性较高因而沉淀性较强的产业中，很难采用特许投标制度。但通过横向和纵向的业务分割，化小企业规模，可以缓解学者们对特许投标制度的质疑。目前，特许投标在各国自然垄断行业中得到了一定的应用。

（二）区域间比较竞争

区域间比较竞争（yardstick competition）是促进不同地区的被规制企业间竞争的一种方法，即通过间接竞争提高配置效率和生产效率。雪理佛（Shleifer，1985）在《标尺竞争理论》一文中提出区域间竞争理论模型，根据该模型，将受规制的全国垄断企业分为几个地区性企业，规制机构通过利用从其他地区的企业那里得到的成本、需求等信息来确定特定地区企业的价格水平和服务水准，以避免企业的价格决定于其本身成本的不良激励，通过开展不同地区之间垄断企业的间接竞争，以刺激垄断企业提高内部效率、降低成本、改善服务。①

区域间比较竞争理论在规制实践中的应用首先由李特查尔德在 1986 年对英国自来水产业规制的一份报告中提出的。② 他举了一个最简单的例子，假定一个全国性垄断企业被分割为南、北两个企业（或单位），分别以 S 和 N 表示，每个企业在其区域内具有自然垄断性，再假定这两个地区的成本和需求状况十分类似。虽然规制者可能不知道在各个地区降低成本的可能范围，但通过下面的规制机制能使 S 和 N 这两个企业相互竞争：在一定时期内，S 能够制定的价格水平取决于 N 的实际成本水平，反过来，S 的价

① Shleifer A. A Theory of Yardstick Competition. Rand Journal of Rconomics，1985（16）：319－327.

② Littlechild S. Economic Regulation of Privatised Water Authorities. London HMSO，1986.

格水平也就是N被允许制定的价格水平。只要S和N面临非常类似的外部状况，而且，它们之间不存在任何的合谋行为，这一方法能为促进企业生产效率和分配效率相结合提供可能性，它能避免通常在生产效率和分配效率之间存在的两难选择。因为S的价格和N的实际成本相联系，从而促进S不断降低成本，这为企业提高生产效率提供了良好的刺激。如果企业之间可以类比，通过周期性的调整价格，使产业价格与产业成本保持一致，这就保证了社会分配效率。可见，区域间比较竞争理论提供了在信息不对称状况下的一个具有一般意义的解决方法，因此，它具有较广泛的适用性。

在西方国家的规制改革中，这一理论在两个领域中得到充分的运用：一是市场空间严格受到地域限制而原本就有多个不存在替代关系的区域市场的产业，如城市供水、供气和短途运输服务等领域；二是将全国性垄断企业分拆为多个区域性的企业，政府通过区域间竞争规制垄断企业的价格。但是，由于区域间比较竞争并不是处在特定市场中的企业之间相互直接的竞争，而是区域性垄断企业之间的间接竞争，加上区域性垄断企业的生产技术、市场需求、外部自然环境和经营环境差异较大，各区域性垄断企业还可能通过合谋，使规制机构获得失真的信息，这导致区域间竞争理论虽然在规制改革中应用不少，但并不总能实现规制机构所预期的效果。

（三）社会契约制度

社会契约制度（social contract）也称成本调整契约制度，是指规制机构通过与被规制的企业签订合同的方式，对与产品价格和成本有关的一系列指标作出约定，并根据企业执行约定的情况由规制机构采取相应的奖励和惩罚措施，从而鼓励企业降低成本、节约能源、保护环境和提高服务水平。例如，美国亚利桑那州的规制机构在1984年11月起实施的旨在提高发电企业设备运转效率的社会契约制度。① 该州电力规制机构与发电企业签订的合同规定：首先以设备运转率60%~75%为基准，如果设备运转率在这一基准范围内不予奖励或惩罚，当设备运转率达到75%~85%时，则将由于提高设备运转率而节约的燃料费的50%奖励给企业，其余50%返还给消费者。当设备运转率超过85%时，将由此而节约的全部燃料费奖励给企业。相反，当设备运转率在50%~60%时，由此增加的燃料费的50%由企业负担。当设备运转率只达到35%~50%时，企业则负担由此增加的全部燃料费。最后，当设备运转率未达到35%时，规制机构将重新考虑这一基数。由于社会契约制度强调规制机构通过合同的方式规制企业，因此这种规制方式既拥

① ［日］植草益：《微观规制经济学》，朱绍文等译，中国发展出版社1992年版，第159页。

有法定的约束力，又比法律具有更大的灵活性。因此在西方国家的电力规制改革中得到广泛运用。

（四）回报率与价格上限规制

（1）回报率规制。一般是由政府管理部门规定一个允许的资本报酬率 r，并实施以下定价规则：

$$p_t = c_{t-1} + \frac{rB}{q_{t-1}} \tag{17.1}$$

式中，p_t为第 t 期的规制价格；c_{t-1}为第 $t-1$ 期的单位成本；B 为总资本价值，亦称费率基础；r 为政府允许的资本回报率；q_{t-1}为第 $t-1$ 期的生产总量。

在实际运作中通常的做法是，受规制企业首先向政府提出价格（或回报率）调整的申请，政府对该申请进行考察和评估，并根据价格影响因素的变化情况对其进行必要的修正，以作为某一特定时期（一般为一年）内的定价依据。

回报率规制虽然被认为是低激励的，但之所以长期存在具有一定的合理性。第一，该规制可以防止在位企业制定垄断价格损害消费者利益；第二，该规制能够保证回收投资，维持企业生存；第三，该规制在产业供给不足时，有利于快速形成生产能力和扩大规模，缓解供需矛盾；第四，在该规制下，由于受规制企业对成本业绩不负责任，从主观上不会阻碍企业为提高产品质量（或服务水平）和安全性进行投资；第五，由于该规制不存在成本节约的剩余索取权问题，任意性减少，在某种程度上降低了被规制企业寻租的可能性。① 当然，回报率规制也因存在许多众所周知的缺点而备受责难。从它的成本补偿机制看，首先，由于全部成本都能通过价格回收，而且成本的节约不会使企业受益，成本的增加也不会使企业受损，因此，企业对提高效率几乎没有积极性，即回报率规制的“成本加成”特点对降低成本几乎没有激励②；其次，由于政府将企业投资作为计算企业回报率的基数，当回报率大于资金成本时，这种规制模式将鼓励过度的资本密集（A－J 效应）。

（2）价格上限规制。由于回报率规制的低效率有目共睹，20 世纪 80 年代，规制者的规制方向开始变化，从规制利润转向直接规制价格，价格上限规制正是在这样的背景下于 20 世纪 80 年代早期在英国应运而生。1983 年，在英国电信业民营化改革中斯蒂

---

① 王燕：《回报率规制中道德风险问题的模型研究》，载于《中国软科学》2006 年第 5 期。

② ［英］戴维·M. 纽伯里：《网络型产业的重组与规制》，何玉梅译，人民邮电出版社 2002 年版，第 38 页。

芬·李特查尔德（Stephen Littlechild，1983）向政府推荐了这种规制方案①，其典型的价格上限公式为：

$$P_{t+1} = P_t(1 + RPI - X) \tag{17.2}$$

式中，P_t 和 P_{t+1} 分别为第 t 期和第 $t+1$ 期的规制价格水平，RPI 为零售价格指数即通货膨胀率，X 为由规制者规定的在一定时期内生产效率增长的百分比。

价格上限规制类似于在规制机构和被规制企业之间签订价格变动合同，规定价格上限，使价格原则上只能在这个限度下变动。如果某年的通货膨胀率是5%（即 $RPI = 5\%$），X 固定为3%（即 $X = 3\%$）那么企业提价的最高幅度是2%。这个简单的规制模型意味着，企业在任何一年中制定的名义价格取决于 RPI 和 X 的相对值。如果 $RPI - X$ 是一个负数，则企业必须降价，其幅度是 $RPI - X$ 的绝对值。这样，如果企业本期的价格为 P_t，则下期的规制价格 $P_{t+1} = P_t(1 + RPI - X)$。如果考虑到以价格转嫁为目的的费用上升率，则 $RPI - X$ 模型可以扩展为 $P_{t+1} = P_t(1 + RPI - X + Y)$。在 $RPI - X$ 模型中，规制者与被规制者谈判的焦点是 X 值的选择。X 值主要由产业的技术经济特点所决定，在产业之间有很大差别，甚至在地区之间也存在差别。

价格上限规制之所以能够激励企业降低成本、提高生产率，是因为在企业生产率增量中，规制机构预先设定的 X 归消费者所有，超过 X 的部分为企业所保留。也就是说，企业生产率的实际增量超过规制机构预先设定增量（X）的部分越大，企业的成本就越低，企业可获得的利润就越多，只要不超过平均价格上限，企业就能够在限定范围内自由变动其产品或服务的价格。因此，价格上限规制实际上是一种典型固定价格机制，一种信息不对称情况下的剩余索取权合同。固定价格机制的基本思想是割断服务价格与企业的真实成本和实现利润之间的联系，赋予企业通过技术创新、优化要素组合和挖掘生产潜能等手段来追求利润最大化的自由，从而为刺激企业降低成本、提高效率提供了强有力的激励；同时，赋予被规制企业在不超过价格上限的情况下自由调整个别价格的灵活定价权，以提高社会配置效率。

价格上限规制在英国、美国等的自然垄断行业的规制改革中得到广泛的运用，并取得了良好的效果。但在实施过程中也显露出一些问题：（1）规则常常被改变，并且规则的更改时间或 X 的设定，往往以企业的利润为基础，这就影响了激励效率；（2）价格上限通常是在某个有限的时间内定义的，对合同的动态问题（如新服务的出现等）的处理

---

① S. Littlechild. Regulation of British Telecommunications Profitability：A Report to the Secretary of State for Trade and Industry. London：Department of Industry，1983.

尚不完善；（3）对于不确定条件下的价格权重难以估计；（4）忽视了对非线性价格的处理。[①] 尽管存在问题，目前价格上限规制已成为世界范围内规制改革实践中最有影响的激励性规制方案。

近 20 年来西方规制理论与实践发生了很大变化，从规制到放松规制，从放松规制到激励性规制，规制实践随着规制产业的技术进步和市场需求的变化而动态调整。规制实践的改革促进了规制理论的发展，规制理论的发展又推动了规制实践的调整。西方的实践表明，特许投标规制、区域间竞争、社会契约规制和价格上限规制等激励性规制的实行使企业受到了利润刺激或竞争性刺激，对于促进企业削减成本、提高生产效率以及资源配置效率具有积极意义。

① 杜传忠：《激励规制理论研究综述》，载于《经济学动态》2003 年第 2 期。

第十八章

政府规制改革与实践

20世纪70年代以来，发达国家在政府规制理论研究方面有了较快的进展，提出了许多新的规制理论与方法并付诸实践，进行了以放松经济规制、引入竞争机制和激励性规制为主要内容的改革，改善了自然垄断行业的运行效率和服务质量，降低了成本和价格，增加了社会福利。在放松经济规制的同时，随着社会经济的发展，生活水平和人文意识的提高，人们关注的焦点逐渐从市场垄断和价格扭曲转向确保居民生活健康安全、防止公害和保护环境等社会性规制方面，在社会性规制的实践中也积累了大量的经验。

第一节　政府规制改革的内在动因

技术进步对产业性质产生深刻的影响，改变了原有技术结构所决定的自然垄断特征，使传统自然垄断行业的性质发生了变化。技术进步还能够通过产业间或产业内不同产品和服务的替代竞争影响产业的性质，从而改变自然垄断行业性质。同时，由于人们收入水平的提高和消费结构的变化，形成能容纳多家企业竞争性地提供产品或服务的更加广阔的市场。在技术变革和市场需求的共同作用、相互影响、相互渗透下，绝对的自然垄断行业已经不复存在，自然垄断性的逐渐弱化以及传统政府规制的失灵，为政府规制改革和放松规制提供了依据。

一、技术进步

一般而言，自然垄断行业具有规模经济、范围经济和网络经济等经济特征，同时还具有巨大的资产专用性和沉淀成本等进入壁垒，使得竞争者难以进入，垄断行业可以独享垄断的好处。这些经济特征实质上都与提供的产品或服务的成本和技术水平密切相关，是高固定成本和低边际成本的技术条件所决定的。当技术发生很大变化或出现替代产品和服务时，自然垄断企业的平均成本和边际成本曲线就会发生变化，投入要素的价格也会受到影响，从而导致原有的自然垄断特征弱化甚至消失。

例如，电力业传统上被视为具有规模经济、范围经济和网络经济的自然垄断行业，实行垂直一体化经营，而混合循环燃气轮机技术改变了电力生产的规模经济优势，大大降低了电力生产的资本成本。最近20年的新技术导致了电厂最佳生产规模的变化，最佳发电容量从20世纪80年代大约在900兆瓦左右变为现在的100兆瓦到1000兆瓦，分散的、新型的电厂比过去的垄断厂商具有更高的生产效率。再如，过去的电信业作为自然垄断行业，一般由国有企业垄断经营或在政府的严格规制下运营。然而随着远程通信技术的发展，特别是光纤、通信卫星、计算机等大容量传送途径的开发，大大减少了电信基础设施的投资规模和平均成本。同时，随着互联网技术与移动通信技术的不断发展和融合，移动互联网给电信业带来新的发展机会，也为电信业创造了全新的商业运作模式。尽管电信业的某些环节规模经济的效益仍然存在，但是生产成本的下降不再单纯地依赖于规模扩张，加快技术的变革同样可以收到收益增加的效果。

二、替代竞争

技术进步还能够通过产业间或产业内不同产品和服务的替代竞争影响产业的性质。从经济发展史上看，铁路本来是作为运河的竞争对手产生和发展起来的，在19世纪逐渐取得了垄断地位。但是在20世纪，情况逐渐发生了变化，火车动力燃料的改进降低了铁路的运营成本，新技术的发明不断应用于汽车和航空领域，随着高速公路的延伸和机场的建设，火车、汽车、飞机之间彼此竞争并可以互相替代，旅客可以根据自己的需要在不同运输方式之间进行选择，大大弱化了原来铁路的自然垄断性。在电信产业，技术进步使资本沉淀性在一些电信增值服务领域变得不再明显，出现了具有密切代替关系的许多服务方式，形成各种业务方式之间的替代性竞争。随着光缆技术的发展，利用卫星和无线电话技术，有线电视公司也能够提供传声和数据服务，为新企业进入电信产业，建立新的通信网络，以及为消费者提供质量更好、价格更低的通信服务创造了技术条件。未来的电信产业模式将是由电话网络、有线电视网络、互联网、卫星和微波系统等其他技术所组成的多面体的互通网络，这样，将会大大地缩小电信产业自然垄断的业务范围。特别是，随着互联网领域云计算大数据新技术的飞速发展，移动通信也迎来了万物互联的5G时代。5G作为改变社会的通用技术，将进一步改变电信业的行业特征。

三、需求变化

当技术与成本函数不变时，只有自然垄断企业才具备可维持力，但是如果需求曲线发生变化，企业的自然垄断边界也会随之发生变化。在市场需求超过成本弱增性范围，自然垄断则变得不可维持了，这时市场就允许竞争者进入，一家企业独占市场不再是合理的，取而代之的是竞争性的市场结构。因此，市场需求的变化能够改变自然垄断行业性质的强弱程度。

维斯库兹、弗农和哈瑞顿（Viscusi，Vernon & Harrington，1995）① 根据平均成本与市场需求之间的关系用单一产品的例子诠释自然垄断的这种动态特点。他们认为，自然垄断可分为永久性自然垄断和暂时性自然垄断两种，永久性自然垄断关键在于长期平均成本随产量的增加持续下降。不论市场需求有多大，单个企业都能以最低的成本生产出来。暂时性自然垄断是指长期平均成本下降至产量某一点之后就变为常数。因此，随着需求增加，自然垄断就变成了竞争市场。如 20 世纪 40 年代纽约和费城间的长距离电话服务仅需 800 条线路。在这容量下，单位成本持续下降，形成了自然垄断状态。到了 20 世纪 60 年代后期，由于对电话需求增加，线路的数目增至 79000 条，在这一使用量下，单位成本基本持平，暂时性自然垄断消失。

四、传统规制失灵

传统规制理论的有效性是建立在三个假设之上：第一，政府无所不知并且掌握被规制企业的充分信息；第二，政府是父爱主义的、仁慈的，政府大公无私，追求公共利益，政府官员也是如此；第三，政府言而有信，说话算数，并有能力对规制机构和规制合同作出可信的承诺。② 但上述假设条件在现实中很难得到满足，也使得政府规制受到严重的质疑和批评。虽然从政府规制的成效来看，它确实在克服市场失灵方面作出了贡献，但不可否认，规制失灵（regulatory failure）导致政府规制的结果偏离实现效率和追求公共利益最大化的目标，使得人们不得不重新权衡市场机制与政府规制的作用效果。

---

① Viscusi W. K.，J. M. Vernon，J. E. Harrington. Economics of Regulation and Antitrust. Massachusetts：The MIT Press，1995.

② 臧旭恒、徐向艺、杨蕙馨：《产业经济学》，经济科学出版社 2002 年版，第 392 页；张维迎：《产权、政府与信誉》，上海三联书店 2003 年版，第 77～80 页；常欣：《规模型竞争论》，社会科学文献出版社 2003 年版，第 24～25 页。

关于规制失灵问题，早期理论分析主要是沿着两条思路展开的。一是从具体规制措施本身的合理性与否出发，对一些传统规制方法提出质疑，如报酬率规制引起的过度投资，进入规制导致的企业效率低下等问题。二是从政府规制的利益导向着手，分析利益集团对规制政策的影响及政府规制局限性等，如施蒂格勒等提出的部门利益规制理论①。近期对政府规制失灵的理论研究则集中于对整个规制体系的批判上。② 如植草益（1992）③、拉丰和泰勒尔（Laffont & Tirole，1993）④、张昕竹（2000）⑤ 等从激励性规制的角度对规制失灵问题进行了全面的研究。归纳起来，规制失灵主要表现在规制俘获和寻租、政府规制导致企业内部无效率、政府规制导致高昂的规制成本、政府规制滞后产生的损失和政府规制过度等几个方面。

第二节　放松规制及其效果

一、放松规制的历史背景

20 世纪 70 年代以后，主要资本主义国家普遍受到了“滞胀”的冲击，许多经济学家开始从市场失灵问题转向对政府失灵问题的研究，要求政府放松规制，给市场机制发挥作用的空间，相应地兴起了经济学的自由主义思潮。放松规制（deregulation）意味着放松和取消诸多规制条款（包括进入、退出、价格、投资、财务、会计等规制）的一部分或全部。具体讲，放松规制具有多种多样的形式，如将有关市场准入、价格、投资等规制从许可制放松为申报制，将经济性规制的各项条款全部取消，使企业按照商业原则自主经营。放松规制主要以经济性规制为对象，这是因为社会性规制涉及人们的健康、安全和对环境的影响，社会性规制的放松不得不慎重行事。放松经济性规制，无论采取哪种形式都是从直接规制的制度框架向竞争性市场机制的框架的让渡。

西方国家放松规制改革是在一系列因素的共同作用下产生的。第一，自由主义社会思潮的兴起。20 世纪 70 年代以来，发生了两次石油危机，各国经济处于停滞状态，财政赤字扩大。因此，各国政府都力求削减财政补贴，缩减庞大的行政费用，实现“小政

① George J. Stigler. The Theory of Economic Regulation. The Bell Journal of Economics and Management Science，1971，2（1）.

② 夏大慰、史东辉等：《政府规制理论、经验与中国的改革》，经济科学出版社 2003 年版，第 42 页。

③ ［日］植草益：《微观规制经济学》，朱绍文等译，中国发展出版社 1992 年版，第 166 页。

④ J. Laffont，Jean Tirole. A Theory of Incentives in Procurement and Regulation. MIT Press，1993.

⑤ 张昕竹：《中国铁路规制与竞争：理论和政策》，国家行政学院出版社 2004 年版。

府”目标。部分学者认为，“滞胀”的原因主要在于凯恩斯主义的国家干预政策的失灵，这引起了人们的不满和对国家干预主义的反思，开始再度崇尚自由竞争的市场经济模式。20世纪80年代，里根政府、撒切尔政府则把这种社会思潮付诸实践。第二，政府规制在克服市场失灵中产生了新的失灵。由于规制者与受规制企业存在信息不对称，政府规制者无法准确得知企业的成本和需求结构，同时政府所代表的公共利益目标与政府官员自身效用最大化目标之间存在不一致性，规制官员为追求自身效用最大化可能会出现寻租、创租和受贿等现象，导致社会福利损失。规制失灵使人们对规制制度安排产生质疑。第三，技术和需求环境的变化，改变了自然垄断的边界。科学技术的迅速发展使得原有的某些自然垄断行业或行业的某些环节失去了自然垄断特征。例如，在通信领域，由于光纤技术的发明、计算机技术的应用和卫星通信技术的引入等原因，其自然垄断性质大大减弱。技术进步也在一定程度上改变了原有的沉没成本性质，从而降低了进入企业的进入壁垒和在位企业的退出壁垒，使得产业内引入竞争成为可能。第四，作为传统自然垄断行业主要载体的国有企业普遍开始出现技术革新滞后、效率低下、亏损严重的现象。第五，20世纪70年代以后，各国在人、财、物、信息等方面的国际联系日益加强，迫切需要放松阻碍这些国际流动的规制。在上述背景下，20世纪70年代以来，美国、英国、日本等发达国家对电信、运输、金融、能源等许多产业领域，都实行了放松规制。

二、放松规制的案例①

美国规制的历史，大体可分为三个时期。第一时期，是在19世纪80年代到20世纪初对铁路、电力、煤气、电话等产业领域的规制。第二时期，是20世纪30年代到40年代，以大危机为背景确立的规制领域，主要是1933年以银行、1934年以证券和广播、1935年以卡车和输送管道、1936年以海运、1938年以航空和批发电力等产业为主要对象。第三时期，是20世纪50年代以后，主要以能源领域为对象，包括1954年对天然气价格、1960年对输油管道、1973年对石油（特别是汽油）价格实行放松规制。第三时期的规制，是经历了各个不同阶段的能源增产、能源节约、反通货膨胀措施等各种各样的政策变换基础上进行的。

美国早期由议会和法院进行规制，现在则是由独立委员会为规制的主体。规制委员会是由各机关独立出来的行政委员会，由5~7名中立的委员组成，委员会下设担当行

① ［日］植草益：《微观规制经济学》，朱绍文等译，中国发展出版社1992年版，第168~181页。

政事务的秘书处和反映消费者意见的听证会等组织。规制委员会又分为对跨州服务事业进行管理的联邦规制委员会和只对州内服务事业进行管理的州规制委员会。联邦委员会主要有：州际商业委员会，负责铁路、卡车等的运输；联邦电力委员会，负责电力输送；联邦通信委员会，负责电信、广播；证券交易委员会，负责证券市场；联邦航空委员会，负责航空。州规制委员会主要以公共事业、运输、通信为对象，其组织形式大体上与联邦规制委员会相同。从20世纪70年代后半期开始，美国很多产业都实行了放松规制。

美国20世纪70年代的放松规制开始于取消证券市场的股票委托手续费规定。之后，又相继对航空、铁路和公路运输、能源、银行、电信等部门在价格、进入、退出、投资、财务、会计等方面实行放松规制，发挥市场机制的作用。美国在卡特和里根政府执政期间的主要产业放松规制措施如表18－1所示。

表18－1　美国主要的放松规制措施

年份	内容
1968	最高法院不允许美国电话电报公司的设备和贝尔公司连接
1969	允许MCI通信公司将其长途通信网络和地方电话系统连通
1970	对10万美元及10万美元以上的银行存款放松利率规制
1972	联邦通信委员会确定了开放国内卫星服务的政策
1975	债券和外汇委员会终止了股票市场交易的固定中介费 禁止铁路和汽车运输公司的运费，确定机关关于干预各个公司的运价表
1976	1976年《铁路复兴和规制改革法》部分放松了对铁路的规制，使得价格的确定越来越以成本为基础
1977	放松对航空货运的规制，给予航空公司更大的定价自主权
1978	议会部分地放松了对天然气的规制 职业安全与卫生署废除了928条过于苛刻的法规 民用航空委员会分阶段取消了对航空公司进入和价格的规制 环保厅允许进行放射物贸易
1980	联邦通信委员会取消了对有线电视和在消费者住宅内所置设备的规制 《汽车运输法》消除了对新的进入者的限制，允许从业者在几乎不受州际商业委员会监管的情况下确定运价和路线 《存款机构放松规则和货币控制法》（简称《银行法》）逐步取消利率的上限，允许储蓄和贷款机构提供有息支票账户服务 《斯塔格铁路法》授予铁路公司在不经政府批准的情况下调整运价的权力及和船运公司签订合同
1981	里根总统放松了对原油价格及石油分配的规制 联邦通信委员会取消了许多无线电规制

续表

年份	内容
1982	新的《公共汽车规制修改法》允许市内公共汽车公司改变线路和收费 《加恩—圣哲迈因法》允许储蓄和贷款机构发放更多的商业和消费贷款，并取消银行和储蓄贷款机构之间的利率差别
1984	作为解决垄断问题的一个部分，美国电报电话公司同意和地方经营性公司分离 单个海洋运输公司获准提供比海运谈判确定的更低的运价和更好的服务
1990	《清洁空气法》允许污染使用额的自由买卖
1992	《能源法》取消了对许多独立的电力生产者的限制，允许他们以市场价格出售能源

资料来源：［美］丹尼斯·W. 卡尔顿、杰弗里·M. 佩洛夫：《现代产业组织》，胡汉辉等译，上海三联书店 1998 年版，第 1341～1342 页。

美国从 1975 年取消了证券市场的股票委托手续费规定。在此之前，证券交易委员会的规制是把股票委托手续费固定在一定水平上，证券交易委员会和议会将其改为由需求动向来决定。由于这项放松规制措施，手续费水平和结构发生了很大变化。一方面，根据约定金额的不同而形成一定幅度的手续费，同时，个人投资者的交易手续费与机关投资者的交易手续费有了明显的差别。这种差别，可以说反映了大额交易和小额交易的成本差别，以及委托者和受托者的交涉力量。通过放松股票委托手续费的规制，证券公司得以用降低手续费的办法扩大其占有率，从而使证券市场的结构也出现了变化。

继证券业之后，在航空业也实行了大幅度的放松规制。美国民用航空局成立于 1938 年，负责对航空业的规制，主要内容有对新的航空公司进入的限制，对新的航线的审批，对航空业务退出的限制，规定航空票价，实施财政补贴，控制兼并和航空业主的协议，监督安全措施的实施等。1978 年，美国通过了《航空放松规制法案》，该法决定撤销民用航空局，大多数限制条件被取消或者变得宽松。1982 年起，所有符合基本条件的公司都可以自由地进入航空业。1983 年，所有的价格限制全部取消，航空公司可以根据自己的经营自由地定价。美国航空业的放松规制较为彻底，不仅进入规制和价格规制全部取消，而且在 1984 年规制机构也撤销了。在放松进入、价格等影响企业决策的经济性规制的同时，把安全管理职能转移给联邦航空局，使得放松规制前后，航空安全管理安全并没有太大的差别。

内陆运输业（铁路、卡车、公共汽车）的放松规制也同时进行。在铁路方面，首先在 1976 年设立《铁路复兴和规制改革法》，使运费设定、企业合并及线路撤销的规制有了弹性。1980 年颁布了《斯塔格铁路法》，大体上全面取消了州际通商委员会的运费规制。结果使约 1/3 的铁路运费由最高限价规制实现了自由化。卡车业的放松规制，是由

1980 年《汽车运输法》的制定而实行的，大幅度放松了进入规制和价格规制，并废除了反托拉斯法适用除外的制度。在进入规制方面，凡接受进入规制的企事业，只要具备申请的必要条件（申请者的合格基准和企事业的公共性基准），大体上也都能得到全面的认可。还有，该法对从业者的运行线路选择、转运点选择等也放松了许多规制。此外，该法在运费方面也使企业在一定幅度内有提高和降低运费的自由。在公共汽车方面，1982 年对州际公共汽车颁布了《公共汽车规制修改法》，放松了进入规制和收费规制。放松在资格方面、公共效益及必要性方面的条件，取消运费规制。另外，对定期线路的公共汽车，其进入要具备上述的必要条件，至于运费在一定范围内的变更，则不再需经州际商业委员会认可。

在电信产业中，从 20 世纪 60 年代起，以开展技术革新为背景，已经实行了放松规制，但是放松规制的真正展开，是从 80 年代开始的，结果是由自然垄断领域逐渐向竞争结构转化。随着电子计算机的发展，电信服务（以电话为主体）与信息处理服务（加工处理信息）之间的界线已不明显。信息处理企业借助通信线路，不仅传送处理数据，而且也开始了通信处理服务；另外，由于交换机的电子计算机化，电信企业也开始提供附加价值通信网服务，在通信处理领域内发生了“产业融合”。从 1980 年开始联邦通信委员会取消了对上述相关领域的规制。

能源产业的放松规制，主要以放松天然气和石油的价格规制为中心。放松规制以前，这些产业的价格规制，主要以抑制通货膨胀和节约资源为目的。例如，天然气价格规制，是 1954 年以抑制能源价格上涨为目的开始的。石油价格规制，则是由于 1973 年第一次石油危机发生后，从节约资源的观点出发，对比世界水平的价格课赋，使其石油课税提高到世界水平。由于常常把天然气价格压低到开发新井所必要的边际成本以下，因此，生产者没有开发新井的热情，于是到 20 世纪 70 年代，就形成严重的供应不足。为了扭转这种情况，美国政府制定了在 1985 年以前取消天然气价格规制的政策。石油价格通过上述措施逐渐也达到世界水平。

银行业的放松规制，始于 1970 年由联邦储备委员会采取 10 万美元以上大额存款利率自由化措施，但真正放松规制是进入 20 世纪 80 年代后。1980 年颁布的《存款机构放松规则和货币控制法》成立的同时，首先花费 6 年时间取消了存款利率的规制，并对办理同样存款业务的所有金融机构的准备率实现均等化，还放宽了筹措资金幅度的限制。该法还准许储蓄贷款协会在自有资产 12% 以内向消费贷款、商业票据、公司债券等投资，允许相互储蓄银行在自有资产 5% 以内向企业贷款等。1982 年《加恩—圣哲迈因法》颁布，允许储蓄和贷款机构发放更多的商业和消费贷款，并取消银行和储蓄贷款机构之间的利率差异。综合1980年和1982年实施的放松规制措施，具有以下的特征：取消了利率上限规制；扩大了金融机构的资金筹措机会；扩大了金融机构的资金运用和其他业务范围；由于放宽了金融机构的地理限制，从而加强了金融业的竞争。

三、放松规制的效果

20世纪70年代末，美国民用航空委员会开始放松航空业规制，允许任何条件合格的运输公司自由进入一些选定的航线。按照莫里森和温斯顿（Morrison & Winston，1995）的估计，每年因为放松航空业规制而产生的收益按1977年价格算大约是60亿美元，虽然在20世纪80年代末期付费有所上升，但从20世纪70年代末到1990年，美国航空公司所完成的乘载量却翻了一番多。① 因此，卡尔顿和佩洛夫（1998）对此进行了总结，即美国航空业放松规制后，航空企业的装载率明显提高，装载率提高使得企业生产效率提高，资源得到有效的利用。另外，企业员工的劳动生产率比原来也有大幅提高，顾客可以选择的质量和服务增多了，并且没有降低安全保障。② 纽伯里对美国航空业放松规制的实证研究进行了有益的梳理，认为放松规制使航空业降低了运营成本，增加了座位利用率，降低了实际的平均票价（通常给临时乘客提供打折机票），对安全和服务利用率没有产生负效应。竞争压力的作用是达尔文主义式的，1979～1983年，49家新的航空公司获得了提供国内乘客运输服务的执照，到了1985年这些航空公司获取了23%的乘客周转量收入。进入、退出和合并，使得1978年还在运营的29家航空公司中，只有12家生存到1992年，新进入的大型航空公司中只有3家存活下来。航空业从规制的约束中解脱出来，实行了产业重组，组成中心辐射型网络，以获得密度经济，并增强了它们在运输网络上的市场势力。③

在铁路业，1976年美国出台《铁路复兴与规制改革法》，该法允许铁路业有更多的竞争及以成本为基础定价，1980年的《斯塔格铁路法》又进一步放松对铁路业的规制。李、鲍莫尔和哈里斯（Lee，Baumol & Harris，1987）认为，在1976年铁路复兴与规制法实施年代里，铁路运费（一级铁路吨里）降低了18%，在《斯塔格铁路法》实施的头四年里，降低了23%，到1990年，各种类型商品的运费在1980年水平基础上下降了34%。④ 鲍耶

---

① Morrison，Winston. The Evolution of the Airline Industry. The Brooking Institute Report，1995（7）.

② ［美］丹尼斯·W. 卡尔顿、杰弗里·M. 佩洛夫：《现代产业组织》，胡汉辉等译，上海三联书店1998年版，第1347页。

③④ ［英］戴维·M. 纽伯里：《网络型产业的重组与规制》，何玉梅译，人民邮电出版社2002年版，第158页。

（Boyer，1987）推算放松规制增加了9300万美元的收益，巴尼科夫和克雷特（Barnekov & Kleit，1988）估计其导致的效率提高创造了数十亿美元的收益。①

世界银行对美国自然垄断行业放松规制而由竞争带来的收益作了估计，航空、汽车、铁路和电信四个行业因减少规章制度每年估计增加的收益大约354亿美元到448亿美元（见表18－2）。

表18－2　　美国减少对自然垄断行业的规章制度而由竞争带来的收益估计

行业	规章制度减少的程度	因减少规章制度每年估计增加的收益（10亿美元）
航空	完全取消	13.7～19.7
汽车	大量	10.6
铁路	部分	10.4～12.9
电信	大量	0.7～1.6
天然气	部分	为消费者带来巨大收益

注：由竞争带来的收益包括生产者（根据利润测算）、消费者（价格和业务质量）以及产业工人（工资与就业）的净收益。

资料来源：世界银行，《1994年世界发展报告》，中国财政经济出版社1994年版，第57页。

关于美国垄断产业放松规制、引入竞争的改革，卡恩（Kahn，1988）作了全面的实证研究，他认为，放松规制发生变化最大的是新企业的大批加入。这表现在卡车和公共汽车产业方面，有很多新企业加入；在电信产业方面，有原有的公共事业、铁路、金融、不动产等多数企业加入；在航空方面，原有企业加入很多航线形成新的网络。② 加入企业的增加，使竞争加剧，作为竞争的结果，产生了以下的成效：（1）降低收费水平；（2）使包括引进各种减价制度在内的收费体系多样化；（3）使服务多样化；（4）使企业提高效率和有活力；（5）通过削减行政费用减轻国民负担；（6）在宏观上由于降低收费水平和使服务多样化扩大了需求和投资，从而使经济增长率得到提高。

第三节　我国经济性规制的改革

面对世界经济进入转型期、我国经济进入新常态以及“互联网＋”时代的到来，我

① ［美］丹尼斯·W. 卡尔顿、杰弗里·M. 佩洛夫：《现代产业组织》，胡汉辉等译，上海三联书店1998年版，第1354～1356页。

② ［日］植草益：《微观规制经济学》，朱绍文等译，中国发展出版社1992年版，第181～184页。

国垄断行业特别是自然垄断性行业，不断遇到新问题和新挑战。近些年，多个行业的经济性规制改革展现出我国应对新形势的新思路和新探索。

一、中国电信业规制改革

在技术变革、市场竞争和需求变动的影响下，电信业已成为世界范围内放松规制的典型代表，特别是近些年来“移动化”“宽带化”“IP 化”大大撼动了电信业的垄断地位，使得很多业务环节成为竞争性领域。在这样的大环境下，重温我国电信业规制改革的政策变迁，对于进一步明确未来规制改革的方向具有深远的意义。

（一）中国电信业规制改革历程

中国电信业前后经历了几次重大的规制体制改革。1994 年，中国联合通信有限公司成立，标志着国家第二电信公用网的正式运转，从而结束了中国电信业由当时邮电部统一组网、独家经营的局面[①]。然而中国联合通信有限公司的成立，并未真正打破电信总局一家独大的局面，电信总局既是政府管理电信业的行政部门，又是经营电信业务的行政垄断主体，到 1998 年，中国联合通信有限公司市场份额仍仅有 1.1%。为了进一步打破垄断，扶持竞争性企业，电信业实施了“政企分开”的第二次重大改革。1998 年，邮电部被撤销，将原电子部和邮电部合并成立信息产业部。信息产业部不再是一个政企不分的机构，它仅行使国家对信息产业管理的职能。以往的电信运营职能，也从邮电部剥离出去，由新成立的中国电信公司担任。政企分开后，由于中国联合通信有限公司较中国电信实力相差悬殊，竞争力不足，并未真正给电信市场带来活力，而且中国电信还通过收取较高固话接入费来抑制竞争对手。为解决这些问题，电信业迎来改革的第三步，实行了“分拆与重组、竞争与开放”政策。1999 年，信息产业部决定对中国电信进行分拆，将中国寻呼、卫星和移动业务剥离出来，原中国电信拆分为中国电信、中国移动与中国卫星通信公司，寻呼业务并入中国联通。同年，中国科学院、国家广电总局、铁道部和上海市政府联合成立中国网络通信有限公司，四方各占 25% 的股份。2000 年，铁道部将铁路通信从铁路系统分离出来，成立铁道通信信息有限责任公司，并于 2004 年移交国资委管理，更名为中国铁通集团有限公司。[②] 2002 年，根据国务院电信体制改革方案，中国网络通信集团公司在原中

---

① 张宇燕：《国家放松管制的博弈——以中国联合通信有限公司的创建为例》，载于《经济研究》1995 年第 6 期。

② 袁正、高伟：《中国电信业改革回顾、经验与问题》，载于《宏观经济研究》2009 年第 9 期。

国电信集团公司及其所属北方10省（区、市）电信公司、中国网络通信（控股）有限公司、吉通通信有限责任公司基础上组建成立，打破了固定电信领域的垄断局面，为电信业改革发展注入了新的活力。2008年，根据国务院机构改革方案，组建中华人民共和国工业和信息化部（以下简称“工信部”）。为进一步激发市场活力，工信部、国家发展改革委和财政部联合发布《关于深化电信体制改革的通告》，“鼓励中国电信收购中国联通CDMA网（包括资产和用户），中国联通与中国网通合并，中国卫通的基础电信业务并入中国电信，中国铁通并入中国移动。”经过几次重组改革，中国电信业的竞争格局基本形成。

2015年，工信部正式宣布向中国联通、中国电信发放FDD－LTE通信业务经营许可，自此我国电信业进入4G高速发展时代。与此同时，我国政府开始对电信业的资费、所有制和普遍服务等体制进行改革。2015年，国务院召开常务会议首次部署通信业的“提速降费”。2016年，中国联通被列入第一批混合所有制改革试点企业名单，并于2017年8月20日正式发布关于混合所有制改革有关情况的专项公告。2018年，工信部正式发布《关于推进网络扶贫的实施方案（2018—2020年）》，要求在2018年底前，国家“十三五”规划提出的“宽带网络覆盖90%以上的贫困村”目标提前完成。2019年6月，工信部向中国电信、中国移动、中国联通、中国广电发放5G商用牌照，意味着我国5G建设在政策的大力支持下加速落地。

（二）中国电信业规制改革主要措施

（1）政企分开与法制化建设。电信监管并不完全统一由一个机构负责，大大降低了规制效率，①“多头监管”现象依旧存在于电信行业。“政监不分、立法不全”，难以保证有效竞争市场的形成。在电信体制改革过程中，我国相继出台《中华人民共和国公司法》《中华人民共和国电信条例（2016修订）》等相关法律文件，明确提出电信监督管理政企分开，逐渐设立多层次、职能分工合理的电信管制机构，不断加强电信行业法制建设，协调电信管制与市场竞争的关系，构建完善的行业内部管理制度及规范的监管体系。以法律形式约束电信行业的违法行为，营造良好的市场秩序，加强电信领域征信建设以及电信网络和信息安全建设。

（2）市场结构重组。市场结构重组可以分为对产业内原有主导垄断企业实行分割政策和放松进入规制政策两种，前者是政府在短期内运用强制性政策措施，通过分割等手段，大幅度地调整原有的市场结构；而后者则是从动态上不断调整市场结构，以保证有

---

① 郑世林、张昕竹：《经济体制改革与中国电信行业增长》，载于《经济研究》2011年第10期。

效竞争的格局。[1] 市场分割与放松规制属于经济性规制的常用方法，从中国电信产业的改革历程上看，上述两种类型是并存的，而且都在不同时期发挥了应有的作用。通过几次重大分割和逐步放松进入规制，我国电信业以形成中国电信、中国移动、中国联通、中国网通、中国铁通及中国卫星公司为主导，同时若干家 IP 公司和很多电信增值业务经营企业共存的市场结构。

（3）分类管理。电信产业拥有庞大的业务体系，主营业务类型包括通信设备的生产与销售、本地电话服务、长途电话服务、无线电话服务和电信增值服务。其中，本地电话服务属于自然垄断性业务，长途电话服务的自然垄断性并不显著，其他都属于竞争性业务。在进行电信业改革的过程中，政府对自然垄断性业务实行了严格的进入规制制度，维持企业数量，扶持重点企业，而在竞争性业务上，逐步取消进入规制，充分发挥市场竞争作用。在价格规制方面也基本上采用了同样的分类管理思想。

（4）资费管理。为维护广大民众的利益，抑制企业利用各种形式获取超额利润，从2015 年开始，我国监管层已经推行了多轮“提速降费”政策，取得了良好的效果。2018年，中华人民共和国工业和信息化部又对宽带和专项等业务降费提出明确要求，其中对运营商提出了取消流量“漫游”费的政策，进一步打破了行政区划分割的桎梏，大大提高了广大用户的上网流量。

二、中国电力业规制改革

电力行业是我国进行体制改革较早的行业，而且设立了中国第一个专门规制机构——国家电力监督委员会，该行业在运营模式、规制措施、监管措施等方面都走在自然垄断性行业规制改革的前列。

（一）中国电力业规制改革历程

我国电力体制改革大致可分为三大阶段。1978～1987 年为“集资办电”阶段：电力部提出利用部门与地方及部门与部门联合办电、集资办电、利用外资办电等办法来解决电力供应短缺、电力建设资金不足的问题，并且对集资新建的电力项目按还本付息的原则核定电价水平，打破了单一的电价模式，培育按照市场规律定价的机制。[2] 1988～

① 刘戒骄：《垄断产业改革——基于网络视角的分析》，经济管理出版社 2005 年版。

② 韦加雄、白永秀、王渊：《中国电力体制改革的新时代、新变化和新体系》，载于《现代管理》2018 年第 3 期，第 226～234 页。

2001 年为“政企分开”阶段：1988 年，华东地区开展电力体制改革试点工作，成立华东电力联合公司和上海、江苏、浙江、安徽电力公司。1993 年，电力部将电力联合公司改组为电力集团公司，组建了华北、东北、华东、华中、西北五大电力集团。1997 年 1 月，成立现代企业制度的大型国有公司——中国国家电力公司，与电力工业部双轨制运行，电力工业从形式上实现了政企分开，标志着我国电力行业管理体制由计划经济向社会主义市场经济的历史性转折。1998 年 3 月，国家电力公司作为国务院出资的企业独立运营，电力业正式从中央层面实现了政企分开。1998 年 11 月，国务院下发《关于深化电力工业体制改革有关问题的意见》，正式开启各省份电力工业政企分开改革试点工作；截至 2001 年，全国大部分省份完成了电力工业的政企分开。① 2002 年至今为市场化改革阶段：2002 年，国务院颁布《电力体制改革方案》，提出“厂网分开、主辅分离、输配分开、竞价上网”的 16 字方针并规划了改革路径。总体目标是，“打破垄断，引入竞争，提高效率，降低成本，健全电价机制，优化资源配置，促进电力发展，推进全国联网，构建政府监督下的政企分开、公平竞争、开放有序、健康发展的电力市场体系。”2015 年，中共中央、国务院发布《关于进一步深化电力体制改革的若干意见》，提出了“三放开、一独立、三强化”的改革思路，明确了深化电力体制改革的重点和路径，并提出了具体的实施措施，旨在充分发挥电价和交易的市场化作用，改变目前国家电网的盈利模式。近年来，电力体制改革成效显著，电力市场结构加速完善，增量配网持续升温，售电侧改革持续推进。2018 年，国家发展改革委、国家能源局印发《关于推进输配电价改革的实施意见》《关于推进电力市场建设的实施意见》等六个电力体制改革配套文件。部署了单独核定输配电价、有序放开输配以外的竞争性环节电价等改革任务，有助于建立规则明晰、科学合理的独立输配电价体系，将加快推进输配电价改革，全面实现电力体制改革目标。

（二）中国电力业规制改革主要措施

（1）放松进入规制。从 1985 年开始，我国就开始推行“电厂大家办，电网国家管”的指导方针，逐步在发电、输电、配电和供电的各个环节，放松进入规制。2002 年，原国家电力公司通过资产重组，成立 2 家电网公司、5 家发电集团公司、4 家辅业集团公司，形成多主体竞争格局；2003 年分别设立西北、华北、华中、东北、华东电网区域公

---

① 中国电力教育编辑部：《回顾中国电力改革 30 年》，载于《中国电力教育》2016 年第 1 期，第 12～13 页。

司，布局实施了国家级、区域、省级电力市场总体框架构建，促进了跨省联网，提升了区域电力市场的活跃度。到 2015 年，我国初步形成了多元化电力市场体系。在发电方面，组建了多层面、多种所有制、多区域的发电企业；在电网方面，除国家电网和南方电网，组建了内蒙古电网等一些地方电网企业；在辅业方面，组建了中国电建、中国能建两家设计施工一体化的企业。

（2）实行灵活的电价机制。近年来，我国电价形成机制逐步完善，在发电环节实现了发电上网标杆电价，在输配环节初步核定了大部分省份的输配电价，在销售环节相继出台差别电价和惩罚性电价、居民阶梯电价等政策。2017 年，国家发展改革委联合有关方面制定了《区域电网输电价格定价办法（试行）》、《跨省跨区专项工程输电价格定价办法（试行）》和《关于制定地方电网和增量配电网配电价格的指导意见》（简称“两办法一意见”）。“两办法一意见”指出，配电网配电价格可以选择招标定价法、准许收入法、最高限价法、标尺竞争法等方法中的一种或几种方法确定。“两办法一意见”的出台，标志着中国已经建立了覆盖跨省跨区输电工程、区域电网、省级电网、地方电网、增量配电网的全环节输配电价格监管制度框架。①

（3）有效的监管机制和配套措施。中国电力监管委员会相继颁布了《电力监管条例》等文件，成立了东北、华东、华中和南方区域电力监管机构。2015 年，颁布《关于“先照后证”改革后加强事中事后监管的意见》，不断加强政府在事中、事后监督管理，探索“职责清晰、协同监管、社会共治”的监管新模式。此外，中国电力改革配套的电价改革和电力投资体制改革，促进了我国电力改革的健康发展。其中，电价改革主要以阶梯电价为主，电力投资改革以完善有效的环境治理机制为主。

三、中国民航业规制改革

民航业是我国国民经济和社会发展的重要行业，伴随着国家社会经济的兴盛而不断发展壮大。虽然我国民航业规制改革起步较晚，但改革质量与效果较为显著，特别是近 20 年，业务总量稳步增长，服务质量持续改善。

（一）中国民航业规制改革历程

2002 年，我国正式通过《关于深化民航体制改革的总体框架及直属航空运输企业重组方案》，对民航直属运输企业进行重大战略重组。按照方案要求，民航局直属的 9 家

① 《国家发改委发布“两办法一意见”，输配电价改革全面完成》，第一财经，2017 年 12 月 29 日。

航空公司将进行联合重组，实行政企分开，形成3大航空集团，即：以中国国际航空公司为主体，联合中国航空公司和中国西南航空公司，组建中国航空集团公司，保留中国国际航空公司名称，继续使用中国国际航空公司标识；以中国东方航空公司为主体，兼并中国西北航空公司，联合中国云南航空公司，组建中国东方航空集团公司，保留中国东方航空股份公司名称；以中国南方航空集团公司为主体，联合北方航空公司和新疆航空公司，组建中国南方航空集团公司，保留中国南方航空股份公司的名称。另外，中国民航将组建民航信息集团公司、中国航空油料集团公司、中国航材进出口有限责任公司三大服务保障企业。几大航空集团的组建，重新配置航空运输资源，并与民航局脱钩，基本上确定了民航市场化的发展方向。在这次改革中，简化了政府管理的层次，撤销了民航省局，政府规制机构由民航局、民航地区管理局与民航省局的三级管理转为民航局和地区管理局的二级管理，同时在一些省份和客流量较大的城市（如深圳、厦门等）设立了民航地区管理局的派出机构——民航安全监督办公室。①

从2004年开始，我国开始降低民航业进入门槛，民航局先后批准了奥凯、鹰联、春秋等多家民营航空公司进入市场，虽然这几家新的民营航空公司在规模和运力上无法与三大航空集团相比，但标志着我国政府在相当程度上放松了对航空公司设立、航线准入的进入规制。放松进入规制影响了民航运输业的市场结构，同时也引起该行业进入/退出壁垒的新变化。与此同时，我国政府逐步放开民航业的价格管理。

2014年，民航局出台《民航局关于促进低成本航空发展的指导意见》，该指导意见从坚持安全发展、促进快速壮大、支持灵活经营、鼓励走出去、改善基础环境及加大政策扶持六个方面推进低成本航空。同年，中国民用航空局和国家发展改革委联合印发的《关于进一步完善民航国内航空运输价格政策有关问题的通知》提出，我国将放开民航国内航线货物运价，并通过改进基准票价定价办法，新放开101条相邻省份间短途航线旅客票价。

2016年，国务院办公厅发布的《关于促进通用航空业发展的指导意见》指出，要充分发挥市场机制作用，加大改革创新力度，突出通用航空交通服务功能。旨在解决我国通用航空业规模较小，基础设施建设相对滞后，低空空域管理改革进展缓慢，航空器自主研发制造能力不足，通用航空运营服务薄弱等问题。

（二）中国民航业规制改革主要措施

（1）不断调整市场结构。民航业具有空中交通规制、机场服务、航空运输服务、航

---

① 王俊豪、肖兴志等：《中国垄断性产业规制机构设立与运行机制》，商务印书馆2008年版，第49页。

空保障服务、航空延伸服务、航空维修服务和飞行员培训等较复杂的业务结构。随着市场规模的扩大和供给约束的逐步放宽，我国针对不同的业务及其属性，逐步放松了民航业的市场准入，并随着市场环境的变化进行不断调整。2002年的重组改革和2004年以来多家新航空公司的相继成立，改变了民航业的市场格局。此后，民航主管部门考虑到安全形势紧张、空域时刻资源不足、飞行员等专业技术人员流动等因素，于2007年暂停受理新设航空公司申请，到2013年，航空公司市场准入再度放开。2014年，民航局再次提出：适当调高机队规划增速，支持发展较好、安全基础扎实的航空公司快速壮大；继续营造宽松的航线准入环境；改进航班时刻分配政策；进一步降低设立低成本航空公司及分子公司门槛，简化审批手续。

（2）逐步放松价格规制。2004年颁布的《民航国内航空运输价格改革方案》标志着我国国内票价从直接管理改为间接管理。该方案指出："国内航线票价主要实行政府指导价，允许航空公司在政府规定上浮幅度不超过基准价的25%、下浮幅度不超过基准价的45%的范围内，自主制定具体的票价水平。"2010年，我国放开国内航线头等舱、公务舱票价，由各航空运输公司自行确定，主要是由于头等舱、公务舱的服务对象主要是特有人群，价格放开不会给普通消费者增加负担。2013年，我国民航业全面取消国内航空旅客运输票价下浮幅度限制，我国民航国内航线货运价格也已全部实行市场调节价。

（3）支持低成本航空发展。顺应低成本航空的全球趋势，2014年民航局颁布的《民航局关于促进低成本航空发展的指导意见》提出：修订民航客、货运输规则，对部分服务标准不再作强制性规定，允许低成本航空适当简化服务；研究逐步放开特殊行李托运、快登机、选座等创新类收费项目的审批，支持低成本航空拓展差异化服务；研究制定低成本航站楼建设行业标准或建设指南；支持机场将老旧航站楼改造为低成本航站楼，或新建低成本航站楼；鼓励机场针对低成本航空运营需求建设完善相关配套设施，进一步简化旅客乘机流程。

综上所述，我国经济性规制改革主要顺应了放松规制的历史潮流，一方面，放松进入规制成为改革的有效手段。通过不断的分割政策和逐步放松市场进入条件，自然垄断性行业活力不断增强，市场竞争力有所提升，机构臃肿、用工总量庞大、人员结构不合理、人才匮乏、员工积极性不高等问题逐步得到解决。另一方面，放开价格规制成为改革的重点。由于信息不对称，政府通过大量的调查、听证、立法等合法手续审批出台的所谓的"规制价格"往往是失灵的，因此，逐步放开价格规制，更多地依赖市场机制进行价格调节，才能从根本上激发自然垄断性行业的内在活力，增强其竞争力。

第四节　发达国家社会性规制的实践

由于社会性规制涉及生态环境、身体健康、职业安全等社会进步和人类文明范畴，因此，与经济性规制相比，它所受到的重视程度越来越高。通过对美国、德国、日本社会性规制实践经验的归纳可以看出，法治化建设、法律体系完善、权力制衡、规制与合作并行、激励引导和多方参与是社会性规制发展的主要演进特征。

一、美国的职业安全规制

美国职业安全规制经历了由自由市场向社会性规制转变的过程。为保障工作场所中几千万工人的健康与安全，在工会、企业、相关利益集团的博弈下，美国国会于1970年通过了《职业安全卫生法》。该法规定了一系列的强制性安全和健康标准，同时要求企业雇主必须提供合适的安全设备等，违者将被罚款或监禁。1971年，在《职业安全卫生法》的授权下，美国劳动部下成立了职业安全卫生管理局（Occupational Safety and Health Administration，OSHA），负责全美的职业安全与卫生规制工作。OSHA的使命是“尽最大可能保障全美境内的男女工人都在安全和卫生的工作条件下工作”。

在OSHA进行职业安全规制的初期，企业认为OSHA制定的标准过于严苛，因而对OSHA的规制提出众多非议。在里根总统执政时代，美国开始放松对企业的职业安全规制。为顺应这种政策导向，OSHA在执法方面对低于全国工伤事故损失工时数的企业免于检查并制定与企业的自愿合作计划，改变了先前的执法方式。在某种程度上，OSHA的职业安全规制看似被削弱了，实际上OSHA的规制更加依赖于被规制方的自愿遵守。

目前，OSHA针对职业安全规制的执法体系主要有三个层次。一是联邦政府制定强制性措施，包括制定标准、进行督查和实施处罚。OSHA通过专业技术人员对工作地点进行抽查来执行或实施规则和规制措施。OSHA优先检查目标企业和更具危险性的职业，检查员采取随机方式，观察整体工作条件，并对潜在的危险进行预判，将检查结果提交OSHA检察官，由地区检察官来决定惩罚。二是各州政府制定安全计划。职业安全和卫生法案规定，如果各州安全计划至少与联邦的同样有效时，各州可以选择性地执行该法案。但是想要执行本州计划必须得到OSHA的批准。美国现有26个州具有OSHA批准的独立职业安全和卫生计划。三是社会参与。随着职业安全规制实践的发展，OSHA由原来的强制性规制转变为激励性规制，强调被规制者的自愿参与、自愿遵守并充分利用社会各种资源来达成其监管目标。主要的形式包括：联盟计划、现场咨询、OSHA 安全和卫生绩效认可计划、战略伙伴关系以及自愿保护计划等。

对于在工作时受伤工人的赔偿问题，美国采取了两种救济途径：（1）把工伤视为民事侵权行为，工人可起诉雇主获得赔偿；（2）制定工人赔偿法，雇主要给工伤的员工支付保险或直接支付赔偿金。

美国的职业安全规制具有法律体系完善、权力分散制衡、安全计划多样、规制与合作并存的特点。OSHA 成立以来，美国工作场所的死亡率降低了 60%，发生的职业伤害事件与疾病数量也减少了 40%，职业安全规制的效果非常明显，为我国当前在健康和安全领域的社会性规制提供了有价值的参考和借鉴。

二、日本的环境规制

随着全球环境问题日益严峻，环境治理和公害防治已成为现代社会可持续发展的核心任务之一。环境社会性规制作为解决环境问题的有效途径，在多个国家中得到了践行和发展，其中日本的环境规制和环境治理卓有成效。

日本的环境污染最早可追溯到 19 世纪 80 年代末的明治政府时期，在工业化和城市化发展的进程中，被忽视的环境污染问题愈演愈烈，发生了水俣病、痛痛症等环境污染公害病，由此日本环境管理机构应运而生，环境规制体系也随着环境保护政策的变化而逐步完善，形成了包括中央、地方、企业相结合的规制体系。环境省是日本环境规制的主要部门，负责环境资源的保护、制定并实施环境规制的法规政策、协调各环保部门之间的关系。在环境省下设有审议会，由专家学者、普通市民及政府机构组成。各地区还设有独立的、对地方政府负责的地方环保局，进一步保证了环境规制措施的实施。

20 世纪 60 年代，日本颁布了《公害对策基本法》，逐渐形成了一套由基本法、部门法、程序法、行政法规以及地方自治团体条例等组成的相对完备的法律体系，成为世界公认的“防治公害先进国”。1972 年，日本政府制定了《自然环境保护法》，全面启动环境保护，调整产业结构，有效降低了环境污染。20 世纪 90 年代以来，国际社会更加关注环境问题，对地球可持续发展达成共识，日本经济团体联合会在 1991 年颁布《地球环境宪章》，推动企业环保进程，成为亚洲第一个实施环境标志制度的国家。之后，日本提出要建设循环型社会，重点向低碳社会发展，进一步加强环保力度。日本将 21 世纪作为循环型社会建设的元年，在 2000 年日本参众两院表决通过了《循环型社会形成促进基本法》，提出在产品生产和消费过程中要减少废物排放，促进资源的合理循环利用，即减量化（reduce）、再利用（reuse）和再循环（recycle）的“3R”原则①。2018 年，日本政府在内阁会议上通过最新的“环境白皮书”：《环境·循环型社会·生物多样性白皮书》，提出了两个向永续社会发展的概念。一是以联合国发布的 2030 年世界永续发展目标（SDGs）为主，通过整合社会、经济、环境三大框架，加速日本在 17 项 SDGs 方面的落实进度。二是顺应有关《巴黎协定》制订的脱碳方向及适应气候变迁作法，除了加速发展电动车、扩大可再生能源应用之外，政府将促进金融产业以 ESG（环境、社会、治理）为考量的责任投资。②

日本政府对于运行费用高的环境基础设施给予政府资金投入，对于废弃物再资源化工艺设备生产者给予相当于生产、实验费的 1/2 的补助，对于引进先导型合理利用能源的设备予以 1/3 的补贴，补贴金额最高上限为 2 亿日元。同时，日本提倡“自救、共救、公救”的理念，由居民、企业、非政府组织（Non-Governmental Organizations，NGO）、非营利组织（Non-Profit Organization，NPO）在内的社区和政府共同组成，建立了市民自主应急组织和企业自身应急体系。

环境问题的社会性规制，不仅需要严格的法律规范和系统化的相关部门监管，更需要社会的自我约束和区域间的协助合作。日本的环境规制格外注重公众参与和国际合作，多方的加入加强了环境保护的合作与制约，这为我国的环境规制提供了重要的发展思路。

三、德国的食品安全规制

德国是实行食品安全规制较早的国家之一。早在 1879 年，德国就制订了《食品法》，充分显示出德国对国民健康与食品安全问题的先见之明。但此后德国的食品安全规制变革缓慢，直至 20 世纪末发生了东扩的“疯牛病”事件，才推动了德国食品安全规制的进一步加强和改革进程。至今，德国已形成了以社会性规制为主的严格的食品安全规制体系。

在基本法律制度层面，德国食品安全规制以不同层级的法律为依据。核心是《欧盟食品核心条例》《食品、日用品与饲料法典》《危害分析关键控制点（HACCP）方案》，

---

① 李海峰、李江华：《日本在循环社会和生态城市建设上的实践》，载于《自然资源学报》2003 年第 2 期。

② 曾亭静：《日本 2018〈環境白皮書〉關鍵字：地域循環共生圈》，公民新聞，https：//www. csronereporting. com/news/show/5157，2018 年 10 月 11 日。

在此基础上，德国政府细化制订了200多部法律法规，涵盖了原材料采购、生产加工、运输、储藏和销售所有环节，实现全产业链监管。不同层级的法律制度相辅相成，提高了食品监管效力与效率，并重视风险预防和源头把关，形成了层级分明的全程管理体系。

在具体制度实施层面，德国食品安全的社会性规制建立了一套相对科学有效的制度体系。（1）检查与执行机构制度。作为欧盟成员，德国食品安全首先接受欧盟委员会的健康与消费者总司等机构的检查，在国内则建立了与联邦制相适应的“分级负责”的规制模式。联邦食品和农业部（BMEL）作为最高主管部门，负责颁布相关法律法规。各州分三级管理，州一级的最高机构负责监督、设立机构和颁布规定，中级机构负责服务性和专业性监督，基层机构负责食品监督的具体实施工作。分工明确的管理体制提高了德国食品安全规制的有效性。（2）标准与审查检验制度。标准制度为食品企业生产经营提供行为参照，并激励企业进行技术创新以降低符合生产标准的成本。审查检验制度监督约束企业生产经营行为，减少安全事件。该制度建立了企业自检、中介机构检测、政府检验机构检测三道防线，严格执行欧盟、联邦以及各州的食品安全标准，把好食品安全关。（3）资格认证与许可制度。所有官方和民间的研究、检测机构取得资质认可方可从事相关工作，食品生产者经过专业化资格认证后才可以获得补贴，加工企业则需获取HACCP、ISO等质量管理体系的认证。资格认证与许可制度提高了食品业的专业性和市场进入壁垒，建立食品质量门槛以维护食品安全，同时刺激企业进行技术创新以建立竞争优势。（4）责任追究制度。强调食品链源头管理并建立食品安全可追溯体系。食品生产和加工企业负有“谨慎义务”，承担食品安全主体责任。每个食品包装上必须注明相关信息并获得编号，以便安全事件发生时能快速排查。明确的追责机制保证了惩罚的威慑性，大大提高了企业与个人在生产经营过程中获取不正当利润的违规成本。

食品安全是重要的民生问题，关系到民众的生活质量与生命健康，食品安全监管对政府具有高度依赖性。德国食品安全规制特点主要体现在法律与机构体系完善，有明确统一的行业行为标准，强调企业责任，实行严格责任追究，发挥第三方平台的力量，实现全产业链监管等，这为我国解决当前食品安全规制领域的问题、提高规制水平提供了参考。

四、美国的药品安全规制

美国是世界上第一个尝试对药品进行社会性规制的国家。自20世纪初至今，经过一百多年的发展，逐步建立起一套严格的法律和规制体系，并随着科技发展与医药市场的变化不断进行改革和创新。

1906 年通过的《纯净食品药品法案》是美国现有药品安全法规体系的基础，自此，美国逐步建立起政府集权管理药品的一系列具体制度。（1）检查与执行机构制度。在机构设置方面，美国药品规制实行“总部—大区所—地区所—工作站”中央集权式的垂直管理模式，分工明确。美国食品药品管理局（U. S. Food and Drug Administration，FDA）作为总部，是美国药品安全规制主体，主要负责监管药品的科研开发、生产、销售等。FDA 在国会监督和司法审查下，按照自身组织系统开展工作，独立于利益集团行使自身职责。（2）注册审批制度。1938 年“万能磺胺”灾难后通过的《联邦食品、药品和化妆品法案》确立了药品审批制度。FDA 对申请注册上市新药的有效性、安全性和质量可控性进行审批。对新药的规制作为药品质量与安全控制的第一道防线是至关重要的，由于审批门槛的高低、速度的快慢对研发者和消费者都有重要影响，因此，FDA 强调机构人员的专业性和多元性，并将大量经费投入员工培训中，为监管工作提供技术与人才支撑。（3）药品标准制度。1997 年美国通过《联邦食品和药品管理现代化法案》，正式确立了药品质量标准。美国药品标准以药典（U. S. Pharmacopeia，USP）为主，涵盖药品品种广、更新速度快、适用性强。药品标准是有关药品规格及检查方法的技术规范，通过设置药品准入门槛，一定程度上保证了药品质量与安全。（4）报告与信息公开制度。药品生产经营具有专业性强、技术含量高、品种繁多等特点，消费者对药品的安全性、有效性信息获取处于弱势地位，因此，信息公开对消费者维护自身利益、降低交易成本、减少逆向选择与道德风险尤为重要。1938 年美国通过的《联邦食品、药品和化妆品法》规定了药品生产者的信息披露义务，1962 年国会通过的《卡法尔—哈里斯修正案》第一次提出不良反应报告制度。此外，FDA 强调公众权益，通过制定信息公开程序，借助网络及时发布药品安全警示与详细的召回信息，不断提高药品规制中各种信息的公开化、透明化程度，缓解信息不对称带来的负面效应。（5）药品上市后规制及退出制度。2007 年美国国会通过的《联邦食品、药品监督管理局修正法案》对上市药品进行风险再评估与安全检测，建立比较淘汰的退出制度。退出约束对企业形成持续威慑作用，可以优化药品企业结构，提高相关资源利用效率。

美国药品安全规制体系在一系列不良事件的社会背景下不断完善，独立统一的监管机构、健全的法律体系以及强调公众权益的信息公开制度，保证了美国药品安全社会性规制的有效性，为我国提供了可借鉴经验。进入 21 世纪，随着生物医药产业崛起及创新竞争加剧，政府面临企业创新激励与安全可控性的价值选择，以安全为目标的社会性规制面临新的挑战，美国政府也在尝试放松规制以增强药品创新激励。如何在保证药品安全条件下实现社会性规制创新与技术创新的良性互动是今后药品产业社会性规制的重要课题。

综上所述，发达国家社会性规制值得借鉴的经验主要体现在以下四个方面。第一，专业性法律法规建设。从美国、德国等发达国家的社会性规制管理中可以看出，通过立法明确规制主体，通过法规强化规划标准，有利于保证社会性规制的合法性和权威性。因此，制定专业、严格、科学的法律法规是社会性规制有效开展的前提和保障。专业性的法律法规，一方面，可以限定社会性规制的监管权力，明确规制主体的法律责任；另一方面，可以统一规制的标准，减少规制盲点和不正当干预，从而提高监管效率。另外，在制定和实施社会性规制过程中，必须要注重调整冲突性法规和政策，提高法律法规的条理性和适用性，及时根据现实变化进行规制条例补充和修正。第二，独立运作与权力制衡。在规制实践中，保持规制机构的独立性，分离风险评估与风险管理环节，减少行政力量对社会性规制领域测评机构的干预是十分必要的。以美国 FDA 为例，通过国家基金支持实现规制部门财政独立，减少了对企业赞助资金的依赖，破除了规制部门与企业的利益相关性，减少了企业寻租空间。在保持规制机构制约协调性上，一方面，明确不同层级规制部门以及同层级部门各自的职责与权力，缓解多头管理与监管空白并存的矛盾；另一方面，完善权力监督制约机制，实现规制权力的制约平衡。法律对规制权力进行程序制约，专门机构实行职责审查，可有效防止规制俘获，实现规制有效性。第三，风险防范与激励引导。社会性规制不仅要进行事后的保护和规制，更要注重事前的风险防范和激励引导。例如，美国的职业安全社会性规制，由原来的强制性规制转变为激励性规制，由事后监督惩罚转变为事前的引导防范。再如，美国的药品安全规制可能导致相关企业创新激励不足，政府面临企业创新激励与安全可控性的价值选择，这同样也是我国药品安全社会性规制需要考虑的重大问题。第四，公开化和第三方参与。在社会性规制领域，通过保护公众知情权，畅通第三方参与途径，提高社会行为主体在相关立法与监督过程中的参与能力和权利意识，最大限度地解决信息不对称问题，也是社会性规制发展的大趋势。美国药品安全规制、德国食品安全规制和日本环境规制的经验表明，推行信息公开制度，保证社会性规制程序的公开透明，借助媒体舆论，联结公众和第三方社会组织，建立规制全民共建共享机制，是通过外部监督避免政府规制部门为利益集团所俘获和抑制行政权力扩张的有效措施。

第十九章

网络经济条件下的产业组织

20世纪90年代以来，网络经济的发展极大地改变了企业运营策略、商业模式和竞争环境，从而导致产业组织发生许多新的变化。本章对网络经济条件下的产业组织进行简要分析。

第一节　网络经济含义、特征及运行规律

一、网络经济的含义

对于网络经济这一概念，目前尚无统一的定义。对网络经济的内涵，可以从狭义和广义两个角度来理解。狭义的网络经济是指以信息网络（主要是因特网，但不限于因特网，还包括物联网等其他信息网络）为基础或平台的、信息技术与信息资源的应用为特征的、信息与知识起重大作用的经济活动，如搜索引擎、电子商务、网络社交等各类经济活动。广义的网络经济是指一切具备网络外部性特征的行业中的经济活动，所涉及的除信息网络产业外，还包括传统行业中的银行卡网络、快递网络等。本章主要研究狭义的网络经济。

对网络经济还可以从宏观、中观和微观三个层次来理解。从微观层次看，网络经济就是新兴的网络企业、网络市场，也包括居民的网络投资、网络消费等微观经济活动。

从中观层次看，网络经济是指发展到互联网阶段的信息产业，也可称网络产业，既包括网络贸易、网络银行、网络企业及其他商务性网络活动，又包括网络基础设施、网络设备和产品及各种网络服务的生产和提供等经济活动。在该层次，网络经济可细分为互联网的基础设施层、应用基础层、中间服务层、商务应用层四个层次。

从宏观层次看，它是一种与游牧经济、农业经济和工业经济相并列的新经济形态，

与以往经济形态根本不同的是，它以数字化技术、网络化技术、智能化技术等传统信息技术和新一代信息技术作为基本生产工具，并使信息、数据、知识成为与物质、能量等相并列甚至更为重要的生产要素。与此同时，网络，尤其是智能化信息网络将成为人类最重要的生产工具，是一种全新的生产力。

网络经济的以上三个层次是相互联系、相互影响的。在网络经济基础上，随着人工智能技术的快速发展和广泛应用，网络经济将进一步发展为智能经济。

二、网络经济的主要特征

1. 即时性

即时性是指信息传递可在瞬间完成。借助于现代信息技术，单位时间内传输的信息急剧扩大，信息传递时间上的差距进一步缩小。今天，比人的头发丝还细的标准光纤，一秒钟可以传输相当于超过九万卷大百科全书的信息。即时性使网络经济呈现出一种速度经济形态，大量交易通过互联网转瞬即可完成。

2. 虚拟性

在网络经济中，传统的空间概念发生变化，出现了有别于实际地理空间的虚拟空间或虚拟社会。处于世界任何角落的个体，通过互联网紧密联系在一起，通过建立虚拟社区、虚拟公司、虚拟政府、虚拟商场、虚拟大学或虚拟研究机构等，可达到共享信息、共享资源、完成线上交易等活动。虚拟性使网络经济得以在网上网下、虚实结合，使经济主体的行为在很大程度上摆脱了空间因素的限制，并有力促进了全球产业分工和经济全球化发展。

3. 交互性

所谓交互性，是指建立在现代信息技术基础之上的、经济行为人之间的互动式经济联系。在网络经济中，经济行为人通过企业内部网、共享的外部网络或公用互联网联系在一起。电信技术、互联网和移动互联网技术的发展应用，使得任何人可在任何时间任何地点，与任何企业、个人或网络站点实现互联，以获取自己所需要的有用信息和产品，完成相应业务。交互性使经济活动呈现出更加复杂的交易关系，企业与消费者之间、企业相互之间的关系变得更加复杂和多样化，从而深刻影响着现代经济运行形态。

三、网络经济的主要运行规律

网络经济是一种从根本上有别于工业经济的新的经济运行方式。如果说工业经济时代以机器的使用为中心，那么在网络经济时代，以互联网为代表的信息网络的使用成为中心；如果说物质、能源是农业社会、工业社会的核心资源，那么数据、信息、知识则成为网络经济时代最重要和最为核心的资源，它们具有许多不同于物质、能量的独特性质和作用形式。另外，信息网络作为一个特殊的信息传输系统具有特殊的功能，信息产品也具有不同于传统物质产品的新的特征，这一切都导致网络经济出现许多新的运行规则和规律。

1. 网络外部性

自从夏皮罗（Shapiro）、卡兹（katz）等在网络外部性研究方面作出开拓性的工作后，网络外部性成为网络经济研究的重要内容。当某一产品对一用户的价值随着采用相同产品或可兼容产品的用户增加而增加时，就出现网络外部性，也就是说，由于用户数量的增加，原来的用户免费得到了产品中所蕴含的新增价值而无须为这一部分价值提供相应的补偿。效用的增加是因为用户数目的增加而导致更多的互补产品供给而实现的。可以把网络外部性理解为网络规模扩大过程中的一种规模经济，只是这种规模经济与产生于供给方面的传统规模经济是不同的，它产生于市场的需求方面，因此也被称为需求方规模经济。

对网络外部性可以用梅特卡夫法则加以描述。该法则认为，网络价值是以用户数量的平方的速度增长的。如果一个网络中有 n 个人，那么网络对每个人的价值与网络中其他人的数量成正比，这样网络对所有人的总价值与 $n(n-1)=n^2-n$ 成正比。如果一个网络对网络中每个人的价值为 1 美元，那么规模为 10 倍的网络的总价值大约就等于 100 美元。相比之下，规模为 100 倍的网络的总价值大约就是 10000 美元，也就是说网络规模扩大 10 倍，其总价值就增长 100 倍。

夏皮罗、卡兹早在 1985 年就对网络外部性进行了分类。他们将网络外部性分为两种。一种是“直接网络外部性”，即“通过消费相同产品的市场主体的数量增加所导致的直接物理效果。”典型例子是通信网络，如电话、E-mail、传真等。另一种是“间接网络外部性”，即“随着某一产品使用者数量的增加，该产品的互补品数量增多，价格下降而带来的价值。”典型的例子是网络购物平台。当网络购物平台上的卖家增多时，卖家并不会因此而获益，但这会吸引更多的买家，而随着买家数量的增加，卖家的收益就会提高。可见，间接网络外部性的关键在于产品或服务之间的强烈互补性，在网络购物平台这个案例中，即表现为网络平台向卖家提供的销售渠道服务和向买家提供的购买渠道服务。一般情况下，直接网络外部性和间接网络外部性是同时并存的，如互联网的发展、网站的发展和网站的建设。连接到互联网的用户越多，互联网的价值越大，老用户得到的额外价值也越高，这是直接网络外部性。同时，连接到互联网上的用户增多时，由于互联网价值的增大，会有更多的人到网上建设新的网站，提高网站的质量，降低使用的价格。这样，互联网用户在这一过程中实际上也得到了新的价值。这就是间接的网络外部性，在这里互联网和网站就成为互补品。

2. 边际收益递增

边际收益递减是工业经济条件下物质产品生产过程存在的普遍规律，但在网络经济条件下，这一规律已不再适用，而是呈现出边际收益递增，其主要原因有以下三个方面。

第一，网络经济条件下的平均成本随着网络规模的扩大而呈递减趋势。信息或网络产品分为硬件类产品和软件类产品。其中硬件类产品与传统产品较为相似，所以只需分析软件类产品。软件类产品的生产与传统产品极为不同。作为一种知识性产品，软件的生产要求有非常高的初始投入；不过一旦第一个单位的产品研制成功，以后各单位产品的生产只不过是对第一单位产品的简单复制而已，因此，信息网络的平均成本随着入网人数的增加而明显递减，其边际成本则随之缓慢递减。

第二，网络经济中存在较强的学习效应。学习效应也称为“干中学”（learning by doing）或“用中学”（learning by using）。学习效应所实现的收益递增主要来自两个方面：一是来自工作中经验的积累；二是来自信息知识的累积增值和传递效应。在信息经济条件下，信息知识不仅作为投入要素被更有效地使用，而且在使用过程中，还可产生作为附加产品的新的信息和知识，它们可以被再次作为投入来开发新的产品或改进现有产品，从而产生新的收益。正如肯尼斯·J. 阿罗（Kenneth J. Anow，1989）所指出的，“信息的使用会带来不断增加的报酬。”他还举例说明，一条技术信息能够以任意的规模在生产中加以运用，也就是在信息和知识成本几乎没有增加的情况下，信息知识使用规模的不断扩大，可以带来不断增加的收益，这种传递效应便使网络经济呈现出边际收益递增的趋势。

第三，网络经济中的消费行为具有显著的连带外部正效应，即网络效应，从而导致边际收益递增。由于具有网络外部性的产品，其价值随用户数量的上升而不断增加，企业也可以就此收取更高的价格，因此，新销售的产品和服务给企业带来的边际收益会不断提高。而且当原有用户对产品或服务进行更新时，企业也可以因新用户带来的网络规模增加而获得更高的边际收益。

3. 正反馈与需求方规模经济

正反馈的含义是使强者更强，弱者更弱，从而引起极端的结果，甚至在市场上表现为一家公司或一种技术支配或主宰市场。与之相反的现象是负反馈，即强者变弱，弱者变强。在传统经济中，负反馈起支配作用。如在寡头行业中，行业领导者试图获取更多的市场份额，这种企图通常会引起激烈的反应，小的竞争对手会设法防止生产能力利用的下降。这种竞争性反应使领先公司无法获得主宰地位。另外，由于管理大企业的复杂性，当超过一定的规模时，公司会发现成长变得越来越困难。随着大公司背上高成本的负担，更小、更灵敏的公司会发现更有利可图的市场份额。这种此消彼长的趋势反映了负反馈的作用：市场找到了一个平衡点，而不是走向单个公司主宰市场的极端状态。当然，工业经济时代也存在正反馈效应。事实上，几乎每个产业在发展的早期都要经过一个正反馈阶段。通用汽车公司比小的汽车公司更有效率，主要就是因为它的规模经济效应，这种效应刺激了通用汽车公司的进一步发展。这种正反馈来源于生产的规模经济，大公司通常有更低的单位成本（至少到达临界点之前）。这种传统的规模经济实际上是一种供给方规模经济。基于供给方规模经济的正反馈有其自然限制，超过临界点，负反馈就起主导作用。这些限制通常来源于组织管理成本的上升，使企业很难达到主宰市场的水平。这正是我们在工业经济时代所见到的多数市场是寡占型市场而不是垄断市场的原因。

然而在网络经济时代，正反馈处于支配地位。当两家或更多家的公司争夺正反馈效应很强的市场时，只有一家会成为赢家，即“赢者通吃”（winner tack all）。与工业经济时代的正反馈相比，网络经济中的正反馈是以一种新的、更强的形式表现出来，并且它是一种需求方正反馈，而不是供应方正反馈。这种正反馈来自需求方规模经济。这种规模经济是一种不同于工业经济时代的由于产量增加导致成本降低而形成的规模经济，它产生于网络外部性，即在其他条件不变时，连接到一个较大的网络要优于连接到一个较小的网络，因此是一种需求方的规模经济。

4. 共享经济性

在网络经济条件下，企业在需求上表现为需求方规模经济，在生产上则呈现出明显的共享经济性。工业经济时代的规模经济性主要来自资产专用性和不可分割性，网络经济条件下的共享经济性则主要来自信息产品的共享性。对于许多不同的生产过程，信息、技术等共享性生产要素，可以不费任何成本地从一种生产过程转用于另一生产过程。信息产品的共享性必然要求信息的网络化，即通过信息通道、信息接收器、电子计算机和传真机等信息装置，把有关组织和个人联结起来，形成一种企业与企业之间通过网络技术作为媒介彼此联系、共享多种经济要素和生产条件的复合体。由此共享经济型成为网络经济条件下企业追求的重要目标。

第二节　消费者预期与技术的选择

在网络经济条件下市场结构的形成过程中，消费者预期以及由此导致的技术选择过程和方式对其具有重要的影响。

一、消费者预期与预期均衡

（一）消费者预期与网络临界规模（critical mass）

在网络外部性较强的信息产品市场，预期对一种产品的网络规模（或用户基础）及其增长，从而对该产品能否被采用具有重要的影响。由于存在网络外部性，每个消费者的效用取决于购买同样产品的其他消费者的人数，即网络使用者的规模。消费者的效用函数是相互依赖的，这就意味着购买者必须预期他将来要购买的组件的可能性、价格和质量，以得到尽可能大的网络外部效应。这时，需求水平便取决于消费者对网络规模的预期，消费者在购买某种具有网络外部性的产品时会预期购买这种产品的消费者的数量。下面分析消费者的预期均衡。①

假定有一项受网络外部性影响的新技术拥有100万个消费者，每个消费者对产品的评价值为 n，n 是其他使用该技术的消费者的数量（若 n 的值很大，就近似于网络规模）。即是说，n 值越大，每个潜在的购买者对产品的评价值就越高。具体说来，即是每个消费者愿意为产品支付 n^e，而 n^e 就是网络的预期规模。

假定每个消费者预期不会有其他消费者加入该网络，则 $n^e=0$，此时将没有消费者愿意为加入该网络付费，因为这时净收益小于零。由此可见，对于任何一个正的价格，没有消费者愿意加入该技术的用户网络将是一个纳什均衡，或称其为预期实现均衡（fulfilled-expectation equilibrium），这时，均衡价值 n 等于预期价值 n^e。

现假定每个消费者预期其他消费者都加入该网络，这意味着每个消费者都愿意为新技术付出999999。假如价格低于这一数值，即可得到第二个纳什均衡，即每个消费者都愿意加入新技术的用户网络。这样在价格0到999999之间存在两个纳什均衡：一个是所有消费者都购买新技术；另一个是所有消费者都不购买新技术。这说明，当存在网络外部性时，对于某一给定的价格，可能存在多种需求水平，而需求水平又取决于消费者对

---

① ［美］刘易斯·卡布罗：《产业组织导论》，胡汉辉等译，人民邮电出版社2002年版，第297页。

网络规模的预期。

进一步分析，如果价格是900000，预期会出现零使用者均衡还是100万使用者均衡呢？若价格是900又会如何呢？严格地说，在以上两种情况下，两种均衡都有可能出现，但从直觉上看，价格高时似乎少量使用者的均衡更有可能出现；价格低时则大量使用者的均衡更有可能出现。假定价格是900000，在此情况下，消费者只有在肯定至少有900000名（100万中）其他消费者也愿意购买时才会前去购买该项新技术；但若价格是900，则消费者只要肯定至少有900名（100万中）的其他消费者愿意购买同样的技术就足够了。

在现实中，这种技术博弈并不局限于一个时期内，而是随着时间的推进而展开。假定价格是900，即使大多数消费者对于出现大量使用者均衡的机会持悲观态度，由于随机扰动的存在，仍有可能有900名的消费者真正去购买。一旦这种情况发生，对于其他消费者而言，购买同样的技术就成为优势战略，因为这时已经有900名消费者购买了该技术，将来网络的规模至少是900，因此可以预期市场将迅速趋于大量使用者的均衡。也即是说，网络市场趋于大量使用者均衡取决于使用者的数量高于给定的最低值（本例中当价格为900时，使用者为900）。一旦高于该最低值，需求将通过自我加强机制继续增长，直至达到大规模网络的均衡。该最低值就被称为导致网络建立的购买者临界水平或称关键数量。根据上面的分析可知，价格越低，超过最低值——即达到临界水平的可能性就越大。

这一结论包含重要的经济学含义。在竞争市场中，定价时将主要考虑成本因素，技术进步促使成本不断降低。这时，我们预期初始均衡为高价格和小规模网络，或根本不存网络，即零使用者均衡。随着时间的推移，成本和价格都在下降，一旦达到临界规模，需求便趋于大规模网络均衡。在垄断市场或某一企业具有较大市场力量的市场中，以上分析预示着成功的战略是制定较低的推介价格，以获得累积效应（或“滚雪球”效应），也就是说，取得超过临界规模的需求并将其推向大量使用者均衡。

以上结论对企业经营具有重要意义。在网络效应很强的市场中，较大的用户基数是一项值得精心维护的资产，因为导致少量使用者均衡的危险总是存在的。在这种市场中，任何一种技术产品要在这个产业中生存下去，都必须形成一定的网络规模。尤其是当一种新的技术产品进入市场时，虽然与已有产品相比它在技术上具有优势，并且确实对消费者产生了一定的吸引力，但要真正得到他们的认可，还需考虑其他一些重要因素。对于后进入市场的企业而言，就需要采取一系列竞争战略，如催促产业链的形成、进行差异化竞争、不断提升产品质量等，来积极地引导消费者，培育自己的竞争优势。在这些竞争策略中，最常见的就是免费提供产品和服务，甚至进一步提供一定补贴。

（二）Rohlfs的网络市场均衡模型[①]

罗尔夫斯（Rohlfs，1974）对网络产品市场的多重均衡性进行了研究。他假定市场不存在竞争，考察了垄断厂商提供网络服务的情况。当产品的需求受到网络外部性的影响，传统需求曲线不能解释这时的情况。每个消费者从产品中获得的效用取决于其他购买同样产品的消费者的数量，网络使用者的规模，或更精确地说需求取决于消费者对网络规模的预期。下面对这一模型进行简要介绍。

假设垄断厂商采取一种特殊的两部收费方式，即收取一项固定的网络接入费 p，但不收取网络的流量费，这种情况下考虑消费者的行为决策。

设 ω_i 表示第 i 个消费者的心理价位，假设 ω_i 服从［0，100］上的均匀分布，产品价格为 p，那么消费者的需求函数可表示为：

$$q_i^D = \begin{cases} 0，如果 fw_i < p \\ 1，如果 fw_i \geqslant p \end{cases} \tag{19.1}$$

式中，f 是已加入这一网络的人口比重，它能够反映网络规模的效应。每个潜在的网络使用者都在考虑他自己加入这个网络的价值，他的加入将意味着对其他使用者来说，网络的使用价值提高了。下面采用边际分析法寻找网络的均衡规模。

设边际消费者的心理价位为 ϖ_i，由于边际消费者意味着在这个点上消费者加不加入网络是无差异的，因此有：

$$f\varpi_i = p \tag{19.2}$$

所有心理价位高于 ϖ_i 的消费者都会加入这个网络，那么 f 可用下面的式子表示：

$$f = 1 - \frac{\varpi_i}{100} \tag{19.3}$$

反过来，消费者愿意支付的金额可以表示为：

$$\varpi_i = 100(1 - f) \tag{19.4}$$

将式（19.2）代入式（19.4），可得：

$$p = 100f(1 - f)$$

在图 19－1 中，横轴表示已加入这一网络的人口比例，纵轴表示产品价格。当产品价格水平低于25时，存在两个平衡点：f_1 和 f_2。低比例的均衡点 f_1 将是不稳定的，价格

① Rohlfs，Jeffrey. A Theory of Interdependent Demand for a Communications Service. Bell Journal of Economics，Spring 1974：16－37.

稍微上升或消费者少量减少，都会使得最终结果偏离该均衡。一旦跨越了 f_1 点，需求将通过自我加强机制继续增长，消费者将愿意支付高于 p 的价格，从而逐渐趋于 f_2，最终达到大规模网络的均衡。在这里，f_1 是网络经济中需要跨越的一个潜在壁垒，即为导致网络建立的购买者临界规模或关键数量。

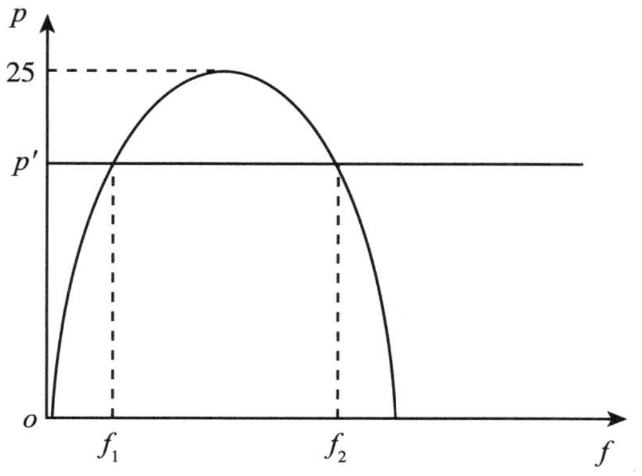

图 19－1　临界规模

从厂商角度看，他可以通过设置一定的价格水平来实现利润最大化。在该模型中，设厂商只收取固定费用而不收取每单位产品的费用，因此，可假设产品的边际成本为 0，市场上消费者的人口数为 N，则厂商的利润为：

$$\pi(f) = pfN = 100Nf^2(1-f) \tag{19.5}$$

利润最大化的一阶条件为：

$$\frac{\mathrm{d}\pi(f)}{\mathrm{d}f} = 200Nf(1-f) - 100Nf^2 = 0 \tag{19.6}$$

$$f = \frac{2}{3},\ p = 22.22$$

在一定的条件下，厂商可以寻找到网络的最佳规模，问题是最初厂商如何达到这一规模。当消费者不能相信别人也会进入这个网络时，是不会主动先进入这个网络的，此时厂商可采取两种策略吸引消费者进入，以建立自己的网络：一是在一定时期向消费者提供免费服务，即厂商在竞争初期不惜以免费服务的代价吸引消费者，建立自己的网络，例如免费软件、网约车服务等。二是将设备租赁给潜在的消费者，而且这种租赁合约可随时取消。当传真机刚进入市场时，厂商瞄准了跨国公司、政府机构等大客户，将机器租赁给它们。过了一段时间之后，当这种使用传真机网络逐渐形成后，需求规模迅速提升，厂商利润才由此大量增加。

二、技术选择中的路径依赖

经典经济学模型通常是无完美记忆的模型，给定产业的均衡，企业价值等是由长期的供求力量决定的。可能会有其他具有短期效应的因素会破坏这一均衡，但市场供求力量迟早会将经济带回到均衡状态。历史事件可能会有一定影响，但这种影响将随着时间的推移而逐渐消失。

但在网络经济条件下，网络外部性效应的存在对上述结论提出挑战。在具有网络外部性的产业中，历史事件可能会发挥重要的作用。下面的模型说明这一点[①]。

假设一种新技术（如手机操作系统）有两个版本（Android 与 IOS），这两种版本互不兼容，只有同种版本的买者才能得到网络效应。每种版本的价格都是外生决定的，为简便起见，假定每种版本的价格相同。

设消费者是顺序进入的，即在每一个时期，一个新的消费者必须决定选择新技术的哪种版本：A 或 B，每个消费者都偏好于购买具有大量用户基数的版本，特别地，"A 的爱好者"将从 A 得到 $u+n_A$ 的效用，从 B 得到 n_B 的效用，这里，n_A 与 n_B 是指 A、B 用户基数的规模，u 是指即使没有消费者购买 A 的情况下，一个"A 的爱好者"购买 A 得到的效用，也被称为单独效用。A 的爱好者从 B 中没有得到单独效用。设 n_i（$i=A$、B）是网络相关的效用因素，对于 A、B 两种版本的技术该值相同，当然其大小会随着网络规模的变化而变化。同样，"B 的爱好者"将从 B 中得到 $u+n_B$ 的效用，从 A 得到 n_A 的效用。

若 $n_A=n_B$，则 A 的爱好者购买 A，B 的爱好者购买 B。但若有一种版本的技术具有足够大的用户基数，两种类型的消费者都将购买同种版本的技术。特别的，若 $u+n_A < n_B$，则 A 的爱好者也将购买 B，也就是说，如果 $n_B-n_A > u$，那么两种消费者都将购买 B。类似的，如果 $n_A-n_B > u$，则两种消费者都将购买 A，用图 19－2 表示。

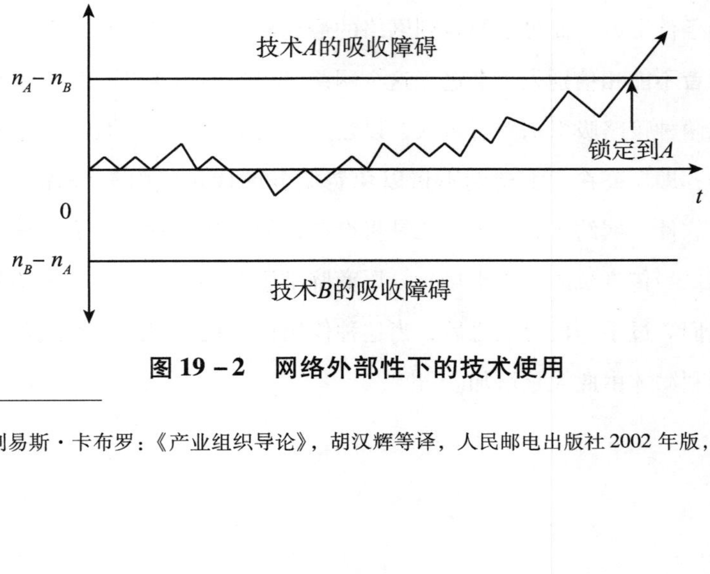

图 19－2　网络外部性下的技术使用

① ［美］刘易斯·卡布罗：《产业组织导论》，胡汉辉等译，人民邮电出版社 2002 年版，第 299 页。

在图 19－2 中，横轴表示消费者顺序进入市场，一个时期进入一个，纵轴表示技术 A 和 B 之间用户基数的差异。只要差异在区间 $[-u, u]$ 以内，每个消费者都会选择他所偏好的技术。但一旦突破这些壁垒，每个消费者都会选择领先的技术，这又加强了随之而来的消费者的选择，这是一个自我加强的过程。这里，$-u$、u 都是吸收障碍（absorbing barriers）。一旦通过了这些障碍，就称该产业“锁定”（locked-in）在其中一项技术上。

该模型说明，网络外部性可能意味着多种均衡，一个产业迟早会被锁定在某一种或另一种技术上，究竟锁定在哪一种技术上在很大程度上取决于早期使用者的行为。最终的赢家并不一定就是最好的或消费者最偏好的技术。假定 A 的爱好者多于 B 的爱好者，由于效用函数是对称的，所以市场的最优选择是 A 技术，至少被锁定在 B 技术上是次优的。但极有可能存在第二种情况：即使在总体上 A 技术的爱好者多于 B 技术的爱好者，但很可能在第一批使用者中 B 技术的爱好者占更大比例。产业最终锁定的技术将取决于一个有限数量，可能是小数量的最初使用者，甚至第一个消费者的决定也许会成为重要的小历史事件，具有这种特性的动态过程就是所谓“路径依赖”（path dependent）。

由于路径依赖效应，产业有时会被锁定于较落后的技术上，如微机 QWERTY 键盘模式的选择。[①] 锁定的产生与用户的转移成本有关。用户在购买网络产品后，必须进行与该网络相关的投资，或者由于网络的组件购买是在一个不同的时段发生的。因此，用户一旦选择了某种“网络”，再想转移到另一网络的成本很高。网络效应可能产生的“锁定”效应，会阻止使用者采用一种新的先进技术，从而导致无效率，而转换成本的存在，将进一步加深了这种无效率的程度。

三、技术转换博弈中的过度惰性与过度动机

上面分析的是一种新技术或新产品的两种替代版本之间的选择情况，但有时并不是在同种技术的两种新版本之间进行选择的问题，而是新旧两种版本之间的竞争。那么决定这种转换发生的因素是什么呢？下面通过一个模型来说明这一问题[②]。

假定有一种旧技术，用 O 表示，有一种新技术，用 N 表示。假设只有两个使用者，

---

① QWERTY 键盘沿用至今，其中一个很重要的原因是 19 世纪 80 年代晚期兴起的“接触打字法”。人们最早是用 QWERTY 键盘进行接触打字教学的，由此打字技术便锁定在 QWERTY 模式上，而性能更优的 DSK 模式则长期得不到推广。Paul A. David. Clio and the Economics of QWERTY. American Economic Review, 1985, 75 (2): 332－337.

② ［美］刘易斯·卡布罗：《产业组织导论》，胡汉辉等译，人民邮电出版社 2002 年版，第 299 页。

都是 O 的用户。这两个使用者必须顺序决定是否转换到新技术，一个使用者可能是 O 的爱好者，或 N 的爱好者，使用者知道自己是什么类型，但他不知道另一个使用者的类型。这个博弈的关键就在于当决定是否转换到新技术时，第一个使用者不知道将来的使用者会作出什么决定，由于存在网络外部性，转换到新技术的收益取决于其他使用者是否也会这样做。

图 19－3 具体描述了每一个使用者使用 O 或 N（转换或不转换）的收益将取决于其他使用者行动的情况。例如，倘若一个 N 型使用者决定不转换而另一个决定转换，那么 N 型使用者的收益就是 10。可见，若其他使用者也选择 N，那么 N 战略就会给 N 型使用者带来更大的收益，然而，N 型使用者的最优总体结果是与其他使用者选择相同的技术。对于一个保守型的使用者（O 型使用者），选择新技术是其劣战略，即不论其他使用者如何选择，O 的爱好者总是坚持旧技术的收益大。

	O	N
O	12	10
N	−10	17

N型

	O	N
O	10	9
N	−20	−8

O型

图 19－3　同时进行的技术使用决策：给定类型使用者（做行选择）的收益是其他使用者选择（做列选择）的函数

假定一个使用者是 N 型的概率是 80%，考虑这个博弈的均衡。先考虑第二个使用者的决策。若他是 O 型使用者，则他总会选择 O 技术；若他是 N 型使用者，那么当且仅当第一个使用者转到 N 技术时，他才转换。

再考虑第一个使用者的选择。该使用者考虑预期的第二阶段的结果。通过比较 N 型使用者预期从各种可能选择中得到的收益，可得出第一个使用者的最优选择也是 O，即是说，即使他是 N 型使用者也不转换到新技术。可通过比较 N 型使用者预期从各种可能选择中得到的收益情况得出这一结论。他选择 N 型技术的预期收益为：$20\% \times(-10)+80\% \times 17=11.6$。第二个使用者是 O 型（即选择 O 技术）的概率是 20%，此时，第一个使用者是唯一选择新技术的人，这会给他带来 10 的损失。第二个使用者是 N 型并转换到 N 技术的概率是 80%；在此情况下，第一个使用者将享受最大可能的效用 17。

而不转换到新技术对第一个使用者意味着更高的收益，即 12，也就是说，即使预先确知使用者偏好新技术的可能性较大，以及即使两个使用者确实都偏好新技术，唯一的均衡结果是不使用新技术。

这种技术转换博弈的特征被称为过度惰性（excess inertia）的，它强调了完全信息与不完全信息的重要差别，即使当不完全信息“近乎完全”时仍是这样。第一个使用者“几乎确定”地知道第二个使用者偏好新技术，而且有一点是共识：如果两个使用者都偏好新技术，那么两者都转换到新技术的收益会更大。但第二个使用者不转换到新技术的可能性（尽管可能性很小）却在阻止使用新技术方面发挥重要影响。

过度惰性只是一种可能性。现实中，市场在使用新技术时不一定很缓慢，有些情况下，转换到新技术的速度却很快，见图 19 - 4 表示的博弈。

	O	*N*
O	12	10
N	-10	13

*N*型

	O	*N*
O	100	4
N	-20	5

*O*型

图 19 - 4　同时进行的技术使用决策：给定类型使用者（做行选择）的收益是其他使用者选择（做列选择）的函数

假定使用者是 *N* 型的概率仅为 1%，对收益矩阵的分析表明两种类型的使用者都更为偏好技术兼容而非不兼容（即网络价值优于单独价值）。*N* 型使用者边际的偏好是两者都转换到新技术的情况，而 *O* 型使用者更多地偏好于没有使用者转换到新技术的情况。

由于 *O* 型使用者对维持原状有更多的偏好，而且使用者是 *O* 型的概率很高，可以预期转换到新技术的均衡不会发生。而当第一个使用者是 *N* 型时，转换会发生。实际上，第一个使用者会正确地预计到，不管第二个使用者是什么类型，第二个使用者会和他一样也转换到 *N*，因为 *O* 型使用者尽管更偏好维持原状，但与 *O* 型技术相比，他更偏好兼容性，因为他知道第一个使用者如果是 *N* 型的，就将转换到新技术，并最终取得 13 而非 12 的收益。虽然与第二个 *O* 型使用者的损失相比，这是边际所得，但第一个使用者并不关心第二个使用者的收益，而只关心第二个使用者的行动方案。

也即是说，网络外部性可能会导致一种潮流效应（bandwagon effect），初始使用者的行为会触发一系列以后的使用行为。在有些环境中，偏好使产业在不转换到新技术的情况下收益更大，在这种情况下，如果确实发生转换，那么称市场表现为过度动机（excess momentum）。从一定意义上说，软件的不断更新就是一种过度动机。许多

Office95 的用户对其软件的版本非常满意。然而，如果有一批关键参与者使用了 Office97，Office95 的用户会因为兼容性的原因转换到 Office97。这并不意味着最后这些用户的收益会更大，他们可能会更喜欢原来大家都使用 Office95 的情况。

可见，网络外部性可能意味着过度惰性，此时即使大多数人对使用新技术感兴趣，新技术也不被采用；但网络外部性也可能意味着过度动机，此时即使大多数人不希望转换到新技术，这种转换还是会发生。

第三节　产品兼容性及其效应

一、兼容性的含义及其实现方式

产品的兼容性是一个“系统”中两种组件结合起来工作的能力。两种产品结合起来共同提供服务所需的额外成本，体现了它们的兼容性程度。“系统”产品互补件之间的兼容性程度直接影响网络规模的大小，从而影响用户对该网络产品采用的速度，进而对这一市场的竞争与市场绩效产生重要影响。法雷尔和萨洛纳（Farrell & Saloner，1987）区分了三种兼容性：物理兼容性（physical compatibility）、通信兼容性（communications compatibility）和习惯兼容性（compatibility by convention）。物理兼容性是指物质产品在物理或电磁学上被设计安装在一起，它是通过物理产品性质的标准化来实现的。通信兼容性是指两种物质设备彼此通信交流的能力，一般通过特定的通信标准来实现。而在习惯兼容性情况下，协调产品设计的收益不是表现在物质上，如标准时间和货币等。

产品兼容性的实现方式有两种：标准化和加装适配器。标准化方式是事先通过设计使产品遵守某种共同的标准或协议实现产品之间的兼容或“互操作”，它是一种事前的兼容。适配器是使组件连接起来“工作”的产品或软件程序。一些开始不兼容的技术可以使用适配器获得兼容性，它是一种事后的兼容。

二、产品兼容性的效应

产品兼容性的效应至少表现在以下三个方面。

第一，实现更大的网络效应。产品之间的兼容性程度直接影响到该产品的网络效应的实现程度和范围。当所有用户在一个网络中时，网络规模最大化，实现的网络收益也最大。

第二，减少或消除停滞效应（stranding effects）的影响。若产品是兼容的，一个消费者在选择某种产品时，不必担心其选择的产品将来会被其他消费者“抛弃”而从市场上消失。

第三，产品兼容性对产品多样性会产生一定的影响。对单个组件的品种，可以说兼容性降低了产品之间的差异，减少了产品品种的多样性（Farrell & Saloner，1986a），而对完全系统的品种来说，兼容性则通过允许消费者从不同系统中对不同的组件进行混合配对，增加了产品多样性（Matutes & Regibeau，1988）。这样，一方面，产品兼容增加了消费者能够选择的、利用不同组件组成的系统数量；另一方面，兼容性要求组件在其他方面更加相似，从而减少了组件品种的数量。

兼容性也具有一定的成本。兼容性的潜在成本取决于实现兼容的机制。通过标准化实现的兼容性，其主要成本是组件产品多样性的损失：消费者可以挑选的差别化产品更少。利用适配器的主要成本是适配器本身，以及适配器导致的产品性能下降。因为通过适配器很难实现组件的完全兼容而不损害产品的性能。

三、兼容性与企业竞争策略

从直观上看，如果各种同类技术或产品之间是兼容的，它们将拥有相同的网络价值，此时，厂商之间的竞争和一般情况没有什么两样，谁的成本低，谁的竞争优势将更大。但如果各产品之间不兼容，且网络外部性很强，那么如果一种产品或服务成为标准，它将垄断整个市场，出现“赢者通吃”（winner takes all）的现象，使输家血本无归。可见，兼容性决策对厂商之间的竞争是极其重要的，企业决策必须充分考虑这一因素。下面通过一个模型分析兼容性在企业战略决策中的重要性①。

考察一个简单的两阶段博弈，在第一阶段，企业决定是否使其技术具有兼容性。如果达不成协议，则将展开“标准之战”，随之其中一种技术被采纳为标准。在第二阶段，展开产品市场的竞争。若先前达成了兼容性协议，则每个企业赚取双寡头垄断利润 π^D；若先前没达成协议，那么在标准之战中取胜的企业将赚取垄断利润 π^M，失败者的利润为零。下面分析：平均而言，哪种情况下企业的收益更好些，是兼容还是不兼容？

考虑第一种可能情况：兼容性之战是为了吸引消费者，为此企业需要花费资源，这时准备了较大花费的企业将赢得竞争。在标准之战中取胜的企业的收益是 π^M，即标准制定者在第二阶段的利润。标准之战本质上如同拍卖，出价最高的参与者赢得拍卖，竞争结果类似于伯川德竞争，企业将其出价提高到 π^M。最后，赢得拍卖不会获得正的净

---

① ［美］刘易斯·卡布罗：《产业组织导论》，胡汉辉等译，人民邮电出版社 2002 年版，第 309 页。

收益，收益 π^M 刚好弥补为得到它而付出的代价，输赢双方都以净收益为零告终。① 不论双头垄断利润 π^D 有多低，达成兼容性协议对企业来说都意味着更有利的结果。

再考虑第二种可能的情况：选择流行的标准是由一系列企业无法直接控制的条件决定的，如消费者恰好偏好某种技术并购买该技术，随之产生一种示范或"滚雪球"效应，或政府的某些管制政策等给予某一种标准初始优势，并在自我加强的动态过程中得以巩固。在本模型，假定不兼容意味着每一种技术被采纳为产业标准的概率为50%。

下面分析均衡收益。如果企业选择兼容，情况与前面一样，双方以获得双头垄断利润 π^D 而告终。如果双方不同意其技术互相兼容，其中一种技术被选为标准的概率为50%，并获取垄断利润 π^M，另一种技术的收益为零。平均而言，每一个企业所得到的利润为 $50\%\pi^M$。由此可得到以下结论：当且仅当 $50\%\pi^M > \pi^D$ 或 $\pi^M > 2\pi^D$ 时，采取不兼容才是较优的，这是一个普遍成立的条件：成为一半时间的完全垄断者要比一直做双寡头垄断者中的一员更有利。这一结论在产品市场竞争激烈的条件下表现得更为明显，因为这时 π^D 比 π^M 低得多。

概括以上分析，可得以下结论：如果标准竞争很激烈，那么企业偏好兼容；如果产品市场竞争很激烈，那么企业偏好不兼容。

以上有关标准竞争的模型分析建立在一种较特定的环境之中，在其他环境中该模型一般也适用。特别地，标准竞争的一个可能效果是减少产品市场规模。有时两种不兼容的标准互相竞争，较优等的标准退出市场，而较次等的标准却留给消费者，原因是消费者对选择哪一种标准变得疑惑，他们宁愿哪一种都不选。当新技术试图取代现有技术时，消费者"简单"地选择继续使用较落后但确定的技术，这意味着过度惰性占了优势，也说明现有技术的合理存在导致标准之战的潜在成本是高昂的，成本高昂的原因与其说是企业需要花费大量资源，不如说是两个企业失败的可能性都很大。

第四节　标准竞争与企业竞争策略

一、标准与标准化

从一般意义上说，标准分为质量标准和兼容标准。质量标准给生产者和消费者提供

① 这个结果的成立建立在只有赢家支付投标价的基础上。例如，如果与投标价相关的战略是使用补贴，则上述结果成立。但在实际投标中，无论是否中标，都要支付此时所指的"投标价"。在这种情况下，标准之战的输家就会以净收益为负而告终。

产品的质量信息，使他们能够判定其他生产者所生产的产品质量。在 19 世纪末和 20 世纪初，作为工业革命的一部分，正式标准设定集中于传统的制造标准或质量标准，如可交换部件和批量生产必需的标准。随着 20 世纪末信息时代的到来，正式标准越来越转向高科技和信息领域，这时的标准是一种兼容标准。它是为确保具有互补性的产品之间，甚至特定产品的不同零部件之间的兼容性。在网络经济学中，标准化问题是由网络外部性和产品兼容性引发的，因此也被狭义地理解为兼容性标准，如泰勒尔（Tirole，1997）认为，标准是“选择一种对每个人都适用的特定技术”，巴克斯曼等（Buxmann et al.，1997）把标准定义为确定系统组件的性能与结构的技术规定。兼容性标准的作用就是使不同的技术或产品能够协调起来发挥作用。标准化是某种标准得到确认、推广并受到市场承认的过程。标准化意味着相关网络中消费者数量的增加，这又意味着消费者收益的增加。

二、标准对竞争性质的影响

第一，标准扩大了网络外部性。标准增进了兼容性或互联性，通过扩大网络为用户产生更大的价值。考虑信息媒体的格式标准，如流媒体的 FLV 格式等，以两种方式促进了良性的网络效应：一是使更大的网络中的成员得以分享信息，而不需要进行格式上的转换；二是间接的影响，共享数据的能力吸引更多的消费者使用这种格式，进一步扩大了已有的网络外部性。这种分析对有形的通信网络和无形的虚拟网络都是适用的，两种情况都对用户是有利的。

第二，减少消费者的不确定性。标准减少了消费者面临的技术风险，这将有利于促进新技术的普及。特别是那些拥有许多支持者的标准更是如此，标准能够提高这种技术的可信度，形成一种良性循环。相反，对于不兼容的产品来说，消费者会产生疑惑或恐惧心理，因为害怕被锁定在一个不兼容的、没有前途的产品中，这将延缓这种产品的采用。从传统产业中的调频立体声收音机，到网络产业中的调制解调器，制造商达成一个通用的标准之前，其增长都曾被消费者的这种疑惑抑制。

第三，标准降低了消费者锁定。如果标准是真正开放的，则消费者对锁定就不必过于担心，他们可以指望将来的竞争。

第四，标准导致争夺市场的竞争和市场内的竞争。正是因为标准减少了锁定，他们把竞争的中心从争夺市场统治地位转移到争夺市场份额。公司们的竞争目标不再是市场，而是以共同的标准在同一个市场中竞争。在共同标准存在的情况下，不太可能出现大胆的渗透定价，但是却很可能出现锁定。对消费者来说，最不利的结果之一就是：接受了一个被广泛预期为开放的标准，而到头来却发现全部被锁定了。前文所述的 Symbian 系统的失败就是典型案例。

第五，标准使竞争从功能竞争转向价格竞争。由于许多品牌都具有共同的功能，而这共同的功能的数量取决于标准具体到什么程度：标准越具体，每位生产者就越难在遵守标准的同时将自己的产品差别化。因此，尽管标准有利于减少兼容性的问题，导致更强的网络效应，它也会降低每个供应商将产品差别化的能力，从而加剧价格竞争。出于同样的原因，与供应者相比，消费者一般倾向于更广泛的标准。这样一来，竞争的制造商如果能够忍受一些不兼容以及小一点儿的市场，以减少价格竞争，将竞争更多地集中于产品功能，对各方都会更有利。

第六，标准导致独家扩展功能的竞争。随着时间的推移，供应者会产生很强的动机，在保持一定程度向后兼容的同时，通过开发独家扩展功能使自己与众不同。这就是为什么即使在相对标准化的 PC 平台上也会出现硬件和软件不兼容的原因之一。扩展标准的竞争肯定可以为消费者带来好处，在激烈的竞争中，新功能不断被设计出来，为消费者提供了种种改进。但这样做也会造成产品的不兼容，给消费者带来一定的麻烦。对于那些具有独家权利的拥有者来说，可以利用这些权利来控制技术的发展，从而限制竞争者对技术标准进行扩展的能力。那些发起或建立了一种产业标准的企业应尽可能控制其发展。成功者可以将系统的一些组成部分商品化，同时保证网络效应不会由于不兼容而逐渐丧失。

三、标准对市场参与者的影响

首先，对消费者的影响。消费者一般都喜欢标准，因为有了标准，他们就可以避免本想选择胜利者却最终选择了失败者的风险。在单一的网络或联结致密的网络中，他们可以享受最大的网络效应带来的利益。他们可以将组件混合使用，重新组装来满足自己的偏好。同时他们被单个销售者锁定的危险大大降低，除非一个很强大的领导者保持着对技术的控制，或通过独家功能扩展及知识产权夺取了对技术未来的控制。标准对产品互补者也有着类似对消费者的影响，像消费者一样，互补产品的销售者欢迎标准——只要他们的产品是符合标准的。

但是，标准化对消费者也有一些不利影响，最主要的就是多样性的丧失：标准也许不能满足一些消费者的需求，或本来就是一种较差的技术。标准化也会剥夺消费者享受标准竞争中的渗透定价的好处。最可能受到这种损失的是那些大的或重要的用户，他们本来可以在标准竞争中扮演非常重要的角色。但是，对用户整体来说这种渗透定价在很大程度上是对将来锁定的补偿，因此，这还不算是主要因素。

其次，对市场占有者的影响。新的产品技术标准可能对现有的市场占有者造成严重的威胁。不管怎么样，如果标准引发了正反馈，并且帮助一种新技术起飞，它们会很容易地侵占旧技术的销售。对此，市场占有者有三种选择：一是它可以不允许潜在进入者向后兼容，以完全封锁进入者，从而延长它自己技术的寿命；二是市场占有者可以加快步伐推出自己的新一代设备来赢得标准竞争，这种设备也许具有独家的向后兼容性；三是市场占有者可以和新技术联手，以获益于其知名品牌和广阔的市场，也许还能得到一些版税和技术授权受益。对于那些无法从新一代技术中获得利益的市场占有者来说，阻碍一种新标准应用的动机可能更大一些。

最后，对技术创新者的影响。那些开放新技术的公司，总体来说更欢迎标准，因为标准通常会扩大市场规模，甚至对市场能否出现也非常关键。当一群创新者总体上可以从一个标准中获益时，他们总有办法制订一个协议来支持这种标准。正是由于这种原因，我们几乎每年都会看见数百种标准被推出。

当一群创新者整体上可以从标准的建立中获益，但标准对其影响方式有所不同时，他们就会进行复杂的谈判。由于拥有的资产不同，标准对不同的供应者有不同的影响。拥有最大的安装基础的公司损失最大，而控制更优越的技术公司获益最丰。规模也是非常重要的，小的市场参与者会特别欢迎标准，因为标准通常会缩小大小供应商之间的差距。

四、标准竞争的过程和结果

（一）标准竞争的分类

当两种新的不兼容技术相互竞争，都想成为事实上的标准，以获得市场垄断地位时，就说它们在进行标准竞争。标准竞争是具有较强网络外部性和正反馈的网络市场中所独有的现象。

可以根据新技术与现有技术的兼容程度对标准竞争进行分类。如果一个企业与其竞争对手的技术都与老一代的技术兼容，而它们之间的技术不兼容，就将这种竞争称为竞争渐进。不同的流媒体格式之间的竞争、不同版本的 Unix 系统之间的竞争都符合这种模式。如果一个企业的技术提供向后兼容，而其竞争对手不提供，就称它们之间的竞争是渐进对革命的竞争。这种竞争是向后兼容和卓越性能之间的竞争。较典型的例子是一种新技术与提供兼容升级的现有技术之间的竞争。与这种情况相反，如果一个企业的竞争对手提供向后兼容，而该企业不提供，就称这种竞争为革命对渐进。最后，如果两种技术都不提供向后兼容，就称作竞争革命。历史上交流电和直流电之间的竞争就是这种模式。

（二）标准竞争的结果

标准竞争可能有以下两种可能的结果。一种是竞争双方两败俱伤。在双方都试图说服消费者自己将成为胜利者时，消费者可能会干脆坐山观虎斗，尤其是如果旧的技术和标准还可以继续使用的话。在标准之战中，不兼容的竞争方式可能会扼杀或延迟技术的成长。一种新技术要想获得起飞的动力，一定要为市场增加足够多的价值。同时还说明，当一种技术的采用需要多个群体的购买者协调时，这一过程就会变得很困难。在这种情况下，对企业来说最好的策略是集中于关键的买家。另一种可能的结果是造成两种不兼容的技术继续沿用，如手机操作系统的竞争。这一例子说明，在标准竞争中，分散的、市场导向的方法可能会比较缓慢，但它给小的竞争者带来以革命性的新技术取胜的机会。相比之下，通过更政治化的手段选择新技术一般对大的、现有的竞争者有利，即使它们不如小的竞争者有想象力，也不承担风险。同时也说明，在标准竞争中，并非每一个市场都会通过正反馈达到赢者通吃的结果。对企业来说，在标准竞争中，采取先发制人战略是重要的。另外，标准竞争还可能通过标准协议得到解决，如通信技术标准。

（三）标准竞争中企业的关键性资产

标准竞争是具有较强的网络外部性及正反馈的网络市场中的重要企业行为，对网络经济条件下企业的发展和市场地位具有重要的影响。对一个企业来说，成功地进行标准竞争的能力取决于对以下七个关键资产的掌握。

（1）对用户安装基础的控制。用户安装基础是指购买和使用某一产品的用户人数。产品的网络效应取决于网络规模，即用户基础的大小。对安装基础的控制可以用来阻止合作性的标准设定，发起标准竞争。

（2）知识产权。拥有能控制有价值的新技术或界面的专利权或版权的公司将处于有利的地位。高通公司的主要资产就是其一系列专利权。

（3）创新能力。具有较强的创新能力能够使企业获得在将来进行独家扩展的能力，从而在标准竞争中处于一个强有力的地位。

（4）先发优势。如果企业事先已经做了大量的产品开发工作，并且在学习曲线上比竞争对手走得更远，企业就会处于一个更为有利的地位。

（5）生产能力。企业如果是一个低成本生产者，由于规模经济或制造能力，就会处于较强有利的地位。成本优势可以帮助企业通过销售标准产品进行竞争，在标准竞争中生存或获取市场份额。

（6）互补产品的力量。如果企业生产的产品是市场的一个重要的互补产品，企业就将会有很强的动机来推广产品，这自然会有利于使企业处于一个领先的地位。因为新技术被市场接受将刺激企业生产的其他产品的销售。

（7）品牌和声誉。仅仅具有最好的产品是不够的，企业还必须让顾客相信你能够取得胜利。以前的胜利和公认的名声在标准竞争中可以起到重要的作用，可以加强消费者对企业获取标准竞争胜利的预期，因此，培育自己的品牌和声誉在网络市场中是非常重要的。

以上这些资产有利于提高企业在标准竞争中的地位以及加强企业在标准谈判中的地位。

（四）标准竞争中企业常见的竞争策略

1. 先发制人

先发制人策略是建立一个早期的领导地位。一旦一种技术在安装基础上拥有绝对的领导地位，那么即使是一个更高级和更便宜的技术，要想对原技术构成威胁也是很困难的。所以能够迅速地建立一个巨大的安装基础将是很重要的，并且要使用户也认识到这一点。通过这种认识，使用户对安装基础的规模形成预期，从而导致正反馈效应的出现。一旦形成正反馈趋势，落后者要想再追上来就十分困难了。

一种常用的先发制人方法就是首先进入市场。产品开发和设计技能可能对获取先发优势非常重要。但是也要注意，早期的介入可能会造成质量上的妥协和更多的故障。快速进入市场会使自己获胜、领导市场的可能性增大，但是这种速度应该来自研究开发，而不是将一种劣势系统推向市场。除了将产品早些推向市场以外，还需要在早期积极地建立顾客安装基础。要找到那些最渴望尝试新技术的人，迅速占领这个市场。采取低于成本的定价——即渗透定价，是建立安装基础的一个常用策略，并以折扣迅速吸引大量顾客，如网约车、网络外卖服务等在推出之初对用户的大量补贴。

2. 吸引互补产品的供应

厂商总是希望自己产品的互补品能够在市场上广泛地流通，而其竞争对手的产品则是越少越好。当然，厂商可以自己生产主产品的互补产品，但是如果这种生产成本很大时，厂商更多的是希望去影响互补品生产商的决策。尤其是这些互补品生产商往往想在未来有一个广阔的市场，他们的决策在很大程度上是受他们关于主产品未来的市场规模、网络大小决定的。因此，影响互补品生产商的决策，既是建立一个新的网络技术的需要，又是击败已有技术的有力工具。像苹果和谷歌都曾鼓励其他开发人员在它们各自的系统（iOS 和 Android）基础上开发软件和设计程序，并各自宣称有大批人员为它们的系统开发软件，都是想以此争取消费者，以打败竞争对手。

3. 加强预期管理

在网络产品销售中，预期是使顾客决定是否购买的关键因素。宣传自己产品的增长、承诺将推出更优质的产品，或“贬低”对手的产品，使消费者对对手的产品失去信心和兴趣，从而达到击败对手的目的。这种预期的管理有两方面的效果：一方面是积极效应，即承诺推出新一代产品，让消费者等待，使他们在这段时间内不购买对手的产品，这对自己是有利的；另一方面可能也会产生消极效应，如果这种承诺是不可信的，将会使自己的声誉受到影响。一般情况下，往往是对硬件的承诺可信度小于对软件的承诺——因为对软件来说升级相对容易些，即使产品有所变化，消费者也能很快地升级到新的版本。例如 iOS 和 Android 两个手机操作系统都会不断地进行更新升级。

4. 价格承诺

通过公开承诺长期内低价出售产品使消费者相信自己将从中受益，从而诱使消费者购买自己的产品。这种策略有时确实可以达到这种效果，但也存在一定的问题，这就是对未来新一代产品成本及质量的不确定使得这种产品的成本会发生很大的变化，从而对厂商策略制定也造成了一定的难度。当然，如果这种不确定性造成的成本，在生产上能够把它限制在自己能够控制的范围内，那么采用这种策略还是很有成效的。

第二十章

互联网革命与产业业态变革

当今世界，一场以互联网应用为主要内容的新产业革命，也称互联网革命正在迅速发展，引起产业的深刻变革。本章主要分析互联网革命引起的服务业、制造业和农业的业态变革。

第一节　互联网革命与服务业业态变革

一、互联网视角下现代服务业业态特征

在互联网时代，现代服务业借助于互联网所具有的信息低成本获取、即时化交易、平台化协同、生态化连接等优势，形成新的商业业态，并表现出新的行业特征。

（一）业态主体关系的复杂性

在互联网时代，现代服务业主体主要包括服务业企业、金融机构、科研机构、高等院校、中介机构和政府等。其中企业是从事生产经营活动的行为主体，在整个现代服务业发展过程中占据主导地位；金融机构、科研机构、高等院校和中介机构是提供服务的主体，主要包括提供技术支持、融资服务、知识产权、法律服务等服务支持；政府机关主要提供政策支持，促进整体互联网经济有序发展。由此，互联网背景下的现代服务业业态构成一种网络生态系统，消费者和生产者依赖互联网，完成一系列交易活动，企业实现利润价值，消费者更好地满足自身需求。

不同于工业文明时代，在互联网时代的服务企业不再盲目地追求大规模标准化生产与销售，网络将消费者联系起来，通过信息网络的传播及反馈机制，使得企业的组织架构发生质的变化，改变原来的集权模式，形成一个能够适应市场变化的分布式网

络体系架构。这种体系常常需要根据需求变化实时调整具有相应生产能力的合作对象、动态组织生产要素和产能，不断实现自我迭代和更新，因此使业态主体关系变得更加复杂。

（二）业态创新技术的不确定性

在互联网发展进程中，出现了一系列划时代的重大技术突破，推动着互联网产业的集聚和快速发展。在互联网时代，消费者对于产品的需求多样化，促进企业研发投入和创新活动，并不断调整产品结构以适应多变的市场需求。市场消费的不确定性导致互联网产业技术创新的不确定性。互联网革命发生以来，科学技术变革日新月异，服务业企业设计出来的新产品也逐步蜕变，改变原来的简单通信工具职能，逐步扩展到人类社会生活的各个方面，产品需求的复杂性也必然会要求更高的技术水平相适应，因此，产品的不确定性导致互联网产业发展、创新的不确定性。

（三）业态创新环境的综合支撑性

第六届世界互联网大会发布的《中国互联网发展报告（2019）》显示，截至2019年6月，中国网民规模为8.54亿人，互联网普及率达61.2%，网站数量518万个。网络直播、网络音乐、网络视频等应用的用户规模半年增长均超过3000万人，在线教育用户规模达2.32亿人，半年增长率为15.5%。互联网技术的迅猛发展使互联网平台上的各主体之间联系综合交错，促使互联网平台中的现代服务业业态成为一个复杂的社会大生态系统。

服务业业态创新的大环境主要通过支持业态创新的硬条件和促进创新的软环境两个方面形成的。

一是支持业态创新的硬条件。互联网平台中的现代服务业业态创新的硬件条件主要包括区域内的网络设施、创新性人才、教育科技设施等基础设施。我国是互联网发展的大国和强国，截至2019年底，我国拥有网络地址总数已经位于世界第二位，目前我国在各省份都大规模采取了网络改造升级计划，在我国各大高校网内都实现了网络覆盖。除了网络设施这个硬条件的加强，创新性人才同样也是业态创新的硬条件，是支撑服务业业态创新的关键因素。教育科技设施的快速发展也能带来互联网平台中现代服务业的高速发展。移动互联网终端平台的应用大大加强了企业和用户的便利，促使产业链各个环节迅猛发展，在这个过程中，催生了许多新型业态和商业模式，促进了服务业升级。

二是促进业态创新的软环境。营造一个技术交流、创业创新的软环境是提升创新能力的关键。软环境主要包括制度、机制、文化和政策。政府通过制定规划、政策、标准和法律法规，不仅可以促进各类创新要素之间的联系与协作，还可为互联网企业营造健康有序、公平竞争、开放的市场环境。同时，在互联网革命背景下，各类投融资机构，如天使基金、VC、PE 等可以更好地获取行业企业发展信息，对业态创新的资本支撑性能更加完备。此外，由于互联网对技术创新和商业模式创新对知识传播的加速效应，以及各类创业孵化平台的发展，服务业业态创新的综合支撑体系逐步完善，由此促进了服务业细分市场业态的变革。

二、互联网对服务业发展模式的影响

（一）新的信息获取模式：信息泛在及去中介化

1. 获取信息的载体多元化

互联网革命的过程体现出信息获取、发布、传导载体的多元化、泛在化过程。在桌面互联网时代，电脑显示屏是唯一的信息获取界面。随着移动互联网的发展，平板电脑、手机、可穿戴设备（如智能眼镜、手表、皮带、衣服、鞋子等）、汽车导航屏幕、家电操作界面、门禁显示等都可能成为信息获取和传播的载体。未来随着物联网技术的发展，泛在终端的愿景是，所有的物品都嵌入芯片，可以进行信息感知和发布，各类大数据的积累成为商业决策、商业设计的有效依据，市场信息进一步透明，获取信息的载体更加无处不在，呈现泛在化趋势。

2. 信息透明与去中介化

信息获取载体泛在化、信息传播的实时化和低成本，将推动服务业信息透明化进程，进而拉开传统服务业去中介化的大幕。传统以信息代理为盈利核心的经纪人行业、代理服务业、中介服务业、中间零售商等业态将面临转型，部分行业甚至可能消亡。如公路货运市场、传统的信息部、中介服务都在面临货运 App 的挑战。近几年，提供直接车货匹配对接服务的移动平台如雨后春笋般大量涌现，如致力于公路运输的“满帮”平台、专注于同城快运的“货拉拉”平台，将市场、企业、货主、司机进行一体化运作的“快运滴”等平台快速成长，传统的货运场站中介服务面临较大挑战，纷纷转型互联网服务。

3. 商业活动全时全域化

基于互联网的电子商务平台更是让传统商业服务演变成无边界服务。理论上讲，任何一个电子商务销售平台，都是 7×24 小时、面向全球市场实施发布销售信息的平台。传统商业服务的营业时间限制、市场区域限制在技术上已经被突破。例如，通过跨境电子商务 Ebay 平台，本地工厂可以直接开设店铺，直接与全球终端消费者取得联系，并实现全年无休、全天运营。

（二）新的产业组织模式：去中心化和平台整合

1. 新的服务业市场整合形式：平台整合

平台整合即平台型市场整合，其中互联网平台是一种由互联网和应用终端驱动的“半开放的中间组织”形态，是提供交易规则和互动环境的虚拟交易市场。不同于传统的联盟、并购、持股等市场整合模式，平台整合是一种开放的（随时加入和退出平台）、不以产权交易为基础的市场组织模式。在互联网时代，平台整合模式将成为服务业市场和产业组织的新形态。电子商务平台（如淘宝、天猫）、O2O 到家服务平台（如美团、58 同城）等都是平台型市场整合的典型。

虽然同样由市场利润驱动，但网络平台同时为双边、三边甚至多边市场交易主体服务，并依据不同的行业发展特征和发展阶段形成了不同的补贴和付费机制。例如，以中小企业为服务对象的淘宝平台，采用商家入驻免费的形式，实际上是补贴了商家。① 天猫平台以大卖家和品牌商为服务对象，则采用收费模式。

2. 平台整合模式下的去中心化

一个网络平台本质上是一组行业供应链关系的集合，是以相对独立的第三方对市场交易规则进行建立、重组和监督。纯正意义上中立的第三方平台，解构了传统流通市场主体的权利地位，一方面，提升了传统集中型经济形式下弱势群体地位；另一方面，降低了传统集中型市场垄断者的地位，形成去中心化平衡格局。

这种平台整合形式下的去中心化，将进一步体现为传统行业垄断企业的产业链核心地位转向平台服务业，产业链的权利组织模式也趋向扁平化。平台成为新的市场垄断力量，但由于平台的垄断利益与原有产业价值链并不重合，因此，实际的效果是，平台将推动很多服务业行业形成去中心化格局，而平台自身以不同维度的盈利形式成为服务行业和市场的代言人。进一步来说，各服务行业的原有垄断力量都在削弱，平台服务企业有可能成为各行业新的垄断者和组织者，服务经济形态将逐步呈现出以平台为主导的簇

① 当然，淘宝平台上，中小卖家实现消费者搜索曝光需要通过“直通车”等营销付费机制，这也是平台的盈利模式之一。

群市场结构。

3. 新的创新创业平台形式：孵化器和创客经济

进入 21 世纪，在中国的消费和民生服务领域，互联网信息技术开始进入大规模的应用转化阶段，很多前沿技术和商业模式创新可以在互联网平台上实现低成本落地。这种低成本主要来自以下三个方面。一是各类互联网基础服务的健全，例如电子商务行业，在网站设计、代码编写、营销推广、物流服务等领域都有大量企业提供专业服务，降低了“网上开店”的进入门槛。二是很长一段时间，互联网创业都比较容易获得风险投资的支持，大量专注于移动互联网创业、TMT（Technology，Media，Telecom）领域创业和年轻人创业的天使投资、股权基金投资等融资平台，为中小型创业企业提供充足的资金支持。三是国家政策支持，国家持续推动大众创业、万众创新的政策体系建设。各类创新创业平台快速发展，为新的创业者提供了越来越多的“一站式”服务，孵化器园区成为创新创业的极化组织，各类“创客经济”蔚然成风。

（三）新的服务产品特征：长尾化、极致化和体验经济

1. 服务产品的长尾化

需求极低的产品在全时全域的市场面前也变得具有规模化需求特征。克里斯·安德森的长尾理论认为，当商品储存流通展示的场地和渠道足够宽广（如互联网平台），几乎任何以前看似需求极低的产品，只要有人卖，都会有人买。这种长尾化的展示特征使流通服务业产品的个性化程度也进一步提升，服务体验的定制化空间进一步加大。传统有限流通展示渠道的规模经济与个性化之间的矛盾得到一定程度的缓解，更具个性化、定制化和极致化的服务体验得以形成，流通服务市场创新空间进一步延伸。例如，在流通服务领域，内贸的淘宝、天猫等综合电商平台，外贸的 Ebay、Amazon 等跨境电子商务平台，提供展示的产品品类成千上万，并不断引入定制化程度较高的预售、社区拼团和直播营销等形式。在生活服务领域，传统的门店服务正在转变为“上门、到家”的 O2O 服务，个性化的美妆、餐饮、按摩等长尾服务都产生了越来越多的互联网商业化解决方案。

2. 服务产品的极致化和体验经济

互联网让服务经济的反馈信息实现实时传递和呈现，服务的“好评”和“差评”成为营销消费者行为的重要因素，进而成为企业看中的生命线，这就在一定程度上改变了传统服务市场“逆向选择”和“道德风险”的信息不对称难题，形成市场正向反馈

和良性循环的淘汰机制。这种信息对称的结果是服务质量提升和服务产品的极致化，消费者个性化需求和服务体验开始获得真正意义上的重视，围绕顾客极致化体验的服务产品优化、创新成为商家关注的焦点。例如，小米手机以高性价比、不断迭代的MIUI、良好的售后服务以及与消费者的实时互动和需求响应，为消费者提供了产品和服务的极致化体验。

体验经济是服务产品极致化的延伸，互联网时代是“消费者主权”的买方市场时代，即使对生活必需品、必要服务的消费，消费者都在追求极致化的体验。简洁、友好的服务界面，参与感强、趣味性高的销售和服务过程设计，创新的商业、营销模式等都可以帮助商家转变传统呆板的服务模式，建立极致化的客户体验，造就顾客满意和顾客忠诚。如“小米”通过建立线上“米粉”社区和线下见面会等形式，为用户提供多渠道的信息反馈、良好的售后体验和极具参与感的全程服务。

3. 服务口碑传播与粉丝经济

互联网时代造就了自组织的营销体系，好的产品和极致化的服务都会通过社交媒体平台和比价、推荐、导购推荐网站快速传播，铸就良好口碑。同样，在各种社交媒体和渠道中遭受“差评”的产品和服务也会被消费者拉进“黑名单”。这种融入社交要素的营销和信息传播的模式很容易形成品牌忠诚度极高、重复消费频率极大的客户群，进而演化出类似偶像崇拜的活跃粉丝用户。粉丝用户对企业具有极大价值，除了高频消费之外，还起到正向社交口碑传播、热心帮助服务更新、主动维护品牌形象的作用。

粉丝经济的形成源自多个方面，例如产品从内到外的精致、创始人的人格魅力、品牌故事的哲学价值、明星用户的榜样力量等。例如，“褚橙”以创始人80岁高龄再创业、人生低谷再崛起、众多明星名人力捧、“本来生活网”社会化营销、产品质量高等多个因素，造就了单品零售销量和销售速度的神话，成为互联网粉丝经济的典型案例。

（四）新的产品创新特征：迭代更新与用户参与

基于移动互联网的电子商务平台和服务产品，包括App应用、O2O服务模式等，一般都会在较短周期对软件和服务模式进行频繁迭代更新，以期不断通过用户反馈等方式修正使用中的程序错误，更好解决顾客痛点问题，这也是极致用户体验的组成部分。同时，服务业互联网产品越来越多地强调调动用户自身的创造性，形成产品内容的自生成和自我更新。服务产品本身正在成为一个“使用者就是维护者”的自动更新系统。这种系统既可以不断调动用户积极性，形成鼓励用户参与的机制，又可以提升用户体验，不断更新产品，实现持续创新。

（五）新的盈利模式特征：间接化和多维度化

互联网使传统相对直接、简单的盈利模式变的更加复杂和间接化，这种新盈利模式至少包含以下两种模式。

一是利用平台经济的准中立性收取间接费用。平台服务于入驻平台的企业及其客户，可以是双边或多边市场，平台的盈利模式可以采用交易分成（如 Ebay）、支付分成（如 Paypal）、流量收费（如淘宝直通车）、广告营销（如淘宝钻石展位）等，这些都不是直接向用户收取的入驻平台的费用，而是在用户入驻平台之后收取的间接费用。

二是利用大规模用户基础对少量用户收费。“免费”经常是互联网企业借以吸引大规模用户和流量的“引爆点”，但在提供免费服务的同时，平台也常常为愿意支付费用享受高标准服务的客户提供收费服务，或者通过收费向免费的基础用户提供附加服务或个性化服务，以改变“维度”收费的方式（业内常称“降维”①）获取盈利。如免费试用的“微信”和“360 杀毒”平台，以社交游戏、软件推广和定向广告等形式盈利，拥有大规模免费用户的 QQ 依靠对少量 VIP 用户的收费盈利，等等。

这些盈利模式的共同点在于，利用顾客在生活中的“痛点”形成互联网解决方案，通过一定程度的顾客培育固化应用场景。在大规模推广引流后，以间接的、定向的、极小单次收费额的方式扩展多维度收费，形成带有一定隐蔽性的收入和盈利模式。

（六）新的商业决策特征：大数据化

互联网时代，商流、信息流和资金流都可以直接在线完成，物流服务在区域中转过程中也会跟踪信息。几乎所有商业活动都可以积累线上数据，而且，随着信息技术和物联网技术的发展，这种数据的精确性、体量规模和持续性都会大幅提升。大数据时代已经到来，依托各种终端积累的大数据进行商业辅助决策已经极具可行性。

例如，营销方面，在平台上观看婴儿产品的消费者，在浏览其他各类网站中获得的推送广告很可能是另外一种婴儿用品。这是平台数据和家用电脑 cookie 数据的联动应用。物流方面，2014 年至今，中国的快递业务量已经连续五年稳居世界第一位。“双 11”购物节期间，天猫平台商家利用菜鸟物流的仓库网络优势，由菜鸟根据商品预售、

---

① “降维”一词来自刘慈欣的著名科幻小说“三体”，原文称为“降维打击”。互联网创业者借用这个词汇表示特定盈利模式的改变。

交易历史、物流路径等大数据为商家提供一个建议备货量，将产品提前放入菜鸟物流的区域分仓，并在“双11”当天推出“当日达”服务，在多个城市实现消费者上午下单，下午收货。随着大数据积累和分析挖掘技术的进步，大数据辅助决策和实时决策都有可能成为现实。

（七）新的市场营销特征：社会化媒体和搜索引擎优化

互联网发展让数字媒体逐步成为信息传播的主流渠道，利用互联网和各类社交媒体、社交网络平台进行营销也逐步取代了传统平面媒体，BBS社区、知名论坛、博客、百科、贴吧、微博、微信等自媒体和社交网络成为现代整合营销的主流构成，这些互联网传媒渠道具有专业性强、运营成本低、可达性高、营销效果好的特征。例如，微信朋友圈的分享和晒图是各类服务企业实现口碑营销的重要模式，一些知名博主、大微号、微信公众号也成为企业愿意投入大量广告经费的对象。

此外，互联网电子商务平台和搜索引擎的发展使得搜索引擎优化（SEO）成为营销领域的新宠。一些用户量巨大的搜索引擎、平台都会向企业出售关键词，企业愿意付费以便使自己的企业或产品呈现在顾客关键词搜索结果的前端，与关键词相关的搜索引擎广告也快速发展。例如，在百度平台搜索“图书”，通常会看到京东、亚马逊、当当等结果，这些都有可能是相关企业对搜索引擎关键词付费营销的表现。

（八）新的市场竞争特征：跨界竞争与过顶传球

粗略地讲，跨界竞争（又称超限竞争）是一种由不在同一细分市场、同一产业类型、同一技术体系甚至同一产业链上的两个企业形成的竞争替代关系。过顶传球（over the top，OTT）更强调互联网去中介化后，各类服务直接面向终端消费者，中间商都在面临各种跨界竞争带来的生存危机。例如数码相机取代胶片相机后，其中低端市场被来自手机的拍照功能跨界替代；Skype通过网络电话做OTT运营商，在一些市场直接将传统电信运营商“过顶”淘汰；微信的出现在很大程度上与传统短信形成跨界竞争，并也已完成“过顶”淘汰的过程。此外，类似线上旅游平台（OTA，如“携程”“去哪儿”等）对传统机票代理业务，滴滴打车、专车对传统出租业务，上门O2O对传统生活服务业务等都或多或少形成了跨界替代的趋势。未来，这种跨界竞争和替代可能在更多传统行业中发生。

（九）新的市场资源组织与管理形式：内部创业、众筹与共享经济

互联网条件下，信息可以实现即时化、精准化的传播，从而使传统经济中无法利用

的一些资源获得再开发的空间。例如，愿意提供支付的服务需求方和消费者，以及愿意提供临时性、顺带性和碎片化服务的服务提供者之间，可以形成快速、低成本的沟通和交易撮合机制，即一些简单服务业的服务场景可以通过互联网直接达成，如汽车代驾服务（如“滴滴代驾”）、包裹众包配送服务（如“人人快递”“达达”等）、城市交通出行捎带（如“滴滴拼车”等）。按照科斯的交易成本理论，由于互联网平台的存在，这类市场的搜寻成本、要素交易成本都大幅降低，服务外包的有限范围因此大幅扩展。从全球范围来看，这种利用外部资源进行“众包”或“众筹”的共享经济服务模式已经实现快速发展。

同理，在传统成本市场中，由于信息不对称带来较高的交易成本，企业已经将很多资源和要素内部化。在互联网信息革命交易成本降低的新条件下，企业也需要采用一些方式提升资源效率。例如，对于已经内部化人力资源的传统企业来说，将原有科层制、事业部制的企业结构转变为适应市场快速变化的扁平化项目管理模式可能还不充分，鼓励员工利用企业资源，开发新的项目，实现内部创业，也是激发大型机构内部员工活力的可选方式之一。这种模式也与互联网时代信息透明、外包合作等趋势实现了内在逻辑的一致性。

三、互联网对重点服务业行业的影响

（一）互联网革命对金融业的影响

支付、存款、贷款、投资、理财、保险、征信等都是金融领域相关的产业业态。在互联网条件下，金融行业获得了新的创新载体和平台，传统金融业务不断演进，新的金融业态渐成雏形。同时，与互联网影响下的新的贸易流通业态相互作用，金融产业不断演化发展，成为互联网影响较深入的行业之一。互联网改变传统金融业，主要表现在信息传递、数据积累、工具平台搭建等方面。2015 年 7 月 18 日，国家出台《关于促进互联网金融健康发展的指导意见》，为互联网金融行业的发展提供了最基础的行业法规。

第一，互联网与金融支付和结算服务业的变革。首先，第三方支付平台成为多模式、多载体、多功能的个人支付结算中心。在支付方面，第三方支付平台提升了支付和转账结算的便利性和快捷性。新的互联网支付、结算需要源自新的互联网电子商务业务。网上零售的交易双方不能见面，需要解决信任问题，第三方支付平台可以同时为买卖双方提供中间担保，即交易双方都满意后才实现支付货款最终到达卖方手中。在支付结算方面，互联网为支付结算提供了多种载体和解决方案。在桌面互联网和移动互联网进入快速、深入发展阶段，各种传感器技术、识别技术开始不断获得应用，支付的载体也开始不断增加，应用互联网技术，条形码、二维码、手机卡、指纹、掌纹、人脸、眼睛虹膜等都开始作为支付工具和载体。同时，以这些载体为基础，各种通过手机、可穿戴设备、支付平台账号、银行账号、社交网络账号进行的当面付、账号支付、转账、红包、找人代付等支付、结算方案不断出现，互联网正在不断创新支付方式和方案，使各种场景模式下的支付更加高效便捷。其次，互联网支付结算数据成为个人、商家和金融大数据的重要组成部分。互联网支付包括借助互联网手段进行的各种支付形式，除了第三方支付平台外，还包括网上银行支付、移动支付等。传统支付结算行业很难实现小额零售交易的大数据积累，但各类互联网支付平台在帮助消费者实现交易支付结算的同时，却能方便、实时、几乎零成本地将用户数据进行采集和存储，这些数据能够成为消费者个人、各类线上线下商家以及各类服务机构的重要参考，也是互联网金融企业自身开发金融产品和制定公司策略的关键依据。最后，互联网支付有望成为场景化消费的重要入口。从业态变革的角度讲，互联网对传统支付、结算业务最大的影响是提升了金融支付业务的载体功能。除了前文提到的作为个人支付结算中心、社区大数据采集应用中心之外，目前还有一个重要的载体功能初现端倪，那就是场景化消费的重要入口。我们提到过互联网对服务业未来的影响趋势包括“基于即时化需求的实时下单、实时响应和迅速获取服务”，互联网支付也在演变为一种即时下单和获取服务的“场景”。

第二，互联网与投融资和理财业务的变革。首先，在合规控制风险的前提下，P2P金融平台降低进入门槛、高效匹配信息。在中小企业融资方面，小额度融资和放贷业务扩展了中小企业的融资渠道。互联网平台多终端实时互动可以充分调动民间资本的力量，P2P平台聚沙成塔的零售金融模式开始向更小规模、更多用户参与的模式演进。由于传统大型金融机构难以平衡小规模贷款的风险和收益，也难以实现信用评估，中小企业融资困难一直是中国发挥市场底层动力的制约因素。小额度的P2P融资项目为资金需求较小的中小企业和初创企业提供了融资渠道，例如平安陆金所的P2P借贷模式，很多中小企业项目得以获得融资渠道，也促使传统小额民间借贷在互联网上有效发布、集成，成为中小企业融资方式的有益补充。在闲散资金使用方面，平台信息中介模式提升了中小规模闲散资金的使用效率。信息中介型P2P平台既能高效汇集社会中小规模闲散资金，又能防控金融风险，是现阶段P2P互联网小额贷款的合理存在形式。其次，线上理财与互联网银行便利了居民小额理财业务。传统理财产品借助互联网工具实现了快速上线和便利购买。互联网自诞生之日起就在不断改变基金、股票以及其他一些金融理财产品的销售模式。以股票为例，纽约股票交易所最早的交易方式是现场交易，中小交易者会到交易所现场交易，大客户会通过电话或委托证券公司与证交所的大客户代表、证券公司的代表进行现场交易。随着互联网技术的不断进步，目前各类股票交易软件（大智慧、同花顺等）已经成为交易最常用的终端，中小散户也可以在电脑、手机上进行股票交易，且可以随时查看各种复杂的数据整理和分析结果。此外，这些客户端可以同时进行股票、指数、基金等理财产品交易，具有便利查询、数据全面、智能分析、产品聚集、即时交易等特点。

第三，互联网和大数据对保险、征信等其他金融业务的影响。首先，互联网大数据推动了保险产品创新和销售方式创新。互联网时代下，每个人的购物、交易、支付、借贷等金融相关行为都可以留下数据记录，这些数据可以为互联网保险机构提供客户全方位信息，通过分析和挖掘客户的交易和消费信息掌握客户的消费习惯，可以较为准确地预测客户行为，帮助保险机构开发新型保险产品，开展定向保险销售等。其次，互联网大数据推动征信机制的系统化和精准化。传统金融很难对中小企业甚至个人进行征信分析，因为小规模贷款主体过于分散，很多个人数据难以采集和获取。互联网个人大数据的积累为个人征信业务带来了新的解决方案。个人消费、网络购物、存款信息、缴费信息等都可以作为个人信用的评判标准。一些互联网公司、数据公司和金融公司开始开展个人征信服务，为 P2P 融资、无抵押贷款、小额金融提供信用服务。传统银行业很难开展的个人征信业务，在互联网时代得以快速发展。

（二）互联网革命对新一代贸易体系和流通业的影响

在互联网技术对传统服务业的变革中，贸易流通体系遭受影响，形成了依托互联网的一系列新模式。从桌面电子商务到移动电子商务，从大宗贸易到零售体系，从 O2O 到上门服务，从垂直平台到跨境电子商务，从社区众包到社群微商。可以说，互联网正在通过改变信息获取、展示、连接的形式，推动整个社会向新一代商业贸易和流通体系加速演化。

第一，电商平台塑造了资源汇聚度更高的新型流通生态和组织模式。首先，电子商务平台经济成为流通市场各类资源、服务的网络集散门户和新型集聚形态。电子商务平台将流通市场的各类资源、服务汇集到网上。平台以第三方经营的模式，整合流通交易的供应方、需求方和其他第三方服务商。例如常见的 B2B 和 B2C 平台，供应方包括原料生产制造企业、中小贸易商、批发零售商、信息服务商、代理商等。需求方包括中小生产制造企业、贸易商、中介代理商、消费者等。第三方服务商包括支付企业、物流企业、广告流量企业、导购推荐企业以及各类分期贷款服务、社会化营销服务、价格比对服务商、整合积分服务商等。其次，第三方中立平台模式改善了传统流通模式在信用、融资等方面的信息不对称问题。中国传统流通市场存在大量中小流通主体，传统市场流通过程中的制度设计也存在诸多问题。基于互联网的电子商务平台经济模式在一定程度上实现了技术进步对制度缺陷的替代，为小、散、弱、差的中小企业流通市场解决了部分市场失灵问题。最后，各类垂直平台推动了流通市场的极致细分化、专业化，提升了流通体系的整体服务水平。综合型平台发展到一定程度之后，不论是批发型的大宗 B2B 平台还是零售型 B2C 平台，都在向垂直化、专业化方向发展，即主营某个或某几个特定产品品类，并为消费者提供更加专业和定制化的服务。这些专业垂直平台的发展推动了流通市场的专业化进程，提升了市场效率。

第二，大宗 B2B 贸易平台和零售 B2C 平台开始冲击传统实体渠道。除了电子邮件、EDI 系统之外，电子商务很早就体现出互联网对流通业产生的影响。在大宗商品交易领域，B2B 线上平台最早获得发展，慧聪网、阿里巴巴等综合类大宗商品交易平台交易量快速增长，我的钢铁网、科通芯城等垂直度更高的专业大宗市场也快速发展。同时，像义乌小商品交易商城等实体平台面临交易萎缩等问题，也开始向线上、线下全渠道运营转化。在 B2C 领域，网络购物对各类实体交易市场的冲击更加明显。各种百货商场、大型综合超市、城市综合体等都感受到了电子商务的影响，很多地区甚至爆发关店潮。在 B2B 和 B2C 平台的冲击下，线上贸易体系和线下交易体系可能形成边界清晰、相辅相成、共生发展的新一代流通产业。标准化、高频化的日常需求可以通过线上交易方便地获得，注重服务、注重体验的产品流通和贸易则在线下交易完成。同时，交易过程的体验也成为市场参与者关注的焦点："方便快捷、及时定位需求" 的 B2B 贸易流通体系，以及"与休闲娱乐融为一体、注重交付体验" 的 B2C 交易流通体系都成为市场发展的方向。线上流通平台和线下流通实体鼎足而立的流通体系成为互联网时代新一代流通体系的特征。

第三，O2O 和"新零售"通过全渠道、场景化推进了流通市场业态向"消费主权"时代迈进。首先，O2O 和"新零售"实现了流通市场的全渠道运营。O2O 是指线上、线下融合，是流通市场的线上渠道和线下渠道打通，实现共同运营和配合发展。"新零售"是对传统零售业的转型升级，也涉及线上、线下的服务要素重构和成本、效率、体验的重构。其次，O2O 和"新零售"推动了服务业流通模式的变革。一是 O2O 和"新零售"的预约上门服务正在改变传统社区门店的服务产品流通渠道。二是 O2O 和"新零售"的众包模式正在改变传统服务业员工从业者的组织模式。三是服务业 O2O 和"新零售"正在改变消费者对服务产品的消费习惯，例如，提供上门家政的"阿姨帮"应用，使原来按月雇用单一家政人员的消费市场逐步转变为按小时、按工作种类随时雇用多位服务人员的模式。四是服务业 O2O 还存在服务一体化整合模式，例如，“58 到家”提供上门家政、搬家、美甲等多种服务，实现服务产品的“一站式”整合。最后，O2O 和“新零售”将推动以定制化和需求实时响应为特征的场景化消费。全渠道运营对流通渠道更深层次的影响是，推动场景化消费在一定程度上替代渠道化消费。场景化消费是借助移动互联网等技术应用，实现消费者在各种生活场景中的各类即时性需求，能够实现快速引流和成交。

第四，社群、微商、社区化众包等关系型销售网络和共享经济快速发展。互联网也在改变人类社会的组织和生存模式。以互联网社交平台为代表的线上交流互动正在改变传统的社交模式。由这种新兴社交模式衍生的部落化社群商业业态也在改变着传统流通体系。一是微商等社交平台改变了传统的营销和导购模式，形成了以熟人、圈子和关系为纽带的商业推荐、营销体系。二是微信群、QQ 群等社群电商以集体订单、分享专业产品知识的形式提升了流通渠道的定制化和专业化程度。网络社交平台上的社群通过将有共同爱好的人聚集在一起，形成有类似收入、兴趣的消费群体，容易开发社群团购和 C2B 反向定制生产，经过社群充分讨论的产品，一般具有极高的订制化程度。这种社群电商充分发挥了关系型网络的优势，有助于产品创新、迭代和升级。三是社区化众包也是利用移动互联网实现基于社区关系的交易渠道、共享经济模式和业态。

第二节　互联网与制造业业态变革

一、互联网对制造业生产方式的影响

（一）互联网促使制造业实现大规模个性化定制

在互联网时代，传统的以大规模生产为主要特征、以降低生产成本为主要目的制造业生产方式，已经越来越不适应日趋个性化、社会化的消费需求，而被大规模个性化定制生产方式所取代。大规模个性化定制生产方式是一种集制造企业、客户、供应商、员工和环境于一体，在系统思想指导下，用整体优化的观点，充分利用制造企业已有的各种资源，在标准技术、现代设计方法、信息技术和先进制造技术支持下，对接客户的个性化需求，以大批量生产的低成本、高质量和效率提供定制产品和服务的生产方式。

1. 互联网改进设计研发方式

制造企业的设计、研发环节属于微笑曲线的高端。在这些环节，通过应用互联网、大数据等信息技术将消费者对产品的特殊需求信息及时反馈传递到制造企业的研发、设计部门，甚至使消费者直接参与制造业研发、设计过程中，生产出满足消费者个性化需求的产品，并实现大规模个性化定制。

2. 互联网改造提升生产制造环节

制造环节是传统制造业生产过程的中心环节。在工业经济时代，制造业通行的生产方式是大规模制造和流水线生产，主要目的是发挥规模经济效应，降低制造业生产成本，提高制造企业利润水平。在互联网革命时代，借助于日益发展的网络信息技术，传统集中式大规模生产方式逐步发展为小规模、分散型、定制化生产模式，并进而发展为大规模定制化生产方式。规模定制化生产方式能够通过定制化生产，满足消费者日益个性化、差异化的市场需求。借助于互联网等信息技术，制造企业能够建立所有生产要素协调配置的网络平台和系统，实现对各种生产要素的集中使用和有效配置，在保证规模经济降低成本的要求下，最大限度地满足个性化市场需求。

（二）互联网促使制造业数字化、网络化、智能化发展

1. 互联网为网络化制造提供有效平台

网络化制造是指通过采用先进的网络技术、制造技术及其他相关技术，构建面向制造企业特定需求的基于网络的制造系统，并在该系统支持下，突破空间对制造企业生产经营范围和方式的约束，开展覆盖产品整个生命周期全部或部分环节的制造企业业务活动（如产品设计、制造、销售、采购、管理等），实现制造企业间的协同和各种社会资源的共享与集成，进而高速度、高质量、低成本地为市场提供所需的产品和服务。

（1）互联网建立制造企业与客户之间的互动关系。通过工业大数据等互联网平台，可以在制造企业与客户之间建立起有效的双向交流机制，进而在以下三个方面影响制造业的生产过程：一是制造企业与客户的双向交流机制帮助制造企业实现个性化制造；二是制造企业与客户的双向交流机制可以帮助制造企业提供更好的售后服务；三是制造企业与客户的双向交流机制可以帮助制造业有效预测未来的消费趋势和市场动态。

（2）互联网助推制造企业升级合作模式，实现更有效的合作。借助于工业大数

据、工业互联网平台，制造企业不仅可以实现与单个制造企业的点对点链接，而且能够通过建立整个制造行业的资源高功能共享平台，实现与平台内部所有制造企业的有效对接，从而整合、调配和共享所有参与企业的技术、资源等生产要素，增加合作的广度和深度。

（3）互联网实现制造企业内部信息互通和网络化协同。借助于互联网与网络信息技术，可以实现企业内部与企业之间的信息互联与共享利用。首先，利用制造企业内部的互联网系统，实现制造企业内部信息的相互沟通，并进行全面、系统的信息加工、整合；其次，将制造企业信息系统与客户信息系统相接，获得客户的最新需求信息；最后，根据客户的需求信息，对制造企业的供应链、价值链等进行有针对性的改造与升级，优化制造企业内部管理机制。

2. 互联网为数字化制造提供有力支撑

数字化制造分为狭义的数字化制造和广义的数字化制造两个方面。前者是指将数字化技术用于产品的制造过程，通过信息建模和信息处理来改进制造过程，提高制造效率和产品质量，降低制造成本所涉及的一系列活动的总称。后者是指将信息技术用于产品设计、制造以及管理等产品全生命周期中，以达到提高制造效率和质量、降低制造成本、实现敏捷响应市场的目的所涉及的一系列活动的总称。在互联网时代，信息物理系统、制造云平台等是推进数字制造的有效工具和平台。

（1）信息物理系统（cyber physical systems，CPS）有效促进制造业数字化发展。信息物理系统是集成计算、通信与控制于一体的新一代智能系统，它通过人机交互接口实现和物理进程的交互，使用网络化空间以远程的、可靠的、实时的、安全的、协作的方式操控一个物理实体。借助于物联网和服务器，制造企业可将生产过程中涉及的机器、存储系统、生产设施等都融入信息物理系统之中，构建起数字化物理网络系统，有效实现制造业与服务业的融合。

从生产制造全过程看，通过信息物理系统的智能机器、存储系统和生产设施的处理，实现基于信息通信技术的端到端的集成，实现相互独立的自动信息交换、过程控制，从根本上优化企业全价值链、全周期管理。基于信息物理系统的自组织网络，企业还可根据业务过程的不同方面，如质量、时间、风险、价格等进行动态配置，更有效地保持供需的平衡。

（2）通过互联网构筑云平台推进数字化制造的实现。借助于互联网技术，推进制造业云平台的建立，实现制造业数字化生产方式。第一，建立针对大型制造业企业集团研发设计能力的数字化服务平台。这类制造企业可利用互联网等信息技术，整合集团内部现有的计算资源、软件资源和数据资源，建立面向复杂产品研发设计的数字化制造服务平台，为集团内部各下属制造企业提供所需的技术能力、软件应用和数据服务，从而增强产品创新设计能力。

第二，建立区域性资源数字化共享服务平台。利用信息技术、虚拟化技术、物联网以及 RFID 等先进技术，建立面向区域层面的数字化加工资源共享与服务平台，通过网络、数据技术实现区域内加工制造资源的高效共享与优化配置，促进数字化制造的发展。

第三，建立服务于中小制造企业的数字化云平台。针对中小型制造企业信息化建设资金、人才缺乏的现状，可借助于互联网建立面向中小制造企业的数字化公共服务平台，集合相关的信息数据，提供产品设计、工艺、制造、采购和营销业务服务，提供数字化、信息化知识、产品、解决方案、应用案例等资源，为中小型制造企业发展提供新的动力。

二、互联网对制造业商业模式的变革

企业商业模式是一个企业通过提供产品或服务满足消费者需求，从而获得相应盈利的方式或系统。通过该系统形成对企业各种资源或要素（包括资金、原材料、人力资源、信息、品牌和知识产权等）的组织和配置。它具体分为运营性商业模式和策略性商业模式，前者主要解决企业与环境的互动关系，包括与产业价值链环节的互动关系；后者是对运营性商业模式的扩展和利用，涉及企业生产经营诸多方面，包括业务模式、渠道模式和组织模式等。在互联网时代，传统制造业商业模式已越来越难以适应市场环境的变化，必须进行创新，而互联网为制造业商业模式创新提供了有力的技术和平台支持。

（一）互联网平台创新传统原材料采购方式

在互联网时代，制造企业借助于互联网技术有效改变了原材料采购方式，从而解决了传统工业经济条件下原材料供需往往难以均衡的难题，并明显降低了制造企业的采购成本，从而提高了原材料采购效率。

第一，在原材料采购过程中，通过互联网有效地建立起包括交易双方、服务部门、支付机构在内的成熟信用平台，使采购过程中涉及的保险机构、金融机构、供应商和客户等主体间实现高度协同，便于原材料交易信息的流动和传播，提高交易效率。

第二，互联网为制造企业实现内部原材料系统管理提供了技术保障。制造企业利用互联网建立内部材料采购成本管理系统和相关数据管理中心，将原材料采购部门、仓库和其他有关管理部门的所有信息整合到同一系统平台内，从而显著优化企业采购流程，提高采购效率。

第三，网上采购降低了原材料采购成本。互联网平台自身具有开放性特点，具有相同需求的制造企业以及具有类似原材料的供应商，可共同组成网络市场进行交易，有利于提升原材料市场竞争程度，同时明显降低原材料成本。另外，互联网平台可为原材料供应商提供网络销售渠道，避免实体销售店造成的成本上升。当然，通过互联网进行原材料采购也存在一定的潜在风险，主要表现为：由于无法对实物进行现场检验，买卖双方存在一定的信息不对称性，可能导致原材料质量难以保证；同时，网上退货、换货会提高采购成本。为此，在使用互联网平台购买原材料时，需要制定相应制度，确保原材料采购效率的提升。

（二）互联网形成线上、线下市场营销新模式

产品销售是制造企业最关注的运营环节。在互联网经济时代，制造企业通过形成线上、线下相结合的营销模式，大大提升了产品与服务的营销效率。首先，互联网将打造制造业数字化、网络化、智能化营销新模式。目前，制造企业正在积极尝试利用互联网技术，通过互联网、大数据等先进技术，快速、有效地把握用户实际需求，进而针对客户偏好的用户体验流程改善营销手段和方式，重新打造企业销售环节，以更好地满足用户体验，确保制造产品和服务的内在价值被充分发掘，同时利用互联网技术开展无所不在的营销，迅速占领国内外产品和服务市场。其次，互联网形成制造企业线上、线下协同营销模式。借助于互联网平台，制造企业实行线上、线下协同营销、相互支持的新营销模式，大大提高了产品销售效率，同时为消费者提供了极大方便。

（三）互联网促进制造业服务化

《中国制造 2025》明确指出，“加快制造与服务的协同发展”“推动发展服务型制造”，而“互联网＋”行动计划的实施，为制造业和服务业融合、加速制造业服务化提供了重要条件。

首先，依靠互联网，制造企业可提供产品之外的多项附加服务。“互联网＋”通过连接用户和制造企业，为制造企业提供多元化服务提供了有利条件，包括从研发、设计、生产到售后的各个环节等的服务，从而形成与传统制造企业的差异化竞争优势。

其次，互联网平台使得产品交易渠道更加便捷化。在互联网等信息技术作用下，众

包、电商、网购等新的业态促进了产品交易的便捷化。借助于互联网等信息技术，制造企业可通过多元化金融服务、精准化供应链管理和便捷的电子商务等新业态提高产品、服务的交易效率和便捷程度，并增强制造企业的服务化能力。

最后，借助于互联网有效整合产品与服务。随着消费水平的提高，客户的需求已经从单一的产品需求向产品加服务的方向发展。能否为客户提供产品加服务的系统解决方案，成为影响制造企业能否赢得市场的重要因素。制造企业借助于互联网、大数据等信息技术，向客户提供多元化产品和服务消费，实现产品和服务的一体化整合，更好地满足消费者需求。

三、互联网促进全球制造业价值链融合与重构

价值链是制造企业创造价值的相互独立又相互联系的系列活动，包括从零部件供应商获取基本原材料到把最终产品交付到最终用户手中的全部活动。目前，我国制造业主要处于全球价值链的加工、制造环节，附加价值较低，在研发设计、品牌销售等“微笑曲线”的两端环节发展不足。互联网不仅提高了单个制造企业的效率，而且使得整个制造业价值链结构发生优化和重构，这对我国突破价值链低端锁定、加快向微笑曲线两端移动提供了重要契机。

（一）互联网促进了制造业价值链结构的优化

在互联网作用下，制造业价值链结构得到进一步优化。

第一，互联网将优化制造业价值链的现实结构。制造企业通过信息化平台，对价值链各部分进行重新整合优化，强调那些能够带来价值增值的部分，削减掉不必要的中间环节，实现制造企业业务的低成本、大规模的扩张。网上交易缩短了制造行业价值链的长度，节约了采购时间，加快了资金及物流的周转，促使制造企业进行有效的采购管理和成本控制，最终提高了制造企业的市场竞争能力。

第二，借助于互联网可完善制造企业的价值链发展战略。借助于互联网，制造企业价值链各环节之间可以进行信息共享，改进和强化制造企业的信息流、资金流和物资流的集成管理，根据外部环境的变化及时调整自己的竞争战略和运营模式。随着制造企业信息化的进一步深入，企业间价值链的重组将衍生出具有高度专业化及网络化的虚拟制造企业形式，虚拟制造、合作制造等成为制造企业新的发展战略。例如，宝洁公司非常重视依靠互联网实现自身研发环节的不断提升，它把高墙内的“研发”改为面向全球的“联发”，创建了“联系 + 发展”网站，将研发过程中遇到的困难或需

求贴到网站上，供人们讨论交流；同时，创立了 Your Encore 网站寻求问题的解决方案，并且充分利用外部网站“创新中心”，将公司内部员工解决不了的问题利用互联网平台进行解决。

（二）互联网促进了制造业价值链运行效率的提升

互联网通过线上交易和系统集成提升制造业价值链的运行效率。利用互联网，制造企业可以把客户订单及时提供给各生产部门和原材料零部件的供应商，使供应商降低成本、及时供货并缩减库存成本，也使制造企业与其供应商可以根据产量来协商搭配零部件和产成品的供需要求。制造企业利用在线系统检测销售量，准确地预测顾客的需求，在察觉购买者需求变动时及时调整自己和供应商的生产计划。客户订单与供应商的数据共享，以及制造企业资源计划软件和制造控制系统软件的应用使得客户订制产品的生产成本大大降低，同时也大大降低了劳动成本、缩减了生产时间。互联网信息的即时性以及数据共享和获取信息的及时性，将会进一步打破运营制度化、降低营业费用。整个支持办公的数据管理过程如订货过程等各种交易成本的管理过程将会变得更迅速、准确，并减少文件处理所需的人力投入。在线商务处理降低了交易成本，这些都将提高制造业价值链的运行效率。

（三）互联网促进了制造业价值链各环节的融合式发展

微笑曲线将一条产业链分为三个区间，即研发与设计、生产与制造、营销与品牌（见图 20－1）。生产制造属于产业链上的低利润环节，而两端的研发与设计、营销与品牌则属于高附加值、高利润环节。在当今国际分工条件下，中国制造主要处于国际

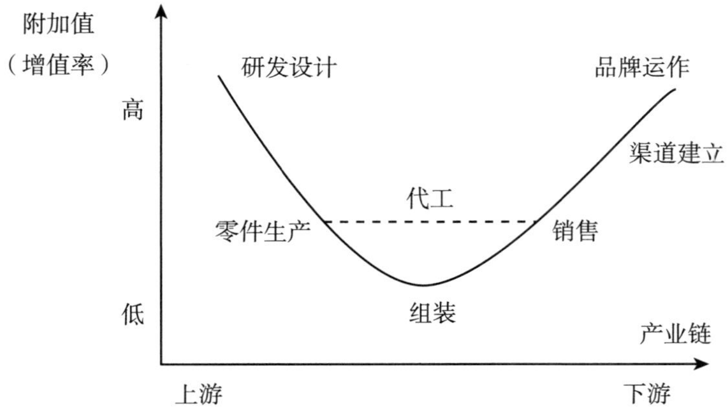

图 20－1　微笑曲线

价值链的低价值环节，也即是主要从事微笑曲线中间环节的加工制造部分。通过互联网技术，以网络协同模式开展工业生产，制造企业将不再自上而下地全面控制生产，而是将制造生产环节外包给专门从事生产的制造企业，同时投入设计与研发、销售与品牌等具有高端价值的“微笑曲线”两端环节，进而使得各个价值链环节协同推进、融合发展，保证制造业价值链融合与升级的顺利实现。借助互联网平台，制造企业、客户及利益相关方纷纷参与价值创造、价值传递及价值实现等的生产制造各环节中来，研发与设计、生产与制造、营销与品牌的相互边界越来越模糊，价值链出现融合发展的趋势。

（四）互联网为我国制造业向国际价值链高端跃升提供强大动力

1. 互联网有助于推进我国制造业价值链的提升

目前，我国制造业已基本实现工艺流程和产品的升级，应着重推动功能和链条升级。第一，借助于互联网突破上游研发与关键核心部件和技术的限制。由于互联网具有开放性和全球性，我国制造业能够更加便捷地获得国外的相关技术及实践经验，便于组织“重点突破计划”，攻克制约重点产业发展的关键基础材料、核心基础零部件和关键设备的技术，掌握产业链的上游环节。第二，借助于互联网加快提升我国工业设计能力。互联网技术中有关工业设计的技术，经过快速发展获得新的功能，将有效促进我国功能设计、结构设计、形态设计及包装设计等工业设计产业的发展，有效支持国家级工业设计中心的创建。第三，借助于互联网创造新的制造业服务形态，特别是提升销售服务的水平。充分利用互联网、物联网、云计算、大数据等新一代信息技术，为发展制造业新型服务形态，特别是提升销售服务的水平提供有力支持，由此提升我国企业在国际价值链上的附加值。

2. 互联网有助于推动我国制造业价值链结构的优化

这主要是通过助推我国部分制造业向低收入国家转移来实现的。第一，互联网将有助于创建以我国制造企业为主导的全球采购网络和经贸平台，推动部分产业“走出去”，实现国际产能合作。依靠互联网技术，国内制造企业可构建大型全球经贸平台，实现采购、生产、销售的全球化，进而与欧美等发达国家零售商建立起紧密的关系，成为欧美采购商与亚洲及其他发展中地区制造企业的中介，将部分不具有比较优势的生产加工环节外包给低收入国家的第三方生产商，从而形成“制造三角”。第二，互联网推进我国制造企业的对外直接投资和海外并购。依靠互联网构建交互式公共信息服务平台，能够及时发布海外相关行业的发展和需求信息，支持制造企业通过对外投资，直接利用和整合国外优秀的人才、科技和资源，并绕开贸易壁垒进入国际消费市场，从而开展有效的国际产能合作。在“一带一路”倡议下，借助于互联网加快我国制造企业的对外直接投资和海外并购，前景十分巨大。第三，可借助于互联网平台和大数据技术等，支持我国制造企业海外并购获取境外先进技术、研发能力、品牌和国际销售渠道，提高我国在全球分工中的地位。

四、互联网对制造业管理方式的影响

（一）互联网更新传统制造企业管理理念

在传统的制造企业经营管理理念中，制造企业管理者往往是以厂商作为中心，追求标准化、大规划生产，以此降低生产成本，获得竞争优势。在互联网时代，制造企业生存和发展的权利已经由制造企业转向用户，用户的需求成为制造企业生产、制造的导向。由于用户需求呈现出明显的碎片化、个性化、体验化的特点，这也要求制造企业要打破传统的管理理念，对市场、客户、产品、价值链，乃至整个管理模式进行重新审视和思考，进行管理理念的创新。拥有新管理理念的制造企业领导者，能够融合开放、协同、共赢的思想，帮助制造企业由生产型向服务型转变，由传统的厂商为中心的管理方式，转变为以消费者为中心、以个性化销售、柔性化生产和精准化服务为重点，是制造企业与员工、产业链上下游、合作者及竞争者等各个参与主体，共同形成利益有机整体，实现管理理念的转型。

（二）互联网完善制造企业信息化管理系统

1. 互联网完善制造企业内部信息化管理系统

互联网技术的应用，使得制造企业内部管理的电子化、信息化水平提高，建立制造企业内部信息化管理机制，推进制造企业经营管理变革与升级。通过制造企业内部的互联网平台，制造企业能建立高效的内部信息管理系统，信息共享更加便捷、广阔、多元，在确保及时、全面送达信息的同时，提高了管理效率和协调程度。互联网制造企业可以构建网络化协同制造公共服务平台，面向细分行业提供云制造服务，促进创新资源、生产能力、市场需求的集聚与对接，提升服务中、小、微制造企业能力，加快全社会多元化制造资源的有效协同，提高产业链资源整合能力。

2. 互联网促进制造企业移动化管理体系的建立

传统的上传下达的管理方式不够高效，往往导致意见反馈滞后、工期延误等问题。在互联网技术及设备的支持下，部分制造企业更新了移动办公设备，利用互联网开展审批业务，使得管理简单高效。“云之家”等应用软件已经在部分制造企业得到应用，移动化管理体系正在逐步被建立起来，从传统的制造企业一体化管理转型升级到互联网下的制造企业一体化管理，工作效率得到显著提升。

3. 互联网形成制造企业扁平化管理组织

传统的组织架构，是金字塔式的，信息需要层层传递才能传递到一线员工，沟通的效率低下。但是，在“互联网+”的时代背景下，制造企业需要对市场的需求做出第一时间的反应，从而赢得顾客。此时，如果仍然采用金字塔式的结构，是无法对市场信息做出迅速的反应。因此，制造企业必须对组织架构进行创新，减少管理层次，把结构变得更加扁平化。扁平化组织架构，可以消除层级，加快决策，促进员工和管理层直接沟通，有利于提高员工的工作积极性，刺激员工创新。这种结构很适合于“互联网+”的时代背景，有利于制造企业的长期发展。

（三）互联网提高制造企业的人力资源管理水平

1. 互联网促进制造企业生产管理向人本管理转变

现代制造企业管理理论包括准时制生产理论、精益生产理论等，但这些理论多数是从生产管理的角度考虑管理的，并以降低生产成本、提高企业收益为目标。但在互联网时代，知识、信息、技术等无形资产成为制造企业生产的决定性资源要素。与此同时，日趋个性化、特色化的消费需求，对制造业生产经营和管理提出新的要求，特别是对人本管理理论更加重视。互联网为人本管理提供了强有力的技术支持和平台支撑。一方面，通过先进的互联网技术，制造业生产方式更加灵活，生产地点不受约束，工作时间弹性明显加大，时间、空间限制大大降低；另一方面，员工劳动强度显著降低，有更多的时间和精力用于产品设计、研发等更能体现创新性、自主性的环节。在这种新的企业与员工关系中，制造企业生产管理必然要向人本管理转变。

2. 互联网促进企业员工行为与企业目标相一致

企业借助于互联网工具，有利于培育员工的参与意识和责任感，使各部门员工充分了解企业的总体目标和相关信息，通过网络平台充分听取员工的意见与建议，从而增强员工的参与感、归属感和责任感，增强员工对企业的凝聚力，使企业员工行为取向与企业目标相一致，最大限度地激发员工的积极性和创造性。

第三节　互联网革命与农业业态变革

一、互联网对我国农业生产方式的影响

（一）互联网形成智能农业生产方式

智能农业要求实现农业生产全过程的信息感知、智能决策、自动控制和精准管理，使农业生产要素的配置更加合理化、农业从业者的生产活动更有针对性、农业生产经营管理更加科学化。现代管理知识与农业物联网技术相结合，为农户实现精细化种植、信息化管理、自动化控制和数字化决策提供强有力的技术支持。同时，随着互联网向物联网的发展演进，物联网技术下精准农业将得到越来越快的发展，农业生产过程的控制将更加精准，从而促进我国经验式农业生产转向精准式农业生产。一是在农业机械作业方面，将 GPS、GIS 等现代信息技术装备农场大型农业机械，实现农业机械自动驾驶、施肥、喷药和播种等。二是在田间管理方面，把遥感、视频等先进技术应用于田间作物生长监测和农业管理系统，实现农作物生长动态监测和人工远程精准田间管理。在病虫害及自然灾害防治方面，依托地面自动气象观测站、数字化天气雷达、病虫害数据录入系统及病虫害数据管理测报专家系统，实现病虫害及自然灾害监测与预防的智能化。另外，种植前借助于互联网、电商平台、专家库等选择适宜的种子、化肥等农资产品，可提高使用农资产品的质量。三是在智能化农业生产管理平台方面，互联网带来的农业智能化浪潮，是以计算机为中心，对当前信息技术的综合集成，集感知、传输、控制、作业为一体，依靠互联网、移动互联网和物联网等信息技术对传统农业机械进行改造升级，进而搭建信息化智慧农业管理平台。通过大量传感器节点构成监控网络，通过各种传感器采集信息，帮助农民及时发现问题、准确判断问题成因，并有效解决问题。农业将逐渐地从以人力为中心、依赖于孤立机械的生产模式，转向以信息和软件为中心、大量使用各种自动化、智能化、远程控制机械设备的生产模式，从而极大地提高农业生产效率。

（二）互联网提升农业生产的标准化水平

农业标准体系以农业技术标准为主，同时包括农业管理标准和农业工作标准。运用

互联网等信息手段宣传引导，可提高国内农业标准化意识；借助于互联网聚合的力量，完善农业标准制定和修改工作；通过互联网改善标准监管方式，有效保证农业标准的推行与示范。第一，可利用互联网建立农业标准信息库。利用互联网、大数据、云计算等信息技术，建立农业标准信息库，在农业全景领域，实时提供农业标准动态数据。第二，利用互联网建立农业标准使用规程。借助互联网，可有效组织制定农产品生产、病虫害防治、检验检疫、农产品加工、农村资源环境保护以及种植养殖等农业各类技术和管理的标准使用规程。第三，发展精准化、标准生产方式。在农业基础相对较好的地区，可普及基于环境感知、实时监测、自动控制的网络化农业环境监测系统。在大宗农产品规模生产区域，可构建天地一体的农业物联网测控体系，实施智能节水灌溉、测土配方施肥、农机定位耕种等精准化作业等。

（三）互联网创新高效设施农业生产模式

高效设施农业是利用人工设施创造出的一种最适合农作物生长需要的条件，或人工模拟农作物生长的自然环境以实现人工控制条件下的作物生产，从而更好地满足人们对高效农产品的需求。高效设施农业是进行集约化种植业生产和养殖业生产的农业生产方式，有利于实现农业高产、高效和优质生产。互联网有利于创新高效设施农业生产模式，表现为通过互联网实现对设施农业温室环境的有效控制、对设施农业生产的有效管理和对设施农业经营过程的有效调控等。

（四）互联网完善农副产品质量安全追溯体系

安全问题已成为我国农副产品生产经营的最大难题，也是举国关注的焦点问题。借助于互联网技术，农民可对生产过程中的花费、农药等的使用加以控制，使所生产的农产品摆脱超标化肥、农药的困扰，从而提供更多质量合格、绿色环保的无公害农副产品。从产业链角度看，借助于现有互联网资源，可构建农副产品质量安全追溯公共服务平台，推进农副产品制度标准建设，建立科学的产地准出与市场准入衔接机制。依靠移动互联网、物联网、二维码、无线射频识别等信息技术在生产加工和流通销售各环节的推广应用，消费者可准确了解所购买农副产品的追溯信息，包括耕种地点、采摘时间、采摘人、包装日期等。政府监管部门也据此建立上下游追溯体系，实现农副产品“从农田到餐桌”全过程的可追溯，从而有效保障“舌尖上的安全”。

二、互联网创新现代农业销售模式

（一）借助互联网构建农产品电子交易平台及物流交易体系

1. 互联网促进农产品电子交易平台的建立

随着智能移动终端的发展，农业电商发展所需的外在基础条件日趋完善，农业电商平台的兴起有效克服了长期困扰农产品市场的信息不对称问题，削减了产品到达用户的中间渠道环节，降低了购销双方大量交易成本。通过互联网有效整合农业生产者、经营者和消费者，搭建农产品交易电子商务平台，为众多农业企业提供优质的网络交易服务，并将农业生产者和经营者紧密联系起来，可有效保障农产品供销渠道的畅通，降低交易成本，增加农民收入。另外，通过互联网采购和营销，可跨越农业地域界限，打破信息不对称和区域地理界限所造成的交易壁垒，提高交易效率。

2. 互联网构建农村互联网物流交易体系

互联网信息传递方式具有扁平化、透明化等特点，这在很大程度上克服了传统农业发展方式下由于产销产业链较长而造成的信息不对称等缺陷，从而有效推进农产品流通方式创新。在互联网作用下，农产品互联网物流交易出现两种主要方式：一是基于互联网技术和物流配送系统的大型农产品交易集散中心的建立，这种集散中心将集储运、批发、交易、拍卖等多种功能于一身，依托互联网数据，实现实时行情交易。二是以大宗交易为主的批发销售电商交易平台，以阿里巴巴为代表，农产品的大宗消费特征催生了以大宗农产品交易为主要特征的电子交易平台。根据大宗农产品及其交易特征，在线上提供信息服务，达成交易契约，线下完成农产品代加工、物流配送与交割、结算及所需的垂直服务。

（二）互联网实现对农产品市场的有效预测与开发

1. 借助于互联网，可有效控制农产品市场风险

一般情况下，农业由于种养殖期较长，市场预测偏差较大，作为农业经营主体的农民及农业企业，很难对未来的市场经营行情做出准确判断。在互联网时代，基于大数据支持的市场分析，将大大提高农产品市场预判的准确性，从而降低农牧企业的经营风险，降低农业生产型企业的原料成本。以生猪养殖为例，通过大数据技术，不但可以将猪的生长情况实施全程监控，还可有效了解猪的出栏时间、对接商超、预期收益等信息。养殖企业和屠宰企业能够有效了解市场行情，实现市场信息的透明和有效沟通。另外，通过大数据和云计算对养殖周期进行预测。利用云计算、大数据对相关情况的庞大数据进行研究、分析、判断，建立信息系统，对行情的走向进行有效预估和预警，可有效降低养殖周期对企业和农民的影响。

2. 借助于互联网，可有效掌控农产品消费变化趋向

通过对农产品大数据的精准分析，能够有效把握消费者的现实需求和潜在需求，从而针对需求信息安排农产品生产，提供相应的市场供给。互联网还使农产品企业与客户之间实现适时、实时对接与沟通。目前，国内不少农业企业的微信、微博平台已获得了良好的粉丝基础，基于粉丝团进行针对性的产品调研，发挥粉丝的力量参与最新农产品的开发、设计，从而使最新农产品生产具有了更广泛的市场基础，也更好地对农产品消费变化趋向加以掌控。

（三）互联网有助于打造知名农业品牌

1. 互联网平台为快速塑造农产品品牌创造了有利条件

由于几乎每种农产品都有独特的地理条件，因此，农产品具有一定的地方特色，打造农产品品牌，走品牌化发展之路就成为农产品摆脱地理区域限制的必由之路。在互联网时代，各种新媒体是农产品品牌营销的最佳工具。依据农产品的地理条件、人文背景、城市文化、产品知识、历史典故等，打造各具特色的农产品品牌，同时借助于社会化新的网络媒体平台，可迅速扩大农产品品牌的影响力。

2. 互联网平台有利于快速做大做强品牌农业经营主体

依靠互联网平台，围绕畜牧、蔬菜、林果等主导农业产业，可有效培育、扶持有较强开发加工能力和市场拓展能力的农业品牌经营主体。通过基地建设、网络订单、股份合作等途径，鼓励企业、合作社与农户之间建立更加稳定的产销合同和服务契约关系，形成以品牌为根本，以网络平台为载体，将分散的千家万户联合成一个利益共同体，实现小生产与大市场的有效对接，从而做大做强品牌农业经营主体。

（四）互联网创新龙头企业产业化经营模式

农业产业化龙头企业是指以农产品加工或流通为主，通过各种利益联结机制与农户相联系，带动农户进入市场，使农产品生产、加工、销售等各个环节有机结合、相互促进，在规模和经营指标上达到规定标准并经政府有关部门认定的企业。依靠互联网，可以有效地推进农业龙头企业产业化经营模式。

一是在生产环节结合方面，龙头企业依托互联网手段，通过便捷的网络通信渠道将市场供求变化和先进的农业科技技术传输到田间地头，辅助农民进行科学的生产决策，并积极引导小农经营向规模化、集约化方向发展。

二是在加工环节结合方面，龙头企业应用信息技术实现对原料采购、订单处理、产品加工、仓储运输、质量管控的一体化管理，实现企业内部生产加工流通各环节上信息的顺畅交流和资源的合理配置，促进企业管理科学化和高效化。

三是在销售环节结合方面，利用射频技术和传感技术，实现农产品流通信息的快速传递，减少物流损耗，提高流通效率；引入商业智能和数据仓库技术，龙头企业可以更加深入地开展数据分析，提供有效的市场决策，积极应对市场风险；通过打造电子商务和网络化营销模式，实现农产品销售不再受限于地域和时间的制约，促进农业生产要素的合理流动，构建高效低耗的流通产业链。

四是在消费环节结合方面，利用物联网技术建立农产品安全追溯系统，对消费的农产品的来源、经过的环节、增值的过程都通过产品标识或者信息编码的方式传递给最终消费者，让原本游离于产业运行体系之外的消费者能够了解到农产品的相关质量信息，促进放心消费。

三、互联网优化农业经营管理与服务体系

（一）互联网优化农业管理体系

1. 互联网提升农业生产经营管理水平

现代农业要求以智能化工业设备装备农业，以先进科学技术改造农业，以产业链、价值链、供应链等现代管理方式经营农业。借助互联网，可有效建立包括农资经营单位管理、农产品生产基地管理、农业投入品管理等在内的现代经营管理系统。例如，在农场管理中；借助互联网，可建立农场总部与下属分场的管理网络和农场的企业资源计划系统，通过互联网实现农场总部和下属分场之间的采购、管理、财务和生产计划管理等信息的共享和业务协同。面向农业企业、农业合作社、农民个体户等经营主体，互联网可提供全面的操作平台与应用接口，通过整合各类农业信息资源，实现农业数据的数字化传输、储存与处理，搭建精准、及时、全程顾问式的经营管理平台，从而显著提升农业生产经营管理水平。

2. 通过社群化运营构建新型农业生态圈

资金、劳动力、土地、技术是农业生产经营的四大基本要素。互联网将散落在各地的分散需求聚拢在一个平台上，形成新的共同需求，这对农业用户来讲，实际上是形成了一种新的社交关系。通过加入农业经营主体、农资厂商、农技推广人员等其他参与要素，搭建起自己的交流平台和社交圈。将网上高质量农技、资金等服务，通过互联网建立的农业社交平台，嫁接到农业的网络服务中，以服务于农业经营主体的生产经营活动。同时，通过互联网农业社交平台，打通农业上下游及相关服务，并将这种服务嫁接到合作社、种植大户等主体层面，将传统农耕下分散、独立的农民交流方式，转变为整体、系统的平台交流，从而大大扩大了农业管理幅度，提升了农业管理效率。

3. 互联网形成农业合作社新型服务和管理模式

农业合作社已成为我国目前重要的农业经营主体，在农业发展中发挥重要作用。农业合作社以专业大户和技术能手为骨干，由从事某种专业生产经营的农民为主体，对内以提供服务为主，对外则实行商业化经营，讲求经济效益，以减少市场风险和增加农户收益为根本目的。在互联网时代，借助互联网与大数据等信息平台，可形成农业合作社的新型服务和管理模式。一是用现代化网络通信、计算机及空间信息技术建设合作社办公系统，实现合作社办公、成员管理及农业经营等的信息化，从而提高农业合作社的管理水平；二是通过建设网上农业专家系统，为合作社成员产前、产中、产后提供及时、科学的指导；三是通过建设合作社网站和电子商务平台，通过网站发布农产品价格信息，提供在线销售，可大大提升合作社农产品销售效率。

（二）互联网创新农业技术与机械服务体系

1. 互联网改善农业技术服务体系

借助互联网，可通过以下三个途径建设更加有效的农业技术服务体系。第一，依靠互联网建立农技知识库。运用云计算、数据挖掘等技术，收集处理作物苗情、土情、肥情、病虫害、气象、生态、畜牧、水产养殖及各种灾害等方面的大量数据，并通过互联网收集农业专家、生产者和其他人员的智慧和经验，收集整理农业生产规律和相关知识，共同形成农技知识库，为广大农民提供全面的农技知识。第二，建立农技专家库。基于网络技术开发建设农业专业领域的科技专家库，收录农技专家信息，农民通过专家库查寻相关专家，并为其答疑解惑，指导农业生产。第三，建立互联网农技专家诊断系统。运用互联网及多媒体技术，通过农技专家在线跨区域向农业生产管理提供咨询服务，对农业病害实时诊断，指导科学生产。

2. 互联网创新农业机械服务体系

在互联网作用下，农业机械智能化水平将得到进一步提高。与此同时，借助于互联网、物联网等信息技术的应用，还将大大提升农业机械服务水平。第一，加强农机监管。依靠互联网建立农机信息系统，完善农机信息上报制度，加强农机管理部门和农机用户、生产者的联系，发布最新的农机科技信息和农机发展动态，管理和规范农机市场。第二，提供农机远程服务。运用互联网通信技术、定位技术，实现农机作业定位、远程调度、农机信息服务、农机安全管理、农机呼叫中心和专家咨询等多项功能。第三，提供种植、养殖等的机械化服务。通过互联网和物联网，可有效开展农机跨区域作业，提升农机使用效率。

（三）互联网改善农业普惠制金融服务体系

1. 互联网提升农业小额信贷服务

随着城镇化的推进以及农村互联网的普及，小额信贷服务将产生巨大的市场需求。把互联网金融引入农村地区解决农村地区资金需求的“贷帮网”，以及把电商、互联网金融直接用于农业项目开发的“耕地宝”等，帮助农业创业者及时找到所需资金，并帮助投资者实现财富增值。随着智能手机在农村的普及、5G 网络商用在农村的推进以及网络资费的下调等因素的作用，农村金融特别是农村小额信贷将得到进一步快速发展。

2. 互联网推进农业保险服务向广度和深度发展

随着农民生产经营的规模化和资金投入的扩大，农民的风险意识不断增强，农业保险就成为农业发展所必需的金融产品。目前，种植业险种主要是小麦、玉米、棉花等农作物。随着互联网技术与农业全产业链的深度融合，运用互联网的信息采集能力以及大数据分析能力，农业保险赔付率高的问题可得到有效解决。

3. 互联网促进农业众筹快速发展

2015 年 8 月，国务院印发《关于促进融资担保行业加快发展的意见》，明确指出要通过新型融资担保促进“三农”发展，而农业众筹是重要的方面。目前，依靠互联网推进农业众筹已在我国多个地区展开。农业参与众筹的最大好处在于，可以获得从创意到市场开拓全过程的配套服务，将众筹业务链条延伸至农业领域，将为接下来的农业众筹起到示范作用，推动农业众筹业务模式的革新。随着众筹模式应用的日益成熟，众筹与农业的合作方式必将更加多样化，从而使众筹双方实现互利双赢。

AI在农业的应用：研制农业智能传感与控制系统、智能化农业装备、农机田间作业自主系统等；建立完善天空地一体化的智能农业信息遥感监测网络；建立典型农业大数据智能决策分析系统，开展智能农场、智能化植物工厂、智能牧场、智能渔场、智能果园、农产品加工智能车间、农产品绿色智能供应链等集成应用示范。

参考文献

［1］［美］B. 约瑟夫·派恩：《大规模定制——企业竞争的新前沿》，操云甫译，中国人民大学出版社2000年版。

［2］T. H. Farrer. The State in Its Relation to Trade. London：Macmilian，1902. 转引自：王俊豪：《政府管制经济学导论——基本理论及其在政府管制实践中的应用》，商务印书馆2011年版。

［3］［英］阿格拉：《欧洲共同体经济学》，戴炳然译，上海译文出版社1985年版。

［4］阿林·杨格、贾根良：《报酬递增与经济进步》，载于《经济社会体制比较》1996年第2期。

［5］［美］安纳利·萨克森宁：《地区优势：硅谷和128公路地区的文化与竞争》，曹蓬、杨宇光译，上海远东出版社1999年版。

［6］安筱鹏：《重构：数字化转型的逻辑》，电子工业出版社2019年版。

［7］［美］奥利弗·E. 威廉姆森：《反托拉斯经济学：兼并、协约与策略性行为》，张群群译，经济科学出版社1999年版。

［8］白雪洁：《产业成长阶段的产业组织政策有效性分析——以日本代表性产业组织政策为例》，载于《社会科学辑刊》2008年第4期。

［9］白雪洁：《简析企业分工的新趋势》，载于《天津社会科学》2005年第4期。

［10］［美］保罗·克鲁格曼：《克鲁格曼国际贸易新理论》，黄胜强译，中国社会科学出版社2001年版。

［11］［美］保罗·萨缪尔森、威廉·诺德豪斯：《微观经济学》，萧琛等译，华夏出版社1999年版，第28页。

［12］［美］波拉特：《信息经济论》，李必祥译，湖南人民出版社1987年版。

［13］［美］波特：《国家竞争优势》，李明轩、邱如美译，中信出版社2012年版。

[14] 布坎南：《自由，市场与国家》，吴良健等译，北京经济学院出版社 1989 年版。

[15] 常欣：《规模型竞争论》，社会科学文献出版社 2003 年版。

[16] 陈保启、杨丽：《产业经济学》，经济科学出版社 2011 年版。

[17] 陈富良：《放松规制与强化规制》，上海三联书店 2001 年版。

[18] 陈瑾玫：《中国产业政策效应研究》，北京师范大学出版社 2011 年版。

[19] 陈锡康、杨翠红等：《投入产出技术》，科学出版社 2011 年版。

[20] 程子林等：《中国 2012 年投入产出表》，中国统计出版社 2015 年版。

[21] 池田信夫：《宽带战略：胜负的转折点》，日本经济新闻社 2001 年版。

[22] 仇保兴：《中小企业集群研究》，复旦大学出版社 1999 年版。

[23] 代永华：《中国产业结构政策：绩效分析与方向选择》，载于《东南学术》2002 年第 4 期。

[24] [美] 戴维·M. 纽伯里：《网络型产业的重组与规制》，何玉梅译，人民邮电出版社 2002 年版。

[25] [美] 丹尼尔·F. 史普博：《管制与市场》，余晖等译，上海三联书店 1999 年版。

[26] [美] 丹尼斯·W. 卡尔顿、杰弗里·M. 佩洛夫：《现代产业组织》，胡汉辉等译，中国人民大学出版社 2009 年版。

[27] 杜传忠：《寡头垄断市场结构与经济效率——兼论中国市场结构调整》，经济科学出版社 2003 年版。

[28] 杜传忠：《激励规制理论研究综述》，载于《经济学动态》2003 年第 2 期。

[29] [英] 多纳德·海、德理克·莫瑞斯：《产业经济与组织》，钟鸿钧译，经济科学出版社 2001 年版。

[30] 方大春、成祖松：《区域创新驱动与产业转型升级的战略与路径——2017 年中国区域经济学会年会综述》，载于《区域经济评论》2018 年第 1 期。

[31] 富克斯：《服务经济学》，商务印书馆 1987 年版。

[32] 干春晖：《企业策略性行为研究》，经济管理出版社 2005 年版。

[33] 高峰：《发达资本主义经济中的垄断与竞争》，南开大学出版社 1996 年版。

［34］ 苟昂、廖飞：《基于组织模块化的价值网研究》，载于《中国工业经济》2005 年第 2 期。

［35］ 顾朝林、赵令勋：《中国高新技术产业与园区》，中信出版社 1998 年版。

［36］ 顾昕：《挑选赢家还是提供服务？——产业政策的施政基础与制度选择》，载于《经济社会体制比较》2014 年第 1 期。

［37］ 顾昕：《政府主导型发展模式的调适与转型》，载于《东岳论丛》2014 年第 34 期。

［38］ 国领二郎：《开放式网络经营》，日本经济新闻社 1995 年版。

［39］ 韩小威：《经济全球化背景下中国产业政策有效性问题研究》，吉林大学，2006 年。

［40］ 赫希曼：《经济发展战略》，经济科学出版社 1991 年版，第 67 页。

［41］ 胡查平、汪涛：《制造企业服务化：服务提供真的能够改善企业绩效?》，载于《经济管理》2013 年第 10 期。

［42］ 胡晓鹏：《从分工到模块化：经济系统演进的思考》，载于《中国工业经济》2004 年第 9 期。

［43］ 黄宾、于淑娟：《产业集群理论研究新发展及其实践启示》，载于《技术经济与管理研究》2017 年第 10 期。

［44］ 黄程、符正平：《珠江三角洲地区企业集群的分类及其特征》，载于《管理评论》2003 年第 6 期。

［45］ 黄纯纯：《网络产业组织理论的历史、发展和局限》，载于《经济研究》2011 年第 4 期。

［46］ 黄汉权：《推动产业政策向普惠化与功能性转变》，载于《中国经济时报》，2019 年 1 月 23 日。

［47］ 黄汉权等：《新时期中国产业政策转型理论与实践》，中国社会科学出版社 2017 年版。

［48］ 黄群慧：《“新常态”、工业化后期与工业增长新动力》，载于《中国工业经济》2014 年第 10 期。

［49］ 黄少安：《〈新结构经济学〉测评》，载于《经济学（季刊）》2013 年第 3 期。

［50］ 纪雪洪、陈荣秋、唐中君：《PC 行业的模块化与整合研究》，载于《中国

工业经济》2004年第10期。

[51] 贾根良：《第三次工业革命与工业智能化》，载于《中国社会科学》2016年第6期。

[52] 江飞涛、李晓萍：《当前中国产业政策转型的基本逻辑》，载于《南京大学学报》2015年第3期。

[53] 江小涓：《中国推行产业政策中的公共选择问题》，载于《经济研究》1993年第6期。

[54] 姜长云：《推进农村一二三产业融合发展新题应有新解法》，载于《中国发展观察》2015年第2期。

[55] 姜奇平：《新商业模型》，中国友谊出版公司2000年版。

[56] 姜洋：《加快实施普惠性、竞争性产业政策》，载于《宏观经济管理》2015年第3期。

[57] 焦志伦、刘秉镰：《品类差异下的消费者购物价值与零售业转型升级路径——兼议"新零售"的实践形式》，载于《商业经济与管理》2019年第7期。

[58] [美] 杰里米·里夫金：《零边际成本社会：一个物联网、合作共赢的新经济时代》，赛迪研究院专家组译，中信出版集团2019年版。

[59] 金碚：《产业组织经济学》，经济管理出版社1999年版，第150页。

[60] 金戈：《产业结构变迁与产业政策选择》，载于《经济地理》2010年第9期。

[61] 金祥荣、朱希伟：《专业化产业区的起源与演化——一个历史与理论视角的考察》，载于《经济研究》2002年第8期。

[62] 金元欢：《网络经济导论》，浙江大学出版社2002年版。

[63] 经济合作与发展组织：《以知识为基础的经济》，杨宏进、薛澜译，机械工业出版社1997年版。

[64] [英] 卡布尔：《产业经济学前沿问题》，于立等译，中国税务出版社、北京图腾电子出版社2000年版。

[65] [美] 卡尔·夏皮罗、哈尔·瓦里安：《信息规则：网络经济的策略指导》，中国人民大学出版社2000年版。

[66] [德] 克劳斯·施瓦布：《第四次工业革命》，李菁译，中信出版集团2016年版。

［67］［美］库兹涅茨：《各国的经济增长》，常勋等译，商务印书馆1985年版。

［68］雷如桥、陈继祥、刘芹：《基于模块化的组织模式及其效率比较研究》，载于《中国工业经济》2004年第10期。

［69］李春田：《现代标准化前沿：模块化研究》，中国标准出版社2008年版。

［70］李海峰、李江华：《日本在循环社会和生态城市建设上的实践》，载于《自然资源学报》2003年第2期。

［71］李健：《论产业结构软化》，载于《北京理工大学学报》1999年第4期。

［72］李杰：《工业大数据》，机械工业出版社2015年版。

［73］李孟刚、蒋志敏：《产业经济学》，高等教育出版社2008年版，第136页。

［74］李明志、柯旭清：《产业组织理论》，清华大学出版社2004年版。

［75］李明志、柯旭清、罗金峰：《产业组织理论》，清华大学出版社2014年版。

［76］李小建：《新产业区与经济活动全球化的地理研究》，载于《地理科学进展》1997年第3期。

［77］李小静：《农村“三产融合”发展的内生条件及实现路径探析》，载于《改革与战略》2016年第4期。

［78］李郁芳：《体制转轨时期的政府微观规制行为》，经济科学出版社2003年版。

［79］联合国工业发展组织：《世界各国工业化概况和趋向》，中国对外翻译出版公司1980年版，第90页。

［80］［美］林恩·佩波尔、丹·理查兹、乔治·诺曼：《产业组织：现代理论与实践》，郑江淮等译，中国人民大学出版社2014年版。

［81］林民书、林枫：《经济全球化条件下中国的竞争政策与产业政策的选择》，载于《东南学术》2002年第4期。

［82］林毅夫：《〈新结构经济学〉评论回应》，载于《经济学（季刊）》2013年第3期。

［83］林毅夫：《繁荣的求索：发展中经济如何崛起》，北京大学出版社2012年版。

［84］林毅夫：《新结构经济学：反思经济发展与政策的理论框架》，北京大学出版社2012年版。

［85］林毅夫等：《产业政策总结、反思与展望》，北京大学出版社2018年版。

[86] 刘斌、魏倩、吕越等：《制造业服务化与价值链升级》，载于《经济研究》2016年第3期。

[87] 刘继国、李江帆：《国外制造业服务化问题研究综述》，载于《经济学家》2007年第3期。

[88] 刘建国：《商业模式创新、先动市场导向与制造业服务化转型研究》，载于《科技进步与对策》2016年第15期。

[89] 刘戒骄：《垄断产业改革——基于网络视角的分析》，经济管理出版社2005年版。

[90] 刘宁宁：《日本产业政策及其在日本现代化中的作用》，载于《辽宁大学学报》（哲学社会科学版）2001年第3期。

[91] 刘善庆、陈文华等：《产业集群分类综述》，载于《企业经济》2005年第5期。

[92] 刘守英、杨继东：《中国产业升级的演进与政策选择——基于产品空间的视角》，载于《管理世界》2019年第6期。

[93] 刘维林：《区域产业全球价值链嵌入的绩效与升级路径研究》，经济科学出版社2014年版，第7页。

[94] 刘卫东、陈杰等：《中国2007年30省区市区域间投入产出表编制理论与实践》，中国统计出版社2012年版。

[95] [美] 刘易斯·卡布罗：《产业组织导论》，胡汉辉等译，人民邮电出版社2002年版。

[96] 刘友金、黄鲁成：《产业群集的区域创新优势与我国高新区的发展》，载于《中国工业经济》2001年第2期。

[97] 刘友金、吕政：《梯度陷阱、升级阻滞与承接产业转移模式创新》，载于《经济学动态》2012年第11期。

[98] 刘振友：《互联网+：助推传统行业弯道超车》，中国财政经济出版社2015年版。

[99] 刘志彪等：《现代产业经济分析》，南京大学出版社2001年版。

[100] 刘遵义等：《非竞争型投入占用产出模型及其应用——中美贸易顺差透视》，载于《中国社会科学》2007年第5期。

[101] 陆大道：《区域发展及其空间结构》，科学出版社1995年版。

［102］ 陆国庆：《衰退产业论》，南京大学出版社 2002 年版。

［103］ 路风、慕玲：《本土创新，能力发展和竞争优势中国激光视盘播放机工业的发展及其对政府作用的政策含义》，载于《管理世界》2003 年第 12 期。

［104］［美］罗伯特·E. 利坦、艾丽斯·M. 瑞夫林：《互联网革命推动经济增长的强劲引擎》，聂庆、周传刚译，中国人民大学出版社 2001 年版。

［105］［土耳其］罗德里克：《相同的经济学，不同的政策处方：全球化、制度建设和经济增长》，张军扩、侯永志等译，中信出版社 2009 年版。

［106］［美］罗纳德·哈里·科斯：《论生产的制度结构》，盛洪、陈郁译，上海三联书店、上海人民出版社 1994 年版。

［107］［美］马丁·奇达夫、蔡文彬：《社会网络与组织》，王凤彬等译，中国人民大学出版社 2007 年版。

［108］ 马健：《产业融合理论研究述评》，载于《经济学动态》2002 年第 5 期。

［109］ 马涛：《中间产品贸易和直接投资、生产分割的关系——基于中国工业部门的研究》，载于《国际贸易问题》2010 年第 1 期。

［110］ 马晓河：《推进农村一二三产业深度融合发展》，载于《中国合作经济》2015 年第 2 期。

［111］ 马歇尔：《经济学原理》（上卷），商务印书馆 1997 年版。

［112］［美］迈克尔·波特：《竞争论》，中信出版社 2003 年版。

［113］［美］迈克尔·波特：《竞争优势》，陈小悦译，华夏出版社 2005 年版。

［114］［德］曼弗里德·诺伊曼：《竞争政策——历史、理论及实践》，谷爱俊译，北京大学出版社 2003 年版。

［115］ 潘素昆、张玉梅：《日本重点产业政策评析》，载于《山西财经大学学报》2005 年第 6 期。

［116］ 齐羽：《组织模块化影响组织动态能力机制研究》，浙江大学 2013 年版。

［117］［美］钱纳里等：《工业化和经济增长的比较研究》，吴奇、王松宝等译，格致出版社、上海三联书店、上海人民出版社 2015 年版。

［118］［美］钱纳里等：《工业化和经济增长的比较研究》，吴奇、王松宝等译，上海三联书店、上海人民出版社 1995 年版。

［119］［美］乔治·J. 施蒂格勒：《价格理论》，李青原等译，商务印书馆 1992 年版。

[120] 秦夏明、董沛武、李汉铃:《产业集群形态演化阶段探讨》,载于《中国软科学》2004 年第 12 期。

[121] [日] 青木昌彦:《比较制度分析》,上海远东出版社 2001 年版。

[122] [日] 青木昌彦、伊藤晴彦:《模块时代——新产业结构的本质》,周荣国译,上海远东出版社 2003 年版。

[123] [法] 让·梯若尔:《产业组织理论》,张维迎译,中国人民大学出版社 2015 年版。

[124] 芮明杰:《产业经济学》,上海财经大学出版社 2016 年版,第 251 页。

[125] 盛晓白等:《网络经济学》,电子工业出版社 2017 年版。

[126] [美] 施蒂格勒:《产业组织与政府管制》,潘振民译,上海三联书店 1989 年版。

[127] 施振荣:《再造宏基》,上海远东出版社 1998 年版,第 239 页。

[128] 石磊、寇宗来:《产业经济学》,上海三联书店 2003 年版。

[129] [美] 斯蒂芬·马丁:《高级产业经济学》(第 2 版),史东辉译,上海财经大学出版社 2003 年版。

[130] [英] 斯密:《国富论》,唐日送等译,华夏出版社 2005 年版。

[131] 苏东水:《产业经济学》,高等教育出版社 2000 年版。

[132] 苏东水:《产业经济学》,高等教育出版社 2015 年版。

[133] 孙林岩、李刚、江志斌、郑力、何哲:《21 世纪的先进制造模式——服务型制造》,载于《中国机械工程》2007 年第 19 期。

[134] [法] 泰勒尔:《产业组织理论》,马捷译,中国人民大学出版社 1997 年版。

[135] [加] 唐·泰普斯科特、阿特·卡斯顿:《范式的转变——信息技术的前景》,米克斯译,东北财经大学出版社 1999 年版。

[136] [美] 瓦尔德曼、詹森:《产业组织:理论与实践》,李宝伟等译,中国人民大学出版社 2014 年版。

[137] 汪世银:《区域产业结构调整与主导产业选择研究》,上海三联书店、上海人民出版社 2004 年版。

[138] 王缉慈:《创新的空间:企业集群与区域发展》,北京大学出版社 2001 年版。

［139］王缉慈：《现代工业地理学》，中国科学技术出版社 1994 年版。

［140］王吉斌、彭盾：《互联网+：传统制造企业的自我颠覆、组织重构、管理进化与互联网转型》，机械工业出版社 2015 年版。

［141］王俊豪：《现代产业组织理论与政策》，中国经济出版社 2000 年版。

［142］王俊豪：《英国政府管制体制改革研究》，上海三联书店 1998 年版，第 36 – 45 页。

［143］王俊豪：《政府管制经济学导论》，商务印书馆 2001 年版。

［144］王俊豪、肖兴志等：《中国垄断性产业规制机构设立与运行机制》，商务印书馆 2008 年版，第 49 页。

［145］王思语、郑乐凯：《制造业出口服务化与价值链提升——基于出口复杂度的视角》，载于《国际贸易问题》2018 年第 5 期。

［146］王素云、沈桂龙：《制造业服务化内涵重释：从价值增值到价值创造》，载于《学习与探索》2019 年第 10 期。

［147］王廷惠：《自然垄断边界变化与政府规制政策的调整》，载于《中国工业经济》2002 年第 11 期。

［148］王燕：《回报率规制中道德风险问题的模型研究》，载于《中国软科学》2006 年第 5 期。

［149］王岳平：《我国产能过剩行业的特征分析及对策》，载于《宏观经济管理》2006 年第 6 期。

［150］［美］威廉·G. 谢泼德、乔安娜·M. 谢泼德：《产业组织经济学》（第五版），张志奇、陈叶盛、崔书锋译，中国人民大学出版社 2007 年版。

［151］韦森：《探寻社会经济增长的内在机理与未来道路——评林毅夫教授的新结构经济学理论框架》，载于《经济学》（季刊）2013 年第 3 期。

［152］魏江：《产业集群：创新系统与技术学习》，科学出版社 2003 年版，第 41 页。

［153］魏守华、石碧华：《论企业集群的竞争优势》，载于《中国工业经济》2002 年第 1 期。

［154］吴汉洪：《西方寡头市场理论与中国市场竞争立法》，经济科学出版社 1998 年版。

［155］吴宣恭：《企业集群的优势及形成机理》，载于《经济纵横》2002 年

第11期。

［156］吴义爽：《行为基础观、行为转型与战略创业主导的中国集群升级》，载于《经济学家》2013年第2期。

［157］夏大慰、史东辉等：《政府规制理论、经验与中国的改革》，经济科学出版社2003年版，第42页。

［158］夏明、张红霞：《投入产出分析理论、方法与数据》，中国人民大学出版社2013年版。

［159］［美］小艾尔弗雷德·D. 钱德勒：《企业规模经济与范围经济》，张逸人等译，中国社会科学出版社1999年版。

［160］［日］小宫隆太郎：《日本产业、贸易的经济分析》，东洋经济新报社1999年版。

［161］［美］小贾尔斯·伯吉斯：《管制和反垄断经济学》，冯金华译，上海财经大学出版社2003年版。

［162］［日］小野五郎：《现代日本的产业政策：分阶段的政策决定机制》，日本经济新闻社1999年版。

［163］［日］筱原三代平：《产业结构论》，筑摩书房1976年版。

［164］［美］肖纳·L. 布朗、凯瑟琳·M. 艾森哈特：《边缘竞争》，吴溪译，机械工业出版社2001版。

［165］肖兴志：《规制经济理论的产生与发展》，载于《经济评论》2002年第3期。

［166］徐振鑫、莫长炜、陈其林：《制造业服务化：我国制造业升级的一个现实性选择》，载于《经济学家》2016年第9期。

［167］杨公朴、干春晖、王玉、龚仰军：《产业经济学》，复旦大学出版社2005年版。

［168］杨公朴、夏大慰：《现代产业经济学》（第二版），上海财经大学出版社2005年版。

［169］杨沐：《产业政策研究》，上海三联书店1989年版。

［170］杨鹏：《产业政策在中国的境遇——一位基层官员的实践体会》，载于《战略与管理》2001年第2期。

［171］杨仁发、刘纯斌：《生产性服务业与制造业融合背景的产业升级》，载于

《改革》2011 年第 1 期。

［172］杨小凯：《新兴古典经济学和超边际分析》，中国人民大学出版社 2000 年版，第 170 页。

［173］于立：《产业组织与政府规制研究新进展》，东北财经大学出版社 2006 年版。

［174］于立、王询：《当代产业组织学》，东北财经大学出版社 1996 年版。

［175］于良春等：《自然垄断与政府规制——基本理论与政策分析》，经济科学出版社 2003 年版。

［176］余晖：《政府与企业：从宏观管理到微观规制》，福建人民出版社 1997 年版。

［177］余永定：《发展经济学的重构评林毅夫〈新结构经济学〉》，载于《经济学》（季刊）2013 年第 3 期。

［178］俞灵燕：《结构规制产业政策对产业内贸易的影响》，载于《数量经济技术经济研究》2001 年第 10 期。

［179］俞文华：《美国高技术产业区产业群模式及其优势来源分析》，载于《国土开发与整治》1998 年第 2 期。

［180］袁熙：《互联网 +：传统行业融合发展之道（工业 4.0 版本的互联网 + 落地实战指南）》，人民邮电出版社 2015 年版。

［181］袁正、高伟：《中国电信业改革回顾、经验与问题》，载于《宏观经济研究》2009 年第 9 期。

［182］［美］约瑟夫·斯蒂格利茨：《发展与发展政策》，纪沫、仝冰、海荣译，中国金融出版社 2009 年版。

［183］［美］约瑟夫·斯蒂格利茨：《斯蒂格利茨经济学文集》（第六卷上），纪沫等译，中国金融出版社 2007 年版。

［184］［美］约瑟夫·斯蒂格利茨：《信息经济学：基本原理》（上），纪沫、陈工文、李飞跃译，中国金融出版社 2009 年版。

［185］［美］约瑟夫·熊彼特：《资本主义、社会主义与民主》，吴良健译，商务印书馆 2000 年版。

［186］昝廷全：《系统经济：新经济的本质——兼论模块化理论》，载于《中国工业经济》2003 年第 9 期。

［187］臧旭恒等：《产业经济学》（第五版），经济科学出版社 2015 年版。

［188］曾中禄：《产业群集与区域经济发展》，载于《南开经济研究》1997 年第 1 期。

［189］詹姆斯·罗宾逊：《产业政策和发展：政治经济学视角》，载于《比较》2016 年第 1 期。

［190］张磊：《产业融合与互联网规制》，上海财经大学出版社 2001 年版。

［191］张萍：《基于生命周期视角的产业集群演化研究》，载于《山西农经》2020 年第 11 期。

［192］张曙光：《市场主导与政府诱导——评林毅夫的〈新结构经济学〉》，载于《经济学》（季刊）2013 年第 3 期。

［193］张维迎：《博弈论与信息经济学》，上海人民出版社 1996 年版。

［194］张维迎：《产权、政府与信誉》，上海三联书店 2003 年版。

［195］张维迎：《产业政策总体失败 应取消发改委审批权》，http：//news.hexun.com/2013－04－06/152858123.html，2013。

［196］张昕竹：《中国铁路规制与竞争：理论和政策》，国家行政学院出版社 2004 年版。

［197］张昕竹、拉丰、易斯塔什：《网络产业：规制与竞争理论》，社会科学文献出版社 2000 年版。

［198］张宇燕：《国家放松管制的博弈——以中国联合通信有限公司的创建为例》，载于《经济研究》1995 年第 6 期。

［199］张昱：《现阶段产业政策实际情境与模式》，载于《改革》2012 年第 7 期。

［200］赵波、华德亚：《对我国汽车产业进入管制失效的思考》，载于《首都经济贸易大学学报》2001 年第 3 期。

［201］赵坚：《企业能力理论、假定与模型》，载于《北京交通大学学报（社科版）》2004 年第 4 期。

［202］赵霞、韩一军、姜楠：《农村三产融合：内涵界定、现实意义及驱动因素分析》，载于《农业经济问题》2017 年第 4 期。

［203］郑风田、崔海兴、程郁：《产业融合需突破传统方式》，载于《中国农民合作社》2015 年第 11 期。

［204］郑胜利、周丽群、朱有国：《论产业集群的竞争优势》，载于《当代经济

研究》2004 年第 3 期。

［205］郑世林、张昕竹：《经济体制改革与中国电信行业增长：1994—2007》，载于《经济研究》2011 年第 10 期。

［206］［日］植草益：《产业融合——产业组织的新方向》，岩波书店 2000 年版。

［207］［日］植草益：《微观规制经济学》，朱绍文等译，中国发展出版社 1992 年版。

［208］中国国际经济交流中心课题组：《互联网革命与中国业态变革》，中国经济出版社 2016 年版。

［209］中国经济增长前沿课题组：《突破经济增长减速的新要素供给理论、体制与政策选择》，载于《经济研究》2015 年第 11 期。

［210］中国信息学会：《网络经济与经济治理》，中国计划出版社 2001 年版。

［211］周大鹏：《服务化——制造业的创新之路》，上海社会科学出版社 2016 年版。

［212］周大鹏：《制造业服务化对产业转型升级的影响》，载于《世界经济研究》2013 年第 9 期。

［213］周叔莲等：《中国产业政策研究》，经济管理出版社 1990 年版。

［214］周振华：《产业结构优化论》，上海人民出版社 1992 年版。

［215］周振华：《信息化与产业融合》，上海三联书店、上海人民出版社 2003 年版。

［216］朱妮娜、叶春明：《东亚区域生产网络背景下的贸易价值增值研究——基于国际投入产出模型分析》，中国金融出版社 2013 年版。

［217］朱瑞博：《价值模块整合与产业融合》，载于《中国工业经济》2003 年第 8 期。

［218］朱彤：《网络效应经济理论》，中国人民大学出版社 2004 年版。

［219］A Malmberg，Ö Sölvell，I Zander. Spatial Clustering，Local Accumulation of Knowledge and Firm Competitiveness. Geografiska Annaler. Series B，Human Geography，1996，78（2）.

［220］Acs Z. J.，Audretsch D. B.. Innovation，Market Structure，and Firm Size. The Review of Economics and Statistics，1987.

[221] Aghion P. et al.. Industrial Policy and Competition. American Economic Journal: Macroeconomics, 2015, 7 (4).

[222] Ahman M.. Government Policy and the Development of Electric Vehicles in Japan. Energy Policy, 2006 (34).

[223] Ahokangas P., Hyry M., Rasanen P.. Small Technology-based Firms in Fast-growing Regional CLuster. New England Journal of Entrepreneurship, 1999 (2).

[224] Amsden, Alice H.. Asia's Next Giant: South Korea and Late Industrialization. New York: Oxford University Press, 1989.

[225] Anthony R. N., Govindarajan V.. Management Control Systems. Chicago, IL: Irwin/McGraw-Hill, 2000.

[226] Antras P., Chor D., Fally T. et al.. Measuring the Upstreamness of Production and Trade Flows. American Economic Review, 2012, 102 (3).

[227] Aoki M., Takizawa H.. Modularity: Its Relevance to Industrial Architecture. The Saint-Gobain Centre for Economic Research5th Conference "Organizational Innovation within Firms", 2000.

[228] Arora A., Gambardella A., Rullani E.. Division of Labour and the Locus of Inventive Activity. Journal of Management & Governance, 1997, 1 (1).

[229] Arrow K.. Economic Welfare and the Allocation of Resources for Inventive. in R · Nelson (ed.), The Rate and Direction of Inventive Activity, Princeton: Princeton University Press, 1962.

[230] Arthur B. W.. Competing Technologies, Increasing Returns, and Lock-in by Historical Events. The Economic Journal, 1989 (99).

[231] Audretsch D.. Agglomeration and the Location of Innovative Acitivity. Oxford Review of Economic Policy, 1998, 14 (2).

[232] Bacattini, Becattini G.. Dal Settore Industriale Al Distretto Industriale: Alcune Considerazioni Sull'unitȁ D'indagine Dell'economia Industriale. Rivista di Economia e Politica Industriale, 1979 (5).

[233] Bai Gao. Japan's Economic Dilemma: The Institutional Origins of Prosperity and Stagnation. New York: Cambridge University Press, 2001.

[234] Bain J. S.. Barriers to New Competition, Harvard University Press, 1956.

[235] Bain J. S.. Relation of Profit Rate to Industry Concentration: American Manufacturing 1936 – 1940. Quarterly Journal of Economics, 1951, 65 (4).

[236] Bain J. S.. A Note on Pricing Monopoly Oligopoly. American Economic Review, 1949 (39).

[237] Bain, Joe Staten, Masson, Robert T., Qualls P. David. Essays on Industrial Organization, in honor of Joe S. Bain. Ballinger Pub. Co. 1976.

[238] Baldwin C. Y., K. B. Clark. Design Rules: The Power of Modularity. Cambridge. MA: MIT Press, 2000.

[239] Baldwin C. Y., Clark K. B.. Managing in an Age of Modularity. Harvard Business Review, 1997, 75 (5).

[240] Baron D., D. Besanko. Regulation, Asymmetric Information and Auditing, Rand Journal of Economics, 1984 (15).

[241] Baumol W. J., Willig, R. D.. Contestability: Developments since the Book. Oxford Economic Papers (Suppl.), 1986 (38).

[242] Baumol W. J., Panzar J. C., Willig, R. D.. Contestable Markets and the Theory of Industry Structure. Harcout Brace Javanovich Ltd., New York, 1982.

[243] Becker. A Theory of Competition Among Pressure Groups for Political Influnce. Quarterly Journal of Economics, 1983.

[244] Belleflamme P., Peitz M.. Industrial Organization: Markets and Strategies. Cambridge University Press, 2015.

[245] Bertrand J.. Reviews of Theories Mathematique de la Richesse Sociale, by Leon Walras; and of Recherches sur les Principles Mathematiques de la Theorie des Richesses, by Augustin Cournot. Journal des Savants, 1883 (67).

[246] Bhattacharya M., Bloch H.. Determinants of Innovation. Small Business Economics, 2004, 22 (2).

[247] Brander, James A., J. Spencer Barbara. Export Subsidies and International Market Share Rivalry. Journal of International Economics, 1985, 18 (1/2).

[248] Brusoni S.. Authority in the Age of Modularity. SPRU Electronic Working Paper Series, No. 101, The Freeman Centre, University of Sussex, 2003.

[249] Capello R.. Spatial Transfer of Knowledge in High Technology Milieux:

Learning Versus Collective Learning Processes, Regional Studies, 1999, 33 (4).

[250] Chamberlin E. H.. The Theory of Monopolistic Competition. Cambridge MA: Harvard University Press, 1933.

[251] Chang, Ha-joon. The Political Economy of Industrial Policy. London: Macmiillan Press, 1994.

[252] Chenery H. B., Watanabe T.. International Comparisons of the Structure of Production. Econometrica, 1958, 26 (4).

[253] Chesbrough H. W.. Towards a Dynamics of Modularity. Oxford: Oxford University Press, 2003.

[254] Chesbrough H. W.. Open Innovation: The New Imperative for Creating and Profiting from Technology. Journal of Engineering & Technology Management, 2004, 21 (3).

[255] Christensen C., Rosenbloom R.. Explains the Auacker's Advantage: Technological Paradigms, Organizational Dynamics, and the Value Network. Research Policy, 1997.

[256] Cimoli, Mario, Dosi, Stiglitz, eds. Industrial Policy and Development: The Political Economy Capabilities Accumulation. New York: Oxford University Press, 2009.

[257] Clarke R.. Profit Margins and Market Concentration in UK Manufacturing Industry: 1970 -6. Applied Economics, 1984, 16 (1).

[258] Cohen W. M., Klepper S.. Firm Size and the Nature of Innovation within Industries: the Case of Process and Product R&D. The Review of Economics and Statistics, 1996.

[259] Collins N. R., Preston L. E.. Price - Cost Margins and Industry Structure. The Review of Economics and Statistics, 1969, 51 (3).

[260] Cournot A.. Researches into the Mathematical Principles of the Theory of Wealth, Translated by Nathaniel Bacon. New York: Macmillan, 1929.

[261] Czamanski S., L. A. Ablas. Identification of Industrial Clusters and Complexes: A Comparison of Methods and Findings, Urban Studies, 1979 (16).

[262] C. C. von Weizsäcker. A Welfare Analysis of Barriers to Entry. The Bell Journal of Economics, 1980 (11).

[263] C. Freeman, L. Soete. The Economics of Industrial Innovation. London and Washington, 1997.

[264] David P. Baron, Roger Myerson. Regulating a Monopolist with Unknown Costs. Econometrica, 1982 (4).

[265] David, Hummels et al. The Nature and Growth of Vertical Specialization in World Trade. Journal of International Economics, 2001.

[266] De Bernardy. Reactive and Proactive Local Territory: Co-operation and Community in Grenoble, Regional Studies, 1999, 33 (4).

[267] Demsetz H.. Industry Structure, Market Rivalry, and Public Polic. The Journal of Law and Economics, 1973, 16 (1).

[268] Dixit A.. A Model of Duopoly Suggesting a Theory of Entry Barriers. Bell Journal of Economics, 1979 (10).

[269] Dixit A. K., Stiglitz J.. Monopolistic Competition and Optimum Product Diversity. American Economic Review, 1977 (67).

[270] Dorfman R. P. Steiner. Optimal Advertising and Optimal Quality. American Economic Review, 1954 (44).

[271] Dosi G., Freeman C., Nelson R. R., Silverberg G., Soete L.. Technology and Economic Theory, London, Pinter Publishers, 1988.

[272] Eads, George et al.. A Long – run Cost Function for the Local Service Airline Industry. Review of Economics and Statistics, 1969 (51).

[273] Edgeworth F. Y.. The Pure Theory of Monopoly. Giornaledegli. Economisti, 1897, 10 (June).

[274] Emmanuelle Auriol, Michel Benaim. Standardization in Decentralized Economies. The American Economic Review, 2000 (90).

[275] Ernst, Dieter, Martin G.. Co-evolution of Technical Modularity and Organizational Integration – the Case of 'System-on-chip' Design. Manuscirpt, East-West-Center, Honolulu, 2004.

[276] Ernst, Dieter. Beyond the 'Global Factory' Model: Innovative Capabilities for Upgrading China's IT Industry. International Journal of Technology & Globalisation, 2007, 3 (4).

[277] Ernst, Dieter. Limits to Modularity: Reflections on Recent Developments in Chip Design. Industry & Innovation, 2005, 12 (3).

[278] Ernst, Dieter. Upgrading through Innovation in a Small Network Economy: Insights from Taiwan's IT industry. New York: Routledge, 2010.

[279] Evans, Peter Bauer. Embedded Autonomy. Princeton: Princeton University Press, 1995.

[280] Farrell, Joseph, C. Shapiro. Standard Setting in High Definition Television. Brookings Papers on Economic, 1992, Activity 1.

[281] Fleming L., Sorenson O.. Idea-The Dangers of Modularity. Harvard Business Review, 2001, 79 (8): 20.

[282] Friedman J. W.. A Non-cooperative Equilibrium for Supergames. The Review of Economic Studies, 1971, 38 (1).

[283] F. M. Scherer, D. Ross. Industrial Market Structure and Economic Performance (Second Edition). Houghton Mifflin Company, 1990.

[284] Geroski P.. Entry, Innovation and Productivity Growth. The Review of Economics and Statistics, 1989, 71 (4).

[285] Giovana C., Dini M.. Small Enterprises Cluster and Network Development in Developing Countries: The Experience of UNIDO. Issues Paper of UNIDO, 1999.

[286] Gordon I. R., McCan P.. Industrial Clusters: Complexes, Agglomeration and/or Social Networks? Urban Studies, 2000, 37 (3).

[287] Gort M., Klepper S.. Time Paths in the Diffusion of Product Innovations. The Economic Journal, 1982, 92 (367).

[288] Greenfield H.. Manpower and the Growth of Producer Service. New York, Columbia University Press, 1966.

[289] Grossman G. M., Shapiro C.. Informative Advertising with Differentiated Products. Review of Economic Studies, 1984, 51 (1).

[290] Guerrieri P., Pietrobelli C.. Models of Industrial Districts' Evolution and Changes in Technological Regimes. Paper Prepared for the DRUID Summer Conference, 2001.

[291] Hausmann R., Dani Rodrik, Andres Velasco. Growth Diagnostics. Princeton:

Princeton University, 2007.

[292] Hoover, Edgar M.. The Location of Economic Activity. New York: McGraw-Hill, 1948.

[293] Hotelling H.. Stability and Competition. Economic Journal, 1929, 39 (1).

[294] H. Leibenstein. Allocation Efficiency versus X-inefficiency. American Economic Review, 1996, 56 (3).

[295] H. Perloff, E. Dunn, E. Lampard, R. Muth. Regions Resources and Economic Growth. Baltimore: Johns Hopkins, 1960.

[296] John Paul Macduffie, Modularity-as-Property, Modularization-as-Process, and 'Modularity' -as-Frame: Lessons from Product Architecture Initiatives in the Global Automotive Industry. Global Strategy Journal, 2013, 3 (1).

[297] Johnson H. Cz. Factor Market Distortion and the Shape of the Transformation Curve. Econometrica, 1966, 34 (3).

[298] J. Laffont, Jean Tirole. A Theory of Incentives in Procurement and Regulation. MIT Press, 1993.

[299] Kahn A. E.. The Economics of Regulation: Principles and Lnstitutions. New York: Wiley, 1970.

[300] Katz M., C. Shapiro. Network Externalities, Competition and Compatibility. American Economic Review, 1985, 75 (3).

[301] Keeble D. et al.. Collective Learning Processes, Networking and 'Institutional Thickness' in the Cambridge Region. Regional Studies, 1999, 33 (4).

[302] Kenneth W. Clarkson, Roger Leroy Miller. Industrial Organization: Theory, Evidence, and Public Policy. McGraw-Hill Book Company, 1982.

[303] Kreps D. M., Scheinkman J. A.. Quantity precommitment and Bertrand competition yield Cournot outcomes. The Bell Journal of Economics, 1983.

[304] Krueger, Anne O.. Political Economy of Policy Reform in Developing Countries. Cambridge: MIT Press, 1993.

[305] Krugman P.. Geography and Trade. Cambridge. MA: MIT Press, 1991.

[306] Krugman P.. Increasing Returns and Economic Geography. Journal of Political Economy, 1991 (99).

[307] Krugman P.. What's New about New Economic Geography? Oxford Review of Economic Policy, 1998 (14).

[308] Krugman, Paul R.. Import Protection as Export Promotion: International Competition in the Presence of Oligopoly and Economics of Scale. In Henryk Kierzkowski ed., Monopolistic Competition and International Trade. Oxford, Clarendon Press, 1984.

[309] Kuntz L., Vera A.. Modular Organization and Hospital Performance. Health Services Management Research, 2007, 20 (1).

[310] K. J. Arrow. Economic Welfare and the Allocation of Resources for Innovation. In: Richard R. Nelson, eds. The Rate and Direction of Inventive Activity. Princeton: Princeton University Press, 1962.

[311] Laffont and Tirole. Using Cost Observation to Regulate Firms. Journal of Political Economy, 1986, 94 (3).

[312] Lal, Deepak. The Poverty of Development Economics. London: Institute of Economic Affairs, 1983.

[313] Lall S.. Industry Policy: the Role of Government in Promoting Industrial and Technological Development. UNCTAD Review, 1994.

[314] Lall S.. Selective Industrial and Trade Policies in Developing Countries: Theoretical and Empirical Issues. In C. Soludo, O. Ogbu, and H. J. Chang (eds), The Politics of Trade and Industrial Policy in Africa: Forced Consensus? Africa World Press & IDRC, 2004.

[315] Lawrance Summers. For Policy Makers, Microsoft Suggests Need to Recast Models. Wall Street Journal, June 9, 2000.

[316] Lei D. T.. Industry Evolution and Competence Development: the Imperatives of Technological Convergence. International of Technology Management, 2000, 19 (7-8).

[317] Lloyd-Williams D. M., Molyneux P., Thornton J.. Market Structure and Performance in Spanish Banking. Journal of Banking & Finance, 1994, 18 (3).

[318] Loeb, Magat. A Decentralized Method for Utility Regulation. Journal of Law and Economics, 1979 (22).

[319] Longhi C.. Networks, Collective Learning and Technology Development in Innovative High Technology Regions: The Case of Sophia-Antipolis, 1999, 33 (4).

[320] Maillat D.. Territorial Dynamic, Innovative Milieu and Regional Policy. Entrepreneurship and Regional Development, 1995 (7).

[321] Maillat D.. The Innovation Process and the Role of the Milieu. In E. M. Bergman, G. Maier F. Todtling (eds). Regions Reconsidered: Economic Networks, Innovation, and Local Development. London: Mansell, 1991.

[322] Mann H. M.. Seller Concentration, Barriers to Entry, and Rates of Return in Thirty Industries, 1950 - 1960. The Review of Economics and Statistics, 1966, 48 (3).

[323] Mariana Mazzucato. The Entrepreneurial State: Debunking Public vs. Private Myths in Risk and Innovation, Revised Edition. London and New York: Anthem Press, 2014.

[324] Markusen. Sticky Places in Slippery Space: A Typology of Industrial Districts. Economic Geography, 1996, 72 (2).

[325] Marshall A.. Principle of Economics. London, MacMillian, 1920.

[326] Meurer M., D. Stahl. Informative Advertising and Product Match. International Journal of Industrial Organization, 1994 (12).

[327] Miniti M.. Entrepreneurship and Network Externalities. Journal of Economic Behavior & Organization, 2005 (1).

[328] Mont O.. Product Service-systems. Final Report for IIIEE, Lund University, Lund, 2000.

[329] Mussa M., S. Rosen. Monopoly and Product Quality. Journal of Economic Theory, 1978 (18).

[330] Mytelka L., Farinelli F. Local Clusters, Innovation Systems and Sustained. Competitiveness. UNU/INTECH Discussion Paper 2005, 2000, October.

[331] Neely A.. Exploring the Financial Consequences of the Servitization of Manufacturing. Operations Management Research, 2008, 1 (2).

[332] Nelson P.. Advertising as information. Journal of Political Economy, 1974, 82 (4).

[333] Nelson P.. Information and Consumer Behavior. Journal of Political Economy, 1970, 78 (2).

[334] Nelson, Richard R., Sidney G., Winter. An Evolutionary Theory of Economic Change. Cambridge MA and London: Belknap Press of Harvard University Press, 1982.

[335] Nerlove, Marc. Returns to Scale in Electricity Supply. in Carl Christ ed., Measurement in Economics. Stanford, Calif.: Stanford University Press, 1963.

[336] Nonaka, H. Takeuchi. The Knowledge-Creating Company. Oxford University Press, 1995.

[337] Nordhous W. Invention Growth, and Welfare: A Theoretical Treatment of Technological Change. Cambridge: MIT Press, 1969.

[338] North. Structure and Change in Economic History. New York: W. W. Norton, 1981.

[339] Oliva R., Kallenberg R.. Managing the Transition from Products to Services. International Journal of Service Industry Management, 2003, 14 (2).

[340] Olley G. S., Pakes A.. The Dynamics of Productivity in the Telecommunications Equipment Industry. Econometrica, 1996, 64 (6).

[341] Ono R., Aoki k.. Convergence and New Regulatory Frameworks. Telecommunications Policy, 1998, 22 (10).

[342] Pandit N. R., Cook G. A. S., Swann G. M. P.. The Dynamics of Industrial Clustering in British Financial Services. The Service Industries Journal, 2001, 21 (4).

[343] Paul Krugman. Increasing Returns and Economic Geography. The Journal of Political Economy, 1991, 99 (3).

[344] Peltzman S.. Toward a More General Theory of Regulation. Journal of Law and Economics, 1976 (19).

[345] Perroux. Note Surlanotion Depôle Decroissance. Economie Appliquée, 1955.

[346] Perry M. K., Porter R. H.. Oligopoly and the Incentive for Horizontal Merger. American Economic Review, 1985, 75 (1).

[347] Philips A.. Technology and Market Structure. Lexington, MA, Health, 1971.

[348] Piore M. Sabel C.. The Second Industrial Divide: Possibilities for Prosperity. New York: Basic Books, 1984.

[349] Porter M. E.. The Competitive Advantage of Nations. New York: Free Press. 1990: 24.

[350] Porter M. E.. Clusters and New Economics of Competition. Harvard Business Review, 1998 (11).

[351] Porter M. E.. On Competition. Boston: Havard Business School Press, 1998.

[352] Posener R.. A Statistical Study of Cartel Enforcement. Journal of Law and Economics, 1970, 13 (October): 365 -419.

[353] Posner R. A.. Theories of Economic Regulation. Bell Journal of Economics, 1974.

[354] P. Sraffa. The Law of Returns under Competition Condition. Economic Journal, 1926 (3).

[355] Reiskin E. D., White A. L., Johnson J. K. et al.. Servicizing the Chemical Supply Chain. Journal of Industrial Ecology, 2000, 3 (2 -3).

[356] Rodrik, Dani. Industrial Policy: Don't Ask Why, Ask How. Middle East Development Journal, 2009, 1 (1).

[357] Rodrik, Dani. One Economics, Many Recipes. Princeton: Princeton University, 2007.

[358] Roelandt T. J. A., P. den Hertog. Cluster Analysis and Cluster-based Policy Making: the State of the Art. In: T. Roelandt and P. den Hertog (eds). Cluster Analysis and Cluster-based Policy: New Perspectives and Rationale in Innovation Policy. Paris: Organisation for Economic Cooperation and Development, 1999, Chapter 1.

[359] Ronald Coase. The Problem of Social Cost. Journal of Law and Economics, 1960 (3).

[360] Rosenfeld S. A.. Overachievers: Business Clusters that Work. Chapel Hill. NC: Regional Technology Strategies, Inc. 1995.

[361] Rosenfeld S.. Industrial Strength Strategies: Regional Business Clusters and Public Policy. Washington, DC: Aspen Institute, 1995.

[362] Sabel C. F.. Neither Modularity nor Relational Contracting: Inter-Firm Collaboration in the New Economy. Enterprise & Society, 2004, 5 (3).

[363] Sakakibara, M., D. S. Cho. Cooperative R&D in Japan and Korea: A Com-

parison of Industrial Policy. Research Policy, 2002, 31 (5).

[364] Salant S. W., Switzer S., Reynolds R. J.. Losses from Horizontal Merger: The Effects of an Exogenous Change in Industry Structure on Cournot – Nash Equilibrium. Quarterly Journal of Economics, 1983, 98 (2).

[365] Saloner G.. Economic Issues in Computer Interface Standardization. MIT Sloan School of Management, Working Paper, 1989, (February).

[366] Salop S. C.. Monopolistic Competition with Outside Goods. The Bell Journal of Economics, 1979.

[367] Sappington D.. Optimal Regulation of Research and Development under Imperfect Information. Bell Journal of Economics, 1982 (13).

[368] Saxenian A.. Silicon Chips and Spatial Structure: The Industrial Basis of Urbanization in Santa Clara County. Ph. D. Dissertation, Berkeley, CA: University of California Berkeley, 1981.

[369] Schelling Thomas C.. The Strategy of Conflict. Harvard University, 1960.

[370] Scherer F. M.. Nordhous' Theory of Optimal Patent Life: A Geometric Reinterpretation. American Economic Review, 1972 (62).

[371] Schmalensee R.. A Model of Advertising and Product Quality. Journal of Political Economy, 1978, 86 (3).

[372] Schumpeter J.. Capitalism Socialism and Democracy. Harper & Brothers, New York and London, 1942.

[373] Scott A., Storper M.. Industrialization and Regional Development. In: Storper M and Scott A. eds. Pathways to Industrialization and Regional Development. London: Routledge, 1992.

[374] Selten R.. A Simple Model of Imperfect Competition, Where 4 are Few and 6 are Many. International Journal of Game Theory, 1973, 2 (1).

[375] Selten R.. The Chain Store Paradox. Theory and decision, 1978, 9 (2).

[376] Shapiro C.. Premiums for High Quality Products as Returns to Reputation. Quarterly Journal of Economics, 1983, November.

[377] Shepherd W. G., C. Wilcox. Public Policies towards Business. 6th edn. Homewood, Il: Irwin, 1979.

[378] Shepherd, William G.. Economics of Industrial Organization. Prentice – Hall, Inc., Englewood Cliffs, NJ, 1979.

[379] Shleifer A.. A Theory of Yardstick Competition. Rand Journal of Rconomics, 1985 (16).

[380] Shleifer, Wolfenzon. Investor Protection and Equity Markets. Journal of Financial Economics, 2002, 66 (1).

[381] Shy O.. Industrial Organization: Theory and Applications. Cambridge: The MIT Press, 1996, Chapter 6, Chapter 9 and Chapter 7.

[382] Smith, Caleb J.. Survey of the Empirical Evidence on Economics of Scale. in George J. Stigler ed, 1955.

[383] Spence M.. Entry, Capacity, Investment and Oligopolistic Pricing. Bell Journal of Economics, 1976 (8).

[384] Stephen J. Bailey. Public Sector Ecomonics: Theory, Policy and Practice. Macmillan Press LTD, 1995.

[385] Sternberg R., Tamasy C.. Munich as Germanýs No. 1 High Technology Region: Empirical Evidence, Theoretical Exporations and the Role of Small Firm/Large Firm Relationships. Regional Studies, 1999, 33 (4).

[386] Stigler G. J.. The Organization of Industry. Homewood, III.: Richard Irwin, Inc, 1968: 67.

[387] Stigler, George J.. The Economies of Scale. Journal of Law and Economics, 1958 (1).

[388] Stigler. Comment on Joskow and Noll, in Studies in Public Regulation, G. Fromm, eds. Cambridge, MA: MITPress, 1981.

[389] Stiglitz J. E., Greenwald B.. Pareto Inefficiency of Market Economies: Search and Efficiency Wage Models. American Economic Review, 1988, 78 (2).

[390] Szalavetz A.. Tertiarization of Manufacturing Industry In the New Economy. Hungarian Academy of Science Working Papers, 2003 (134).

[391] Todd R. Zenger and William S. Hesterly. The Disaggregation of Corporations: Selective Intervention, High-Powered Incentives, and Molecular Units. Organization Science, 1997, 8 (3).

[392] UNCTAD. Promoting and Sustaining SMEs Clusters and Networks for Development. Paper prepared for an Expert Meeting on Clustering and Networking for SME Development, Geneva, 1998, 2 – 4 September, TD/B/COM. 3/EM. 5/2.

[393] Utton M. A.. The Economics of Regulation Industry. Basil Blackwell, 1986.

[394] Vandermerwe S., Rada. Servitization of Business: Adding Value by Adding Service. European Management Journal, 1988, 6 (4).

[395] Vernon R.. International Investment and International Trade in the Product. Cycle, Quarterly Journal of Economics 1966, 80 (May).

[396] Viscusi W. K., J. M. Vernon, J. E. Harrington. Economics of Regulation and Antitrust. Massachusetts: The MIT Press, 1995.

[397] Vogelsang, Finsinger. A Regulatory Adjustment Process for Optimal Pricing by Multiproduct Monopoly Firms. Bell Journal of Economics, 1979, 10 (1).

[398] von Hippel, Eric. Sticky Information and the Locus of Problem Solving: Implications for Innovation. Management Science, 1994, 40 (4).

[399] Von Stackelberg H.. Marktform und Gleichgewicht. Springer, 1934.

[400] Wade, Robert H.. Governing the Market: Economic Theory and the Role of Government in East Asia Industrialization. Princeton: Princeton University Press, 1990.

[401] Waterson M.. Regulation of the Firm and Natural Monopoly. Cambridge, MA: Basil Blackwell, 1988.

[402] White A. L., Feng L.. Servicizing: The Quiet Transition to Extended Product Responsibility. Tellus Institute, 1999.

[403] World Bank. The East Asia Miracle: Economic Growth and Public Policy, New York: Oxford University Press, 1993.

[404] Ziya Öniş. The Logic of the Developmental State. Comparative Politics, 1991, 1 (24).

图书在版编目（CIP）数据

产业经济学 / 白雪洁，杜传忠主编．—北京：经济科学出版社，2020. 11
ISBN 978 - 7 - 5218 - 2036 - 2

Ⅰ. ①产…　Ⅱ. ①白…②杜…　Ⅲ. ①产业经济学 - 高等学校 - 教材　Ⅳ. ①F062. 9

中国版本图书馆 CIP 数据核字（2020）第 213588 号

责任编辑：齐伟娜　赵　芳
责任校对：郑淑艳
责任印制：李　鹏　范　艳

产业经济学
白雪洁　杜传忠　主编
经济科学出版社出版、发行　新华书店经销
社址：北京市海淀区阜成路甲 28 号　邮编：100142
总编部电话：010 - 88191217　发行部电话：010 - 88191540
网址：www. esp. com. cn
电子邮箱：esp@ esp. com. cn
天猫网店：经济科学出版社旗舰店
网址：http://jjkxcbs. tmall. com
北京季蜂印刷有限公司印装
787 × 1092　16 开　33. 25 印张　640000 字
2021 年 1 月第 1 版　2021 年 1 月第 1 次印刷
ISBN 978 - 7 - 5218 - 2036 - 2　定价：98. 00 元
（图书出现印装问题，本社负责调换。电话：010 - 88191510）